박혜원 파워토익 퀵스타트

YBM

박혜원 파워토익 퀵스타트

저자	박혜원
발행인	허문호
발행처	YBM

편집	이태경, 오유진, 김유나, 이혜원, 박효민
디자인	김현경, 김희원
마케팅	정연철, 박천산, 고영노, 김동진, 박찬경, 김윤하

초판인쇄	2024년 12월 16일
초판발행	2024년 12월 23일

신고일자	1964년 3월 28일
신고번호	제 1964-000003호
주소	서울시 종로구 종로 104
구입문의	Tel. (02) 2000-0515
내용문의	Tel. (02) 2000-0383
홈페이지	www.ybmbooks.com

ISBN	978-89-17-23964-5

저작권자 © 2024 박혜원

서문

토익 강의를 하며 수많은 수강생을 만나고 이끌어 오면서 토익을 학습하는 수험생의 고충이 무엇이고, 어떤 부분에 어려움을 가지고 있는지 절실히 체감해 왔습니다. 스스로 수년간 거의 모든 시험에 응시하여 변화하는 난이도를 경험하면서, 토익이라는 시험은 학습 방향을 처음부터 잘못 잡으면 목표 점수가 나오기까지 오랜 시간이 걸리고 시행착오를 여러 번 겪을 수밖에 없다는 것 또한 인지하게 되었습니다.

900점 이상, 높게는 990점 만점을 목표로 하는 학생들을 많이 가르쳐 왔지만, 최종적으로 높은 점수를 얻어 졸업하는 학생들의 공통 분모에는 탄탄한 기본기가 존재했고, 그 기본기는 단순히 현란하고 복잡한 문법 용어를 외워야만 하는 것이 아님을 자부할 수 있습니다. 문법의 기본 뼈대가 갖추어져야 문장의 구성을 이해하는 것은 맞으나, 한자 같은 딱딱한 문법 용어들을 이해도 없이 외우며 학습하기에는, 토익에서 문법 자체를 묻는 문제는 매우 소수입니다. 따라서, 더 좋은 점수를 목표로 할수록 '토익형 사고'에 맞는 간결하고 효과적인 문법 학습이 필요하며, 파트별 균형 잡힌 학습은 필수입니다.

〈박혜원 파워토익 퀵스타트〉는 여러 타 도서들처럼 획일적인 문법 용어 나열을 기반으로 제작하지 않았습니다. 최대한 제가 직접 강의하는 사고의 흐름을 지면에 담아내고자 이야기 화법으로, 수학 공식처럼 해결할 수는 없는 영어의 현상을 토익형 구조에 맞춰 집필하였습니다. 이 책은 학원 레벨별 수업에 많은 시간과 비용을 들이는 현상을 줄이고자 최선을 다해 제작한 기본 도서입니다. 박혜원의 실전반 수업을 준비할 수 있도록, 또는 토익을 이해하고 탄탄한 기본기를 갖춰 단기간에 600~750점 이상의 성과를 낼 수 있도록 파트별 핵심 학습법, 꼭 필요한 핵심 이론, 그리고 확실하게 응용할 수 있는 실전 체험 문제들을 다량 수록했습니다.

막상 이 책의 문제들을 풀어보면 어렵다고 느낄 수 있으나, 실제 시험은 수험자 레벨 맞춤형으로 문제를 출제하지 않습니다. 실제 시험 현장에서 도움이 되어야만 점수대를 막론하고 가성비 좋은 도서가 됩니다. 쉬운 문제부터 고난도 문제까지, 이 책을 통해서 분명한 학습법을 가지게 되고 응용할 수 있는 힘을 갖출 수 있게 될 것이라고 자부합니다. 꾸준히 복습하며 학습해 주세요.

박혜원 강의와 교재로 토익을 공부하고, 점수 향상을 위해 열심히 학습하는 전국에 있는 모든 수험생들에게 감사와 진심을 담은 응원을 전합니다. 마지막으로, 현재 파워 토익 콘텐츠 및 도서의 공동 연구개발자로서 이 책의 많은 부분을 함께해 준 공동 집필자 전보람 선생님에게 깊은 감사를 전합니다.

구성과 특징

PART 1 특징으로는

무료 동영상 강의 QR코드

❶ 파워 강의 느낌 그대로

토익 일.타.강.사. 강의를 현장에서
듣는 것처럼 생생하고 알기 쉬운 설명과
문제풀이 TIP

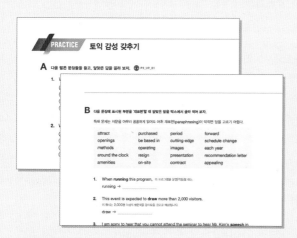

❷ 토익 감성 갖추기

토익 실전 문제 풀이에 앞서
각 파트별 유형에 특화된 연습문제로
토익 감성 갖추기

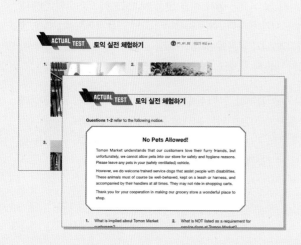

❸ 토익 실전 체험하기

최신 경향을 담은 토익 초빈출 실전 문제로
실제 시험 완벽 대비

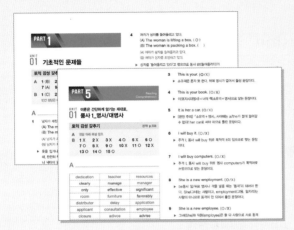

❹ 생생한 정답과 해설

타 교재의 정답 및 해설과 비교 불가!
답답한 곳을 뻥 뚫어주는 통쾌한 문제 해설

❺ 손 안의 토익 단어장

토익은 결국 어휘!
간편하게 휴대하면서 암기하는
출제 예상 미니 단어장

MP3 바로듣기

편리한 모바일
스트리밍

무료 온라인 모의고사

YBM북스닷컴
www.ybmbooks.com

CONTENTS

LC Listening Comprehension

PART 1

UNIT 01 기초적인 문제들 · · · · · · 10

UNIT 02 좀 더 난이도 올라가는 문제들 · · · · · · 16

PART 2

UNIT 03 이건 틀리면 안 된다, 기본적인 6하원칙 문제 1 · · · · · · 26

UNIT 04 이건 틀리면 안 된다, 기본적인 6하원칙 문제 2 · · · · · · 31

UNIT 05 물어보는 게 아니다, 요청/제안·권유 의문문 · · · · · · 36

UNIT 06 까다롭고 난해한, 부정/부가 의문문 & 우회성 답변 · · · · · · 41

UNIT 07 이건 질문이 아니네? 평서문에 대비하기 · · · · · · 47

PART 3

UNIT 08 긴 대화의 시작, 일반 문제 · · · · · · 54

UNIT 09 3인 대화 & 시각정보 연계 문제 · · · · · · 60

UNIT 10 따옴표가 있는 의도파악 문제 · · · · · · 68

PART 4

UNIT 11 혼자 말하는 담화, 일반 문제 1 · · · · · · 78

UNIT 12 혼자 말하는 담화, 일반 문제 2 · · · · · · 84

UNIT 13 의도파악 & 시각정보 연계 문제 · · · · · · 90

RC Reading Comprehension

PART 5

UNIT 01	이론은 간단하게 암기는 제대로, 품사 1_명사/대명사	100
UNIT 02	이론은 간단하게 암기는 제대로, 품사 2_형용사/부사	109
UNIT 03	이게 없으면 문장이 안 된다, 동사 1_구조와 형식/수 일치	119
UNIT 04	토익에서 감점의 끝판왕, 동사 2_능동태와 수동태/시제	128
UNIT 05	이걸 구분 못하면 문법 오류가 생긴다, 동사 3_자동사/타동사	137
UNIT 06	동사에서 출발해서 변형되는 문법, to부정사/동명사	145
UNIT 07	동사에서 출발해서 형용사처럼 쓰는 문법, 분사(-ing/p.p.)	155
UNIT 08	단어나 문장을 이어주는 성분, 전치사/접속사	162
UNIT 09	이것도 접속사? 관계대명사/명사절 접속사	172
UNIT 10	특수한 구문, 비교/도치	183

PART VOCA 5

UNIT 11	토익 RC 빈출 VOCA 1	192
UNIT 12	토익 RC 빈출 VOCA 2	202
UNIT 13	토익 RC 빈출 VOCA 3	212

PART 6

| UNIT 14 | PART 5와 PART 7의 합성, PART 6 | 230 |

PART 7

| UNIT 15 | 토익 RC의 압도적인 문항수, PART 7 | 246 |

별책부록　출제 예상 미니 단어장

PART

1

토익 LC에서 1~6번까지 총 6문제가 출제되는 '사진과 매칭되는 보기'를 고르는 파트이다. 전반적으로
어려운 편은 아니지만 6문제 중 1~2문제는 난이도가 다소 높게 출제되는 경향이 있다. 무엇보다, PART 1을
모두 맞춰야 점수가 나오는 것은 아니기 때문에 한두 문제 틀렸다 해도 뒤에 이어지는 다른 PART들에서
자신감이 저하되지 않도록 마인드 컨트롤을 잘 해야 하는 일종의 웜업 파트이다.

UNIT 01 기초적인 문제들

UNIT 02 좀 더 난이도 올라가는 문제들

PART 1 특징으로는

| 동영상 강의 |

❶ PART 1은 제공되는 스크립트가 따로 없다. 총 6문제를 오직 귀로만 듣고 풀어야 한다.

❷ 성우가 문제마다 "Look at the picture marked No. 1 in your test book. (시험지에 1번 사진을 보세요.)"라고 말한 후 바로 보기 4개가 연달아 들린다.

❸ 사람이 등장하는 사진에서는 사람의 동작을 설명하는 보기들이, 배경이 등장하는 사진에서는 사물의 상태를 설명하는 보기들이 주로 등장한다.

❹ 완벽한 정답을 고른다는 생각보다는 거슬리는 단어가 포함된 오답을 소거한다는 생각으로 푸는 것이 좋은 방법이다.

❺ PART 1에 등장하는 어휘들은 다른 파트에서 출제되는 어휘들과 다른 시각적인 감성이 있다. 모든 어휘를 외우고서 시험에 응시할 수도 없고, 자주 출제되는 어휘가 있지만 간혹 전혀 예상치 못한 어휘도 나올 수 있으므로 '더 쉬운 어휘'로 확실한 오답을 소거한다. 다음 예를 보자.

(A) Workers are on a scaffolding. 작업자들이 공사장 비계 위에 있다.
(B) Two men are sitting on a bench. 두 명의 남자가 벤치에 앉아 있다.

★ 공사 중인 건물에서 이동과 작업이 가능하도록 임시로 설치한 가설물인 '비계'를 scaffolding이라고 한다. 그러나 이 단어는 미리 외우기 전에는 알 수 없다. 만약 위의 두 문장이 한 문제의 보기로 등장한다면, 상대적으로 (B) 문장이 이해하기 더 쉽다. 따라서 해당 문장이 사진을 묘사하는 데 적절한지 확인하는 과정을 통해 확실한 오답 개수를 늘려가며 정답을 남기는 방식을 병행해야 한다. 결국 토익 고득점을 위한 초석은 '정말 확실하게 아닌 오답을 지우는 것'임을 잊지 말자!

UNIT 01 기초적인 문제들

MP3 바로듣기

PART 1의 앞쪽 1~2번 문제에서는 사람 위주의 사진이 나올 때가 많다. 한눈에 봐도 배경보다는 인물이 주된 부분을 차지하여 행위에 초점이 맞춰진 사진이다. 이런 경우 문장 앞 주어부터 문장 끝 어휘까지 모두 들어도 좋지만, 사람의 동작을 나타내는 동사구 be -ing가 정답 및 오답 포인트로 나오므로 동사에 집중한다.

▼ 1인 사진 / 2인 이상 사진 / 배경이 있더라도 사람 위주의 사진

● 사람이 등장하는 사진에서는 사람의 동작을 설명하는 보기가 주로 등장하는데, 이때 그 동작을 'be -ing(~하는 중이다)'의 진행형으로 설명한다. be동사 is/are 뒤 -ing 부분의 행동이 중요하다.

e.g. | He **is reading** a newspaper. *남자가 신문을 읽고 있다.*

● 2명 이상이 등장하는 사진에서는 사람들의 공통된 동작인지, 아니면 일부의 동작인지를 구별하는 보기가 자주 등장한다. They의 공통된 행동인지, 'One of + 복수명사'의 일부 행동인지 주어 패턴이 중요하다.

e.g. | **One of the women** is holding a folder. *여자 중 한 명이 폴더를 들고 있다.*

● 사람과 배경이 함께 있는 사진에서는 사람의 동작과 배경의 상태를 설명하는 보기가 함께 등장할 수 있는데, 배경의 상태는 주로 'be p.p./have been p.p.'의 수동태로 설명한다.

e.g. | Some documents **are placed** on a desk. *문서들이 책상 위에 놓여 있다.*

+PLUS **사물의 정적인 상태를 묘사하기 위한 시제**

단수주어 + has been p.p. / 복수주어 + have been p.p → '~되어 있다'로 해석

has/have p.p.를 현재완료 시제라고 하는데, PART 1에서는 '~해 왔다'는 시간의 흐름보다는 단순히 '~한 상태다'로 해석하는 것이 좋다. 또한, 사물이 스스로 움직이거나 놓인 것이 아니라 사람에 의해 '~한 상태에 놓였다'고 보아서 be p.p.의 수동태가 결합된 표현이 has/have been p.p.이다.

컴퓨터 전원이 켜지는 중이다. vs. **컴퓨터 전원이 켜져 있는 상태이다.**

사진에 컴퓨터 전원이 이미 켜져 있는 상태라면 A computer has been turned on.이라고 한다. 사람에 의해 사물이 어떠한 행위를 받고 있는 중임을 표현하는 진행형 문장은 차후에 다시 다룬다.

A 사진을 묘사한 다음 우리말에 알맞은 문장을 (A), (B) 중에서 골라 체크해 보자.

1. 남자가 재킷을 다 입은 상태이다.
   (A) The man is trying on a jacket. ( )
   (B) The man is wearing a jacket. ( )

2. 여자가 상점에서 옷을 고르고 있다.
   (A) She is paying for an item. ( )
   (B) She is looking at an item. ( )

3. 사람들이 악기를 연주하고 있다.
   (A) Some people are relaxing on a stage. ( )
   (B) Some people are performing on a stage. ( )

4. 여자가 상자를 들어올리고 있다.
   (A) The woman is lifting a box. ( )
   (B) The woman is packing a box. ( )

5. 남자가 난간을 잡고 있다.
   (A) He's holding onto a railing. ( )
   (B) He's leaning against a railing. ( )

6. 여자가 의자 높이를 조정하고 있다.
   (A) She is moving a chair. ( )
   (B) She is adjusting a chair. ( )

7. 남자 한 명이 벤치에 앉아 있다.
   (A) One of the men is resting on a bench. ( )
   (B) The men are standing by a bench. ( )

8. 그들은 옆으로 나란히 앉아 있다.
   (A) They are seated next to each other. ( )
   (B) They are seated across from each other. ( )

9. 가방이 의자 위에 놓여 있다.
   (A) A bag has been set on a chair. ( )
   (B) A bag has been set on a counter. ( )

10. 차들이 보도를 따라 주차되어 있다.
    (A) Some cars are parked in a garage. ( )
    (B) Some cars are parked along a walkway. ( )

B 다음 문장을 들으면서 빈칸을 채운 뒤, 사진에 적절한 묘사인지 아닌지 O, X에 표시해 보자. 🎧 P1_U1_01

1.

(A) He's _____ a plant. (O / X)

(B) He's _____ on a keyboard. (O / X)

(C) He's _____ on the _____. (O / X)

(D) He's _____ his glasses. (O / X)

2.

(A) A woman is wearing a _____ shirt. (O / X)

(B) A man is _____ a vehicle. (O / X)

(C) They're _____ a box. (O / X)

(D) Some boxes are _____. (O / X)

3.

(A) She is _____ her safety gloves. (O / X)

(B) She is _____ a light. (O / X)

(C) She is _____ a microscope. (O / X)

(D) She is _____ some _____. (O / X)

4.

(A) One of the men is _____ food. (O / X)

(B) One of the men is _____ the menu. (O / X)

(D) One of the men is _____ the woman. (O / X)

(C) One of the men is _____ some water into a cup. (O / X)

5.

(A) The man is _____ a safety _____. (O / X)

(B) The man is taking _____. (O / X)

(C) The man is _____ a ladder. (O / X)

(D) The man is _____ a window. (O / X)

1.

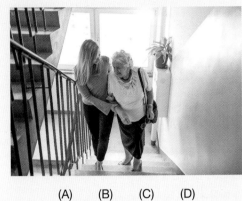

(A)　　(B)　　(C)　　(D)

2.

(A)　　(B)　　(C)　　(D)

3.

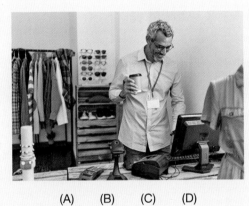

(A)　　(B)　　(C)　　(D)

4.

(A)　　(B)　　(C)　　(D)

5.

(A)　　(B)　　(C)　　(D)

6.

(A)　　(B)　　(C)　　(D)

다음 사진 속 상황을 적절하게 묘사하고 있는 문장은 무엇인가?

(A) They **are cleaning** some windows.
그들은 창문을 닦고 있다.

(B) Some windows **are being cleaned**.
창문들이 닦이고 있다.

두 문장은 다른 문장이지만 결국 같은 상황을 묘사하고 있다. (A)는 사람을 주어로 하고, (B)는 사물을 주어로 한다는 차이만 있을 뿐이다. (A)가 아닌 (B)와 같은 보기가 등장하면 확실히 난이도가 올라간다.

be being p.p.(~되고 있는 중이다) 동사 패턴을 정확히 이해하자!

 다음 두 문장을 비교해 보자. 사진을 적절하게 묘사한 문장은 무엇인가?

(A) A cart **is loaded** with bricks. 카트에 벽돌이 실려 있다.
(B) A cart **is being loaded** with bricks. 카트에 벽돌이 실리고 있다.

→ (A)가 맞는 문장이다. (B)가 정답이 되기 위해서는 사진에 반드시 벽돌을 카트에 싣고 있는 사람이 보여야 한다.

 A sofa **is being moved**.
소파가 옮겨지고 있다.

→ 사람들이 소파를 옮기고 있는 모습이므로 맞는 문장이다.

 Water **is being poured** into a cup.
물이 컵에 따라지고 있다.

→ 사람이 완전히 보이지는 않지만, 물을 따르고 있는 손이 보이므로 맞는 문장이다.

★ be being p.p.는 반드시 사진에 사람이 보이거나, 그 동작을 하는 사람의 손이라도 보여야 한다.

단, 예외가 있다!

Hats are being displayed in a store.
모자들이 가게에 진열되어 있다.

→ display(진열하다)의 경우, 사진에 사람이 전혀 보이지 않더라도
be being displayed가 정답이 될 수 있다.

Shadows are being cast on a beach.
그림자가 해변에 드리워져 있다.

→ cast(그림자를 드리우다)의 경우에도 사진에 사람이 보이지 않아도
be being cast가 정답이 될 수 있다.

be being p.p.와 be p.p./have been p.p.를 구별해야 한다!

사진을 알맞게 묘사한 문장은 무엇인가?
(A) Some bricks **have been stacked** in a pile.
　　벽돌들이 무더기로 쌓여 있다.
(B) Some bricks **are being stacked** in a pile.
　　벽돌들이 무더기로 쌓이고 있다.

→ 정답은 (A)이다.
사진에 사람은 전혀 등장하지 않고 벽돌이 쌓여 있는 모습이므로,
단순히 상태만을 설명하는 have been p.p.를 사용한 (A)가 정답이다.
be being p.p.는 벽돌이 쌓이고 있는 행위를 의미하기 때문에
사진에 반드시 사람이 등장해 벽돌을 쌓고 있어야 한다.

좀 더 난이도 올라가는 문제들

MP3 바로듣기

사물의 상태나 위치를 묘사하는 경우, 사람의 동작을 묘사하는 보기들보다 상대적으로 문장이 더 길고 어려운 경향이 있다. 앞쪽 문제로 나올 수도 있지만, 4~6번 등 뒤쪽 문항에 위치할 때가 많다. 다양한 주어와 함께 복합적인 요소가 출제되므로 주어, 동사, 혹은 끝 어휘, 어떤 부분이든 확실한 오답의 단서가 되는 단어를 캐치하는 기술이 필요하다.

✔ 사람 없이 사물이나 배경만 등장하는 사진

● 사람 없이 사물만 등장하는 사진의 경우, 사물의 상태나 위치를 묘사하는 보기들이 등장한다. 예를 들어, 의자가 일렬로 배열되어 있는지, 아니면 둥글게 배열되어 있는지 등을 묘사한다.

> *e.g.* | Some chairs **have been arranged** in a row. 의자들이 일렬로 배열되어 있다.

● 사람 없이 배경만 등장하는 사진의 경우, 배경 속 구도를 묘사하는 보기들이 등장한다. 예를 들어, 건물이 강을 내려다보고 있는지, 아니면 도로를 내려다보고 있는지 등을 묘사한다.

> *e.g.* | A building **overlooks** a river. 건물이 강을 내려다보고 있다.

● 공간의 사용 여부도 자주 물어보는 출제 포인트 중 하나이다.

> *e.g.* | An office is **unoccupied**. 사무실이 비어 있다.

혜원쌤 Tip

unoccupied와 occupied는 순간적으로 un 발음이 있느냐 없느냐에 따라 정반대의 의미를 형성한다. unoccupied는 empty와 같이 '비어 있다, 사용 중이지 않다'는 의미이고 occupied는 '사용 중이다'로 해석되기 때문에, 이렇게 순간적인 발음의 차이를 유발하는 어휘는 여러 번 듣고 읽으면서 발음을 익혀 두어야 한다.

A 사진을 묘사한 다음 우리말에 알맞은 문장을 (A), (B) 중에서 골라 체크해 보자.

1. 화분이 테이블 중앙에 놓여 있다.
   (A) A flowerpot is being placed on a table. ( )
   (B) A flowerpot has been placed on a table. ( )

2. 남자와 여자가 벽에 그림을 걸고 있다.
   (A) A framed picture is being hung on a wall. ( )
   (B) A framed picture is hanging on a wall. ( )

3. 여자가 정원에서 풀을 다듬고 있다.
   (A) Some bushes have been trimmed. ( )
   (B) Some bushes are being trimmed. ( )

4. 의자들이 일렬로 놓여 있다.
   (A) Chairs are lined up in a row. ( )
   (B) Chairs are stacked in the corner. ( )

5. 그림이 벽에 걸려 있다.
   (A) An artwork has been mounted on a wall. ( )
   (B) An artwork has been propped against ( )
       a wall.

6. 서류들이 테이블 위에 쌓여 있다.
   (A) Some papers have been piled on a table. ( )
   (B) Some papers have been piled beside ( )
       a table.

7. 옷들이 진열되어 있다.
   (A) Some clothing is being folded. ( )
   (B) Some clothing is being displayed. ( )

8. 한 의자에만 사람이 앉지 않았다.
   (A) All of the chairs are occupied. ( )
   (B) One of the chairs is empty. ( )

9. 빈 기차선로들이 건물 옆으로 나 있다.
   (A) Some train rails run alongside a building. ( )
   (B) A train is stopped at a platform. ( )

10. 보트가 아무도 없는 다리 아래를
    지나고 있다.
    (A) There are some people on the bridge. ( )
    (B) A boat is passing under the bridge. ( )

B 다음 문장을 들으면서 빈칸을 채운 뒤, 사진에 적절한 묘사인지 아닌지 O, X에 표시해 보자. 🎧 P1_U2_01

1.

(A) The _____ doors are _____. (O / X)

(B) A cloth is _____ across the table. (O / X)

(C) Some blinds are _____. (O / X)

(D) Some _____ plants are _____ on the floor. (O / X)

2.

(A) Some leaves are _____ in a _____. (O / X)

(B) Some fences are _____. (O / X)

(C) Some buildings _____ a train station. (O / X)

(D) Some benches _____ a walkway by a river. (O / X)

3.

(A) Some tables and chairs are under a _____ area. (O / X)

(B) Some tables are _____. (O / X)

(C) Some tables have been _____. (O / X)

(D) Trees _____ a picnic area. (O / X)

4.

(A) Some chairs have been arranged _____. (O / X)

(B) A _____ is being replaced. (O / X)

(C) Some artwork _____ on a wall. (O / X)

(D) There is a sofa _____. (O / X)

5.

(A) Some _____ have been closed on a _____. (O / X)

(B) All the tables are _____ by customers. (O / X)

(C) A worker is _____ a dining area. (O / X)

(D) An outdoor dining area is _____ by umbrellas. (O / X)

1.

(A)   (B)   (C)   (D)

2.

(A)   (B)   (C)   (D)

3.

(A)   (B)   (C)   (D)

4.

(A)   (B)   (C)   (D)

5.

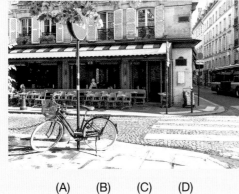

(A)   (B)   (C)   (D)

6.

(A)   (B)   (C)   (D)

구별이 필요한 동작 vs. 상태 관련 표현들

wearing a jacket
재킷을 입고 있다 〈입고 있는 상태〉

putting on a jacket
재킷을 입고 있다 〈입고 있는 동작〉

trying on a jacket
재킷을 입어 보고 있다 〈입고 있는 동작〉

taking off a jacket
재킷을 벗고 있다 〈벗고 있는 동작〉

removing a jacket
재킷을 벗고 있다 〈벗고 있는 동작〉

사무실이 보이면

typing on a keyboard
키보드를 두드리고 있다

talking on the phone
전화 통화를 하고 있다

looking at a monitor
모니터를 보고 있다

shaking hands
악수하고 있다

using some office equipment
사무기기를 사용하고 있다

hanging up a sign
안내판을 걸고 있다

organizing documents
서류를 정리하고 있다

standing in front of a desk
책상 앞에 서 있다

holding a piece of paper
종이 한 장을 들고 있다

plugging in a machine
기계의 전원을 연결하고 있다

looking in a drawer
서랍을 들여다보고 있다

leaving an office
사무실을 나서고 있다

sitting at one's desk
책상 앞에 앉아 있다

be stacked against a wall
벽에 기대어 쌓여 있다

be piled up on a desk
책상에 쌓여 있다

be arranged on a shelf
선반에 정렬되어 있다

be posted on a bulletin board
게시판에 붙여져 있다

be left open
열려 있다

The seats are all unoccupied.
자리가 모두 비어 있다.

회의실/강의실이 보이면

making a presentation
발표하고 있다

attending a presentation
발표에 참석하고 있다 (발표를 듣고 있다는 의미)

writing on a board
보드에 쓰고 있다

adjusting some equipment
장비를 조정하고 있다

speaking into a microphone
마이크에 대고 말하고 있다

hanging up a poster
포스터를 걸고 있다

facing each other
서로 마주보고 있다

looking at a screen
스크린을 보고 있다

distributing documents
문서를 나눠 주고 있다

having a conversation
대화를 하고 있다

be pushed against a wall
벽으로 밀어붙여져 있다

be arranged in a circle
원형으로 배치되어 있다

be placed in a row
일렬로 놓여 있다

have gathered for a meeting
회의를 하려고 모였다

seated across from each other
서로 마주보고 앉아 있다

상점이 보이면

hanging up a shirt
셔츠를 걸고 있다

looking at some clothing
옷을 보고 있다

reaching for an item
물건을 향해 손을 뻗고 있다

making a purchase
계산하고 있다

pushing a cart
카트를 밀고 있다

talking to a store employee
매장 직원에게 이야기하고 있다

waiting in line
줄을 서서 기다리고 있다

examining some items
물건들을 살펴보고 있다

lifting a box
상자를 들어올리고 있다

leaning over a cash register
계산기 위로 몸을 굽히고 있다

standing behind a counter
카운터 뒤에 서 있다

be displayed on shelves
선반에 진열되어 있다

be on display
진열되어 있다

hanging on racks
옷걸이에 걸려 있다

식당/주방이 보이면

sweeping a floor
바닥을 쓸고 있다

wiping off a table
테이블을 닦고 있다

preparing some food
음식을 준비하고 있다

serving food
음식을 내놓고 있다

eating on the patio
야외 테라스에서 먹고 있다

pouring some water into a cup
컵에 물을 따르고 있다

drinking from a cup
컵으로 마시고 있다

washing a cup in the sink
싱크대에서 컵을 씻고 있다

holding a tray
쟁반을 들고 있다

being mopped
대걸레로 닦이고 있다

be set for a meal
식사 준비가 되어 있다 (식기류가 놓여 있는 사진)

be on a countertop
조리대 위에 있다

교통수단이 보이면

getting into a vehicle
차에 탑승하고 있다 (차에 올라타고 있는 사진)

holding a suitcase
여행가방을 들고 있다

inspecting a tire
타이어를 점검하고 있다

exiting a vehicle
차에서 내리고 있다

washing a car
세차를 하고 있다

boarding a bus
버스에 올라타고 있다

crossing a road
길을 건너고 있다

directing traffic
교통정리를 하고 있다

standing on a platform
플랫폼에 서 있다

pointing at a sign
표지판을 가리키고 있다

putting luggage into a trunk
트렁크에 짐을 넣고 있다

pulling a suitcase
여행가방을 끌고 있다

unloading a truck
트럭에서 짐을 내리고 있다

be parked near a road
도로변에 주차되어 있다

be seated in a waiting area
대합실에 앉아 있다

실험실/공사장이 보이면

wearing safety gloves
안전 장갑을 착용하고 있다

looking into a microscope
현미경을 들여다보고 있다

using a hammer
망치를 사용하고 있다

organizing a toolbox
공구 상자를 정리하고 있다

taking measurements
치수를 재고 있다

climbing a ladder
사다리를 오르고 있다

using a shovel
삽을 사용하고 있다

kneeling down a floor
바닥에 무릎을 꿇고 있다

be under construction
공사 중이다

Some scaffolding has been erected.
비계가 세워져 있다.

공원/정원이 보이면

putting up a tent
텐트를 설치하고 있다

watering some plants
화초에 물을 주고 있다

trimming some bushes
풀을 다듬고 있다

working on a machine
기계를 손보고 있다

strolling in a park
공원에서 산책하고 있다

holding a bucket
양동이를 들고 있다

raking some leaves
나뭇잎을 갈퀴로 모으고 있다

eating in a picnic area
(공원) 피크닉 구역에서 음식을 먹고 있다

looking at a map
지도를 보고 있다

Trees are lining a walkway.
나무들이 길을 따라 늘어서 있다

Some branches have fallen on the ground.
나뭇가지들이 땅에 떨어져 있다.

A walkway is lined with benches.
길을 따라 벤치들이 늘어서 있다.

There are some potted plants.
화분에 심은 식물들이 있다.

강/바다/항구 등이 보이면

walking along the shore
해안을 따라 걷고 있다

overlooking a lake
호수를 내려다보고 있다

floating in the water
물에 떠 있다

holding a fishing pole
낚싯대를 잡고 있다

Some boats are sailing in a river.
몇몇 배들이 강에서 항해하고 있다.

Some boats are tied up to a dock.
몇몇 배들이 부두에 정박해 있다.

그 외 동작 관련 표현들

facing in the same direction
같은 방향을 보고 있다

holding on to a railing
난간을 붙잡고 있다

going down some stairs
계단을 내려오고 있다

playing instruments
악기를 연주하고 있다

performing outdoors
야외에서 공연하고 있다

walking outside
밖에서 걷고 있다

crossing a bridge
다리를 건너고 있다

riding a bicycle = cycling
자전거를 타고 있다

resting one's arm on a counter
카운터에 팔을 올려놓고 있다

tying one's shoe
신발끈을 묶고 있다

walking along a path
길을 따라 걷고 있다

walking toward a bridge
다리를 향해 걸어가고 있다

walking through a plaza
광장을 가로질러 걷고 있다

hanging from the ceiling
= be suspended from the ceiling
천장에 매달려 있다

Some curtains are being closed.
커튼이 쳐지고 있다.

그 외 상태 관련 표현들

A rug is being rolled up.
러그[깔개]가 말려지고 있다

A monitor is mounted on a wall.
모니터가 벽에 고정되어 걸려 있다.

be propped against a tree
나무에 받쳐져 있다

There are some buildings in the distance.
멀리 건물들이 있다.

casting a shadow
그림자를 드리우고 있다

Some stairs lead to a building.
계단이 건물로 이어져 있다.

be stacked in a pile
무더기로 쌓여 있다

be set on a top of a counter
카운터 위에 놓여 있다

be filled with food
음식으로 채워져 있다

be crowded with people
사람들로 붐비다

PART

2

토익 LC에서 두 번째 파트로, 짧은 대화로 구성되어 있으며 7번부터 31번까지 총 25문제가 출제된다.
시험에서 어느 정도 점수를 확보하기 위해서 매우 중요한 파트이며, 보기 3개 중에 정답을 고르기보다는 오답을
소거하는 것이 매우 중요한 파트이다.

UNIT 03 이건 틀리면 안 된다, 기본적인 6하원칙 문제 1

UNIT 04 이건 틀리면 안 된다, 기본적인 6하원칙 문제 2

UNIT 05 물어보는 게 아니다, 요청/제안 • 권유 의문문

UNIT 06 까다롭고 난해한, 부정/부가 의문문 & 우회성 답변

UNIT 07 이건 질문이 아니네? 평서문에 대비하기

PART 2 특징으로는

| 동영상 강의 |

❶ 토익 LC 점수를 확보하기 위해서 무조건 학습을 제대로 해 줘야 하는 중요 파트이다.

❷ 나머지 LC 파트들과 다르게 시험지에 보여지는 것 없이 듣고만 푸는 파트이다.
  귀로만 청취하면서 답을 고른다.

❸ 모든 토익 파트들 중에서 '유일하게 보기 3개'로 구성되어 있다. (A/B/C)

❹ 짧은 질문이나 평서문 등을 듣고 가장 적절한 보기를 고른다.

❺ 재청취라는 것은 토익에서 불가능하기 때문에 순발력과 순간 집중력이 중요하다.

❻ 모든 문장을 완벽하게 기억할 수 없기 때문에 핵심적인 부분을 순간적으로 잘 들어야 한다.

❼ 25문제 중 최소한 7~8문제는 정답이 애매하고 이상하다고 느껴질 수 있다.
  이런 경우에는 오답을 지워야 한다!

이건 틀리면 안 된다,
기본적인 6하원칙 문제 1

MP3 바로듣기

질문 자체가 Who(누가), When(언제), Where(어디서), What(무엇을), Why(왜), How(어떻게) 등으로 시작하는 패턴이다. Which(어떤 ~)나 Whose(누구의 ~) 형태도 출제된다!

☑ 의문사로 된 질문은

① 초반 의문사가 가장 중요한 역할을 한다.

② 질문을 완벽히 이해하지 못해도 의문사 자체를 잘 들으면 어느 정도 정답/오답이 갈라진다!

③ 짧은 질문이 순식간에 들리기 때문에 의문사와 핵심 키워드를 순간 캐치해야 한다.

④ 정답보다는 명백한 '오답'을 찾는 것이 중요하다.

● 실제 질문 예시 →

When is our next marketing meeting? 다음 마케팅 회의는 언제인가요?

문장 전체를 한 번에 해석하는 것도 좋지만, 문장이 길어지면 해석이 어려워질 수 있다!

핵심 부분을 머리에 담는다면 →

When is ~ meeting? 회의 ~ 언제인가요?

(A) (B) (C) 보기 예시 확인 →

(A) Yes, I will attend. 네, 저는 참석할 거예요.
(B) At our headquarters. 본사에서요.
(C) Next Monday. 다음 주 월요일이에요.

정답은 →

(C) Next Monday. 다음 주 월요일이에요.

● 실제 토익에 접목시켜 보면 아래의 패턴도 가능하다!

When is our next marketing meeting?
(A) Yes, I will attend.
(B) At our headquarters.
(C) I don't know.

'I don't know. (모르겠어요.)'가 애매한 느낌을 주지만 다음 마케팅 회의가 언제인지 모르겠다는 의미이므로 이상한 답변이 아니다. 가장 중요한 건 나머지 보기 (A)와 (B)가 확실한 오답이다!

★ 반.드.시. 오답을 소거, '더 이상한 내용을 지우는 것'이 PART 2의 핵심이다!

혜원쌤 Tip 의문사 의문문 꿀팁

1 의문사 의문문은 정보에 대한 답이므로 네(Yes)/아니요(No)는 불가능!

2 토익 시험은 미국/캐나다/영국/호주 성우로 구성되어 있다. 이 중에 영국/호주 성우 발음이 듣기 어려운데, 특히 의문사 Where가 가장 까다롭다!

미국/캐나다 Where [웨얼] VS. 영국/호주 Where [웨(어)]

미국/캐나다 특징 | r 발음을 명확하게 한다.
영국 발음 특징 | r 발음을 잘 하지 않는다.
호주 발음 특징 | r 발음을 하지만 새듯이 약하게 하고, 영국 발음과 비슷하다.

r 발음이 누락되면 속도가 빠른 것처럼 들린다! [웨] 사운드만 들리면 순간적으로 When으로 착각할 수 있지만, Where로 캐치할 수 있어야 한다!

3 의문사 의문문뿐 아니라 PART 2에서는 질문의 주어가 he인데 대답을 she로 하는 등 주어 자체가 맞지 않으면 답이 되기 어렵다. 항상 '오답의 단서'를 찾자!

A 다음 답변 예시 문장들에 어울릴 만한 의문사를 유추해서 적어보자.

1. This morning. → _____

2. As soon as I finish this report. → _____

3. Everyone should come. → _____

4. 50 dollars each. → _____

5. For about two years. → _____

6. Because I had another appointment. → _____

7. Follow me. → _____

8. This one is better. → _____

9. Mr. Kim in Human Resources. → _____

10. Isn't it yours? → _____

11. The accountant did. → _____

12. Not until this Friday. → _____

13. Put it over there. → _____

14. Customer satisfaction. → _____

15. No, at five o'clock. → _____

B 다음 문장들을 듣고, 빈칸에 알맞은 표현을 받아 적어보자. 🎧 P2_U3_01

[미국&캐나다 발음]

1. _____ will you be able to submit the expense report?

2. _____ the topic of today's seminar?

3. _____ get to the subway station?

4. _____ bring your mobile phone today?

5. _____ studied Japanese?

6. _____ is this?

7. _____ up Mr. Jones at the airport?

8. _____ should I order for the new employees?

9. _____ are you interested in buying?

10. _____ like your steak?

[영국&호주 발음]

11. _____ would you like to send me this package?

12. _____ conducting market _____?

13. _____ expect to receive the shipment?

14. _____ put those boxes?

15. _____ last weekend?

16. _____ the guest speaker this year?

17. _____ send this message?

18. _____ try the new Italian restaurant on the corner?

19. _____ late for the meeting?

20. _____ those plants while I was away on vacation?

- 의문사 의문문 15문제를 듣고 오답을 소거해서 정답을 남기자.
- 실제 시험처럼 듣고 바로 정답 체크하기＋그 후에 해설지를 통해 리뷰하고, 잘 들리지 않았던 발음은 스크립트를 보면서1〜2회 따라하기＋오답 이유 꼭 분석하기

1. Mark your answer on your answer sheet.　　(A)　　(B)　　(C)

2. Mark your answer on your answer sheet.　　(A)　　(B)　　(C)

3. Mark your answer on your answer sheet.　　(A)　　(B)　　(C)

4. Mark your answer on your answer sheet.　　(A)　　(B)　　(C)

5. Mark your answer on your answer sheet.　　(A)　　(B)　　(C)

6. Mark your answer on your answer sheet.　　(A)　　(B)　　(C)

7. Mark your answer on your answer sheet.　　(A)　　(B)　　(C)

8. Mark your answer on your answer sheet.　　(A)　　(B)　　(C)

9. Mark your answer on your answer sheet.　　(A)　　(B)　　(C)

10. Mark your answer on your answer sheet.　　(A)　　(B)　　(C)

11. Mark your answer on your answer sheet.　　(A)　　(B)　　(C)

12. Mark your answer on your answer sheet.　　(A)　　(B)　　(C)

13. Mark your answer on your answer sheet.　　(A)　　(B)　　(C)

14. Mark your answer on your answer sheet.　　(A)　　(B)　　(C)

15. Mark your answer on your answer sheet.　　(A)　　(B)　　(C)

UNIT 04

이건 틀리면 안 된다,
기본적인 6하원칙 문제 2

MP3 바로듣기

질문 자체가 Who, When, Where, What, How, Why 등으로 시작하는 패턴으로, PART 2에서 가장 기본적인 문제이다. 특히, 간접 의문문은 뒤에 나오는 의문사를 캐치하는 것이 무엇보다 중요하다.

✔ 6하원칙 의문사 문제에서 다시 한번 기억해야 할 점

❶ **Yes / No**가 답변에 들어갈 수 없다.

❷ 주어가 아예 불일치하는 경우 (**you**에게 물어봤는데 **she**로 답하는 등) 오답 소거한다.

❸ 질문 자체를 완벽하게 다 듣지 못했더라도 순간적으로 앞/뒤를 잘 캐치해야 한다.

❹ 영국/호주 발음의 **When**과 **Where**를 잘 구별해야 한다.

❺ [만능 오답 소거 TIP] 비슷한 유사 발음은 거의 오답이다.

copy와 coffee 같은 유사 발음은 오답률이 거의 100%에 달하고, 아예 똑같은 중복 발음도 정답률이 낮은 편이다.

✔ 6하원칙 의문사가 뒤에 위치하는 간접 의문문

❶ 6하원칙 내용에 대해 물어보기는 하지만 앞에 '알고 있나요?', '말해 줄 수 있나요?' 등의 구문이 붙는 형태이다.

❷ 대표적인 간접 의문문으로는 **Do you know ~?, Can you tell me ~?** 구문이 있다.

● **실제 질문 예시 →**

Where is the meeting room? 회의실이 어디인가요?

이 질문을 간접 의문문으로 바꾸면 →

1 Do you know where the meeting room is? 회의실이 어디인지 알고 있나요?

2 Can you tell me where the meeting room is? 회의실이 어디인지 말해 줄 수 있나요?

간접 의문문은 「의문사 + 동사 + 주어」 구조가 「의문사 + 주어 + 동사」로 순서만 바뀐다.

순서를 신경쓰기보다는 순간적으로 Do you know / Can you tell me 바로 뒤의 Wh- 의문사를 캐치하는 것이 중요하다.

● **간접 의문문에서 주의해야 할 예외사항**

Do you know / Can you tell me 다음에 if나 whether가 나오는 경우 각별한 주의가 필요하다.

Do you know if ~?

이 구문에서 if는 '만약 ~라면'이라는 뜻이 아니라 '~인지 아닌지'의 의미를 나타낸다.

Do you know if the meeting has been canceled?

회의가 취소되었는지 아시나요?

Can you tell me whether ~?

최고난도의 구문으로, whether가 순간적으로 where the로 잘못 들릴 수 있다.

Where the meeting room is처럼 장소 명사가 나오지 않는다면 whether일 확률이 높으니 주의한다.

Can you tell me whether the meeting is scheduled for tomorrow?

내일 회의가 예정되어 있는지 말해 줄 수 있나요?

간접 의문문은 Yes로 답할 수 있다.

6하원칙 의문사가 처음부터 나오면 Yes/No 답변이 안 되지만, 간접 의문문은 '알고 있다' 또는 '말해줄 수 있다'는 수긍의 의미로 Yes라고 답한 뒤 뒤에 추가 정보를 줄 수 있다.

Where is the meeting room? 회의실이 어디인가요?

— **Yes**, in Building A, Room 205. (X) 네. 빌딩 A 205호예요.

Do you know where the meeting room is? 회의실이 어디인지 아시나요?

— **Yes**, in Building A, Room 205. (O) 네. 빌딩 A 205호예요. ➔ 추가 정보 제공

A 유사 발음 구별 1 다음 어휘들을 원어민의 발음으로 들으면서 유사 발음을 인지해 보자. 🎧 P2_U4_01
유사 발음은 오답 확률이 매우 높다!

1.	coffee 커피	copy 복사
2.	read 읽다	lead 이끌다
3.	present 선물	presentation 발표
4.	speak 연설하다, 말하다	speech 연설
5.	apartment 아파트	department 부서
6.	accept 수락하다	expect 기대하다
7.	accept 수락하다	except ~을 제외하고
8.	write 쓰다	light 가벼운
9.	bank 은행	banquet 연회
10.	design 디자인; 설계하다	resign 사직[사임]하다
11.	design 디자인; 설계하다	sign 서명하다; 간판, 표지판
12.	tire 자동차 타이어	tired 피곤한
13.	tire 자동차 타이어	retire 은퇴하다
14.	account 계좌, 계정	count 수를 세다
15.	account 계좌, 계정	accounting 회계, 회계부서
16.	boat 보트	bought 구매했다
17.	call 전화하다, 연락하다	cold 추운; 감기
18.	cold 추운; 감기	coat 코트
19.	company 회사	accompany 동반하다, 동행하다
20.	contact 연락하다	contract 계약서

B 다음 문장들을 듣고, 빈칸에 알맞은 표현을 받아 적어보자. 🎧 P2_U4_02

[미국&캐나다 발음]

1. _____ the best place in New York?

2. _____ lead the orientation session for _____?

3. _____ your language classes?

4. _____ send me the _____?

5. _____ change the floor plan?

6. _____ supplying photographs for our Web site?

7. _____ volunteered to _____?

8. _____ manufactures automobile _____?

9. _____ keep confidential documents?

10. _____ does _____ work in?

[영국&호주 발음]

11. Do you know _____ is due?

12. Can you tell me _____ the next train _____?

13. _____ it is?

14. Do you know _____ is?

15. Can you tell me _____ is?

16. Do you know _____ is available on Friday?

17. Do you know _____ was _____?

18. Do you know _____ the next meeting is_____ for?

19. _____ was covered during the _____?

20. Do you know _____ goes to City Hall?

- 의문사 의문문 15문제를 듣고 오답을 소거해서 정답을 남기자.
- 실제 시험처럼 듣고 바로 정답 체크하기 + 그 후에 해설지를 통해 리뷰하고, 잘 들리지 않았던 발음은 스크립트를 보면서 1~2회 따라하기 + 오답 이유 꼭 분석하기

1. Mark your answer on your answer sheet.   (A)   (B)   (C)

2. Mark your answer on your answer sheet.   (A)   (B)   (C)

3. Mark your answer on your answer sheet.   (A)   (B)   (C)

4. Mark your answer on your answer sheet.   (A)   (B)   (C)

5. Mark your answer on your answer sheet.   (A)   (B)   (C)

6. Mark your answer on your answer sheet.   (A)   (B)   (C)

7. Mark your answer on your answer sheet.   (A)   (B)   (C)

8. Mark your answer on your answer sheet.   (A)   (B)   (C)

9. Mark your answer on your answer sheet.   (A)   (B)   (C)

10. Mark your answer on your answer sheet.   (A)   (B)   (C)

11. Mark your answer on your answer sheet.   (A)   (B)   (C)

12. Mark your answer on your answer sheet.   (A)   (B)   (C)

13. Mark your answer on your answer sheet.   (A)   (B)   (C)

14. Mark your answer on your answer sheet.   (A)   (B)   (C)

15. Mark your answer on your answer sheet.   (A)   (B)   (C)

UNIT 05

물어보는 게 아니다,
요청/제안·권유 의문문

MP3 바로듣기

요청이나 제안, 권유하는 형태로 6하원칙 의문사 의문문과 목적이 다르다. Can you / Could you / Would you ~? 패턴이 기본이며, Why don't you[we] ~? 등으로도 출제된다.

∨ 요청/제안·권유 의문문은

❶ **Yes / No**로 답변할 수 있다. (다만, 빈도가 높지는 않다.)

❷ 제안의 의미에는 질문이 아닌 평서문이 문제로 나올 수 있다.

❸ 여전히 유사 발음과 중복 발음은 어느 정도 높은 오답률을 가지고 있다.

❹ **Sure / Of course** 또는 **No, thank you / I'm afraid** ~ 등의 답변 패턴도 자주 등장한다.

● **요청의 대표적인 질문 형태: Can you / Could you / Would you ~?**

Can you send me the schedule? 일정표를 보내 주시겠어요?

Could you turn off the light? 조명을 꺼 주시겠어요?

Would you book a table for five? 5인용 테이블을 예약해 주시겠어요?

Would you mind if I closed the window? 창문을 닫아도 괜찮을까요?

참고 Would you mind ~?는 직역하면 '~을 꺼리시나요?'이지만, 결과적으로 '~해도 괜찮을까요?'라고 허가를 구하는 표현이다.

● **제안·권유의 대표적인 질문 형태:**

How about ~? / Why don't you[we] ~? / Should[Shouldn't] we ~? / Let's ~

How about launching a new marketing campaign? 새 마케팅 캠페인을 시작해 보는 게 어때요?

Why don't we have a meeting with them? 그들과 회의해 보는 게 어때요?

Shouldn't we move this table to the front? 이 테이블을 앞쪽으로 옮겨야 하지 않을까요?

Let's try the new Italian restaurant downtown. 시내에 새로 생긴 이탈리안 식당에 한번 가 보죠.

[예외] Why don't you ~? 구문은 보통 '~하는 게 어때요?'라는 제안을 나타내지만, 간혹 '왜 ~하지 않나요?'를 의미할 때도 있다. 그럴 때는 Because 답변이 가능하다! 특히 시제를 바꾼 Why didn't you ~?는 제안이 아닌 '왜 ~하지 않았어요?'의 의미를 나타낸다.

Why don't you contact the manager?
1) 매니저에게 연락해 보는 게 어때요? 2) 왜 매니저에게 연락하지 않아요? → 두 가지 의미 가능

Why didn't you contact the manager?
왜 매니저에게 연락하지 않았나요? → 이 의미만 나타냄

● 제안·권유의 의미는 '평서문'으로 나올 수도 있다.

We should launch a new marketing campaign. 우리는 새로운 마케팅 캠페인을 시작해야 해요.

I think you should have a meeting with them. 그들과 회의를 해야 할 것 같아요.

요청의 의미를 가진 질문에 대한 답변 예시를 보면,

질문   Could you send me the file? 파일을 보내 주시겠어요?

답변1   Sure, I'll do it right away. 물론이죠. 바로 그렇게 할게요.

위와 같이 Sure, Of course 등으로 명확할 수도 있지만

답변2   Didn't you already get it from Mr. Kim? 이미 김 씨에게서 받지 않으셨나요?

이와 같은 당황스러운 패턴 역시 답이 될 수 있다.

결국 세 개의 보기 중 '확실한 오답' 2개가 소거되어야만 고득점으로 이어질 수 있다!

변수가 존재하더라도 요청 의문문에서만 나올 수 있는 답변을 보면,

Of course. / Sure. / Certainly. 물론이죠.

Go ahead. 그렇게 하세요.

I wish I could. 그러고 싶어요. (실제로는 거절의 의미)

I'm sorry, but ~ 죄송하지만, ~

I'm afraid ~ 죄송하지만/유감이지만 ~

변수가 존재하더라도 제안·권유 의문문에서만 나올 수 있는 답변을 보면,

That's a good idea. / Good thinking. 좋은 생각이에요.

That would work. 효과적이겠어요./그거 좋겠어요.

All right. 그래요.

★ 어떤 경우에도 PART 2는 오답 소거가 생명이다. 더 확실한 오답의 단서를 잡는다.
순간적으로 들리는 주어 오류, 시제 오류, 또는 아예 엉뚱한 내용 등을 걸러 정답을 남겨야 한다!

A

유사 발음 구별 2 다음 어휘들을 원어민의 발음으로 들으면서 유사 발음을 인지해 보자. 🎧 P2_U5_01
유사 발음은 오답 확률이 매우 높다!

1. description 설명, 묘사   prescription 처방전

2. direction 방향, 안내   director 임원, 책임자

3. directly 곧장, 바로   directory 명부, 목록

4. expense 지출, 비용   expensive 비싼

5. grass 잔디   glass 유리

6. lack 부족   rack 선반, 걸이

7. ladder 사다리   letter 편지

8. late 늦은, 늦게   lately 최근에

9. hire 고용하다   higher 더 높은

10. lunch 점심 식사   launch 시작하다, 출시하다

11. surprise 놀라움; 놀라게 하다   prize 상

12. prize 상   price 가격

13. closed 닫힌, 폐쇄된   close 닫다

14. complete 완전한; 완성하다   compete 경쟁하다

15. correct 올바른, 정정하다   collect 수집하다

16. covered 덮인   cupboard 찬장

17. move 이사하다   remove 제거하다

18. file 파일   pile 더미

19. leave 휴가; 떠나다   live 살다, 거주하다

20. pass 건네다, 통과하다; 출입증   path 길

B 다음 문장들을 듣고, 빈칸에 알맞은 표현을 받아 적어보자. 🎧 P2_U5_02

[미국&캐나다 발음]

1. _____ make _____ with this _____?

2. _____ the room before we order the furniture?

3. _____ to set up the equipment?

4. _____ all these old reports to the _____.

5. _____ some copy paper for me from the _____?

6. _____ order additional chairs and _____?

7. _____ a sample for this product?

8. _____ a shopping list for the stationery store?

9. _____ change the _____ on this stationery?

10. _____ to carpool to the employee _____?

[영국&호주 발음]

11. _____ the storage closet?

12. _____ if we had another _____?

13. _____ this flyer on your _____?

14. _____ my presentation slides for errors?

15. _____ after your new one is delivered?

16. _____ to lead the _____ today?

17. _____ change _____?

18. _____ continue this _____ tomorrow?

19. _____ my dance class on Saturday?

20. _____ the interview this week?

- 요청/제안 · 권유 의문문 15문제를 듣고 오답을 소거해서 정답을 남기자.
- 실제 시험처럼 듣고 바로 정답 체크하기 + 그 후에 해설지를 통해 리뷰하고, 잘 들리지 않았던 발음은 스크립트를 보면서 1~2회 따라하기 + 오답 이유 꼭 분석하기

1. Mark your answer on your answer sheet.　　　(A)　(B)　(C)

2. Mark your answer on your answer sheet.　　　(A)　(B)　(C)

3. Mark your answer on your answer sheet.　　　(A)　(B)　(C)

4. Mark your answer on your answer sheet.　　　(A)　(B)　(C)

5. Mark your answer on your answer sheet.　　　(A)　(B)　(C)

6. Mark your answer on your answer sheet.　　　(A)　(B)　(C)

7. Mark your answer on your answer sheet.　　　(A)　(B)　(C)

8. Mark your answer on your answer sheet.　　　(A)　(B)　(C)

9. Mark your answer on your answer sheet.　　　(A)　(B)　(C)

10. Mark your answer on your answer sheet.　　　(A)　(B)　(C)

11. Mark your answer on your answer sheet.　　　(A)　(B)　(C)

12. Mark your answer on your answer sheet.　　　(A)　(B)　(C)

13. Mark your answer on your answer sheet.　　　(A)　(B)　(C)

14. Mark your answer on your answer sheet.　　　(A)　(B)　(C)

15. Mark your answer on your answer sheet.　　　(A)　(B)　(C)

UNIT 06

까다롭고 난해한,
부정/부가 의문문 & 우회성 답변

MP3 바로듣기

부정/부가 의문문은 몰라서 물었다기보다는 '~이지 않나요?'라는 확인용 질문이며, 답변에 Yes나 No가 들어갈 수 있다. 이와 더불어 질문이 어떤 유형이든 엉뚱한 답변 같은데 나머지 2개의 보기보다는 적절해서 답이 되는 '우회성 답변'도 확인해 보자.

▼ 부정/부가 의문문은

① **6하원칙이 아닌 일반 의문문의 범주에 들어간다**

② 부정 의문문은 **Aren't, Didn't, Haven't** 등의 부정어로 시작하고, 부가 의문문은 평서문 끝에 동사와 주어가 덧붙여진 형태이다. 둘 다 사실을 확인하거나 동의를 구할 때 주로 사용된다.

③ 6하원칙이 아닌 일반 의문문의 범주에 속하기 때문에 **Yes / No** 답변이 충분히 등장할 수 있다.

④ **Yes / No**가 없어도 정답이 될 수 있으므로 나머지 오답 **2개**를 소거하는 것이 중요하다.

⑤ 부정 / 부가 의문문이라고 해서 부정적 의미를 살려서 해석할 필요는 없다.

● 부정/부가 의문문의 질문/답변 패턴 분석하기

Are you hungry? 배고파요? → 일반 be동사 의문문
Aren't you hungry? 배고프지 않아요? → 부정 의문문
You are hungry, aren't you? 배고프시죠. 그렇지 않나요? → 부가 의문문

긍정 답변 '네, 배고파요.' →

Yes, I am.

부정 답변 '아니요, 배고프지 않아요.' →

No, I'm not.

★ 부정/부가 의문문이라고 해서 Yes/No의 입장을 거꾸로 생각할 필요는 없다. 부정어에 상관없이 답변이 긍정이면 Yes, 부정이면 No로 대답한다.

질문 Don't you have a meeting with Mr. Kim? 김 씨와 회의가 있지 않나요?

답변1 Yes, I'll meet him at 2 o'clock. 네, 두 시에 만날 거예요.
답변2 No, it has been canceled. 아니요. 취소됐어요.

답변3 Yes, I do. (회의가 있다는 의미)
답변4 No, I don't. (회의가 없다는 의미)

주의 Do you/Don't you ~? 형태의 질문에 Yes, I am. 또는 Yes, I can. 등으로 아예 다른 조동사나 be동사로 바꾸어 답변하면 반드시 오답이다!

● 발음을 캐치하기 어려운 부정/부가 의문문

Won't로 시작하는 부정 의문문은 미래 표현으로 유추한다.

Will they place an order soon? 그들은 곧 주문을 할 건가요?

부정 의문문으로 바꾸면

Won't they place an order soon? 그들이 곧 주문을 하지 않을까요?

여기서 won't(will not의 줄임말) 발음을 순간적으로 want(동사 '원하다')나 weren't(were not의 줄임말)의 발음과 헷갈릴 수 있다. 이런 경우 질문의 끝 어휘(soon)를 통해 과거의 weren't인지 미래의 won't인지 캐치하는 것도 방법이 된다.

듣기 어려운 고유명사는 부가 의문문을 통해 주어를 유추한다.

Ahmed Leung is going to leave for Los Angeles, **isn't he**?

Ahmed Leung이 LA로 곧 떠날 거죠. 그렇지 않나요?

이러한 질문에서 사람 이름은 당황스럽고 듣기 어려울 수 있다. 그러나 부가 의문문 isn't he를 통해 문장의 주어가 사람 이름이었음을 캐치해야 한다.

+PLUS 평서문인 줄 알았지만 끝에 확인용 멘트가 붙는 〈평서문, right?〉

평서문처럼 들리다가 끝에 "right?"이라는 질문 꼬리가 붙는다.

The meeting will be held in the main conference room, **right?**
회의는 대회의실에서 열릴 거죠, 맞죠?

이때는 Yes / No가 충분히 답으로 등장할 수 있다.
Yes, it'll start at 3 P.M. 네. 오후 3시에 시작할 거예요.

대표적인 오답의 유형으로는
At 4 P.M. 오후 4시요. ➡ 문장이 아닌 단답형
It's on your left. 왼쪽에 있어요. ➡ 질문의 끝 right을 '오른쪽'이라는 의미로 착각한 경우

✔ 우회성 답변 분석하기

PART 2에는 정답이라고 생각조차 하지 못했지만 정답인 답변들이 등장한다. 이러한 우회성 답변들은 나머지 2개의 확실한 오답 보기를 통해 힘을 얻게 된다. 우회성 답변은 유형이 다양하기 때문에 외우기보다는 오답 소거 연습을 하는 것이 훨씬 중요하다. 우선 시험 출제 빈도가 높고, 자주 쓰이는 우회성 답변을 확인해 보자.

❶ 저는 잘 몰라요. / 다른 사람에게 물어보세요. / ○○가 담당자입니다.

I don't know. / I have no idea. 잘 모르겠어요.

I am new to this area. 저는 이 지역에 와본 적이 없어요.

Mr. Kim might know. 김 씨가 알지도 몰라요.

Mr. Kim is in charge of that. 그건 김 씨가 담당합니다.

Why don't you to talk to Mr. Kim? 김 씨와 이야기해 보시겠어요?

❷ 메모/팩스/일정표 등을 확인하지 않았나요?

Didn't you get the memo? 메모 받지 않으셨나요?

Didn't you check the e-mail? 이메일 내용 못 보셨나요?

That information is on the schedule. 그 정보는 일정표에 있어요.

❸ 취소되었어요. / 미뤄졌어요. / ~까지는 아니에요. (미리 묻지 말아주세요.)

It has been canceled. 취소됐어요.

It was moved to September. 9월로 미뤄졌어요.

It has been postponed until further notice. 추후 통보 때까지 미뤄졌어요.

The meeting is not until next month. 회의는 다음 달은 되어야 해요.

*not until + 시점: ~은 되어야 한다 (아직은 시기가 이르다)

❹ 아직 결정되지 않았어요.

It hasn't been decided yet. 아직 결정되지 않았어요.

We are still discussing the matter. 그 사안을 여전히 논의 중이예요.

❺ 예산이 부족해요.

The cost is not included in the budget. 비용은 예산에 포함되어 있지 않습니다.

We are on a tight budget. 예산이 빠듯한 상태예요.

A

유사 발음 구별 3 다음 어휘들을 원어민의 발음으로 들으면서 유사 발음을 인지해 보자. 🎧 P2_U6_01
유사 발음은 오답 확률이 매우 높다!

1. plan 계획   plant 식물, 공장

2. process 과정, 공정   progress 진전; 진행하다

3. real 실제의, 진짜의   rear 뒤쪽; 뒤쪽의

4. repair 수리; 수리하다   prepare 준비하다

5. sign 서명하다; 간판, 표지판   assign 배정하다

6. store 가게; 저장하다   storage 저장, 저장고

7. view 견해, 관점; 전망   review 재검토하다

8. walk 걷다; 산책   work 일하다; 작업

9. way 길, 방법   weigh 무게를 재다

10. weather 날씨   whether ~인지 아닌지

11. want 원하다   won't ~하지 않을 것이다

12. won't ~하지 않을 것이다   weren't ~하지 않았다

13. envelope 봉투   develop 개발하다

14. informed 잘 아는, 유식한   informative 유익한

15. date 날짜   outdated 낡은

16. latest 최신의   late 늦은

17. press 누르다   express 표현하다; 급행의

18. believe 믿다   relieve 완화하다, 덜다

19. report 보고서; 보고하다   reporter 기자

20. in advance 미리, 사전에   advance 사전의; 발전, 진보 / advanced 고급의

B 다음 빈칸에 알맞은 표현을 받아 적으면서 문장의 핵심 흐름을 파악해 보자. 🎧 P2_U6_02

[미국&캐나다 발음]

1. _____ want to go to the _____ this weekend?

2. _____ tables and chairs for the company event, _____ ?

3. _____ Debon will get a promotion this month, _____ ?

4. _____ work overtime _____ ?

5. _____ the assembly line _____ ?

6. _____ going back to the _____ ?

7. _____ need to be here by 3 o'clock, _____ ?

8. _____ our proposal _____ by the _____ ?

9. _____ at the Cresson Café is very _____ , _____ ?

10. _____ our company regulations changed _____ ?

[영국&호주 발음]

11. _____ computers are being _____ today, _____ ?

12. _____ Mr. Beck's desk _____ ?

13. _____ on sale?

14. _____ is for _____ members, isn't it?

15. _____ have received _____ , _____ ?

16. _____ need to change _____ ?

17. _____ system more _____ .

18. _____ the interns to take inventory, _____ ?

19. _____ the buyers from China at our _____ ?

20. _____ send the _____ ?

- 부정/부가 의문문 15문제를 듣고 오답을 소거해서 정답을 남기자.
- 실제 시험처럼 듣고 바로 정답 체크하기 + 그 후에 해설지를 통해 리뷰하고, 잘 들리지 않았던 발음은 스크립트를 보면서 1~2회 따라하기 + 오답 이유 꼭 분석하기

1. Mark your answer on your answer sheet.   (A)   (B)   (C)

2. Mark your answer on your answer sheet.   (A)   (B)   (C)

3. Mark your answer on your answer sheet.   (A)   (B)   (C)

4. Mark your answer on your answer sheet.   (A)   (B)   (C)

5. Mark your answer on your answer sheet.   (A)   (B)   (C)

6. Mark your answer on your answer sheet.   (A)   (B)   (C)

7. Mark your answer on your answer sheet.   (A)   (B)   (C)

8. Mark your answer on your answer sheet.   (A)   (B)   (C)

9. Mark your answer on your answer sheet.   (A)   (B)   (C)

10. Mark your answer on your answer sheet.   (A)   (B)   (C)

11. Mark your answer on your answer sheet.   (A)   (B)   (C)

12. Mark your answer on your answer sheet.   (A)   (B)   (C)

13. Mark your answer on your answer sheet.   (A)   (B)   (C)

14. Mark your answer on your answer sheet.   (A)   (B)   (C)

15. Mark your answer on your answer sheet.   (A)   (B)   (C)

UNIT 07

이건 질문이 아니네?
평서문에 대비하기

MP3 바로듣기

PART 2의 25문제 중에서 평균 3~4문제 정도 출제되기 때문에 생각보다 당황스러운 패턴이다. 의문문이 아니다 보니
첫 시작 어휘를 포착하기 어려운 고난도 유형에 속한다. 따라서 무조건 오답 소거가 생명이다!

☑ 평서문으로 출제되는 문제들은

❶ 기본적으로 문장이 다소 길다.

❷ 의문사 의문문 형태가 아니기 때문에 초반부 포인트를 잡기가 어렵다.

❸ 의견, 평가, 소식, 요청, 제안 등 다양한 의미의 평서문이 출제된다.

❹ 내용을 순간적으로 이해하는 것이 가장 좋지만, 놓친 부분이 있는 경우에는 평서문의 정답으로 등장할 수
없는 오답 포인트를 잡아야 한다.

❺ Yes / No 답변이 자주 등장하지는 않지만, 동의의 표현으로서 Yes가 No보다는 자주 나올 수 있다.

❻ 중복 발음이나 유사 발음은 여전히 확실한 오답 요소가 될 수 있다.

● 평서문의 다양한 형태

소식 전달, 당부, 요청, 결심이나 의사 표현, 추측 등 다양한 형태와 의미의 평서문이 출제된다.

Our sales increased by 10% this quarter. 이번 분기 매출이 10퍼센트 증가했어요.

You'll receive your package within five business days. 영업일 기준 5일 이내에 소포를 받으실 수 있습니다.

Please lock the door when you leave. 퇴근하실 때 문을 잠가 주세요.

You should check this year's expense report. 올해 경비 보고서를 확인하셔야 해요.

I decided to move to London. 런던으로 이사하기로 결정했어요.

The problem is the printer is out of paper. 문제는 프린터에 용지가 다 떨어졌다는 거예요.

I would like to buy this shirt. 이 셔츠를 구매하고 싶어요.

I don't think it will rain tomorrow. 내일 비가 올 것 같지 않아요.

● **평서문에 대한 답변에 대비하기 위해 알아야 할 사항**

1 문장 형태가 아닌 단답형은 답이 되기 어렵다.

질문 Our sales increased by 10% this quarter. 이번 분기 매출이 10퍼센트 증가했어요.

오답 This September. 올해 9월이요. → When 의문문에 대한 답변

2 Yes보다 No가 오답일 확률이 높다.

질문 We decided to relocate our main office. 저희 본사를 이전하기로 결정했어요.

오답 **No,** I didn't. 아니요, 저는 그러지 않았어요. → Did/Didn't you ~? 등의 의문문에 대한 답변

3 Yes가 답이 되는 경우라면, 맞장구의 의미를 가진다.

질문 Our sales increased by 10% this quarter. 이번 분기 매출이 10퍼센트 증가했어요.

정답 **Yes,** customers really like our new products. 네, 고객들이 저희의 신상품을 정말로 좋아해요.

4 No보다는 의견 반박의 의미로 But이 등장할 수 있다.

질문 I decided to move to London. 런던으로 이사하기로 결정했어요.

정답 **But** rents are very high in that city. 그런데 그 도시는 임대료가 매우 높잖아요.

5 소식을 전달하거나 의견을 제시하는 평서문에 대해 반문할 수 있다.

질문 We need to wait for a building permit. 우리는 건축 허가를 기다려야 해요.

정답 **Wasn't it already approved?** 이미 승인된 거 아니었어요?

질문 I tried the new seafood restaurant. 저는 새로운 해산물 레스토랑에 가 봤어요.

정답 **Was it good?** 좋았어요?

A 다음 문장들을 보면서, 의문문의 답변인지 평서문의 답변인지 골라보자. (중복체크 가능)

1. You can say that again.   [평서문 / 의문문]

2. Because it has been delayed.   [평서문 / 의문문]

3. Mr. Kim in Human Resources.   [평서문 / 의문문]

4. Didn't you get the memo?   [평서문 / 의문문]

5. Of course, I will.   [평서문 / 의문문]

6. When will you move?   [평서문 / 의문문]

7. Please follow me.   [평서문 / 의문문]

8. Okay. I'll do it immediately.   [평서문 / 의문문]

9. Yes, I can.   [평서문 / 의문문]

10. Later today.   [평서문 / 의문문]

11. An extended warranty.   [평서문 / 의문문]

12. I didn't know that.   [평서문 / 의문문]

13. Yes, it arrived this morning.   [평서문 / 의문문]

14. Put it over there.   [평서문 / 의문문]

15. From Seoul.   [평서문 / 의문문]

16. I didn't know that either.   [평서문 / 의문문]

17. Either way is okay.   [평서문 / 의문문]

18. Congratulations! You deserve it.   [평서문 / 의문문]

19. I believe so.   [평서문 / 의문문]

20. Twenty dollars each.   [평서문 / 의문문]

B 다음 문장들을 듣고, 빈칸에 알맞은 표현을 받아 적어보자. 🎧 P2_U7_01

[미국&캐나다 발음]

1. _____ forgot to bring _____.

2. _____ postponed until further _____.

3. _____ the layout of our _____.

4. _____ first time _____.

5. _____ to bring my _____.

6. I made _____ to the design.

7. _____ online.

[영국&호주 발음]

8. I think _____ is too _____ for me.

9. _____ know that _____ from Australia tomorrow.

10. The product _____ is not _____ we _____.

11. _____ to the convention hall.

12. _____ the new _____ will be working at _____.

13. _____ this phone has some _____.

14. _____ on your desk.

- 평서문 15문제를 듣고 오답을 소거해서 정답을 남기자.
- 실제 시험처럼 듣고 바로 정답 체크하기 + 그 후에 해설지를 통해 리뷰하고, 잘 들리지 않았던 발음은 스크립트를 보면서1~2회 따라하기 + 오답 이유 꼭 분석하기

1. Mark your answer on your answer sheet.　　　(A)　　(B)　　(C)

2. Mark your answer on your answer sheet.　　　(A)　　(B)　　(C)

3. Mark your answer on your answer sheet.　　　(A)　　(B)　　(C)

4. Mark your answer on your answer sheet.　　　(A)　　(B)　　(C)

5. Mark your answer on your answer sheet.　　　(A)　　(B)　　(C)

6. Mark your answer on your answer sheet.　　　(A)　　(B)　　(C)

7. Mark your answer on your answer sheet.　　　(A)　　(B)　　(C)

8. Mark your answer on your answer sheet.　　　(A)　　(B)　　(C)

9. Mark your answer on your answer sheet.　　　(A)　　(B)　　(C)

10. Mark your answer on your answer sheet.　　　(A)　　(B)　　(C)

11. Mark your answer on your answer sheet.　　　(A)　　(B)　　(C)

12. Mark your answer on your answer sheet.　　　(A)　　(B)　　(C)

13. Mark your answer on your answer sheet.　　　(A)　　(B)　　(C)

14. Mark your answer on your answer sheet.　　　(A)　　(B)　　(C)

15. Mark your answer on your answer sheet.　　　(A)　　(B)　　(C)

PART

3

토익 LC에서 문항 수가 가장 많은 파트로 보기가 4개인 3문제 x 13세트, 총 39문제가 출제된다.
남녀 간의 대화를 듣고 3문제의 답을 맞혀 나가는 파트인데, 주로 비즈니스 상황에서 동료 간의 대화,
상점에서 직원과 고객의 대화 등이 출제 빈도가 높다. 보기를 읽으면서 다소 긴 대화를 듣기 때문에
상대적으로 말이 빠르다고 느낄 수 있고, 전체 문제 중 20% 정도는 고난도 문제가 수록된다.

UNIT 08 긴 대화의 시작, 일반 문제

UNIT 09 3인 대화 & 시각정보 연계 문제

UNIT 10 따옴표가 있는 의도 파악 문제

PART 3 특징으로는

❶ 32~34번, 35~37번 등과 같이 3문제가 하나의 대화 세트가 되는 파트이다.

❷ 질문에 woman / man이 등장하고, 이들을 합쳐 speakers라고 통칭하기도 한다.

❸ 의문사(Wh-)로 시작하는 문제들로 구성되어 있다.

❹ 대화를 듣기 전에, 미리 해당 3문제와 보기들을 읽어 두는 것이 좋다. 특히 첫 번째 세트 32~34번은 파트가 시작될 때 성우가 Direction을 읽는 시간을 활용하여 미리 확인한다.

❺ 대화를 들으면서 답을 골라 나간다.

❻ 대화가 종료된 후에는 성우가 해당 세트의 3문제를 차례로 읽어 주는 시간을 모아서 그 다음 세트를 읽는다. 예를 들어, 32~34번 문제가 나오는 동안에는 35~37번 문제와 보기를 미리 읽을 수 있다.

UNIT 08

긴 대화의 시작, 일반 문제

MP3 바로듣기

PART 3는 남녀로 구성된 2인이 나누는 대화를 듣고 세 문제를 푸는 것이 일반적인 유형이다. 대부분의 문제들이 Who/Where/What/Why 등 의문사 형태의 질문으로 출제된다.

✔ PART 3 일반 문제 풀이 전략

> **M** Hi, Ms. Kim. Good timing – I just finished up with your bike. The handlebars are now straight again, and I replaced the front wheel.
>
> **W** It looks great. How much is the repair cost?
>
> **M** Here's your bill.
>
> **W** Wow, is that all you charge? I'll definitely be coming back here!

남 안녕하세요, 김 씨. 딱 맞춰 오셨네요. 방금 자전거 작업을 끝냈거든요. 핸들은 이제 다시 올바로 되어 있고, 앞 바퀴를 교체했어요.
여 좋은데요. 수리비용은 얼마인가요?
남 여기 청구서입니다.
여 와, 청구하시는 게 이게 다예요? 여기 꼭 다시 올게요!

---

1 Who most likely is the man?

(A) A doctor
(B) A teacher
(C) A repairperson
(D) An event planner

남자는 누구인 것 같은가?

(A) 의사   (B) 교사
(C) **수리공**   (D) 행사 기획자

초반부에서 bike를 언급한 후, 무언가 곧은(straight) 상태로 바뀌었고, 바퀴를 교체(replace)했다고 했으므로, 정답은 (C)이다.

---

2 What service does the man provide?

(A) Waste disposal
(B) Personal training
(C) Courier delivery
(D) Bicycle repair

남자는 어떤 서비스를 제공하는가?

(A) 폐기물 처리   (B) 개인 트레이닝
(C) 택배 배달   (D) **자전거 수리**

남자의 말(finished up with your bike)과 여자가 repair cost를 물어보는 부분을 통해 (D) Bicycle repair(자전거 수리)를 답으로 골라야 한다.

---

3 Why is the woman surprised?

(A) A company has few employees.
(B) A procedure is fast.
(C) A price is low.
(D) A workplace is small.

여자는 왜 놀라는가?

(A) 직원 수가 적다.   (B) 절차가 빠르다.
(C) **가격이 낮다.**   (D) 업무 공간이 작다.

여자가 요금(charge)에 놀라며 꼭 다시 오겠다고 했으므로 정답은 (C)가 된다. charge – price와 같이 비슷한 의미의 다른 단어로 표현하는 것을 어휘 재표현(paraphrasing)이라고 하며, 토익 LC의 가장 중요한 기술이다.

A 다음 질문과 질문 + 보기에서 키워드라고 생각되는 부분에 밑줄을 그어 보자.

> 시험장에서 막상 대화를 듣다 보면 완벽하게 들으면서 동시에 완벽하게 읽기는 매우 어렵다. 질문과 보기를 눈으로 빠르게 읽으면서 순간적으로 집중해야 할 단서 단어들이 어떤 것인지 찾아 해당 부분에 밑줄을 긋는다.

1. What department does the woman work in?

2. Who most likely is Hiroshi Akida?

3. According to the man, what will be held on Friday?

4. What problem does the woman mention?

5. What does the man ask the woman to do?

6. What will the man do next?

7. What will take place in the evening?

(A) An official tour   (B) A safety inspection
(C) A training session   (D) A weekly meeting

8. Why does the woman want to postpone the meeting?

(A) She has a scheduling conflict.
(B) She is busy writing an expense report.
(C) She must conduct a tour for some clients.
(D) Her car is in a repair shop.

9. Why is the man calling?

(A) To reserve a room at a hotel
(B) To ask about a refund policy
(C) To check the status of his recent order
(D) To request a schedule change

10. Why does the man apologize to the woman?

(A) There are no seats available now.
(B) A coupon is no longer valid.
(C) The man's firm is currently understaffed.
(D) There is a long waiting line.

B 다음 짧은 문장들을 듣고, 알맞은 답을 골라 보자. 🎧 P3_U8_01

1. Where will the woman visit in Lisbon?

(A) An amusement park

(B) A department store

(C) A gallery

(D) A convention center

2. Where does the man most likely work?

(A) At a dental clinic

(B) At a community center

(C) At a photo studio

(D) At a hardware store

3. What event does the woman mention?

(A) A music performance

(B) A marathon

(C) A company banquet

(D) A fund-raiser

고난도

4. Who most likely is the man?

(A) A department manager

(B) A vice president

(C) A city official

(D) A technician

고난도

5. According to the man, what will happen on June 7?

(A) A lecture by the CEO will be given.

(B) A job fair will be held.

(C) Employees will learn how to use a computer program.

(D) New managers will be starting their jobs.

C Paraphrasing 연습 1 다음 어휘들을 다른 표현으로 바꿔 적어 보자. 🎧 P3_U8_02

아무리 완벽하게 듣고 읽어도 결국 paraphrasing(어휘 재표현)을 캐치하지 못하면 버퍼링이 생긴다. 바로바로 암기하려 하는 것보다는 학습하면서 paraphrasing 어휘들을 별도의 노트에 정리하고 주기적으로 읽자.

1. company outing 회사 야유회 ➡ 다른 말로 넓게 **회사 행사** company e_____ .

2. manager 매니저, 상급자 ➡ 다른 말로 **상사** s_____ , h_____

3. problem 문제점 ➡ 다른 말로 **이슈, 트러블** i_____ , t_____

4. marathon 마라톤 ➡ 다른 말로 **스포츠 대회** s_____ c_____

5. hotel 호텔 ➡ 넓게 **숙박 시설** a_____

6. bus, subway 버스, 지하철 ➡ 넓게 **대중교통** p_____ t_____

7. photo, photograph, picture 사진, 그림 ➡ 다른 말로 넓게 **이미지** i_____

8. move 옮기다, 이사가다 ➡ 다른 말로 **이전하다** r_____

9. distribute 배부하다 ➡ 다른 말로 **나눠주다, 배부하다** p_____ / h_____ o_____

10. ideas 생각, 의견 ➡ 다른 말로 **제안, 의견** o_____ , s_____

11. remodeling 보수공사 ➡ 다른 말로 **보수공사, 수리공사** r_____

12. submit 제출하다 ➡ 동의어로 **제출하다** h_____ i_____

13. visit 방문하다 ➡ 다른 말로 **들르다, 방문하다** s_____ / d_____ b_____

14. show around 주변을 보여주다 ➡ **투어(하다)** t_____

15. various 다양한 ➡ 다른 말로 **각기 다른, 다양한** d_____

16. reserve 예약하다 ➡ 동의어로 **예약하다** b_____

17. purchase 구매하다 ➡ 다른 말로 **사다, 구매하다** b_____

18. set up 설치하다 ➡ 동의어로 **설치하다** i_____

19. be not working properly 제대로 작동하지 않다 ➡ 다른 말로 **오작동하다** m_____

20. email 이메일; 이메일을 보내다 ➡ 다른 말로 **(정보 등을) 보내다** s_____

1. What happened last month?

   (A) The store underwent renovations.
   (B) A new branch opened.
   (C) A new marketing director was hired.
   (D) The business moved to a bigger place.

2. What does the man suggest?

   (A) Expanding the menu items
   (B) Hiring more staff members
   (C) Fixing a broken door
   (D) Putting up a banner

3. Who is Akira?

   (A) A major client
   (B) An engineer
   (C) A graphic designer
   (D) An architect

4. Who most likely is the woman?

   (A) A doctor
   (B) A teacher
   (C) A real estate agent
   (D) A receptionist

5. What does the man want to do?

   (A) Visit another dental clinic
   (B) Change the form of payment
   (C) Reschedule his appointment
   (D) Leave some comments

6. When will the man visit the clinic?

   (A) Today
   (B) Tomorrow
   (C) On Tuesday
   (D) On Wednesday

7. Who most likely is the man?

   (A) A landscaper
   (B) A security guard
   (C) A server
   (D) A tour guide

8. What does the woman ask about?

   (A) Business hours
   (B) Expansion plans
   (C) Some recipes
   (D) A billing error

9. What does the man say he will do?

   (A) Bring some water
   (B) Buy a new cookbook
   (C) Show an item to the woman
   (D) Apply a discount coupon

10. Where are the speakers?

    (A) In a convention hall
    (B) At a subway station
    (C) In an office
    (D) On the street

11. Why does the man recommend taking the bus?

    (A) The subway station is too far.
    (B) The bus fare is cheaper than taking the subway.
    (C) The nearest subway station is under construction.
    (D) The bus goes directly to the destination.

12. How often does the bus run?

    (A) Every 5 minutes
    (B) Every 10 minutes
    (C) Every 15 minutes
    (D) Every 20 minutes

13. What problem does the woman have?

   (A) She was overcharged for an item.
   (B) She misplaced a personal item.
   (C) She received a damaged product.
   (D) She returned a product late.

14. What is the woman asked to fill in?

   (A) Her home address
   (B) A coupon code
   (C) A greeting message
   (D) Her contact information

15. What does the man offer to give the woman?

   (A) A voucher
   (B) An order form
   (C) A catalog
   (D) A map

16. According to the woman, what happened earlier today?

   (A) A supplier raised its paper costs.
   (B) She secured a contract.
   (C) She ordered a box of paper.
   (D) A new printer was installed.

17. What is the reason for changing to another supplier?

   (A) Late deliveries
   (B) A limited budget
   (C) Poor customer service
   (D) Customer complaints

18. What will the man do next?

   (A) Go to the cafeteria
   (B) Leave a message
   (C) Lead a meeting
   (D) Contact a printing shop

19. Who most likely is the woman?

   (A) An artist
   (B) A café owner
   (C) A musician
   (D) A journalist

20. Why does the man want a schedule change?

   (A) He has a prior engagement.
   (B) He must attend a conference.
   (C) He needs to do some absent employees' tasks.
   (D) He is late for a meeting.

21. What does the woman remind the man to do?

   (A) Reserve a quiet room
   (B) Dress professionally
   (C) Send some interview questions
   (D) Change the layout of a room

UNIT 09

3인 대화 & 시각정보 연계 문제

MP3 바로듣기

PART 3에서 3인 대화는 두 세트 정도 출제되며 평상시처럼 2인 대화라고 생각하고 듣는다. 시각정보가 포함된 세트는 3문제 중 1문제만 시각정보 연계 문제이고 나머지 2문제는 다른 PART 3 문제와 같다.

✔ 3인 대화의 특징 및 문제 포인트

몇 번에 출제된다는 단서 없이 무작위로 출제된다. 총 13세트 39문제 중 2세트 6문제에만 해당되므로 사실상 2인 대화와 다르게 학습하거나 압박감을 가질 필요는 없다.

● **Questions 38-40 refer to the following conversation with three speakers.**

대화 시작 전에 "38-40번은 다음의 3인 대화를 참고하세요."라는 성우의 목소리가 들리지만, 이 부분이 글자로 보이지는 않는다.

● **질문에 men/women이 등장할 수 있다.**

Where is the **man/woman**? 남자/여자는 어디에 있는가? ➡ 1명에 관한 질문

Where are the **men/women**? 남자들/여자들은 어디에 있는가? ➡ 2명에 관한 질문

● **질문에 특정 사람 이름이 등장할 수 있다.**

What does **Tanya** offer to do? Tanya는 무엇을 해준다고 하는가?

woman/man을 제외하고 제3의 인물이 있는 3인 대화에서는 사람의 이름이 그대로 노출되는 문제가 나올 수 있다. 대화 중 누군가 "Tanya"라고 이름을 부르는 순간이 있는데, 그 주변에서 해당 문제의 정답 단서를 빠르게 찾아내야 한다.

★ 3인 대화는 2인 대화와 크게 다르지 않다. 사람 이름이 새로 등장할 때에만 그 이름이 들리는 순간을 포착하고, 나머지 문제들은 일반 PART 3와 똑같이 풀어나가면 된다.

✔ 시각정보 연계 문제의 특징 및 문제 포인트

PART 3의 62~70번에 걸쳐 출제되는 문제로 그래프, 차트, 약도, 상품 리스트, 일정표 등 다양한 시각정보를 보고 풀어야 한다.

● **질문 자체가 "Look at the graphic."으로 시작된다.**

Look at the graphic. What will the man buy? 시각정보에 따르면, 남자는 무엇을 구매할 것인가?

Look at the graphic. When will the speakers meet? 시각정보에 따르면, 화자들은 언제 만날 것인가?

Look at the graphic. Which station will be closed? 시각정보에 따르면, 어떤 역이 폐쇄될 것인가?

● **시각정보 연계 문제를 제외한 나머지 두 문제는 시각정보와 상관없다.**

Harrisonville Apartment	Location 1
Centerville Tower	**Location 2**
Sunshine Tower	Location 3
Meadow Dreams	Location 4

62. Who most likely is the woman? 여자는 누구인 것 같은가?

(A) A manager
(B) A web designer
(C) An accountant
(D) A real estate agent

63. Look at the graphic. Where will the man visit? 시각정보에 따르면, 남자는 어디를 방문할 것인가?

(A) Location 1
(B) Location 2
(C) Location 3
(D) Location 3

64. What will the woman do next? 여자는 다음에 무엇을 할 것인가?

(A) Contact a supplier
(B) Check a calendar
(C) Change a layout
(D) Start a meeting

위 문제에서 시각정보를 활용해야 하는 문제는 63번이다. 시각정보는 해당 문제 보기의 '옆 정보/역정보 활용'이 키포인트가 된다. 즉, 63번의 보기를 보고 Location 번호를 대화에서 그대로 듣는 것이 아니라, 보기 구성 단어의 '옆 정보'인 건물 이름을 들어야 한다.

예를 들면, 화자는 다음과 같이 정답의 단서를 준다.
I would like to visit Centerville Tower this afternoon.
저는 오늘 오후에 Centerville Tower에 가고 싶어요.

Centerville Tower가 들렸으니 (B) Location 2를 정답으로 고를 수 있어야 한다.

주의 ▶ 보기에 쓰인 단어를 그대로 듣게 되면 오히려 낚시 보기로 오답일 경우가 많기 때문에 주의해야 한다.

★ 시각정보 문제가 3문제 중 첫 번째나 두 번째로 나오는 경우, 시간에 쫓겨 그 다음 문제를 놓치지 않도록 시각정보 단서를 대화 시작 전에 미리 빠르게 읽어 두어야 한다.

A

다음 짧은 문장들을 듣고, 알맞은 답을 골라 보자. 🎧 P3_U9_01

1. What does Ahmed suggest the woman do?

(A) Decrease printer usage

(B) Buy a new printer

(C) Attract more customers

(D) Look for another supplier

2. Why does Brenda apologize?

(A) Some important information is missing.

(B) A service is taking a long time.

(C) A computer is not working properly.

(D) An employee is out of the office.

고난도

3. What do the men decide to do?

(A) Eat at a restaurant

(B) Buy some groceries

(C) Order food over the phone

(D) Ride in a taxi

4. Look at the graphic. Who most likely canceled an appointment?

(A) Mr. Collins

(B) Ms. Lee

(C) Ms. Nwogu

(D) Mr. Harris

Muller Dental Clinic

Appointment Schedule for: **Thursday**

Time	Name
2:30 P.M.	Tom Collins
3:30 P.M.	Tiffany Lee
4:00 P.M.	
4:30 P.M.	Amanda Nwogu
5:30 P.M.	Dale Harris

고난도

5. Look at the graphic. What boot height does the woman select?

(A) 5 inches

(B) 9 inches

(C) 12 inches

(D) 15 inches

Silvia Boot Height Chart	
Type	**Height**
Ankle	5 inches
Short	9 inches
Mid	12 inches
Tall	15 inches

B 다음 대화를 들으면서 빈칸을 채우고, 문제에 대한 답을 찾아보자. 🎧 P3_U9_02

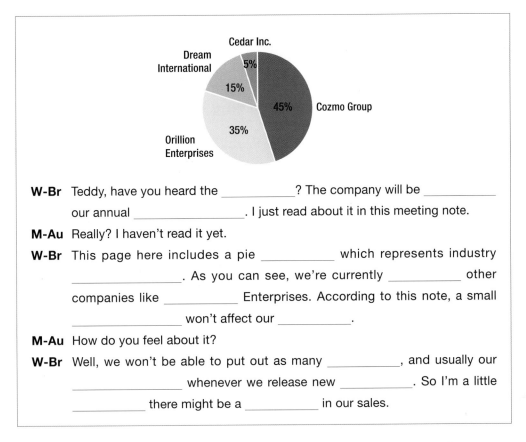

W-Br Teddy, have you heard the _____? The company will be _____ our annual _____. I just read about it in this meeting note.

M-Au Really? I haven't read it yet.

W-Br This page here includes a pie _____ which represents industry _____. As you can see, we're currently _____ other companies like _____ Enterprises. According to this note, a small _____ won't affect our _____.

M-Au How do you feel about it?

W-Br Well, we won't be able to put out as many _____, and usually our _____ whenever we release new _____. So I'm a little _____ there might be a _____ in our sales.

1. What is the conversation mainly about?
   (A) A company relocation
   (B) A budget cut
   (C) A business merger
   (D) A company banquet

2. Look at the graphic. Which company do the speakers work for?
   (A) Cozmo Group
   (B) Orillion Enterprises
   (C) Dream International
   (D) Cedar Inc.

3. What is the woman concerned about?
   (A) An error on a report
   (B) A delay in production
   (C) A shortage of workers
   (D) A decrease in revenue

C Paraphrasing 연습 2 다음 어휘들을 다른 표현으로 바꿔 적어 보자. 🎧 P3_U9_03

> 아무리 완벽하게 듣고 읽어도 결국 paraphrasing(어휘 재표현)을 캐치하지 못하면 버퍼링이 생긴다. 바로바로 암기하려 하는 것보다는 학습하면서 paraphrasing 어휘들을 별도의 노트에 정리하고 주기적으로 읽자.

1. machine 기기 ➔ 다른 말로 **장비** e_____

2. get together 모이게 하다 ➔ 동의어로 **모이게 하다** g_____, a_____

3. complicated 복잡한 ➔ 다른 말로 **어려운** d_____

4. manufacturing facility 제조 시설 ➔ 다른 말로 **공장** p_____, f_____

5. cheap 값이 싼, 저렴한 ➔ 동의어로 **가격이 적당한** a_____

6. expensive 비싼 ➔ 동의어로 **비싼** p_____

7. policy 방침 ➔ 비슷한 의미로 **규정** r_____

8. tomorrow instead of today 오늘이 아니라 내일로 ➔ 다른 말로 **미루다** p_____

9. tomorrow instead of today 오늘이 아니라 내일로 ➔ 다른 말로 **일정을 다시 잡다** r_____

10. sign 표지, 안내판 ➔ 다른 말로 **공지** n_____

11. be out of stock 재고가 없다 ➔ 동의어로 **매진되다** be s_____ o_____

12. be out of stock 재고가 없다 ➔ 다른 말로 **구입이 불가능하다** be u_____

13. let ~ know ~에게 알게 하다 ➔ 다른 말로 **통보하다, 알리다** i_____, n_____

14. just 방금, 막 ➔ 다른 말로 **최근에** r_____

15. draw up 작성하다 ➔ 동의어로 **작성하다** w_____, c_____

16. room 방, 공간 ➔ 동의어로 **공간** s_____

17. wrong 잘못된 ➔ 다른 말로 **부정확한** i_____

18. The order is missing. 주문품이 빠져 있다. ➔ 주문이 **불완전하다.** The order is i_____.

19. locate 찾다 ➔ 동의어로 **찾다** f_____

20. be lost 분실되다 ➔ 다른 말로 **분실하다** m_____

ACTUAL TEST 토익 실전 체험하기

1. What is the woman requesting help with?

(A) Rearranging some items
(B) Exchanging a product
(C) Applying a discount
(D) Locating a product

2. Who most likely is Mr. Rogers?

(A) A visiting professor
(B) The owner of a food service
(C) A supermarket manager
(D) A janitor

3. What has changed about a product's package?

(A) Its weight
(B) Its material
(C) Its logo
(D) Its texture

---

4. Why do the men congratulate the woman?

(A) She was given a prize.
(B) She received a promotion.
(C) She exceeded her sales goal.
(D) She won a contract.

5. What does the woman say about her office?

(A) It has been remodeled.
(B) It has a great view.
(C) It is close to the subway station.
(D) It is spacious.

6. What does Rick offer to do?

(A) Check a storage area
(B) Compile some data
(C) Place a supply order
(D) Move furniture to another floor

---

7. What is the man looking for?

(A) A television
(B) A laptop computer
(C) A kitchen appliance
(D) A mobile phone

8. What most likely is the man's job?

(A) A web designer
(B) A writer
(C) A photographer
(D) An engineer

9. What will the man probably do next?

(A) Buy a new computer
(B) Test a device
(C) Get a replacement part
(D) Fill out a questionnaire

```
—— Work Schedule ——
PART 1 – Upgrade lighting
PART 2 – Install new flooring
PART 3 – Replace shelves
PART 4 – Paint walls
```

```
Fabric: 100% Cotton
Size: Large
Care Instructions: Dry Clean Only
Origin: India
```

10. Who most likely is the man?

(A) A landscape architect
(B) A furniture designer
(C) The owner of a building supply store
(D) A maintenance supervisor

11. Look at the graphic. Which part of the renovations will begin this afternoon?

(A) PART 1
(B) PART 2
(C) PART 3
(D) PART 4

12. What does the man suggest doing?

(A) Activating a door access card
(B) Posting a notice
(C) Reviewing a price list
(D) Extending a deadline

13. Why does the man need a new shirt?

(A) For a job interview
(B) For a wedding ceremony
(C) For his regular work shift
(D) For an international conference

14. Look at the graphic. What problem does the man have with the shirt?

(A) Its fabric
(B) Its size
(C) Its care instructions
(D) Its origin

15. What does the woman recommend doing?

(A) Browsing some other items
(B) Placing an online order
(C) Visiting another location
(D) Waiting at the checkout aisle

Employee survey

1. **Employment Status:**
   Full time ( )   Part time ( )

2. **Department / Position:**
   _____

3. **Name of your supervisor:**
   _____

4. **Do you agree with the proposed change?**
   Yes. ( ) No. ( ) I'm not sure. ( )

5. **Comments:** _____

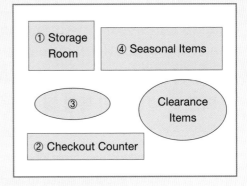

16. What change is the company considering?

(A) Acquiring another business
(B) Relocating to a larger building
(C) Hiring temporary workers
(D) Redesigning an office space

17. What is the woman concerned about?

(A) A distracting work environment
(B) Insufficient funds
(C) A tight deadline
(D) A team project

18. Look at the graphic. Which survey item does the woman mention?

(A) Item 2
(B) Item 3
(C) Item 4
(D) Item 5

19. Where do the speakers work?

(A) At a clothing store
(B) At a furniture store
(C) At a souvenir shop
(D) At an art supply shop

20. Look at the graphic. Where will the items be placed?

(A) Display 1
(B) Display 2
(C) Display 3
(D) Display 4

21. According to the man, why is a staff meeting going to be held?

(A) To address customer complaints
(B) To discuss store hours
(C) To revise a policy
(D) To finalize a logo design

UNIT 10

따옴표가 있는 의도파악 문제

MP3 바로듣기

몇 번째 대화 세트에 나오는지 정해져 있지 않고 PART 3의 중·후반부에 2문제 정도 출제될 때가 많다. 문제 자체에 따옴표 문장이 들어가 있고, 이 문장을 그대로 들려줄 때 그 말을 한 화자의 의도를 맞히는 고난도 문제이다.

✔ 의도 파악 문제의 특징 및 문제 포인트

What does the woman imply when she says, "Terry is good at marketing"?

(A) A coworker is better suited to lead a project.

(B) A new manager should be hired soon.

(C) A vacation request should be submitted by the deadline.

(D) She is too busy to do some work.

여자가 "Terry가 마케팅을 잘해요."라고 말하는 의도는 무엇인가?

(A) 동료가 프로젝트를 이끌기에 더 적합하다.   (B) 새로운 매니저가 곧 고용되어야 한다.

(C) 휴가 요청서가 마감 기한까지 제출되어야 한다.   (D) 그녀는 작업을 하기에는 너무 바쁘다.

위의 형태처럼 출제되는 문제가 의도파악 문제이다.

1 "Terry is good at marketing." 이 문장이 언제 들릴지 예측이 불가하다.

2 의도파악 문제는 보통 보기도 길게 나올 때가 상당히 많아서 눈과 귀가 모두 바쁘다.

3 동시통역이 쉽지 않으므로 해당 문장을 듣고 나서 보기를 해석하며 시간을 오래 쓰는 경우, 그 다음 문제가 위험해질 수 있다.

● **앞 예시 문제가 속한 대화를 확인해 보자.**   음원을 들으면서 속도를 체감하세요. P3_U10_01

M-Cn Samantha, we are going to conduct an advertising project for the new products at Good Mart in our company. Could you take the lead on this project?

W-Br I appreciate your suggestion, but I have never held a leadership position before. Besides, Terry is good at marketing.

M-Cn Oh, I see. I've heard a lot of good things about Terry. I guess I should contact Terry immediately.

남 Samantha, 이번에 우리 회사에서 Good Mart 신상품에 대한 광고 프로젝트를 진행하게 되었어요. 이번 프로젝트 리더를 당신이 맡아줄 수 있나요?

여 제안은 감사하지만, 저는 리더 직급의 일을 해본 적이 없어요. 게다가, Terry가 마케팅을 잘해요.

남 오, 알겠어요. Terry에 대해 좋은 얘기를 많이 들었어요. Terry에게 즉시 연락해 봐야겠어요.

의도파악 문제의 문장을 들은 직후, 그 다음 문장 Oh, I see ~ 이하를 통해서 의도가 파악되는 것이 아니다.

해당 문장이 들리기 직전, 그 앞의 말과 대화를 통해 문장의 의도가 순간적으로 재해석 및 파악되는 경우가 훨씬 많다. 결국, 대화 전체를 이해하지 못하면 의도파악 문제는 완벽하게 맞추기 어려워진다.

최악의 경우는 의도파악 문제를 해결하느라 그 다음 문제를 놓치는 것인데, 난이도가 높으면 다음 문제의 답이 나오는 타이밍이 빠를 수 있다.

● 문제와 보기 키워드에 밑줄을 치면서 정답을 맞혀 보면

42. What does the woman imply when she says, "Terry is good at marketing"?

    (A) A coworker is better suited to lead a project.

    (B) A new manager should be hired soon.

    (C) A vacation request should be submitted by the deadline.

    (D) She is too busy to do some work.

대화 전에 보기를 미리 완벽하게 읽어 둔다면 가장 좋겠지만, 그렇지 못했더라도 긴 보기는 보통 앞/뒤를 크게 나누어 단어처럼 생각하면서 봐둔다.

보기 (D)처럼 주어(She)가 화자 자신을 받을 때는 후반부 단어를 중심으로 확인한다.

정답 │ 남자가 marketing project를 진행하게 되었다면서 여자에게 take the lead(리더직을 맡다) 할 것을 제안했으나, 여자가 자신은 leadership position 경험이 없고 Terry가 마케팅을 잘한다는 대화로 흐름이 이어진다. 즉, 자신이 아닌 동료가 프로젝트에 더 적합할 것이라는 의미로 볼 수 있으므로 정답은 (A)이다.

오답 │ 자신이 리더직을 맡기에는 경력 부족임을 드러내면서 Terry를 적임자로 추천한 것이지 자신의 일이 너무 많아서 할 수가 없다는 것이 아니므로 (D)는 오답 처리되어야 하며, (B)와 (C)는 보기에 구성된 단어와 관련된 표현조차 대화에서 들린 적이 없다.

● 의도파악 문제가 중간에 있어서 그 뒤에 문제가 남는 경우

42. What does the woman imply when she says, "Terry is good at marketing"?

    (A) A coworker is better suited to lead a project.

    (B) A new manager should be hired soon.

    (C) A vacation request should be submitted by the deadline.

    (D) She is too busy to do some work.

43. What will the man most likely do next?

    (A) Contact a colleague

    (B) Distribute some documents

    (C) Have a meeting with a supervisor

    (D) Send some information

★ 시간 조절이 생명! 의도파악 문제에 대해 지나치게 고민하다가는 다음 문제를 놓치게 된다.

● **진짜 어려운 것은 바로 이 부분! 의도파악 문제의 다음 문제에 대한 단서가 빠르게 나오는 경우**

대화를 다시 살펴보자.

> **W-Br** I appreciate your suggestion, but I have never held a leadership position before. Besides, Terry is good at marketing.
>
> **M-Cn** Oh, I see. I've heard a lot of good things about Terry. **I guess I should contact Terry immediately**.

"Oh, I see." 직후 최대한 빠르게 43번으로 내려갔다면 43번 문제의 단서인 "**I guess I should contact Terry immediately**."라는 문장을 캐치할 수 있다. Terry에게 즉시 연락해 보겠다고 했으므로 43번 문제의 정답은 (A)가 된다.

43. What <u>will</u> the man most likely <u>do next</u>? 남자는 다음에 무엇을 할 것인가?

(A) <u>Contact</u> a <u>colleague</u> 동료에게 연락한다

(B) <u>Distribute</u> some <u>documents</u> 문서를 배부한다

(C) <u>Have</u> a <u>meeting</u> with a <u>supervisor</u> 상사와 회의를 한다

(D) <u>Send</u> some <u>information</u> 정보를 보낸다

Tip

1 의도파악 문제는 어렵다. 도전은 하되, 그 문제만 계속해서 오래 쳐다볼 수 없다.

2 대화 시작 전에 의도파악 문제의 문장을 꼼꼼하게 읽어 두고, 보기는 앞/뒤 위주로 빠르게 확인해 둔다.

3 의도파악 문장이 들리기 이전 대화의 흐름을 집중해서 들어야만 맞출 수 있기 때문에 보기를 계속 읽으려고 하기보다는 듣는 것에 집중해 순간적으로 해결해야 한다.

4 의도파악 문제는 3에서 단 2문제뿐이고 난이도가 높아서 다른 수험자들도 많이 틀린다.

5 토익은 상대 평가이기 때문에 의도파악 문제를 제외한 다른 문제들에 영향이 가지 않도록 빠른 시선 처리가 필요하다.

6 해당 문장을 듣고 의도가 바로 파악이 안 되는 경우, 그 다음 문제를 먼저 해결하고 다시 고민을 잠시 해보는 것이 이상적이다.

A 다음 짧은 문장들을 듣고, 알맞은 답을 골라 보자. 🎧 P3_U10_02

1. What does the man imply when he says, "There will be heavy rain next week"?

   (A) An event should be held in a bigger place.
   (B) More staff members should be hired for an event.
   (C) An event schedule should be moved to another date.
   (D) More tables and chairs will be ordered for participants.

   고난도

2. Why does the woman say, "That place has gotten a lot of good reviews"?

   (A) To agree with a suggestion
   (B) To justify a decision
   (C) To decline an invitation
   (D) To correct a misunderstanding

   고난도

3. What does the man imply when he says, "the program is very user-friendly"?

   (A) It comes with accessories.
   (B) It needs frequent upgrades.
   (C) It is delivered fully assembled.
   (D) It does not require training.

   고난도

4. Why does the woman say, "we're just cashiers"?

   (A) To change store hours
   (B) To cancel an appointment
   (C) To request assistance
   (D) To apologize for a mistake

5. What does the woman mean when she says, "I submitted it to the department head this morning"?

   (A) A process should be simplified.
   (B) A deadline should be extended.
   (C) An adjustment cannot be made.
   (D) An additional fee will be charged.

B 다음 대화를 들으면서 빈칸을 채우고, 문제에 대한 답을 찾아보자. 🎧 P3_U10_03

M-Cn Twins _____. How can I help you?

W-Am Hi, I got your _____ from one of my _____. He mentioned that your company _____ in his living room, and my _____ needs tile work.

M-Cn I see. Do you have anything specific _____?

W-Am Actually, I hired a company for tile work _____, but since it was a _____ just starting out, the _____ of the work wasn't good. I need someone who can install _____ and visually _____ tiles.

M-Cn I've been specializing in tile work for a decade.

W-Am Perfect!

M-Cn If you'd like to see _____, I can send you some _____.

W-Am Thank you. That would be great!

1. How did the woman hear about a business?

    (A) From an article
    (B) From a TV advertisement
    (C) From a Web site
    (D) From a colleague

2. What does the man mean when he says, "I've been specializing in tile work for a decade"?

    (A) His designs are unique.
    (B) He is not available to do a job.
    (C) He will complete the job ahead of schedule.
    (D) He has a lot of experience.

3. What does the man offer to send?

    (A) Work samples
    (B) Application forms
    (C) A cost estimate
    (D) Recommendation letters

C Paraphrasing 연습 3 다음 어휘들을 다른 표현으로 바꿔 적어 보자. 🎧 P3_U10_04

> 아무리 완벽하게 듣고 읽어도 결국 paraphrasing(어휘 재표현)을 캐치하지 못하면 버퍼링이 생긴다. 바로바로 암기하려 하는 것보다는 학습하면서 paraphrasing 어휘들을 별도의 노트에 정리하고 주기적으로 읽자.

1. buy a car here 여기에서 차를 사다 ➡ 이곳은 **자동차 대리점** car d_____

2. order more than 100 cups 컵 100개 이상을 주문하다 ➡ **대량 주문** b_____ order

3. hire more employees 직원을 더 채용하다 ➡ **고용을 확대하다** e_____ e_____

4. company banquet 회사 연회 ➡ 다른 말로 **회사 저녁 (행사)** company d_____

5. have not enough workers 직원 수가 충분하지 않다 ➡ **직원 수가 모자라다** be u_____

6. projector, scanner 프로젝터, 스캐너 ➡ 다른 말로 넓게 **장비** e_____

7. promotional code 판촉 코드 ➡ 다른 말로 넓게 **할인 코드** d_____ code

8. company retreat 회사 수련회[야유회] ➡ 다른 말로 **회사 야유회** company o_____

9. lawyer 변호사 ➡ 다른 말로 **법률 서비스를 제공하다** provide a l_____ s_____

10. go abroad to work 일하러 해외에 가다 ➡ **해외에서 일하다** work o_____

11. look at 보다, 살펴보다 ➡ 다른 말로 **살펴보다, 확인하다** c_____

12. fill out the forms 양식들을 작성하다 ➡ 다른 말로 **서류 작업을 완성하다** complete p_____

13. hurt[sprain] one's ankle 발목을 다치다[삐다] ➡ 다른 말로 **부상을 당하다** get i_____

14. goal 목적, 목표 ➡ 비슷한 말로 **목적, 목표** a_____, o_____

15. log in 로그인하다 ➡ 다른 말로 **접속하다** a_____

16. deliver 배송하다 ➡ 다른 말로 **(장소에) 가져다 주다** d_____ o_____

17. lead a training session 교육을 이끌다 ➡ **교육을 실시하다** c_____ a training session

18. make an appointment 약속을 잡다 ➡ **약속을 잡다** a_____ an appointment

19. work sample 작업 샘플 ➡ 다른 말로 **작업 예시** work e_____

20. promote 홍보하다 ➡ 다른 말로 **광고하다** a_____

1. Where do the speakers most likely work?

   (A) At an interior design company
   (B) At a boutique
   (C) At a landscaping company
   (D) At a furniture store

2. What does the woman imply when she says, "Right now, it's about eight o'clock"?

   (A) She wants to know the exact start time.
   (B) She wants to apologize for mistakes.
   (C) She needs to leave early for a train.
   (D) She is surprised that the man is still working.

3. What does the man say he will request from a client?

   (A) A revised contract
   (B) An updated invoice
   (C) Parking information
   (D) A map

4. What is the purpose of the call?

   (A) To discuss a service promotion
   (B) To make an inquiry about preferences
   (C) To discuss a delivery schedule
   (D) To confirm address

5. What does the man mean when he says, "Nearly three times that"?

   (A) Some items are too heavy to carry.
   (B) A price is more expensive than expected.
   (C) Some room measurements are incorrect.
   (D) The project will take a long time to complete.

6. What does the man offer to do?

   (A) Call the woman later
   (B) Store some materials
   (C) Visit a service center
   (D) Offer expedited shipping

7. What is the purpose of the woman's call?

   (A) To ask about job opportunities
   (B) To promote some products
   (C) To arrange some repair work
   (D) To provide an update on a shipment

8. What does the man imply when he says, "most of our work is done electronically"?

   (A) He is unable to finish an assignment.
   (B) An office space is currently unoccupied.
   (C) The company needs a full-time technician.
   (D) The company does not use much paper.

9. What does the woman agree to do?

   (A) Lower a price
   (B) Mail a catalog
   (C) Postpone a project
   (D) Visit in person

10. What does the woman imply when she says, "I applied two years ago"?

    (A) She encourages the man to apply.
    (B) She must move to another city.
    (C) Her data is on a computer system.
    (D) Her knowledge might be outdated.

11. What does the man say he wants to do?

    (A) Work from home
    (B) Live in another region
    (C) Transfer to another store
    (D) Take a long vacation

12. What does the woman say she was pleased with?

    (A) The instructions on a Web site
    (B) The layout of an office
    (C) The advertised salary of a job
    (D) The results of a negotiation

13. What is the topic of a memo?

(A) A customer review
(B) A job opportunity
(C) A financial plan
(D) A meeting location

14. Why does the woman say, "that's not quite what we had in mind"?

(A) To provide reassurance
(B) To express satisfaction
(C) To correct a misunderstanding
(D) To express disappointment

15. What will the man most likely do next?

(A) Conduct online research
(B) Set up a meeting
(C) Watch a training video
(D) Send a reminder

16. Where most likely does the man work?

(A) At art supply shop
(B) At a manufacturing facility
(C) At a warehouse
(D) At a farm

17. What does the man imply when he says, "we have a lot of equipment"?

(A) He is doubtful that he will purchase a product.
(B) He needs more time to complete a task.
(C) His business makes a wide range of products.
(D) His employees are very talented.

18. What does the woman want to do?

(A) Leave a brochure
(B) Give a demonstration
(C) Play a video
(D) Come back later

19. What kind of business do the speakers work for?

(A) A television studio
(B) A travel agency
(C) A department store
(D) An appliance manufacturer

20. What does the man say participants will be given?

(A) A tote bag
(B) A cash prize
(C) A discount code
(D) A product catalog

21. Why does the man say, "my lunch meeting starts in fifteen minutes"?

(A) To suggest discussing a project later
(B) To invite the woman to a meal
(C) To apologize for missing a deadline
(D) To explain why a room is unavailable

PART

4

토익 LC 마지막 파트로, 성우 1명이 혼자 말하는 담화 컨셉이다. 71~100번까지 30문제가 출제되며, 앞선 LC 파트들보다 어휘력과 집중력이 필요한 고난도 파트이다. 성우 1명이 한 담화를 공백 없이 쭉 이어나간다는 점에서 속도가 가장 빠르게 느껴지는 파트이며, 어휘 재표현(paraphrasing) 능력이 가장 많이 요구되는 파트이다.

UNIT 11   혼자 말하는 담화, 일반 문제 1

UNIT 12   혼자 말하는 담화, 일반 문제 2

UNIT 13   의도파악 & 시각정보 연계 문제

PART 4 특징으로는

| 동영상 강의 |

❶ PART 3처럼 3문제＋보기 4개씩이 존재하고, speaker 한 명만 말하는 담화 컨셉이다.

❷ 첫 번째 세트 71~73번은 PART 4 시작을 알리는 Direction(PART 4 Direction. In this part of the test, ~)에서 미리 읽는다.

❸ 첫 담화 종료 후 성우가 71~73번 문제들을 하나씩 읽어주는 시간을 모아 74~76번을 미리 읽는다.

❹ 남녀 구별 없이 혼자 말하는 파트이기 때문에 흐름이 더욱 빠르게 느껴지는 고난도 파트이다.

❺ 특정 문제에 너무 오래 시간을 쏟으면 그 다음 문제부터 답의 단서를 놓치게 될 수 있는 파트이다.

❻ talk about(~에 대해 말하다)-discuss(논의하다)와 같이 어휘 재표현(paraphrasing) 이 가장 중요한 파트이다.

❼ PART 4에서 패러프레이징 어휘 정리를 잘 해두면 RC PART 7까지 도움이 될 수 있다.

❽ 전화/녹음 메시지, 회의 발췌, 일기 예보, 교통 방송, 매장 내의 안내 방송, 기내 방송, 시상식, 광고, 공지 등 다양한 주제의 담화가 출제된다.

❾ 보기가 길어질 때가 많아 압박감이 있지만, 질문의 내용을 이해하고 질문에서 키워드를 잡는 것이 가장 중요하다.

혼자 말하는 담화, 일반 문제 1

MP3 바로듣기

PART 4는 세트마다 첫 번째 문제로 흔하게 등장하는 문제들이 있다. 이 문제들은 화자(speaker)나 청자(listener)의 '직업', 화자나 청자가 일하는 '장소', 담화의 '주제'를 묻는 문제들이다. 광고되고 있는 제품, 서비스 등을 물어보는 등의 구체적인 문제를 물어보기도 한다.

▼ PART 4 일반 문제 패턴 확인하기 1

> **W** Medford Industries has done it again with the release of the new Medford G-5, the latest model in our popular series of big-screen **laptops**. Featuring a large screen and vivid image quality, it's ideal for **editing digital photos** or **watching videos**. If you'd like to take a closer look, the G-5 is available here.

> Medford 인더스트리즈는 인기 있는 대형 화면 노트북 시리즈의 최신 모델인 새로운 Medford G-5를 출시하여 또 한 번 성공을 거두었습니다. 큰 화면과 선명한 화질을 자랑하는 이 제품은 디지털 사진 편집이나 동영상 시청에 이상적입니다. 더 자세히 살펴보고 싶으시면 여기에서 확인하실 수 있습니다.

1 What is the announcement mainly about?

(A) A mobile phone
(B) A digital camera
(C) A computer
(D) A TV set

안내 방송은 주로 무엇에 관한 것인가?
(A) 휴대전화
(B) 디지털 카메라
(C) 컴퓨터
(D) TV 세트

담화의 주제를 묻는 문제는 주로 3문제 중 첫 번째 문제에 출제된다.

초반부에 들리는 laptops(노트북)를 (C) A computer(컴퓨터)로 paraphrasing해서 빠르게 맞춰야 한다.

2 Where is the announcement being made?

(A) At an electronics store
(B) At a clothing shop
(C) At a customer service center
(D) At a company office

안내 방송은 어디에서 나오고 있는가?
(A) 전자제품 매장
(B) 의류 매장
(C) 고객 서비스 센터
(D) 회사 사무실

담화의 장소나 화자/청자의 직업을 묻는 문제는 관련된 어휘나 상황을 종합하여 정답을 유추해야 한다.

노트북(laptops), 디지털 사진 편집(editing digital photos), 동영상 시청(watching videos) 등의 단서를 통해
(A) At an electronics store(전자제품 매장)가 정답임을 캐치한다.

A 다음 질문과 질문+보기에서 키워드라고 생각되는 부분에 밑줄을 그어 보자.

> PART 3와 마찬가지로 PART 4도 문제와 보기의 키워드 잡기가 매우 중요하다. 질문과 보기를 빠르게 읽으면서 집중해서 들어야 할 단서 단어들이 어떤 것인지 해당 부분에 줄을 그어 보자.

1. What is the purpose of the advertisement?

2. Who most likely is the speaker?

3. What event is taking place?

4. What is the topic of the workshop?

5. What is the speaker mainly discussing?

6. Where do the listeners most likely work?

7. What is the topic of the course?
   (A) Business strategy   (B) Graphic design
   (C) Film production   (D) Web development

8. Who are the listeners?
   (A) Hotel receptionists   (B) Small business owners
   (C) Marketing professionals   (D) Fitness trainers

9. What is the main purpose of the talk?
   (A) To make a request
   (B) To address staff complaints
   (C) To present a new schedule
   (D) To explain a technical process

10. What is the message mainly about?
    (A) Expanding a product line
    (B) Organizing a corporate event
    (C) Developing a mobile application
    (D) Training new employees

B 다음의 짧은 문장들을 듣고, 알맞은 답을 골라 보자. 🎧 P4_U11_01

1. Who most likely are the listeners?

(A) Museum visitors
(B) Product designers
(C) Sales agents
(D) Guides

2. Who most likely is the speaker?

(A) A building manager
(B) A real estate agent
(C) A news reporter
(D) A delivery person

3. What product is the speaker discussing?

(A) A sports drink
(B) An energy bar
(C) A coffee mug
(D) A travel bag

4. What is the speaker mainly talking about?

(A) A new employee
(B) An open position
(C) A company policy
(D) An advertising contract

5. Where does the announcement most likely take place?

(A) On a bus
(B) On a train
(C) On a plane
(D) On a ferry

C Paraphrasing 연습 4 다음 어휘들을 다른 표현으로 바꿔 적어 보자. 🎧 P4_U11_02

아무리 완벽하게 듣고 읽어도 결국 paraphrasing(어휘 재표현)을 캐치하지 못하면 버퍼링이 생긴다. 바로바로 암기하려 하는 것보다는 학습하면서 paraphrasing 어휘들을 별도의 노트에 정리하고 주기적으로 읽자.

1. free 무료의 ➡ 동의어로 **무료의** c＿＿＿＿＿＿＿＿

2. sheet, contract, report 시트, 계약서, 보고서 ➡ 다른 말로 **문서** d＿＿＿＿＿＿＿＿

3. relax 휴식을 취하다 ➡ 동의어로 **휴식을 취하다, 쉬다** r＿＿＿＿＿＿＿＿

4. safety glasses 보안경 ➡ 다른 말로 넓게 **안전 장비** safety g＿＿＿＿＿＿＿＿

5. present 선물 ➡ 동의어로 **선물** g＿＿＿＿＿＿＿＿

6. water, juice 물, 주스 ➡ 다른 말로 **음료** b＿＿＿＿＿＿＿＿

7. fill out 작성하다, 기입하다 ➡ 동의어로 **작성하다, 기입하다** c＿＿＿＿＿＿＿＿

8. fix 수리하다, 고치다 ➡ 동의어로 **수리하다** r＿＿＿＿＿＿＿＿

9. thoughts 생각, 판단, 견해 ➡ 다른 말로 **의견, 논평** c＿＿＿＿＿＿＿＿

10. movie 영화 ➡ 동의어로 **영화** f＿＿＿＿＿＿＿＿

11. area 분야, 영역 ➡ 동의어로 **분야** f＿＿＿＿＿＿＿＿

12. not start as planned 계획대로 시작하지 않는다 ➡ 다른 말로 **지연** d＿＿＿＿＿＿＿＿

13. opinions, comments, input 의견 ➡ 다른 말로 **피드백, 의견** f＿＿＿＿＿＿＿＿

14. president, vice-president 사장, 부사장 ➡ 다른 말로 **임원, 이사진** e＿＿＿＿＿＿＿＿

15. pass out 나눠주다 ➡ 동의어로 **나눠주다, 배분하다** d＿＿＿＿＿＿＿＿

16. finances 재정, 자금, 돈 ➡ 다른 말로 **예산** b＿＿＿＿＿＿＿＿

17. price cut, price reduction 가격 인하 ➡ 다른 말로 **할인** d＿＿＿＿＿＿＿＿

18. store, shop 가게 ➡ 다른 말로 **사업체, 영업장** b＿＿＿＿＿＿＿＿

19. breakfast, lunch, dinner 아침, 점심, 저녁 식사 ➡ 다른 말로 **식사** m＿＿＿＿＿＿＿＿

20. drinks, doughnuts, snacks 음료, 도넛, 스낵 ➡ 다른 말로 **간식, 다과** r＿＿＿＿＿＿＿＿

1. Where does the speaker most likely work?

(A) At a consulting firm
(B) At a catering company
(C) At an art gallery
(D) At a post office

2. What does the speaker consider to recommend a service?

(A) A budget
(B) The size of a group
(C) An event date
(D) An event venue

3. What will the speaker send in an e-mail?

(A) A business plan
(B) A survey form
(C) Some photos
(D) A booklet

4. What kind of service is being advertised?

(A) Internet service
(B) Furniture repair
(C) Accounting software
(D) A money management course

5. According to the speaker, what do customers like about the business?

(A) It offers fast installation.
(B) It has reasonable rates.
(C) It accepts various payment options.
(D) It provides free consultation.

6. What can the listeners receive for a limited time?

(A) A gift card
(B) A subscription to a magazine
(C) A complimentary device
(D) A free trial

7. Where is the speaker?

(A) At an electronics store
(B) At a radio station
(C) At a supermarket
(D) At a technology convention

8. What does the speaker say is special about a product?

(A) It is easy to carry.
(B) It can be operated remotely.
(C) It conserves water.
(D) It is safe.

9. What are the listeners encouraged to do?

(A) Buy a product early
(B) Attend a demonstration
(C) Go to a Web site
(D) Wait until next month

10. What is the speaker calling about?

(A) A community event
(B) Some instrument repairs
(C) A music class
(D) Some contact information

11. What problem does the speaker mention?

(A) A business has relocated.
(B) A worker is away on vacation.
(C) Some parts are not available.
(D) Some prices have changed.

12. What is the listener asked to do?

(A) Fill out a form
(B) Drop by a shop
(C) Contact another supplier
(D) Show a receipt

13. What problem is being discussed?

(A) A lack of parking
(B) Reduced sales
(C) Increased competition
(D) Poor weather conditions

14. What did Diamond Grill recently do?

(A) It signed a contract.
(B) It switched to a different supplier.
(C) It hired a new manager.
(D) It extended its hours.

15. What does the speaker ask the listeners to do?

(A) Call a manager
(B) Complete a form
(C) Attend a workshop
(D) Leave their opinions

16. What is the broadcast mainly about?

(A) A new city official
(B) A company merger
(C) Survey results
(D) A city parade

17. According to the speaker, what industry does Dan Schneider have experience in?

(A) Business
(B) Accounting
(C) Travel
(D) Entertainment

18. What does the speaker ask the listeners to do?

(A) Share their opinions
(B) Call with questions
(C) Attend a show
(D) Apply for membership

19. What type of event is taking place?

(A) A professional conference
(B) An awards ceremony
(C) A sports race
(D) A retirement party

20. What feature of some products does the speaker highlight?

(A) Unique material
(B) Durability
(C) Portability
(D) Reasonable pricing

21. Who is Dong-Hyun Kim?

(A) A journalist
(B) An event organizer
(C) A graphic designer
(D) A company executive

PART 4에서 '주제, 직업, 장소'를 물어보는 문제 외에도 화자가 청자에게 어떤 행동을 하라고 요청/제안하거나 화자나 청자가 다음에 할 일을 묻는 문제도 등장한다. 요즘 토익 시험에는 이런 기본적인 문제들 이외에 다양한 특정 정보를 물어보는 문제들이 다수를 차지하는 경향이 두드러진다.

✔ PART 4 일반 문제 패턴 확인하기 2

> **M** Today I'm excited to introduce you all to Travaux—a luggage manufacturer with a promising future. As you know, it has been difficult to find products that are in the right price range for us but are also **built to last**. However, I believe Travaux's offerings would make a great addition to the store. **Just watch this clip** from their durability testing process.

> 오늘은 미래가 촉망되는 여행 가방 제조업체인 Travaux를 소개해드리게 되어 매우 기쁩니다. 아시다시피, 적절한 가격대이면서 오래 사용할 수 있는 제품을 찾기가 어려웠습니다. 하지만 Travaux의 제품은 매장에 큰 도움이 될 것이라고 생각했습니다. 내구성 테스트 과정을 담은 이 동영상을 시청하세요.

1 What does the speaker say about Travaux's products?

(A) They come in many colors.
(B) They are durable.
(C) They will be released next month.
(D) They are available only online.

화자는 Travaux의 제품에 대해 무엇이라고 말하는가?
(A) 다양한 색상이 있다. **(B) 내구성이 좋다.**
(C) 다음 달에 출시될 예정이다. (D) 온라인에서만 구입할 수 있다.

특정 정보를 물어보는 문제 유형은 What does the speaker say (about) ~?/According to the speaker, ~? 등 다양한 형태로 나온다.

문제는 say about 뒤에 Travaux's products를 키워드로 잡고, 보기는 주어가 동일하므로 뒤에 있는 어휘들을 키워드로 잡는다. 오래 사용할 수 있다(built to last)는 표현을 내구성이 좋은(durable)으로 paraphrasing한 (B)를 정답으로 골라야 한다.

2 What will the listeners do next?

(A) Watch a video clip
(B) Discuss pricing strategy
(C) Try out the luggage
(D) Hear about company history

청자들은 다음에 무엇을 할 것인가?
(A) 비디오 클립 시청하기 (B) 가격 책정 전략 논의하기
(C) 여행 가방 사용해 보기 (D) 회사 연혁 듣기

다음에 할 일을 묻는 문제는 3문제 중 보통 마지막 문제로 출제된다. 즉, 후반부를 주의 깊게 들어야 한다.

화자가 마지막에 동영상을 시청하라(Just watch this clip ~)고 했으므로 (A)가 정답이다.

A 다음 질문과 질문+보기에서 키워드라고 생각되는 부분에 밑줄을 그어 보자.

PART 3와 마찬가지로 PART 4도 문제와 보기의 키워드 잡기가 매우 중요하다. 질문과 보기를 빠르게 읽으면서 집중해서 들어야 할 단서 단어들이 어떤 것인지 해당 부분에 줄을 그어보자.

1. According to the speaker, what will begin today?

2. Why did the speaker take a train?

3. What has the company bought recently?

4. What does the speaker say listeners can do on a Web site?

5. What policy change does the speaker mention?

6. What are the listeners asked to provide?

7. What does the speaker suggest the listeners do?
    (A) Arrange a business trip   (B) Visit a factory
    (C) Interview candidates   (D) Subscribe to a magazine

8. According to the speaker, what factor is the most important in making a decision?
    (A) Monthly rent   (B) High foot traffic
    (C) Competing stores   (D) Part-time staff

9. According to the speaker, what opportunity will the listeners have at the trade fair?
    (A) They can meet industry specialists.
    (B) They can sample some foods.
    (C) They can enjoy light refreshments.
    (D) They can sell products.

10. What does the speaker say will happen next week?
    (A) A road will be closed.
    (B) A retirement party will be held.
    (C) A new CEO will be elected.
    (D) Prices will be reduced.

B 다음 짧은 문장들을 듣고, 알맞은 답을 골라 보자. 🎧 P4_U12_01

1. What will the listeners do next?

(A) Watch a video clip
(B) Complete a survey
(C) Have some refreshments
(D) Review a contract

2. What does the speaker say the listeners must show?

(A) A form of identification
(B) Proof of payment
(C) A contract
(D) A boarding pass

3. What does the speaker ask the listener to do?

(A) Contact a supplier
(B) Talk to a manager
(C) Make copies
(D) Repair a machine

4. What does the speaker say he will do this Saturday?

(A) Renovate a house
(B) Paint a fence
(C) Host some friends
(D) Place an order

5. Why does the speaker want to meet with the listener?

(A) To choose a venue
(B) To finalize a deal
(C) To select a caterer
(D) To review a speaker

C Paraphrasing 연습 5 다음 어휘들을 다른 표현으로 바꿔 적어 보자. 🎧 P4_U12_02

> 아무리 완벽하게 듣고 읽어도 결국 paraphrasing(어휘 재표현)을 캐치하지 못하면 버퍼링이 생긴다. 바로바로 암기하려 하는 것보다는 학습하면서 paraphrasing 어휘들을 별도의 노트에 정리하고 주기적으로 읽자.

1. passport, driver's license 여권, 운전 면허증 → 다른 말로 넓게 **신분증** i_____

2. mayor 시장 → 다른 말로 **시 공무원, 시 관계자** city o_____

3. phone number, e-mail address 전화번호, 이메일 주소 → **연락처** c_____ i_____

4. leave to visit a client 고객을 방문하러 가다 → 다른 말로 **출장** b_____ t_____

5. efficiency at work 직장에서의 능률 → 다른 말로 **직장에서의 생산성** p_____ at work

6. itinerary 여행 일정 → 다른 말로 **여행 계획** t_____ p_____

7. show you how to V ~하는 방법을 보여주다 → 다른 말로 **시연하다** give a d_____

8. 특정 분야 + conference ~ 분야의 콘퍼런스 → **전문 콘퍼런스** p_____ conference

9. keep one's voice down 목소리를 낮추다 → 다른 말로 **조용히 말하다** s_____ q_____

10. as soon as possible(ASAP) 가능한 한 빨리 → 다른 말로 **빠르게** q_____

11. unfavorable reviews 좋지 않은 후기 → 다른 말로 **부정적인 피드백** n_____ f_____

12. interest in products 제품에 대한 관심 → 다른 말로 **(제품의) 수요** d_____

13. procedure 절차 → 다른 말로 **과정** p_____

14. work extra hours 시간 외 근무하다 → 다른 말로 **초과 근무하다** work o_____

15. testimonial (제품에 대한) 추천의 글 → 다른 말로 **후기** r_____

16. detach 떼어내다, 분리하다 → 다른 말로 **제거하다** r_____

17. safe for the environment 환경에 안전한 → **환경 친화적인** e_____ f_____

18. pen, eraser, stapler 펜, 지우개, 스테이플러 → **사무 용품** o_____ s_____

19. car, truck 차, 트럭 → 다른 말로 넓게 **차량** v_____

20. credit card or account number 신용카드 또는 계좌 번호 → **납입 정보** p_____ details

1. Which industry is the career fair focused on?
   (A) Publishing
   (B) Fashion
   (C) Education
   (D) Broadcasting

2. What activity can the listeners take part in at the career fair?
   (A) A question-and-answer session
   (B) A face-to-face interview
   (C) A résumé review session
   (D) A lunch with recruiters

3. What can the listeners do online?
   (A) Pay a fee
   (B) Complete a course
   (C) Reserve a book
   (D) Secure a spot

4. What does the speaker thank the listeners for?
   (A) Arriving early for a meeting
   (B) Creating survey questions
   (C) Sharing some feedback
   (D) Meeting a deadline

5. According to the speaker, what has management decided to do?
   (A) Hire more employees
   (B) Expand some spaces
   (C) Replace old equipment
   (D) Move to another building

6. What will the listeners have to do in June?
   (A) Work remotely
   (B) Complete a course
   (C) Do some research
   (D) Organize an awards ceremony

7. What kind of business recorded the message?
   (A) A dining establishment
   (B) An electronics company
   (C) A magazine publisher
   (D) A clothing company

8. According to the speaker, what can the listeners do online?
   (A) View an event schedule
   (B) Place an order
   (C) Download a voucher
   (D) Check business hours

9. What will the business offer until September?
   (A) Free shipping
   (B) Live performances
   (C) Double points
   (D) Discounted foods

10. What is the topic of the radio show?
    (A) Growing a garden
    (B) Saving money
    (C) Finding a good restaurant
    (D) Exercising regularly

11. What does the speaker recommend as a solution?
    (A) Preparing food at home
    (B) Taking a cooking class
    (C) Reading a magazine
    (D) Using a local market

12. What are the listeners encouraged to do?
    (A) Watch a demonstration
    (B) Make a reservation
    (C) Contact a supplier
    (D) Share some comments

13. What does the speaker thank the listeners for?

    (A) Arriving at work early
    (B) Training new employees
    (C) Creating a manual
    (D) Working additional hours

14. Where do the listeners most likely work?

    (A) At a medical clinic
    (B) At a factory
    (C) At a hotel
    (D) At a shopping mall

15. What will the speaker do next?

    (A) Contact a colleague
    (B) Give a demonstration
    (C) Serve some refreshments
    (D) Take a break

16. Which department does the speaker work in?

    (A) Human Resources
    (B) Marketing
    (C) Sales
    (D) Payroll

17. What is the purpose of the talk?

    (A) To recruit a new employee
    (B) To report a lost item
    (C) To discuss a schedule
    (D) To announce a new work policy

18. What should the listeners do by Thursday?

    (A) Enter their work hours
    (B) Meet with the manager
    (C) Fill out a survey
    (D) Update their contact information

19. What is the main purpose of the message?

    (A) To set up a meeting time
    (B) To report an equipment malfunction
    (C) To complain about parking
    (D) To inquire about rent

20. What does the speaker say she did last week?

    (A) She joined a company.
    (B) She visited her neighbors.
    (C) She renewed a contract.
    (D) She went overseas.

21. What does the speaker plan to do today?

    (A) Come by an office
    (B) Invite a friend
    (C) Book a flight
    (D) Attend a conference

의도파악 & 시각정보 연계 문제

PART 4에서도 PART 3와 마찬가지로 의도파악 문제(3문제)와 시각정보 연계 문제(2문제)가 등장한다.

✔ PART 4 의도파악 문제 유형 확인하기

What does the speaker mean when she says, "We can join the next group"?

화자가 "우리는 다음 그룹에 합류할 수 있어요"라고 말하는 의도는 무엇인가?

What does the speaker imply when he says, "There are some in the supply closet"?

화자가 "비품실에 조금 있어요"라고 말하는 의도는 무엇인가?

Why does the speaker say, "They've got the room reserved from 9:00 to 11:00"?

화자가 "그들은 9시부터 11시까지 방이 예약되어 있습니다"라고 말하는 이유는 무엇인가?

PART 4에서도 PART 3 의도파악 문제와 마찬가지로

1 따옴표 안에 들어간 문장이 주어진 문제가 있다면 그것이 의도파악 문제이다.

2 따옴표 안 문장이 그대로 들리며, 그 문장을 말한 의도를 파악하는 것이 목적이다.

3 따옴표 안 문장이 들렸을 때, 그 문장 다음에 의도가 나오기 보다는 앞에 나오는 경우가 대부분이기 때문에 처음부터 전반적인 내용을 파악하고 있어야 하는 난이도가 매우 높은 문제이다.

다시 말해, 의도파악은 만점에 가까운 고득점자들에게도 매우 어려운 문제이기 때문에 이 문제를 놓쳤다고 해서 낙담할 필요가 전혀 없다는 것이다. 비교적 수월한 나머지 2문제를 놓치지 않도록 하는 것이 지금 단계에서는 매우 중요하다.

✔ PART 4 시각정보 연계 문제 유형 확인하기

Look at the graphic. What department does the speaker apply for?

시각정보에 따르면, 화자는 어떤 부서에 지원하는가?

Look at the graphic. Where does the speaker want to set up a booth?

시각정보에 따르면, 화자는 부스를 어디에 세우고 싶어 하는가?

PART 4에서도 PART 3 시각정보 연계 문제와 마찬가지로

1 지도, 그래프, 일정표 등 다양한 시각정보가 등장한다.

2 문제의 시작은 항상 Look at the graphic으로 시작한다.

3 총 3개의 문제로 이루어진 한 세트에서 1개의 문제만 시각정보를 보고 푸는 문제이다.

4 시각정보 문제의 보기에 있는 단어를 그대로 언급하지 않는다. 키포인트는 보기에 있는 단어들의 '옆정보/역정보 활용'이다.

아래 문제를 확인해보자.

Interview Schedule for September 20	
Time	**Candidate**
9:00 A.M.	Jean Sagal
11:30 A.M.	Patrick Lee
2:00 P.M.	**Gloria Dempsey**
4:00 P.M.	Andrew Heigl

Look at the graphic. Who is the listener asked to interview?

시각정보에 따르면, 청자는 누구를 인터뷰하라고 요청 받는가?

(A) Jean Sagal

(B) Patrick Lee

(C) Gloria Dempsey

(D) Andrew Heigl

이 문제에서는 시각정보로 일정표가 제시되었다. 보기 4개는 표에 나와 있는 Candidate(지원자) 이름이 그대로 나와 있다. 문제는 Who is the listener asked to interview?(청자는 누구를 인터뷰하라고 요청 받는가?)인데, 화자가 청자에게 누구를 인터뷰하라고 직접적으로 그 이름을 언급하는 것은 정답이 될 가능성이 매우 희박하다.

그렇다면?

바로 옆정보인 Time(시간)을 이용해서 답의 단서를 알려준다는 것을 반드시 염두에 두어야 한다.

예를 들면, 화자는 다음과 같이 정답의 단서를 준다.

Eddie, could you cover for me and interview the candidate **at 2 o'clock**?

에디, 저 대신에 2시에 지원자 인터뷰를 해줄 수 있나요?

2시가 들렸으니 바로 (C) Gloria Dempsey를 정답으로 고를 수 있어야 한다.

A 다음 짧은 문장들을 듣고, 알맞은 답을 골라 보자. 🎧 P4_U13_01

1. What does the speaker imply when he says, "it's very likely going to rain this weekend"?

   (A) Listeners should leave home early.
   (B) Listeners should bring an umbrella.
   (C) The weather might lead to a change in plans.
   (D) A previous weather forecast was inaccurate.

2. Why does the speaker say, "Square Dental Center does not take reservations"?

   (A) To suggest a different date
   (B) To complain about business hours
   (C) To recommend coming early
   (D) To announce an updated policy

3. Why does the speaker say, "I'm going to download it right now"?

   (A) To describe a procedure
   (B) To suggest a service
   (C) To emphasize the urgency of an issue
   (D) To take responsibility for a task

4. Look at the graphic. Which section will the speaker discuss in the afternoon?

   (A) Preparation
   (B) Selecting the Location
   (C) Installation Process
   (D) Troubleshooting Issues

Water Purifier Installation Training Manual
- Table of Contents -
Preparation ···················· 5
Selecting the Location ············· 13
Installation Process ············· 29
Troubleshooting Issues ············· 58

5. Look at the graphic. At which store location is the announcement being made?

   (A) Victoria
   (B) Quay Street
   (C) Wakefield Street
   (D) George Road

Joe's Market 30% Discount until December 20	
Sale Items	**Location**
Fruits and Vegetables	Victoria
Beverages	Quay Street
Frozen Foods	Wakefield Street
Dairy Products	George Road

B 다음 담화를 들으면서 빈칸을 채우고, 문제에 대한 답을 찾아보자. 🎧 P4_U13_02

> **W- Br** Hi, Mitchell. This is Langdon, the general manager. _____ ask if you could _____ this Saturday. I understand the day is your day off, but I'm sorry; this is really important. I just _____ for a variety of fruits and vegetables for next month, and we need an experienced person to ensure that _____ and show a store employee _____ them. Casey will be there, but she just started here two days ago. Can you please get back to me as soon as possible?

1. What is the purpose of the call?

   (A) To update some contact information
   (B) To ask for a vacation extension
   (C) To ask an employee to come to work
   (D) To prepare for a party

2. What will be delivered on Saturday?

   (A) Some machines
   (B) Some food
   (C) Some plants
   (D) Some furniture

3. What does the speaker mean when she says, "she just started here two days ago"?

   (A) A worker is unable to complete a task alone.
   (B) A worker is suitable for a position.
   (C) A work schedule needs a change.
   (D) A business needs additional staff members.

C Paraphrasing 연습 6 다음 어휘들을 다른 표현으로 바꿔 적어 보자. 🎧 P4_U13_03

아무리 완벽하게 듣고 읽어도 결국 paraphrasing(어휘 재표현)을 캐치하지 못하면 버퍼링이 생긴다. 바로바로 암기하려 하는 것보다는 학습하면서 paraphrasing 어휘들을 별도의 노트에 정리하고 주기적으로 읽자.

1. sign up early 일찍 등록하다 ➔ 다른 말로 **미리 등록하다** r_____ in advance

2. not working properly 제대로 작동하지 않는 ➔ 다른 말로 **고장 난** b_____

3. check one's identity 신원을 확인하다 ➔ 다른 말로 **신원을 입증하다** v_____ one's identity

4. not allowed 허락되지 않는 ➔ 동의어로 **허락되지 않는** not p_____

5. licensed 자격증을 소지한 ➔ 다른 말로 **경력이 있는, 숙련된** e_____

6. speak at a seminar 세미나에서 연설하다 ➔ 다른 말로 **발표하다** give a p_____

7. turn off (불, 기기 등을) 끄다 ➔ 동의어로 **끄다** s_____ o_____

8. power failure 정전 ➔ 다른 말로 **전기가 나갔다.** The electricity w_____ o_____.

9. examples of previous work 이전 작업 견본들 ➔ 다른 말로 **샘플 작업물** s_____ w

10. need additional funds 추가 자금이 필요하다 ➔ 다른 말로 **자금의 부족** l_____ of funds

11. anonymous 익명의 ➔ 다른 말로 **비공개로 하다** k_____ p

12. painting, sculpture 그림, 조각(품) ➔ 다른 말로 **예술 작품** a_____

13. drive to work together 함께 차를 타고 출근하다 ➔ 다른 말로 **카풀하다** c_____

14. live band 라이브 밴드 ➔ 다른 말로 **음악 공연** m_____ p_____

15. stress 강조하다 ➔ 동의어로 **강조하다** e_____

16. seller 판매자 ➔ 다른 말로 **상인, 판매 업체** v_____

17. expand customer base 고객층을 늘리다 ➔ 다른 말로 **고객을 끌다** a_____ customers

18. speak two languages 두 개의 언어를 말하다 ➔ 다른 말로 **이중 언어를 사용하는** b_____

19. buy items 제품을 사다 ➔ 다른 말로 **제품을 구입하다** p_____ p

20. medical appointment 병원 예약 ➔ 이곳은 **의원, 병원** d_____ o

1. What good news does the speaker share?

   (A) A contract was signed.
   (B) A shopping mall was built.
   (C) An employee was promoted.
   (D) A deadline was met.

2. What kind of business does the speaker work for?

   (A) A food processing company
   (B) A vending machine company
   (C) An auto repair service
   (D) A clothing company

3. What does the speaker mean when she says, "I've already called Navasa Motors"?

   (A) She needs some feedback.
   (B) She is handling a complaint.
   (C) She has arranged a meeting.
   (D) She is expecting a call.

4. What is the focus of the workshop?

   (A) Professional development
   (B) Effective writing
   (C) Customer relations
   (D) Time management

5. What are the listeners instructed to do?

   (A) Work additional hours
   (B) Attend an industry event
   (C) Write a summary report
   (D) Complete a survey

6. Why does the speaker say, "Conference room C is right across from here"?

   (A) To extend an invitation
   (B) To make a suggestion
   (C) To ask for some help
   (D) To file a claim

7. Who are the listeners?

   (A) Fitness trainers
   (B) Company managers
   (C) Bus drivers
   (D) City officials

8. Why does the speaker say, "your coworkers are very experienced"?

   (A) To provide reassurance
   (B) To ask for some help
   (C) To give an excuse
   (D) To praise a team

9. What does the speaker remind the listeners to do?

   (A) Give clear instructions
   (B) Take public transportation
   (C) Come to work early
   (D) Meet deadlines

Royal Bhutan Airlines

To: San Francisco
Flight: WG309   SEAT: 16B
Gate: 30K
Departure time: 12:30

Item Name	Sale Price
Bathroom Light	$80
Kitchen Light	$100
Living Room Light	$130
Driveway Light	$200

10. According to the speaker, why should the listeners go to the service desk?

(A) To arrange transportation
(B) To make a flight reservation
(C) To choose a later flight
(D) To check their baggage

11. Look at the graphic. Which information has changed?

(A) San Francisco
(B) WG309
(C) 30K
(D) 16B

12. According to the speaker, what is the reason for the change?

(A) A flight is late.
(B) A security issue arose.
(C) The weather is bad.
(D) Repairs are being made.

13. Look at the graphic. What is the price of the light being described?

(A) $80
(B) $100
(C) $130
(D) $200

14 . According to the speaker, why do customers like the light?

(A) It operates automatically.
(B) It is durable.
(C) It is reasonably priced.
(D) It is available in various sizes.

15. What does the speaker say is available on a Web site?

(A) A manual
(B) A coupon
(C) A work schedule
(D) Store locations

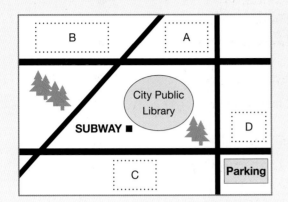

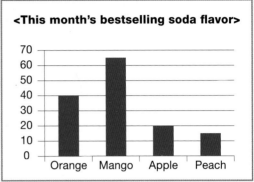

16. What type of business is the speaker discussing?

(A) A fitness center
(B) A medical clinic
(C) A real estate agency
(D) A car repair shop

17. Look at the graphic. Which location does the speaker recommend?

(A) Location A
(B) Location B
(C) Location C
(D) Location D

18. What does the speaker say she will hand out?

(A) A timeline
(B) Some images
(C) A survey
(D) Some estimates

19. Look at the graphic. Which soda flavor will be on sale this month?

(A) Orange
(B) Mango
(C) Apple
(D) Peach

20. Why does the speaker thank Ms. Holmes?

(A) She created a new soda flavor.
(B) She worked overtime.
(C) She managed an order.
(D) She proposed a promotional event.

21. What does the speaker remind the listeners to do?

(A) Attend a training session
(B) Clean the store
(C) Give customers some information
(D) Submit suggestions

PART

5

토익 RC의 101~130번까지 총 30문제가 출제되는 '단문 공란 메우기' 파트로, 독해 시간 확보를 위해서
문제를 빠르고 정확하게 풀어내는 능력이 절실한 영역이다. PART 5는 문법 문제와 어휘 문제가 특정한
순서 없이 골고루 출제되며, 초/중급 수험자들이 가장 탄탄하게 학습해야 하는 파트이다.

UNIT 01 이론은 간단하게 암기는 제대로, 품사 1_명사 / 대명사

UNIT 02 이론은 간단하게 암기는 제대로, 품사 2_형용사 / 부사

UNIT 03 이게 없으면 문장이 안 된다, 동사 1_구조와 형식 / 수 일치

UNIT 04 토익에서 감점의 끝판왕, 동사 2_능동태와 수동태 / 시제

UNIT 05 이걸 구분 못하면 문법 오류가 생긴다, 동사 3_자동사 / 타동사

UNIT 06 동사에서 출발해서 변형되는 문법, to부정사 / 동명사

UNIT 07 동사에서 출발해서 형용사처럼 쓰는 문법, 분사(-ing/p.p.)

UNIT 08 단어나 문장을 이어주는 성분, 전치사 / 접속사

UNIT 09 이것도 접속사? 관계대명사 / 명사절 접속사

UNIT 10 특수한 구문, 비교 / 도치

PART 5 특징으로는

| 동영상 강의 |

❶ 토익에 출제되는 문법은 한정적이므로, 토익 시험에 맞는 토익형 학습이 필요하다.

❷ 토익 핵심 문법인 품사, 대명사, 능/수동태, 수 일치 문제는 틀리지 말아야 한다.

❸ 토익형 문법을 잘 정리하면, 소위 말하는 '1초 문제'가 생성되어 시간 단축에 유용하다.

❹ 어휘 문제 역시 다수 출제되므로, 단어 암기가 매우 중요하다.

❺ 단문 공란의 답을 고르는 파트로, 문장 내에서 힌트가 되는 '단서'를 잘 캐치해야 한다.

❻ 완벽한 직독직해보다는 빠르게 오답을 가려내는 능력이 요구된다.

❼ PART 5를 탄탄하게 대비하면 PART 7 독해 문제를 풀 수 있는 시간이 늘어난다.

❽ 총 30문제 중 3~4문제는 고득점 목표자도 다소 어렵게 출제될 수 있다.

❾ 한자로 된 문법 용어를 일일이 외울 필요 없이 문제를 간결하게 푸는 방법과 구조를 익혀야 한다.

UNIT 01

이론은 간단하게 암기는 제대로,

품사 1_명사/대명사

| 동영상 강의 |

토익 RC의 PART 5 101~130번과 PART 6 131~146번에 걸쳐 반드시 출제되는 '품사' 문제는 기본 중의 기본으로, 암기가 매우 중요하다. 이론이 복잡한 게 아니다!

✔ 토익 품사 문제 패턴 확인하기

보기 예시 1

(A) specify
(B) specifies
(C) specifically
(D) specification

● **찐 품사 문제**

규칙성이 보이고, 처음부터 중간까지 스펠링이 겹치고 끝만 달라지는 구조
전형적인 문법 자리 싸움 → 적절한 '품사'를 고르는 문제

(A) -fy로 끝처리를 하면 보통 **동사**
(B) -fy에서 y를 i로 바꾼 다음 -es를 붙이는 경우가 있고, 이 경우 **동사**
(C) -ly로 끝나면 예외는 있지만 다수가 **부사**
(D) -tion으로 끝나면 예외는 있지만 다수가 **명사**

해석하기보다는 위의 예시처럼 끝처리를 통해 품사를 파악할 것!

보기 예시 2

(A) tremendously
(B) collaboratively
(C) extremely
(D) specifically

● **단순한 해석 문제**

스펠링 구성이 대부분 다르고 끝 음절만 -ly로 일치하는 구조
끝이 일치하면 거의 같은 품사 → 단순한 '해석' 문제

(A) 굉장히　　　　　(B) 협력적으로
(C) 극도로　　　　　(D) 명확히

어휘의 뜻을 알아야 풀 수 있다. 토익 빈출 어휘 암기는 필수!

보기 예시 3

(A) only
(B) ever
(C) although
(D) despite

● **해석 문제 같지만 품사를 먼저 따질 수 있는 문제**

보기가 전치사, 접속사, 부사로 구성된 구조 → 해석보다는 '품사' 문제

(A) 부사　　　　　(B) 부사
(C) 접속사　　　　(D) 전치사

★ 단어/구를 짧게 이어주는 것은 **전치사**
　문장(주어 + 동사)을 길게 이어주는 것은 **접속사**
　단어나 문장을 이어주기보다는 꾸미기만 하는 것은 **부사**

품사가 서로 다르면, 단순 해석보다는 품사부터 볼 줄 알아야 한다!

V 명사 알아보자

● 명사의 역할과 자리

명사는 가방, 학생, 수업처럼 사물, 사람, 추상 개념 등을 지칭하는 '딱 떨어지는 단어들'로 문장에서 주어, 목적어, 보어 역할을 한다.

> **QUIZ** 다음 문장에서 명사를 체크해 보자.
>
> The man attended class yesterday. He is currently a university student.

문장에서 '딱 떨어지는 단어 = 명사'를 체크해 보면,

The man attended class yesterday. He is currently a university student.

그 남자는 어제 수업에 참석했다. 그는 현재 대학생이다.

첫 번째 문장에서 '딱 떨어지는 단어'는 **The man, class**

The man: 문장 맨 앞에 나온 행위의 주체 → **명사의 주어 역할**

class: 동사 뒤에서 '무엇을'이라는 목적성을 추구하는 대상 → **명사의 목적어 역할**

그 외 attend(참석하다)는 행위를 나타내는 **동사**, yesterday(어제)는 하나의 시점 표현으로 **부사**이다.

두 번째 문장에서 '딱 떨어지는 단어'는 **a university student**

He, She, It (그/그녀/그것)처럼 누구 또는 무언가를 받아서 언급한 어휘는 **대명사**

a university student: 주어 He를 보충 설명 → **명사의 보어 역할**

★ be동사 뒤에 명사가 오면, 그 명사는 be동사 앞의 주어와 같은 대상임을 나타낸다.
  He = a university student: a university student는 주어 He에 대한 **동격 보어**이다.
  참고 be동사 뒤에 형용사가 나올 때도 많다. 형용사는 다음 UNIT에서 다뤄 보자.

Tip 주어, 목적어, 보어 외 명사의 대표 '1초 정답' 자리

1 **my** book (내 책), **your** car (당신의 차)처럼 **소유격 뒤에 오는 자리**

2 a **handsome** man (잘생긴 남자)처럼 명사를 꾸미는 **형용사 바로 뒤에 꾸밈을 받는 자리**

3 a book (책)처럼 명사가 하나 있는 단수임을 나타내는 **a 뒤에 오는 자리**,
  the book (그 책)처럼 앞에서 언급되었거나 한정된 개념을 주는 **the 뒤에 오는 자리**

● 반드시 외워야 할 명사 대표 어형

모든 어휘에는 예외가 있으므로, 100% 명사만 되는 것은 아니지만 다음 어형들은 다수가 명사가 된다. 대표적인 명사의 끝처리 스펠링들이므로 잘 외워 두자.

명사의 대표적인 어형 (스펠링 끝처리가 다음과 같이 구성될 때가 많다.)

-tion	organization 조직	-sion	conclusion 결론
-ment	movement 이동	-er/-or	teacher 선생님
-st	pianist 피아니스트	-ee	employee 직원
-th	growth 성장	-ure	closure 폐쇄
-ance	attendance 참석, 출석	-ness	effectiveness 효율
-ty/-cy	ability 능력	-sm	professionalism 전문성

예외는 존재한다! 우리는 아직 고수가 아니더라도 진짜 영어를 알아 두자.

question은 -tion으로 끝나지만 '질문'이라는 명사도 되고 '질문하다'라는 동사도 된다. 이런 어휘들이 많지는 않으니 학습하다가 그때그때 추가해서 암기하자.

Ⅴ 대명사 알아보자

● 인칭대명사: 사람 명사를 대신하는 말로 나, 너, 그, 우리, 그들 같은 단어들이다.

주격	소유격	목적격	소유대명사 (누구의 것)	재귀대명사 (자기 자신)
I	my	me	mine	myself
you	your	you	yours	yourself
we	our	us	ours	ourselves
she	her	her	hers	herself
he	his	him	his	himself
it	its	it	X	itself
they	their	them	theirs	themselves

❶ 주격 I am a boy. '나는' 소년이다.

❷ 목적격 I met **him** yesterday. 나는 '그를' 어제 만났다.

❸ 소유격 This is **my** company. 이것은 '나의' 회사다.

> 주의 소유격 뒤에는 반드시 명사가 나와야 한다. 절대 단독으로 쓸 수 없다.

This is **your**. (X) / This is **your badge**. (O)

+PLUS **소유격 강조 「소유격 + own + 명사」**

This is **my own company**. 이것은 '나만의' 회사이다.

「소유격 + own + 명사」는 '자신만의, 자신이 일군, 자신의 독자적인' 의미를 강조하는 표현이다.

> 주의 「소유격 + own」 역시 뒤에 명사가 나오는 경우가 대부분이다.

「소유격 + own」으로 명사 없이 말을 끝내려면 앞에 전치사 on이나 of가 붙어야만 한다.

I finished the report **my own**. (X) ➡ 뒤에 명사가 없어서 틀린 문법

I finished the report **on my own**. (O)
나는 보고서를 나 혼자서 끝냈다.

여기서 on my own은 '내 스스로의 힘으로'라는 뜻의 독립 구문으로 by myself와 유사한 의미이다.
of my own은 '내 것의, 내 소유의'라는 의미로 명사 뒤에 쓸 수 있다.

---

❹ 소유대명사 = 소유격 + 명사

This is **mine**. 이것은 '내 것'이다. — This is **my book**. 이것은 내 책이다.

★ 소유대명사는 주격 대명사와 더불어 주어 역할로 많이 쓰인다.

Mine is heavy. 내 것은 무겁다.

또한 Mr. Kim's처럼 명사에 -'s를 붙이면 소유격 '~의', 소유대명사 '~의 것' 역할을 한다.

That is **Mr. Kim's** book. 저것은 '김 씨의' 책이다.

That is **Mr. Kim's**. 저것은 '김 씨의 것'이다.

❺ 재귀대명사

I love **myself**. 나는 '나 자신'을 사랑한다.

I completed this report **by myself**. 나는 이 보고서를 '내 스스로의 힘으로' 작성했다.

재귀대명사는 주어와 목적어가 똑같은 대상일 때 들어가고, 「by + 사람-self」 구문은 '~ 스스로의 힘으로',
'~ 혼자서'라는 의미를 나타낸다.

> 주의 재귀대명사(-self/selves)는 절대로 문장의 '주어' 역할을 할 수 없다.

Themselves are different. (X) / **They** are different. (O)

- **지시대명사 this/that/one:** 특정 사람이나 사물을 그대로 받아 대신하는 표현

  ❶ I have a book. **This** is difficult. 나는 책이 있다. 이것은 어렵다.

  　a book → This

  ❷ **This** is mine. 이것은 내 것이다. / **These** are mine. 이것들은 내 것이다.

  　'이것/이것들'로 단수/복수 개념만 바뀐 것

  ❸ **That** is his bag. 저것은 그의 가방이다. / **Those** are his bags. 저것들은 그의 가방들이다.

  　'저것/저것들'로 단수/복수 개념만 바뀐 것

  ❹ **The one** on the table is mine. 테이블 위에 그것은 내 것이다.

  　one은 숫자 1만 되는 것이 아니라 언급되거나 인식되는 명사를 받을 수 있다.

V 명사의 단수/복수 개념과 수 일치

명사가 하나를 의미하면 앞에 a가 붙고, 여러 개를 의미하면 뒤에 -s가 붙는다: a book (단수) / books (복수)

- **수 일치 중요 포인트**

  ❶ **불가산명사:** 세는 개념이 없는 명사로 앞에 a/an이나 끝에 -s가 붙는 것이 불가능하다.

  　an information (X) / informations (X) / information (O)

  　주의 토익에서는 '셀 수 있는 명사'가 훨씬 많이 나온다.

  ❷ **사람명사:** 불가산명사가 존재하지 않는다. 앞에 a/an이나 끝에 -s가 붙어야 한다.

  　employee (X) / an employee (O) / employees (O)

  ❸ **[예외] 집단명사, 집합명사:** 뒤에 -s가 붙지 않아도 복수가 되는 어휘들이다.

  　children 아이들 / people 사람들

  ❹ **사람명사 vs 일반명사 구별:** 해석보다 단수/복수부터 확인해야 한다.

  　We need (**guidance** / guide). 우리는 지침이 필요하다. / 우리는 (투어) 가이드가 필요하다?

  　의미는 둘 다 통하는 것 같지만, guide는 사람 아니면 책자를 의미하므로 a guide 또는 guides로 써야 한다.

  　guidance가 불가산명사임을 인지하고 답으로 골라야 한다.

  ❺ **the는 단수/복수 개념이 없다:** a와 다르게 the는 단수명사, 복수명사, 불가산명사 앞에 다 올 수 있다.

  　the book (O) / the books (O) / the information (O)

  ❻ **주어와 동사의 수 일치:** 명사가 주어 역할을 할 때 동사는 그 명사에 수를 맞춰야 한다.

  　A company **has** / Companies **have** / He **goes** / They **go**

  　동사는 명사와 반대로 -s를 붙이면 단수가 된다.

● [암기 필수] 빈출 불가산명사 (앞에 a, 뒤에 -s 끝처리 불가)

advice	충고, 조언	information	정보
luggage, baggage	수하물, 짐	equipment	장비, 기기
machinery	기계류 machine은 셀 수 있다.	furniture	가구
mail	우편물	access	접근, 열람, 이용 동사 access도 존재한다.
research	연구, 조사 유의어 study는 셀 수 있다.	authorization	허가, 인가
approval	승인 셀 때도 있지만 주로 불가산	consent	동의, 승낙
clothing	의류 clothes는 셀 수 있는 복수명사	planning	기획 수립 plan은 셀 수 있다.
funding	자금 (제공) fund는 셀 수 있다.	ticketing	티켓 발권 ticket은 셀 수 있다.
employment	고용, 채용	permission*	허가, 승인
assistance	도움	participation	참석, 참여
satisfaction	만족	seating	좌석 배치 seat은 셀 수 있다.
stationery	문구류	feedback	의견
merchandise	상품	work*	작업, 일

주의 -ing 형태가 정확한 명사인 경우는 매우 적다.

보통 -ing 형태는 단어가 문법적으로 변형된 것이어서 planning, funding, ticketing, seating처럼 -ing로 끝나는데 명사인 경우는 따로 암기해 두자.

*permit은 명사(허가증)와 동사(허가하다)로 모두 쓰이고, 명사 permit은 셀 수 있다.

*work는 '작품'이라는 의미로 쓰일 때 works로 -s가 잘 붙는다. 의미 구별 필수!

A 다음 어휘들을 빠르게 살펴보면서 '명사'로 판단되는 것에 표시해 보자.

dedication	teacher	resources
clearly	manage	manager
only	effective	significant
room	furniture	favorably
distributor	delay	application
applicant	consultation	employee
closure	advice	advise
ability	computer	broaden

B 다음 문장들을 빠르게 읽으면서 어법에 맞으면 O, 틀리면 X에 표시해 보자.

1. It is my. (O / X)

2. Mr. Kim became doctors. (O / X)

3. This is your. (O / X)

4. This is your book. (O / X)

5. It is her a car. (O / X)

6. I will buy it. (O / X)

7. I will buy computers. (O / X)

8. She is a new employment. (O / X)

9. She is a new employee. (O / X)

10. He is a handsome. (O / X)

11. Catherine is your friend. (O / X)

12. Thank you for your advise. (O / X)

13. Thank you for your advice. (O / X)

14. The book on the table is mine. (O / X)

15. Mr. Kim has a good ability. (O / X)

1. Please contact our Customer Service Department if ------- have any problems.

   (A) you
   (B) yours
   (C) yourself
   (D) your

2. ------- shows that consumers are increasingly ordering groceries online.

   (A) Research
   (B) Study
   (C) Book
   (D) Manual

3. The newly opened store on 5th Avenue is very ------- for purchasing various items.

   (A) convenience
   (B) conveniences
   (C) convenient
   (D) conveniently

4. Patrick Kwon has become one of the leading ------- in the field of industrial arts.

   (A) analyze
   (B) analyzes
   (C) analysis
   (D) analysts

5. Mr. Johnson's ------- will be available to answer questions while he is away on business.

   (A) assistant
   (B) assist
   (C) assists
   (D) assistance

6. Customer ------- has been our top priority since we founded this company.

   (A) satisfaction
   (B) satisfactory
   (C) satisfied
   (D) to satisfy

7. Joho Duke, ------- of the bestselling novel *Now and Then*, will make appearances in major cities in June.

   (A) author
   (B) production
   (C) partner
   (D) distribution

8. ------- said that the workshop on global warming was the best.

   (A) Participate
   (B) Participation
   (C) Participant
   (D) Participants

9. Our project proposal was accepted, but ------- was not due to some unresolved issues.

   (A) they
   (B) their
   (C) themselves
   (D) theirs

10. Koshu Electronics is planning to open two more ------- in the coming year.

    (A) facility
    (B) factories
    (C) deals
    (D) case

11. Our ongoing ------- with JNP Financial is due to its prompt delivery and excellent customer service.

    (A) related
    (B) relating
    (C) relationship
    (D) relationships

12. Frequent ------- with customers will be a great way to understand their needs.

    (A) interact
    (B) to interact
    (C) interacting
    (D) interactions

13. In spite of the recent -------, the company's profits significantly increased last quarter.

    (A) criticize
    (B) critic
    (C) critical
    (D) criticism

14. The assistant director managed to complete all the paperwork on -------.

    (A) him
    (B) he
    (C) his own
    (D) himself

15. The ------- in charge of market research had to request a deadline extension because he had a lot of work to do.

    (A) person
    (B) people
    (C) personalize
    (D) personality

16. Sending thank-you letters to regular customers is a highly recommended -------.

    (A) information
    (B) access
    (C) practice
    (D) feedback

17. Ms. Green, one of the job applicants, sent ------- portfolio this morning.

    (A) she
    (B) her
    (C) hers
    (D) herself

18. Our city is becoming increasingly popular because of its many tourist -------.

    (A) attraction
    (B) attractions
    (C) attracted
    (D) to attract

19. To use the parking lot for free, you need to present a valid parking -------.

    (A) permit
    (B) permits
    (C) permission
    (D) permitted

20. The newly appointed CEO greeted all ------- attending the banquet.

    (A) investments
    (B) buyers
    (C) suggestions
    (D) dedications

이론은 간단하게 암기는 제대로,
품사 2_형용사/부사

토익 RC의 PART 5 101~130번, PART 6 131~146번에 걸쳐 반드시 출제되는 '품사' 문제.
이번 UNIT에서는 형용사/부사의 자리와 특징을 알아보자.

▼ 토익 형용사/부사 문제 패턴 확인하기

보기 예시 1

(A) creativity
(B) creative
(C) creation
(D) creatively

● **찐 품사 문제**

스펠링의 첫머리 부분이 동일한 규칙성을 보이고, 끝처리를 통해
품사가 갈라지는 패턴

(A) -ty와 (C) -tion은 UNIT 1에서 배웠던 **명사**
(B) -ive로 끝나면 예외는 있지만 **형용사**
(D) 형용사에 -ly로 붙이면 보통 **부사**

해석하기보다는 위의 예시처럼 끝처리를 통해 품사를 파악할 것!

보기 예시 2

(A) thoughtful
(B) generous
(C) efficient
(D) dependable

● **단순한 해석 문제**

스펠링 대부분의 형태가 다르지만, 끝처리를 통해 품사가 '형용사'임을
알 수 있는 패턴

(A) 사려 깊은   (B) 인심이 후한
(C) 능률적인   (D) 믿을 수 있는

-ful / -ous / -ent / -able 등은 형용사의 대표 어형이다.

보기 예시 3

(A) timely
(B) costly
(C) importantly
(D) quickly

● **해석이 어느 정도 필요하지만 품사가 일치하지 않는 문제**

같은 품사처럼 보이지만 다른 품사가 섞여 나오는 패턴

(A) 형용사 (시기적절한)   (B) 형용사 (비용이 많이 드는)
(C) 부사 (중요하게)   (D) 부사 (빠르게)

★ -ly로 끝나면 '부사 아니야?' 생각하기 쉽지만 당황스럽게도 '형용사'인
경우가 있다.
time + ly / cost(비용) + ly처럼 '명사 + -ly'는 **형용사**
important + ly / quick + ly처럼 '형용사 + -ly'는 **부사**

Ⅴ 형용사 알아보자

● 형용사의 역할과 자리

형용사는 크게 1) 명사 수식, 2) be동사처럼 뜻이 없거나 불완전한 동사 뒤에서 '보충 언어' 역할을 한다.

> **QUIZ** 다음 문장에서 형용사를 체크해 보자.
>
> The new system became very efficient.

The new system became very efficient

새로운 시스템은 매우 효율적이게 되었다.

문장의 주어 The system의 명사 system을 앞에서 수식하는 **new** → 명사 수식 형용사

became은 동사 become의 과거시제
'~한 상태가 되다'라는 의미의 become은 완전한 뜻이라고 하기에는 애매하여 '보충 언어'(= 보어)를 동반한다.
be동사처럼 형용사를 아주 좋아한다.

very는 '매우'라는 뜻일 때 부사
부사의 수식을 받고 불완전한 동사 became 뒤에서 보충 설명하는 **efficient** → 형용사 보어

★ 명사를 꾸미는 형용사에서 반드시 주의할 점

a handsome man은 있어도 handsome a man은 없다.
the pretty woman은 있어도 pretty the woman은 없다.

형용사가 명사를 꾸미려면, 「a/the/소유격 + ----- + 명사」 구조로 이 사이에 들어가야 한다.
절대, 형용사 뒤에 'a/the/소유격'이 붙어서는 안 된다.

★ be동사처럼 불완전한 상태로 형용사를 보충 언어로 잘 이끄는 동사

become ~해지다	look ~해 보이다	seem ~인 듯하다	appear ~인 듯하다
remain 여전히 ~이다	prove ~한 것으로 드러나다		

It **looks** heavy. 그것은 무거워 보여요.　　　　　　It **seems** wrong. 그것은 잘못된 것 같아요.

It **proves** costly. 그것은 비용이 드는 것으로 드러납니다.

주의 be동사, become, remain 뒤에는 a/the 등이 잘 붙는 명사가 올 수도 있는데, 이때 명사는 '동격 보어'라고 해서 주어와 동일 인물, 동일 대상이 되어야 하는 데 주의한다.

The book is (**difficult** / difficulty) 그 책은 어려움이다? 그 책은 어렵다.

책 자체가 '어려움'과 동의어는 아니기 때문에 책의 특징을 설명하는 형용사 difficult가 알맞다. 참고로, difficulty가 답이
되려면 동격인 주어 책이 셀 수 있는 명사이므로 보어도 a difficulty가 더 맞다.

★ 5형식(동사 + 목적어 + 형용사 보충 언어) 구문의 특정 동사 뒤에 오는 형용사

5형식이라고 해서, 「주어 + 동사」 뒤에 목적어가 나온 뒤, 그 목적어를 '보충 설명(= 보어)'하는 형용사를 이끄는 동사들이 있다. 이 동사들은 무조건 암기해야 한다.

keep ~한 상태로 유지하다	leave ~한 상태로 두다	find ~하다고 생각하다
make / render ~한 상태가 되게 하다	consider / deem ~하다고 여기다	

I **found** the lecture (informatively / *informative*). 나는 그 강의가 유익하다고 생각했다.

find(과거 시제로 found)가 5형식 구조를 이끌 수 있기 때문에, 「I(주어) + found(동사) + the lecture(목적어)」 뒤에 보충 언어 '형용사'가 들어가 목적어의 상태를 설명한다.

참고 뒤에서 다루겠지만, 보통 완전한 문장 뒤에는 문장 구성에 불필요한 '부사'가 들어간다.

● **[암기 필수] 반드시 외워야 할 형용사 대표 어형**

-ful	grateful 고마워하는	-less	useless 쓸모없는
-ous	dangerous 위험한	-ive	innovative 혁신적인
-al	official 공식적인	-ory	mandatory 의무적인
-ary	temporary 일시적인	-able	reliable 믿을 만한
-ant	reliant 의존적인	-ent	efficient 효율적인

예외는 존재한다! official이 '고위 관료'라는 의미일 때는 명사 / nevertheless는 -less로 끝나도 '그럼에도 불구하고'라는 뜻의 부사 / participant는 -ant로 끝나도 '참석자'라는 뜻의 사람 명사

● **[암기 필수] 둘 다 형용사이지만 의미가 다른 경우**

dependable 믿을 만한	dependent (on/upon) 의존적인	considerable 상당한	considerate (of) 배려하는
responsible (for) 책임 있는, 담당하는	responsive (to+N) 반응하는, 응하는	extensive 광범위한, 대대적인	extended 연장된
industrial 산업의	industrious 근면한	economic 경제의	economical 경제적인
confident 자신 있는, 확신하는	confidential 기밀의	sensitive 민감한, 섬세한	sensible 현명한
exhaustive 철저한, 완전한	exhausted 고갈된, 지친	forgetful 잘 잊어버리는	forgettable 잊혀지기 쉬운

- **명사를 꾸밀 때 단수/복수를 주의해야 하는 형용사**

  ❶ **셀 수 있는 명사의 복수형 수식:** several (몇몇의), many (많은), a few (몇몇의), few (거의 없는),
  multiple (다수의), various (다양한), numerous (많은)

  several employee (X) / several employees (O)   few issue (X) / few issues (O)

  ❷ **셀 수 없는 불가산명사 수식:** much (많은), a little (약간의), little (거의 없는)

  much details (X) / much information (O)   *information은 셀 수 없는 명사

  ❸ **셀 수 있는 명사의 단수형 수식:** each (각각의), every (모든), another (또 다른)

  each members (X) / each member (O)   every students (X) / every student (O)
  another products (X) / another product (O)

  > **주의** every가 '매, ~마다'라는 의미로 주기/빈도를 표현할 때, another가 '(앞으로) ~ 더'라는 의미를
  > 나타낼 때는 복수 기간 명사를 이끌 수 있다.

  We conduct research **every 3 months.** 우리는 매 3개월마다 연구를 실시한다.
  We will conduct research for **another 3 months.** 우리는 앞으로 3개월 더 연구를 실시할 것이다.

  ❹ **셀 수 있는 명사는 복수형을 수식하고 셀 수 없는 불가산명사도 수식:** all (모든), some (몇몇의),
  most (대부분의), a lot of (많은)

  all members (O) / a lot of information (O) /
  some student (X)   *student는 셀 수 있는 명사이므로 students

- **[암기 필수] 「be + 형용사 + 전치사」 구조로 잘 쓰이는 형용사**

  아무 형용사나 전치사와 바로 붙지 않는다. 전치사와 함께 쓸 수 있는 어휘만 외우자!

be beneficial to + N ~에 득이 되다	be conducive to + N ~에 도움이 되다
be suitable for ~에 적합하다	be ideal for ~에 이상적이다
be responsive to + N ~에 응하다, 반응하다	be reflective of ~을 반영하다
be subject to + N ~되기 쉽다	be susceptible to + N ~받기 쉽다, ~의 여지가 있다
be capable of ~에 능하다	be compatible with ~와 호환이 되다
be indicative of ~을 시사하다, 드러내다	be vulnerable to + N ~에 취약하다
be optimistic about ~에 낙관적이다	be skeptical of ~에 회의적이다
be critical to + N ~에 중요하다	be critical of ~에 대해 비평적이다
be comparable in/with ~ 면에서/~와 필적하다, 비슷하다	
be responsible for = be accountable for ~에 책임이 있다	
be reliant on[upon] = be dependent on[upon] ~에 의존적이다, ~에 달려 있다	
be enthusiastic about = be passionate about ~에 열성적이다	

Ⅴ 부사 알아보자

● 부사의 역할과 자리

이것저것 다 꾸미는 능력을 가진 품사지만, 문장 내에 없어도 별다른 문제가 안 되는 품사이다.

---

1 형용사를 꾸밀 수 있고,

2 동사를 꾸밀 수 있고,

3 부사를 또 다른 부사가 꾸밀 수도 있고,

4 완벽한 문장을 앞이나 뒤에서 꾸밀 수 있고, (모든 부사가 그런 것은 아님)

5 하나의 세트인 동사구 사이에 들어갈 수 있는 것은 전부 부사다.

---

❶ The book is **very difficult**.

그 책은 매우 어렵다.

그냥 어려운 것이 아니라 매우 어려움. very는 형용사를 수식하는 부사

❷ He **clearly explained** the concept.

그는 그 개념을 명료하게 설명했다.

「주어 + 동사」 사이에 들어간 부사. 이때 부사는 동사를 앞에서 수식

❸ We monitored the process **very closely**.

우리는 그 과정을 매우 면밀하게 감시했다.

부사 closely를 수식하는 very 역시 부사

❹ I submitted the form **quickly**.

나는 그 양식을 빨리 제출했다.

「주어 + 동사 + 목적어」 모두 있는 완전한 문장 뒤에 없어도 되는 부사

Fortunately, I was able to attend the meeting.

다행히도, 나는 그 회의에 참석할 수 있었다.

완전한 문장 앞에 없어도 되는 부사. 단, 이때 부사는 콤마를 동반함을 기억해 두자.

❺ We **have consistently made** donations.

우리는 꾸준히 기부를 해 왔다.

have p.p.는 동사의 한 '시제' 패턴으로, 하나의 세트 사이에 들어가 동사를 수식하는 부사

It **was immediately deleted**.

그것은 즉시 삭제되었다.

be동사 p.p.는 '수동태'라는 문법 구조로, 하나의 세트 사이에 들어가 동사를 수식하는 부사

능동태 진행형 be -ing 역시 사이에 빈칸이 있다면 들어갈 품사는 부사

- **[암기 필수] 유독 숫자를 잘 수식하는 부사**

approximately 대략 / roughly 대략 / nearly 거의	about / around* 대략
up to 최대 ~까지 at least 최소, 적어도	
exactly 정확히 / just 딱 / only 단지, 딱	
more than ~ 이상 / less than ~ 미만, ~보다 적은 / over* ~ 이상	

*about/around, over는 전치사라는 성분도 되지만 숫자를 꾸밀 때는 부사이다.

We have (**nearly** / certainly) **500** employees.

우리는 거의 500명의 직원들을 보유하고 있다. ➜ 숫자를 꾸미는 부사 nearly: '1초 문제'

They have (more / **more than**) **three** locations in London.

그들은 런던에 3개 이상의 지점을 가지고 있다. ➜ 숫자 앞 부사는 more than: '1초 문제'

- **[암기 필수] 시제 부사**

과거, 현재, 미래, 현재완료 등 문장의 특정 시제와 어울리는 부사

과거시제를 유독 잘 꾸미는 부사

recently 최근에 / previously 이전에 / formerly 이전에 / once 한때

참고 recently는 최근 경험을 강조하는 현재완료 시제 have p.p.와도 자주 쓰인다.

현재시제를 유독 잘 꾸미는 부사

regularly 정기적으로 / periodically 정기적으로 / occasionally 가끔 / routinely 일상적으로 /
typically 일반적으로 / generally 일반적으로

현재진행형을 유독 잘 꾸미는 부사

now 지금 / currently 현재 / presently 현재

참고 now는 '지금' 이렇다는 의미로 현재시제와도 쓰이고, '이제부터' 할 거라는 의미로 미래시제와도 쓰인다.

미래시제를 유독 잘 꾸미는 부사

soon 곧 / shortly 곧

It **will** (**soon** / recently) **be** launched.

그것은 곧 출시될 것이다.

미래시제 will be 사이의 부사이기 때문에 최근 과거의 일을 강조하는 recently는 오답이다.

● 문장 끝에 오지 않거나 동사를 꾸미지 않는 부사

우리말로 '꽤, 아주, 너무, 다소' 등의 의미로 상태를 강조하는 부사는 문장 끝에 오지 않는다.

이런 '강조 부사'는 동사를 수식하지 않고 주로 형용사나 부사를 꾸민다.

very 매우	I study **very** hard. (O)　나는 매우 열심히 공부한다.
	I study hard very. (X)　　　　　　　　　　　　　*very는 문장 끝에 오지 못한다.
quite 꽤	This is **quite** difficult. (O)　이것은 꽤나 어렵다.
	This is difficult quite. (X)
too 너무	The bag is **too** heavy. (O)　그 가방은 너무 무겁다.
	The bag is heavy too. (X)
	참고 too가 문장 끝에 쓰이려면 '너무'가 아니라 '역시'라는 의미가 되어야 한다.
	I think so, **too**.　저도 그렇게 생각해요.　　　　　　*이때 too 앞에 콤마가 붙음

very, quite, too 등의 강조 부사는 일반적으로 동사를 수식하지 않는다.

I very study English. (X)

주의 -ing와 p.p.가 형용사 역할의 분사인 경우 be very -ing나 be very p.p.의 형태는 할 수 있어도,
very가 동사 자체를 수식하지는 않는다.

● 특수한 부사 yet / enough

yet은 '그러나'라는 뜻의 접속사도 되지만 '아직'이라는 의미의 부사도 된다. enough는 이중 품사로
형용사도 되고 부사도 된다.

yet 아직	'아직 ~하지 못하다'라는 의미로 not이 붙은 부정문을 좋아한다.
	I have **not** finished the report **yet**. (O)
	나는 아직 그 보고서를 끝내지 못했다.
	주의 be[have] yet to + 동사원형: not yet의 동의어로 not 없이도 부정문이 된다.
	The location **is yet to be** decided.　장소는 아직 결정되지 않았다.
	참고 동일한 품사 사이, 등위 구조의 yet은 ' ~이지만 ~하기도 한'이라는 의미로
	앞/뒤에 형용사를 나열할 수 있다.
	The lecture was **boring yet informative**.　강연은 지루하지만 유익했다.
enough 충분히	부사가 일반적으로 형용사를 꾸밀 때 앞에서 뒤로 꾸미는 데 반해, 부사로서의 enough는
	'뒤에서 앞으로' 꾸민다.
	easy **enough** (O)　/　enough easy (X)

A 다음 어휘들을 빠르게 살펴보면서 형용사이면 '형', 부사이면 '부'로 구별해 보자.

tremendous	illegal	fondly
distinguished	rather	quite
complicated	confusing	ornamental
decorative	highly	random
selective	so	increasing
only	solely	solitary
friendly	weekly	quarterly
orderly	heavily	somewhat

B 다음 문장들을 빠르게 읽으면서 어법에 맞으면 O, 틀리면 X에 표시해 보자.

1. They finally opened the store. (O / X)

2. The company once sells electronics. (O / X)

3. Our products are very reliant. (O / X)

4. Sam is responsible to the project. (O / X)

5. It became complicated. (O / X)

6. You look beauty. (O / X)

7. I am enough full. (O / X)

8. There are many benefit. (O / X)

9. Each of our staff members will get a bonus. (O / X)

10. He did extensive his study. (O / X)

11. It appears to be true. (O / X)

12. It is subject to cancel. (O / X)

13. I didn't check my e-mail yet. (O / X)

14. Ms. Lee considered the proposal useless. (O / X)

15. We will begin the meeting shortly. (O / X)

1. We are ------- seeking part-time workers who can work at our Nelson branch.

   (A) currently
   (B) lately
   (C) previously
   (D) therefore

2. The museum guard warned the visitors to be ------- of others by keeping their voices down.

   (A) secure
   (B) mindful
   (C) sensible
   (D) confidential

3. The cost of making the headphone prototype was ------- less than we had anticipated.

   (A) consideration
   (B) considerable
   (C) consider
   (D) considerably

4. Department heads can make meetings more efficient by limiting their agendas to a ------- length.

   (A) manageably
   (B) manages
   (C) manageable
   (D) manage

5. Hailey Books plans to publish a new dictionary ------- this year.

   (A) sometime
   (B) someone
   (C) whichever
   (D) however

6. Ms. Robson's book will explore ways to revitalize cities' ------- neighborhoods.

   (A) residential
   (B) residentially
   (C) resided
   (D) resides

7. In a letter printed in this week's *New York Weekly*, Mr. Jackson argues his point very -------.

   (A) persuade
   (B) persuasion
   (C) persuasively
   (D) persuasive

8. Due to inclement weather, the town's fifth ------- outdoor event has been canceled.

   (A) satisfied
   (B) temporary
   (C) annual
   (D) rising

9. Dream Phones offers ------- mobile phone service at low monthly rates.

   (A) reliable
   (B) reliability
   (C) reliant
   (D) relying

10. Because the new software version has not ------- been tested, the launch will be delayed.

    (A) yet
    (B) such
    (C) well
    (D) very

11. Our summer interns performed their tasks -------, even though they received minimal guidance.

    (A) capable
    (B) capably
    (C) capability
    (D) more capable

12. The car's trunk is ------- enough to hold luggage for four passengers.

    (A) spaciously
    (B) space
    (C) spaces
    (D) spacious

13. The newly hired instructor deemed her curriculum -------.

    (A) successful
    (B) succeed
    (C) successfully
    (D) succeeds

14. Due to unforeseen circumstances, the professor granted an ------- due date for the assignment.

    (A) extension
    (B) extend
    (C) extensive
    (D) extended

15. Entrepreneurs have found the class very ------- for understanding local business regulations.

    (A) benefit
    (B) beneficial
    (C) beneficially
    (D) benefits

16. Typically, accountants have ------- workloads at the end of the fiscal year.

    (A) willing
    (B) sharp
    (C) heavy
    (D) quite

17. If one of our advertised sale items is unavailable, you may ------- get a partial discount on a substitute.

    (A) still
    (B) ever
    (C) nearly
    (D) anyway

18. Dr. Simon's research has been ------- in shaping policies on climate change.

    (A) confidential
    (B) influential
    (C) dedicated
    (D) contingent

19. A station announcement is made when the bus is ------- 30 seconds away from its next stop.

    (A) far
    (B) near
    (C) approximately
    (D) totally

20. The CEO's retirement announcement caused a sudden ------- upsurge in the stock price of Hilltop Corporation.

    (A) sharpen
    (B) sharp
    (C) sharply
    (D) sharpness

토익 RC PART 5의 30문제 중 동사 문제는 문법, 어휘를 포함해 5~7문제 출제될 정도로 매우 중요한 부분이다. 토익 PART 5를 풀 때는 동사가 있는지 없는지가 매우 중요하다. 동사가 없으면 문장 자체가 형성되지 않는다.

∨ 토익 동사 문제 패턴 확인하기 – 구조와 형식/수 일치

문제 예시 1

At the staff meeting, the purchasing team ------- the new ordering procedures.

(A) discussions
(B) to discuss
(C) having discussed
(D) will discuss

● 동사만 찾으면 되는 1초 문제

빈칸은 이 문장의 동사 자리로, 보기가 동사가 될 수 있는지 없는지를 빠르게 파악해야 한다.

(A) 명사로 오답 처리
(B), (C) 동사가 to나 -ing로 시작할 수 없으므로 바로 오답 처리
(D) will discuss만 유일하게 동사 형태

해석 직원 회의에서 구매팀은 새로운 주문 절차에 대해 논의할 것이다.

문제 예시 2

Enrollment in the writing class has ------- **steady** over the past two years.

(A) remained
(B) created
(C) extended
(D) increased

● 동사의 형식을 구분하는 문제

보기만 보면 해석해서 풀어야 할 것처럼 보이지만, 빈칸 바로 뒤 형용사 steady가 결정적인 단서이다.

형용사를 바로 취하는 동사는 2형식 동사로 보기 중에 (A) remained가 유일하다. 나머지 동사는 바로 뒤에 형용사만 취할 수 없다.

해석 작문 수업 등록자는 지난 2년 동안 꾸준히 유지되었다.

문제 예시 3

The official **sponsors** of the World Martial Arts Festival ------- on the website.

(A) to announce
(B) were announced
(C) has been announced
(D) announcement

● 주어와 동사 사이가 먼 수 일치 문제

빈칸은 문장의 동사 자리로, 동사가 안 되는 'to + 동사원형' (A)와 명사 (D)는 일단 오답 소거한다.

(B), (C)를 언뜻 봤을 때 '단순 과거시제와 현재완료 문제인가?' 라고 생각할 수 있는데 아니다.

수 일치만으로 해결되는 문제! 주어는 바로 앞 명사 Festival이 아니라 sponsors로, 이처럼 주어와 동사 사이가 멀 때 주의한다. (B), (C) 중 복수동사는 (B)이다.

해석 세계 무술 대회의 공식 후원사가 웹사이트에 발표되었다.

∨ 문장의 필수 요소 '동사'

토익 PART 5 문제는 모두 '문장'의 형태로 출제된다. 주어와 함께 문장의 필수 요소인 '동사'가 없으면 문장이라고 할 수 없다!

1) 동사는 기본적으로 주어 다음에 등장한다.
2) 동사는 주어의 '행동/동작'이나 '상태'를 나타내는 역할을 한다.

> **QUIZ** 다음 문장을 문장이라고 할 수 있을지 생각해 보자.
>
> **1** I a book.　　**2** Birds flying.

1 아니다. 반드시 동사가 있어야 문장이라고 할 수 있는데, 주어 I와 명사 a book만 있고 동사가 없다.

I **read** a book. 나는 책을 읽는다. → 주어 I 뒤 동사 read 위치

2 아니다. flying만으로는 동사라고 볼 수 없다. '날다'라는 동사는 fly인데 앞에 to가 붙는 to부정사, -ing가 붙는 동명사/현재분사는 소위 '준동사'라고 한다. 준동사는 동사가 아니다.

Birds **fly**. 새들이 난다. → 주어 Birds 뒤 동사 fly 위치
Birds **are flying**. 새들이 날고 있다.

　　참고 are flying은 동사 fly의 현재 진행형. 이처럼 동사 형태는 다양하지만 이 부분은 뒤에서 다루자.

∨ 반드시 알아야 하는 문장의 형식: 1형식~5형식

1형식	주어 + 동사
2형식	주어 + 동사 + 보어
3형식	주어 + 동사 + 목적어
4형식	주어 + 동사 + 목적어 + 목적어
5형식	주어 + 동사 + 목적어 + 목적격 보어

● 1형식: 주어 + 동사

「주어 + 동사」만으로도 문장이 완벽하다. 이때 동사를 완전자동사라고 하는데, 목적어 없이 완전한 문장을 만들 수 있는 동사라고 생각하면 된다.

He **runs**. 그는 달린다. → He (주어) / runs (동사)

run이 '달리다'라는 의미일 때는 완전자동사로 뒤에 다른 요소 없이 주어와 run만으로도 완벽한 문장이 된다.
(단, run이 '~을 운영하다'라는 의미의 타동사인 경우는 예외)

1형식인데 「주어 + 동사」 뒤에 무언가 붙는다면, 쓸데없는 품사(예를 들어, 부사)라고 보면 된다.

He **runs** quickly. 그는 빨리 달린다. ➡ He (주어) / runs (동사) / quickly (부사)

quickly(빨리)는 부사일 뿐 문장의 형식에 영향을 미치지 않는다.

He **runs** in the park. 그는 공원에서 달린다. ➡ He (주어) / runs (동사) / in the park (부사구)

in the park(공원에서)는 장소를 나타내는, 굳이 필수는 아닌 부사구일 뿐 문장의 형식에 영향을 미치지 않는다.

● 2형식: 주어 + 동사 + 보어(형용사/명사)

「주어 + 동사」만으로는 완벽하지 않고, 그 뒤에 보충 언어(= 보어)가 오는 구조이다. 이때 보어는 주어의 상태를 보충 설명하며, 토익에서 대부분의 경우 '보어는 형용사'이다.

He **became**. 그는 되었다. ➡ He (주어) / became (동사)

주어와 동사는 있지만 문장이 완벽하지 않다. become(되다)은 뒤에 무엇이 되었는지 또는 어떻게 되었는지 보충 설명하는 말이 반드시 필요하다. 이런 동사를 2형식 동사라고 한다.

He **became famous**. 그는 유명해졌다. ➡ He (주어) / became (동사) / famous (보어)

2형식 동사 became 뒤에 형용사 보어 famous가 온 완벽한 문장이다.
물론, 보어로 형용사만 오는 것은 아니다.

He **became an actor**. 그는 배우가 되었다. ➡ He (주어) / became (동사) / an actor (보어)

이처럼 명사가 올 수도 있다. 이때 He = an actor로 주어와 보어는 동격이다.

★ 토익 빈출 2형식 동사: **become, remain, seem, appear, prove, look ...**

● 3형식: 주어 + 동사 + 목적어(명사)

2형식과 마찬가지로 「주어 + 동사」만으로는 완벽하지 않다. 단, 이번에는 뒤에 보어가 아닌 목적어(~을)가 오는 구조로, 이렇듯 목적어가 필요한 동사를 '타동사'라고 한다.

He **buys**. 그는 산다. ➡ He (주어) / buys (동사)

주어와 동사는 있지만 문장이 완벽하지 않다. buy(사다)는 뒤에 '무엇을' 사는지 목적어가 반드시 필요한 동사이다.

He **buys a book**. 그는 책을 산다. ➡ He (주어) / buys (동사) / a book (목적어)

타동사 buy(사다) 뒤에 목적어 a book(책)이 나온 3형식의 완벽한 문장이다. 이와 같이 목적어는 기본적으로 명사이다.

● **4형식: 주어 + 동사 + 사람 목적어 + 일반 목적어**

목적어 2개가 나오는 문장 구조인데, 아무 동사나 4형식을 만들 수 있는 것은 아니고 특정 동사들만 가능하다.

He gave me. 그는 나에게 주었다. → He (주어) / gave (동사) / me (목적어)

분명 3형식의 완벽한 구조를 갖추고 있지만, 사람 목적어 me만으로는 어색하다. 그 뒤에 '무엇을' 주었는지 목적어가 하나 더 필요하다.

He gave me the box. 그는 나에게 그 상자를 주었다.
→ He (주어) / gave (동사) / me (사람 목적어) / the box (일반 목적어)

목적어가 2개 필요하다고 해서 아무 목적어나 이끄는 것이 아니라 이와 같이 「사람 목적어 + 일반 목적어」가 되는 경우에만 4형식이라고 한다.

★ **토익 빈출 4형식 동사: give, offer, send, show, grant, award ...**

> ➕ **PLUS** 　4형식 동사는 무조건 4형식 문장만 만들까? 아니다. 3형식 문장도 만들 수 있다!
>
> **He gave the box to me.** 그는 나에게 그 상자를 주었다.
> → He (주어) / gave (동사) / the box (일반 목적어) / to me (부사구)
>
> 이처럼 일반 목적어가 먼저 오는 경우 3형식 문장으로, 사람 목적어는 전치사 뒤로 보내진다.

● **5형식: 주어 + 동사 + 목적어 + 목적격 보어(형용사/명사)**

5형식은 3형식 뒤에 목적어를 보충 설명하는 '목적격 보어'가 오는 구조이다. 5형식 역시 특정 동사만 만들 수 있다.

It makes me. 그것은 나를 만든다. → It (주어) / makes (동사) / me (목적어)

동사 make(만들다)는 뒤에 일반 목적어가 오는 경우 3형식 문장이 될 수 있는데, me와 같은 사람 목적어가 오는 경우에는 이 사람 목적어를 보충 설명해 주는 목적격 보어가 필요하다.

It makes me happy. 그것은 나를 행복하게 만든다.
→ It (주어) / makes (동사) / me (목적어) / happy (목적격 보어)

목적어 me의 상태를 보충 설명하는 보어로 happy가 쓰인 문장이다. 기본적으로 목적격 보어로는 형용사가 온다.

★ **토익 빈출 5형식 동사: make, find, keep, consider ...**

5형식 문장을 더 살펴보면,

I find the movie interesting. 나는 그 영화가 재미있다고 생각한다.
→ I (주어) / find (동사) / the movie (목적어) / interesting (목적격 보어)

목적어 the movie의 상태를 보충 설명하는 보어인 형용사 interesting이 쓰인 문장이다. 여기서 주의할 점은 5형식에 쓰인 find는 '찾다'가 아니라 '~라고 생각하다/여기다'의 의미라는 점이다.

그렇다면, 목적격 보어는 형용사만 가능할까? 아니다, 명사도 가능하다. 명사가 목적격 보어로 오는 경우 목적어와 보어는 동격(목적어 = 목적격 보어)이다.

He appointed Ms. Frasier the new manager. 그는 Fraiser 씨를 새 매니저로 임명했다.

→ He (주어) / appointed (동사) / Ms. Frasier (목적어) / the new manager (목적격 보어)

★ appoint(임명하다), name(임명하다), call(~라고 부르다, 칭하다), elect(선출하다) 등은 목적격 보어로 명사를 자주 취하는 동사이다.

▼ 동사는 주어와 수 일치가 필수다

주어와 동사는 반드시 수 일치되어야 한다. 즉, 주어가 단수일 때는 단수동사, 복수일 때는 복수동사를 써야 한다.

● be동사의 수 일치

be동사가 현재 또는 과거 시제인 경우 주어와의 수 일치가 필요하다. 주어가 1인칭 단수이면 am/was, 3인칭 단수이면 is/was, 그 외 2인칭 단수 또는 모든 복수에는 are/were를 쓴다.

QUIZ 다음 주어와 수 일치되는 be동사를 골라 보자.		
I (is / am / are)	You (is / am / are)	She (is / am / are)
They (was / were)	A student (is / are)	Students (was / were)

정답: I am, You are, She is, They were, A student is, Students were

● 일반 동사의 수 일치

주어가 3인칭 단수일 때 현재 시제의 동사에 -s 또는 -es를 붙인다. (1인칭과 2인칭 제외)
과거/미래 시제의 경우 수 일치가 필요 없다.

QUIZ   다음 문장에서 주어와 수 일치되는 동사를 골라 보자.
1 We (manage / manages) a store.
2 Mr. Brown (manage / manages) a store.

1 We manage a store. 우리는 매장을 관리한다.
주어가 복수 We(우리)이므로 동사도 복수를 써야 한다. 복수동사는 -s를 붙이지 않는다.

2 Mr. Brown manages a store. Brown 씨는 매장을 관리한다.
주어가 단수 Mr. Brown이므로 동사도 단수를 써야 한다. 단수동사는 -s를 붙인다.

● 주의해야 할 수 일치

주어가 수식을 받아 주어와 동사의 거리가 먼 경우, 주어가 동명사인 경우 수 일치에 주의한다.

The books in the box **are** old.

이 문장의 주어는 books 아니면 box? 주어는 books다. box는 전치사 in 뒤에 걸리는 명사일 뿐 주어가 아니다. 따라서 주어가 복수이므로 동사는 are가 되어야 한다.

Reading books is a good habit.

이 문장의 주어는 books가 아닌 Reading books(책을 읽는 것)로 동명사 주어이다. 동명사 주어는 무조건 단수 취급해야 하기 때문에 동사는 is가 되어야 한다.

✚ PLUS 기본적이지만 조심해야 하는 동사의 형태

다음 동사들 중 문법적으로 진짜 동사와 가짜 동사를 구분해 보자.

① is consider	⑤ have consider
② is considering	⑥ have considered
③ is considered	⑦ to consider
④ can considers	⑧ having considered

②, ③, ⑥은 진짜 동사 / ①, ④, ⑤, ⑦, ⑧은 가짜 동사

be동사 뒤에 일반 동사 원형을 그대로 쓸 수 없다.
① is consider (X)
be동사 뒤 일반 동사는 일반적으로 ② is considering처럼 진행형(be -ing)
또는 ③ is considered처럼 수동태(be p.p.)가 되어야 한다.

조동사 뒤에는 동사원형이 온다.
④ can considers (X)
can, will, should, must, may 등의 조동사 뒤에는 반드시 동사원형이 와야 한다.

have 뒤에 동사원형이 올 수 없다.
⑤ have consider (X)
have 뒤 일반 동사는 ⑥처럼 have p.p.의 완료 형태를 갖춰야 한다.

to부정사나 -ing는 문장의 동사가 될 수 없다.
⑦ to consider (X)   ⑧ having considered (X)

A 다음 동사 형태가 진짜 동사인지 가짜 동사를 구별해 보자.

	진짜 동사	가짜 동사
ⓐ will dominated		
ⓑ being attended		
ⓒ are following		
ⓓ to be hosted		
ⓔ should ask		
ⓕ are managed		
ⓖ should not attend		
ⓗ having selected		

B 다음 괄호 안에서 알맞은 것을 골라 보자.

1. They always (attends / attend) the morning yoga class on weekends.

2. The interns (was / were) able to submit the report on time.

3. African Airways (takes / take) you to more than 20 destinations in Africa.

4. Everyone (has expressed / have expressed) interest in the seminar.

5. Following safety procedures (helps / help) prevent accidents.

6. Our profits in the second quarter (was / were) higher than the first quarter.

7. Make sure you (manages / manage) the project within budget.

8. (An artist / Artists) in Pasadena are sponsored by the city council.

9. Dela Industries (seek / is seeking) an experienced accountant.

10. The information should (be sent / have sent) to clients.

11. VK Superstore (offers / provides) customers a variety of services.

12. We always keep the files (secure / securely).

13. The company still remains (competitive / competitively).

1. Sowa College ------- a monthly newsletter for both students and faculty.

   (A) publisher
   (B) publishing
   (C) publishes
   (D) publishable

2. The reviews from early buyers of the Pardi K1 massage chair indicate that they found it ------- to use.

   (A) ease
   (B) easily
   (C) easy
   (D) easiness

3. The store will give a special discount to anyone who ------- a product online.

   (A) purchases
   (B) purchasable
   (C) purchasing
   (D) purchase

4. Responses to the commercial ------- the company's expectations.

   (A) exceeded
   (B) exceeding
   (C) to exceed
   (D) having exceeded

5. Ms. Guilford ------- all questions regarding the upcoming company outing at the staff meeting.

   (A) answering
   (B) answer
   (C) will answer
   (D) to answer

6. Mr. Han is declining the job offer from Galaxy Tech so that he can ------- on his children.

   (A) focus
   (B) focuses
   (C) focusing
   (D) to focus

7. Perkins Designs noted that the city library ------- two stories to preserve the natural view.

   (A) that keeps
   (B) to keep
   (C) keeping
   (D) should keep

8. Praco leather goods will ------- unchanged throughout production.

   (A) retain
   (B) persist
   (C) remain
   (D) sustain

9. Employees at Miami Legal ------- to wear ID badges while on duty.

   (A) expecting
   (B) expects
   (C) to be expecting
   (D) are expected

10. Ms. Welsh ------- some potential problems that the company will likely encounter in the next five years.

    (A) identify
    (B) identified
    (C) identity
    (D) identifying

11. YouFit, a sportswear store, ------- services to create your own custom shoes.

(A) having provided
(B) will provide
(C) to provide
(D) providing

12. The management team of Vide Soda is ------- a package redesign to appeal to young people.

(A) considered
(B) considering
(C) considers
(D) consider

13. The conference organizers ------- participants free admission to up to two workshops.

(A) permit
(B) offer
(C) invite
(D) admit

14. All technicians who operate the lab device ------- to wear safety glasses.

(A) need
(B) needs
(C) to need
(D) is needed

15. The cashiers ------- to work on the weekend to meet the high demand during the holiday.

(A) agreeing
(B) to agree
(C) who agreed
(D) have agreed

16. The recent changes in the schedule ------- in a more flexible work environment for employees.

(A) results
(B) resulted
(C) to result
(D) resulting

17. On her weekly podcast *Inside Reporter*, Ashley Park ------- entertainment news.

(A) analysis
(B) analyst
(C) analyzes
(D) analyzing

18. Japanese global logistics corporation Sakura Express will no longer ------- freight to India.

(A) transport
(B) transporting
(C) transports
(D) transported

19. The committee will ------- the proposal unacceptable due to budget issues.

(A) regard
(B) evaluate
(C) consider
(D) judge

20. Sue's Restaurant is attracting a lot of tourists because it ------- authentic Korean dishes.

(A) feature
(B) features
(C) featured
(D) featuring

토익에서 감점의 끝판왕,
동사 2_능동태와 수동태 / 시제

절대 틀려서는 안 되는 문법이 '능동태/수동태'이다. 능/수동태 동사 문제는 토익 PART 5, 6에 걸쳐 2~3문제 출제되는데, 동사뿐 아니라 여러 변형 문제에서 능/수동태를 구별하지 못하면 틀리는 문항수가 더 늘어날 수 있다. 더불어 1~2문제 출제될 수 있는 '시제'도 함께 학습한다.

✔ 토익 동사 문제 패턴 확인하기 – 능동태와 수동태 / 시제

문제 예시 1

The decision on the promotion event ------ **because of** absence of Ms. Kobayashi.

(A) postponing
(B) is postponing
(C) will postpone
(D) was postponed

● **시제 문제처럼 보이지만 태만 따지면 되는 문제**

빈칸은 문장의 동사 자리이므로 우선 (A) -ing부터 오답 소거한다. 그 외 (B)는 진행형, (C)는 미래, (D)는 과거로 시제 문제처럼 보이지만 아니다.

빈칸 뒤에 목적어(명사)가 없고 전치사 because of가 바로 나온 것으로 보아 빈칸은 수동태 동사 자리이다. be p.p.로 끝나는 수동태 동사는 (D) was postponed

해석 Kobayashi 씨의 부재로 홍보 이벤트에 대한 결정이 연기되었다.

문제 예시 2

Professor Gideon ------ economics at Glasgow University **ten years ago**.

(A) is teaching
(B) teaches
(C) has taught
(D) taught

● **특정 시간 표현이 있는 1초 시제 문제**

특정 시제를 알려주는 시간 표현은 1초짜리 문제 ago가 결정적인 단서!

ten years ago(10년 전에)에서 ago는 과거에 이미 끝난 단순 과거 시간 표현이다. 현재완료, 과거완료도 안 된다. 보기 중 과거 시제는 (D) taught

해석 Gideon 교수는 10년 전 글래스고 대학교에서 경제학을 가르쳤다.

문제 예시 3

The new shopping plaza is expected to open next week and **will** ------ be occupied by a variety of stores.

(A) once
(B) soon
(C) still
(D) currently

● **시제가 단서가 되는 1초 문제**

보기가 모두 다른 해석 문제 같지만 단순 시제 문제

미래 동사 will에 특화된 부사 (B) soon(곧)이 정답이다. (A) once(한때)는 과거, (D) currently(현재)는 현재 또는 현재진행 시제와 어울린다. (C) still(여전히) 역시 문맥상 오답이다.

해석 새 쇼핑 플라자는 다음 주 개장할 예정이며 다양한 상점들이 곧 입주할 것이다.

✔ 능동태와 수동태 알아보자

토익에서 동사 문제는 앞에서 배운 수 일치도 중요하고 앞으로 배울 시제도 중요하다. 하지만 그보다 중요한 것이 '능동태/수동태'를 정확히 이해하는 것이다. 대부분 태가 맞지 않으면 수 일치, 시제 확인이 의미 없기 때문에 능동태/수동태를 정확히 구별하는 것이 필수다!

능/수동태를 우리말로 간단히 이해해 보자면,

- 제인은 케이크를 만들었다. → 주어인 '제인'이 직접 만든 것이므로 능동
- 케이크는 만들어졌다. (제인에 의해) → 주어인 '케이크'가 만들어짐을 당한 것이므로 수동

★ 즉, 주어가 직접 하면 능동태, 주어가 당하면 수동태이다!

● 능동태/수동태의 구조

목적어였던 all the issues가 주어 자리로 이동하고 동사는 be p.p. 구조의 수동태로 바뀌게 된다. 주어였던 단어는 기본적으로 'by(~에 의해서)'와 함께 뒤로 보내지고 생략 가능하다.

수동태에는 반드시 be + p.p.가 쓰인다.

동사 관련 문제를 풀 때는 시제보다 '능/수동태 구별'이 먼저다. 속도가 생명인 PART 5에서 능/수동태를 빠르게 구별하는 방법은 be + p.p. 확인이다. 진행 수동 be being p.p., 완료 수동 have/had been p.p. 등 동사가 아무리 길어도 끝 두 단어에 be + p.p. 형태가 있으면 수동태이다.

다음 중 수동태만 골라서 표시해 보자.

① will be made	⑥ was received	⑪ should have passed
② has made	⑦ is being received	⑫ will be passing
③ are making	⑧ could be received	⑬ can be passed
④ have been made	⑨ may receive	⑭ is passing
⑤ should make	⑩ must have received	⑮ may be passed

수동태는 동사의 길이에 상관없이 끝에 두 단어가 be(being, been) + p.p.의 형태인 것만 고르면 된다.
정답은 ①, ④, ⑥, ⑦, ⑧, ⑬, ⑮

● **뒤에 목적어가 없으면 수동태다**

앞에서 살펴봤듯이 능동태 문장에서 목적어를 주어 자리로 이동시켜 동사를 be p.p.로 만들면 수동태가 된다.
따라서, 수동태 문장에서는 목적어(명사)가 있을 수 없다.

★ **뒤에 목적어의 유무로 능동태/수동태를 빠르게 판단한다!**

Ms. Travis in the marketing department ------- **all clients**. 마케팅 부서의 Travis 씨는 ----- 모든 고객들
빈칸 뒤에 목적어인 명사 all clients가 있으므로 빈칸의 동사는 능동태가 되어야 한다.

A survey form ------- **to** the e-mail. 설문지는 ----- 이메일에
뒤에 명사 e-mail이 있다고 목적어로 판단해서는 안 된다. e-mail은 전치사 to에 걸리는 명사일 뿐이다.
따라서 목적어가 없는 구조로 빈칸의 동사는 수동태 be p.p.가 되어야 한다.

● **뒤에 명사가 남아도 수동태가 되는 경우가 있다**

UNIT 3에서 다룬 문장의 형식에서 4형식은 목적어를 두 개 가지고, 5형식은 목적어와 그 뒤에 보어(형용사/명사)
를 가진다고 학습했다. 다음 문장을 살펴보자.

The manager offered Ms. Garcia a job. 매니저는 Garcia 씨에게 일자리를 제안했다.
　　　　　주어　　　　동사　　　　목적어　　　목적어

offer는 「동사 + 사람 목적어 + 일반 목적어」의 4형식이 가능한 동사이다. 이 문장의 목적어는 Ms. Garcia와
a job 두 개이다. 여기서 사람 목적어 Ms. Garcia를 주어 자리로 옮기면,

Ms. Garcia **was offered** a job. (by the manager) Garcia 씨는 일자리를 제안받았다. (매니저에게)
　　주어　　　　　동사　　　　목적어

offered가 수동태 was offered(과거 시제이므로 be동사도 과거)로 바뀌는 것까지는 앞에서 학습한 것과
동일한데, 이번에는 수동태가 되었음에도 불구하고 뒤에 명사 a job이 남아 있다.

이처럼 4형식 동사는 사람 목적어를 주어로 보내서 수동태가 되어도 나머지 목적어를 버릴 수 없기 때문에 뒤에
'명사'가 그대로 남는다. 같은 방식으로 5형식 동사도 수동태 뒤에 목적격 보어로 쓰인 '명사'가 그대로 남는다.

★ **4형식과 5형식 동사는 뒤에 명사가 있어도 수동태 구문이 될 수 있다!**

명사(목적어)가 있어도 수동태가 가능한 4형식 동사: give, offer, send, show, grant, award

The company **was awarded** a contract. 그 회사는 계약을 체결했다.
회사가 계약이 주어졌다? 즉, '회사가 계약을 따냈다'는 의미

명사(목적격 보어)가 있어도 수동태가 가능한 5형식 동사: appoint, name

Ms. Riley **has been named** vice president. Riley 씨는 부사장으로 임명되었다.

「name + 목적어 + 목적격 보어」(~을 …로 임명하다)의 5형식 구조에서 목적어(Ms. Riley)가 주어로
나오면서 수동태 동사(has been named) 뒤에 목적격 보어로 쓰인 명사(vice president)가 남았다.

참고 vice president가 직위(position)를 나타낼 때는 불가산명사로 관사가 붙지 않는다.

∨ 시제 알아보자

기본적으로 크게 '과거 ― 현재 ― 미래'를 시제라고 한다.

시제만으로 풀 수 있는 문제는 문장에 특정 시제의 단서가 되는 시간 표현이 꼭 있다.

시제만으로 풀 수 없는 문제는 주어·동사의 '수 일치'와 '능/수동태' 확인이 중요하다.

★ 동사 문제를 풀 때 오답 보기를 소거하는 순서 수 일치 → 태 → 시제

● **현재 시제:** 일반적 사실, 반복적 행동이나 습관, 규정 및 방침, 정해진 일정

Mr. Palladino **works** from home **every Monday**. Palladino 씨는 매주 월요일에 재택근무를 한다.

매주 월요일에 재택근무를 하는 것과 같은 반복적 행동, 습관은 현재 시제로 표현

We **provide** a wide range of services. 우리는 다양한 서비스를 제공합니다.

회사의 일반적인 규정이나 방침은 현재 시제로 표현

The train to Busan **leaves** at 8:00 tomorrow morning. 그 부산행 기차는 내일 아침 8시에 출발한다.

기차 등 정해진 일정은 미래(tomorrow morning)라 하더라도 현재 시제로 표현

현재 시제와 잘 쓰이는 시간 표현	
usually 보통, 대개	generally, typically 일반적으로, 보통
sometimes 때때로, 가끔	often 종종, 자주
regularly 정기적으로	every+시점 / each+시점 ~마다, 매 ~

주의 ▶ 현재 시제와 잘 쓰이는 시간 표현들이 반드시 현재 시제하고만 짝이 되는 것은 아니다.

과거의 반복적인 행동이나 습관을 나타낼 때도 쓸 수 있다.

He **often** visits the factory. 그는 종종 그 공장을 방문한다. (O)

He **often** visited the factory. 그는 종종 그 공장을 방문했다. (O)

● **과거 시제:** 이미 끝난 일, 확실한 과거 표현과 함께 사용

Last week, we **visited** the office. 지난주에 우리는 그 사무실을 방문했다.

Last week(지난주)라는 과거 시간 표현과 함께 과거 시제로 표현

Ms. Craig **started** her own business **10 years ago**. Craig 씨는 10년 전에 사업을 시작했다.

10 years ago(10년 전)라는 과거 시간 표현과 함께 과거 시제로 표현

과거 시제와 잘 쓰이는 시간 표현		
last+시점 지난 ~	ago ~ 전에	once 한때, 한 번
yesterday 어제	formerly 이전에	previously 이전에

● **미래 시제:** 미래의 일, 확실한 미래 표현과 함께 사용

The hotel **will begin** shuttle services **next week**. 호텔은 다음 주에 셔틀 서비스를 시작할 것이다.
next week(다음 주)라는 미래 시간 표현과 함께 미래 시제로 표현

We **will contact** you **shortly**. 저희가 곧 당신에게 연락을 할 거예요.
shortly(곧)라는 미래 시간 표현과 함께 미래 시제로 표현

미래 시제와 잘 쓰이는 시간 표현	
tomorrow 내일	next + 시점 다음 ~
soon, shortly 곧	as of, beginning, starting + 시점 ~부로

● **현재완료 have p.p.**

토익에서 현재완료는 크게 1) 과거부터 현재까지 지속되는 상황 및 행동, 2) 경험에 사용한다.

Our sales **have increased** **over the past three months**. 지난 3개월간 우리 매출이 증가했다.
3개월 전부터 지금까지 지속되는 상황을 나타내기 위해 현재완료 사용

We **have been** to Mexico. 우리는 멕시코에 가본 적이 있다.
멕시코에 가 봤다는 경험을 나타내기 위해 현재완료 사용

현재완료는 이제 막, 또는 최근에 완료된 일을 강조할 때도 사용할 수 있다.

I **have** recently **met** him. 나는 최근에 그를 만났다.
그를 만난 시점이 최근이라는 것을 강조하기 위해 현재완료 사용

현재완료와 잘 쓰이는 시간 표현	
over/for the last + 기간 지난 ~ 동안	over/for the past + 기간 지난 ~ 동안
since + 점 ~ 이래로 쭉	so far 지금까지
since then 그때 이후로 쭉	recently, lately 최근에

● **미래완료 will have p.p.**

토익에서는 시험에 등장하는 미래 완료의 특정 유형 두 가지만 알고 있으면 된다.

1) 확실한 미래 계획이나 일정이 아니라 '~ 때쯤에는 …하겠지'라며 미래의 일을 '예상'할 때

By the time Jane **arrives** here, they **will have left** the office.
Jane이 여기 도착할 때쯤, 그들은 사무실을 떠나고 없을 것이다.
By the time은 '~할 때쯤'이라는 뜻의 접속사로 주절에 미래완료가 나와야 하는 결정적 단서이다.
이때 By the time이 이끄는 부사절에는 현재 시제(arrives)가 쓰이는 데 주의한다.

By this time next year, I will have finished writing this book.

내년 이맘때쯤, 나는 이 책의 집필을 다 끝낼 것이다.

「By + 미래 시간」 또한 '~ 때쯤'이라는 의미로 미래완료가 등장하는 대표적인 단서이다.

2) '내년 3월이면 10년이 된다.'와 같이 '미래 시점(내년 3월) + 그 시점까지 소요 기간(10년)'이 함께 등장할 때

I will have worked at this company **for ten years by next March**.

내년 3월이면 내가 이 회사에서 일한 지 10년이 된다.

미래 시점(by next March)과 소요 기간(for ten years)이 함께 등장하는 경우 미래완료 사용

● **과거완료 had p.p.**

과거완료는 단독으로 쓰이기보다 과거 시제로 표현된 절과 함께 쓰여 그보다 '더 앞선 과거'를 나타낼 때 주로 사용되는데, 소위 '대과거'라고 한다.

Mr. Lee had finished the report **before** I called him.

이 씨는 내가 전화하기 전에 보고서를 끝냈다.

보고서를 끝낸 일이 내가 전화한 과거(called)보다 더 과거이므로 과거완료(had finished) 사용

By the time Jane arrived here, they had left the office.

Jane이 이곳에 도착했을 때쯤, 그들은 사무실을 떠나고 없었다.

By the time은 미래완료뿐 아니라 과거완료가 등장하는 단서가 되기도 한다. By the time 부사절의 동사가 과거(arrived)일 때 주절의 시제는 과거완료(had left)가 된다.

╋PLUS 〉 **시간/조건의 부사절에는 미래 시제가 아닌 현재 시제**

when ~ 때 / while ~ 동안 / before ~ 전 / after ~ 후 / until ~까지 / as soon as ~하자마자
if ~라면 / unless ~하지 않는다면 / once 일단 ~하면

The project **will not begin until** Mr. Kim **returns** from Korea **next week**.

다음 주에 김 씨가 한국에서 돌아올 때까지 그 프로젝트는 시작되지 않을 것이다.

접속사 until이 이끄는 시간 부사절의 동사는 next week라는 확실한 미래 표현이 있어도 현재 시제

If it **rains tomorrow**, the event **will be canceled**.

내일 비가 오면, 그 행사는 취소될 것이다.

접속사 if가 이끄는 조건 부사절이 미래(tomorrow) 상황이어도 동사는 현재 시제

A 다음 동사 자리에 능동태와 수동태 중 무엇이 들어가야 하는지 표시해 보자.

1. All managers ------- the conference. □ 능동태 □ 수동태

2. Travel expense reports ------- by the end of the week. □ 능동태 □ 수동태

3. Kim's Market ------- its store hours until 10:00 P.M. □ 능동태 □ 수동태

4. The staff meeting ------- until next month. □ 능동태 □ 수동태

5. Representatives from SA Tech ------- a party. □ 능동태 □ 수동태

6. The products ------- frequently by customers. □ 능동태 □ 수동태

7. The shipment ------- due to bad weather conditions. □ 능동태 □ 수동태

8. Several tasks ------- later this month. □ 능동태 □ 수동태

B 다음 밑줄 친 동사의 태가 맞으면 O, 틀리면 X에 표시해 보자.

1. The electric cars will be producing in limited numbers. (O / X)

2. He was not given the report on time. (O / X)

3. Mr. Brooks was hosted the panel discussion. (O / X)

4. Those books are being published in Taiwan as part of a series. (O / X)

5. Ms. Reeves' reservation was not made for the date. (O / X)

6. She has been enclosed a revised copy. (O / X)

7. The luxury hotel is located in the center of the city. (O / X)

8. They will be closed the lane for repairs. (O / X)

C 다음 문장이 어법에 맞으면 O, 틀리면 X에 표시해 보자.

1. Mr. Anderson joined the company last month. (O / X)

2. He made a speech tomorrow afternoon. (O / X)

3. I will work here since last March. (O / X)

4. By the time he graduates from college, he had already secured a job. (O / X)

5. The package will arrive when weather conditions will improve. (O / X)

1. Starting next month, the Keikyu Hotel ------- disposable slippers to its guests.

   (A) to provide
   (B) will provide
   (C) to be provided
   (D) will have provided

2. Irish biologist Matt Tyler ------- his new thesis in the last issue of *Frontiers*.

   (A) present
   (B) will present
   (C) was presented
   (D) presented

3. The Santa Monica city council ------- suggestions for the new ecological park until the end of this month.

   (A) accepted
   (B) will be accepting
   (C) has been accepting
   (D) will have been accepted

4. Mira Ramirez's expertise in park landscaping ------- by that of no other local landscaping experts.

   (A) surpass
   (B) surpassing
   (C) to surpass
   (D) is surpassed

5. The special sale on glasses frames ------- on the Zebra Optical Web site yesterday.

   (A) was announced
   (B) announced
   (C) was announcing
   (D) has been announced

6. Over the past 7 years, MK Medical Center ------- experienced medical staff.

   (A) were hiring
   (B) is hiring
   (C) has hired
   (D) was hired

7. Mr. Burrell is reviewing Ms. Winter's sales report to check if revisions -------.

   (A) needing
   (B) have needed
   (C) are needed
   (D) to be needed

8. The Northern Industrial Bank ------- an innovative online banking system in order to reduce wait times.

   (A) has implemented
   (B) was implemented
   (C) to be implemented
   (D) will be implemented

9. Strict no-smoking rules ------- in or near bus stops throughout the city.

   (A) will enforce
   (B) are enforced
   (C) to enforce
   (D) are enforcing

10. Nolan's promotion party will be held at Zenith Bar when he ------- to the office on Monday.

    (A) returns
    (B) returning
    (C) to return
    (D) will return

11. For other teams, all personal items ------- after the meeting.

(A) are removing
(B) have removed
(C) must be removed
(D) will be removing

12. Approximately $300,000 ------- anonymously to the Hawaii Cancer Center earlier this year.

(A) donates
(B) to donate
(C) a donation
(D) was donated

13. By early March next year, Truman Industries ------- three new plants in southern Europe.

(A) opens
(B) will have opened
(C) is opening
(D) had opened

14. By collaborating with various clients across China, Speedy Footwear ------- its influence in Asia.

(A) has been expanded
(B) will be expanding
(C) to be expanding
(D) was expanded

15. The new training programs for managers ------- to enhance their problem-solving skills.

(A) structures
(B) will structure
(C) have been structured
(D) structured

16. As a former vice president of Global Logistics, Ms. Nam recently ------- the CEO of Ocean Express.

(A) named
(B) is named
(C) was named
(D) has named

17. Mr. Pitt was ------- Choreographer of the Year for his recent work with world-famous singer Pamela Jo.

(A) won
(B) awarded
(C) taken
(D) acquired

18. The water filters of your Cosmo Water Purifier must ------- at least twice a year.

(A) be cleaned
(B) cleaning
(C) have cleaned
(D) clean

19. Car Masters ------- its regular customers a free car wash every month.

(A) was offered
(B) offer
(C) offers
(D) will be offered

20. Please include a list of employees who will be joining our company ------- in the company newsletter.

(A) yet
(B) soon
(C) lately
(D) previously

UNIT 05

이걸 구분 못하면 문법 오류가 생긴다,
동사 3_자동사/타동사

| 동영상 강의 |

진짜 중요한 문법이다. 자동사/타동사를 구별하지 못하면, 많은 문장 해석에 오류가 생긴다. 동사 depend는 특성상 전치사 on이 붙어야 하지만, I study English.의 study처럼 많은 동사들이 전치사 없이 바로 '목적어'를 이끈다. 이처럼 전치사가 붙거나 목적어를 끌지 못하는 '자동사'와 목적어가 필요한 '타동사'의 구별은 반드시 암기해야 한다.

✔ 토익 동사 문제 패턴 확인하기 – 자동사/타동사

문제 예시 1

NR Bank recommends that all customers ------ **their online banking password** at least twice a year.

(A) respond
(B) depend
(C) specialize
(D) change

● 해석이 아닌 구조로 푸는 자/타동사 문제

보기가 완전히 다른 해석 문제로 생각하기 쉽지만 (A), (B), (C)는 바로 오답 소거할 수 있어야 하는 문제

respond, depend, specialize는 자동사로 원래 뒤에 목적어 (명사)를 갖지 못하지만, 지금처럼 뒤에 목적어를 갖기 위해서는 꼭 '전치사'와 함께 짝을 이뤄야 한다.

(A) respond to: ~에 대답[반응]하다
(B) depend on/upon: ~에 의지하다, ~에 달려 있다
(C) specialize in: ~을 전문으로 하다

유일하게 change만 목적어를 바로 가질 수 있는 타동사이다. 정답은 (D)

해석 NR 은행은 모든 고객이 온라인 뱅킹 비밀번호를 최소 연 2회 변경할 것을 권장한다.

문제 예시 3

All of HW Publishing's employees can ------- **in** the morning yoga class.

(A) admit
(B) enroll
(C) subscribe
(D) apply

● 전치사를 단서로 푸는 1초 자/타동사 문제

빈칸 뒤 전치사 in이 결정적인 단서가 되는 동사 어휘 문제

빈칸 뒤에 전치사 in이 있는데 아무 동사나 특정 전치사를 바로 가질 수 없다. 보기 중 in을 바로 가질 수 있는 것은 enroll이 유일하다. 정답은 (B) enroll in: ~에 등록하다

(A) admit to/into: ~에 입장하다
(C) subscribe to: ~을 구독[신청]하다
(D) apply for: ~에 지원하다

전치사와 짝을 이루는 동사는 반드시 함께 암기해 두자!

해석 HW 출판사의 모든 직원은 아침 요가 수업에 등록할 수 있다.

✔ 자동사와 타동사

일반 동사는 자동사/타동사의 구분이 필수로, 간단히 구별하면 다음과 같다.

자동사: 뒤에 목적어(명사)가 오지 않는 동사　　　**타동사**: 뒤에 목적어(명사)가 반드시 와야 하는 동사

그럼 일일이 자동사/타동사를 구분해서 외워야 할까? 아니다. 그 누구도 모든 동사를 외우는 것은 불가능하다. 실제로 사전을 찾아보면 자동사/타동사가 모두 되는 동사도 셀 수 없이 많다.

★ 토익에서 동사는 타동사가 압도적으로 많고, 토익 시험에 나오는 자동사는 한정적이다.
따라서 우리는 한정적인 자동사를 암기하는 것이 현명하다!

● 타동사 뒤에는 반드시 목적어가 있다

They make. (X)
뒤에 '무엇을' 만드는지 목적어가 없어서 문장이 불완전한 어색한 문장이다. 동사 make는 타동사로 뒤에 목적어 (명사)가 필요하다.

They **make bags**. (O)
They(주어) + make(동사) + bags(목적어) 구조의 완벽한 문장이다.

자동사 뒤에는 목적어가 올 수 없다

단, 절대 쓰지 못하는 것이 아니라 어울리는 '전치사 짝꿍'이 반드시 필요하다.

It depends the weather. (X)
틀린 문장! depend(의존하다, 달라지다)는 자동사로 목적어를 바로 가질 수 없다. 그렇다고 절대 못 가지는 것은 아니다. 어울리는 전치사와 함께 쓰면 가능하다.

It **depends on** the weather. (O)
맞는 문장! depend는 자동사로 목적어를 갖기 위해서는 뒤에 전치사 on이나 upon과 함께 쓰여야 한다.

여기에서 on은 '~ 위에'라는 의미 아니야?라는 의문을 가질 수 있는데,
자동사 뒤에 짝꿍으로 붙는 전치사는 기본 의미를 그대로 갖지 않는다. **특별한 의미 없으니 그냥 외우자!**

● 타동사는 목적어가 없을 때 반드시 수동태 be p.p.가 되어야 한다

The bicycles (produce / **are produced**) in USA.
문장의 의미를 떠나서 동사 produce(생산하다)는 타동사인데, 목적어가 바로 오지 않고 전치사 in이 있다. 따라서 목적어 없는 수동태 are produced가 되어야 한다.

자동사는 수동태를 만들지 못한다

The sales team (**consists** / is consisted) of five members.
'영업팀은 다섯 명으로 구성되어 있다'는 우리말로 생각하면 수동태가 될 것 같지만, 아니다.
consist는 자동사로 목적어를 바로 갖지 못해서 전치사 of가 붙었을 뿐 수동태로 쓰이지 않는다.

참고 특정 동사의 경우 '자동사 + 전치사' 결합도 수동태가 되는 경우가 있는데, 지금은 주어진 것을 제대로 암기하자!

✔ 반드시 암기해야 하는 자동사

● [암기 필수] 토익 시험에 자주 출제되는 자동사 + 전치사

arrive in/at	~에 도착하다	deal with	~을 처리하다, 다루다
depend on[upon]	~에 의존하다, 달려 있다	rely on[upon]	~에 의존하다, 달려 있다
result in	~라는 결과를 낳다	result from	~이 원인이다
respond to N	~에 응답[반응]하다	coincide with	~와 일치하다
focus on	~에 중점을 두다	concentrate on	~에 집중하다
proceed with	~을 계속하다, 진행하다	proceed to N	~로 나아가다
belong to N	~에 속하다	participate in	~에 참석하다
wait for	~을 기다리다	appeal to N	~에 호소하다, 매력적이다
communicate with	~와 소통하다	qualify for	~에 자격을 얻다
consist of	~로 구성되다	dispose of	~을 처리하다, 없애다
differ in/from	~에서/~와 다르다	collaborate with/on	~와/~에 대해 협력하다
call off	~을 취소하다	put off	~을 연기하다
enroll in	~에 등록하다	register for	~에 등록하다
account for	~을 설명하다; (비율을) 차지하다	refer to N	~을 참고하다, 보다
comment on	~에 대해 논평하다	consent to N	~에 동의하다
comply with	~을 따르다, 준수하다	conform to N	~을 따르다
interfere with	~을 방해하다	refrain from	~을 삼가다, 자제하다
subscribe to N	~을 구독[가입]하다	specialize in	~을 전문으로 하다
inquire about	~에 대해 문의하다	inquire into	~을 조사하다
succeed in	~에 성공하다	succeed to N	~을 물려받다

● **[암기 필수] 전치사에 따라 의미가 달라지는 자동사 + 전치사**

look at	∼을 보다	come to	∼로 오다
look for	∼을 찾다	come with	∼이 딸려 오다
look over	∼을 검토하다	come by	∼에 들르다
look into	∼을 조사하다	come across	∼을 우연히 마주치다
go to	∼로 가다	turn on	(전원 등을) 켜다
go with	∼을 선택하다, ∼와 어울리다	turn off	(전원 등을) 끄다
go over	∼을 검토하다	turn in	∼을 제출하다
go through	∼을 겪다	turn down	∼을 거절하다

● **[암기 필수] 전치사도 필요 없다, 완전자동사**

rise	증가하다, 오르다	arise	(특히 문제 등이) 발생하다
expire	만료되다, 만기가 되다	last	지속되다, 계속되다
happen	발생하다, 일어나다	diminish	줄어들다, 약화되다
take place	발생하다, 일어나다, 개최되다	thrive, flourish	번창하다
occur	발생하다, 일어나다	appear	나타나다, 발생하다
exist	존재하다	disappear	사라지다

Your subscription will (**expire** / be expired) **next month**. 귀하의 구독은 다음 달에 만료될 것입니다.

→ next month는 목적어? 아니다, 시간을 나타내는 부사일 뿐 목적어가 아니다.
목적어가 없으니 수동태? 아니다, 자동사는 수동태로 쓰지 않는 것이 원칙이므로 expire가 되어야 한다.

Price **rose** (consideration / **considerably**). 가격이 상당히 증가했다.

→ rose 뒤에 명사? 부사? rise는 자동사로 목적어가 필요 없으므로 부사 considerably가 뒤따른다.

● **[암기 필수] 자동사/타동사 둘 다 자주 출제되는 동사**
자/타동사 모두 가능한 동사들이 있는데, 전부 외우는 것은 불가능하다. 빈출 동사를 예문과 함께 확인해 보자.

1 return ⓣ ∼을 돌려주다, 반납하다
We should **return** all laptops after the meeting. 우리는 회의 후 노트북을 모두 반납해야 한다.

return to ⓐ ∼로 돌아가다
Mr. Jang will **return to** Seoul next week. 장 씨는 다음 주에 서울로 돌아갈 것이다.

2 benefit ㉮ ~에게 유익하다

The fitness program will **benefit** all employees. 피트니스 프로그램은 전 직원에게 유익할 것이다.

benefit from ㉜ ~로부터 득을 보다

You can **benefit from** booking your flight online. 항공편을 온라인으로 예약함으로써 이득을 볼 수 있다.

---

3 communicate ㉮ ~을 전하다, 알리다

He's willing to **communicate** his ideas to the team. 그는 팀에 그의 아이디어를 전하고자 한다.

communicate with ㉜ ~와 소통하다

They used to **communicate with** each other by e-mail. 그들은 서로 이메일로 소통하곤 했다.

---

4 report ㉮ ~을 보고하다

Ms. Adams **reported** the issues. Adams 씨는 그 문제들을 보고했다.

report to ㉜ ~에게 알리다, ~로 가다

Please **report to** the reception desk when you arrive. 도착하면 접수 데스크로 가세요.

---

5 expand ㉮ ~을 확장하다

We will **expand** the meeting room over the weekend. 우리는 주말 동안 회의실을 확장할 것이다.

expand into ㉜ ~로 진입하다, 진출하다

They are eager to **expand into** the Asian market. 그들은 아시아 시장으로 진출하기를 열망한다.

---

6 begin, start ㉮ ~을 시작하다 / **end, conclude** ㉮ ~을 끝내다

Before we **start** the meeting today, I have some good news to share.
오늘 회의를 시작하기 전에, 알려드릴 좋은 소식이 있습니다.

begin, start with ㉜ ~로 시작하다 / **end, conclude with** ㉜ ~로 끝나다

The tour will **conclude with** a meal at a famous restaurant.
관광은 유명한 레스토랑에서의 식사로 마무리될 것입니다.

---

7 lead ㉮ ~을 안내하다, 이끌다

Mr. Song is scheduled to **lead** the discussion. 송 씨가 토론을 이끌기로 예정되어 있다.

lead to ㉜ (결과가) ~에 이르다, ~로 이어지다[통하다]

The path **leads to** the main gate. 그 길은 정문으로 통한다.

---

8 assemble ㉮ ~을 조립하다, 모으다, 집합시키다

We need to **assemble** 100 cars over the weekend. 우리는 주말 동안 100대의 차를 조립해야 한다.

assemble ㉜ 모이다

All tourists **assembled** in front of the hotel. 모든 관광객이 호텔 앞에 모였다.

A 빈칸에 알맞은 전치사를 적어 보자.

1.	~라는 결과를 낳다	result	_____
2.	~을 검토하다	go	_____
3.	~을 진행하다	proceed	_____
4.	~로 구성되다	consist	_____
5.	~을 우연히 마주치다	come	_____
6.	~을 처리하다	dispose	_____
7.	~을 선택하다	go	_____
8.	~이 딸려오다	come	_____
9.	~에 가입하다	subscribe	_____
10.	~을 참고하다	refer	_____
11.	~을 거절하다	turn	_____
12.	~을 기다리다	wait	_____
13.	~을 따르다	comply	_____
14.	~에 대해 문의하다	inquire	_____
15.	~을 다루다	deal	_____

B 다음 문장이 어법에 맞으면 O, 틀리면 X에 표시해 보자.

1. Please wait me in front of the hotel. (O / X)

2. This bag belongs to Mr. Gideon. (O / X)

3. Stock prices were risen again. (O / X)

4. Ms. Long registered in the programming class. (O / X)

5. Peter will be returned to the office next week. (O / X)

6. My membership expired last month. (O / X)

7. Employees must comply to the new dress code. (O / X)

8. Mr. Stevens will report a missing item. (O / X)

9. The event was taken place at AK Hall. (O / X)

10. We respond quick to customers' inquiries. (O / X)

1. With Podium Office's chat system, you can ------- with your coworkers without any issues.

   (A) attend
   (B) state
   (C) notify
   (D) communicate

2. Please make sure that all new products ------- to the required safety standards before the release.

   (A) deal
   (B) qualify
   (C) appeal
   (D) conform

3. Glittering Jewels ------- in making a variety of rings with rare stones.

   (A) functions
   (B) specializes
   (C) achieves
   (D) categorizes

4. The built-in camera of the Vtek X5 mobile phone ------- sharp images.

   (A) results
   (B) depends
   (C) creates
   (D) appears

5. Castle Flower's updated shipping system will ------- in fewer customer complaints.

   (A) result
   (B) finish
   (C) cease
   (D) complete

6. Please ------- Ms. Ansara's report to determine the topic of the workshop.

   (A) inquire
   (B) look
   (C) consult
   (D) subscribe

7. City official Ryan Atkins recommended that Hyde Park proceed ------- with its landscaping project.

   (A) cautioning
   (B) cautious
   (C) cautions
   (D) cautiously

8. All interns should ------- to their mentors before starting work every morning.

   (A) report
   (B) inform
   (C) follow
   (D) state

9. Columnist Eric Fisler from *Big Money* will ------- a lecture at the Euro Finance conference next month.

   (A) succeed
   (B) participate
   (C) present
   (D) speak

10. Jaden Lee and Vega Media will collaborate ------- the filming of Lee's next movie.

    (A) with
    (B) from
    (C) on
    (D) into

11. The Melvin Science Center will ------- on providing various scientific activities for visitors of all ages.

    (A) proceed
    (B) impose
    (C) concentrate
    (D) interpret

12. All vendors at the Fresh Food Court must ------- with national sanitation standards.

    (A) comply
    (B) achieve
    (C) regulate
    (D) delegate

13. Ms. Hines prepared everything to ------- each of her design plans during the meeting with the clients.

    (A) detail
    (B) attend
    (C) respond
    (D) conform

14. Be sure to notify your supervisor if any mechanical problems -------.

    (A) occur
    (B) occurs
    (C) are occurred
    (D) to occur

15. Please ------- to Mr. Whitaker's e-mail to confirm your attendance at the event.

    (A) check
    (B) wait
    (C) include
    (D) reply

16. To ------- for a refund, you need to submit the receipt within 30 days of purchase.

    (A) qualify
    (B) express
    (C) approve
    (D) record

17. SI Electronics ------- with film director Emy Raid to create a TV commercial for its new vacuum cleaner.

    (A) supported
    (B) provided
    (C) conducted
    (D) collaborated

18. All store managers at Kim's Groceries should turn ------- their monthly sales reports.

    (A) off
    (B) in
    (C) out
    (D) to

19. Those attending the yoga class can fully ------- in activities for gym members.

    (A) participate
    (B) attend
    (C) concentrate
    (D) belong

20. Our advertising costs allocated this year ------- steady compared to those of the previous year.

    (A) is remaining
    (B) have remained
    (C) to remain
    (D) were remained

UNIT 06

동사에서 출발해서 변형되는 문법,
to부정사 / 동명사

to부정사와 동명사는 동사에서 변형된 문법으로 PART 5, 6 문법 문제에서 자주 출제되며, 문장 구성을 이해하는 데 있어서도 필수적이다.

✔ 토익 문제 패턴 확인하기 – to부정사/동명사

문제 예시 1

The managers **want** -------
the new factory for an
inspection.

(A) visit
(B) to visit
(C) visiting
(D) visits

● 특정 동사 뒤 to부정사와 동명사를 구별하는 문제

to부정사와 동명사가 보기에 같이 나오는 문제

동사 want는 특유의 성질로 'to + 동상원형'을 목적어로 이끌어 '~하기를 원하다'라는 의미를 나타내므로 정답은 (B)

(A) visit, (D) visits는 명사 겸 동사인데, 동사로 봐도 앞에 want가 있어 중복되고, 명사로 봐도 뒤에 the new factory가 있어 중복의 오류가 생긴다.

해석 관리자들은 새 공장을 방문하여 점검하고 싶어한다.

문제 예시 2

We need to find a way **of**
------- the customers to our
online store.

(A) attract
(B) attractive
(C) attraction
(D) attracting

● 형용사와 동명사를 구별하는 문제

전치사 뒤 빈칸에 알맞은 형태를 구별하는 문제

전치사는 뒤에 '동사'를 쓸 수 없다. 동사를 쓰려면 명사 형태로 바꿔야 하는데, 이를 동명사(-ing)라고 한다. 정답은 (D)

동사 자체인 (A)는 바로 오답 소거, 빈칸 뒤에 'the + 명사'가 있으므로 형용사 (B)와 명사 (C)도 오답 소거된다.

해석 우리는 고객을 온라인 상점으로 유도할 방법을 찾아야 한다.

문제 예시 3

The participants will **be** -------
to attend the seminar if they
register in advance.

(A) capable
(B) successful
(C) satisfied
(D) able

● 해석 문제처럼 보이지만 바로 풀 수 있는 문제

'to + 동사원형'을 이끄는 하나의 덩어리 표현

문법 구조를 분석할 필요 없이 'to + 동사원형'을 이끄는 덩어리 표현 'be able to + 동사원형'(~할 수 있다)을 알면, 정답은 이 부분만 봐도 (D)

참고로 (A) capable(가능한, 유능한)은 주로 of와, (C) satisfied(만족한)는 주로 with와 결합되는 특성이 있다.

해석 참가자들은 사전에 등록하면 세미나에 참석할 수 있다.

∨ to부정사 알아보자

'to + 동사원형' 구조로, 원래는 동사였지만 변형되어 명사/형용사/부사 등 다양한 역할을 한다.

● 명사 역할의 to부정사에서 제일 중요한 것은 '목적어' 역할

「주어 + 동사 + 목적어」 구조에서 목적어는 기본적으로 명사다. 그런데 특정 동사들은 행위를 표현하기 위해
'to + 동사원형'을 목적어로 이끄는데, 토익 출제 기준 이런 동사는 많지 않으므로 암기하자!

> **QUIZ** 다음 문장의 차이를 생각해 보자.
>
> 나는 이것을 원한다. → I want **this**.
>
> 나는 이것을 구매하기를 원한다. → I want **to buy this**.

두 번째 문장에 행위 '구매하기 = to buy'가 더 구성되어 있다. 동사 want는 습관적으로 행위를 나타내는
'to + 동사원형'을 목적어로 잘 이끈다. 이때 buy를 동사 그대로 넣으면 문장의 동사 want와 중복되는 오류가
생기기 때문에 to buy로 쓰는 것이다.

★ to부정사를 특정 동사 뒤에 '목적어'로 쓰려면,

1) to부정사를 좋아하는 동사와 짝을 이룬다. 2) to부정사 뒤에 목적어가 한 번 더 남는다.

그냥 to buy가 아니라 '무엇을' buy하는지 to부정사의 목적어(this)가 필요하다.
to부정사의 동사가 원래 목적어가 없는 자동사인 경우를 제외하고, 모든 타동사로 이루어진 to부정사는 자신의
몸체 뒤에 명사 목적어를 한 번 더 쓴다.

[암기 필수] 'to+동사원형'을 목적어로 잘 이끄는 동사

want, wish, hope	원하다	need	필요로 하다
prefer	선호하다	plan	계획하다
decide	결정하다	promise / pledge	약속하다 / 서약하다
manage	해내다	afford	(경제/시간적) 여력이 되다
choose, opt	선택하다	try / attempt	노력하다 / 시도하다
tend	경향이 있다	intend	의도하다
pretend	~인 척하다	refuse, decline	거절하다
neglect	잊다, 방치하다	hesitate	망설이다, 주저하다
offer	제안하다	agree	합의하다, 동의하다
fail	실패하다	expect	기대하다
would like	하고자 하다, 원하다	strive*	노력하다

*strive는 자동사지만 '~하기 위해 노력하다'라는 의미로 'to + 동사원형'과 매우 잘 쓰이므로 함께 암기하자.

I would like to go there. 나는 그곳에 가고 싶다.

I would like **you** to go there. 나는 당신이 그곳에 가면 좋겠다.

I need to finish the report. 나는 보고서를 마무리해야 한다.

I need **you** to finish the report. 나는 당신이 보고서를 마무리하기를 원한다.

I expect to get a high score. 나는 높은 점수를 받기를 기대한다.

I expect **you** to get a high score. 나는 당신이 높은 점수를 받기를 기대한다.

이처럼 would like, need, expect는 대상을 앞에 넣어 「목적어 + to부정사」 구조도 가능하다.

★ 뒤에 to부정사가 아니라 '목적어 + to부정사' 구조를 이끄는 동사는 따로 구별 필수!

1) We **encourage** your participation. (O)

2) We **encourage** ~~to participate~~ in the event. (X)

3) We **encourage** you to participate in the event. (O)

문장 1) 「주어 + 동사 + 목적어」 구조로, 단순 명사가 encourage 뒤에 목적어로 나온 문장이다.
to부정사를 목적어로 잘 이끄는 동사라고 해서 일반 명사를 목적어로 가지지 못하는 것은 아니기 때문에 맞는
문장이다. (해석: 우리는 당신의 참여를 권장합니다.)

문장 2) encourage가 바로 뒤의 행위를 보충하기 위해 to participate를 붙인 듯하지만, encourage는
'to + 동사원형'을 바로 끌지 않는다!

문장 3) encourage가 'to + 동사원형'을 이끌려면, 중간에 대상인 목적어가 나온다. 이때 문장은 문법적으로
「동사 + 목적어 + 보어(to부정사)」의 5형식 구조이다. (해석: 우리는 당신이 이벤트에 참여하기를 권장합니다.)

[암기 필수] 목적어(목적격)를 넣고 'to+동사원형'을 이끄는 동사

encourage	권장하다	ask	요청하다
allow	허가하다, 가능하게 하다	invite	권유하다
persuade	설득하다	warn	경고하다
force	강요하다	enable	가능하게 하다
remind	상기시키다	require	요구하다
expect	기대하다, 예상하다	instruct	지시하다, 지침을 주다
advise	조언하다, 충고하다	tell	말하다

ask는 바로 뒤에 목적어로 to부정사가 바로 올 수도 있고, 「ask + 사람 + to부정사」도 된다.

remind는 「remind + 사람 + of + 내용」, 「remind + 사람 + that 주어 + 동사」 구조도 빈출이다.

「invite + 사람 + to부정사」는 '권유하다', 「invite + 사람 + to + 명사」는 '~로 초대하다'

● to부정사가 보어/주어 역할을 할 때

[보어 역할] be동사 뒤에 'to + 동사원형' 구조가 오면 보어(= 보충 언어)로,
'~하는 것이다(동격) / ~할 예정이다(일정) / ~하고자 함이다(목적) / ~해야 한다(의무)' 등으로 해석 가능하다.

My plan **is to start** a new business. 내 계획은 새로운 사업을 시작하는 것이다.

The purpose of the meeting **is to decide** the next step. 회의 목적은 다음 단계를 결정하기 위함이다.

The meeting **is to be held** in the afternoon. 회의는 오후에 열릴 예정이다 / 오후에 열려야 한다.

★ 주어가 goal, purpose(목적), objective(목표), mission(임무), intention(의도) 등일 때 「be to + 동사원형」
구조가 토익에 자주 출제된다!

[주어 역할] 말 그대로, 주어 자리에 'to + 동사원형'이 나오는 것이다.
단, to부정사를 뒤로 보내고 앞에 '가주어(= It)'를 내세우는 구조가 훨씬 더 많이 쓰인다.

To learn a foreign language is important. 외국어를 배우는 것은 중요하다.

→ **It** is important **to learn** a foreign language.

It은 가주어, to learn a foreign language가 진주어로 '가주어 – 진주어' 구조가 훨씬 많이 쓰인다.

★ 「가주어 It + for 의미상의 주체 + to 동사원형」 구조는 외워 두자.

It is difficult **for me to speak** English. 나에게는 영어로 말하는 것이 어렵다.

It은 가주어, for me는 to부정사의 의미상 주체, to speak English가 진주어이다.

● to부정사의 형용사 역할

형용사는 보통 명사를 앞에서 수식하지만, to부정사가 '~할, ~해야 할'이라는 의미로 형용사 역할을 할 때는
명사를 뒤에서 앞으로 꾸민다. 유독 to부정사의 수식을 잘 받는 명사들이 있다.

[암기 필수] 명사 + to부정사

time to + V	~할 시간	way to + V	~할 방법
right to + V	~할 권리	failure to + V	~하는 데 실패/오류
need to + V	~할 필요성	decision to + V	~하겠다는 결정
proposal to + V	~하자는 제안	obligation to + V	~할 의무
intention/plan to + V	~할 의도/계획	effort to + V	~하려는 노력
ability/capability to + V	~할 능력	opportunity/chance to + V	~할 기회

It is ~~time going~~ home. (X) → It is **time to go** home. (O)
'갈 시간'이라는 의미로 명사 time을 꾸미는 to go가 뒤에 붙는다.

● **to부정사의 부사 역할**

말 그대로 to부정사가 완전한 문장 앞이나 뒤에서 부사 역할을 하며, '~하기 위해서'로 해석된다.

부사 역할을 하는 to부정사가 문장 앞에 나올 때는 '콤마'가 필요하다.
We had a meeting **to discuss** the matter. (O) 우리는 그 문제를 논의하기 위해 회의를 했다.
To discuss the matter, we had a meeting. (O)

부사 역할을 하는 to부정사는 '명령문'과 어울릴 때가 많다.
Enter the coupon code **to get** a discount. (O) 할인을 받기 위해서는 쿠폰 코드를 입력하세요.
To get a discount, enter the coupon code. (O)

★ to부정사는 형용사 또한 수식할 수 있으며, 자주 어울려 쓰는 형용사가 있으므로 반드시 암기한다.

[1초 문제를 만드는 힘] be동사 + 형용사(또는 p.p.) + to부정사

be able to + V	~할 수 있다	be willing to + V	기꺼이 ~하다
be reluctant to + V	~하기를 꺼려하다	be hesitant to + V	~하기를 주저하다
be eligible to + V	~할 자격이 되다	be intended to + V	~할 의도이다
be designed to + V	~하도록 제작되다	be meant to + V	~하도록 의도되다
be supposed to + V	~하기로 되어 있다	be scheduled to + V	~하기로 예정되다
be delighted to + V	~해서 기쁘다	be pleased to + V	~해서 기쁘다
be about to + V	막 ~하려던 참이다	be due to + V	~할 예정이다
be ready to + V	~할 준비가 되다	be eager to + V	~하기를 갈망하다
be expected to + V	~하기로 기대되다, ~해야 한다	be likely to + V	~할 것 같다

참고 to부정사를 목적격 보어로 취하는 require / request / ask / advise / invite / instruct / encourage / force 등의 동사도 수동태로 바뀌면 「be p.p. + to부정사」 구조를 취하고, 출제 빈도도 높다.

e.g. **be required to wear** protective gear (O)
　　　보호장비를 착용하도록 요구되다

V 동명사 알아보자

동명사는 동사에 -ing를 붙여 '명사화'한 것이므로 to부정사처럼 형용사나 부사 역할은 하지 못한다.
동명사는 '주어' 또는 '목적어' 역할을 잘한다.

● 동명사의 '주어' 역할

가주어 It 없이 문장 앞에서 주어 역할을 한다. 단, 자동사가 아닌 모든 **타동사는 동명사일 때 뒤에 목적어를 가진다.**
또한 「동명사 + 명사」 덩어리가 주어일 때, 동사는 '단수'로 수를 맞춘다. (복수 취급 불가능)

> **QUIZ** 다음 두 문장 중 맞는 문장을 골라 보자.
>
> **1** Watching is interesting.　　　**2** Watching a movie is interesting.

Watching is interesting. (X) / **Watching a movie** is interesting. (O)　영화를 보는 것은 재미있다.

타동사 watch에 -ing가 붙어 '보는 것'이라고 명사화된 것이므로 뒤에 명사 목적어 a movie가 나와야 한다.
Watching a movie(영화를 보는 것) 덩어리가 주어 역할을 한다.

● 동명사의 '목적어' 역할

to부정사를 유독 좋아하는 동사가 있는 반면, 동명사를 매우 좋아하는 동사가 있다.

[암기 필수] 동사-ing를 목적어로 잘 이끄는 동사

enjoy	즐기다	finish	끝내다
consider	고려하다	avoid	피하다
suggest	제안하다	recommend	권고하다, 추천하다
include	포함하다	mind	꺼리다
risk	위험을 무릅쓰다	dislike	싫어하다
delay	미루다	postpone	미루다
tolerate	용인하다, 참다	discontinue	중단하다
keep	계속 ~하다	deny	부인하다
give up	포기하다	object to	반대하다

★ 동명사를 선호하는 다음 표현들도 암기해 두자!

spend 시간/돈 -ing　~하는 데 시간/돈을 소비하다
have trouble/a problem -ing　~하는 것에 어려움/문제점이 있다
have experience -ing　~하는 데 경험이 있다
be committed/dedicated to -ing　~에 전념/헌신하다
be accustomed to -ing　~하는 데 익숙하다　　　look forward to -ing　~하기를 학수고대하다
be busy -ing　~하느라 바쁘다　　　　　　　　feel like -ing　~하고 싶다

● to부정사/동명사 중 '전치사 뒤'는 동명사만 가능하다.

by learning English (○) / by to learn English (X) 영어를 배움으로써

upon receiving the package (○) / upon to receive the package (X) 소포를 받자마자

★ 전치사 중, 동명사 -ing 구문을 특히 더 선호하는 어휘들은 외워 두자.

by -ing ~함으로써	in -ing ~하는 데 있어	on/upon -ing ~하자마자
before -ing ~ 전에	prior to -ing ~ 전에	after -ing ~ 후에
despite -ing ~에도 불구하고	instead of -ing ~ 대신에	without -ing ~ 없이
besides -ing ~ 외에	in addition to -ing ~뿐 아니라	

● to부정사/동명사 모두 '부사'의 수식을 받을 수 있다

We need to learn how **to properly handle** these items.
우리는 이 물품들을 어떻게 적절하게 다루는지를 배워야 한다.

to부정사 to handle 사이에 부사 properly가 들어간 구조이다. (how to + 동사원형: ~하는 방법)

Before **individually wrapping** the gifts, make sure to check the address.
선물을 개별적으로 포장하기 전에, 반드시 주소를 확인하세요.

전치사 Before 뒤 동명사 wrapping 앞에, 동명사를 앞에서 꾸미는 부사 individually가 들어간 구조이다.

● 일반 명사 vs. 동명사 구별 문제는 빈칸 뒤 목적어 유무가 중요하다

(**Attendance** / Attending) is required. 참석은 필수입니다.

빈칸 뒤에 목적어가 없으므로 명사 Attendance가 답이다.
동명사가 답이 되려면 Attending the event is required.처럼 뒤에 목적어가 있어야 한다.

● 형용사 vs. 동명사 구별

해석 차이: 형용사는 뒤의 명사를 꾸미지만, 동명사는 뒤의 명사를 자신의 목적어로 이끈다.

a way of (attractive / **attracting**) many customers

'매력적인' 많은 고객들의 방법보다는, 많은 고객들을 '끌어모으는 것'에 대한 방법이 자연스러우므로 동명사
attracting이 정답이다. a way of -ing 구문을 외워 두어도 좋다.

문법적 차이: a/the/소유격이 붙은 명사 앞에 '동명사'는 와도 '형용사'는 오지 못한다.

pretty a woman (X) / pretty the woman (X) / pretty my girlfriend (X)

meeting the deadline (○) / **submitting** a proposal (○) / **examining** our products (○)
마감 기한을 맞추는 것　　　　　제안서를 제출하는 것　　　　　우리 제품들을 점검하는 것

A 다음 중 to부정사를 목적어로 잘 이끄는 동사를 골라 표시해 보자.

quit	recommend	attempt
promise	finish	expect
come	feel	depend
manage	deny	neglect
search	comply	intend
encourage	require	afford
risk	include	prefer

B 다음 문장이 올바른 문장인지, 오류가 있는지 빠르게 파악하면서 (O/X) 중 하나를 골라보자.

1. I enjoy to read books. (O / X)

2. They avoid eating junk food. (O / X)

3. He is considering moving to another city. (O / X)

4. I dislike to do housework. (O / X)

5. We look forward to meet you. (O / X)

6. I have experience to hold many events. (O / X)

7. Do you mind helping me with this? (O / X)

8. We must not delay to submit the application. (O / X)

9. He practices speaking English every day. (O / X)

10. All employees are invited to attend the workshop. (O / X)

11. It enables to move faster. (O / X)

12. She spent hours studying for her exams. (O / X)

13. They risk losing their investment. (O / X)

14. Finding the right size for me is difficult. (O / X)

15. Instead of attending, I decided to work from home. (O / X)

1. Ms. Wilson asked ------- as soon as the facilities are ready for her inspection.

   (A) notifying
   (B) notifiable
   (C) notified
   (D) to be notified

2. A client ID number will be assigned upon the ------- of a business account with Sharon Shipping.

   (A) created
   (B) creation
   (C) creatively
   (D) creating

3. Liam Torres, a finalist in the singing contest, is skilled at ------- the beauty in each song.

   (A) found
   (B) finds
   (C) founded
   (D) finding

4. It is necessary ------- the team to work together to succeed.

   (A) with
   (B) to
   (C) for
   (D) among

5. The organization is committed to ------- support for underprivileged children in Africa.

   (A) providing
   (B) provide
   (C) provides
   (D) provision

6. The result of the survey is ------- to be announced next Monday.

   (A) limited
   (B) entitled
   (C) vulnerable
   (D) due

7. Please review the drawings in the product manual before ------- any repair work.

   (A) to attempt
   (B) attempt
   (C) attempting
   (D) attempts

8. The team was willing to ------- losing the game to try a new strategy.

   (A) risk
   (B) take
   (C) have
   (D) fall

9. We could attract more customers ------- extending our hours of operation.

   (A) from
   (B) by
   (C) within
   (D) for

10. Future Science's Web site features tips that make ------- possible to supervise your laboratory more effectively.

    (A) those
    (B) it
    (C) them
    (D) ourselves

11. The board of directors is considering the CEO's ------- to restructure the company's departments.

(A) behavior
(B) description
(C) proposal
(D) trend

12. ------- company outings has become more complicated and time-consuming.

(A) Organizing
(B) Organized
(C) Organizational
(D) Organizer

13. For two weeks, all staff members worked overtime ------- the deadline for the construction project.

(A) meeting
(B) met
(C) meets
(D) to meet

14. Team-building workshops are ------- to facilitate cooperation and teamwork among employees.

(A) beneficial
(B) reminded
(C) meant
(D) delighted

15. Participants in the science conference will have the ------- to take an afternoon excursion to Delton Park.

(A) potential
(B) chance
(C) precaution
(D) discount

16. Because he was so busy, Mr. Garcia ------- to inform his team about the changes in the schedule.

(A) neglected
(B) rejected
(C) required
(D) delayed

17. The town urgently needs volunteers ------- out with next weekend's flower and garden show.

(A) helpers
(B) helped
(C) helping
(D) to help

18. Please reply to this e-mail ------- a professional translator for the event.

(A) request
(B) to request
(C) have requested
(D) requested

19. Guests are strongly ------- to provide feedback after staying overnight at the Bronson Hotel.

(A) encouraged
(B) selected
(C) hoped
(D) looked

20. ------- delivering several shipments late, Active Gear received good reviews from its customers online.

(A) Inside
(B) Because
(C) Nevertheless
(D) Despite

동사에서 출발해서 형용사처럼 쓰는 문법,
분사(-ing/p.p.)

동사에서 출발해 형용사 역할로 변형되는 문법인 분사는 토익 PART 5에서 1~2문제는 항상 출제되며, PART 5와 6의 어휘 문제나 해석 문제로도 출제된다. 워낙 혼동하기 쉬운 문법이므로 최대한 쉽게 이해하고, 암기할 것은 반드시 암기해야 한다.

✔ 토익 분사 문제 패턴 확인하기

문제 예시 1

The ------- **report** has some errors.
(A) submission
(B) submit
(C) submits
(D) submitted

● **형용사처럼 명사를 앞에서 꾸미는 분사**

'the ----- 명사'는 우리가 이미 알고 있는 형용사가 우세한 자리 ('명사 + 명사'의 복합명사는 아무 어휘나 되지 않기 때문에 형용사가 우선한다.)

(A)는 명사, (B)와 (C)는 동사여서 정답은 (D)
여기서 submitted는 '제출된'이라는 의미의 p.p.로 명사를 꾸미는 형용사 역할을 한다.

해석 제출된 보고서에는 몇 가지 오류가 있다.

문제 예시 2

He is a ------- **employee** with strong leadership skills.
(A) dedicate
(B) dedicated
(C) dedicating
(D) dedication

● **-ing vs. p.p. (1)**

-ing와 p.p. 둘 다 명사를 수식할 수 있으므로 구별이 필요한 문제

(A)는 동사, (D)는 명사여서 employee를 꾸미는 형용사 역할이 가능한 (B)와 (C) 중에서 고르게 된다.

'헌신적인'이라는 의미의 어휘 dedicated를 암기했다면 정답을 쉽게 찾을 수 있다. 정답은 (B)

★ 암기가 필요한 분사 어휘는 반드시 암기한다.

해석 그는 강한 리더십 능력을 가진 헌신적인 직원이다.

문제 예시 3

She sent me a **letter** ------- **vacation** days.
(A) request
(B) requests
(C) requesting
(D) requested

● **-ing vs. p.p. (2)**

명사를 뒤에서 수식하는 -ing와 p.p.를 구별하는 문제

주어 She 뒤에 동사 sent가 있고 빈칸 앞뒤로 명사가 있으므로 (A), (B)는 오답 소거한다.

(C)와 (D) 중에서 빈칸 앞에도 명사(= 분사가 수식하는 명사), 빈칸 뒤에도 명사(= 분사의 목적어)가 있을 때는 항상 능동의 -ing를 쓰게 되므로 정답은 (C)

해석 그녀는 휴가를 요청하는 편지를 나에게 보냈다.

✔ 분사 알아보자

● -ing는 능동/p.p.는 수동의 느낌

-ing와 p.p.는 동사에 -ing를 붙이거나 동사를 p.p.(-ed)로 바꿔 형용사처럼 쓰는 문법이다.
-ing는 '~하는, ~하고 있는'(현재분사), p.p.는 '~된, ~하게 된'(과거분사)이라는 뉘앙스로 쓰인다.

QUIZ 다음 괄호 안에서 알맞은 것을 골라 보자.

1 a (completing / completed) form   **2** a (sleeping / slept) cat

---

1 작성하는 양식 / 작성된 양식?
    문서가 스스로 작성하는 것이 아니라 사람에 의해서 작성된 것이므로 **'작성된'** completed이 맞다.

2 자고 있는 고양이 / 자게 된 고양이?
    고양이는 스스로 잠을 잔다. 본인이 직접 하는 행위는 -ing를 쓰므로 **'자고 있는'** sleeping이 맞다.

● -ing / p.p.는 명사를 '뒤에서 앞으로' 꾸밀 수 있다.

형용사는 보통 명사를 앞에서 뒤로 수식한다. -ing/p.p.는 명사를 앞에서 뿐만 아니라 뒤에서도 꾸밀 수 있다.

an updated report = a report updated '업데이트된' 보고서
이처럼 순서를 바꿔서 뒤에서 앞으로 꾸미는 것도 가능은 하다. 그러나, 특정한 맥락이 아니고서야
앞에서 뒤로 꾸미는 것이 더 좋다.

p.p.가 명사를 '뒤에서 앞으로' 꾸밀 때에는 주로 「명사 + p.p. + 전치사」 형태가 갖추어진다.
a report updated **by** Mr. Kim 김 씨에 의해 업데이트된 보고서

-ing가 명사를 '뒤에서 앞으로' 꾸밀 때에는 보통 -ing 뒤에 또 다른 명사가 있다.
타동사의 -ing는 뒤에 '무엇을' -ing하는지 '목적어'가 나온다. 즉, 눈으로 볼 때 양쪽에 명사가 있게 된다.
a restaurant serving **Italian food** 이탈리안 음식을 제공하는 레스토랑
즉, 앞뒤 명사 사이에 -ing와 p.p.가 주어진다면 항상 -ing가 정답!

● 일반적인 해석과 다른 감정분사: 사람은 p.p. / 사물은 -ing

an (updating / updated) program
여기서 프로그램은 사람에 의해 업데이트된 것이므로 updated가 맞다.

그러나 감정분사의 경우, 무조건 사람은 p.p., 사물은 -ing 형태를 쓴다.
감정을 외부로부터 느끼게 되는 입장 → p.p. / 감정을 못 느껴서 유발하는 입장 → -ing

an (**exciting** / excited) movie	재미있는(감정) + 영화(사물) → -ing
a (satisfying / **satisfied**) customer	만족감을 느끼는(감정) + 고객(사람) → p.p.
a (**disappointing** / disappointed) result	실망스러운(감정) + 결과(사물) → -ing
a (motivating / **motivated**) staff	의욕적인(감정 상태) + 직원(사람) → p.p.

분사의 구별

형용사 역할의 -ing인지 동명사 -ing인지 어떻게 구별하지?

1) 동명사 뒤에 오는 명사는 동명사의 '목적어' (목적어를 ~하는 것)

2) 분사 -ing는 명사를 수식하는 '형용사' (~하는 명사)

3) tall the man이 말이 안 되듯이, -ing가 앞에서 수식하는 명사에는 a/the/소유격을 붙이지 못한다.

4) 동명사는 명사를 수식이 아닌 목적어로 끌기 때문에 a/the/소유격이 붙을 수 있다.

> **QUIZ**   다음 -ing가 동명사와 분사 중 어떤 역할로 쓰였는지 빠르게 파악해 보자.
>
> reading a book   an interesting story   revising the policy
> seeking her advice   my rewarding experience

reading a book 책을 읽는 것 / **revising the policy** 정책을 수정하는 것 / **seeking her advice** 그녀의 조언을 구하는 것 ▶ a/the/소유격이 명사 '앞'에 나왔으므로 명사를 목적어로 이끄는 **동명사**

an interesting story 재미있는 이야기 / **my rewarding experience** 나의 보람 있는 경험 ▶ 'a/the/소유격 ----- 명사' 구조이므로 **분사**

형용사 역할의 p.p.인지 동사의 과거시제 -ed인지 어떻게 구별하지?

played a video 동영상을 재생했다

a/the/소유격이 붙은 명사는 기본적으로 '목적어'임을 반드시 인식한다. 여기서 video는 앞에 a가 있으므로 목적어이다. p.p.는 목적어를 끌지 못하기 때문에 여기서 played는 **동사**

● **[암기 필수] 자동사의 분사 형태는 조심해야 한다.**

모든 자동사가 그런 것은 아니지만, 수동태가 안 되는 자동사 중 형용사 형태로 -ing만 쓰는 어휘들이 있다.

remaining 남아 있는	**existing** 기존의, 존재하는	**emerging** 떠오르는, 부상하는
lasting 지속되는	**working** 일하는, 작동하는	**rising** 증가하는

● **[암기 필수] 능동/수동을 떠나서 잘 쓰이는 분사형 형용사가 있다.**

명사를 앞에서 뒤로 꾸밀 때, 문법적인 관계를 떠나서 절대적으로 암기해야 하는 어휘들이 있다.

challenging 힘든, 고된	**surrounding** 주변의	**neighboring** 인근의
promising 유망한	**leading** 일류의	**outstanding** 훌륭한; 미지불된
growing 늘어나는, 증가하는	**experienced** 경험 많은	**skilled** 능숙한
seasoned 경험 많은; 양념한	**qualified** 자질이 뛰어난	**complicated** 복잡한
preferred 선호되는, 선호하는	**designated** 지정된	**detailed** 상세한
specialized 전문화된	**distinguished** 저명한; 현저한	**accomplished** 뛰어난; 성취한
inviting 매력적인, 유혹적인	**engaging** 흥미를 유발하는	**missing** (짐, 물건이) 분실된
invited 초대된, 초청된	**engaged** 열심인; 고용된	**missed** (일정, 수업 등을) 놓친

✔ 분사구문 알아보자

분사가 쓰이는 가장 어려운 문법으로, 생략을 통해 일부만 남아서 -ing/p.p.로 시작하는 구문이다.

---

1 While I was inspecting the vehicle, I found an oil leak. 차량을 점검하는 동안, 나는 기름 새는 것을 발견했다.

1) 읽는 사람이 판단하겠지 하는 생각으로 두 문장을 이어주는 접속사 While 생략

2) 두 문장의 주어가 I이므로 접속사 While 뒤에 겹치는 주어 I 생략

3) 문법적으로 주어만 생략은 불가능해서 be동사 was도 생략

Inspecting the vehicle, I found an oil leak.

While inspecting the vehicle, I found an oil leak. ★ 분사구문이 접속사를 보여줄 수도 있다.

---

2 While he delivered a speech, Mr. Lee used some charts. 연설하는 동안, 이 씨는 차트를 몇 개 사용했다.

1) 접속사 While 생략

2) 주어 he = Mr. Lee 같은 사람이므로 While 뒤 주어 he 생략

3) 주어만 생략할 수 없어서 동사를 바꿔야 하는데, 뜻이 없는 be동사는 생략 가능하지만, 일반 동사는 생략 불가능 (뒤에 목적어를 끌면 능동)

4) 동사 delivered를 능동 분사 -ing로 변경

Delivering a speech, Mr. Lee used some charts.

---

3 Because she was disappointed with the design, Ms. Kim requested revisions.
디자인에 실망했기 때문에, 김 씨는 수정을 요청했다.

1) 접속사 Because 생략

2) 주어 she = Ms. Kim 같은 사람이므로 Because 뒤 주어 she 생략

3) be동사는 생략

4) 수동 형태의 분사만 남김

Disappointed with the design, Ms. Kim requested revisions.

---

4 The evidence was flawed due to several errors, ------- it invalid.
여러 오류들이 있어 그 증거는 결함이 있었고, 결국 유효하지 않은 것이 되었다.

1) '접속사'가 보이지 않으면 make, makes 등의 완전한 동사는 들어갈 수 없다.

2) 명사로 끝나는 완전한 문장 뒤에 '콤마'가 있으면, 그 뒤의 빈칸은 앞 명사 errors를 꾸미는 게 아니다. 여기에서도 errors를 수식하는 자리가 아니다.

3) 이 애매한 자리에 '분사구문'을 이끄는 -ing/p.p.가 들어갈 수 있다.

4) 이처럼 '완전한 문장 + 콤마 + 빈칸' 형태에서 빈칸에 들어가는 -ing/p.p. 분사구문은 뒤에 목적어나 목적격이 있는지 확인해야 한다.

5) 목적격 it이 있다. → 원래 온전한 동사였을 때 능동형 동사였을 것이다.

The evidence was flawed due to several errors, **making it invalid**.

A 다음 괄호 안에서 알맞은 것을 골라 보자.

1. a very (qualifying / qualified) speaker

2. a (pleasant / pleased) working environment

3. a (leading / led) company

4. (growing / grown) demand for our products

5. an (updating / updated) schedule

6. a (rewarding / rewarded) experience

7. a (missing / missed) item

8. a (distinguishing / distinguished) career

9. a (seasoning / seasoned) worker

10. an (extending / extensive / extended) deadline

11. an (emerging / emerged) trend

12. (shocking / shocked) news

13. a (preferable / preferred / preferring) means

14. an (introductory / introduced) class

15. (remaining / remained) parts

B 다음 문장이 어법상 적절하면 O, 그렇지 않으면 X에 표시해 보자.

1. The broken window needs to be repaired. (O / X)

2. She looked amazing by the results. (O / X)

3. The exciting news made everyone happy. (O / X)

4. The wall painted made the room brighter. (O / X)

5. I felt relieved after finishing the project. (O / X)

6. The theory was tested by Mr. Jeong was correct. (O / X)

7. The moved speech touched everyone in the room. (O / X)

8. The cooking class was very informed. (O / X)

9. While study abroad, I learned many things. (O / X)

10. An event inviting all residents will be held next month. (O / X)

1. The ------- instructions were very easy to follow.
   (A) writing
   (B) write
   (C) writers
   (D) written

2. Author Claudia Lim has written many ------- stories about science.
   (A) captivating
   (B) additional
   (C) encouraged
   (D) committed

3. ------- about the concert, we arrived early to secure good seats.
   (A) Excitement
   (B) Exciting
   (C) Excited
   (D) Excite

4. ------- in the 18th century, the castle attracts many tourists every year.
   (A) Settled
   (B) Invented
   (C) Formed
   (D) Built

5. All employees in the IT Department spent hours ------- the problem with computers.
   (A) solved
   (B) solving
   (C) solve
   (D) to be solved

6. The artist received an award for her ------- work in the gallery.
   (A) impressive
   (B) impressed
   (C) impresses
   (D) impressing

7. ------- restructuring is one of several changes that are occurring due to the merger with Mod International.
   (A) Organizer
   (B) Organized
   (C) Organizational
   (D) Organizations

8. The brochure ------- for the upcoming conference contains all the event details.
   (A) printer
   (B) to print
   (C) printing
   (D) printed

9. A reduction in ------- costs is one justification for investing in new technology in the workplace.
   (A) operating
   (B) operation
   (C) operated
   (D) operates

10. Because a winner has not yet been chosen, the judges will have to further examine the ------- entries.
    (A) competitor
    (B) compete
    (C) competed
    (D) competing

11. Our team is making ------- progress in developing the new products.

    (A) valuable
    (B) valuably
    (C) value
    (D) valued

12. The Eagle Room, our largest and most elegant banquet facility, ------- up to 200 people comfortably.

    (A) seating
    (B) seat
    (C) seats
    (D) to seat

13. Market research reports show that a hotel's level of cleanliness is a key factor in ------- guest satisfaction.

    (A) to determine
    (B) determining
    (C) determined
    (D) being determined

14. When ------- construction costs, you need an accurate estimate of the price of the building materials you will use.

    (A) calculating
    (B) calculated
    (C) calculation
    (D) to be calculated

15. The company is offering a ------- discount on select items during the promotion.

    (A) partial
    (B) parted
    (C) parts
    (D) parting

16. After years of innovation, Anden Computers has become a ------- manufacturer of tablet devices.

    (A) remaining
    (B) leading
    (C) motivational
    (D) dedicating

17. The ------- deadline for the IT conference has been moved to June 11.

    (A) registered
    (B) registering
    (C) register
    (D) registration

18. As technology advances, more consumers are embracing new shopping habits, ------- to buy groceries online.

    (A) prefer
    (B) prefers
    (C) preferred
    (D) preferring

19. In some countries, the prices of our products may be ------- due to higher shipping charges.

    (A) different
    (B) differ
    (C) differing
    (D) differed

20. The purpose of these surveys is to assess the job ------- of our staff and improve our work environment.

    (A) satisfied
    (B) satisfying
    (C) satisfaction
    (D) to satisfy

단어나 문장을 이어주는 성분,
전치사 / 접속사

| 동영상 강의 |

전치사와 접속사는 토익 PART 5, 6에서 반드시 2~3문제 출제되는 매우 중요한 문법 사항이다. 명사(구)를 이어주는 전치사와 문장과 문장을 이어주는 접속사는 품사 구별이 핵심이다.

✔ 토익 전치사/접속사 문제 패턴 확인하기

문제 예시 1

Hannah Stone's items can be returned ------- **14 days** of the purchase date.

(A) along
(B) during
(C) within
(D) among

● **빈칸 뒤 명사가 결정적 단서가 되는 전치사 문제**

전치사는 뒤에 남는 어휘와 잘 어울려야 한다.

(A) along(~을 따라)과 (D) among(~ 중에)은 기간 명사 14 days와 어울리지 않으므로 오답 소거한다.

기간을 끌 수 있는 전치사는 정해져 있다. 14 days처럼 숫자로 제시된 기간은, 해석이 어울려도 during(~ 동안) 보다 within(~ 이내에)에 특화되어 있다. 정답은 (C)

해석 Hannah Stone의 상품은 구매일로부터 14일 이내에 반품 가능하다.

문제 예시 2

Fire extinguishers and first-aid kits **are located** ------- **the building**.

(A) into
(B) throughout
(C) between
(D) on

● **빈칸 앞/뒤를 모두 봐야 하는 전치사 문제**

보기가 모두 전치사로 구성된 문제

(C) between은 'between A and B' 또는 'between + 복수 명사' 구조로 쓰이고, (D) on은 building과 어울리지 않는다.

(A) into(~ 안으로)와 (B) throughout(~ 곳곳에)은 둘 다 building과 어울리지만, 동사가 are located(위치해 있다)로 이동 방향을 나타내는 into와는 맞지 않는다. 정답은 (B)

해석 소화기와 구급 상자는 건물 곳곳에 배치되어 있다.

문제 예시 3

------- **the hotel is located** far from the center of the city, it is popular with tourists.

(A) Although
(B) Within
(C) Therefore
(D) Moreover

● **품사만 알면 해결되는 전치사/접속사 문제**

해석해야 할 것 같지만, 구조를 보면 해결되는 문제

접속부사 (C) Therefore와 (D) Moreover는 앞 문장 뒤에 새로운 문장을 콤마로 연결하는 역할을 하므로 PART 5에서 문장 맨 앞에 빈칸이 있을 때는 바로 오답 처리한다.

(A) Although는 접속사, (B) Within은 전치사인데, 빈칸 뒤 구조를 보면 「주어(the hotel) + 동사(is located)」로 되어 있으므로 빈칸은 접속사 자리이다. 정답은 (A)

해석 호텔이 도심에서 멀리 떨어져 있음에도 불구하고 관광객들에게 인기가 있다.

Ⅴ 전치사 알아보자

● 전치사 뒤는 명사다

> **QUIZ** 다음 표현이 어법에 맞는지 맞지 않는지 구별해 보자.
>
> **1** with have   **2** of the house   **3** by take the bus
>
> **4** for suggesting   **5** with to have

1 전치사 with 뒤에는 명사가 와야 하는데 동사 have가 왔으므로 X

2 전치사 of 뒤에 명사 the house가 왔으므로 O

3 전치사 by 뒤에 동사원형 take가 왔으므로 X

4 전치사 for 뒤에 동명사가 왔으므로 O (동사는 전치사 뒤에 올 수 없지만, 동명사는 가능하다.)

5 전치사 with 뒤에 'to + 동사원형'의 to부정사는 올 수 없으므로 X

● 기본이 되는 시간/장소 전치사 in, at, on

in	in 1990 1990년에 in the summer 여름에 in November* 11월에	in Europe 유럽에서 in the meeting room 회의실에서 in the car 차 안에서
at	at 10 o'clock 10시에 at night 밤에 at the end of the month 이번 달 말에	at the airport 공항에서 at home 집에서 at the corner of the street 길모퉁이에서
on	on the weekend 주말에 on Christmas 크리스마스에 on November 11* 11월 11일에	on the table 테이블 위에 on the shelf 선반에 on the second floor 2층에

*월(January, February, …)은 in 뒤에 오지만, 날짜(몇 월 며칠)는 on 뒤에 오는 데 주의한다.

● 출제 빈도 높은 전치사 within, throughout

within ~ 이내에	within two weeks 2주 이내에 within walking distance 도보 거리 내에 있는
throughout ~ 곳곳에, ~ 내내	throughout the world 전 세계 곳곳에 throughout the meeting 회의 내내

주의 within Friday '금요일 이내에'는 맞는 표현일까, 틀린 표현일까?
틀린 표현이다! within 뒤에는 시간 표현이 올 때 '기간'(two weeks, three days, 10 hours, …)이 온다.
Friday처럼 날짜, 요일, 연도 등의 '시점'은 오지 못한다!

● 혼동하기 쉬운 전치사 by vs. until / for vs. during

by	특정 시점까지 한 번만 하면 되는 1회성 '~까지' The report should be submitted by Friday. 보고서는 금요일까지 제출되어야 한다. Please return to the bus by 3:00 P.M. 3시까지 버스로 돌아오세요.	
until	특정 시점까지 어떤 행동, 상태가 지속되는 '~까지' The sale will last until this Friday. 세일은 이번 주 금요일까지 계속될 것이다. This coupon is valid until May 20. 이 쿠폰은 5월 20일까지 유효하다.	
for	for + 기간 for seven days 7일 동안	for three months 3개월 동안
during	during + 특정 명사 during the workshop 워크숍 동안	during the holidays 휴가 동안

주의 during three months '3개월 동안'은 맞는 표현일까, 틀린 표현일까?

틀린 표현이다! during 뒤에는 '기간'이 올 수 없다. 단, 앞에 'the past, the last, the next' 등이 붙으면 가능하다.

e.g. during the past three months 지난 3개월 동안

● 번갈아 가면서 꼭 나온다! 다양한 장소 전치사

앞/뒤에	**in front of** the entrance 입구 앞에	**behind** the column 기둥 뒤에
위/아래에	**on** the desk 책상 위에 **under** the desk 책상 아래에	**above** the water 수면 위에 (수면에서 떨어져) **beneath** the surface 표면 아래에
옆에, 근처에	**by** the door 문 옆에 **beside** the site 그 장소 옆에	**next to** the copy machine 복사기 옆에 **near** the station 역 근처에
맞은편에	**opposite** the store 가게 맞은편에	**across from** the park 공원 맞은편에
~을 따라	**along** the river 강가를 따라	**along** the border 국경을 따라
~로	**to** the service desk 서비스 데스크로 **toward** the door 문 쪽으로	**into** the house 집 안으로
사이에	**between** Boston and New York 보스턴과 뉴욕 사이에 **among** the trees 나무들 사이에	
~을 지나	**past** the library 도서관을 지나	**past** the market 시장을 지나

주의 between은 'between A and B'의 구조만 되는 것은 아니다. 'between + 복수명사'도 가능하다.

e.g. between meals 식사 시간 사이에

● 그 밖의 출제 빈도 높은 전치사

except (for)	~을 제외하고 every day except Sunday 일요일을 제외하고 매일	
without	~ 없이 without the receipt 영수증 없이	
through	~을 통해, ~을 지나, ~ 내내, 줄곧 through the tunnel 터널을 지나	through the years 수년간 줄곧
with	~와 함께, ~을 가진 with clients 고객들과 함께	a room with a balcony 발코니가 있는 방
against	~에 기대어, ~에 반대하여, ~을 위반하여 against the tree 나무에 기대어	against the law 법을 위반하여
as	~로서 serve as a manager 매니저로서 근무하다	
following	~ 후에, ~에 뒤이어 following the reception 환영회 후에	following the lecture 강연에 뒤이어
across	~을 가로질러, ~ 건너편에, ~에 걸쳐 across the bridge 다리를 가로질러	across the country 전국에 걸쳐
regarding	~에 관한 = concerning = as to information regarding the test 시험에 관한 정보	
despite	~에도 불구하고 = in spite of = notwithstanding despite the bad weather 악천후에도 불구하고	
from A to B	A부터 B까지 from Monday to Friday 월요일부터 금요일까지 from the park to the library 공원에서 도서관까지	

● 두 단어 이상으로 이루어진 전치사

전치사는 하나의 단어만으로 이루어지기도 하지만 두 개 이상의 단어가 하나의 전치사처럼 쓰이는 경우도 많다.
토익에 자주 나오는 다음 전치사들을 반드시 암기해 두자.

prior to ~ 전에	due to ~ 때문에	regardless of ~와 상관없이
in advance of ~ 전에	because of ~ 때문에	instead of ~ 대신에
in addition to ~ 이외에	owing to ~ 때문에	on behalf of ~을 대표하여
other than ~ 이외에	thanks to ~ 덕분에, ~ 때문에	

V 접속사 알아보자

접속사는 전치사와 다르게, **문장과 문장을 이어준다.** (주어 + 동사 ---- 주어 + 동사)
문장과 문장을 이어주기 때문에 **동사가 2개 보이면 접속사 1개는 필수이다!**

● **문장뿐 아니라 단어나 구를 연결하는 접속사: 등위접속사 and, but, or**

His speech was long **but** informative. 그의 연설은 길었지만 유익했다.
              단어   단어

Our goal is increasing sales **or** reducing costs. 우리의 목표는 매출을 늘리거나 비용을 절감하는 것이다.
              구   구

● **짝을 맞추는 접속사: 상관접속사**

both A and B A와 B 둘 다	either A or B A와 B 둘 중 하나
not only A but (also) B A뿐만 아니라 B도	neither A nor B A와 B 둘 다 아닌
= B as well as A	

　주의 both/either/neither가 있다고 해서 반드시 A and/or/nor B 구조가 되어야 하는 것은 아니다.
　both + 복수명사, either/neither + 단수명사 구조도 가능하다.

● **전치사 vs. 접속사: 구조를 파악하는 것이 필수다!**

전치사와 접속사는 종류가 매우 많다. 각각의 뜻을 아는 것도 중요하지만, 다행스럽게도 실제 시험에서는 주로
빈칸에 알맞은 품사를 찾는 자리 문제로 출제된다.

during the meeting 회의 동안 vs. **while** we are in the meeting 우리가 회의를 하는 동안

during과 while은 둘 다 '~ 동안'이라는 의미이지만 during은 전치사, while은 접속사이다.
따라서 「during + 명사(the meeting)」, 「while + 주어(we) + 동사(are)」 구조가 되어야 한다.

● **의미는 같지만 구조는 다른 전치사/접속사**

전치사		접속사	
during	~ 동안	while	~ 동안; 반면에
before, prior to	~ 전에	before	~ 전에
after, following	~ 후에	after	~ 후에
until, by	~까지	until	~까지
on, upon	~하자마자, ~한 즉시	as soon as	~하자마자
since	~ 이래로	since	~ 이래로; ~ 때문에
because of, due to, owing to	~ 때문에	because, as, since, now that	~ 때문에

despite, in spite of, notwithstanding	~에도 불구하고	although, though, even if/though	~에도 불구하고
in case of	~의 경우에 (대비하여)	in case (that)	~의 경우에 (대비하여)
given considering	~을 고려하여/감안하면	given that considering (that)	~을 고려하여/감안하면

주의 since는 전치사일 때 '~ 이래로'라는 의미만, 접속사일 때는 '~ 이래로; ~ 때문에'라는 의미 둘 다 가능

그 외 빈출 접속사

as long as = so long as ~하는 한, ~하기만 하면	so that = in order that ~할 수 있도록
if, provided (that) ~라면	unless ~하지 않는다면
as if = as though 마치 ~인 것처럼	whereas = while ~인 반면에

● 암기해 두면 1초 문제가 되는 접속사 + -ing/접속사 + p.p.

접속사 뒤 -ing/p.p.는 UNIT 07에서 배운 분사다. 단, 지금 이 부분을 따지기보다는 하나의 표현처럼 암기해 두자.

When completing the survey, please answer all questions. 설문지를 작성할 때, 모든 질문에 답해 주세요.
Once submitted, your responses cannot be modified. 일단 제출되면, 답변은 수정될 수 없습니다.

접속사 + -ing		접속사 + p.p.	
when -ing	~할 때	when p.p.	~될 때
while -ing	~하는 동안, ~하면서	if p.p.	~된다면
before -ing	~하기 전에	unless p.p.	~되지 않는다면
after -ing	~한 후에	as p.p.	~된 대로, ~했듯이
since -ing	~한 이래로	once p.p.	일단 ~되면

주의 before, after 등 접속사와 전치사 둘 다 되는 어휘들이 있다. 여기서는 품사가 무엇인지 중요하지 않고, 뒤에 -ing 형태가 잘 쓰이는 특성과 의미만 알면 된다.

> **＋PLUS** 암기해 두면 역시 1초 문제가 되는 '전치사 + -ing'
>
> | | | |
> |---|---|---|
> | by -ing ~함으로써 | in -ing ~하는 데 있어 | on/upon -ing ~하는 즉시 |
> | without -ing ~하지 않고 | despite/in spite of -ing ~함에도 불구하고 | |
>
> **주의** during은 전치사지만 뒤에 동명사를 쓰지 않고 명사만 쓰는 데 유의한다.
> during attending the meeting (X)   during the meeting (O)

✔ 접속부사도 알아보자

지금까지 전치사와 접속사를 살펴보고 구별하는 법을 학습했다. 단, 실제 시험에서는 '접속부사'가 보기에 같이 등장하는 경우가 많으므로 함께 알아 두자.

다음 두 문장을 비교해 보자.

We will lend you a car **while we repair** yours.

수리하는 동안 차를 빌려 드리겠습니다.

It will take about a week to repair your car. **Meanwhile**, we will lend you a car.

차를 수리하는 데 대략 일주일이 걸릴 것입니다. 그동안, 저희가 차를 빌려 드리겠습니다.

여기서 while은 접속사, meanwhile은 접속부사다.

접속사 while은 '주어 + 동사'가 있는 2개의 절을 한 문장으로 연결하지만, 접속부사 meanwhile은 앞에 한 문장이 마침표로 끝난 뒤, 그 뒤에 다른 문장을 연결한다. 접속부사는 뒤에 콤마가 온다!

토익 빈출 접속부사

however	그러나	if so	그렇다면
therefore thus consequently	그러므로, 따라서	even so	그렇다 하더라도
otherwise	그렇지 않으면	nevertheless	그럼에도 불구하고
in addition besides moreover furthermore	게다가	to this end to that end	이를 위하여, 그 목적을 달성하기 위해
beforehand afterward(s)	그 전에 그 후에, 나중에	on the contrary in contrast	대조적으로, 반대로
likewise similarly	마찬가지로	on the other hand	반면에
meanwhile in the meantime	그동안	in other words namely	즉, 다시 말해

★ 실제 시험에서는 4개의 보기에 전치사, 접속사, 접속부사가 모두 섞여 있는 경우가 많다. 따라서 해석보다는 구조를 구별할 수 있으면 빠르고 정확하게 풀 수 있다!

PRACTICE 토익 감성 갖추기

A 다음 괄호 안에서 알맞은 전치사를 골라 표시해 보자.

1. (for / during) 10 hours 10시간 동안

2. (for / during) the sales seminar 영업 세미나 동안

3. The clothing store is open (by / until) 10:00 P.M. 그 옷가게는 밤 10시까지 영업한다.

4. The books should be returned to the library (by / until) this Tuesday.
   그 책들은 이번 주 화요일까지 도서관에 반납되어야 한다.

B 다음 문장 구조를 빠르게 파악하여 괄호 안에 알맞은 품사를 골라 표시해 보자.

1. Dinner will be served (전치사 / 접속사) Ms. Bain gives her keynote speech.

2. Your applications will not be accepted (전치사 / 접속사) the deadline.

3. (전치사 / 접속사) the handouts arrived late, the workshop began without delay.

4. (전치사 / 접속사) its popularity, the movie has not been favorably received.

5. Those who return their books (전치사 / 접속사) June 8 will be charged a late fee.

6. (전치사 / 접속사 / 접속부사) the success of our second store, we are already
   considering opening a third one.

7. (전치사 / 접속사 / 접속부사) you place an order by tomorrow, your order will be shipped
   by Saturday.

8. (전치사 / 접속사 / 접속부사) high operating costs, the company managed to increase
   its profits this quarter.

C 다음 괄호 안에서 어법에 알맞은 단어를 골라 표시해 보자.

1. The event was canceled (because / due to) low registration.

2. We discussed the plan (during / while) eating dinner.

3. (Despite / Although) fierce competition, the company achieved record sales.

4. We will postpone making any decisions (until / by) we get the survey
   results.

1. ------- the temperature and humidity are too high in the gallery, paintings will be ruined.

   (A) If
   (B) So
   (C) But
   (D) Why

2. Any glassware purchased at Libbey Shop will be delivered ------- a week.

   (A) since
   (B) above
   (C) among
   (D) within

3. ------- Joseph Leo's new novel has received poor reviews from critics, many readers chose to read it.

   (A) Whenever
   (B) Although
   (C) So that
   (D) Already

4. Be sure to check the condition of the product carefully ------- it is received from the seller.

   (A) while
   (B) even so
   (C) then
   (D) as soon as

5. Mr. Caulkin was able to register for Dr. Ryu's class ------- a last-minute cancellation.

   (A) as well as
   (B) almost
   (C) thanks to
   (D) even though

6. Many customers still prefer to visit a store in person ------- shopping online.

   (A) because of
   (B) instead of
   (C) during
   (D) which

7. The Goral Gables Express offers daily ferry rides ------- the city's scenic waterfront.

   (A) between
   (B) below
   (C) apart
   (D) along

8. Parking on Douglas Road will be banned for the next three hours ------- urgent repairs to a fire hydrant.

   (A) as a result
   (B) in order to
   (C) due to
   (D) so that

9. The Castillo Art Project is not only the oldest ------- the largest gallery in town.

   (A) while
   (B) in addition
   (C) but also
   (D) nor

10. ------- the Spinello Motors plant opens in December, job opportunities in Aventura will likely increase.

    (A) Whether
    (B) When
    (C) Immediately
    (D) Afterward

11. As ------- in the company's newsletter, Doral Industries will switch its name to Doral Group next week.

(A) indication
(B) indicative
(C) indicated
(D) indicating

12. A large portion of the budget will be allotted to the sales team ------- our sales volume remains steady.

(A) as long as
(B) by means of
(C) in addition to
(D) regarding

13. A local organic farm, Sunny Farm, cultivates a variety of vegetables ------- the use of pesticides.

(A) however
(B) unless
(C) against
(D) without

14. All staff members must turn in their daily work logs ------- leaving the office.

(A) before
(B) to
(C) than
(D) among

15. Pinnacle Chip Tech is ------- the country's leading manufacturers of high-quality semiconductors.

(A) toward
(B) among
(C) around
(D) alongside

16. ------- a system breakdown at our bank, all transactions will be suspended immediately.

(A) Provided that
(B) For instance
(C) In the event of
(D) In other words

17. If our managers take flight EZ310, they will arrive here in time ------- the training session on Thursday afternoon.

(A) for
(B) there
(C) soon
(D) when

18. ------- the recent failure of a new product, consumer confidence has remained high.

(A) Even so
(B) Despite
(C) Therefore
(D) Owing to

19. Library policy states borrowed books may be renewed ------- requested by another patron before the due date.

(A) during
(B) unless
(C) likewise
(D) which

20. ------- completing the training course, Mr. Liu will begin his role as a manager.

(A) In
(B) So that
(C) Upon
(D) Since

이것도 접속사?
관계대명사/명사절 접속사

접속사와 비슷하지만, 혼동하기 쉬운 문법 파트이다. who, where, what 등 우리가 의문사라고 알고 있는 어휘가 쓰이고, 관계대명사가 명사절 접속사가 되기도 하는 등 하나의 문법으로 판단할 수 없다. 어렵게 공부하면 이해하기 더 어렵기 때문에, 토익 출제 범위에 맞춰 알기 쉽게 학습하는 것이 중요하다.

▼ 토익 관계대명사/명사절 접속사 문제 패턴 확인하기

문제 예시 1

The employee ------- **was hired** last month **is** skilled at tasks.

(A) what
(B) who
(C) which
(D) when

● **특정 명사에 대해 부연 설명하면서 문장을 이어주는 관계대명사**

동사 2개 was hired, is → 두 문장을 잇는 '접속사' 필수

앞에 employee가 사람명사이고 그 뒤 동사 was가 바로 이어지고 있으므로, 정답은 사람을 받으며 주어 역할을 하는 주격 관계대명사 (B) who

해석 지난달에 채용된 직원은 업무에 능숙하다.

문제 예시 2

The event **has been postponed** until further notice ------- we **do not have** enough funds.

(A) that
(B) what
(C) because
(D) who

● **일반 접속사와 관계대명사를 구별해야 하는 문제**

동사 2개 has been postponed, do not have → 두 문장을 잇는 '접속사' 필수

빈칸 앞/뒤로 부족한 문장 성분이 없다. 관계대명사나 명사절 접속사는 주로 부족한 문장 성분을 채우면서 문장을 이어주기 때문에 that, what, who는 오답

정답은 완전한 문장을 이어주는 부사절 접속사 (C) because

해석 자금이 충분하지 않아서 행사는 추후 공지가 있을 때까지 연기되었다.

문제 예시 3

We need **to determine** ------- we **should hire** additional employees.

(A) although
(B) since
(C) whom
(D) whether

● **명사 역할을 하면서 문장을 이어주는 명사절 접속사**

토익에서 웬만한 동사는 타동사로 목적어를 끌 때가 많다.

'to + 동사원형' 역시 목적어가 필요한데, 문장에 무엇을 determine하는지가 없다. 빈칸 뒤 문장이 determine한 내용, 즉 목적어가 되도록 이어줄 접속사가 필요하다.

완전한 문장을 연결해 주는 (A)와 (B), 뒤 문장에 목적어가 빠져 있어야 하는 (C) whom은 오답 소거된다.
정답은 명사절 접속사로 유명한 (D) whether

해석 우리는 추가 직원을 고용해야 할지를 결정해야 한다.

∨ 관계대명사 알아보자

● **관계대명사 who/whose/whom/which**

관계대명사는 '앞'에 위치한 명사(= 선행사)를 부연 설명하는 문장을 이어준다. 이때 자신이 채우는 특정한 '격'의 역할이 있다. (주격, 소유격, 목적격)

앞에 위치하는 '사람명사'와 관련된 관계대명사

> I have **a friend**. 나는 친구가 있다.　　　　　　**He** is a teacher. 그는 선생님이다.
>
> ▶ I have **a friend who** is a teacher.　사람명사 + 주격 who + 동사 ~
> 　나는 선생님인 친구가 있다.

have, is 동사가 2개이므로 접속사 역할이 필요하다.
a friend = he 같은 사람으로, 더 구체적인 명사 a friend는 그대로 남긴다.
사람명사 a friend를 받으면서 he가 문장의 주어였으므로, 이를 채우는 격 **➡ 주격 관계대명사**

> I have **a friend**. 나는 친구가 있다.　　　　　　**His name** is Tom. 그의 이름은 Tom이다.
>
> ▶ I have **a friend whose name** is Tom.　사람명사 + 소유격 whose + 명사(필수) + 동사 ~
> 　나는 이름이 Tom인 친구가 있다.

a friend와 his name에서 his가 같은 사람. 소유격 his를 삭제하고 그 자리를 채우는 격 **➡ 소유격 관계대명사**

주의 소유격 관계대명사 whose 뒤에 오는 명사에는 a나 that를 붙일 수 없다.
my a friend나 my the friend가 안 되는 것처럼 whose a name (X) whose the name (X)

> She is **the teacher**. 그녀가 그 선생님이다.　　　　　I admire **her** the most. 나는 그녀를 가장 존경한다.
>
> ▶ She is **the teacher whom** I admire the most.　사람명사 + 목적격 whom + 주어 + 동사 ~
> 　그녀는 내가 가장 존경하는 선생님이다.

the teacher와 her가 같은 사람을 받음. 목적격 her를 삭제하고 그 자리를 채우는 격 **➡ 목적격 관계대명사**

➕PLUS　주의해야 할 관계대명사 포인트

1 who는 주격뿐 아니라 목적격으로도 쓸 수 있다.
　I know a person **who** I met two years ago. 나는 2년 전에 만난 사람을 알고 있다.

2 목적격 관계대명사 whom 앞에는 전치사가 올 때도 많다. (이때 who는 쓰이지 않는다.)
　He is **the person**. + I spoke to **him** yesterday.
　➡ He is the person **whom I spoke to** yesterday. 그는 어제 내가 얘기한 그 사람이다.
　목적격 관계대명사는 '뒤'에 오는 전치사를 자신의 '앞'으로 이동시키는 것을 더 좋아한다.
　He is the person **to whom I spoke** yesterday.

앞에 위치하는 '사물명사'와 관련된 관계대명사

> I have **a book**. 나는 책을 가지고 있다.   **It** is interesting. 그것은 재미있다.
>
> ▶ I have **a book which** is interesting. 사물명사 + 주격 which + 동사 ~
> 나는 재미있는 책을 가지고 있다.

have, is 동사가 2개이므로 접속사 역할이 필요하다.

a book = it 같은 대상으로, 주격 it을 삭제하고 그 자리를 채운다.

> I have **a book**. 나는 책을 가지고 있다.   **Its cover** is red. 그것의 표지는 빨간색이다.
>
> ▶ I have **a book whose cover** is red. 사물명사 + 통합 소유격 whose + 명사(필수) + 동사 ~
> 나는 표지가 빨간색인 책을 가지고 있다.

a book과 its cover에서 its가 같은 대상을 받음. 소유격 its를 삭제하고 그 자리를 채운다.

I have a book **of which the** cover is red.

사물의 소유격에는 of which도 쓸 수 있는데, of which 뒤에는 명사를 특정하는 the가 붙을 때가 많다.

> I have **a book**. 나는 책을 가지고 있다.   I bought **it** two years ago. 나는 그것을 2년 전에 샀다.
>
> ▶ I have **a book which** I bought two years ago. 사물명사 + 목적격 which + 주어 + 동사 ~
> 나는 2년 전에 산 책을 가지고 있다.

a book과 it이 같은 대상을 받음. 목적격 it을 삭제하고 그 자리를 채움

★ 사물 목적격 which 역시 사람 목적격 whom처럼 뒤 문장에 남은 전치사를 앞으로 가져올 수 있다.

This is **the house**. + I grew up in **the house**.

This is **the house which** I grew up **in**. → This is **the house in which** I grew up.
이것은 내가 자란 집이다.

관계대명사 that / what

관계대명사 that은 사람, 사물을 모두 받아서 who, whom, which의 대용이 될 수 있지만,

1) 소유격은 없다.

2) 앞에 콤마(,)를 매우 싫어한다. 빈칸이 관계사 자리인데 앞에 콤마가 있으면 바로 오답 소거한다.
   e.g. The book, **that** I read yesterday, is interesting. (X)

3) 목적격 which나 whom처럼 앞에 전치사를 붙이지 않는다.

관계대명사 what은 선행 명사를 쓰지 않는다. what = the thing(s) that으로 이미 명사를 내포하고 있다.

This is **what** I'm looking for. (O) 이것이 제가 찾는 거예요.

This is the product **what** I'm looking for. (X) → what은 앞에 명사가 필요 없다!

● 관계부사 when/where/why/how

관계부사는 관계대명사와 달리 뒤 문장의 부족한 성분을 채우지 않는다. 뒤에 완벽한 문장이 나온다!

Summer is **the season** when the most tourists visit our park.

여름이 가장 많은 관광객들이 우리 공원을 방문하는 때이다.

: 선행 명사 the season — '시기'의 의미가 있는 단어 → when + 완벽한 문장

This is **the site** where we will build a factory. 이곳이 우리가 공장을 설립할 부지이다.

: 선행 명사 the site — '장소'의 의미가 있는 단어 → where + 완벽한 문장

I don't know **the reason** why she was late for the meeting. 나는 왜 그녀가 회의에 늦었는지 이유를 모르겠다.

: 선행 명사 the reason — '이유'라는 뜻의 단어 → why + 완벽한 문장

Can you explain how we update inventory records? 우리가 재고 기록을 어떻게 업데이트하는지 알려줄 수 있나요?

: 관계부사 how는 앞에 the way 같은 선행 명사를 붙이지 않는다. 주로 동사 뒤에 바로 붙는다.

● 「주격 관계대명사 who/which + be동사」 생략

He is the employee. + He is responsible for the project.

▶ He is **the employee (who is) responsible** for the project. 그가 그 프로젝트를 담당하는 직원이다.

사람/사물을 받는 주격 관계대명사 who와 which는 각각 be동사와 결합되면 둘 다 생략 가능하다.
단, 뒤에 명사가 남는 문장에서는 생략 불가하다.

I have a friend (who is) a doctor. (X) → who is 생략 불가

나는 의사인 친구가 있다.

「who is + 형용사/-ing/p.p.」 또는 「which is + 형용사/-ing/p.p.」 구조에서만 생략 가능하다.
The program (which is) offering discounts ends tomorrow.

할인을 제공하는 프로그램은 내일 종료된다.

특히, '~하는 사람은 누구나', '~하는 사람들'이라는 표현으로,
anyone who is와 **those who are** 구문은 who is, who are를 자주 생략한다.
따라서 anyone과 사람을 나타내는 those 뒤 -ed는 동사라기보다 p.p.이다.

Those invited to attend the event should send us an e-mail. → invited는 동사가 아닌 p.p.

이벤트에 참석하도록 초청받은 분들은 이메일을 보내 주셔야 합니다.

● [고난도 문법] 목적격 관계대명사 that 생략

The product we launched last month was a great success.

지난달 출시한 제품이 큰 성공을 거두었다.

주어 The product 뒤에 주어 we가 또 나오는 상황. 접속사 없이 주어 2개를 같이 쓸 수 없다.
목적격 관계대명사 that이 생략되었음을 알아야 한다.

The product **(that)** we launched last month was a great success.

PLUS 관계대명사 that 생략 시 주의할 점

1 주격 관계대명사 that은 생략할 수 없다.

A book **that** is difficult to understand requires careful reading.

이해하기 어려운 책은 신중하게 읽어야 한다. → be동사 앞 that은 생략 불가

2 생략된 관계대명사 목적격 that은 뒤에 반드시 **능동태 동사**만을 이끈다. (수동태 X)

The book became a bestseller. + He published **it** last year.

▶ **The book** he (**published** / was published) last year became a bestseller.

그가 지난해에 출간한 책은 베스트셀러가 되었다.

목적격 that은 뒤 문장에 있던 동일한 목적어를 채우는 관계대명사, 즉 '목적어가 있는' 문장을 변형한 구조이므로 수동태는 불가하다.

● 관계사 who와 whoever / 나머지 -ever

whoever는 anyone who이다.

Anyone who wants to join the club is welcome. 클럽에 가입하고 싶은 누구든지 환영합니다.
= **Whoever** wants to join the club is welcome.

whoever 역시 접속사처럼 두 문장을 이어준다.
단, who와 가장 큰 차이점은 anyone이 이미 내포되어 있어서 앞에 '사람명사'가 필요 없다!

A doctor (who / whoever) is on duty must respond to emergencies quickly.

근무 중인 의사는 응급 상황에 신속하게 대응해야 한다. → 앞에 사람명사가 있으므로 who

(Who / Whoever) is on duty should report any issues immediately.

근무 중인 누구든지 즉시 문제를 보고해야 한다. → 앞에 사람명사가 없으므로 whoever

whatever, whichever, however, whenever 등 다양한 -ever가 존재한다.

whatever는 what처럼 앞에 명사를 쓰지 않고, 앞/뒤로 불완전한 문장이 온다.

Choose **whatever you like**. → choose의 목적어도, like의 목적어도 없다.

좋아하는 것은 무엇이든 고르세요.

★ what 자체가 앞/뒤로 불완전한 문장을 선호한다!

whichever는 (별 뜻 없는 which와 달리) '어떤 ~이든'이라는 의미로, 「주어 + 동사 + 목적어」에서 목적어가 앞으로 나온다. 역시 앞에 선행 명사가 필요 없다.

Whichever option you choose, I will support you.

어떤 선택지를 택하든, 나는 당신을 지지할 것입니다.

→ you choose (the) option에서 목적어가 앞으로 나온 것

however의 경우, 두 가지 용법이 있다.

'그러나' 의미의 경우, 부사처럼 콤마와 함께 문장 앞에 나오지만 두 문장(절)을 이어주는 것은 아니다.

However, I should go home early. 그러나, 저는 집에 일찍 가야 합니다. (콤마 필수)

'아무리 ~하더라도'의 경우, 접속사 기능을 하며 「however + 형용사/부사 + 주어 + 동사」의 어순이 된다.

However hard we plan, problems always arise. 아무리 열심히 계획해도, 문제는 항상 발생한다.

whenever는 when과 유사하지만, 앞에 시점 명사가 붙지 않는다.

You can call me **whenever you are available**. 시간이 되실 때 언제든 전화하시면 됩니다.

▼ 명사절 접속사 알아보자

관계사처럼 선행 명사를 부연 설명하는 개념이 아니다. 두 문장을 이어주는 접속사 역할을 하지만 주어, 목적어, 보어, 전치사 뒤 등 문장 내 반드시 필요한 명사를 문장으로 채우는 개념이다.

명사절 접속사: who, which, when, where, what, why, how, that, whether, if

1 I don't **know** **who** will be attending the meeting. 누가 회의에 참석할지 모르겠다.

앞에 사람명사가 없고, 뒤 동사 **will be**의 주어를 채우면서 앞 동사 **know**의 목적어 역할을 한다.

→ know의 목적어 역할을 하는 명사절 접속사 who

2 Can you **tell** me **which book** you recommend? 어떤 책을 추천하는지 말해줄 수 있나요?

앞에 사물명사가 없고, 뒤 동사 **recommend**의 목적어인 **book**을 앞으로 가져와 꾸미듯이 이끌면서 동사 **tell**의 목적어 역할을 한다. → tell의 목적어 역할을 하는 명사절을 이끄는 which + 명사

주의 명사절 「which + 명사 + 주어 + 동사」 구조에서 명사 앞에는 **a/the**를 쓰지 않는다.

3 I **remember** **when** we first met. 우리가 처음 만났던 때를 기억한다.

앞에 시점을 나타내는 명사가 없다. 앞 동사 **remember**의 목적어 역할을 하는 문장을 연결한다.

→ remember의 목적어 역할을 하는 명사절 접속사 when

4 Customer service **is** **where** inquiries are handled. 고객서비스는 문의를 처리하는 곳이다.

앞에 장소를 나타내는 명사가 없다. 앞 동사 **is**의 보어 역할을 하는 문장을 연결한다.

→ be동사의 보어 역할을 하는 명사절 접속사 where

5 **What** I learned at the class **was** very informative. 그 수업에서 배운 것은 매우 유익했다.

I learned at the class 문장을 보면 **learned** 뒤에 무엇을 배웠다는 목적어가 없고, 두 번째 문장 was very informative의 주어도 없다. What I learned at the class가 문장의 주어

→ 주어 역할을 하는 명사절 접속사 what

[TIP] 명사 what은 보통 앞/뒤 모두 무언가 빠진 불완전한 문장을 유발한다는 것이 키포인트!

6 Please **explain** <u>why</u> you made that decision. 왜 그런 결정을 내렸는지 설명해 주세요.

동사 explain 뒤로 무엇을 설명한 것인지 목적어가 없고, why 뒤에 오는 문장은 완벽하다.

→ explain의 목적어 역할을 하는 명사절 접속사 why

---

7 I can't **believe** <u>how quickly</u> time flies. 시간이 얼마나 빨리 지나가는지 믿을 수 없다.

동사 believe 뒤로 무엇을 믿을 수 없다는 것인지 목적어가 없다. how/however가 '얼마나/아무리'의
뜻일 때는 형용사나 부사를 앞으로 가져와 도치되므로 time flies quickly에서 quickly가 앞으로 온다.

→ believe의 목적어 역할을 하는 명사절 접속사 how

주의 how가 단순히 '어떻게'라는 뜻일 때는 도치 없이 순서대로 문장을 이끈다!

---

8 She **said** <u>that</u> she would join us later. 그녀는 나중에 우리와 함께 하겠다고 말했다.

앞에 선행 명사가 없다. said 뒤에 무엇을 말했다는 것인지 목적어가 빠져 있고, that 뒤의 문장은 완벽하다.

→ said의 목적어 역할을 하는 명사절 접속사 that

---

9 His **argument** raised questions **as to** <u>whether</u> the data is accurate.
그의 주장은 데이터가 정확한지 아닌지에 관한 의문을 제기했다.

as to(~에 관해)는 전치사이고, 전치사 뒤에는 반드시 명사가 와야 한다. 전치사 뒤에 명사가 아닌 문장이
있다면, 문장 자체가 전치사의 목적어 역할을 한다.

→ 전치사 as to의 목적어 역할을 하는 명사절 접속사 whether

---

10 I **wonder** <u>if</u> you have the item in stock. 그 물건이 재고가 있는지 궁금합니다.

if가 '~하는지'의 의미로 목적어 역할을 한다. → wonder의 목적어 역할을 하는 명사절 접속사 if

● 명사절 접속사와 관계대명사의 차이

❶ what을 제외한 관계대명사는 앞에 선행 명사가 나오고, 명사절 접속사는 앞에 명사가 없다.

❷ 명사절 접속사는 문장에서 빠진 명사 자리를 문장으로 채워 주는 개념이다.

❸ 관계대명사는 문장의 특정 명사(= 선행 명사)에 대한 부연 설명을, 두 문장에서 겹치는 단어를 생략하고
이어주는 개념이다.

❹ 관계대명사 상당수가 명사절 접속사도 되기 때문에 유연한 사고가 필요하다.

> **✛PLUS** **명사절 접속사 vs. 일반 접속사(부사절 접속사)**
>
> 명사절 접속사는 문장의 명사 자리를 문장으로 채우는 것이므로, 완벽한 문장 사이에 콤마로 구분되는 경우
> 명사절 접속사가 아니다.
>
> (**Since** / That) it's raining, the event will be canceled. 비가 내려서 행사는 취소될 것이다.

● 암기하면 좋은 「동사 + 명사절 접속사 that」

목적어로 that절을 잘 이끄는 「동사 + that」 표현을 암기해 두면 1초 문제가 된다.

> **say / mention / announce + that** ～을 말하다 / 언급하다 / 발표하다
> **predict / anticipate / expect + that** ～을 예측하다 / 예상하다 / 기대하다
> **show / reveal / indicate + that** ～을 보여주다 / 드러내다 / 시사하다
> **ensure / guarantee + that** ～을 보장하다   **understand + that** ～임을 알다
> **confirm + that** ～을 확인해 주다   **notice + that** ～을 알아차리다
> **realize + that** ～을 자각하다, 깨닫다   **note + that** ～을 유념하다, 알아두다

명사절 접속사 that 역시 목적격 관계대명사 that처럼 생략할 수 있다.

→ She said **(that)** she would be late for the meeting.   그녀는 회의에 늦을 것이라고 말했다.

★ request (요청하다) / recommend (권고하다) / ask (요청하다) / suggest (제안하다) / demand (요구하다) / insist (주장하다) 등은 목적어(명사절)로 「that + 주어 + (should 생략) 동사원형」 구조를 취한다.

The CEO **recommended** that every employee **(should) submit** their work hours.

CEO는 모든 직원들이 자신의 근무 시간을 제출해야 한다고 권고했다.

「every + 단수명사」는 단수 취급하여 that절의 동사는 원래 수 일치하면 submits가 되어야 하지만, recommend 뒤 목적어절에서 should는 생략 가능하여 주어와 상관없이 동사원형 submit가 된다.

● 「how, what, when, where, which, whether + to 동사원형」

명사절 접속사 중 how, what, when, where, which, whether 등은 「주어 + 동사」를 「to + 동사원형」으로 축약 가능하다. (that, if는 to부정사 구문으로 축약 불가)

실제 영어에서는 「how to + 동사원형」 문장을 더 많이 쓴다.

I want to learn **how I can speak** English.   나는 영어로 말하는 법을 배우고 싶어요.

= I want to learn **how to speak** English.

의문사뿐 아니라 whether도 「whether to + 동사원형」 구조를 취할 수 있다.

We need to decide **whether we attend** the event.   우리는 행사 참석 여부를 결정해야 한다.

= We need to decide **whether to attend** the event.

「which + 명사 + 주어 + 동사」는 to부정사로 축약될 때도 「which + 명사 + to + 동사원형」 구조가 된다.

I don't know **which book I should buy.**   어떤 책을 사야할지 모르겠다.

= I don't know **which book to buy.**

PRACTICE 토익 감성 갖추기

A 다음 괄호 안에 알맞은 관계대명사를 골라 표시해 보자.

1. a movie (who / which) was released in June

2. a new president (whom / who) visited the factory for the first time

3. Jeremy Thomson, (that / who) is a renowned scientist,

4. Elly Kim for (whom / that) many employees have great respect

5. the design (which / what) was created by Mr. Kim

6. the location (which / where) is far from here

7. an author (who / whom / whose) latest book became a bestseller

8. There will be an event (which / in which) all staff members can participate.

9. The employees (who / whose) work usually starts at night are paid well.

10. The center (what / that / whom) I visited before was newly renovated.

B 다음의 굵게 표시된 어휘가 관계대명사/관계부사/명사절 접속사 중 무엇인지 체크해 보자.

1. We ensure **that** your products will arrive within three days.　(관대 / 관부 / 명사절)

2. I don't know **which** book I should read next.　(관대 / 관부 / 명사절)

3. This is the report **which** I revised yesterday.　(관대 / 관부 / 명사절)

4. They realized **that** they had lost the keys.　(관대 / 관부 / 명사절)

5. It's important to know **who** will be leading the team.　(관대 / 관부 / 명사절)

6. This is the reason **why** I decided to change jobs.　(관대 / 관부 / 명사절)

7. Do you have an idea of **when** you'll be able to arrive?　(관대 / 관부 / 명사절)

8. We should determine **whether** we will hold a seminar this year.　(관대 / 관부 / 명사절)

9. He has doubts as to **whether** he made the right decision.　(관대 / 관부 / 명사절)

10. He is an artist **whose** paintings were displayed in the gallery.　(관대 / 관부 / 명사절)

11. This is the book **that** I borrowed from the library.　(관대 / 관부 / 명사절)

12. They prefer **that** the project be completed on schedule.　(관대 / 관부 / 명사절)

13. The author **whom** I interviewed was very insightful.　(관대 / 관부 / 명사절)

1. Jack Wilde is an expert ------- received an award for his paper on effective advertising.

   (A) whose
   (B) whom
   (C) whoever
   (D) who

2. Attendance at the workshop is restricted to employees ------- have registered in advance.

   (A) should
   (B) few
   (C) after
   (D) who

3. Your test results will be released tomorrow morning ------- the clinic reopens at 9:00 A.M.

   (A) when
   (B) whether
   (C) that
   (D) only

4. We will need to schedule a meeting ------- next week to review the final proposal.

   (A) sometime
   (B) anyone
   (C) whichever
   (D) however

5. ------- finishes the project first will receive a bonus.

   (A) Whoever
   (B) Anyone
   (C) Those
   (D) Who

6. Users may access Betty Web's content ------- they agree to the site's terms and conditions.

   (A) what
   (B) once
   (C) whom
   (D) nonetheless

7. ------- they discovered during the expedition was rather astonishing.

   (A) That
   (B) When
   (C) What
   (D) While

8. They want to ------- their customers are satisfied with the service.

   (A) tell
   (B) ensure
   (C) convey
   (D) excel

9. The article includes a list of local businesses ------- support the city's plan to build a new stadium.

   (A) whose
   (B) that
   (C) why
   (D) if

10. The director provided the answers to the questions we ------- during the meeting.

    (A) are asked
    (B) asking
    (C) asked
    (D) have been asked

11. Sales of the PD-70 tablet increased last month, ------- sales of other devices remained flat.

(A) that
(B) not only
(C) whereas
(D) apart from

12. Please note ------- payments made after 4:00 P.M. will take a day to process.

(A) where
(B) that
(C) as
(D) which

13. The promotional posters should be hung near the doors from ------- movie theater patrons exit.

(A) those
(B) there
(C) what
(D) which

14. This software is easy to use, and you will be happy with ------- it improves your computer's performance.

(A) rather
(B) such
(C) how
(D) that

15. The event planner hired interpreters for presentations ------- include multiple languages.

(A) who
(B) it
(C) they
(D) that

16. Mr. Sacar will describe ------- to replace the air filter at the upcoming staff meeting on Thursday.

(A) how
(B) what
(C) whom
(D) whose

17. Employees are not allowed to use social media ------- working in the office.

(A) what
(B) while
(C) whose
(D) which

18. Residents enrolled in the weather system will be texted ------- a severe storm is approaching.

(A) rapidly
(B) whatever
(C) whenever
(D) sometimes

19. ------- participant will be responsible for taking notes should be decided in advance of the meeting.

(A) No
(B) That
(C) Each
(D) Which

20. Of all the attractions, Ramos Tours can help you decide ------- would be the most enjoyable for your family.

(A) when
(B) whether
(C) how
(D) which

특수한 구문, 비교/도치

비교급/최상급 관련 문제는 기본만 알고 있으면 풀 수 있는 문항으로 보통 1문제 정도 출제될 때가 많아서 놓치지 말아야 한다. 또한, 문장 순서가 기이하게 바뀌는 도치 문법은 매 시험 출제되는 것은 아니지만 많은 수험자들이 까다로워하는 유형이기 때문에, 맞히면 분명히 점수에 도움이 된다.

✔ 토익 비교/도치 문제 패턴 확인하기

문제 예시 1

Slow Foods' new energy bar, Big Bites, reported ------- **than** average sales last month.

(A) highly   (B) highest
(C) higher   (D) high

● 특정 급에 대한 단서가 주어지는 1초 문제

비교급/최상급의 단서가 되는 특정 단어가 있는데, 대표적인 단어가 바로 than(~보다)

문장에 than이 있으면 앞에 반드시 비교급이 있다는 의미이므로 보기 중 유일한 비교급 (C) higher가 정답

해석 Slow Foods의 새로운 에너지 바, Big Bites는 지난달 평균 이상의 판매량을 기록했다.

문제 예시 2

Jessica Lee's ------- **single album**, will come out on May 1.

(A) recently
(B) most recent
(C) more recently
(D) most recently

● 품사와 급이 섞여 있는 문제

보기를 보면 형용사와 부사(recent, recently)가 섞여 있고, 비교급과 최상급(most, more)도 섞여 있다.

★ 이런 경우, 급보다 반드시 품사를 먼저 파악한다!

뒤에 명사 single album이 있으므로 빈칸은 명사를 수식하는 형용사 자리다. 품사만 보면 (A), (C), (D) 모두 부사이고, 유일한 형용사 (B) most recent가 정답

해석 Jessica Lee의 최신 싱글 앨범은 5월 1일에 발매될 예정이다.

문제 예시 3

------- in her term as sales manager **has Ms. Roberts reached** sales goals.

(A) During   (B) When
(C) Ever   **(D) Seldom**

● 주어 자리인데 보기에 명사가 없는 문제

문장 맨 앞에 빈칸이 주어져 주어 자리 같은데, 보기에 명사가 하나도 보이지 않는다.

her term을 주어라고 하기에는 앞에 전치사 in이 있고, sales manager 앞에는 as가 있다. 도치 문제임을 인지!

도치를 유발하는 가장 흔한 경우는 부정어가 문장 앞에 오는 경우로, 보기 중 부정을 나타내는 부사 (D) Seldom (좀처럼 ~않는)이 정답

해석 판매 관리자 직책에 있을 때 Roberts 씨는 판매 목표를 달성한 적이 거의 없다.

✔ 비교급/최상급 알아보자

기본적으로 비교급, 최상급을 만들 수 있는 품사는 형용사/부사이다.

비교급은 기본 형태의 형용사/부사 뒤에 -er, 최상급은 -est를 붙여 만든다.
large (큰) → larger (더 큰) → the largest (가장 큰)

단어가 길어지면, 비교급은 앞에 more를 붙이고 최상급은 앞에 the most를 붙인다.
important (중요한) → more important (더 중요한) → the most important (가장 중요한)

● 비교급은 than이 단서

than은 '~보다'란 의미로 비교의 대상을 나타낸다. 문장에 than이 있다면 그 앞에 반드시 비교급의 형태가 있어야 한다.

Thanks to the recent system upgrade, our packaging process has become
(fast / **faster** / fastest) **than** before.
최근의 시스템 업그레이드 덕분에, 포장 과정은 전보다 더 빨라졌다.

주의 ▶ 문제에 than이 보이면 반드시 비교급을 골라야 하지만, 비교급 자체는 than 없이 독자적으로 나올 수 있다.
The Roof Bistro got **busier** because of its new special summer menu.
The Roof Bistro는 새 특별 여름 메뉴 때문에 더 바빠졌다.

● 최상급은 the가 단서

앞에 the가 있으면 원급, 비교급, 최상급 중 최상급이 정답이 될 확률이 가장 높은데, 이때 the뿐만 아니라 문장에 'in + 장소', 'of + 복수명사'(~ 중에서) 같은 표현이 함께 있는 경우가 많다.

Fresh Farms is the (large / larger / **largest**) organic food supplier **in the region**.
Fresh Farms는 이 지역에서 가장 큰 유기농 식품 공급업체이다.

Of the eight candidates, Mr. Gubler seems the (qualified / more qualified / **most qualified**).
8명의 지원자 중에서, Gubler 씨가 가장 자격을 갖춘 것 같다.

● 원급 비교는 as ~ as 사이에 품사를 구별하는 문제가 출제된다

비교급, 최상급 이외에 형용사/부사의 원래 형태를 비교하는 원급 비교구문은 'as 형용사/부사 원급 as' 형태로
'~만큼 …한/…하게'라는 의미를 나타낸다. 토익에서는 as ~ as 사이에 형용사 또는 부사를 구별하는
품사 문제가 종종 출제된다.

Teamwork **is** as (**important** / importantly) as individual performance in the company.
회사에서 팀워크는 개인 성과만큼 중요하다.

→ as ~ as를 빼고 보면 be동사 뒤 형용사 자리

● 비교급/최상급을 강조하는 부사

비교급 강조 부사: much, even, still, far, a lot, considerably, significantly, substantially

HourLogics' system makes it **much** (easy / **easier**) for employees to submit their work hours. HourLogics 시스템은 직원들이 근무시간을 훨씬 더 쉽게 입력할 수 있게 해준다.
→ 강조 부사 much + 비교급

The new software update provides **even** (great / **greater** / greatest) efficiency.
새 소프트웨어 업데이트는 훨씬 더 높은 효율성을 제공한다. → 강조 부사 even + 비교급

최상급 강조 부사: 최상급을 강조하는 부사는 위치에 따라 다르다.
「by far / easily / much + the 최상급」, 「the very + 최상급」, 「the 최상급 + yet / to date / ever」

Kelly Sullivan's earliest essay is **by far her** (popular / **most popular**) work.
Kelly Sullivan의 초기 에세이가 단연코 그녀의 가장 인기 있는 작품이다. → by far는 최상급 앞에서 수식

Rossi Taylor's novel, *Beyond the Border*, is (more / **the most**) **read to date**.
Rossi Taylor의 소설 〈경계 너머〉는 지금까지 가장 많이 읽힌 책이다. → to date는 최상급 뒤에서 수식

> **+PLUS**　**최상급 뒤에서 강조하는 형용사 possible / available**
>
> This is **the most comprehensive** guide **available** on the topic.
> 이것은 그 주제에 대해 제공되는 가장 종합적인 안내서이다.

원급 강조 부사: just, almost, nearly

Perfect Thread's new tire is **just as** (**durable** / durably) **as** previous ones.
Perfect Thread의 새 타이어는 이전 타이어들과 똑같이 내구성이 좋다.

Ⅴ 도치 알아보자

도치란 강조하고자 하는 말을 앞으로 보내 주어와 동사의 어순이 바뀌는 것이다. 토익에서 출제 빈도가 높은 구문을 중심으로 살펴보자.

❶ **Enclosed(동봉된), Attached(첨부된), Included(포함된)가 맨 앞으로 나와서 도치**

　Attached is a revised version of the proposal. 제안서의 수정본이 첨부되어 있습니다.
　　　　be동사　　　　　　주어

원래 문장은 A revised version of the proposal is attached.

attached를 강조하기 위해 문장 맨 앞으로 보내고 주어 a revised version of the proposal과 동사 is의 위치를 바꾼다.

② 부정어 **No, Nor, Never, Seldom, Hardly, Rarely** 등이 맨 앞으로 나와서 도치

Rarely <u>have the tourists seen</u> such a beautiful sunset.
<u>have</u>　<u>주어</u>　<u>p.p.</u>
관광객들은 그토록 아름다운 일몰은 거의 보지 못했다.

원래 문장은 The tourists have rarely seen such a beautiful sunset.

부정어 rarely(거의 ~않는)를 강조하기 위해 문장 맨 앞으로 보내고 주어 the tourists와 동사 have seen의 위치를 바꾼다.

③ **Only**가 문장 맨 앞으로 나와서 도치

Only after the tornado passed <u>did the residents realize</u> they had lost their houses.
<u>did</u>　<u>주어</u>　<u>동사원형</u>
토네이도가 지나가고 나서야 주민들은 그들이 집을 잃었다는 것을 깨달았다.

원래 문장은 The residents realized they had lost their houses only after the tornado passed.

only가 이끄는 구문 only after the tornado passed를 강조하기 위해 문장 맨 앞으로 보내고 주어 the residents와 동사 realized의 위치를 바꾼다. only 혼자서만 맨 앞으로 나오는 것이 아니라 only가 이끄는 부사구/부사절을 함께 보내야 한다.

또한 일반 동사는 동사 그대로 도치하지 않고 do, does, did를 주어 앞에 쓴다.

④ **If**가 생략되고 **Should, Had**가 문장 맨 앞으로 나오는 가정법 도치

<u>Should you have</u> any questions regarding the program, feel free to contact me anytime.
<u>조동사</u>　<u>주어</u>　<u>동사원형</u>
프로그램에 관해 질문 있으시면, 언제든 편하게 저에게 연락해 주세요.

원래 문장은 If you should have any questions regarding the program, feel free to contact me anytime.

접속사 if를 생략하고 주어와 조동사 should의 위치를 바꾼다.

<u>Had Seoul Builders put</u> in a bid earlier, they would have been awarded the contract.
<u>had</u>　<u>주어</u>　<u>p.p.</u>
Seoul Builders가 좀 더 일찍 입찰 신청을 했더라면, 그들은 그 계약을 따냈을 것이다.

원래 문장은 If Seoul Builders had put in a bid earlier, they would have been awarded the contract.

접속사 if를 생략하고 주어와 had의 위치를 바꾼다.

A 다음 괄호 안에서 알맞은 것을 골라 보자.

1. (higher / more high)

2. making it (significant / significantly) more effective

3. the (highest / highly) standards

4. react most (favorable / favorably) to the movie

5. the (most significant / more significantly) challenges

6. be (fullest / fuller / fully) refundable

7. be the most entertaining (very / yet)

8. his (most recent / more recently) novel

9. of a (heavy / heaviest) suitcase

10. be (largest / larger / largely) determined

B 다음 문장의 굵게 표시된 부분이 어법에 맞으면 O, 틀리면 X에 표시해 보자.

1. Joseph's workspace was **large** than Rory's. (O / X)

2. S Tower is the **higher** in the region. (O / X)

3. Of the ten rivers in the country, the Crystal Flow is the **longest**. (O / X)

4. Sales increased **most rapid** in the third quarter. (O / X)

5. Taking the subway is **very easier** than driving to work. (O / X)

6. Our revenues were **even higher** than last year's. (O / X)

7. Please make your document as **shortly** as possible. (O / X)

8. Buying a new copier is still **costlier** than repairing the old one. (O / X)

9. Please return your books no **latest** than October 11. (O / X)

10. Delays at Union Square Station are becoming more **frequently**. (O / X)

11. **Hardly** has the product received positive reviews. (O / X)

12. **Enclosure** is a copy of her new article with the mail she sent. (O / X)

1. DU Apparel's response to inquiries was as ------- as we anticipated.

   (A) slow
   (B) slowly
   (C) slower
   (D) slowest

2. The manager of Ann's Market reported that sales rose to their ------- level ever last year.

   (A) high
   (B) highness
   (C) higher
   (D) highest

3. The survey results showed that morning shift workers go to the gym ------- than evening shift workers.

   (A) frequently
   (B) frequent
   (C) more frequently
   (D) frequency

4. Switching to an electric vehicle is the ------- of the three options available for reducing emissions.

   (A) cost
   (B) costliest
   (C) costly
   (D) costing

5. Journey Dreamers offers the ------- vacation packages available from Korea to South America.

   (A) cheapness
   (B) cheapen
   (C) cheaply
   (D) cheapest

6. Eye Voyage's new glasses frames are ------- than their previous ones.

   (A) rigid
   (B) most rigidly
   (C) rigidly
   (D) more rigid

7. Movie ticket prices at the box office are affordable, but they're even ------- online.

   (A) lowering
   (B) lowly
   (C) lowest
   (D) lower

8. Surveillance cameras produced by Ace Tech utilize the ------- latest motion-detecting technology.

   (A) so
   (B) more
   (C) very
   (D) much

9. Hawaii Drinks found that online surveys generated ------- feedback than in-store ones.

   (A) substantial
   (B) most substantial
   (C) substantially
   (D) more substantial

10. Mr. Patterson emphasized that working as a psychology consultant was ------- more worthwhile than expected.

    (A) soon
    (B) alone
    (C) even
    (D) about

11. *The Incheon Insight* is the second ------- distributed newspaper in Gyeonggi Province.

    (A) wide
    (B) widen
    (C) most widely
    (D) more widely

12. P-tek Electronics reported the ------- rise in profits it has seen to date.

    (A) sharpen
    (B) sharply
    (C) sharper
    (D) sharpest

13. ------- the desserts not appeal to customers, please notify Ms. Rodriguez as soon as possible.

    (A) When
    (B) Anywhere
    (C) As well as
    (D) Should

14. ------- are nonmembers of the Chelsea Library allowed to borrow more than three books at a time.

    (A) Even
    (B) Yet
    (C) Next
    (D) Seldom

15. Dante Luggage is currently receiving ------- more orders from overseas than from local markets.

    (A) significantly
    (B) quite
    (C) extremely
    (D) very

16. It is crucial that you should familiarize yourself with ways to lift weights as ------- as possible.

    (A) safety
    (B) safely
    (C) safer
    (D) safest

17. Art Canvas replaced all curtains with ------- ones to fully block sunlight during the day.

    (A) darkly
    (B) darker
    (C) darkness
    (D) darkest

18. Last quarter, StarCo recorded its ------- number of customer acquisitions ever.

    (A) large
    (B) larger
    (C) largely
    (D) largest

19. Our store offers a wide selection of high-quality electronics at the lowest prices -------.

    (A) ready
    (B) strong
    (C) available
    (D) agreeable

20. Students are not permitted to use their phones during class, ------- are they allowed to leave school during breaks.

    (A) besides
    (B) unless
    (C) whether
    (D) nor

PART

5

VOCA

토익 RC에서 문법과 함께 어휘의 중요성은 아무리 강조해도 지나치지 않다. 시험에 등장하는 어휘가 많다 보니 토익 공부를 시작할 때 어휘 때문에 스트레스를 받는 경우가 많다. 그러나 그 어휘들 중에서도 반드시 알아야 하는 빈출 필수 어휘가 있다는 것! 여기서는 그런 어휘들을 정리해서 제시할 것이다. 하지만 암기는 스스로의 노력이 필요하다는 것을 명심하자. 암기는 필수이다!

UNIT 11   토익 RC 빈출 VOCA 1

UNIT 12   토익 RC 빈출 VOCA 2

UNIT 13   토익 RC 빈출 VOCA 3

PART 5 VOCA 특징으로는

| 동영상 강의 |

❶ PART 5 30문제 중에서 어휘 문제는 절반 정도 되며, 특정한 순서 없이 문법 문제와
   섞여 출제된다.

❷ 물론 개별적인 단어 암기가 기본적으로 이루어져야 하지만, 토익에서 빈번하게 같이
   다니는 어휘들의 결합을 알아 두면 훨씬 더 목표에 빨리 다가갈 수 있다.

❸ 이러한 결합을 연어, collocation이라고 한다.

❹ 문제를 빨리 풀기 위해서는 해석보다 연어 암기가 필수다!

❺ 덩어리로 함께 다니는 연어를 잘 외워 두면 '1초 문제'가 늘어난다.

❻ 이 책에서는 연어(collocation)를 주로 학습하면서 개별적인 단어들은 미니 단어장을
   따로 제공하여 해결하겠다.

토익 RC 빈출 VOCA 1

V 동사 + 명사 Collocation

P5_U11_01

01 **give a speech** 연설하다
= make a speech = deliver a speech

Mr. Rowley is scheduled to **give a speech** on climate change at the end of the month.
Rowley 씨는 이번 달 말에 기후 변화에 대해 연설을 할 예정이다.

Tip give(주다) + a speech(연설) → 연설을 주다?
동사 give가 항상 '주다'라는 의미로 쓰이는 것은 아니다. 특정 단어와 결합했을 때는 단순히 '하다'를 의미한다. give 대신 make, deliver로 동사를 대체할 수도 있는데 이때도 마찬가지로 '연설을 만들다', '연설을 배달하다'가 아니다. 이렇듯 연어는 개별적인 단어의 의미를 완전히 살려서 그 의미를 이해하는 것이 아니라 통째로 암기하는 것이 필요하다.

02 **make a reservation** 예약하다

Please **make a reservation** in advance on our Web site.
웹사이트에서 미리 예약을 하세요.

have a reservation 예약이 있다
e.g. I have a reservation for 7 P.M. 저녁 7시 예약이 있는데요.

have reservations about ~에 대해 의구심을 갖다

03 **make a decision** 결정하다

You have to go over the contract very carefully before you **make a decision**.
결정을 내리기 전에 계약서를 매우 신중하게 검토해야 합니다.

reconsider a decision 결정을 재고하다

04 conduct a survey　　　　　　　　설문조사를 실시하다

Alpha Tech commissioned Dapio Research to **conduct a** customer **survey**.
Alpha Tech는 고객 설문조사를 실시하기 위해 Dapio Research에 의뢰했다.

05 meet (one's) expectations　　　　　기대치를 충족시키다

The new cereal bars produced by Happy Meals failed to **meet expectations**.
Happy Meals가 생산한 새 시리얼바는 기대를 충족시키지 못했다.

> exceed one's expectations = surpass one's expectations 기대치를 넘어서다

06 call a meeting　　　　　　　　　　회의를 소집하다

The manager will **call a meeting** to discuss the upcoming project.
관리자는 다가오는 프로젝트에 대해 논의하기 위해 회의를 소집할 것이다.

07 accept an offer　　　　　　　　　제안을 수락하다

Mr. Wu recently **accepted a** job **offer** from the Preston Law Firm.
Wu 씨는 최근에 Preston 법률 회사의 일자리 제안을 수락했다.

> decline an offer 제안을 거절하다

08 issue a refund　　　　　　　　　　환불해 주다

We can **issue refunds** on items purchased at their regular prices.
저희는 정가에 구매된 제품에 대해 환불해 드릴 수 있습니다.

09 place an order　　　　　　　　　　주문하다

Ms. Townsend is eligible for a 20-percent discount because she **placed an order** before July 20.
Townsend 씨는 7월 20일 전에 주문을 했기 때문에 20퍼센트 할인을 받을 자격이 있다.

> fill an order = fulfill an order 주문을 처리하다

10 fill a position

공석을 채우다, 충원하다

Q Designs is looking for someone to **fill Mr. Jacob's position**.
Q Designs는 Jacob 씨의 자리를 채울 사람을 찾고 있다.

11 attract customers
= draw customers

고객을 끌어들이다

Jessica Lee's new book includes many tips on **attracting customers**.
Jessica Lee의 새 책은 고객을 끌어들이는 것에 대한 많은 팁을 포함하고 있다.

12 use caution
= exercise caution

주의하다, 조심하다

Please **use caution** when deleting files from the shared computer.
공유 컴퓨터에서 파일을 삭제할 때는 주의하세요.

13 reach an agreement
= reach a consensus = come to an agreement

합의에 이르다

The two companies are having a hard time **reaching an agreement** on the merger.
두 회사는 합병에 관한 합의에 이르는 데 있어 어려움을 겪고 있다.

14 sign a contract

계약을 맺다

Kendell Jewelry recently **signed a** lucrative **contract** with Lucind Jewelry.
Kendell Jewelry는 최근에 Lucind Jewelry와 수익성이 좋은 계약을 맺었다.

➕
win a contract = secure a contract 계약을 따내다

15 seek advice
= solicit advice

조언을 구하다

My younger sister is **seeking advice** on preparing for a job interview.
내 여동생은 취업 면접 준비에 관한 조언을 구하고 있다.

16   address issues   문제를 처리하다

Duran Airlines strived to **address issues** related to passenger discomfort.
Duran 항공사는 승객의 불편함과 관련된 문제를 처리하기 위해 노력했다.

address complaints 불만을 처리하다   address concerns 우려[걱정]를 처리하다

17   raise funds   기금을 모으다
= raise money

Last month, Laurie's Bookstore held a book sale to **raise funds** for the new children's playground.
지난달, Laurie's 서점은 새 어린이 운동장을 위한 기금을 모으기 위해 도서 판매 행사를 열었다.

18   take (the) initiative   솔선해서 하다, 앞장서서 하다

Mr. Troy **took the initiative** in resolving the recurring problem.
Troy 씨는 되풀이되는 문제를 해결하는 데 앞장섰다.

19   meet one's needs   요구를 충족시키다
= accommodate/fit/satisfy/suit one's needs

To **meet customers' needs**, our store adopted a self-checkout system.
고객들의 요구를 충족시키기 위해, 우리 매장은 셀프 계산 시스템을 도입했다.

20   earn a reputation   명성을 얻다
= gain a reputation

It took almost 10 years for Dr. Collins to **earn a reputation** as a psychologist.
Collins 박사가 심리학자로서 명성을 얻는 데 거의 10년이 걸렸다.

build a reputation = establish a reputation 명성을 쌓다

A 알맞은 어휘를 박스 안에서 골라 앞에서 학습한 연어를 완성해 보자.

decline	meet	use	place	issue
deliver	raise	address	call	seek

1. _____ advice
2. _____ an order
3. _____ a refund
4. _____ caution
5. _____ an offer

6. _____ a meeting
7. _____ a speech
8. _____ expectations
9. _____ funds
10. _____ issues

B 우리말 뜻에 맞게 괄호 안에 알맞은 동사를 써 보자.

1. 설문조사를 실시하다   c_____ a survey

2. 앞장서서 하다   t_____ (the) initiative

3. 예약을 하다   m_____ a reservation

4. 충원하다   f_____ a position

5. 요구를 충족시키다   m_____ one's needs

6. 계약을 따내다   s_____ a contract

7. 결정하다   m_____ a decision

8. 명성을 얻다   e_____ a reputation

9. 합의에 이르다   r_____ an agreement

10. 고객을 끌어들이다   d_____ customers

C 실제 토익 유형도 풀어 보자.

CA Medical Supplies gives bonuses to employees who steadily ------- expectations.

(A) reward   (B) exceed   (C) publicize   (D) submit

V 형용사 + 명사 Collocation

01 reasonable price　　　　　　　　　　　　　　　　　합리적인 가격

There are many hotels where you can stay at **reasonable prices**.
합리적인 가격에 머물 수 있는 호텔들이 많다.

Tip price와 결합할 수 있는 형용사는 많다. the best price라고 하면 '최고의 가격', 즉 '매우 저렴한 가격'이라는 의미가 되고 regular, asking과 결합하면 각각 '정가', '호가'라는 의미가 된다. 이런 표현들을 지금 다 외울 필요는 없다. 가장 많이 출제되었던 표현들을 외워 두는 것이 지금은 중요하다!

⊕
　　affordable price 저렴한 가격
　　competitive price (경쟁력 있는) 적절한 가격

02 regular customer　　　　　　　　　　　　　　　　　단골 고객
= frequent customer = loyal customer

Arad Fashions has a loyalty program in place for **regular customers**.
Arad Fashions는 단골 고객들을 위한 로열티 프로그램을 운영하고 있다.　　　　*in place 준비가 되어 있는, 가동 중인

03 extensive research　　　　　　　　　　　　　　　　　광범위한 연구

Dr. Norman finally completed his **extensive research** on consumer psychology.
Norman 박사는 마침내 소비자 심리학에 관한 광범위한 연구를 끝마쳤다.

⊕
　　extensive experience 광범위한 경력　　　　　　　extensive knowledge 광범위한 지식

04 open position　　　　　　　　　　　　　　　　　공석
= vacant position = vacancy

There are a couple of **open positions** to fill in sales.
영업부에 충원해야 할 공석이 몇 개 있다.

05 generous donation　　　　　　　　　　　　　　　　　후한 기부

Thanks to **generous donations** from local entrepreneurs, we were able to reopen the library as planned.　지역 기업가들의 후한 기부 덕분에, 우리는 계획대로 도서관을 다시 열 수 있었다.

06 high demand
많은 수요

Due to the **high demand** for its organic soaps in Europe, Rain Labs decided to open a new manufacturing plant in Poland.

유럽에서 회사 유기농 비누에 대한 많은 수요 때문에, Rain Labs는 폴란드에 새 제조 공장을 열기로 결정했다.

sizable demand = strong demand 엄청난 수요
rising demand 증가하는 수요

07 key factor
= key element
주요 요인

Dedicated workers and strong leadership were **key factors** in Jeeves Footwear's success. 헌신적인 직원들과 강력한 리더십은 Jeeves Footwear의 성공에 주요 요인이었다.

08 brief delay
일시적인 지연

The shower caused a **brief delay** in the soccer match.

소나기는 축구 경기의 일시적인 지연을 야기시켰다.

brief는 '일시적인, 잠깐의'라는 의미 이외에도 '간략한, 짧은'이라는 의미가 있다.
brief report 간략한 보고서   brief memo 간략한 메모

09 primary concern
주요 관심사

Our **primary concern** must be customer satisfaction.

우리의 주요 관심사는 고객 만족이어야 한다.

primary responsibility 주요 업무[책임]   primary aim 주요 목표

10 designated area
지정된 장소

All tenants in this building need to smoke in the **designated area**.

이 건물의 모든 세입자들은 지정된 장소에서 흡연해야 한다.

immediate area 인접한 지역

11 **top priority** 최우선 순위

Quick delivery is a **top priority** for many e-commerce companies.
빠른 배송은 많은 전자 상거래 회사들에게 최우선 순위이다.

high priority 높은 우선순위

12 **qualified applicant** 자격을 갖춘 지원자

Ms. Carlson was the most **qualified applicant** for the managerial position.
Carlson 씨가 그 관리직에 가장 자격을 갖춘 지원자였다.

successful applicant 성공적인 지원자? 즉, 합격자

13 **advance notice**
= prior notice 사전 통보

At least 24 hours' **advance notice** is required when canceling your dental appointment. 치과 진료 예약을 취소할 때는 적어도 24시간 전 사전 통보가 필요하다.

notice가 포함된 토익 빈출 표현
until further notice 추후 통보가 있을 때까지   on short notice 급작스러운 통보에도

14 **detailed information** 자세한 정보

For **detailed information** on company policy, visit our Web site.
회사 정책에 관한 자세한 정보를 원하시면, 웹사이트를 방문하세요.

further information = additional information 추가 정보

15 **routine maintenance** 정기 보수

Routine maintenance can keep your car running smoothly.
정기 보수는 차가 계속 원활하게 작동하게 해줄 수 있다.

16 intended purpose　의도한 목적, 원래 목적

Use this device for its **intended purpose** only.

이 장치는 원래 목적으로만 사용하세요.

> intended recipient 지정된 수령인
> intended audience 의도한 대상, (광고 등이) 겨냥하는 대상

17 lasting effect　지속적인 영향

Extreme stress can have a **lasting effect** on job performance.

극도의 스트레스는 업무 성과에 지속적인 영향을 미칠 수 있다.

> lasting impression 지속적인 인상, 변함없는 감명

18 dramatic increase　급격한 증가

The London branch has seen a **dramatic increase** in sales over the past two years.

런던 지사는 지난 2년 동안 매출이 급격히 증가했다.

> dramatic change 급격한 변화　　　dramatic impact 극적인 영향

> '증가/감소/변화'를 뜻하는 명사가 포함된 연어들
> considerable/significant/substantial change 상당한 변화
> steady growth 꾸준한 성장

19 full refund　전액 환불

You are eligible for a **full refund** until 14 days before check-in.

체크인 14일 전까지 전액 환불을 받을 수 있습니다.

> partial refund 부분 환불

20 heavy use　과도한 사용

Kon Elevators manufactures elevators that can withstand years of **heavy use**.

Kon Elevators는 오랫동안 과도한 사용도 견딜 수 있는 엘리베이터를 만든다.

A 알맞은 어휘를 박스 안에서 골라 앞에서 학습한 연어를 완성해 보자.

heavy	open	partial	frequent	generous
designated	key	brief	primary	routine

1. _____ refund

2. _____ maintenance

3. _____ donation

4. _____ customer

5. _____ delay

6. _____ use

7. _____ area

8. _____ concern

9. _____ factor

10. _____ position

B 우리말 뜻에 맞게 괄호 안에 알맞은 형용사를 써 보자.

1. 사전 통보   a_____ notice

2. 지속적인 영향   l_____ effect

3. 많은 수요   h_____ demand

4. 광범위한 조사   e_____ research

5. 자세한 정보   d_____ information

6. 원래의 목적   i_____ purpose

7. 최우선 순위   t_____ priority

8. 급격한 변화   d_____ change

9. 자격을 갖춘 후보자   q_____ applicant

10. 합리적인 가격   r_____ price

C 실제 토익 유형도 풀어 보자.

The files sent in an e-mail can be opened by the ------- recipient only.

(A) promotional   (B) assorted   (C) intended   (D) multiple

토익 RC 빈출 VOCA 2

MP3 바로듣기

☑ 부사 + 동사 Collocation

🎧 P5_U12_01

01 **considerably increase**　　　　　　　　상당히 증가하다

The volume of calls to the Customer Service Department has **considerably increased**. 우리 고객 서비스 센터에 걸려 오는 통화량이 상당히 증가했다.

> '부사 + 증가/감소 동사' 토익 빈출 표현
>
> significantly/substantially increase[decrease] 상당히 증가[감소]하다
> steadily increase[decrease] 꾸준히 증가[감소]하다
> dramatically/sharply increase[decrease] 급격히 증가[감소]하다
> incrementally increase[decrease] 점진적으로 증가[감소]하다

02 **temporarily close**　　　　　　　　　　일시적으로 문을 닫다

Due to the road pavement work, Mr. Styles will **temporarily close** his restaurant.
도로 포장 작업 때문에 Styles 씨는 자신의 레스토랑을 일시적으로 닫을 것이다.

03 **thoroughly inspect**　　　　　　　　　철저히 점검하다

The spokesperson from PKU Airlines added that its planes are **thoroughly inspected** before every departure.
PKU 항공사 대변인은 자사 비행기는 매번 출발하기 전에 철저하게 점검 받는다고 덧붙여 말했다.

> ➕
> thoroughly check = thoroughly examine 철저히 점검[검사]하다
> thoroughly enjoy 대단히[매우] 즐기다　　　　　　　　　　*thoroughly는 '대단히, 완전히'라는 의미로도 쓰인다.

04 **react favorably to**　　　　　　　　　~에 긍정적으로[호의적으로] 반응하다
= **respond favorably to**

Most of the readers **reacted favorably to** the magazine's new cover design.
대부분의 독자들은 잡지의 새 표지 디자인에 긍정적으로 반응했다.

05   automatically activate   자동으로 작동하다

The light on the ceiling **automatically activates** when someone enters the room.
천장의 조명은 사람이 방에 들어오면 자동으로 작동한다.

06   highly recommend   매우 추천하다, 적극 추천하다

Despite its long running time, I **highly recommend** the movie.
긴 상영 시간에도 불구하고, 저는 그 영화를 적극 추천합니다.

➕ strongly recommend 강력히 추천하다   readily recommend 선뜻 추천하다

07   arrive punctually   제시간에 도착하다

Volunteers are expected to **arrive punctually** so that the training can start without delay. 자원봉사자들은 지체 없이 교육이 시작될 수 있도록 제시간에 도착해야 한다.

08   rely heavily on   ~에 크게 의존하다

Many communities **rely heavily on** private donors to support local students.
많은 커뮤니티들이 지역 학생들을 후원하기 위해 개인 기부자들에게 크게 의존하고 있다.

➕ rely exclusively on 오직 ~에 의지하다, 오직 ~에 달려 있다

09   go smoothly   순조롭게 진행되다
= run smoothly = progress smoothly

The negotiations between J&A Footwear and Shirley Designs are **going smoothly**.
J&A Footwear와 Shirley Designs의 협상은 순조롭게 진행되고 있다.

10   closely monitor   면밀히 감시하다

Your account activity will be **closely monitored** at all times.
귀하의 계좌 거래 내역은 항상 면밀하게 감시될 것입니다.

11 completely fill out
완벽히 작성하다

To avoid delays, please **completely fill out** an order form.
지체되는 상황을 피하기 위해서, 주문서를 완벽히 작성해 주세요.

anonymously fill out 익명으로 작성하다

12 far exceed
훨씬 초과하다

UCB Alliance's earnings this month have already **far exceeded** ours.
UCB Alliance의 이번 달 수익은 이미 우리의 것을 훨씬 초과했다.

far in advance 훨씬 전에

13 securely fasten
단단히 고정시키다[잠그다]

Marlon always **securely fastens** his bike to a pole outside.
Marlon은 항상 밖에 있는 기둥에 자전거를 단단히 고정시킨다.

14 evenly divide
= equally divide
균등하게[공평하게] 나누다

The exhibition space was **evenly divided** among participating companies.
전시 공간은 참가 회사들에게 균등하게 나눠졌다.

evenly apply 균일하게[고르게] 바르다

15 eagerly await
간절히 기다리다

Olivia Merson's fans are **eagerly awaiting** her new album.
Olivia Merson의 팬들은 그녀의 새 앨범을 간절히 기다리고 있다.

eagerly anticipate 간절히 기대하다

16 briefly meet

잠깐 만나다

Tony will **briefly meet** her manager before the new product launch.

Tony는 신제품 출시 전에 매니저를 잠깐 만날 것이다.

briefly speak 간단히[잠시] 말하다   **briefly halt** 잠시 중단하다

17 work properly

제대로 작동하다

It's very important to ensure that the microphone is **working properly** before your presentation. 프레젠테이션 전에 마이크가 제대로 작동하는지 확인하는 것은 매우 중요하다.

> '작동하다'라는 뜻의 work가 포함된 토익 빈출 표현
>
> **work reliably** 안정적으로 작동하다   **work well** 잘 작동하다

18 work remotely

원격으로 일하다

Many employees prefer to **work remotely** at home.

많은 직원들이 집에서 원격으로 일하기를 선호한다.

work diligently 부지런히 일하다   **work from home** 재택근무를 하다

19 plan ~ accordingly

거기에 맞게[이에 맞춰] 계획하다

January and February are our busiest months, so **plan** your vacation **accordingly**.

1월과 2월은 가장 바쁜 달이니 거기에 맞게 휴가를 계획하세요.

20 randomly select
= randomly choose

무작위로[임의로] 선택하다

A project leader will be **randomly selected** from our group.

프로젝트 리더가 우리 그룹에서 임의로 선택될 것입니다.

A 알맞은 어휘를 박스 안에서 골라 앞에서 학습한 연어를 완성해 보자.

select	far	punctually	eagerly	fasten
thoroughly	briefly	considerably	automatically	highly

1. arrive _____

2. _____ meet

3. securely _____

4. _____ increase

5. randomly _____

6. _____ recommend

7. _____ activate

8. _____ inspect

9. _____ await

10. _____ exceed

B 우리말 뜻에 맞게 괄호 안에 알맞은 부사를 써 보자.

1. 거기에 맞게 계획하다   plan a_____

2. 면밀히 감시하다   c_____ monitor

3. 완벽히 작성하다   c_____ fill out

4. 제대로 작동하다   work p_____

5. 균등하게 나누다   e_____ divide

6. ~에 크게 의존하다   rely h_____ on

7. ~에 긍정적으로 반응하다   respond f_____ to

8. 원격으로 일하다   work r_____

9. 일시적으로 문을 닫다   t_____ close

10. 순조롭게 진행되다   go s_____

C 실제 토익 유형도 풀어 보자.

Fans of celebrity chef Molly Jang are ------- awaiting her next cookbook, which is due to come out in February.

(A) favorably   (B) considerably   (C) properly   (D) eagerly

V 부사 + 형용사 Collocation

 P5_U12_02

01 conveniently located
편리한 곳에 위치한, 입지 조건이 좋은

The jewelry shop is **conveniently located** just a few minutes from some bus stops.
그 보석 가게는 버스 정류장에서 몇 분 거리밖에 안 되는 편리한 곳에 위치해 있다.

> strategically located 전략적으로 위치한
> centrally located 중심에 위치한

02 fully booked
예약이 꽉 찬

We're **fully booked** this month.
우리는 이번 달에 예약이 꽉 찼다.

> fully operational 완전 가동되는   fully equipped 완벽히 갖춰진
> fully refundable 전액 환불 가능한

03 highly qualified
우수한 자격을 갖춘

The Melon Corp.'s marketing team consists of **highly qualified** individuals.
Melon 사(社)의 마케팅 팀은 우수한 자격을 갖춘 사람들로 구성되어 있다.

> well qualified = fully qualified 자격이 충분한

04 financially sound
재정적으로 안정적인

The once-struggling Sunrise Gallery is now **financially sound**.
한때 고전하던 Sunrise 갤러리는 현재 재정적으로 안정적이다.

> financially stable 재정적으로 안정적인
> financially solid 재정적으로 탄탄한

05 tentatively scheduled
잠정적으로 예정된

The interview has been **tentatively scheduled** for January 3.
그 인터뷰는 잠정적으로 1월 3일로 예정되어 있다.

06   widely used   널리 사용되는

The most **widely used** ingredient in Korean cuisine is garlic.

한국 요리에서 가장 널리 사용되는 재료는 마늘이다.

➕

    commonly used 흔하게 사용되는

07   readily accessible   쉽게 접근[이용] 가능한

A fire extinguisher should be placed in a **readily accessible** location.

소화기는 쉽게 접근 가능한 장소에 놓여 있어야 한다.

➕

    readily available 쉽게 이용 가능한   readily recommend 선뜻 추천하다

08   critically acclaimed   비평가들의 호평을 받는

EES Insurance hired the Cat Media Group, which is well known for its unique and **critically acclaimed** commercials.

EES 보험사는 독창적이고 비평가들에게 호평을 받은 광고로 잘 알려진 Cat Media Group을 고용했다.

09   exactly the same   정확히 똑같은

Jenna's opinions on the issue are **exactly the same** as mine.

그 문제에 대한 Jenna의 의견은 내 것(= 나의 의견)과 정확히 똑같다.

> **주의** same은 형용사이지만 앞에 the가 붙는다는 점을 알아 두자.

10   newly hired   새로[최근에] 채용된, 신입의

Newly hired librarians will choose books to be placed in the library.

신입 사서들은 도서관에 놓을 책들을 고를 것이다.

➕

    newly elected 새로 선출된
    newly renovated = recently renovated 최근에 보수된

11 specifically designed
특별히 만들어진[고안된]

The drawing class is **specifically designed** for children under 10.
그 그림 수업은 10세 미만의 아이들을 위해 특별히 고안되었다.

12 almost complete
= nearly complete
거의 끝난

Preparations are **almost complete** for the fifteenth annual International Students Conference. 제15회 연례 국제 학생 컨퍼런스의 준비가 거의 끝났다.

13 mutually beneficial
상호간에 득이 되는, 서로 이익이 되는

The partnership between SIUM Entertainment and the Pia Arts Company is **mutually beneficial**. SIUM Entertainment와 Pia Arts Company와의 파트너십은 서로 이익이 된다.

14 barely noticeable
거의 눈에 띄지 않는

The stains on the shirt are **barely noticeable**.
셔츠에 묻은 얼룩은 거의 눈에 띄지 않는다.

15 unseasonably cold
계절에 맞지 않게 추운

Because of the **unseasonably cold** temperatures, the boy band's outdoor concert has been canceled. 계절에 맞지 않게 추운 기온 때문에, 그 보이 밴드의 야외 콘서트는 취소되었다.

➕ uncomfortably cold 불쾌할 만큼 추운

16 individually wrapped
개별적으로 포장된

An assortment of **individually wrapped** cookies and chocolates is on the tray.
개별 포장된 다양한 쿠키와 초콜릿이 쟁반에 있다.

➕ gift wrapped 선물 포장된

17   affordably priced   적당한 가격의

Ms. Chu is looking for an **affordably priced** apartment near her work.

Chu 씨는 직장 근처에 적당한 가격의 아파트를 찾고 있다.

reasonably priced 적당한 가격의
competitively priced 가격 경쟁력이 있는

18   relatively new   상대적으로 새로운, 비교적 새것의

Mercado Dining is a **relatively new** restaurant in Sydney.

Mercado Dining은 시드니에서 비교적 새로운 레스토랑이다.

relatively inexpensive 비교적 저렴한
relatively limited 비교적 제한된

19   locally grown   현지에서 기른, 지역에서 자란

Only **locally grown** ingredients are used in Danny's dishes.

Danny의 요리에는 오직 현지에서 기른 재료들만 사용된다.

20   well attended   많은 사람들이 참석한

Lilly Reeves' writing workshop was **well attended**.

Lilly Reeves의 글쓰기 워크숍에 많은 사람들이 참석했다.

well received 호평을 받은

PRACTICE 토익 감성 갖추기 2

A 알맞은 어휘를 박스 안에서 골라 앞에서 학습한 연어를 완성해 보자.

| sound | newly | specifically | acclaimed | located |
| affordably | well | mutually | almost | unseasonably |

1. _____ hired

2. critically _____

3. _____ priced

4. _____ cold

5. _____ attended

6. _____ complete

7. conveniently _____

8. _____ beneficial

9. _____ designed

10. financially _____

B 우리말 뜻에 맞게 괄호 안에 알맞은 부사를 써 보자.

1. 현지에서 기른   l_____ grown

2. 거의 눈에 띄지 않는   b_____ noticeable

3. 정확히 똑같은   e_____ the same

4. 상대적으로 새로운   r_____ new

5. 우수한 자격을 갖춘   h_____ qualified

6. 개별적으로 포장된   i_____ wrapped

7. 쉽게 접근 가능한   r_____ accessible

8. 잠정적으로 예정된   t_____ scheduled

9. 예약이 꽉 찬   f_____ booked

10. 널리 사용되는   w_____ used

C 실제 토익 유형도 풀어 보자.

Tickets to the concert purchased at regular prices are ------- refundable.

(A) fully   (B) well   (C) affordably   (D) financially

토익 RC 빈출 VOCA 3

MP3 바로듣기

✔ 동사 + 전치사 Collocation

🎧 P5_U13_01

01 **comply with = adhere to = conform to** ~을 준수하다, 지키다

The companies **comply with** government standards for the environment.
그 회사들은 정부의 환경 기준을 준수하고 있다.

02 **proceed to** ~로 (나아)가다

Please **proceed** directly **to** the entry gate. 곧장 출입문으로 가세요.

➕
proceed with ~을 계속하다
> 주의 'proceed to + 동사원형'(~을 추진하다, 진행하다)의 구조도 있다는 것을 알아 두자.

03 **object to** ~에 반대하다

All of the residents of the community **objected to** the new plan.
모든 지역 주민들은 새로운 계획에 반대했다.

04 **participate in = take part in** ~에 참석[참가]하다

Grace Jang has agreed to **participate in** the video conference.
Grace Jang은 화상 회의에 참석하는 데 동의했다.

05 **register for = sign up for** ~에 등록하다, ~을 신청하다

Managers who have not yet **registered for** the training session must do so
immediately. 아직 교육에 등록하지 않은 매니저들은 즉시 등록해야 합니다.

06 **respond to** ~에 답하다, 반응하다, 대응하다

It was Mr. Crane who **responded to** the customer complaint.
고객 불만사항에 대응한 사람은 Crane 씨였다.

07 **consist of** = comprise = be composed of ～로 구성되다

The panel discussion **consists of** seven journalists. 그 토론회는 7명의 저널리스트로 구성되어 있다.

08 **depend on[upon]** ～에 의존하다, ～에 달려 있다

Marina Suite continues to **depend on** our furniture products.
Marina Suite는 우리 가구 제품에 계속 의존하고 있다.

> **dependence on[upon]** ～에 대한 의존   **dependent on[upon]** ～에 의존하는

09 **specialize in** ～을 전문으로 하다

Peach Catering **specializes in** corporate events. Peach Catering은 기업 행사를 전문으로 한다.

10 **look at** ～을 보다

Now, let's **look at** the next slide. 자 이제, 다음 슬라이드를 봅시다.

> **look for** ～을 찾다   **look over** ～을 검토하다   **look after** ～을 돌보다, ～에 유의하다

V 형용사 + 전치사 Collocation

P5_U13_02

01 **be responsible for** ～에 책임이 있다
= be (held) liable for = be (held) accountable for

Mr. Butler **is responsible for** purchasing office supplies.
Butler 씨는 사무용품 구매를 책임지고 있다.

02 **be compatible with** ～와 호환되다

Our remote control **is compatible with** most air conditioners on the market.
자사 리모콘은 시중에 나와 있는 대부분의 에어컨과 호환된다.

03   be eligible for   ~에 자격이 있다, ~의 대상이 되다

All new customers **are eligible for** free shipping.   모든 신규 고객은 무료 배송 대상이 된다.

> be eligible to + 동사원형 ~할 자격이 있다

04   be concerned about   ~에 대해 걱정[염려]하다

Tenants of the Riverside Building **are concerned about** the repair work on elevators this weekend.   Riverside 건물 세입자들은 이번 주말에 있는 엘리베이터 보수 작업에 대해 염려하고 있다.

> be concerned with ~와 관련되다

05   be indicative of   ~을 나타내다, 시사하다

Ms. Kim's absence **is indicative of** how she feels about Mr. Brown's works.
김 씨의 불참은 그녀가 Brown 씨의 작품을 어떻게 생각하는지를 나타낸다.

06   be capable of = be able to + 동사원형   ~할 수 있다

The new software **is capable of** improving productivity at work.
새 소프트웨어는 업무 생산성을 향상시킬 수 있다.

07   be committed to
= be dedicated[devoted] to   ~에 전념하다

All restaurants in the community **are committed to** reducing food waste.
그 지역 사회의 모든 레스토랑이 음식물 쓰레기를 줄이는 데 전념하고 있다.

08   be pleased with
= be delighted with = be satisfied with   ~에 기뻐하다, 만족하다

Ed **was** not **pleased with** his purchase.   Ed는 구매한 제품이 마음에 들지 않았다.

> be pleased to + 동사원형 ~하게 되어 기쁘다
> **주의** 토익에는 be pleased with보다 'be pleased to + 동사원형' 구조가 훨씬 자주 등장한다.

09 be interested in
~에 관심이 있다, 흥미가 있다

Kyodai Market **is interested in** carrying our farm's oranges and apples.
Kyodai Market은 우리 농장의 오렌지와 사과를 취급하는 데 관심이 있다.

10 be familiar with
~을 잘 알다, 익숙하다

All employees at the Seoul Public Library **are familiar with** the new software system.
서울 공립 도서관의 전 직원은 새 소프트웨어 시스템에 익숙하다.

Ⅴ 명사 + 전치사 Collocation

P5_U13_03

01 access to
~에 접속, 접근, 열람

Access to patient records is limited to authorized personnel.
환자 기록 열람은 허가 받은 직원들에게 국한되어 있다.

➕
have access to = gain access to ~에 접속[접근]할 수 있다, ~을 열람할 수 있다

주의 ▶ access는 명사일 때만 전치사 to를 가질 수 있다. 동사인 경우 타동사로 전치사 to가 필요 없다.

02 impact on
~에 미치는 영향

The expansion of the office has had a significant **impact on** our employees' productivity. 사무실 확장은 우리 직원들의 생산성에 엄청난 영향을 미쳤다.

➕
have an impact on = have an influence on = have an effect on ~에 영향을 미치다

03 substitute for
~의 대체품, 대체할 사람

We need to find a good **substitute for** sugar.
우리는 설탕의 좋은 대체품을 찾아야 한다.

04 problem with = issue with
~의 문제

Ms. Mills called to report a **problem with** the copy machine.
Mills 씨는 복사기 문제를 보고하기 위해 전화했다.

05 solution to

~의 해결책

The store manager offered him a perfect **solution to** the problem.

매장 매니저는 그에게 문제에 대한 완벽한 해결책을 제공해 주었다.

06 reason for

~의 이유

Reasons for the sudden decrease in the number of tourists are not clear.

관광객 수의 갑작스러운 감소에 대한 이유는 명확하지 않다.

07 comment on

~에 대한 논평, 의견

Thank you for your **comment on** our XB800 blender.

자사 제품인 XB800 믹서기에 대한 귀하의 의견에 감사드립니다.

> **주의** comment는 동사일 때도 전치사 on과 함께 comment on(~에 대해 논평하다, 의견을 말하다)으로 사용한다.

08 proximity to

~에 가까움, 근접

Because of its **proximity to** public transportation, Mr. Jang decided to buy the apartment. 대중교통 근접성 때문에, 장 씨는 그 아파트를 사기로 결정했다.

09 revision to

~의 수정

Attached, please find the **revisions to** the floor plan for your living room.

귀하의 거실 평면도 수정 사항을 첨부하였습니다.

> 수정/변화/개선[향상] + 전치사 to
> '수정/변화/개선[향상]'등의 단어는 무엇을 수정/변화/개선했는지 대상을 나타낼 때 전치사 to를 쓴다.
> modification to ~의 수정   adjustment to ~의 수정   improvement to ~의 개선[향상]

10 demand for

~의 수요

The **demand for** our new pickup truck has significantly increased.

자사의 새 픽업 트럭 수요가 상당히 증가했다.

A 알맞은 전치사를 박스 안에서 골라 빈칸에 적어 보자.

for	of	in	to	on

1. specialize _____

2. access _____

3. substitute _____

4. impact _____

5. be capable _____

B 알맞은 전치사를 빈칸에 적어 보자.

1. be responsible _____

2. be indicative _____

3. solution _____

4. consist _____

5. problem _____

6. be interested _____

7. comply _____

8. revision _____

9. be familiar _____

10. participate _____

C 실제 토익 유형도 풀어 보자.

1. Local farms and producers are required to ------- with new environmental standards.

   (A) conform   (B) observe   (C) adhere   (D) comply

2. Those who register for the event before the end of August are ------- for discounted rates.

   (A) capable   (B) eligible   (C) pleased   (D) entitled

3. Mr. Schafer noted that the company has been having a ------- with its accounting software.

   (A) reason   (B) substitute   (C) passion   (D) problem

1. Ms. Gubler ------- the keynote speech at the New York Climate Convention.

   (A) achieved
   (B) delivered
   (C) traded
   (D) implied

2. Frasier Grocer plans to ------- its early morning delivery service into four additional regions next year.

   (A) choose
   (B) expand
   (C) book
   (D) obtain

3. Palms Hotel offers a ------- of amenities such as soaps, shampoos, and disposable toothbrushes.

   (A) selection
   (B) preference
   (C) budget
   (D) popularity

4. The next project meeting will be ------- using a video conferencing platform developed by Boa Technology.

   (A) engaged
   (B) responded
   (C) conducted
   (D) permitted

5. Edie's Bicycles ------- provides its existing customers with free maintenance service.

   (A) regularly
   (B) closely
   (C) significantly
   (D) previously

6. The CEO of Ocean Foods intends to increase salespeople's wages ------- next year.

   (A) considerably
   (B) recently
   (C) skillfully
   (D) largely

7. Galero Istanbul Books ------- to deliver orders within three business days.

   (A) requests
   (B) subjects
   (C) promises
   (D) allows

8. Odyssey TV Station will launch a new show ------- to exploring Asian cultures and cuisines.

   (A) dedicated
   (B) prepared
   (C) expected
   (D) planned

9. Pierce Logistics' third-quarter sales have already ------- exceeded the board's expectations.

   (A) next
   (B) very
   (C) far
   (D) yet

10. ------- regarding the upcoming company retreat should be directed to Nara Shim.

    (A) Experiences
    (B) Inquiries
    (C) Subscriptions
    (D) Registrations

11. The duration and level of Culligan Vocational School's courses vary -------.

    (A) greatly
    (B) indefinitely
    (C) supposedly
    (D) promptly

12. Brighton Global Foods considers customer satisfaction its top -------.

    (A) incident
    (B) advice
    (C) question
    (D) priority

13. During the meeting, Ms. Park was commended for ------- communicating her marketing ideas.

    (A) formerly
    (B) commonly
    (C) importantly
    (D) effectively

14. Hotel Mayakoba is ------- located near several bus stops and subway stations.

    (A) steadily
    (B) heavily
    (C) occasionally
    (D) conveniently

15. Among the ten applicants, only Peter Bright appears to have a ------- understanding of copyright law.

    (A) prepared
    (B) lasting
    (C) thorough
    (D) highest

16. Montgomery's Sweets is so popular that the owner is already considering opening five ------- stores.

    (A) inclusive
    (B) additional
    (C) historic
    (D) mandatory

17. Due to some mechanical problems, TM buses experienced ------- delays.

    (A) any
    (B) much
    (C) both
    (D) frequent

18. To be ------- for the Seoul Photography Contest, each applicant must submit at least five original pictures.

    (A) accessible
    (B) commendable
    (D) allowable
    (D) eligible

19. Ceptic Electronics prides itself on responding to all customer complaints -------.

    (A) swiftly
    (B) rigidly
    (C) occasionally
    (D) purposely

20. The Ecole Culinary Academy ------- comprehensive online courses in professional baking and gourmet food.

    (A) offers
    (B) takes
    (C) informs
    (D) tends

1. Safety and location are often the primary ------- for many home buyers.

   (A) sources
   (B) relations
   (C) concerns
   (D) copies

2. FutureTech Center offers advanced coding courses to anyone ------- with basic computer operations.

   (A) qualified
   (B) familiar
   (C) accessible
   (D) responsible

3. During the book signing of Anne Mitchell's novel *Waves*, Wand Books will offer ------- rates on all her books.

   (A) expert
   (B) discounted
   (C) brief
   (D) native

4. Mr. Nashid's ------- problem-solving and interpersonal skills will be valuable assets to his department.

   (A) exterior
   (B) narrow
   (C) superior
   (D) impressed

5. Anyone interested in ------- tomorrow's budget meeting should contact Mr. Jeon for his approval.

   (A) attending
   (B) notifying
   (C) listing
   (D) responding

6. Due to the relatively long trail of the Chino Hills, comfortable shoes and clothes are ------- recommended.

   (A) highly
   (B) nearly
   (C) tightly
   (D) correctly

7. Given the recent budget cuts, Nelson Pharmaceuticals is ------- to recruit new interns.

   (A) creative
   (B) ideal
   (C) vacant
   (D) hesitant

8. Jersey City Public Library received a ------- donation of 30 computers from a local company.

   (A) generous
   (B) ready
   (C) durable
   (D) patient

9. Store managers must send ------- customer survey forms to Mr. Pyo.

   (A) turned
   (B) stable
   (C) delayed
   (D) completed

10. Please read the enclosed user manual carefully before ------- your SpeedX blender.

    (A) cooking
    (B) selecting
    (C) using
    (D) ordering

11. Chelsea Transit Authority apologized for any ------- that the roadwork may cause to the residents.

    (A) distinction
    (B) inconvenience
    (C) intention
    (D) clearance

12. ------- descriptions of each lost item can be found on the Web site.

    (A) Empty
    (B) Detailed
    (C) Responsible
    (D) Cleared

13. Following a two-month negotiation, the merger between Taho Outfitters and Forest Campers was ------- announced.

    (A) finally
    (B) lightly
    (C) steadily
    (D) immediately

14. The owner of Sue's Deli asked her wait staff to work additional hours to ------- the increased demand in summer.

    (A) propose
    (B) accommodate
    (C) promote
    (D) expect

15. Employees at the reception desk should notify at least one ------- whenever they leave the desk.

    (A) protection
    (B) emergency
    (C) personnel
    (D) colleague

16. Even after a decade, the pottery class taught by Julie Chan still ------- hundreds of students each month.

    (A) attracts
    (B) remains
    (C) completes
    (D) attends

17. As the PR manager, Mr. Dogan must take the ------- in representing our company at the trade show.

    (A) advice
    (B) period
    (C) factor
    (D) initiative

18. We need to ------- an agreement with the supplier within three weeks.

    (A) put
    (B) speak
    (C) reach
    (D) happen

19. One hour is the ------- amount of time needed to answer all questions at tonight's author event.

    (A) pleasant
    (B) bottom
    (C) minimum
    (D) capable

20. Please load all shipments ------- because the contents include easily breakable glass parts.

    (A) carefully
    (B) simply
    (C) actively
    (D) relatively

1. Our company cafeteria will be closed for renovations next month, so please plan -------.

    (A) favorably
    (B) approximately
    (C) creatively
    (D) accordingly

2. All tourists who registered for the boat tour arrived -------, so the boat departed as scheduled.

    (A) usually
    (B) punctually
    (C) securely
    (D) potentially

3. Mr. Leroy expressed his ------- to Ms. Bowen for the opportunities he was given during his time at Sulan Apparel.

    (A) exposure
    (B) position
    (C) excellence
    (D) gratitude

4. While checking inventory in the warehouse, Ms. Jules noticed a problem ------- last month's order.

    (A) over
    (B) onto
    (C) with
    (D) along

5. Molly Kitchen's meal kit orders are inspected ------- before shipment.

    (A) nearly
    (B) eagerly
    (C) thoroughly
    (D) already

6. Customer service is available daily from 9:00 A.M. to 5:00 P.M. to ------- issues with Battel Toy products.

    (A) replace
    (B) address
    (C) demand
    (D) assist

7. ------- a medical clinic, the two-story building is now used as a Thai restaurant.

    (A) Sometimes
    (B) Lately
    (C) Formerly
    (D) Gradually

8. Keigo Ogawa's fans around the world are ------- awaiting his new novel scheduled to come out in May.

    (A) precisely
    (B) equally
    (C) rapidly
    (D) eagerly

9. The Braga City Hall has the ------- to issue building permits for new residential developments.

    (A) authority
    (B) measures
    (C) importance
    (D) approach

10. In spite of ------- competition, Hawaii Coffee Company's managers are confident sales will increase next quarter.

    (A) negative
    (B) various
    (C) enough
    (D) strong

11. Employees must submit their timesheets ------- to Ms. Sanders.

(A) directly
(B) surely
(C) completely
(D) strongly

12. Premont Real Estate has hired a recruiting agency to ------- for a qualified accountant to join the firm.

(A) register
(B) search
(C) prepare
(D) update

13. The ------- selling point for the building is its proximity to an airport.

(A) high
(B) short
(C) main
(D) wide

14. Due to some mechanical problems, train services to London will be postponed ------- further notice.

(A) until
(B) since
(C) into
(D) all

15. A self-introduction video submitted to the human resources department must not ------- 5 minutes in length.

(A) apply
(B) exceed
(C) contain
(D) extend

16. Patient medical records may be ------- only by authorized personnel.

(A) reminded
(B) accessed
(C) prevented
(D) licensed

17. With its fast Wi-Fi and advanced equipment, Fullspace is ------- among business travelers.

(A) possible
(B) occasional
(C) alarming
(D) popular

18. Despite just six months at Skyline Laws, James Agrawal is ------- showing great promise as an attorney.

(A) ever
(B) yet
(C) already
(D) once

19. Due to a ------- of office space, the sales team at RM Software had to share their office with the accounting team.

(A) provision
(B) direction
(C) shortage
(D) invoice

20. Kino Plastics Inc. always strives to ensure ------- with environmental regulations regarding waste disposal.

(A) compliance
(B) solution
(C) qualification
(D) sponsorship

1. Mr. Kwak, who has been away on business for a week, will ------- be returning to the office.

(A) yet
(B) recently
(C) soon
(D) still

2. Compared to other copy machines on the market, the price of Mocoh T-11 is ------- low.

(A) quickly
(B) effectively
(C) successively
(D) relatively

3. After reviewing all responses from the customer survey, the manager ------- that the return policy be revised.

(A) requested
(B) extended
(C) satisfied
(D) informed

4. Conference participants will ------- the Business Lounge on the fifth floor right next to the fitness center.

(A) find
(B) relax
(C) work
(D) stay

5. KENO Equipment is a world renowned company that ------- in heavy machinery.

(A) manufactures
(B) specializes
(C) establishes
(D) represents

6. Mr. Hewitt, as a ------- customer of K-Supermarket, receives a 20 percent discount on every purchase.

(A) lively
(B) unique
(C) regular
(D) whole

7. The Citrax OBJ-10 printer uses ------- 3D technology for businesses to create perfect prototypes.

(A) advanced
(B) financed
(C) processed
(D) educated

8. Admission to the Munich Concert is free, but ------- is limited to 200 people.

(A) permission
(B) seating
(C) operation
(D) arrangement

9. To prevent costly and frequent repairs, it is important to perform ------- maintenance on your vehicle.

(A) routine
(B) confidential
(C) durable
(D) incidental

10. Mori Design Firm has ------- operating expenses by urging employees to use both sides of paper for printing.

(A) reduced
(B) examined
(C) functioned
(D) equipped

정답과 해설 p.128

11. As it's been ------- two weeks since our order was shipped, we should call the delivery company to check its status.

(A) primarily
(B) shortly
(C) nearly
(D) thoroughly

12. Several reporters are invited to the showcase of the S-9 sedan before the ------- launch next week.

(A) official
(B) confident
(C) primary
(D) mutual

13. The department head, Mr. Novak, ------- his employees to contribute ideas for Ms. Wells' retirement party.

(A) considered
(B) pursued
(C) devoted
(D) encouraged

14. In an interview with *Vali Daily*, the ------- acclaimed rock band Dawn announced a tour date in Indonesia.

(A) critically
(B) temporarily
(C) seasonally
(D) courteously

15. Library patrons are only allowed to use their laptops in ------- areas.

(A) terminated
(B) mandatory
(C) potential
(D) designated

16. Salford City Council argued that Ms. Cho is financially ------- for installing fences around her restaurant.

(A) responsible
(B) efficient
(C) identical
(D) significant

17. In an ------- to promote tourism in Phayao, the Tourism Organization was extensively reorganized.

(A) advice
(B) identity
(C) objective
(D) effort

18. Most airlines must ------- global size requirements of carry-on bags.

(A) observe
(B) comply
(C) upgrade
(D) service

19. Chenslor Auditorium is ------- larger than Kentwood Hall, making it more suitable for the career fair.

(A) too
(B) very
(C) such
(D) much

20. Residents at the public hearing voted ------- for the proposal to install additional bike lanes.

(A) separately
(B) unanimously
(C) temperately
(D) frequently

RC UNIT 11-13 토익 RC 빈출 VOCA 225

1. Rikyo College partners with many food companies to offer students ------- meals in the cafeteria.

   (A) affordable
   (B) celebrated
   (C) dependent
   (D) absolute

2. Camdon Construction has several open positions that need to be ------- by the end of March.

   (A) sold
   (B) explained
   (C) called
   (D) filled

3. Jogging along the Seine every morning has had a significant ------- on Mr. Lee's health.

   (A) cause
   (B) amount
   (C) reward
   (D) impact

4. The final ------- of the Seasons Suite remodeling project will be overseen by Mr. Stinger.

   (A) phase
   (B) bill
   (C) act
   (D) guide

5. The prices of fruits and vegetables are ------- to differ among regions.

   (A) probable
   (B) likely
   (C) crucial
   (D) necessary

6. Many entrepreneurs agree that retaining skilled employees is a key ------- in a business's success.

   (A) factor
   (B) scope
   (C) access
   (D) role

7. The Sunwoo design team works ------- with customers to create a garden of their dreams.

   (A) strictly
   (B) visually
   (C) closely
   (D) newly

8. The ------- of the training session is to familiarize clerks with product displays.

   (A) aim
   (B) decision
   (C) answer
   (D) effect

9. At Olly Motors, interns undergo a ------- of tests to be considered for a permanent position.

   (A) limit
   (B) series
   (C) lack
   (D) height

10. Based solely on the resumes, Ms. Kang and Ms. Charles are ------- qualified for the director position.

    (A) actively
    (B) proudly
    (C) equally
    (D) privately

11. At Honolulu Broadcasting, the performance of interns is ------- monthly.

    (A) reached
    (B) evaluated
    (C) collected
    (D) opposed

12. No one except Mr. Muller has ------- to view the terms of the recent contract with Andersen Systems.

    (A) consent
    (B) decision
    (C) alternative
    (D) permission

13. After much deliberation, Ms. Torres ------- the board's decision to relocate its headquarters to Portland.

    (A) finalized
    (B) originated
    (C) hosted
    (D) demanded

14. Glow Cleaning has quickly earned a ------- for its reliable work among local residents.

    (A) purpose
    (B) reputation
    (C) career
    (D) passion

15. Customers can save their credit card information in their account in order to ------- the ordering process.

    (A) expedite
    (B) obtain
    (C) retrieve
    (D) provide

16. Faculty members at Seha High School must be ------- of all the school system operations.

    (A) aware
    (B) content
    (C) serious
    (D) expert

17. Please leave your comments on how ------- your stay at Cornwall Inn was.

    (A) passionate
    (B) considerable
    (C) enjoyable
    (D) delighted

18. Light refreshments such as snacks and drinks will be served ------- after Mr. Cromwell's opening remark.

    (A) currently
    (B) mainly
    (C) shortly
    (D) virtually

19. Mr. Yamamoto has little on-site experience as a financial advisor, but his knowledge of finance is -------.

    (A) appealing
    (B) extensive
    (C) ambitious
    (D) sturdy

20. In an interview, the director said her new film *Lily* was ------- inspired by her travels in Peru.

    (A) largely
    (B) seemingly
    (C) consistently
    (D) previously

PART

6

토익 RC에서 131~146번에 걸쳐 4개의 지문에 각각 4문제씩, 총 16문제 출제되는 장문 빈칸 채우기
파트이다. 적절한 어휘, 시제 등의 문법, 접속 부사 등의 연결어, 적절한 문장 넣기 등으로 구성되어 있다.
평균 난이도는 높지만, PART 5를 학습하다 보면 PART 6도 분명히 풀리는 문제들이 생긴다!

UNIT 14 PART 5와 PART 7의 합성, PART 6

PART 6 특징으로는

❶ 네모 박스 안에 몇 줄로 구성된 지문이 나오고, 지문 상단에 지문 유형이 언급된다.
Questions 131~134 refer to the following memo.
▶ 지문 유형은 memo(회람)

❷ 지문을 읽을 때 모든 어휘를 알 수는 없다! 굵직하게 흐름을 잡아 읽는다.

❸ PART 5와 같이 보기를 통해 문법 문제인지 어휘 문제인지 미리 파악할 수 있다.

❹ 지문의 빈칸에 적절한 문장을 고르는 문제가 하나씩 반드시 출제되는데, 정답을 찾기
보다는 정답이 아닌 것 같은 오답을 소거하며 답을 남기는 것도 좋은 방법이다.

❺ '문장 넣기' 문제보다는 일반 짧은 어휘/문법 문제를 놓치지 않아야 한다.

❻ 글의 속성과 서론(1~2줄)은 맥락 파악을 위해 반드시 읽어야 한다.

PART 5와 PART 7의 합성, PART 6

PART 5와 PART 7의 합성인 PART 6는 글의 속성과 제목, 첫 1~2줄은 맥락 파악을 위해 반드시 읽은 후 지문을 굵직하게 읽는다. 고난이도 유형에 속하는 '문장 넣기' 문제를 너무 오래 고민하기보다는 짧은 어휘/문법 문제를 빠르고 정확하게 풀어내는 것이 중요하다.

✔ PART 6 구경하기

[1]**Questions 131-134** refer to the following letter.

[2]Dear Mr. Thomson,

On behalf of SUG Enterprises, I would like to invite you to attend a retirement party for Regina Song on June 15 at the Milton Convention Center.

[3]Ms. Song ------- for our company for more than two decades. [4]Throughout this time,
                131.
she has developed several innovative marketing strategies to attract a lot of customers.
-------. [5]Thanks to ------- dedication and hard work, we are now one of the most
132.   133.
profitable companies in London. [6]I hope you will be able to attend this event. ------- the
                                                                                   134.
small space, you may bring no more than three guests.

Sincerely,
Jeremy Morrison

---

131. (A) will work
(B) has worked
(C) were working
(D) had worked

132. (A) Moreover, she made a significant contribution by winning a contract with Denby Consulting.
(B) Ms. Song is looking forward to being part of this great team.
(C) The company has adopted a new policy on employee benefits.
(D) Likewise, other products made by SUG Enterprises are very durable.

133. (A) our
(B) their
(C) my
(D) her

134. (A) Although
(B) As if
(C) Due to
(D) Since

● 문제풀이 과정 확인하기

1 Questions 131-134 refer to the following **letter**. → 가장 먼저 확인하는 부분, 편지글

2 Dear Mr. Thomson, → Dear 뒤에 나오는 사람은 글의 수신자

★ 잠깐! 수신자를 읽고 나면 편지글 등에서 제일 마지막에 나오는 글의 '발신자' 이름도 간단히 읽어 두자.
그런 다음, 지문의 첫 문단부터 굵직하게 읽기 시작한다.

> On behalf of SUG Enterprises, I would like to invite you to attend a retirement party
>   ~을 대표하여   회사 이름
> for Regina Song on June 15 at the Milton Convention Center.
>
> SUG Enterprises를 대표하여, 6월 15일 Milton Convention Center에서 열리는 Regina Song의 은퇴 파티에 귀하를 초대
> 하고자 합니다.

위 내용을 해석 그대로 못 읽었다고 해서 잘못 읽은 것은 아니다. 은퇴 파티가 열리는 것, 파티의 일시와
장소, 은퇴하는 사람(Regina Song)을 확인했으면 제대로 읽은 것이다.

순서대로 글을 읽어 나가면서 빈칸이 나오면 해당하는 문제의 보기를 확인한다.

3 Ms. Song ------- for our company for more than two decades.
              131.

송 씨는 20년 넘게 우리 회사를 위해 _____.

131번 문제 보기로 바로 연결 → 보기를 보면 동사 work가 여러 형태로 나열된 '문법' 문제

131. (A) will work
　　　 (B) has worked
　　　 (C) were working
　　　 (D) had worked

정답 | 20년(two decades) 이상 일을 하는 것에 대한 '시제'를 판단하는 문제로, 송 씨가 앞으로 일을 할 사
　　 람인지 이미 해 온 사람인지를 파악해야 한다. 앞에서 Regina Song을 위한 은퇴 파티라고 했으므로,
　　 송 씨는 일을 해 온 사람 → 현재완료 시제(have p.p). 따라서 정답은 (B) has worked이다.

오답 | 시제와 함께 확인해야 하는 부분이 능동태/수동태 그리고 단수/복수의 구별이다. 주어는 Ms. Song,
　　 즉 be동사의 과거형은 단수 was지 복수 were가 아니므로 (C) were working은 탈락이다. (A) will
　　 work는 미래 시제, (D) had worked는 과거완료 시제인데, 문장은 송 씨가 과거부터 현재까지 회사
　　 에서 일하고 있다는 의미이므로 오답이다.

이처럼 PART 5 같은 간단한 문법 문제는 반드시 맞히자!

4

Throughout this time, she has developed several innovative marketing strategies to

throughout + 기간: ~동안, 동안 내내

attract a lot of customers. ------.
132.

이 기간 동안, 그녀는 많은 고객들을 유치하기 위해 여러 혁신적인 마케팅 전략을 개발했습니다.

132번 문제 보기로 바로 연결 → 문장이 통으로 들어가야 하는 문제

132. (A) Moreover, she made a significant contribution by winning a contract with
Denby Consulting. 게다가, 그녀는 Denby Consulting과의 계약을 따내는 큰 기여를 했습니다.

(B) Ms. Song is looking forward to being part of this great team.

송 씨는 이 훌륭한 팀의 일원이 되기를 고대하고 있습니다.

(C) The company has adopted a new policy on employee benefits.

회사는 직원 복지에 관한 새로운 방침을 채택했습니다.

(D) Likewise, other products made by SUG Enterprises are very durable.

이와 같이, SUG Enterprises에 의해 만들어진 다른 제품들은 내구성이 매우 강합니다.

★ 문장 넣기 유형에서 보기 4개의 문장을 읽을 때는 완벽하게 모든 단어를 아는 게 아니더라도 문장의 흐름을 파악하는 것이 매우 중요하다.

정답 | 빈칸의 바로 앞 문장과 바로 뒤 문장에서 무슨 말을 했는지가 중요하다. 바로 앞 문장에서 은퇴를 앞둔 송 씨의 성과에 대해 언급했고, 뒤 문장에도 송 씨의 헌신과 노고를 언급했으므로 빈칸에 들어갈 문장도 그의 성과를 언급하는 것이 가장 적절하다. 따라서 정답은 (A)이다.

오답 | 보기 (B)는 은퇴할 직원인데 팀의 일원이 되는 것을 고대하고 있다(is looking forward to)는 시점의 오류, 보기 (C)와 (D)는 송 씨에 관한 내용이 아닌 전혀 다른 주제로 변질되었으므로 오답이다.

혜원쌤 Tip 문장 넣기 문제는

1. 난이도는 복불복이지만, 최대한 앞/뒤 문장과 유사한 말을 하는 문장을 넣어야 한다.
2. 문장을 완벽하게 이해하지 못하더라도 '가장 거슬리는 단어'를 찾아낸다.
   → 오답 소거

5

Thanks to ------- dedication and hard work, we are now one of the most profitable
133.
companies in London.

_____ 헌신과 노고 덕분에 우리는 현재 런던에서 가장 수익성 좋은 회사가 되었습니다.

133번 문제 보기로 바로 연결 → 보기를 보면 '격'을 묻는 문제

133. (A) our

(B) their

(C) my

(D) her

정답 | 빈칸 뒤 dedication(헌신)과 hard work(노고)를 한 주체를 묻는 문제이다. 글의 주인공이자 앞에서
나온 일들을 한 주체는 송 씨(Ms. Song)이므로 정답은 (D) her이다.

6

I hope you will be able to attend this event. ------- the small space, you may bring
134.
no more than three guests.

no more than 인원수 : ~ 이하로만
저는 귀하가 이 행사에 참석하실 수 있기를 바랍니다. _____ 협소한 공간, 세 명 이하의 손님만 동반하실 수 있습니다.

134번 문제 보기로 바로 연결 → 보기를 보면 '연결어'를 묻는 문제

134. (A) Although 비록 ~하지만 (접속사)

(B) As if 마치 ~인 것처럼 (접속사)

(C) Due to ~ 때문에 (전치사)

(D) Since ~ 이래로 (전치사, 접속사) / ~ 때문에 (접속사)

보기 구성이 동사 시제나 형태 문제도 아니고, 격 문제도 아니고, 문장을 넣는 문제도 아닌 경우,

1. 단순한 어휘 해석 문제인지 확인

2. 품사로 구별되는 연결어(접속사/전치사) 문제인지 확인

정답 | 빈칸 뒤의 구조를 보면 the small space만 나오고 콤마로 끊기는 상태이다. the small space는
「the + 형용사 + 명사」일 뿐, 「주어 + 동사」를 갖추고 있지 않기 때문에 문장을 이끄는 접속사 (A)와 (B)
는 바로 탈락이다. (D) Since의 경우 접속사로 문장을 이끄는 경우에만 '~ 때문에'라는 의미를 나타내
고 전치사로서 since는 '~ 이래로'라는 뜻이다. space(공간)는 시점이 아니기 때문에 오답이다. 따라
서 정답은 (C) Due to이다.

A 다음 지문을 굵직하게 해석하면서 핵심 포인트들을 짚어 보자.

Questions 131-134 refer to the following memo.

All Department Heads,

Please don't forget to encourage your team members to fill out the survey that I gave you last week. The ------- of the survey is to evaluate employees' job satisfaction levels and to ensure a better work environment.
131.

The survey contains five questions, and employees ------- to answer the questions and to give additional comments on how to improve working conditions.
132.

Please tell them that they can complete the survey -------, so their identities will remain unknown. -------. Only management can read the comments, and they will not be disclosed to any third parties or other organizations.
133.　　　 134.

Tanya Liu

전 부서장에게

잊지 마세요 / 팀원들을 독려하는 것을 / 제가 지난주에 제공한 설문지를 fill out(작성)하게
「명사 + that + 주어 + 동사」 구조는 뒤에 오는 「주어 + 동사」가 앞 명사를 꾸미듯이 해석

설문의 ------은 ~하는 것입니다 / 직원들의 업무 만족도를 평가하고 / 더 나은 근무 환경을 보장하는
「주어 + be동사 + to 동사원형」이 독해 지문에 나오면 '주어는 ~하기 위함이다, ~하는 것이다'로 해석

설문은 다섯 개의 질문을 contains(포함)하고 있고 / 직원들은 ------ / 질문들에 답변하도록 /
그리고 추가 comments(의견들)를 주도록 / how to(어떻게) working conditions(근무 조건을)
improve(개선)하는지에 대한

그들(them = 직원들)에게 말해 주세요 / 그들은 설문을 ------하게 complete(작성)할 수 있습니다 /
따라서 그들의 identities(신원)는 unknown(알려지지 않을) 것입니다.

------. 오직 경영진만이 의견들을 읽을 수 있고 / 그리고 그것들(they = 의견들)은 disclosed(공개)되지 않을
것입니다 / third parties(제3자들) 또는 다른 organizations(기관들)에

Tip **해석을 할 때**

1. 문법적으로 모든 것을 완벽하게 구조 분석하듯이 읽으면 더 어려워진다. 어떤 구문부터 읽을지 순서를 고민하기보다는 앞에서부터 쭉쭉 읽어 나가자.
2. 모르는 어휘가 나오면 일단 주변 단어들과의 맥락을 통해 어떤 느낌의 단어인지 유추해 보고, 이후 해설지를 통해 외워야 할 기본적인 어휘를 오답노트나 메모장에 정리해 암기한다.

B 지문에 문제를 연결해서 풀어 보자. 지문을 한 번에 미리 다 읽지 말고 보기를 대입해 가며 읽는다.

Questions 131-134 refer to the following memo.

All Department Heads,

Please don't forget to encourage your team members to fill out the survey that I gave you last week. The ------- of the survey is to evaluate employees' job
131.
satisfaction levels and to ensure a better work environment.

The survey contains five questions, and employees ------- to answer the questions
132.
and to give additional comments on how to improve working conditions.

Please tell them that they can complete the survey -------, so their identities will
133.
remain unknown. -------. Only management can read the comments, and they will
134.
not be disclosed to any third parties or other organizations.

Tanya Liu

---

131. (A) question
(B) purpose
(C) response
(D) deal

132. (A) are requested
(B) requesting
(C) requests
(D) have requested

133. (A) easily
(B) anonymously
(C) importantly
(D) lightly

134. (A) Therefore, they do not need to worry about confidentiality.
(B) Furthermore, every employee responded very positively.
(C) Of course, this survey is intended for part-time employees.
(D) Click on the link to download the updated version of this survey.

Questions 1-4 refer to the following e-mail.

To: customerservice@bestsupply.com
From: Stephan1@onmail.co.kr
Date: May 6
Subject: Bulk order

To Whom It May Concern,

I recently purchased two Soft EZ pens from your online store and ------- them this morning.
1.

I was very ------- with the high quality of your product. The pens are very light, stylish, and write well on any paper.
2.

I would like to place a larger order for these pens. ------- Is there a bulk order discount if
3.
I order 100 items? Also, is it possible to have them delivered to my work address -------
4.
May 15?

I look forward to your prompt reply.

Thanks,

Stephan Choi

---

1. (A) receive
   (B) can receive
   (C) was received
   (D) received

2. (A) impressive
   (B) impressed
   (C) impresses
   (D) impression

3. (A) Unfortunately, the item arrived damaged in transit.
   (B) I always bring a pen and notebook with me.
   (C) They would be great gifts for my clients.
   (D) I couldn't find an order form on the Internet.

4. (A) then
   (B) during
   (C) until
   (D) by

Questions 5-8 refer to the following article.

Foodies, a provider of boxed lunches, has announced today that it will be introducing a new lunch line called Balance Set.

Foodies has been one of the nation's leading ------- of packed meals for more than two decades.
5.

Analysts expect that this new product line will ------- increase Foodies' market share.
6.
The lunchbox will consist of two kinds of meat salads and Asian noodles. The lineup will then be diversified ------- the success of these items.
7.

-------.
8.

5. (A) producing
   (B) producer
   (C) producers
   (D) products

6. (A) significantly
   (B) commonly
   (C) importantly
   (D) lastingly

7. (A) before
   (B) when
   (C) except for
   (D) based on

8. (A) Call us today to take advantage of this special deal.
   (B) Balance Set will hit the shelves in major grocery stores in June.
   (C) The company announced the expansion of its business.
   (D) Both new and existing customers can participate.

Questions 9-12 refer to the following press release.

FOR IMMEDIATE RELEASE

Contact: Linda Smith, linda22@mgrobotics.net

New York (March 15) – MG Robotics and Cesdom Tech ------- a merger agreement. The
_9._
newly merged company, CMG Robotics, now holds the greatest market share in the
industry. More than fifty new hires will join the Engineering Department in July. -------.
_10._
Since CMG Robotics is adopting a new policy which will benefit employees greatly, a lot
of individuals are anticipated to apply.

"We will utilize both the sophisticated software technology of Cesdom Tech -------
_11._
the top-notch engineering designs of MG Robotics to develop technology which will
significantly improve people's lives," said MG Robotics spokesperson Tim Morrison. "We
are now seeking highly qualified and passionate individuals. Their invaluable enthusiasm
and creativity will help our company ------- a true leader in the field of engineering."
_12._

9. (A) had finalized
　　(B) would finalize
　　(C) can finalize
　　(D) have finalized

11. (A) toward
　　(B) as well
　　(C) and
　　(D) with

10. (A) The company also intends to recruit
　　　thirty more employees in the coming
　　　year.
　　(B) Due to rising competition, many firms
　　　have gone out of business.
　　(C) The new robots can do multiple tasks
　　　simultaneously.
　　(D) All vacation requests should be
　　　submitted by this Friday.

12. (A) becoming
　　(B) became
　　(C) becomes
　　(D) become

Questions 13-16 refer to the following notice.

--------. It will be done in observance of the national holiday. Ticketing agents will return
  13.
to work the next day. Passengers may still buy tickets from kiosks -------- online.
                                                                        14.

Please note that monthly passes are not -------- on holidays. Passengers must buy a
                                              15.
separate pass to travel. You will have to pay a fine unless you present a ticket to the
conductor.

In addition, all trains will run on a different schedule during the holiday. -------- more
                                                                               16.
information about departure and arrival times, please visit www.metrorail.com.

13. (A) Effective immediately, Metro Rail will
       increase its ticket prices.
    (B) Many tourists are expected to use
       this new service.
    (C) Greenville Station's ticketing office
       will be closed on the first of January.
    (D) Thank you for contacting the property
       management office.

14. (A) together
    (B) through
    (C) in fact
    (D) as well as

15. (A) discounted
    (B) exchanged
    (C) valid
    (D) approachable

16. (A) In order
    (B) For
    (C) During
    (D) As

Questions 1-4 refer to the following article.

Recent research showed an increasing demand for solar power among businesses. -------, JMK Motors installed solar panels at all of its production plants last year. A spokesperson for the corporation said that the ------- was made to reduce pollution and to protect the environment. -------. Therefore, companies that use renewable energy sources will be able to increase their profits. In order to encourage the use of these sources, the government will introduce a revised policy this month, ------- will further bolster the trend.

1. (A) In addition
   (B) For instance
   (C) In short
   (D) Even so

2. (A) decision
   (B) measure
   (C) production
   (D) qualification

3. (A) Its energy-efficient vehicles are increasingly popular with customers.
   (B) One of its factories was inspected last month.
   (C) The official release will be sometime between March and April.
   (D) Consumers are becoming more conscious of the environment.

4. (A) which
   (B) that
   (C) what
   (D) when

Questions 5-8 refer to the following letter.

Mr. James Hoffman
Cloverton Art Gallery
1120 Deerhurst Drive
Huntsville

Dear Mr. Hoffman,

I was so pleased to meet you last week, and as a follow-up, I would like to provide you with more ------- about my work.
    5.

Among my recent pieces, I think two of them are especially suitable for your upcoming exhibition, Wonder of Nature. They are large, but ------- of them can be easily
                                                                    6.
transported and installed. One is a landscape painting of Niagara Falls in Canada, and the other is a clay sculpture depicting birds nesting in a meadow. -------.
                                                                    7.

I hope you will consider my proposal. I ------- the opportunity to display my pieces to
                                         8.
local residents.

Best regards,
Karen Morris

---

5. (A) detail
   (B) detailing
   (C) detailed
   (D) details

6. (A) these
   (B) every
   (C) few
   (D) both

7. (A) Nonetheless, my specialty is photography.
   (B) Her assistance was invaluable in creating the artwork.
   (C) The latter was featured in the prestigious magazine *Art World* last month.
   (D) I want to let you know that it will take about one month to be processed.

8. (A) am appreciative
   (B) have been appreciated
   (C) would appreciate
   (D) appreciating

Questions 9-12 refer to the following product review.

I purchased the Fonda-20 noise-canceling earbuds because they got a lot of glowing reviews.

I ------- them for a month, and they are truly the best. The earbuds effectively reduce
9.
surrounding noise, and they are also very lightweight. I am very ------- with their
10.
functionality.

-------, I thought the light blue color was too bright, but later I discovered that it looked
11.
more stylish and unique than the ordinary black or white earbuds on the market.

You may think this model is quite expensive, but it is worth the price. -------. You can get
12.
a replacement if you have any problems. I highly recommend the earbuds.

– James Owen

9. (A) am using
   (B) had used
   (C) have been using
   (D) would have used

10. (A) pleased
    (B) pleasing
    (C) pleasure
    (D) pleasant

11. (A) And then
    (B) Even so
    (C) Perhaps
    (D) At first

12. (A) It is particularly suitable for
       professional musicians.
    (B) The item comes in three different
       colors and shapes.
    (C) The company offers an extended
       warranty that is valid for 8 years.
    (D) You can visit the location that is
       nearest to you.

Questions 13-16 refer to the following article.

A Symphony of Support

The Music World Foundation, a charity that supports various music ------- programs,
13.
received a huge donation this month. "We are so delighted to keep supporting -------
14.
musicians," said the charity's director, Amy Cairns.

The charity was founded 15 years ago in Boston by famous musician Timothy Grant.
Since its founding, the aim of this organization has been to help students who are eager
to learn music. -------. Patricia Wang, a teacher at a local middle school, ------- she was
15.   16.
very pleased by the foundation's help.

The charity has the ambitious goal of starting its own music program in two years.

13. (A) education
(B) educators
(C) educational
(D) educate

14. (A) aspiring
(B) helpful
(C) practical
(D) retired

15. (A) The principal asked all students to be present at the event.
(B) Both amateur and professional musicians have participated in the program.
(C) It decided to relocate its headquarters to accommodate more customers.
(D) It recently partnered with several schools in the region.

16. (A) to say
(B) said
(C) saying
(D) say

PART
7

토익 RC에서 147~200번에 걸쳐 총 54문제 출제되는 파트이다. 비즈니스에서 접할 수 있는 다양한
독해 지문이 다양한 패턴으로 출제된다. 시간이 오래 걸리며 뒤로 갈수록 지문 개수가 늘어나고 길어진다.
토익 중급 점수를 받기 위해 이 독해 지문들을 시간 내에 전부 완벽히 풀어야 하는 것은 아니지만, 최대한
여러 지문을 보면서 풀 수 있는 문제를 확실히 풀어주어야 한다. 더불어 PART 7 독해 시간을 벌 수 있도록
PART 5, 6에서의 시간 단축은 초보부터 고수까지 모두에게 중요하다.

UNIT 15 토익 RC의 압도적인 문항수, PART 7

PART 7 특징으로는

| 동영상 강의 |

❶ PART 6와 같이 독해 지문 박스가 있고, 위에 'Questions 번호 refer to the following 지문 유형'이 쓰여 있다. 출제 지문 유형은 다음과 같이 다양하다.
memo (회람), notice (공지), advertisement (광고), article (기사), letter/e-mail (편지/이메일), brochure (안내책자), information (정보), text-message chain (문자 메시지), online chat discussion (온라인 채팅), press release (보도자료), meeting minutes (회의록) 등

❷ 여러 지문 유형 중 article과 press release 난도가 높은 편이다.

❸ 147~175번 '단일 지문'에서는, 지문 1개와 이에 해당하는 2~4문항이 출제된다.

❹ 176~185번 '이중 지문'에서는, 지문 2개와 이에 해당하는 5문항이 출제된다.
각 지문에 해당하는 문제 + 두 지문의 공통 정보나 연관성을 찾는 연계형 문제
*이중 지문은 연계형 문제가 보통 1개 출제된다. (2개도 가능)

❺ 186~200번 '삼중 지문'에서는, 지문 3개와 이에 해당하는 5문항이 출제된다.
각 지문에 해당하는 문제 + 두 지문의 공통 정보나 연관성을 찾는 연계형 문제
*삼중 지문은 보통 연계형 문제가 2개 출제된다.

❻ 단일 지문에서만 출제되는 독특한 문제로 '문장 삽입 위치 고르기' 문제가 2문항 출제된다.

❼ 매 시험에서, 지문에서 특정 문단의 특정 단어와 유사한 의미를 고르는 '동의어 찾기' 문제가 1~2문항 출제된다.

❽ 지문을 일일이 분석하고 직독직해하며 문법적 구조를 파악하는 연습은 스스로를 힘들게 한다. 독해 지문에는 이해하기 어려운 문법적 구조와 문체가 사용될 수 있다.

토익 RC의 압도적인 문항수, PART 7

입문 점수를 얻기 위해 무조건 다 풀고 다 맞혀야 하는 것은 아니다! 하지만 문항수가 워낙 많기 때문에 평상시에 꾸준히 독해 지문을 풀고 오답을 정리하는 노력을 기울여야 한다.

PART 7에 출제되는 다양한 문제 패턴 — 항상 문제를 꼼꼼하게 읽기!

❶ **목적 찾기 문제:** 보통 첫 번째 문제로 출제

What is the purpose of the article? 기사의 목적은?

What is the memo about? 회람은 무엇에 관한 것인가?

What is the main purpose of the e-mail? 이메일의 주된 목적은?

❷ **추론/암시/시사 문제:** 고난도 유형으로 오답을 잘 지워야 답을 찾을 수 있는 문제

What can be concluded about the seminar? 세미나에 관해 결론지을 수 있는 것은?

What is suggested about the first meeting? 첫 회의에 관해 암시되는 것은?

What can be implied about XP Electronics? XP Electronics에 관해 추론할 수 있는 것은?

Who most likely is Mr. Hansen? Hansen 씨는 누구일 것 같은가?

★ can be concluded, most likely, probably, be suggested about 등의 표현이 질문에 나온다.

❸ **NOT이 들어간 문제:** 틀린 것이나 언급되지 않은 것을 고르는 유형

What is NOT mentioned about the lecture series? 강연 시리즈에 관해 언급되지 않은 것은?

❹ **동의어 찾기 문제:** PART 7 전체에 걸쳐 두 문항 정도, 단일 지문에서는 한 문항 출제

In the e-mail, the word "terms" in paragraph 1, line 5, is closest in meaning to
이메일에서 첫 번째 문단 5번째 줄의 단어 arrangement와 가장 가까운 의미는

혜원쌤 Tip

PART 7 문제풀이 꿀팁

1. '지문을 먼저 읽을까, 문제와 보기를 먼저 다 읽을까'는 크게 고민하지 않는다.

2. 지문의 큰 구성 틀만 봐 둔 다음, 문제를 꼼꼼하게 읽고 지문과의 내용을 대조하면서 푼다.

3. 문제를 한 번에 다 읽어 두면 잊어버리기 쉬우니, 문제 하나당 한 문단씩 읽어 나간다.

4. 보기에는 패러프레이징(paraphrasing)된 내용뿐 아니라 지문에 전혀 언급되지 않는 내용도 나온다. 따라서 보기를 완벽하게 읽어 두는 것은 큰 도움이 되지 않으므로 추천하지 않는다.

✔ PART 7 단일 지문

❶ [광고] **Questions 147-148** refer to the following [1]advertisement.

[2]**Magic Autos**
Your trusted partner in travel!

[2]**Vehicle Rentals**

[3] • We have a fleet of nearly fifty vehicles, including electric and hybrid ones.
• We can pick you up and bring you to our rental branch.
• Unlike any other rental company in the region, we have our mechanics carry out a full inspection after each use.
• Our vehicles come equipped with navigation systems and satellite radio.

[2]**Bus Rentals**

[5]Does your business need private transportation to an event? We have buses in a variety of sizes to help your group travel together comfortably. The rental includes the services of a driver who is knowledgeable about the local area. The driver can even suggest places to eat or shop along your journey. Call 804-888-7018 for more details.

[3]**147.** What is mentioned about Magic Autos?

[4](A) It has been in business for fifty years.
(B) It has multiple branches.
(C) It performs detailed inspections regularly.
(D) Its prices are lower than its competitors.

[5]**148.** What is indicated about the bus drivers?

[6](A) They recommend the shortest routes to the destinations.
(B) They are familiar with the local area.
(C) They are not employed by the company directly.
(D) They recently transferred to another branch.

● 광고 지문 문제풀이 과정 확인하기

1 Questions 147-148 refer to the following **advertisement**. → 가장 먼저 확인하는 부분, '광고'

지문의 굵직한 흐름 파악

2 Magic Autos — 업체 이름

Your trusted partner in travel! — 부제 (여기서 travel은 여행이 아니라 '이동'을 의미)

문단이 나누어져 있고, 각 문단의 '부제'가 존재하는 지문

Vehicle Rentals / Bus Rentals — '자동차 렌탈과 버스 렌탈이 가능하구나'라는 것을 확인

첫 번째 질문을 꼼꼼하게 읽은 후, '첫 번째 문단'의 굵직한 흐름을 파악한다.

3 **147.** What is mentioned about **Magic Autos**? → 키워드 = Magic Autos

Magic Autos에 관해 언급된 것은?

Vehicle Rentals

- We have a fleet of nearly fifty vehicles, including electric and hybrid ones.

우리는 전기 및 하이브리드 차량을 포함해 거의 50대의 차량을 보유하고 있습니다.   *a fleet of (차량 등의) 군단

- We can pick you up and bring you to a rental branch.

우리가 고객님을 픽업하여 렌탈 지점으로 데려다 드릴 수 있습니다.

- Unlike any other rental company in the region, we have our mechanics carry out a full
  inspection after each use.   have + 사람 목적어 + 동사원형: (사람)에게 ~하게끔 하다

이 지역 다른 렌탈업체들과 다르게, 우리는 정비사들에게 (차량의) 각 사용 후 완전한 점검을 시킵니다.

- Our vehicles come equipped with navigation systems and satellite radio.

우리의 차량에는 내비게이션 및 위성 오디오 시스템이 갖추어져 있습니다.

Magic Autos에 맞게 언급된 것을 보기에서 고르기

4 **147.** What is mentioned about Magic Autos?

(A) It has been in business for fifty years. 50년 동안 운영해 왔다.

(B) It has multiple branches. 여러 지점들이 있다.

(C) It performs detailed inspections regularly. 세부 점검을 주기적으로 수행한다.

(D) Its prices are lower than its competitors. 경쟁자들에 비해 가격대가 낮다.

항상 정답을 고르는 것보다 오답 소거가 중요하다. 정답이 확실하지 않다면 오답을 확실히 지울 것!

(A) We have a fleet of nearly fifty vehicles, ~에서 fifty는 차량 수이지 운영한 기간이 아니므로 오답

(B) We can pick you up and bring you to our rental branch.에서도 단수 형태로 branch이지,
    branches로 언급된 적이 없으므로 오답

(C) ~, we have our mechanics carry out a full inspection after each use.에서 매 사용 후 완전한 점검을 한다는 것은 보기의 주기적으로 점검한다는 것과 같은 의미이므로 정답은 (C)

(D) 지문에서 타사와 비교한 점은 full inspection(완전한 점검)이지 가격 비교를 한 적은 없으므로 오답

Paraphrasing | full inspection 완전한 점검 → detailed inspection 꼼꼼한[세부] 점검

after each use 매 사용 후에 → regularly 주기적으로

두 번째 질문을 꼼꼼하게 읽은 후, '두 번째 문단'의 내용을 굵직한 흐름을 잡아 읽는다.

5

148. What is indicated about the **bus drivers**? → 키워드 = bus drivers

버스 기사들에 대해 암시된 것은? → 드러난 사실이 암시하는 것을 묻는 문제

Bus Rentals 버스 렌탈

Does your business need private transportation to an event?

귀하의 업체는 행사장까지 개인 교통편이 필요하십니까?

We have buses in a variety of sizes to help your group travel together comfortably.

우리에게는 귀하의 그룹이 함께 편안하게 여행할 수 있도록 다양한 크기의 버스들이 있습니다.

The rental includes the services of a driver who is **knowledgeable about the local area**.

대여는 이 지역에 대한 지식이 뛰어난 기사 서비스를 포함합니다.

The driver can even suggest places to eat or shop along your journey.

기사는 심지어 여행 과정에서 먹거나 쇼핑할 장소를 추천해 줄 수 있습니다.

bus drivers에 대해 암시된 것을 보기에서 고르기

6

148. What is indicated about the bus drivers?

(A) They recommend the shortest routes to the destinations. 목적지까지 최단 경로를 추천한다.

(B) They are familiar with the local area. 해당 지역에 친숙하다.

(C) They are not employed by the company directly. 회사에 직접 고용되지 않았다.

(D) They recently transferred to another branch. 최근 다른 지사로 전근되었다.

(A) The driver can even suggest places to eat or shop along your journey.에서 기사들이 추천하는 것은 식당이나 쇼핑 장소이지 가장 짧은(shortest) 지름길을 추천한다는 말은 없으므로 오답

(B) ~ a driver who is knowledgeable about the local area. 문장을 통해 local area에 대해 잘 알고 있다, 즉 친숙하다(familiar with)는 느낌을 주므로 정답은 (B)

(C) 지문 어디에도 기사들이 회사에 직접적으로 고용된 상태가 아니라는 말은 없으므로 오답

(D) 지문 어디에도 다른 지사(branch)로 전근을 갔다는 말은 없으므로 오답

Paraphrasing | knowledgeable about ~에 관해 많이 아는 → familiar with ~에 친숙한

❷ [문자메시지] **Questions 149-150** refer to the following [1]text-message chain.

Amanda Whang [9:05 A.M.]
Perry, are you coming in to the office today?

Perry Jones [9:07 A.M.]
No, this is the last day of my vacation.
Why? Is there a problem?

Amanda Whang [9:08 A.M.]
Yes. [2]Sefora Cosmetics asked for a last-
minute change to the font in its magazine
ads, and the work needs to be done today.

Perry Jones [9:10 A.M.]
[2]Well, I copied the ad files to the shared
folder. [3]Talk to Simon.

Amanda Whang [9:12 A.M.]
[3]Will do. Thanks a lot!

[2]**149.** What type of industry do the writers
work in?

(A) Advertising
(B) Entertainment
(C) Electronics
(D) Manufacturing

[3]**150.** At 9:12 A.M., what does Ms. Whang
mean when she writes, "Will do"?

(A) She will change a font size
immediately.
(B) She will finish a report before noon.
(C) She will download some important
files.
(D) She will speak to a colleague.

● 문자메시지 지문 문제풀이 과정 확인하기

1 Questions 149-150 refer to the following **text-message chain**.
→ 글의 속성 확인 '문자메시지'

첫 번째 질문 빠르게 확인 → 직업/직종을 묻는 문제

2 **149. What type of industry** do the writers work in?
writers(= 문자메시지를 작성한 사람들)는 어느 업계에서 일하는가?

(A) **Advertising** 광고
(B) Entertainment 엔터테인먼트
(C) Electronics 전자 기술
(D) Manufacturing 제조

짧은 지문이니 문법적으로 따지는 것보다 굵직하게 읽으면서 단서 찾기
문자메시지나 채팅에서 직업/직종을 묻는 문제는 답이 보이기보다는 지문을 훑으면서 단서를 찾아야 한다.

Amanda Whang [9:05 A.M.]
Perry, are you coming in to the office today? Perry, 오늘 사무실 오나요? (= 출근하나요?)

Perry Jones [9:07 A.M.]
No, this is the last day of my vacation. Why? Is there a problem?
아니요. 오늘 휴가 마지막 날이에요. 왜요? 무슨 문제 있어요?

Amanda Whang [9:08 A.M.]
Yes. Sefora Cosmetics asked for a last-minute change to the font in its magazine **ads**,
and the work needs to be done today.
네. Sefora Cosmetics에서 잡지 광고 서체(font)에 막판(last-minute) 변경을 요구했어요. 그리고 그 작업은 오늘까지
마무리되어야 해요.

Perry Jones [9:10 A.M.]
Well, I copied the **ad files** to the shared folder. Talk to Simon.
음, 제가 광고 파일들을 공유 폴더(shared folder)에 복사해 놨어요. Simon과 얘기해 보세요.

Amanda Whang [9:12 A.M.]
Will do. Thanks a lot! 그럴게요. 고마워요!

지문의 흐름을 빠르게 훑으며 파악되는 직종은 광고 관련이므로 정답은 (A) Advertising이다.

3

150. At 9:12 A.M., what does Ms. Whang mean when she writes, "**Will do**"?
오전 9시 12분에, Whang 씨가 "Will do"라고 적은 것은 무엇을 의미하는가?

(A) She will change a font size immediately. 서체 크기를 즉시 바꿀 것이다.

(B) She will finish a report before noon. 정오 전에 보고서 작성을 끝낼 것이다.

(C) She will download some important files. 몇몇 중요한 파일들을 다운로드할 것이다.

(D) She will speak to a colleague. 동료와 이야기할 것이다.

의도파악 문제는, 의미부터 숙지한 다음 맥락을 보면서 누구의 어떤 말에 대한 반응인지 파악해야 한다. 해당 문장의 바로 앞/뒤 사람이 무엇을 말했는지 확인한다.

Perry Jones [9:10 A.M.]

Well, I copied the ad files to the shared folder. **Talk to Simon**.

음, 제가 광고 파일들을 공유 폴더에 복사해 놨어요. Simon과 얘기해 보세요.

Amanda Whang [9:12 A.M.]

Will do. Thanks a lot! 그럴게요. 고마워요!

Will do는 바로 앞 Perry Jones의 'Simon(= 직장 동료)에게 얘기해 보라'는 말에 대한 긍정적인 대답이다. 따라서 정답은 (D)이다.

Paraphrasing | talk to ～에게 말하다 → speak to ～와 이야기하다

3 [웹페이지] **Questions 151-153** refer to the following [1]Web page.

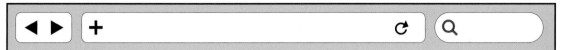

---

[2]Banner Smart: Overview

We provide a wide range of custom-printed banners, and our designers can help you create the image you need. We offer free delivery on orders of $40 or more. As all the items are custom-made, we usually do not offer refunds. However, in case of a misprint or fault with the banner itself, there is an exception to this policy. [3]In those cases, we are happy to send a replacement or refund your money.

Material	Size	Price
Paper (Indoor use only)	3ft. high - up to 15ft. wide	$2.50 - $14.50
Vinyl	3ft. high - up to 14ft. wide	$5.50 - $25.50
Canvas	4ft. high - up to 12ft. wide	$10.00 - $30.00
[4]Polyester (Best for photos)	5ft. high - up to 12ft. wide	$15.50 - $40.00

[2]All banners can be printed on the reverse side for an additional fee.

---

[2]**151.** What is NOT mentioned about Banner Smart?

(A) It can create double-sided banners.

(B) Its size options vary by material.

(C) It offers free delivery on certain orders.

(D) Its designers offer free consultations.

[3]**152.** The word "cases" in paragraph 1, line 5, is closest in meaning to

(A) containers

(B) requests

(C) problems

(D) situations

[4]**153.** What is indicated about polyester banners?

(A) They are the cheapest option.

(B) They should be used indoors.

(C) They are ideal for photographs.

(D) They are the smallest banners.

● 웹페이지 지문 문제풀이 과정 확인하기

1 Questions 151-153 refer to the following **Web page**. → 글의 속성 확인 '웹페이지'

첫 번째 질문 빠르게 확인 → 언급된 사실이 아닌 것을 찾는 문제

2 **151.** What is NOT mentioned about Banner Smart?
배너 스마트에 관해 언급되지 않은 것은?

Banner Smart: Overview 배너 스마트: 개요

We provide a wide range of custom-printed banners,

우리는 다양한 맞춤 인쇄 배너를 제공하며,   *a wide range of 다양한 / custom 맞춤 제작의

and **our designers can help you create the image you need**.

우리의 디자이너들은 귀하가 원하는 이미지 제작을 도와드릴 수 있습니다.

We offer **free delivery on orders of $40 or more**.

우리는 40달러 이상 주문에 무료 배송을 제공합니다.

As all the items are custom-made, we usually do not offer refunds.

모든 제품은 맞춤 제작되므로, 일반적으로 환불을 제공하지 않습니다.

All banners can be printed on the reverse side for an additional fee.

모든 배너는 추가 비용을 지불하시면 뒷면에도 인쇄가 가능합니다.   *reverse side 뒷면, 이면 / additional fee 추가 비용

NOT이 들어간 문제는 패러프레이징된 보기가 많아 최대한 비슷한 의미를 찾아 소거하여 정답을 남긴다.

151. What is NOT mentioned about Banner Smart?

(A) It can create double-sided banners. 양면 인쇄가 가능하다.

(B) Its size options vary by material. 재질별 사이즈가 다르다.   *vary 다르다 / by ~별로

(C) It offers free delivery on certain orders. 특정 주문건들에 무료 배송을 제공한다.

(D) Its designers offer free consultations. 디자이너들이 무료 상담해 준다.

(A) 지문 끝 reverse side(뒷면)에 인쇄된다는 것이 double-sided(양면) 인쇄로 재표현됨

(B) 지문 중앙의 표에 Material(재질)별 사이즈가 각각 다르기 때문에 언급된 내용

(C) 지문 상단에 무료 배송이 제공되는 orders of $40 or more(40달러 이상 주문)가 certain orders (특정 주문)로 재표현됨

(D) 지문 상단에 디자이너들이 도움을 준다(help)고 했지만, 무료 상담(free consultations)을 해준다는 말은 어디에도 없으므로 정답은 (D)

두 번째 질문 확인 → 동의어 찾기 문제

3

152. The word "**cases**" in paragraph 1, line 5, is closest in meaning to
첫 번째 문단 5번째 줄의 단어 cases와 가장 가까운 의미는

(A) containers 용기, 담는 곳 → case의 '상자'라는 의미를 이용한 함정

(B) requests 요청

(C) problems 문제점 → 앞 문장의 misprint와 fault만 보고 해당 보기를 고르지 않도록 주의

(D) situations 상황, 경우

특정 문단의 특정 문장에 제시된 어휘에 가장 가까운 의미의 단어를 주변 문맥을 통해 찾는 유형

지문에서 cases를 찾아 그 주변을 보면,

However, in case of a misprint or fault with the banner itself, there is an exception to
this policy. 그러나, 인쇄가 잘못되었거나 배너 자체에 결함이 있는 경우 이 방침에 예외는 있습니다.　　　　*misprint 인쇄 오류

In those cases, we are happy to send a replacement or refund your money.
이러한 경우에는 기꺼이 교체품을 보내 드리거나 귀하의 비용을 환불해 드립니다.

cases는 misprint나 fault가 발생하는 '상황, 경우'라고 볼 수 있으므로 정답은 (D)이다.

세 번째 질문 확인 → 질문에 명확한 키워드 Polyester가 있기 때문에 이 부분을 표에서 찾아서 푼다.

4

153. What is indicated about **polyester** banners? 폴리에스테르 현수막에 관해 언급된 것은?

(A) They are the cheapest option. 가장 저렴한 옵션이다.

(B) They should be used indoors. 실내에서 사용되어야 한다.

(C) They are ideal for photographs. 사진에 이상적이다.

(D) They are the smallest banners. 모든 배너들 중 가장 작다.

Material	Size	Price
Paper (Indoor use only)	3ft. high - up to 15ft. wide	$2.50 - $14.50
Vinyl	3ft. high - up to 14ft. wide	$5.50 - $25.50
Canvas	4ft. high - up to 12ft. wide	$10.00 - $30.00
Polyester (Best for photos)	5ft. high - up to 12ft. wide	$15.50 - $40.00

(A) 표에서 Price(가격)를 보면 Polyester가 가장 비싸기 때문에 오답

(B) 실내에서 사용해야 하는 것은 첫 번째 항목의 Paper이므로 오답

(C) Polyester 설명의 Best for photos가 ideal for photographs로 재표현된 것이므로 정답은 (C)

(D) 가장 작다고 하기에는 Canvas와 너비가 같고 높이는 가장 높기 때문에 오답

❹ [이메일] **Questions 154-156** refer to the following [1]e-mail.

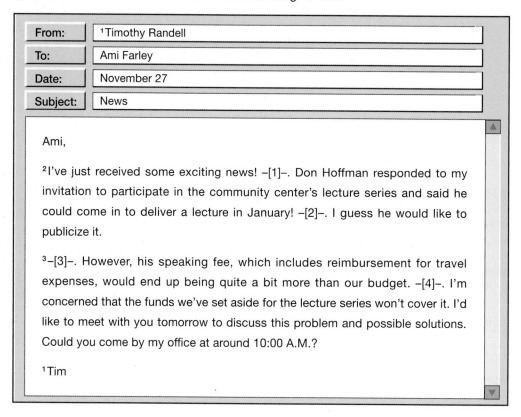

From:	[1]Timothy Randell
To:	Ami Farley
Date:	November 27
Subject:	News

Ami,

[2]I've just received some exciting news! –[1]–. Don Hoffman responded to my invitation to participate in the community center's lecture series and said he could come in to deliver a lecture in January! –[2]–. I guess he would like to publicize it.

[3]–[3]–. However, his speaking fee, which includes reimbursement for travel expenses, would end up being quite a bit more than our budget. –[4]–. I'm concerned that the funds we've set aside for the lecture series won't cover it. I'd like to meet with you tomorrow to discuss this problem and possible solutions. Could you come by my office at around 10:00 A.M.?

[1]Tim

[2]**154.** What information does Mr. Randell share?

(A) He has been promoted.

(B) He will speak at a conference.

(C) He may be able to hire a speaker.

(D) He will be publishing a book.

[3]**155.** What will be the main topic of tomorrow's meeting?

(A) Lecture topics

(B) Budget limitations

(C) Travel arrangements

(D) Attendance records

[4]**156.** In which of the positions marked [1], [2], [3], and [4] does the following sentence best belong?

"He's releasing a new book on visual arts in March."

(A) [1]

(B) [2]

(C) [3]

(D) [4]

● 이메일과 편지 지문 문제풀이 과정 확인하기

1 Questions 154-156 refer to the following **e-mail**. → 글의 속성 확인 '이메일'

이메일과 편지에서는 발신자와 수신자 정보, 제목, 날짜를 무조건 먼저 파악해야 한다.

From: Timothy Randell 발신자
To: Ami Farley 수신자
Date: November 27 날짜: 11월 27일
Subject: News 제목: 소식

...

Tim (서명) 발신자

이 글에서는 마지막 서명에 발신자 이름 Tim(Timothy의 약어)만 있지만, 발신자의 이름과 함께 소속, 직급, 업체명 등이 표기되는 것이 일반적이다.

첫 번째 질문 확인

2 **154. What information** does Mr. Randell share? Randell 씨는 어떤 정보를 공유하는가?

I've just received some exciting **news**! 방금 막 기쁜 소식을 받았어요!

–[1]–. Don Hoffman responded to my invitation to participate in the community center's lecture series and said he could come in to deliver a lecture in January!
Don Hoffman이 커뮤니티 센터의 강연 시리즈에 참여해 달라는 저의 초청에 응했고, 그는 1월에 강연을 하러 올 수 있다고 했습니다!

*deliver a lecture 강연하다

–[2]–. I guess he would like to publicize it. 제 생각엔 그가 그것을 홍보하고 싶어 하는 것 같아요.

---

154. What information does Mr. Randell share?

(A) He has been promoted. 그는 승진되었다.
(B) He will speak at a conference. 그는 컨퍼런스에서 연설할 것이다.
(C) He may be able to hire a speaker. 그는 강연자를 고용할 수 있을 것이다.
(D) He will be publishing a book. 그는 책을 출간할 것이다.

문장 보기는 함정을 주의해야 한다. speaker로 초청된 사람은 Don Hoffman이지 질문에 등장한 글의 발신자 Mr. Randell이 아니다. Randell 씨가 Don Hoffman을 speaker로 초청했고 수락 답변을 받았다며 소식을 전하고 있으므로 정답은 (C)이다.

Paraphrasing | deliver a lecture 강연하다 → a speaker 강연자, 연설자
invitation (강연자로) 초청 → hire (강연자를) 고용하다

3 **155.** What will be the main topic of **tomorrow's meeting**? 내일 회의의 주된 목적은?

    (A) Lecture topics 강연 주제

    (B) Budget limitations 예산 제한

    (C) Travel arrangements 출장 준비

    (D) Attendance records 출석 기록

–[3]–. However, his speaking fee, which includes reimbursement for travel expenses, would end up being quite a bit more than our budget.

하지만 출장비 상환을 포함한 그의 강연료는 결국 저희 예산보다 꽤 높은 금액이 될 것입니다.   *reimbursement 상환, 변상

–[4]–. I'm concerned that the funds we've set aside for the lecture series won't cover it.

우리가 강연 시리즈를 위해 따로 확보해 둔 자금으로는 충당하지 못할 것 같아 걱정이 됩니다.   *set aside 확보해 두다

I'd like to meet with you **tomorrow** to discuss this problem and possible solutions.

내일 당신을 만나서 이 문제와 이에 대한 가능한 해결책을 논의하고 싶어요.

Could you come by my office at around 10 A.M.? 오전 10시쯤 제 사무실로 와 주시겠어요?

지문에서 tomorrow가 나오기 이전 내용에서 키워드를 잡아 보면 비용(fee), 예산(budget), 자금(funds) 등 돈을 걱정하고 있다는 것을 알 수 있다. 따라서 이를 this problem이라고 언급하고 solutions를 위해 만나서 논의하자고 하는 것이므로 정답은 (B) Budget limitations이다.

4 **156.** In which of the positions marked [1], [2], [3], and [4] does the following

    sentence best belong? [1], [2], [3], [4]로 표시된 위치 중에서 다음 문장이 들어가기에 가장 적합한 곳은?

    "He's releasing a new book on visual arts in March."

    그는 시각 예술에 관한 신작 도서를 3월에 출간해요.

지문의 [1], [2], [3], [4] 중 주어진 문장이 가장 잘 어울리는 위치를 고르는 맥락 파악 문제이다.

Don Hoffman responded to my invitation to participate in the community center's lecture series and said he could come in to deliver a lecture in January! –[2]–. I guess he would like to publicize it.

[2] 앞에 'Don Hoffman이 강연해 주기로 했다'는 소식만 나왔는데, 갑자기 [2] 뒤에서 '그것(it)을 홍보하고 싶어 하는 것 같다'는 내용이 나왔다. 부자연스럽게 연결된 두 문장 사이에 주어진 문장 "He's releasing a new book on visual arts in March."가 들어가면, 강연에서 자신의 신작 도서를 홍보하고 싶은 것 같다는 자연스러운 흐름으로 이어진다. 결국 [2] 뒤의 it이 주어진 문장의 a new book을 받는 것으로 보는 것이 가장 적절하므로 정답은 (B)이다.

V PART 7 이중/삼중 지문

❶ [이중 지문] **Questions 176-180** refer to the following [1]advertisement and e-mail.

MBTC
Merdian Business Training Center

Business classes at MBTC provide students with the valuable skills needed to take on a variety of office-based positions. Our instructors are very knowledgeable and have practical experience in their subjects, and our London campus provides a learning environment that is both high-tech and comfortable. Don't have the time to commute to London? Don't worry! All of our classes can also be taken online with our easy-to-use distance learning software.

Accounting for Business: Get hands-on practice with bookkeeping, creating quarterly statements, and payroll administration. Three hours of instruction per week.
Instructor: Tyana Johns

Basics of Office Operations: Learn how to keep a small office running smoothly by tracking supplies, maintaining facilities, and supporting various departments. Four hours of instruction per week.
Instructor: Anthony Lu

Using Major Business Software: Gain proficiency in common types of word processing, spreadsheet, and database management software. Six hours of instruction per week.
Instructor: Monika Taylor

Human Resources Essentials: Become familiar with processes for hiring, training, and overseeing personnel. Four hours of instruction per week.
Instructor: Jenna Sugimoto

For testimonials from graduates, information on tuition fees, registration instructions, and more, visit www.merdianbtc.com today.

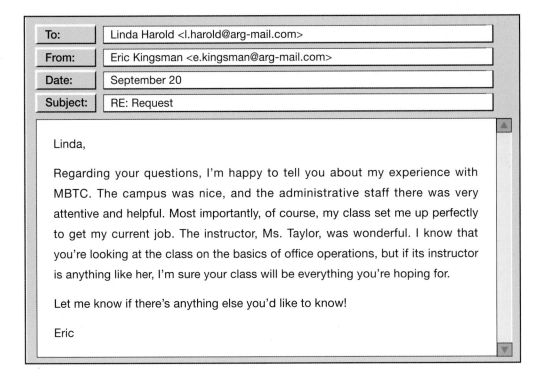

To:	Linda Harold <l.harold@arg-mail.com>
From:	Eric Kingsman <e.kingsman@arg-mail.com>
Date:	September 20
Subject:	RE: Request

Linda,

Regarding your questions, I'm happy to tell you about my experience with MBTC. The campus was nice, and the administrative staff there was very attentive and helpful. Most importantly, of course, my class set me up perfectly to get my current job. The instructor, Ms. Taylor, was wonderful. I know that you're looking at the class on the basics of office operations, but if its instructor is anything like her, I'm sure your class will be everything you're hoping for.

Let me know if there's anything else you'd like to know!

Eric

[2, 3]**176.** According to the advertisement, what do all MBTC classes have in common?

(A) They are offered via more than one platform.

(B) They are taught by university professors.

(C) They are discounted for London residents.

(D) They are conducted for the same amount of time.

[4]**177.** Who has experience supervising workers?

(A) Ms. Johns

(B) Mr. Lu

(C) Ms. Taylor

(D) Ms. Sugimoto

[5]**178.** What information is NOT provided on the MBTC Web site?

(A) Educational expenses

(B) Instructions on signing up for MBTC

(C) Driving directions to the campus

(D) Recommendations from former students

[6]**179.** Why did Mr. Kingsman write to Ms. Harold?

(A) To file a complaint

(B) To respond to an inquiry

(C) To suggest revising a plan

(D) To correct a misunderstanding

[7]**180.** What job does Mr. Kingsman most likely have?

(A) Salesperson

(B) Computer engineer

(C) Data entry associate

(D) Employee trainer

● 이중 지문 문제풀이 과정 확인하기

1
Questions 176-180 refer to the following **advertisement and e-mail**.
→ 가장 먼저 확인하는 부분, 광고 + 이메일

꼼꼼하게 읽기보다 5개의 질문을 대략적으로 보고 흐름을 파악해 두는 것이 좋다.

2
176. According to the advertisement, what do all MBTC classes have in common?

광고에 따르면 → '광고' 지문에서 정보를 찾는 문제 (연계형 확률 0%)

177. Who has experience **supervising workers**? 누가 직원들을 관리해 본 경험이 있는가?

→ 첫 번째 지문의 목록에서 사람 이름 확인

178. What information is **NOT** provided on the **MBTC Web site**?

MBTC 웹사이트에서 제공되지 않은 정보는? → '웹사이트'를 단서로 정보를 찾는 문제

179. Why did Mr. Kingsman **write** to Ms. Harold? 왜 Kingsman 씨는 Harold 씨에게 글을 썼는가?

→ Why ~ write 유형은 특정 지문의 '글을 쓴 목적'을 묻는 문제 (연계형 확률 0%)
Kingsman 씨가 발신자로 등장하는 것은 두 번째 지문 '이메일'

180. What job does Mr. Kingsman **most likely** have?

Kingsman 씨는 어떤 직업을 가지고 있을 것 같은가?

→ most likely가 나오는 추론 문제. 사람에 대한 추론 문제는 연계형일 확률이 매우 높다!

176번 질문을 꼼꼼하게 읽고 키워드를 파악한 후, 지문에서 내용 찾기

3
176. According to the advertisement, what do all MBTC classes have **in common**?

광고에 따르면, 모든 MBTC 수업들이 공통적으로(in common) 가지고 있는 것은 무엇인가?

(A) They are offered via more than one platform.
수업들은 하나 이상의 플랫폼에서 제공된다.

(B) They are taught by university professors. 대학 교수들이 가르친다.

(C) They are discounted for London residents. 런던 주민들에게 할인이 된다.

(D) They are conducted for the same amount of time. 동일한 시간으로 진행된다.

광고 지문의 첫 번째 문단을 빠르게 읽으면서 단서를 찾아보면,

Business classes at MBTC provide students with the valuable skills needed to take on a variety of office-based positions.

MBTC의 비즈니스 수업은 다양한 사무직에서 요구되는 귀중한 기술을 학생들이 습득할 수 있도록 도와줍니다.

Our instructors are very knowledgeable and have practical experience in their subjects, and our London campus provides a learning environment that is both high-tech and comfortable.

저희 강사들은 각자의 분야에서 풍부한 지식과 실무 경험을 갖고 있으며, 런던 캠퍼스는 최신 기술을 갖춘 편안한 학습 환경을 제공합니다.

Don't have the time to commute to London? Don't worry! **All of our classes can also be taken online** with our easy-to-use distance learning software.

런던까지 통학할 시간이 없으신가요? 걱정하지 마세요! 저희의 모든 수업은 사용하기 쉬운 원격 학습 소프트웨어를 통해 온라인으로도 수강할 수 있습니다.

(A) 문단 마지막의 모든 수업이 online으로도 제공된다는 것을 more than one platform(하나 이상의 플랫폼)이라는 말로 paraphrasing(어휘 재표현)한 것이므로 정답은 (A)

(B) 강사들이 지식이 많고(knowledgeable) 실무 경험(practical experience)이 많다고 했으나, 대학 교수라는 말은 어디에도 없으므로 오답

(C) London이 지역명으로 등장하지만 런던 주민들에게 할인(discounted)해 준다는 말은 없으므로 오답

(D) 강의 목록을 보면 Three hours / Four hours / Six hours 등 시간이 다르므로 오답

All ~ classes(모든 수업들), 이 부분이 질문의 in common(공통된) 사항의 단서이다.

★ 문제를 풀기 어려울수록, 정답을 찾기보다 오답 소거 훈련을 하며 실력을 늘려야 한다.

Paraphrasing │ can also be taken online 온라인으로도 수강 가능하다 →
　　　　　　　offered on more than one platform 하나 이상의 플랫폼에서 제공되다

177번 질문을 꼼꼼하게 읽고 키워드를 파악한 후, 지문에서 내용 찾기

4 **177.** Who has experience **supervising workers**? 누가 직원들을 관리해 본 경험이 있는가?

(A) Ms. Johns
(B) Mr. Lu
(C) Ms. Taylor
(D) Ms. Sugimoto

광고 지문에서 강사 이름이 나와 있는 강의 목록을 보면,

Human Resources Essentials: Become familiar with processes for **hiring, training, and overseeing personnel**. Four hours of instruction per week.

인사관리 핵심: 직원 고용과 교육, 관리 과정을 익힙니다. 주당 4시간 수업

Instructor: **Jenna Sugimoto**

결국 paraphrasing(어휘 재표현)이 정답으로 이끈다. 직원들을 고용, 교육, 감독한다는 말이 나오고 지문의 overseeing이 질문의 supervising과 같은 의미임을 이해해야만 답을 찾을 수 있다. 정답은 (D)이다.

Paraphrasing │ oversee 감독하다 → supervise 관리/감독하다

178번 질문을 꼼꼼하게 읽고 키워드를 파악한 후, 지문에서 내용 찾기

5

178. What information is NOT provided on the MBTC Web site?
MBTC 웹사이트에서 제공되지 않은 정보는?

(A) Educational expenses 교육 비용

(B) Instructions on signing up for MBTC MBTC 등록 안내

(C) Driving directions to the campus 캠퍼스까지 자동차 길 안내

(D) Recommendations from former students 이전 학생의 추천글

NOT이 들어간 문제는 paraphrasing(어휘 재표현) 현상이 더 빈번하게 발생한다!

광고 지문 하단에 등장하는 다음 문장에 웹사이트 관련 키워드가 등장한다.

*For **testimonials from graduates, information on tuition fees, registration instructions**, and more, visit www.merdianbtc.com today.*
졸업생 추천 후기, 수업료 정보, 등록 방법 등 더 많은 내용을 보시려면 오늘 www.merdianbtc.com을 방문하세요.

(A) tuition fees(수업료)가 educational expenses(교육 비용)으로 교체되어 언급된 정보

(B) registration(등록)이 signing up(등록)으로 교체되어 언급된 정보

(C) 운전해서 오는 길 안내에 대한 언급은 전혀 없으므로 정답은 (C)

(D) graduates(대학 졸업생들)가 former students(이전 학생들)로, testimonials(추천글)가 recommendations(추천글)로 교체되어 언급된 정보

Paraphrasing | tuition fees 수업료 → educational expenses 교육 비용
testimonials 추천글 → recommendations 추천글

179번 질문을 꼼꼼하게 읽고 키워드를 파악한 후, 지문에서 내용 찾기

6

179. Why did Mr. Kingsman write to Ms. Harold?
왜 Kingsman 씨는 Harold 씨에게 글을 썼는가? → 글의 목적 찾기 문제

(A) To file a complaint 불만을 제기하려고   *file a complaint 공식 항의하다

(B) To respond to an inquiry 문의사항에 답하려고

(C) To suggest revising a plan 계획 수정을 제안하려고

(D) To correct a misunderstanding 오해를 바로잡으려고

보통 이중 지문의 네 번째 문제는, 두 번째 지문에서 단서 정보가 나올 때가 많다.

두 번째 지문인 이메일을 보자. 이메일은 제목(Subject)부터 중요하다.

Subject: RE: Request

제목 자체에 RE: 또는 Re:가 등장하면 이는 Reply(회신)의 축약 표현으로 답장하기를 눌러서 작성한
상황임을 보여주고, 이는 문제 해결의 단서를 제공하기도 한다.

이메일의 첫 번째 줄을 보면,

Linda,
Regarding your questions, I'm happy to tell you about my experience with MBTC.
당신이 문의한 사항에 관하여 기쁜 마음으로 MBTC와의 제 경험에 대해 알려드려요.

이메일의 수신자인 Linda가 먼저 questions(문의사항)를 남겼고, 이에 대해 Eric이 Linda에게 답변하는 상황임을 알 수 있다. 따라서 정답은 (B)이다.

Paraphrasing | questions 질문 → inquiry 문의사항

아직 연계형 문제가 나오지 않았다. 따라서 180번은 무조건 '연계형' 문제가 된다.

7 **180.** What job does Mr. Kingsman most likely have?
Kingsman 씨는 어떤 직업을 가지고 있을 것 같은가?

(A) Salesperson 영업사원
(B) Computer engineer 컴퓨터 공학자
(C) Data entry associate 데이터 입력 직원
(D) Employee trainer 직원 트레이너

질문이 Kingsman 씨 관련 문제이므로, Kingsman 씨가 직접 쓴 이메일에서 정보를 찾아서 첫 번째 지문의 강사 이름과 대조해야 한다.

이메일의 다음 문장을 보면,

Most importantly, of course, my class set me up perfectly to get my current job.
물론, 가장 중요한 것은 제가 수강한 강좌로 현재 제 직업에 완벽히 대비할 수 있었다는 것입니다.
The instructor, **Ms. Taylor, was wonderful**. 강사 Taylor 씨는 훌륭했습니다.

사람 이름 Ms. Taylor가 등장한다. **사람 이름, 회사명 등 고유명사는 연계형 문제 해결의 단서가 되는 경우가 매우 많다!** Kingsman 씨가 Taylor 씨의 수업을 수강했다는 점을 인지하고 첫 번째 지문에서 Taylor 씨의 강의를 찾는다.

Using Major Business Software: Gain proficiency in common types of **word processing, spreadsheet, and database management software**. Six hours of instruction per week.
Instructor: Monika **Taylor**
주요 비즈니스 소프트웨어 활용: 가장 일반적인 워드프로세서, 스프레드시트, 데이터베이스 관리 소프트웨어에 능숙해집니다.
주당 6시간 수업 / 강사: Monika Taylor

강사 이름을 통해 두 지문의 정보를 접목하면 Kingsman 씨는 워드프로세서, 스프레드시트, 데이터베이스 관리 소프트웨어를 다루는 직업을 가진 것을 알 수 있으므로 정답은 (C)이다.

Save Water Festival

Sunday, July 15, at Gordon Hall, Nashville

An estimated 800 million people around the world do not have access to clean drinking water, and nearly 70% of illnesses in several developing countries are related to poor-quality drinking water.*

You can make a difference!

Please be a part of our fundraising efforts on Sunday, July 15, from 9:00 A.M. to 7:00 P.M. at Gordon Hall. The event will include various activities such as a drawing contest for children, a water-carrying race for teens, and informative lectures for adults. A suggested donation of $15 will be collected at the entrance. The proceeds will go directly toward our efforts to build wells in foreign countries with a desperate need for clean water.

The event is sponsored by the Clean Universe charity. Its founder, Ron Christopher (author of the bestseller *For Our Future*), will give a talk at the festival as well as at the Craig Center on July 20.

You can find more facts at www.cleanuniverse.org.

To:	Ron Christopher <ronchristopher@cleanuniverse.org>
From:	Tim Johnson <tim@togethernow.org>
Date:	July 23
Subject:	Together Now
Attachment:	📎 directions.doc

Dear Mr. Christopher,

I am the director of a charity called Together Now, which provides funding to causes related to global health. I was in Nashville on a business trip earlier this week, and I attended your talk at the Craig Center. I was impressed with your insights on clean drinking water, and more than ever, I became aware that I should count myself lucky for having access to it. I would like to explore how our two organizations could work together. Would you be able to meet me at our main office sometime in August? I've attached information about how to get to our site.

Sincerely,

Tim Johnson

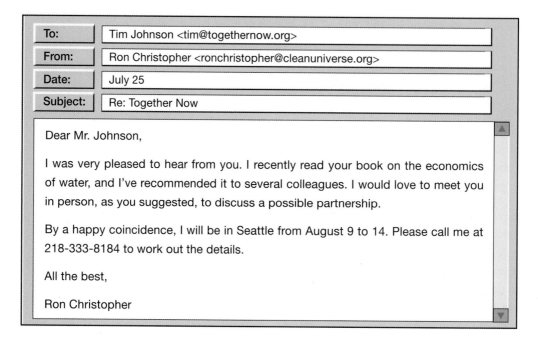

To: Tim Johnson <tim@togethernow.org>
From: Ron Christopher <ronchristopher@cleanuniverse.org>
Date: July 25
Subject: Re: Together Now

Dear Mr. Johnson,

I was very pleased to hear from you. I recently read your book on the economics of water, and I've recommended it to several colleagues. I would love to meet you in person, as you suggested, to discuss a possible partnership.

By a happy coincidence, I will be in Seattle from August 9 to 14. Please call me at 218-333-8184 to work out the details.

All the best,

Ron Christopher

[2, 3]**186.** What is NOT mentioned about the July 15 event?

(A) The money it generated will be sent overseas.

(B) It was funded by a type of nonprofit organization.

(C) It included talks from famous engineers.

(D) It featured activities for various ages.

[4]**187.** According to the flyer, what can be found on the Web site?

(A) Some information related to water

(B) Information about a registration fee

(C) Instructions on a charity's future projects

(D) Job descriptions

[5]**188.** In the first e-mail, the word "count" in paragraph 1, line 5, is closest in meaning to

(A) number

(B) consider

(C) pay

(D) calculate

[6]**189.** What is implied about Together Now?

(A) It focuses solely on water projects.

(B) It was founded by Mr. Johnson.

(C) It is the largest charity in the region.

(D) Its headquarters are in Seattle.

[7]**190.** What do Mr. Johnson and Mr. Christopher have in common?

(A) They are both published authors.

(B) They both travel frequently to other countries.

(C) They attended the same university.

(D) They both spoke at the Save Water Festival.

● 삼중 지문 문제풀이 과정 확인하기

1 Questions 186-190 refer to the following **flyer and e-mails**.
　→ 가장 먼저 확인하는 부분, 전단지 + 이메일 지문들(이메일 지문은 2개)

꼼꼼하게 읽기보다 5개의 질문을 대략적으로 보고 흐름을 파악해 두는 것이 좋다.

2 186. What is **NOT** mentioned about the **July 15 event**? 7월 15일 행사에 관해 언급되지 않은 것은?
　→ 첫 번째 문제 + most likely 같은 추론의 단서 없음 + 7월 15일 날짜가 첫 지문에 언급
　　(연계형 확률 거의 없음)

187. **According to the flyer**, what can be found on the **Web site**?
　전단지(flyer)에 따르면, 웹사이트에서 발견할 수 있는 것은? → 첫 번째 지문 문제 (연계형 확률 0%)

188. In the first e-mail, the word "count" in paragraph 1, line 5, is closest in meaning
to → 첫 번째 이메일에서 동의어 찾기 문제 (연계형 확률 0%)

★ 삼중 지문은 연계형이 보통 2문제 출제된다. 그렇다면 189번과 190번이 연계형!

189. What **is implied about Together Now**? Together Now에 관해 암시[시사]되는 것은?
　→ be implied 추론형 (연계형 확률 ↑)

190. What do Mr. Johnson and Mr. Christopher **have in common**?
　Johnson 씨와 Christopher 씨의 공통점은 무엇인가?
　→ 복수 지문 문제에서 have in common 구문이 나오면, 최소 두 지문에서 공통점을 찾아야
　　할 때가 많다. (연계형 확률 ↑)

186번 질문을 꼼꼼하게 읽고 키워드 파악 후, 지문에서 내용 찾기

3 186. What is NOT mentioned about the July 15 event? 7월 15일 행사에 관해 언급되지 않은 것은?
　(A) The money it generated will be sent overseas. 발생한 수익금은 해외로 보내질 것이다.
　(B) It was funded by a type of nonprofit organization. 비영리 단체에서 자금 지원을 받았다.
　(C) It included talks from famous engineers. 유명 엔지니어들의 강연이 포함되었다.
　(D) It featured activities for various ages. 다양한 연령대를 위한 활동이 포함되었다.

NOT이 들어간 문제는, paraphrasing(어휘 재표현) 현상이 더 빈번하게 발생한다!

첫 번째 지문(전단지)을 읽다가 두 번째 문단 이후를 보면,

The event will include **various activities** such as a drawing contest for **children**,
a water-carrying race for **teens**, and informative lectures for **adults**.
이 행사는 아이들을 위한 그림그리기 대회, 십대 청소년을 위한 물 나르기 경주, 성인을 위한 유익한 강좌 등 다양한 활동이 포함됩니다.

A suggested donation of $15 will be collected at the entrance.
권장된 기부금 15달러는 입구에서 모금합니다.

The proceeds will go directly toward our efforts to build wells in **foreign countries** with a desperate need for clean water.
수익금은 깨끗한 물이 절실하게 필요한 해외 국가들의 우물 건설 활동에 쓰일 것입니다.

위 문단을 통해 (D)의 activities for various ages(다양한 연령대를 위한 활동)와 (A) The money ~ overseas.를 확인할 수 있다. proceeds(수익금)와 money를 연관 지어 인지하고 foreign countries를 overseas로 통칭했음을 알아야 한다.

그 다음 문단을 보면,

The event is **sponsored** by the Clean Universe **charity**.
이 행사는 자선단체 Clean Universe에서 후원합니다.

이 문장과 (B) It was funded by a type of nonprofit organization.을 비슷한 의미로 인지해야 하는 어려운 문제이다. charity가 nonprofit organization(비영리 단체)임을 알아야 하고, be sponsored (후원을 받다)가 be funded(자금을 받다)로 재표현되었다.

지문 어디에도 engineers(엔지니어들)가 강연해 주었다는 말은 없으므로 정답은 (C)이다.

참고 문제의 보기에 과거시제 동사가 나오기도 하는데, 이는 삼중 지문 특성상 첫 번째 지문이 가장 먼저 일어난 상황이고 두세 번째 지문들이 이후에 쓰인 내용인 경우가 많기 때문이다. 이 문제 또한 첫 지문에 언급된 7월 15일의 event는 이미 지나간 과거의 행사이므로 과거시제로 서술되었다.

Paraphrasing | children, teens, adults 어린이, 십대, 성인 → various ages 다양한 연령대
proceeds 수익금 → money 돈
charity 자선단체 → a type of nonprofit organization 비영리 단체의 한 유형

187번 질문을 꼼꼼하게 읽고 키워드 파악 후, 지문에서 내용 찾기

4 **187.** According to the flyer, what can be found on the Web site?
전단지에 따르면, 웹사이트에서 발견할 수 있는 것은?

(A) **Some information related to water** 식수 관련 정보
(B) Information about a registration fee 등록비에 관한 정보
(C) Instructions on a charity's future projects 자선단체의 향후 프로젝트에 대한 안내
(D) Job descriptions 직무 상세사항

질문의 Web site를 단서로 첫 번째 지문인 전단지를 보면, 하단에 웹사이트 주소가 나와 있다.

*You can find more facts at www.cleanuniverse.org.
*더 많은 사실 정보는 www.cleanuniverse.org에서 확인할 수 있습니다.

이 문장 앞에 있는 별표 기호(*)는 보통 지문 어딘가에 등장하는 정보에 대한 주석 또는 부연 설명으로, 동일한 별표 기호를 지문에서 찾아야 한다. 별표를 찾아보면 지문 상단에 다음의 문장이 보인다.

An estimated 800 million people around the world do not have access to clean drinking water, and nearly 70% of illnesses in several developing countries are related to poor-quality drinking water.[*]

전 세계에서 8억 명이 깨끗한 식수를 얻지 못하는 것으로 추산되며, 개발도상국 질병의 70%는 질이 나쁜 식수와 연관되어 있습니다.*

별표 기호를 매칭해 웹사이트에 식수 문제에 관한 정보가 있다는 점을 알 수 있으므로 정답은 (A)이다.

Paraphrasing ǀ facts 사실 → information 정보

188번 — 동의어 찾기 문제 / 어휘의 뉘앙스를 알아야 하는 고난도 문제

5
188. In the first e-mail, the word "count" in paragraph 1, line 5, is closest in meaning to
첫 번째 이메일에서 첫 번째 문단 5번째 줄의 단어 count와 가장 가까운 의미는
(A) number 번호를 매기다
(B) consider 고려하다
(C) pay 지불하다
(D) calculate 계산하다

동의어 찾기 문제는 단어의 사전적인 의미만 중요한 것이 아니라 문장의 흐름에 적절해야 한다.

질문이 가리키는 '첫 번째 이메일(두 번째 지문)의 첫 문단 다섯 번째 줄'을 보면,

I was impressed with your insights on clean drinking water, and more than ever, I became aware that I should **count myself lucky** for having access to it.
저는 깨끗한 식수에 대한 귀하의 통찰에 감명받았고, 그 어느 때보다도 저는 그것(깨끗한 식수)에 접근할 수 있다는 것에 제 자신이 운이 좋다고 여겨야 한다는 점을 깨달았습니다.

해당 문장에서 동사 count 뒤에 수치 또는 돈에 관련된 내용이 없다는 것이 단서가 된다.
스스로를 번호 매기다? 스스로를 지불하다? 스스로를 계산하다? 모두 이상하다.

실제로 동사 count는 '수를 세다'라는 의미뿐 아니라 '여기다, 확신을 가지다'의 의미를 가진 다의어이다.
따라서 자기 자신을 운이 좋다고 '여기다'라고 할 때 문장의 흐름이 자연스러워지므로 정답은 (B)이다.

6 **189.** What is implied about Together Now? Together Now에 관해 암시되는 것은?

(A) It focuses solely on water projects. 물 관련 프로젝트에만 초점을 맞춘다.

(B) It was founded by Mr. Johnson. Johnson 씨에 의해서 설립되었다.

(C) It is the largest charity in the region. 그 지역에서 가장 큰 자선단체이다.

(D) Its headquarters are in Seattle. 본사가 시애틀에 있다.

Together Now라는 고유명사는 두 번째 지문(first e-mail)에서 등장한다. 해당 내용을 확인하면,

I am the **director** of a charity called **Together Now**, which provides funding to **causes related to global health**.

저는 Together Now라는 자선단체의 책임자입니다. 전 세계 보건 관련 대의에 기금을 제공하는 단체입니다.

위 내용을 통해 우선 (B)를 오답으로 소거해야 한다. director와 founder(설립자)는 전혀 다른 개념이다. 또한, cause에는 '원인'뿐 아니라 '대의명분, 선행'이라는 의미가 있는데 전 세계 보건에 관련된 대의는 오로지(solely) 물 관련 프로젝트에만 집중한다고 볼 수 없으므로 (A)도 오답으로 소거한다.

그런 다음, 두 번째 지문(first e-mail) 마지막 문장을 보면,

Would you be able to meet me at **our main office** sometime **in August**? I've attached information about how to get to our site.

8월에 저희 본사에서 만날 수 있을까요? 저희 쪽 장소로 오시는 길 정보를 첨부했습니다.

실제 토익에서 장소나 시점 등은 흔히 연계형 문제의 중요한 단서가 된다.
main office에서 만나자고 제안하는데, 보기 (D)의 headquarters(본사)가 main office의 동의어이다.

이어서 세 번째 지문(second e-mail)을 훑어보면, 두 번째 문단에 장소 고유명사 Seattle이 등장한다.

By a happy coincidence, I will be in **Seattle** from **August 9 to 14**.

기분 좋은 우연으로, 제가 시애틀에 8월 9일부터 14일까지 있을 예정입니다. *coincidence 우연(의 일치)

이 문장에서 Johnson 씨(first e-mail 발신자)의 '8월에 우리 main office에서 만나자'는 제안에 두 번째 이메일 발신자인 Christopher 씨(second e-mail 발신자)가 '시애틀로 가니까 그곳에서 보자'고 응답한 것임을 알 수 있다. 연계형으로 main office = headquarters라는 점만 인지하면 Johnson 씨의 회사 Together Now의 headquarters가 시애틀에 있음을 알 수 있으므로 정답은 (D)이다.

주의 보기 (C)의 largest와 같은 최상급(-est)은 확실한 단서가 없는 경우 오답일 때가 많으니 주의!

Paraphrasing | main office 본사 → headquarters 본사

7

190. What do Mr. Johnson and Mr. Christopher have in common?
Johnson 씨와 Christopher 씨의 공통점은 무엇인가?

(A) **They are both published authors.** 둘 다 책을 출간한 저자이다.

(B) They both travel frequently to other countries. 둘 다 해외로 출장을 자주 간다.

(C) They attended the same university. 그들은 같은 대학교에 다녔다.

(D) They both spoke at the Save Water Festival. 둘 다 Save Water 축제에서 강연했다.

혜원쌤 Tip

고득점을 위한 연계형 문제를 푸는 Tip

삼중 지문에서는 일반적으로 연계형이 두 문제 출제되는데, 이미 첫 번째 연계형 문제가 [지문 2 + 지문 3]의 공통 정보를 찾게 했다. 이런 경우, 나머지 연계형 문제는 같은 지문의 연계보다는 [지문 1 + 지문 3]의 연계 등 다른 지문의 조합으로 출제될 확률이 높다!

첫 번째 지문(flyer) 하단에 Ron Christopher라는 이름이 등장한다. 고유명사는 반드시 찾아내야 한다!

The event is sponsored by the Clean Universe charity. Its founder, **Ron Christopher (author of the bestseller *For Our Future*)**, will give a talk at the festival as well as at the Craig Center on July 20.

이 행사는 Clean Universe 자선단체에서 후원합니다. 창립자인 Ron Christopher(베스트셀러 〈우리의 미래를 위해〉의 저자)가 축제에서, 그리고 7월 20일 Craig Center에서 강연할 예정입니다.

이 부분을 통해 Ron Christopher가 책을 낸 저자(author)임을 알 수 있다.

그런 다음, 세 번째 지문(second e-mail)의 첫 문단에서 Christopher 씨가 Johnson 씨에게

I was very pleased to hear from you. **I recently read your book** on the economics of water, and I've recommended it to several colleagues.

귀하의 이메일을 받고 매우 기뻤습니다. 최근 물의 경제학에 대한 귀하의 저서를 읽었고 동료 여러 명에게 추천했습니다.

라는 내용을 적음으로써, 수신자 Johnson 씨 역시 책을 저술한 적이 있음을 알 수 있다.
따라서 연계형으로 공통점을 묻는 마지막 문제의 정답은 (A)이다.

주의 이메일 글들을 통해 각자 내슈빌과 시애틀에 출장을 가는 것이 비춰지지만, 평상시 자주(frequently) 다니는지는 확인할 수 없다. 토익에서는 빈도/시점에 관한 정보를 오답으로 자주 출제하기 때문에, 빈도/시점 관련 표현들은 지문에서 확실한 단서를 찾아야 한다.

A 다음 다양한 독해 지문의 일부를 읽고 답을 골라 보자.

1.

This week, an agricultural exhibition will be held in Emerald Hall. It will focus on effective methods for enhancing the productivity of farmland and ways to prevent the land from degrading. While some of the exhibition participants do business with larger farms run by corporations, most of them also sell a range of agricultural equipment for people with smaller farms.

What is the purpose of the article?

(A) To promote an exhibition

(B) To encourage a cooperation

(C) To review a survey result

(D) To sell a new type of farming equipment

2.

Scotland City Heritage Committee – City of Scotland Landmark #2

The Uig Mill Building

This building has had several uses since it was built 100 years ago. In addition to the original sugar mill, it has housed a furniture warehouse and a fish market. Now, a lively mix of entrepreneurial businesses, including a culinary academy, an oil painting dealer, and a schoolbook publishing firm, fills its three floors. The building is architecturally notable for its steep roof and uniquely shaped windows.

What kind of business does NOT currently occupy the Uig Mill Building?

(A) An art seller

(B) A book publisher

(C) A cooking school

(D) A furniture store

3.

Madison Bike – a leading manufacturer of high-end bicycles

Visit our showroom today to try out our premier bicycle, the N5. It is priced at $1,700 and retails for more than similar bicycles from other manufacturers. But not one single customer has ever regretted investing in this outstanding product.
Come and see why!

What is suggested about the N5 bicycle?

(A) It can be customized.

(B) It is the best-selling model.

(C) Customers think it is worth its price.

(D) It will be discontinued soon.

4.

TRIANA AIRLINES

Thank you for flying with Triana Airlines, the luxury airline that handles flights exclusively between Glasgow in Scotland and Birmingham in England. For over three decades, we have been committed to ensuring the comfort and satisfaction of our passengers. Please take a few moments to fill out this brief survey and help us maintain our commitment to pleasing our patrons.

What is indicated about Triana Airlines?

(A) It is based in Glasgow.
(B) It has multiple airports in Europe.
(C) It has been in the aviation industry for more than 30 years.
(D) It recently hired new employees.

5-6.

Hi all,

I just want to remind everyone that the technicians from Silver Cleaning Service will visit our office at 8 P.M. next Thursday to clean the carpets. Their crew will also dust our air vents and desks as a bonus service that comes with the company's carpet cleaning packages.

Mr. Robinson said the carpets will take about 10 hours to dry. To be safe, we are asking all of you to report to work at 11 A.M. on Friday instead of 9 A.M. as usual.

Thanks,

Denice Kim
Office Manager, Tezra Electronics

5. What is indicated about Silver Cleaning Service?

(A) It offers discounts to regular customers.
(B) It will send a crew of 10 people.
(C) Its carpet cleaning services include dusting.
(D) It shares the same office building with Tezra Electronics.

6. What should employees do on Friday?

(A) Remove their personal belongings
(B) Fill out a questionnaire
(C) Submit a progress report
(D) Arrive at work later than usual

B 다음 문장에 표시된 부분을 '재표현'할 때 알맞은 말을 박스에서 골라 적어 보자.

독해 문제는 지문을 아무리 꼼꼼하게 읽어도 어휘 재표현(paraphrasing)이 막히면 답을 고르기 어렵다.

attract	purchased	period	forward
openings	be based in	cutting-edge	schedule change
methods	operating	images	each year
around the clock	resign	presentation	recommendation letter
amenities	on-site	contract	appealing

1. When **running** this program, 이 프로그램을 운영[작동]할 때는.

   running → _____

2. This event is expected to **draw** more than 2,000 visitors.

   이 행사는 2,000명 이상의 방문객을 끌어모을 것으로 예상됩니다.

   draw → _____

3. I am sorry to hear that you cannot attend the seminar to hear Mr. Kim's **speech** in
   person. Kim 씨의 연설을 직접 들으러 세미나에 참석할 수 없다니 유감입니다.

   speech → _____

4. I learned effective farming **practices**. 저는 효율적인 농사법을 배웠습니다.

   practices → _____

5. ANP Financial **acquired** Jenex Bank last year. ANP Financial은 지난해에 Jenex 은행을 인수했습니다.

   acquired → _____

6. Please **direct** any questions or concerns to our Customer Service Department.

   질문 또는 우려 사항은 저희 고객 서비스 부서로 전달해 주세요.

   direct → _____

7. We currently have some **vacant positions** in marketing.

   저희는 현재 마케팅부에 몇몇 공석이 있습니다.

   vacant positions → _____

8. Please send us a **reference**. 추천서를 보내 주십시오.

   reference → _____

9. During his **tenure** as CEO, CEO로서의 재임 기간 동안.

tenure → _____

10. After 30 years of service, Ms. Liu will **step down** from the position of vice president.
30년간의 근무 후, Liu 씨는 부사장직에서 물러날 것입니다.

step down → _____

11. We are open **24 hours a day**. 우리는 24시간 내내 운영합니다.

24 hours a day → _____

12. I attached some **photographs** of the building. 그 건물의 사진들을 첨부했습니다.

photographs → _____

13. **Every year**, we hold this event. 매년, 우리는 이 행사를 개최합니다.

Every year → _____

14. Please review the terms and conditions of this **agreement**.
이 계약서의 조항 및 조건들을 검토해 주십시오.

agreement → _____

15. Here's the **updated schedule**. 여기 업데이트된 일정표가 있습니다.

updated schedule → _____

16. We have **a café on the premises**. 우리는 부지 내에 카페가 있습니다.

a café on the premises → an _____ café

17. We have **an indoor pool, a fitness center, and meeting rooms** in our hotel.
저희 호텔에는 실내 수영장, 피트니스 센터, 그리고 회의실이 있습니다.

an indoor pool, a fitness center, and meeting rooms → _____

18. We **are headquartered in** Boston. 저희는 보스턴에 본사를 두고 있습니다.

be headquartered in → _____

19. It has a very **attractive look**. 그것은 매우 매력적인 외형을 가지고 있습니다.

attractive look → _____ appearance

20. We have **state-of-the-art** appliances. 우리는 최신식 기기들을 가지고 있습니다.

state-of-the-art → _____

Questions 1-2 refer to the following notice.

No Pets Allowed!

Tomon Market understands that our customers love their furry friends, but unfortunately, we cannot allow pets into our store for safety and hygiene reasons. Please leave any pets in your (safely ventilated) vehicle.

However, we do welcome trained service dogs that assist people with disabilities. These animals must of course be well-behaved, kept on a leash or harness, and accompanied by their handlers at all times. They may not ride in shopping carts.

Thank you for your cooperation in making our grocery store a wonderful place to shop.

---

1. What is implied about Tomon Market customers?

(A) They are likely to drive to the store.
(B) They tend to be elderly people.
(C) They must pay to use shopping carts.
(D) They are expected to bring their own grocery bags.

2. What is NOT listed as a requirement for service dogs at Tomon Market?

(A) Remaining near their owners
(B) Wearing a physical restraint
(C) Having a clean appearance
(D) Displaying good manners

Questions 3-4 refer to the following text-message chain.

Nathan Park [1:45 P.M.]
Lisa, this is Nathan Park. I'm sorry to contact you on your personal phone, but I have an urgent question about our bid for the Glenview project.

Lisa Thomson [1:47 P.M.]
Hi, Nathan. Can you send me your inquiry through the company messaging system?

Nathan Park [1:48 P.M.]
Sure, but the system is showing you as offline. That's why I'm contacting you this way.

Lisa Thomson [1:49 P.M.]
Oh, that happens sometimes when I've logged in from out of the office. Hold on while I restart my computer.

Lisa Thomson [1:51 P.M.]
Does it work now?

Nathan Park [1:52 P.M.]
You're still offline.

Lisa Thomson [1:54 P.M.]
Okay. Then you'd better just call me. You can use this number.

---

3. What is most likely true about Ms. Thomson?

(A) She recently resigned from her job.
(B) She is on her way to the office.
(C) She is currently working remotely.
(D) She is Mr. Park's colleague from a different branch.

4. At 1:51 P.M., what does Ms. Thomson mean when she writes, "Does it work now"?

(A) She is inquiring whether an issue has been resolved.
(B) She thinks a discussion should take place immediately.
(C) She wants the latest version of a financial document.
(D) She completed an assignment ahead of schedule.

Lizy Company – 24 Carla Street, Jamestown

"Clients trust us with their most cherished items."

Here at Lizy Company, we take pride in our knowledgeable restorers and their mastery of every aspect of their trade. For more than 3 decades, our skilled craftspeople have specialized in the restoration and reconstruction of damaged antique furniture, and there is no job too challenging for them. We appreciate the opportunity to work on furniture that is valuable to our clients, whether or not it is antique. To watch a video of our restoration of Heavenly Bistro's lobby furniture, visit our Web site at www.lizy.org. Other city institutions, such as Finley Community Center and Brown Café, have also trusted us to do important projects for them. You can view videos of our work for them on our portfolio page. If you are in the Jamestown area, visit our workshop across from Lenom Tower. We will be happy to show you our professional-quality work!

- Contact: ellaj@lizy.com
- Business hours: Monday – Saturday 9:00 A.M. to 6:00 P.M.

5. What is being advertised?

(A) A storage company
(B) An antique seller
(C) A furniture repair service
(D) An interior design firm

6. Which place has NOT used the services of Lizy Company?

(A) Brown Café
(B) Finley Community Center
(C) Heavenly Bistro
(D) Lenom Tower

Health Inside

(October 1) In modern times, it seems that a digital screen—whether television, computer, or smartphone—is never very far away. —[1]—. The rapid growth of the electronics industry has led to advancements in communications and entertainment. However, these devices can have a negative effect on our natural rhythms, especially for young children. —[2]—.

Dr. James Lucas of Hoffman University has been researching how light from digital screens affects people's sleeping patterns. Through his latest study, he has learned that an environment with too much artificial light can block the body's signals regarding sleep. —[3]—. "If you find that it takes you a long time to fall asleep, try putting away your smartphone an hour before you go to bed," Dr. Lucas said. In fact, he recommends turning off all screens at this time as a way of tuning into the natural environment. —[4]—. Alternatively, using special light-filtering glasses may be a suitable solution.

7. What is the purpose of the article?

(A) To discuss the side effects of a medicine
(B) To introduce a new technology
(C) To advertise an educational resource
(D) To warn readers about a health hazard

8. What does Dr. Lucas study the effects of light on?

(A) The growth of plants
(B) The durability of electronics
(C) The way that people sleep
(D) Children's ability to concentrate

9. In which of the positions marked [1], [2], [3], and [4] does the following sentence best belong?

"This may be good advice, but it is not practical for many people."

(A) [1]
(B) [2]
(C) [3]
(D) [4]

MEMO

To: Cellion, Inc. Employees
From: Branda Litton, Director of Human Resources
Date: February 4
Subject: Important announcement

To All Employees,

I hope everyone is excited about the weeklong holiday that starts on Monday. While it will not take effect until two weeks after our vacation, I would like to provide some information about the new policy that will be introduced in one month.

We will be implementing a new system for determining employee raises. The amount that an employee's yearly salary increases will be decided based on both time of service with the firm and overall performance for the year. Members of the marketing division are already accustomed to this policy, which I enacted while serving as the manager of the department before recently moving to Human Resources. The policy will now be extended to every department at this branch of the corporation, with the exception of the sales division, as part of a continued trial run over the next 12 months. So that employees may better understand the expectations and regulations being placed on them, there will be a series of meetings held on the Tuesday following the holiday, which will be led by myself and other human resources managers.

Branda Litton
Human Resources Director

10. What is the main purpose of the memo?

(A) To report on an employee's performance

(B) To announce an upcoming meeting

(C) To examine a revised hiring policy

(D) To explain the details of a new policy

11. In which department did Ms. Litton previously work?

(A) Human Resources

(B) Research and Development

(C) Sales

(D) Marketing

12. What is suggested about Ms. Litton?

(A) She will give a presentation at some meetings.

(B) She will be transferring to a new branch.

(C) She will leave the company in 12 months.

(D) She will not take a vacation.

Questions 13-17 refer to the following advertisement and e-mail.

Part-time Instructors Needed

The Pennsylvania University Language Center is seeking individuals to teach our special language courses. Instructors assist the center's students with their class assignments and general proficiency in their target language. Applicants must be undergraduate students at Pennsylvania University and fluent in both English and one of the following languages: Korean, Chinese, Japanese, or Russian. Applicants must also have a grade point average of 3.4 or higher, live on or near campus, and be available to start immediately. All applicants will be interviewed in both English and their chosen language to identify their level. If you are interested in this part-time job, please send your résumé to our personnel manager, Jessica Homes, at jessica1k@pennsylvaniauniv.edu. Thank you.

From:	Tanya Lim <tanyalim@pennsylvaniauniv.edu>
To:	Jessica Homes <jessica1k@pennsylvaniauniv.edu>
Date:	September 13
Subject:	About the part-time job
Attachment:	📎 resume.doc

Dear Ms. Homes,

My name is Tanya Lim, and I am interested in the part-time position. I am a business major from Beijing who is fluent in English and Chinese. I began studying at Pennsylvania University last semester, and my current GPA is 3.2. I live in student housing in Delaware Dormitory and am not currently employed. I would very much like to become a part of your special language courses. I have a question though. The advertisement did not mention anything about pay. Could you please send me some information regarding compensation? I look forward to hearing from you. Thank you.

Sincerely,
Tanya Lim

13. What is indicated in the advertisement?

    (A) Applicants should be able to speak at
        least three languages.
    (B) Applicants should live in proximity to
        the campus.
    (C) Applicants should have experience in
        tutoring.
    (D) Applicants will be able to work
        remotely.

14. In the advertisement, the word "identify"
    in paragraph 1, line 8, is closest in
    meaning to

    (A) determine
    (B) recognize
    (C) require
    (D) claim

15. Which language can Ms. Lim speak?

    (A) Korean
    (B) Japanese
    (C) Chinese
    (D) Russian

16. Why might it be difficult for Ms. Lim
    to be hired?

    (A) She studies the wrong major.
    (B) She does not have the required
        grades.
    (C) She cannot start immediately.
    (D) She does not live on campus.

17. What does Ms. Lim ask about?

    (A) The period of tutoring
    (B) When interviews will be held
    (C) The languages that are needed
    (D) How much the position pays

Questions 18-22 refer to the following play review and e-mail.

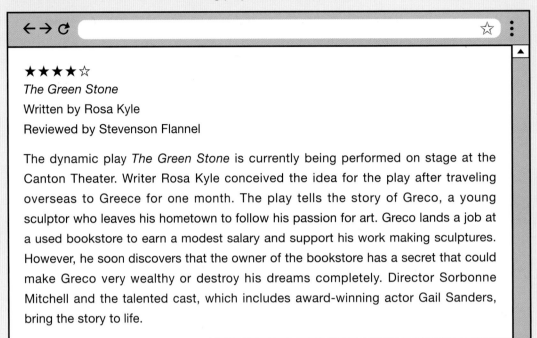

★★★★☆

The Green Stone
Written by Rosa Kyle
Reviewed by Stevenson Flannel

The dynamic play *The Green Stone* is currently being performed on stage at the Canton Theater. Writer Rosa Kyle conceived the idea for the play after traveling overseas to Greece for one month. The play tells the story of Greco, a young sculptor who leaves his hometown to follow his passion for art. Greco lands a job at a used bookstore to earn a modest salary and support his work making sculptures. However, he soon discovers that the owner of the bookstore has a secret that could make Greco very wealthy or destroy his dreams completely. Director Sorbonne Mitchell and the talented cast, which includes award-winning actor Gail Sanders, bring the story to life.

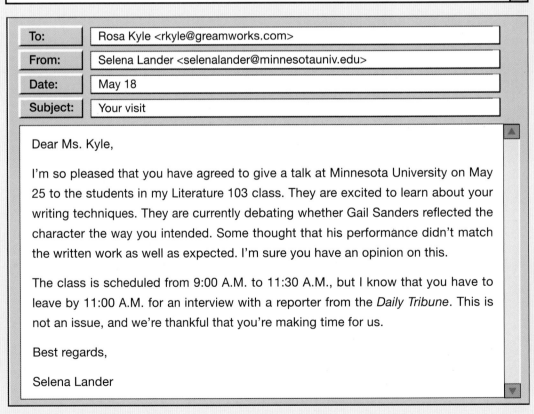

To:	Rosa Kyle <rkyle@greamworks.com>
From:	Selena Lander <selenalander@minnesotauniv.edu>
Date:	May 18
Subject:	Your visit

Dear Ms. Kyle,

I'm so pleased that you have agreed to give a talk at Minnesota University on May 25 to the students in my Literature 103 class. They are excited to learn about your writing techniques. They are currently debating whether Gail Sanders reflected the character the way you intended. Some thought that his performance didn't match the written work as well as expected. I'm sure you have an opinion on this.

The class is scheduled from 9:00 A.M. to 11:30 A.M., but I know that you have to leave by 11:00 A.M. for an interview with a reporter from the *Daily Tribune*. This is not an issue, and we're thankful that you're making time for us.

Best regards,

Selena Lander

18. What is true about Ms. Kyle's play?

(A) It received mixed reviews from critics.

(B) Its director won a prestigious award.

(C) It was inspired by a trip abroad.

(D) It will play at the theater for an extended period.

19. In the review, the word "modest" in paragraph 1, line 5, is closest in meaning to

(A) low

(B) fair

(C) tough

(D) special

20. What is implied about the students in Literature 103?

(A) Many have moved from Greece.

(B) Some work as professional writers.

(C) They sent questions to Ms. Kyle.

(D) They have seen *The Green Stone*.

21. What most likely is Ms. Lander's job?

(A) Costume designer

(B) Film director

(C) Writing instructor

(D) Newspaper columnist

22. What is suggested about Ms. Kyle?

(A) She will meet Ms. Lander at the Canton Theater.

(B) She will meet with a reporter on May 25.

(C) She has visited Minnesota University before.

(D) She had to reschedule an event date.

Questions 23-27 refer to the following Web page, e-mail, and customer comment.

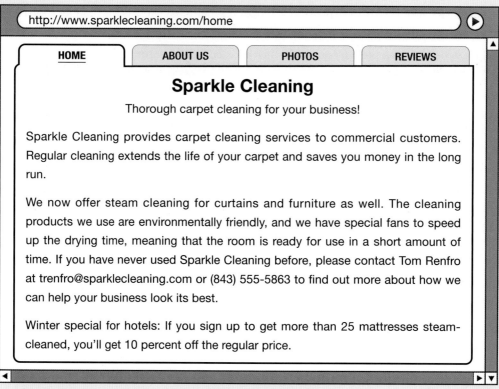

http://www.sparklecleaning.com/home

| HOME | ABOUT US | PHOTOS | REVIEWS |

Sparkle Cleaning
Thorough carpet cleaning for your business!

Sparkle Cleaning provides carpet cleaning services to commercial customers. Regular cleaning extends the life of your carpet and saves you money in the long run.

We now offer steam cleaning for curtains and furniture as well. The cleaning products we use are environmentally friendly, and we have special fans to speed up the drying time, meaning that the room is ready for use in a short amount of time. If you have never used Sparkle Cleaning before, please contact Tom Renfro at trenfro@sparklecleaning.com or (843) 555-5863 to find out more about how we can help your business look its best.

Winter special for hotels: If you sign up to get more than 25 mattresses steam-cleaned, you'll get 10 percent off the regular price.

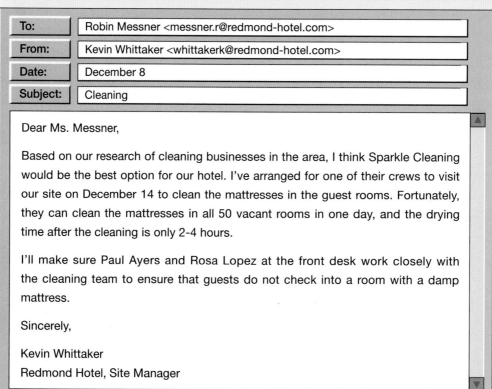

To:	Robin Messner <messner.r@redmond-hotel.com>
From:	Kevin Whittaker <whittakerk@redmond-hotel.com>
Date:	December 8
Subject:	Cleaning

Dear Ms. Messner,

Based on our research of cleaning businesses in the area, I think Sparkle Cleaning would be the best option for our hotel. I've arranged for one of their crews to visit our site on December 14 to clean the mattresses in the guest rooms. Fortunately, they can clean the mattresses in all 50 vacant rooms in one day, and the drying time after the cleaning is only 2-4 hours.

I'll make sure Paul Ayers and Rosa Lopez at the front desk work closely with the cleaning team to ensure that guests do not check into a room with a damp mattress.

Sincerely,

Kevin Whittaker
Redmond Hotel, Site Manager

I can't recommend the Redmond Hotel highly enough! I recently stayed there for a three-day business trip, and I was pleased with my decision. My room was spacious, and it included a comfortable bed, a writing desk, and a wide-screen TV. All of my encounters with the staff were pleasant, and I was particularly amazed by the outstanding customer service provided by Rosa Lopez. I hope to stay at the Redmond Hotel again soon.

- Charlotte Johnson, December 16

23. According to the Web page, what has Sparkle Cleaning recently done?

(A) It has switched to eco-friendly products.
(B) It has relocated its headquarters.
(C) It has hired more employees.
(D) It has added a new service.

24. What is Mr. Renfro most likely responsible for?

(A) Creating a business's advertisements
(B) Signing up new clients
(C) Ordering necessary supplies
(D) Handling customer complaints

25. What is suggested about Ms. Messner and Mr. Whittaker in the e-mail?

(A) They recently joined the hotel's staff.
(B) They researched some local businesses.
(C) They previously worked at a cleaning company.
(D) They were dissatisfied with the cost of a service.

26. What is probably true about the December 14 service?

(A) It will be repeated every month.
(B) It was available at a discount.
(C) It includes a free consultation.
(D) It was completed in the morning.

27. What is indicated about Ms. Johnson's experience at Redmond Hotel?

(A) She got a room upgrade when she arrived.
(B) She thought her mattress was too damp.
(C) She was impressed with a front desk worker.
(D) She met a Sparkle Cleaning employee.

Questions 28-32 refer to the following e-mails and itinerary.

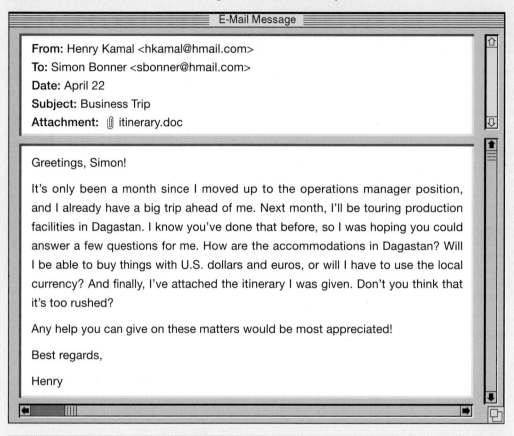

E-Mail Message

From: Henry Kamal <hkamal@hmail.com>
To: Simon Bonner <sbonner@hmail.com>
Date: April 22
Subject: Business Trip
Attachment: 📎 itinerary.doc

Greetings, Simon!

It's only been a month since I moved up to the operations manager position, and I already have a big trip ahead of me. Next month, I'll be touring production facilities in Dagastan. I know you've done that before, so I was hoping you could answer a few questions for me. How are the accommodations in Dagastan? Will I be able to buy things with U.S. dollars and euros, or will I have to use the local currency? And finally, I've attached the itinerary I was given. Don't you think that it's too rushed?

Any help you can give on these matters would be most appreciated!

Best regards,

Henry

Dagastan Site Visits Itinerary
Henry Kamal

Sun., May 2	Arrive at Dagastan International Airport (Khasang) at 4:35 P.M. Meet guide (Anatoly Kopec) Stay at Kalovov Hotel
Mon., May 3	Visit Vostog site Stay at Zhongda Hotel
Tues., May 4	Visit Antonov site Stay at Regent Hotel
Wed., May 5	Visit Darig site Stay at Tambova Hotel
Thurs., May 6	Visit Mokbata site Stay at Silver Hotel
Fri., May 7	Depart from Dagastan International Airport at 10:15 A.M.

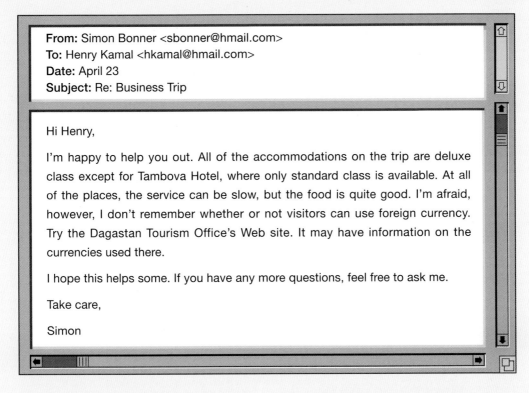

From: Simon Bonner <sbonner@hmail.com>
To: Henry Kamal <hkamal@hmail.com>
Date: April 23
Subject: Re: Business Trip

Hi Henry,

I'm happy to help you out. All of the accommodations on the trip are deluxe class except for Tambova Hotel, where only standard class is available. At all of the places, the service can be slow, but the food is quite good. I'm afraid, however, I don't remember whether or not visitors can use foreign currency. Try the Dagastan Tourism Office's Web site. It may have information on the currencies used there.

I hope this helps some. If you have any more questions, feel free to ask me.

Take care,

Simon

---

28. What is suggested about Mr. Kamal?

(A) He used to travel with Mr. Bonner.
(B) He recently received a promotion.
(C) He made the plans for his upcoming trip.
(D) He has moved to a new country.

29. Which site has standard class hotel accommodations?

(A) Vostog
(B) Antonov
(C) Darig
(D) Mokbata

30. According to the itinerary, how many hotels is Mr. Kamal scheduled to stay at?

(A) 3
(B) 4
(C) 5
(D) 6

31. What concern of Mr. Kamal's does Mr. Bonner forget to address?

(A) The currencies used in Dagastan
(B) The food during the trip
(C) The quality of Dagastan's accommodations
(D) The pace of the itinerary

32. What does Mr. Bonner recommend doing?

(A) Trying a special food
(B) Using an online resource
(C) Joining a rewards program
(D) Meeting with a consultant

박혜원
파워토익
퀵스타트

박혜원 파워토익 퀵스타트

정답과 해설

PART 1

UNIT 01 기초적인 문제들

토익 감성 갖추기   본책 pp.11-12

A   1 (B)   2 (B)   3 (B)   4 (A)   5 (A)   6 (B)
     7 (A)   8 (A)   9 (A) 10 (B)

B   1 (C)   2 (C)   3 (D)   4 (B)   5 (A)

빈칸 정답은 아래 해설 참조

A

1 남자가 재킷을 다 입은 상태이다.
(A) The man is trying on a jacket. (　)
(B) The man is wearing a jacket. (O)

(A) 남자가 재킷을 입어 보고 있다.
(B) 남자가 재킷을 입고 있다. (이미 착용한 상태)

▶ 옷을 입거나 모자, 안경, 넥타이 등을 '착용하고 있다'고 할 때, 완전히 착용한 상태인지 아니면 옷소매에 팔을 끼고 있거나 넥타이 등을 매고 있는 모습처럼 진행 중인 동작인지 확인해야 한다. 착용하고 있는 동작, 즉 완전히 착용하고 있는 상태가 아닐 때는 동사 be trying on, be putting on, 완전히 착용한 상태는 be wearing으로 표현한다.

2 여자가 상점에서 옷을 고르고 있다.
(A) She is paying for an item. (　)
(B) She is looking at an item. (O)

(A) 여자가 물건값을 지불하고 있다.
(B) 여자가 물건을 보고 있다.

▶ 옷을 고르고 있다는 것은 옷을 보고 있다는 것으로 look at(보고 있다)이 사용된 (B)가 맞는 설명이다. pay for(돈을 지불하다)는 계산대 앞에서 현금이나 신용카드 등을 건네고 있는 사진의 정답이 된다. 참고로 make a purchase (구매하다)도 계산하는 상황의 사진에 대해 정답이 될 수 있는 표현이다.

3 사람들이 악기를 연주하고 있다.
(A) Some people are relaxing on a stage. (　)
(B) Some people are performing on a stage.
(　O　)

(A) 사람들이 무대에서 쉬고 있다.
(B) 사람들이 무대에서 공연하고 있다.

▶ 사람들이 악기를 연주하는 상황은 무대에서 공연을 하고 있다고 할 수 있으므로 perform(공연을 하다)이 사용된 (B)가 맞는 설명이다. relax(쉬고 있다)는 상황을 설명하기에 알맞지 않다.

4 여자가 상자를 들어올리고 있다.
(A) The woman is lifting a box. (O)
(B) The woman is packing a box. (　)

(A) 여자가 상자를 들어올리고 있다.
(B) 여자가 상자를 포장하고 있다.

▶ 상자를 '들어올리고 있다'고 했으므로 동사 lift(들어올리다)가 사용된 (A)가 맞는 설명이다. pack은 '물건을 담다, 포장하다'라는 의미이다.

5 남자가 난간을 잡고 있다.
(A) He's holding onto a railing. (O)
(B) He's leaning against a railing. (　)

(A) 남자가 난간을 잡고 있다.
(B) 남자가 난간에 기대어 있다.

▶ 난간을 '잡고 있다'고 했으므로 동사 hold onto(~을 붙잡다)가 사용된 (A)가 맞는 설명이다. lean against는 '~에 기대다'라는 의미이다.

6 여자가 의자 높이를 조정하고 있다.
(A) She is moving a chair. (　)
(B) She is adjusting a chair. (O)

(A) 여자가 의자를 옮기고 있다.
(B) 여자가 의자를 조정하고 있다.

▶ 의자 높이를 '조정하고 있다'고 했으므로 동사 adjust(조정하다)가 사용된 (B)가 맞는 설명이다. move는 '옮기다'라는 의미이다.

7 남자 한 명이 벤치에 앉아 있다.
(A) One of the men is resting on a bench. (O)
(B) The men are standing by a bench. (　)

(A) 남자들 중 한 명이 벤치에서 쉬고 있다.
(B) 남자들이 벤치 옆에 서 있다.

▶ be resting on a bench(벤치에서 쉬고 있다)와 be standing by a bench(벤치 옆에 서 있다) 중 '벤치에 앉아 있다'는 것은 벤치 옆에 서 있는 것보다 '쉬고 있다'가 더 적절한 표현이므로 (A)가 맞는 설명이다.

8 그들은 옆으로 나란히 앉아 있다.
(A) They are seated next to each other. (O)
(B) They are seated across from each other.
(　)

(A) 사람들이 나란히 앉아 있다.
(B) 사람들이 마주보고 앉아 있다.

▶ '옆으로 나란히'는 side by side 또는 next to each other(서로 옆에)로 표현할 수 있다. across from은 '맞은편에'라는 의미이므로 (A)가 맞는 설명이다.

9 가방이 의자 위에 놓여 있다.
(A) A bag has been set on a chair. (O)
(B) A bag has been set on a counter. (　)

미니 드라마

출판 예정

누가하는

Ⅱ해방구

☐ **announce** 통 발표하다, 알리다

announce a change 변화를 발표하다
announce a plan 계획을 알리다

☐ **facility** 명 시설, 기관

a recycling facility 재활용 시설

☐ **conduct** 통 진행하다, 실시하다, 지휘하다

conduct an interview 인터뷰하다
conduct a survey 설문 조사하다

☐ **appointment** 명 약속, 임명, 지명

schedule an appointment
약속을 잡다

☐ **permission** 명 허가, 허락, 승인

written permission 서면 허가

☐ **extensive** 형 광범위한, 대규모의, 폭넓은

extensive research 광범위한 조사
extensive knowledge
폭넓은 지식

☐ **favorable** 형 호의적인, 유리한, 좋은

favorable reviews 호의적인 평가, 호평

☐ **temporarily** 부 일시적으로, 잠정적으로

temporarily close 일시적으로 닫다

☐ **personally** 부 직접, 개인적으로
= in person

personally respond 직접 답변하다

☐ **address** 통 처리하다; 연설하다 명 주소

address an issue 문제를 처리하다

☐ **remove** 통 제거하다, 없애다;
(옷, 모자 등을) 벗다

remove stains 얼룩을 제거하다

☐ **renew** 통 갱신하다, 연장하다

renew a subscription
구독을 갱신하다

☐ **notify** 통 ~에게 알리다, ~에게 통보하다

notify you of our decision
우리의 결정 사항을 통보하다
＊notify는 반드시 뒤에 '~에게'라는 사람 목적어가 온다.

☐ **notice** 명 통보, 통지, 공고문, 안내문
통 알아차리다, 주목하다

advance notice 사전 통보

2

☐ **negotiation** 몡 협상, 협의

after a month of negotiation
한 달 간의 협상 후에

☐ **disregard** 통 무시하다, 묵살하다 몡 무시

disregard this e-mail
이 이메일을 무시하다

☐ **agenda** 몡 (회의) 안건, 의제

a meeting agenda 회의 안건

☐ **acquire** 통 얻다, 획득하다, 인수하다

acquire a company 회사를 인수하다

☐ **opening** 몡 공석, 빈자리, 개막식, 개관식

job openings 일자리

☐ **accurate** 혱 정확한

an accurate estimate 정확한 견적

☐ **opportunity** 몡 기회

an opportunity to V ~할 기회

☐ **costly** 혱 값비싼

costly renovations 비싼 보수공사

☐ **fragile** 혱 깨지기 쉬운, 취약한

fragile items 깨지기 쉬운 물품들

☐ **perishable** 혱 잘 상하는, 부패하기 쉬운

perishable products 상하기 쉬운 제품들

☐ **supervisor** 몡 감독관, 관리자, 상관

an immediate supervisor 직속 상관

☐ **refreshments** 몡 다과

light refreshments 간단한 다과

☐ **exceed** 통 초과하다, 넘다

exceed speed limit 제한 속도를 초과하다
exceed expectations 기대를 넘다

☐ **budget** 몡 예산 혱 저가의, 저렴한
통 예산을 책정하다

a budget cut 예산 삭감

☐ **relatively** 뷔 상대적으로, 비교적

relatively lightweight 비교적 가벼운

☐ **minor** 혱 작은, 사소한; 소수의 몡 미성년자

a minor issue 사소한 문제

☐ **unanimously** 뷔 만장일치로

unanimously choose 만장일치로 선택하다

☐ **unfortunately** 뷔 안타깝게도,
공교롭게도

Unfortunately, we lost.
안타깝게도, 우리가 졌어요.

단어의 품사 알아두는 기본이다
해당 단어의 핵심적 뜻을 먼저 예문에서 활용하자!

□ **obtain** 동 얻다, 획득하다
obtain approval 승인을 얻다

□ **modify** 동 수정하다
modify the terms (계약) 조건을 수정하다

□ **attend** 동 참석하다
attend an event 행사에 참석하다

□ **typically** 부 일반적으로, 보통
typically cost $100
일반적으로 100달러이다

□ **missing** 형 없어진, 빠진, 실종된
missing parts 빠진 부품들

□ **itinerary** 명 여행 일정(표)
a travel itinerary 여행 일정

□ **nearly** 부 거의
nearly complete 거의 완료
nearly 30% 거의 30%

□ **efficient** 형 효율적인, 유능한
energy efficient 에너지 효율이 좋은

□ **major** 형 주요한 명 전공
major credit cards 주요 신용카드

□ **consistently** 부 일관되게, 지속적으로, 시종일관
consistently high 한결같이 높은

□ **updated** 형 업데이트된, 최신의, 갱신된
updated version 최신 버전

□ **attract** 동 끌어들이다
attract tourists 관광객들을 끌어들이다
attract funds 자금을 끌어 모으다

□ **mandatory** 형 의무적인, 필수의
mandatory training sessions
의무 교육 과정

□ **limited** 형 제한된, 한정된
for a limited time only
한정된 시간으로만

□ **recently** 부 최근에
recently renovated 최근에 보수된

□ **assistance** 명 도움, 지원

seek assistance 도움을 구하다

□ **object** 통 반대하다 명 물체

object to ~에 반대하다

□ **shortage** 명 부족
유 lack

a shortage of labor 노동력 부족

□ **rigorous** 형 엄격한, 철저한

a rigorous standard 엄격한 기준

□ **largely** 부 주로, 대개

due largely to 주로 ~ 때문에

□ **donate** 통 기부하다, 기증하다

donate used books
중고책을 기부하다

□ **upcoming** 형 다가오는, 곧 있을

an upcoming event 다가오는 행사

□ **application** 명 지원서, 신청서

accept applications 지원서를 받다

□ **hesitate** 통 주저하다, 망설이다

hesitate to V ~하기를 망설이다

□ **expert** 명 전문가 형 전문적인, 전문가의

expert advice 전문가의 조언

□ **analysis** 명 분석

an in-depth analysis 심층 분석

□ **ideal** 형 이상적인

an ideal location 이상적인 장소

□ **occasionally** 부 가끔, 종종
= on occasion

occasionally occur 가끔 발생하다

□ **locate** 통 찾다; 위치시키다, 두다

locate an item 물건을 찾다

□ **authentic** 형 진짜의, 진품의

authentic pottery 진품 도자기

□ **eager** 형 열렬한, 갈망하는

be eager to V ~하기를 갈망하다

□ **sustainable** 형 지속 가능한

sustainable energy
지속 가능한 에너지

품사 Check! 다음 각 단어의 품사에 모두 표시하세요.

	명사	형용사	부사	동사
01 object				
02 costly				
03 major				
04 typically				
05 opening				
06 budget				
07 donate				

어휘 Check! 다음 빈칸에 들어갈 단어를 박스 안에서 골라 넣어보세요.

08 written _____	서면 허가		ⓐ occasion
09 a(n) _____ standard	엄격한 기준		ⓑ locate
10 on _____ = occasionally	가끔, 종종		ⓒ temporarily
11 _____ expectations	기대를 넘어서다		ⓓ permission
12 accept _____	지원서를 받다		ⓔ rigorous
13 _____ an item	물건을 찾다		ⓕ applications
14 _____ close	일시적으로 닫다		ⓖ exceed

토익 실전 Check! 빈칸에 들어갈 가장 알맞은 어휘를 고르세요.

15 The spokesperson of Teecee Media ------- its merger with Seoul TV last week.

    (A) announced   (B) notified   (C) informed   (D) reminded

정답 01 명, 동 02 형 03 명, 형 04 부 05 명 06 명, 형, 동 07 동 08 ⓓ 09 ⓔ 10 ⓐ 11 ⓖ 12 ⓕ 13 ⓑ 14 ⓒ 15 (A), 해석 p.52

□ **annual** 형 연례의, 연간의
an annual event 연중 행사

□ **volunteer** 명 자원봉사자, 자원봉사자 되는 사람 동 자원하다, 자원봉사하다
volunteer to V 자원해서 ~하다

□ **usage** 명 사용, 사용량, 용량
water usage 물 사용

□ **reduce** 동 줄이다, 인하하다
reduce prices 가격을 인하하다

□ **convenience** 명 편의, 편리
at your convenience 편하실 때

□ **demanding** 형 힘든, 까다로운,
부담스러운
a demanding course 힘든 수업
a demanding supervisor 까다로운 상사

□ **directly** 부 곧장, 바로
directly across from 바로 ~맞은편에

□ **improve** 통 개선하다, 향상시키다,
개선되다
improve relations 관계를 개선하기

□ **official** 형 공식적인, 공인된
명 공무원, 임원
the official launch 공식 출시
a city official 시 공무원

□ **spend** 동 (돈, 시간 등을) 쓰다, 들이다
spend a fortune 거금을 쓰다

□ **consumer** 명 소비자
consumer confidence 소비자 신뢰(도)

□ **totally** 부 완전히, 전적으로
totally agree 전적으로 동의하다

□ **regional** 형 지역의
a regional manager 지역 담당자

□ **talented** 형 재능이 있는
a talented musician 재능 있는 음악가

□ **mayor** 명 시장, 구청장
run for mayor 시장 선거에 출마하다

□ **suddenly** 부 갑자기
break suddenly 갑자기 고장 나다

□ **auction** 몡 경매

a charity auction 자선 경매

□ **sample** 몡 샘플, 견본, 표본
　　　　　동 시식하다, 시도해 보다

sample some cake
케이크를 시식하다

□ **perspective** 몡 관점, 견해

a new perspective on the issue
문제에 대한 새로운 견해

□ **income** 몡 수입, 소득

a source of income 수입원

□ **promote** 동 홍보하다; 승진시키다

promote a new product
신제품을 홍보하다

□ **résumé** 몡 이력서 동 재개하다[되다]

submit a résumé 이력서를 제출하다
＊동사(resume)로 쓰일 때는 '리줌'이라고 발음한다는
　것에 주의!

□ **destination** 몡 목적지

a delivery destination 배송 목적지

□ **ability** 몡 능력

an ability to V ~하는 능력

□ **strictly** 뷔 엄격히

strictly enforce 엄격히 시행하다

□ **meticulously** 뷔 꼼꼼하게, 세심하게

meticulously plan
꼼꼼히 계획을 세우다

□ **investigate** 동 조사하다

investigate all options
모든 방안을 조사하다

□ **finalize** 동 마무리 짓다, 끝내다

finalize a plan 계획을 마무리 짓다

□ **compensation** 몡 보상(금)

financial compensation 재정적 보상

□ **inquiry** 몡 질문, 문의; 조사, 연구

inquiries regarding ~에 관한 질문들

□ **assistant** 몡 조수, 비서, 보조원

an administrative assistant
행정 비서

□ **prominently** 뷔 눈에 띄게, 두드러지게

prominently displayed
눈에 띄게 진열된

☐ **vary** 통 달라지다, 다르다

vary widely 매우 다르다, 매우 다양하다

☐ **surrounding** 형 주변의, 인근의

the surrounding area 인근 지역

☐ **present** 형 출석한, 현재의
통 제시하다, 주다 명 선물

the present owner 현 소유주
present an award 상을 수여하다

☐ **estimate** 명 견적(서), 추정(치)
통 추산하다

a conservative estimate
약간 적게 잡은 추정치

☐ **supervision** 명 감독, 관리, 지도

under one's supervision ~의 감독 하에

☐ **establish** 통 설립하다, (관계를) 수립하다

establish a relationship 관계를 수립하다

☐ **steady** 형 꾸준한, 변함없는

a steady increase 꾸준한 증가

☐ **objective** 명 목적, 목표 형 객관적인

a long-term objective 장기 목표

☐ **periodically** 부 정기적으로

periodically check 정기적으로 검사하다

☐ **storage** 명 저장, 보관

a storage facility 보관 시설

☐ **subscription** 명 구독, 가입

a subscription to ~을 구독, 가입

☐ **tentative** 형 잠정적인

a tentative schedule 잠정적인 일정

☐ **explore** 통 알아보다, 조사하다, 탐험하다

explore opportunities 기회를 모색하다

☐ **capable** 형 ~을 할 수 있는, 유능한

be capable of -ing ~할 수 있다

☐ **await** 통 기다리다
= wait for

eagerly wait 열렬하게 기다리다

☐ **exclusively** 부 전적으로, 오로지

available exclusively to
~만 이용할 수 있는

□ **status** 명 상황, 상태; 지위

the status of the order 주문 (처리) 상태

□ **impressed** 형 감동을 받은

be impressed with[by] ~에 감동받다

□ **policy** 명 정책, 방침

our return policy 우리의 환불[반품] 정책

□ **warehouse** 명 창고

an abandoned warehouse
방치된 창고

□ **vacant** 형 비어 있는, (일자리가) 결원의

a vacant position 공석인 자리
= an open position

□ **prevent** 동 막다, 예방하다

prevent A from -ing
A가 ~하는 것을 막다

□ **widely** 부 넓게, 폭넓게, 대단히

widely fluctuating 폭넓게 변동하는

□ **dramatically** 부 극적으로, 급격히

increase dramatically 급격히 증가하다

□ **delay** 명 지연 동 지연시키다

frequent delays 잦은 지연

□ **release** 동 공개하다 명 공개, 출시

release a publication
출판물을 발표하다
a press release 언론 공식 발표, 보도 자료

□ **proceed** 동 계속해서 진행하다, 이동하다

proceed with ~을 계속하다
proceed to ~로 이동하다

□ **administrative** 형 관리상의, 행정상의

an administrative staff 행정직원

□ **refuse** 동 거절하다

refuse to V ~하는 것을 거절하다

□ **material** 명 재료, 자료; 성분, 소재

promotional material 홍보 자료

□ **initial** 형 처음의, 초기의, 원래의

an initial investment 초기 투자

□ **rewarding** 형 보람 있는, 수익이 많이 나는

rewarding experience
보람 있는 경험

품사 Check! 다음 각 단어의 품사에 모두 표시하세요.

	명사	형용사	부사	동사
01 present				
02 delay				
03 inquiry				
04 usage				
05 objective				
06 volunteer				
07 sample				

어휘 Check! 다음 밑줄에 들어갈 단어를 보기 안에서 골라 뜻과 맞춰보세요.

08	_____ delays	장기 지연	ⓐ steady
09	at your _____	편하실 때	ⓑ release
10	the _____ launch	공식 출시	ⓒ surrounding
11	a(n) _____ increase	꾸준한 증가	ⓓ frequent
12	a press _____	보도자료	ⓔ strictly
13	_____ enforce	엄격히 시행하다	ⓕ convenience
14	the _____ area	인근 지역	ⓖ official

문법 맛보기 Check! 다음에 들어갈 가장 알맞은 어휘를 고르세요.

15 Three summer interns worked ------- the supervision of the marketing manager.

(A) with　　(B) for　　(C) under　　(D) from

정답 01 명,형 02 명,동 03 명 04 명 05 명,형 06 명,동 07 명,동 08 ⓐ 09 ⓕ 10 ⓖ 11 ⓓ 12 ⓑ 13 ⓔ 14 ⓒ 15 (C), 해석 p.52

DAY 05　mini_03

단어의 품사 암기가 기본이다!
해당 단어의 핵심 뜻과 더불어 예문에서 어떻게 활용되는지 확인하자!

□ **lively** 圈 활기 넘치는, 활동적인
lively conversation 활기 넘치는 대화

□ **competition** 圈 (가자) 대회, 시합; 경쟁
(들기)
a fierce competition 치열한 경쟁

□ **brief** 圈 짧은, 간단한; 圈 간략히 알리다
a brief report 짧은 보고서
brief A on B A에게 B에 대해 보고하다

□ **allow** 圈 허락하다
allow A to V A가 ~하도록 허락하다

□ **prospect** 圈 가망, 전망; 가능성
job prospects 취업 전망

□ **permanent** 圈 영구적인
a permanent position 상근직
a permanent exhibition 상설 전시

□ **immediately** 圈 즉시
immediately after ~한 직후

□ **formerly** 圈 이전에
formerly owned by 이전에 ~이 소유했던

□ **separately** 圈 따로따로, 별도로
sold separately 별도로 판매되는

□ **electronically** 圈 전자적으로, 온라인으로
submitted electronically
온라인으로 제출된

□ **outgoing** 圈 떠나는, 나가는; 외향적인
outgoing mail 발송 우편물

□ **recruit** 圈 채용하다 圈 신입 사원
recruit a new employee
신입 사원을 채용하다

□ **grant** 圈 승인하다 圈 보조금
grant access to ~에 접근[출입]을 승인하다
a government grant 정부 보조금

□ **prototype** 圈 시제품
create a prototype 시제품을 제작하다

□ **commercial** 圈 상업적인 광고
commercial or residential
상업 또는 주거용의

□ **evaluate** 图 평가하다
evaluate one's performance
~의 업적을 평가하다

□ **preserve** 图 지키다, 보존하다
preserve the environment
환경을 보존하다

□ **priority** 图 우선순위
top priority
최우선 순위

□ **innovative** 图 혁신적인
an innovative design 혁신적인 디자인

□ **contain** 图 포함하다; 함유하다
contain capital letters 대문자를 포함하다

□ **cancel** 图 취소하다
cancel an appointment
약속[예약]을 취소하다

□ **reimburse** 图 상환하다, 변상하다
reimburse expenses 경비를 상환하다

□ **easily** 图 틀림없이, 분명; 쉽게
easily the best 단연 최고의

□ **highly** 图 매우, 대단히
highly recommend 매우 추천하다
highly profitable 매우 수익이 좋은

□ **promotion** 图 승진; 판촉 활동, 홍보
get a promotion 승진하다
a special promotion 특별 판촉 행사

□ **supply** 图 공급하다; 공급품, 용품
supply A with B A에게 B를 공급하다
office supplies 사무 용품

□ **contact** 图 연락; 접촉 图 연락하다
contact information 연락처

□ **utility** 图 (전기, 수도 등의) 공익사업; 유용성
a utility bill 공과금 고지서

□ **consider** 图 고려하다
consider working abroad
해외 근무를 고려하다

□ **necessary** 图 필요한
the necessary qualifications 필요한 자격

□ **enclosed** 图 동봉된; 둘러싸인, 에워싸인
the enclosed form 동봉된 서식
the enclosed area 폐쇄된 구역

□ **means** 图 수단, 방법
preferred means 선호되는 수단

☐ **propose** 통 제안하다
명 proposal 제안, 제안서

propose a partnership
협업 관계를 제안하다

☐ **provide** 통 제공하다

provide A with B A에게 B를 제공하다

☐ **method** 명 방법

a method of payment 지불 방식

☐ **function** 명 기능, 행사 통 기능하다

a company function 회사 행사
function properly 제대로 작동하다

☐ **reliable** 형 신뢰할 수 있는

a reliable source 믿을 만한 소식통[출처]

☐ **entirely** 부 전적으로, 완전히, 전부

be entirely made up of
전부 ~로 만들어지다

☐ **shortly** 부 곧

shortly after ~한 직후

☐ **record** 통 기록하다, 녹화하다 명 기록

keep records of ~을 기록하다

☐ **manual** 명 설명서 형 수동의

consult a manual 설명서를 참조하다

☐ **reputation** 명 평판, 명성

earn a reputation 명성을 얻다

☐ **properly** 부 제대로, 적절히

work properly 제대로 작동하다

☐ **experienced** 형 경험 많은, 숙련된,
노련한

an experienced salesperson
노련한 영업사원

☐ **absence** 명 부재, 결석

in one's absence ~의 부재 중에

☐ **performance** 명 공연, 성과, 성능

a performance review 업무 평가

☐ **organize** 통 준비하다, 조직하다

organize a meeting 회의를 준비하다

□ **internal** 형 내부의
external 형 외부의
an internal audit 내부 감사

□ **lack** 동 부족하다 명 부족
a lack of space 공간의 부족

□ **relocate** 동 이전하다
relocate the offices 사무실을 이전하다

□ **approach** 명 다가가다 접근법
marketing approaches 마케팅 접근법

□ **temporary** 형 일시적인, 임시의
a temporary password 임시 비밀번호

□ **prestigious** 형 권위 있는, 명망 있는
a prestigious award 권위 있는 상

□ **forecast** 명 예보 동 예측하다, 예보하다
a weather forecast 일기 예보

□ **alternatively** 부 그 대신에, 다른 방법으로
Alternatively, Tuesday works as well.
그 대신에, 화요일도 가능합니다.

□ **complimentary** 형 무료의
a complimentary shuttle service
무료 셔틀 서비스

□ **colleague** 명 동료
= coworker
consult a colleague 동료와 상담하다

□ **currently** 부 현재
currently in stock 현재 재고가 있는

□ **refund** 명 환불 동 환불하다
a full refund 전액 환불

□ **participate** 동 참여하다
participate in ~에 참여하다

□ **inform** 동 알리다, 통지하다
inform A of B A에게 B를 알리다

□ **exchange** 동 교환하다 명 교환
exchange A for B A를 B로 교환하다

□ **regularly** 부 정기적으로
inspect A regularly
A를 정기적으로 점검하다

□ **equipment** 명 (종종 집합적) 장비, 기기
safety equipment 안전 장비

품사 Check! 다음 각 단어의 품사에 모두 표시하세요.

	명사	형용사	부사	동사
01 manual				
02 brief				
03 shortly				
04 lively				
05 commercial				
06 absence				
07 function				

어휘 Check! 다음 빈칸에 들어갈 단어를 박스 안에서 골라 넣어보세요.

08 _____ profitable	매우 수익성이 좋은
09 a(n) _____ audit	내부 감사
10 earn a(n) _____	명성을 얻다
11 _____ access to	~에 접근을 승인하다
12 marketing _____	마케팅 접근법
13 the _____ form	동봉된 서식
14 keep _____ of	~을 기록하다

ⓐ grant
ⓑ records
ⓒ highly
ⓓ reputation
ⓔ internal
ⓕ enclosed
ⓖ approaches

토익 실전 Check! 빈칸에 들어갈 가장 알맞은 어휘를 고르세요.

15 The new software will ------- employees to increase their productivity.

   (A) contain   (B) allow   (C) carry   (D) schedule

정답 01 명, 형 02 형, 동 03 부 04 형 05 명, 형 06 명 07 명, 동 08 ⓒ 09 ⓔ 10 ⓓ 11 ⓐ 12 ⓖ 13 ⓕ 14 ⓑ 15 (B), 해석 p.52

☐ **collaborate** 통 협력하다, 협동하다

collaborate on ~에 대해 협력하다
collaborate with ~와 협력하다

☐ **merger** 명 합병
통 merge 합병하다

an upcoming merger 곧 있을 합병

☐ **intend** 통 의도하다

intend to V ~할 작정이다

☐ **detour** 명 우회로 통 우회하다

take a detour 우회하다

☐ **asset** 명 재산, 자산이 되는 물건(또는 사람)

a valuable asset 중요한 자산

☐ **comprehensive** 형 종합적인, 포괄적인

a comprehensive list 종합 리스트

☐ **transaction** 명 거래, 매매

the date of transaction 거래 날짜

☐ **career** 명 경력, 직업, 진로

a career path 진로

☐ **numerous** 형 수많은

numerous candidates 수많은 지원자들
＊numerous 뒤에는 반드시 복수명사가 온다.

☐ **register** 통 등록하다 명 등록부

register for ~에 등록하다

☐ **specifically** 부 특별히, 분명히

specifically designed for
특별히 ~을 위해 고안된, ~ 전용의

☐ **defect** 명 결함
형 defective 결함 있는, 불량의

a manufacturing defect 제조상의 결함

☐ **originally** 부 원래, 본래; 독창적으로

as originally planned 원래 계획된 대로

☐ **finally** 부 마침내, 드디어

After a long wait, Jennie finally got
a job.
오랜 기다림 끝에, Jennie는 드디어 직업을 구했다.

☐ **represent** 통 대표하다, 나타내다

represent the company 회사를 대표하다

☐ **oversee** 图 감독하다

oversee a project 프로젝트를 감독하다

☐ **approximately** 閏 대략

approximately 50% 대략 50 퍼센트

☐ **aim** 图 목표하다 閔 목표

aim to V ~하는 것을 목표로 하다

☐ **leave** 图 떠나다, 남겨두다 閔 휴가

on leave 휴가 중인

☐ **substitute** 图 대체하다
閔 대체물, 대리자

substitute A for B B를 A로 대체하다

☐ **process** 閔 절차, 과정
图 처리하다, 가공하다

a registration process 등록 절차

☐ **access** 閔 (불가산) 접근, 접속, 출입
图 접근[접속]하다

have access to ~에 접근[출입]할 수 있다

☐ **vote** 图 투표하다 閔 표, 투표

vote for ~에게 (찬성) 투표하다
vote against ~에게 반대표를 던지다

☐ **responsibility** 閔 책임, 의무, 할 일

take responsibility for ~을 책임 지다

☐ **seating** 閔 좌석, 자리

a seating capacity 좌석 수용력

☐ **additional** 閺 추가적인

an additional cost 추가 비용

☐ **proof** 閔 증거, 증명(서)

proof of residency 거주 증명서

☐ **professional** 閔 전문가 閺 전문적인

marketing professionals 마케팅 전문가들

☐ **assign** 图 배정하다, 할당하다, 부여하다

assign a new task to Mr. Kim
김 씨에게 새로운 업무를 배정하다

☐ **valid** 閺 유효한, 타당한

This coupon is valid until March 31.
이 쿠폰은 3월 31일까지 유효하다

☐ **solicit** 图 간청하다, 부탁하다

solicit financial assistance
재정 원조를 부탁하다

☐ **eligible** 閺 자격이 있는

be eligible for/to V
~할 자격이 있다, ~의 대상이 되다

☐ **approve** 동 승인하다, 허가하다

approve a plan 계획을 승인하다

☐ **celebrate** 동 축하하다, 기념하다
형 celebrated 유명한

celebrate an anniversary
기념일을 축하하다

☐ **replace** 동 대체하다, 대신하다

replace A with B A를 B로 대체하다

☐ **postpone** 동 연기하다, 미루다

postpone the meeting 회의를 연기하다

☐ **permit** 동 허용하다 명 허가증

a parking permit 주차 허가증

☐ **successful** 형 성공적인
형 successive 연속적인

a successful candidate 합격자, 당선자

☐ **generally** 부 일반적으로, 보통
= in general

generally speaking 일반적으로 말하면

☐ **important** 형 중요한

It is important to V ~하는 것은 중요하다

☐ **assume** 동 가정하다, 추측하다;
(책임을) 맡다

assume responsibility for
~의 책임을 맡다
assume that S + V ~라고 가정하다

☐ **interfere** 동 방해하다, 간섭하다

interfere with ~을 간섭하다

☐ **expertise** 명 전문지식

a wealth of expertise 풍부한 전문지식

☐ **gain** 동 얻다 명 이득, 증가

gain a reputation 명성을 얻다
significant gains 엄청난 수익

☐ **exceptional** 형 아주 뛰어난, 특출한,
이례적인

an exceptional performance
아주 뛰어난 성과

☐ **durable** 형 내구성 있는, 튼튼한

a durable fabric 내구성 있는 천

☐ **commonly** 부 흔히

commonly used 흔히 사용되는

□ **normally** 튄 보통
I normally commute by subway.
나는 보통 지하철로 통근한다.

□ **promptly** 튄 즉시, (시간이) 정확히
promptly after ~한 직후
promptly at 5 P.M. 정각 오후 5시

□ **purchase** 튑 구매하다 튐 구매(품)
make a purchase 구매하다

□ **potential** 튗 잠재적인 튐 잠재력, 가능성
a potential customer 잠재 고객

□ **advantage** 튐 이점, 이익, 우위
take advantage of ~을 이용하다

□ **charity** 튐 자선, 구호, 자선 단체
a charity event 자선 행사

□ **enthusiastic** 튗 열광적인
be enthusiastic about
~에 대해 열광적이다

□ **resident** 튐 거주자, 주민 튗 상주하는
residence 튐 거주지, 주택, 거주
a local resident 지역 주민

□ **indefinitely** 튄 무기한으로
delayed indefinitely 무기한으로 연기된

□ **emphasize** 튑 강조하다
emphasize the importance
중요성을 강조하다

□ **revenue** 튐 수입, 수익
sales revenue 판매(영업) 수익

□ **preference** 튐 선호(도)
a preference for ~에 대한 선호(도)

□ **unattended** 튗 주인 없는, 방치된
left unattended 방치된 채로 있는

□ **relevant** 튗 관련 있는
relevant to ~와 관련 있는

□ **commemorate** 튑 기념하다, 축하하다
commemorate Ms. Sidle's
accomplishments
Sidle를 씨의 업적을 기념하다

□ **subsidiary** 튐 자회사 튗 자회사의, 부수적인
overseas subsidiary 해외 자회사

□ **courtesy** 튐 공손함 튗 무료의, 서비스의
(as) courtesy of ~ 덕분에, ~이 제공한

품사 Check! 다음 각 단어의 품사에 모두 표시하세요.

	명사	형용사	부사	동사
01 permit				
02 register				
03 merger				
04 professional				
05 resident				
06 postpone				
07 gain				

어휘 Check! 다음 빈칸에 들어갈 단어를 박스 안에서 골라 넣어보세요.

08 _____ until   ~까지 유효한

09 left _____   방치된 채로 있는

10 _____ a plan   계획을 승인하다

11 a(n) _____ performance   아주 뛰어난 성과

12 _____ 70$ 대략 70달러

13 a(n) valuable _____   소중한 자산

14 _____ a project   프로젝트를 감독하다

ⓐ approximately
ⓑ exceptional
ⓒ asset
ⓓ valid
ⓔ oversee
ⓕ unattended
ⓖ approve

토익 실전 Check! 빈칸에 들어갈 가장 알맞은 어휘를 고르세요.

15 Please note that sale items are not ------- for free shipping.

(A) potential   (B) relevant   (C) eligible   (D) capable

정답 01 몡, 동 02 몡, 동 03 몡 04 몡, 혱 05 몡,혱 06 동 07 몡, 동 08 ⓓ 09 ⓕ 10 ⓖ 11 ⓑ 12 ⓐ 13 ⓒ 14 ⓔ
15 (C), 해석 p.52

☐ **indicative** 📗 ~을 나타내는, 시사하는

be indicative of ~을 나타내다, 시사하다

☐ **advanced** 📗 진보한; 고급의, 상급의

technically advanced 기술적으로 진보한
an advanced degree
상급 학위(석, 박사 학위)

☐ **closely** 📘 밀접하게, 면밀히, 긴밀하게

closely monitor 면밀히 지켜보다
work closely with ~와 긴밀히 협력하다

☐ **deliver** 📙 (연설, 강연 등을) 하다; 배달하다

deliver a presentation
프레젠테이션을 하다

☐ **complaint** 📓 불평, 항의
📙 complain 불평하다, 항의하다

customer complaints 고객 불만

☐ **caution** 📓 조심, 주의
📙 경고[주의]를 주다

use caution 조심하다
caution against ~하지 말라고 경고하다

☐ **authority** 📓 권한, 허가, 당국; 권위자

an authority on ~의 권위자
delegate authority 권한을 위임하다

☐ **superior** 📗 우수한

superior to ~보다 우수한

☐ **considerably** 📘 상당히, 많이

considerably change 상당히 바뀌다

☐ **completely** 📘 완전히, 전적으로

completely free of charge 완전히 무료인

☐ **committee** 📓 위원회

a hiring committee 채용 위원회

☐ **apologize** 📙 사과하다

apologize for ~에 대해 사과하다

☐ **specialize** 📙 전문으로 하다

specialize in online marketing
온라인 마케팅을 전문으로 하다

☐ **tenant** 📓 세입자, 임차인
📓 landlord 집주인

the previous tenant 이전 세입자

☐ **occasion** 📓 (특정한) 때, 경우, 행사

a special occasion 특별한 날[행사]

a spacious room 널찍한 방

□ **spacious** 형 널찍한

under warranty 품질 보증 기간 중인

□ **warranty** 명 품질 보증(서), 품질 보증 기간

shut off automatically 자동으로 차단되다

□ **automatically** 부 자동으로

thoroughly wash 철저히[꼼꼼하게] 씻다

□ **thoroughly** 부 철저히, 대단히

report to headquarters 본사에 보고하다

□ **headquarters** 명 본사
= main office, head office

examine potential benefits 잠재적 이득을 조사하다

□ **examine** 동 조사하다, 검사하다

convert (A) into B (A를) B로 전환하다

□ **convert** 동 전환시키다, 변환하다

enhance flavors 풍미를 향상시키다

□ **enhance** 동 향상시키다, 강화시키다 풍미

a generous donation 후한 기부

□ **generous** 형 후한, 너그러운, 관대한

the morning shift 오전 근무

□ **shift** 동 옮기다, 이동하다 명 교대근무 (시간), 변화

explicitly state 명확하게 명시하다

□ **explicitly** 부 명백하게, 분명하게

I'm absolutely thrilled with his idea. 나는 그의 아이디어에 정말로 감동했다.

□ **absolutely** 부 절대적으로, 틀림없이, 완전히

malfunctioning equipment 오작동하는 기기

□ **malfunction** 명 오작동 동 오작동하다

a security guard 보안 요원

□ **security** 명 보안

outstanding achievements 뛰어난 업적 an outstanding debt 아직 미지불된 채무

□ **outstanding** 형 뛰어난; 아직 처리되지 않은

prohibit A from -ing A가 ~하는 것을 금지하다

□ **prohibit** 동 금지하다

various options 다양한 옵션 * various 뒤에는 복수명사를 사용해야 한다.

□ **various** 형 다양한

☐ **waive** 통 (권리 등을) 포기하다, 면제하다

Admission fees will be waived.
입장료는 면제될 것입니다.

☐ **consent** 통 동의하다 명 동의, 합의

without one's consent ~의 동의 없이
consent to ~에 동의하다

☐ **transportation** 명 교통, 수송

public transportation 대중교통

☐ **adjacent** 형 인접한, 가까운

adjacent to ~에 인접한

☐ **effective** 형 효과적인; 시행되는, 발효되는

effective March 8 3월 8일부터 시행되는

☐ **primarily** 부 대개, 주로

The café appeals primarily to people
in their 20s.
그 카페는 주로 20대의 관심을 끌고 있다.

☐ **increasingly** 부 점점 더, 더욱 더

increasingly popular 점점 더 인기가 있는

☐ **return** 명 반납, 반품 통 반납하다, 돌아오다

accept returns 반품을 받다
return to ~로 돌아가다

☐ **inventory** 명 재고; 물품 목록

take inventory 재고 조사하다

☐ **accommodate** 통 (사람을) 수용하다;
(요구 등에) 부응하다

accommodate 100 people
100명을 수용하다
accommodate one's needs
~의 요구[기대]에 부응하다

☐ **flexible** 형 융통성 있는, 유연한

flexible work shifts 유연 근무제

☐ **progress** 명 진척, 진행 통 진전을 보이다

in progress 진행 중인

☐ **award** 통 수여하다 명 상

win an award 상을 타다

☐ **publicity** 명 홍보
통 publicize 홍보하다, 광고하다

get publicity 인기를 얻다

□ **guarantee** 图 보장하다 图 보증, 담보

guarantee the privacy 사생활을 보장하다

□ **affect** 图 영향을 미치다

affect favorably 긍정적인 영향을 미치다

□ **request** 图 요청하다 图 요청(서)

a vacation request 휴가 요청서

□ **initiative** 图 주도권, 계획, 결단력

take initiative 주도하다

□ **noticeable** 图 눈에 띄는, 현저한

a noticeable increase 눈에 띄는 증가

□ **designated** 图 지정된

a designated space 지정된 장소

□ **satisfied** 图 만족한

be satisfied with ~에 만족하다

□ **previously** 图 이전에

previously purchased 이전에 구매한

□ **slightly** 图 약간

slightly decrease 약간 감소하다

□ **rapidly** 图 빠르게

grow rapidly 빠르게 성장하다

□ **retire** 图 은퇴하다
　　图 retirement 은퇴

retire as of next month
다음 달부터 은퇴하다

□ **select** 图 선택하다 图 엄선된

randomly select 무작위로 선택하다

□ **influence** 图 영향, 영향력
　　图 영향을 미치다

influence on ~에 미치는 영향

□ **shred** 图 잘게 자르다, 갈가리 찢다, 파기하다

shred a document 문서를 파기하다

□ **rush** 图 급히 움직이다, 서두르다
　　图 혼잡, 분주함

in a rush 아주 바쁜, 서두르는, 급한

□ **patron** 图 고객, 후원자
　　图 patronage 후원, 애용

a library patron 도서관 이용객
an anonymous patron 익명의 후원자

□ **remind** 图 상기시키다

remind A of A에게 ~을 상기시키다
remind A to V A에게 ~할 것을 상기시키다
remind A that S + V
A에게 ~라는 것을 상기시키다

□ **workload** 图 업무량

His workload has increased.
그의 업무량은 증가했다.

25

DAY 09-10   MINI TEST

음성 Check! 다음 각 단어의 품사에 맞는 뜻에 표시하세요.

	명사	형용사	부사	동사
01 caution				
02 apologize				
03 select				
04 malfunction				
05 guarantee				
06 outstanding				
07 accommodate				

어휘 Check! 다음 단어에 맞는 단어를 보기 안에서 골라 넣어주세요.

08 a special _____	특별한 경우[행사]
09 delegate _____	권한을 위임하다
10 _____ a presentation	프레젠테이션을 하다
11 a(n) _____ place	지정된 장소
12 without the manager's _____	매니저의 동의 없이
13 _____ take	재고 조사하다
14 _____ to	~할 수 있는

@ inventory
ⓑ designated
ⓒ superior
ⓓ authority
ⓔ deliver
ⓕ occasion
ⓖ consent

듣기 실전 Check! 다음에 들어갈 가장 알맞은 어휘를 고르세요.

15 We ------- a response to all customer inquiries within 24 hours.

(A) request   (B) approve   (C) enhance   (D) guarantee

정답 01 명, 02 동, 03 동, 04 명/동, 05 명/동, 06 형, 07 동, 08 ⓕ, 09 ⓓ, 10 ⓔ, 11 ⓑ, 12 ⓖ, 13 ⓐ, 14 ⓒ, 15 (D), 해석 p.52

26

□ **assembly** 명 의회, 집회; 조립
assembly line workers 조립 라인 작업자들 (생산)

be scheduled to ~할 예정이다
□ **schedule** 명 일정 통 일정을 잡다

unexpectedly high sales numbers
예상 밖의 높은 판매량
□ **unexpectedly** 부 예기치 못하게, 뜻밖에

securely fasten 단단히 고정시키다
□ **securely** 부 안전하게, 단단히

ongoing support 계속되는 지원
□ **ongoing** 형 진행 중인, 현재 계속 되고 있는

restore the historical building
역사적 건물을 복원하다
□ **restore** 통 복구하다, 복원하다

an alternative to ~의 대안
□ **alternative** 명 대안 형 대체의, 대안이 되는

routine maintenance 정기 점검
□ **maintenance** 명 유지, 보수

---

severely damaged 심각하게 손상된
□ **severely** 부 심각하게, 가혹하게

a solution to ~에 해결책
cleaning solution 세정제
□ **solution** 명 해결책; 용액

eliminate the need to V
~할 필요를 없애다
□ **eliminate** 통 제거하다, 없애다

individual respondents 각각의 응답자들
□ **individual** 형 개개의, 각각의 명 개인

commute by bus 버스로 통근하다
□ **commute** 명 통근 통 통근하다, 통학하다

an outdated policy 구식의 정책
□ **outdated** 형 구식의, 뒤떨어진, 시대에 뒤처진

correct information 정확한 정보
correct an error 오류를 정정하다
□ **correct** 형 정확한, 옳은 통 정정하다, 수정하다

해당 단어의 원어민 MP3 파일 예문에서 퀴즈화되어 있습니다
단어 품사 의미가 기록되는 기본이다

□ **retain** 동 유지하다, 보유하다
retain the best engineers
최고의 엔지니어들을 보유하다

□ **observe** 동 준수하다, 관찰하다
observe a holiday 휴일을 준수하다

□ **avoid** 동 피하다
avoid -ing ~하는 것을 피하다

□ **prolong** 동 연장하다
prolong the life 수명을 연장하다

□ **remote** 형 먼, 외진, 외딴
a remote location 외진 지역

□ **appropriate** 형 적절한, 알맞은
appropriate safety gear 알맞은 안전 장비

□ **fairly** 부 매우, 꽤; 공정하게
fairly certain 매우 확실한

□ **accomplishment** 명 업적, 성취
noteworthy accomplishment
주목할 만한 업적

□ **reference** 명 참고, 참조, 참고 문헌;
추천서 동 참고 표시를 하다
참고나 참조 표시를 해 둘

for future reference
나중에 참고할 수 있도록

□ **willing** 형 기꺼이 하는
be willing to V 기꺼이 ~하다

□ **competitive** 형 경쟁력 있는
competitive prices 경쟁력 있는 가격

□ **inconvenience** 명 불편
동 불편하게 하다
I apologize for the inconvenience.
불편을 드려 죄송합니다.

□ **task** 명 일, 과제 동 ~에게 과제를 맡기다
perform a task 업무를 수행하다
be tasked with ~을 하는 임무를 맡다

□ **publication** 명 인쇄물, 출판물
a monthly publication 월간지

□ **concern** 명 걱정, 관심사
동 걱정시키다; 관련이 있다
be concerned about ~에 대해 걱정하다

□ **grateful** 형 감사하는, 고마워하는
be grateful for ~에 감사하다

□ **distinguish** 동 구별하다
distinguish between A and B
A와 B를 구별하다

☐ **sensitive** 혱 민감한, 세심한;
(정보 등이) 민감한, 기밀의

a sensitive document 민감한[기밀] 문서

☐ **delighted** 혱 기쁜
= pleased

be delighted with ~에 기쁘다

☐ **timely** 혱 시기적절한, 때에 맞는

in a timely manner 제시간에, 시기 적절하게

☐ **urgent** 혱 긴급한, 시급한

an urgent matter 시급한 사안

☐ **definitely** 뷔 분명히, 확실히

definitely wrong 확실히 잘못된

☐ **precisely** 뷔 정확하게
혱 precise 정확한

express precisely 정확하게 표현하다

☐ **respectively** 뷔 각각

$30 and $55 respectively
각각 30달러와 50달러

☐ **banquet** 명 연회

an awards banquet 시상식 연회

☐ **confirm** 통 확인하다, 확정하다
명 confirmation 확인, 확정

confirm an appointment 약속을 확정하다

☐ **stop by** 통 들르다, 방문하다

I'll stop by your office.
저는 당신의 사무실에 들를 거예요.

☐ **discontinue** 통 중단하다

This model has been discontinued.
이 모델은 생산이 중단되었다.

☐ **last** 혱 마지막의; 지난
통 계속하다, 지속되다
혱 lasting 지속적인

a lasting effect 지속적인 효과

☐ **strategically** 뷔 전략적으로

strategically located 전략적으로 위치된

☐ **unusually** 뷔 대단히, 매우, 평소와 달리

unusually high temperature
매우 높은 기온

☐ **especially** 뷔 특히, 특별히

be designed especially for
특별히 ~용으로 고안되다

□ **carefully** 🔁 신중하게, 조심스럽게
carefully review the contract
신중하게 계약서를 검토하다

□ **undergo** 🔁 겪다, ~을 경험하다, 받다
undergo renovations 수리를 받다

□ **accompany** 🔁 동반하다, 동행하다
accompanied by ~이 동반된

□ **congestion** 🔁 혼잡
traffic congestion 교통 혼잡

□ **risk** 🔁 위험 🔁 ~을 위험에 빠뜨리다
at risk 위험에 처한
take a risk 위험을 감수하다

□ **convinced** 🔁 (사람이) 확신하는
cf. convincing 설득력 있는
be convinced of ~을 확신하다

□ **consecutive** 🔁 연속적인
three consecutive weeks 연속 3주

□ **evenly** 🔁 고르게, 균등하게
evenly distribute 고르게 나누다

□ **punctually** 🔁 시간을 엄수하여
arrive punctually 시간을 엄수하여 도착하다

□ **charge** 🔁 요금 🔁 청구하다
at no extra charge 추가 요금 없이
be charged $100 100달러가 청구되다

□ **reception** 🔁 연회; 접대; 수신 상태; 환영
poor reception 좋지 않은 수신 상태

□ **install** 🔁 설치하다
🔁 installation 설치
🔁 installment (할부의 한) 회, 불입, 할부
install a projector 프로젝터를 설치하다

□ **restrict** 🔁 제한하다, 한정하다
be restricted to V ~에 제한되다

□ **summarize** 🔁 요약하다
🔁 summary 요약, 개요
summarize the results of the survey
설문 조사 결과를 요약하다

□ **historic** 🔁 역사적인, 역사적으로 중요한
a historic building 역사적인 건물

□ **commence** 🔁 시작되다, 시작하다
commence with breakfast
아침식사로 시작하다

□ **sufficient** 🔁 충분한
sufficient time and money
충분한 시간과 돈

DAY 11-12 MINI TEST

용시 Check! 다음 각 단어의 품사에 모두 표시하세요.

	명사	형용사	부사	동사
01 individual				
02 charge				
03 last				
04 commute				
05 alternative				
06 task				
07 accompany				

어휘 Check! 다음 단어에 들어갈 단어를 박스 안에서 골라 문맥을 완성해보세요.

08 a(n) _____ system	보안 시스템	ⓐ securely
09 _____ information	기밀 정보	ⓑ sensitive
10 in a _____ manner	시기에 알맞은, 제시간에	ⓒ consecutive
11 a(n) _____ matter	긴급한 사안	ⓓ outdated
12 _____ expensive	꽤 비싼	ⓔ timely
13 _____ lock the door	문을 단단히 잠그다	ⓕ urgent
14 seven _____ years	7년 연속	ⓖ fairly

문법 Check! 다음에 들어갈 가장 알맞은 어휘를 고르세요.

15 ------- of the new countertop will probably take three to five hours.

(A) Reception (B) Installation (C) Concern (D) Reference

☐ **representative** 형 대표하는, 나타내는
명 대표, 대리인

a sales representative
판매 대리인, 영업 담당자

☐ **book** 통 예약하다 명 책

book a table 테이블을 예약하다

☐ **departure** 명 출발; 사임, 퇴임

intended departure 예정된 출발

☐ **overdue** 형 연체된, 기한이 지난

an overdue charge 연체료

☐ **diverse** 형 다양한

diverse needs of customers
소비자의 다양한 욕구

☐ **suitable** 형 적합한, 알맞은

suitable for ~에 적합한

☐ **markedly** 부 현저히, 눈에 띄게

markedly increase 눈에 띄게 증가하다

☐ **hardly** 부 거의 ~않는

hardly use 거의 사용하지 않다

☐ **available** 형 이용 가능한, 사용 가능한

It is available for a limited time.
그것은 한정된 시간 동안 이용 가능하다.

☐ **challenging** 형 힘든, 어려운

a challenging job 힘든 일

☐ **expand** 통 확대하다, 확장하다

expand its product line 제품군을 늘리다

☐ **reward** 명 보상, 사례금 통 보상하다

reward A with B A에게 B로 보상해주다

☐ **explain** 통 설명하다
명 explanation 설명

explain a new project
새 프로젝트를 설명하다

☐ **accidentally** 부 실수로, 우연히,
뜻하지 않게

accidentally delete his number
실수로 그의 번호를 삭제하다

☐ **briefly** 부 잠시, 간단히

briefly review the memo
간단히 메모를 검토하다

☐ **prefer** 图 선호하다

prefer A to[over] B B보다 A를 선호하다

☐ **transfer** 图 전근 가다, 옮기다
图 전근, 환승

transfer to a branch office
지사로 전근가다

☐ **recommend** 图 추천하다

recommend A to V
A에게 ~하라고 추천하다

☐ **raise** 图 올리다, 인상하다 图 인상

(pay) raise 임금 인상

☐ **certificate** 图 자격증, 증명서

a gift certificate 상품권

☐ **capacity** 图 수용력; 역량; 능력; 역할

storage capacity 저장 용량

☐ **confusing** 图 혼란스러운, 헷갈리는

confusing instructions
혼란스러운 지시사항

☐ **annually** 图 연마다, 일년에 한 번

update annually 해마다 갱신하다

☐ **frequently** 图 자주, 빈번히

frequently asked questions(FAQ)
자주 묻는 질문

☐ **submit** 图 제출하다
= hand in, turn in

submit a report 보고서를 제출하다

☐ **candidate** 图 지원자, 후보자

an attractive candidate 매력적인 후보자

☐ **compliment** 图 칭찬하다 图 칭찬

compliment A on B
B에 대해 A를 칭찬하다

☐ **decline** 图 (자동사) 감소하다
(타동사) 거절하다

decline an offer 제안을 거절하다

☐ **endorse** 图 지지하다, 홍보하다

endorse a new makeup line
새 메이크업 라인을 홍보하다

☐ **exhibit** 图 전시하다, 보이다, 드러내다
图 전시회

a featured exhibit 특별 전시

☐ **response** 图 대답, 반응

favorable response 긍정적인 반응

☐ **atmosphere** 图 분위기; 공기, 대기

an enjoyable atmosphere 즐거운 분위기

☐ **interact** 동 소통하다, 상호작용하다

interact with ~와 소통하다

☐ **consist** 동 구성되다

consist of ~로 구성되다

☐ **vendor** 명 상인, 노점상, 판매 회사

a local vendor 현지 판매상

☐ **decision** 명 결정

make a decision 결정하다
a decision to V ~할 결정

☐ **phase** 명 단계

a final phase 최종 단계

☐ **beneficial** 형 도움이 되는, 득이 되는

mutually beneficial 상호 간에 득이 되는

☐ **stable** 형 안정적인

financially stable 재정적으로 안정적인

☐ **overwhelmingly** 부 압도적으로

overwhelmingly in favor of
압도적으로 ~을 찬성[지지]하는

☐ **virtually** 부 사실상, 가상으로

be virtually identical to
사실상 ~와 동일하다

☐ **firmly** 부 확고하게, 단단히

firmly believe 확고하게 믿다

☐ **skilled** 형 숙련된, 노련한

be skilled in[at] ~에 숙련되다

☐ **detailed** 형 자세한, 상세한

detailed information 자세한 정보

☐ **responsive** 형 즉각 반응하는, 대응하는

be responsive to
~에 즉각 대응하다, ~에 빠른 반응을 보이다

☐ **personnel** 명 직원들; 인사과

personnel department 인사부
= human resources department

☐ **dispose** 동 제거하다, 없애다

dispose of ~을 제거하다

☐ **productivity** 명 생산성, 능률

enhance productivity 생산성을 향상시키다

□ **seasonal** 형 계절적인, 어느 계절에 한정된
seasonal fruits 제철 과일

□ **extension** 명 연장, 확대; 내선번호
a deadline extension 마감일 연장

□ **expire** 동 (자격등) 만료되다, 만기되다
expiration 명 만기, 만료
The warranty has expired.
품질 보증 기간이 만료되었다.

□ **local** 형 지역의 명 지역 주민, 현지인
a local farm 지역 농장

□ **consult** 동 상담[의논]하다, 참고하다
consult a manual 매뉴얼을 참고하다

□ **clearly** 분 분명히, 또렷하게, 확실히
clearly understand 확실히 이해하다

□ **solely** 분 오로지, 단지
focus solely on ~ ~에만 집중하다

□ **dedicated** 형 전념하는, 헌신적인; ~ 전용의
be dedicated to ~ ~에 전념하다

□ **due** 형 ~하기로 되어 있는, 예정된 명 회비, 요금
be due to V ~할 예정이다
membership dues 회원비

□ **disposable** 형 일회용의
disposable gloves 일회용 장갑

□ **preferably** 분 가급적, 될 수 있는 한
preferably Saturday or Sunday
가급적 토요일이나 일요일

□ **simultaneously** 분 동시에
simultaneously handle tasks
작업을 동시에 처리하다

□ **review** 동 검토하다, 평가하다 명 검토, 논평, 비평, 후기
review the financial report
재정 보고서를 검토하다

□ **allocate** 동 할당하다, 배분하다
allocate more funds
더 많은 자금을 할당하다

□ **pollution** 명 오염, 공해
noise pollution 소음 공해

□ **unprecedented** 형 전례없는, 유례없는
unprecedented increase in sales
유례없는 매출 증가

품사 Check! 다음 각 단어의 품사에 모두 표시하세요.

	명사	형용사	부사	동사
01 reward				
02 due				
03 personnel				
04 raise				
05 compliment				
06 detailed				
07 review				

어휘 Check! 다음 빈칸에 들어갈 단어를 박스 안에서 골라 넣어보세요.

08 easily _____	쉽게 이용 가능한	ⓐ overdue
09 _____ a request	요청을 거절하다	ⓑ available
10 a final _____	최종 단계	ⓒ solely
11 focus _____ on	오로지 ~에만 집중하다	ⓓ disposable
12 _____ books	연체된 책	ⓔ markedly
13 _____ gloves	일회용 장갑	ⓕ decline
14 _____ increase	현저히 증가하다	ⓖ phase

토익 실전 Check! 빈칸에 들어갈 가장 알맞은 어휘를 고르세요.

15 The online registration process was very ------- for most employees.

    (A) confusing   (B) representative   (C) local   (D) seasonal

정답 01 명, 동 02 명, 형 03 명 04 명, 동 05 명, 동 06 형 07 명, 동 08 ⓑ 09 ⓕ 10 ⓖ 11 ⓒ 12 ⓐ 13 ⓓ 14 ⓔ
15 (A), 해석 p.52

☐ **aware** 휑 알고 있는, 의식하고 있는

be aware of ~을 알고 있다
be aware that S + V
~이라는 것을 알고 있다

☐ **precaution** 몡 예방 조치, 예방 수단

take precautions 예방 조치를 취하다
safety precautions 안전 예방 조치

☐ **reluctant** 휑 꺼리는, 주저하는

be reluctant to V ~하기를 주저하다

☐ **adversely** 휙 불리하게, 안 좋게

adversely affect 안 좋은 영향을 주다

☐ **drastically** 휙 급격하게

drastically increase 급격하게 증가하다

☐ **temporarily** 휙 일시적으로

temporarily close 일시적으로 닫다

☐ **invoice** 몡 송장, 청구서 통 청구서를 보내다

a credit card invoice 신용 카드 청구서

☐ **branch** 몡 지사, 분점; 나뭇가지

new branch offices 새 지사 사무실들

☐ **lend** 통 빌려주다
반 borrow 빌리다

lend her the money
그녀에게 돈을 빌려주다

☐ **survey** 몡 설문 조사 통 설문 조사를 하다

survey results 설문 조사 결과

☐ **issue** 몡 문제; (잡지의) 호; 발행(물)
통 발표하다, 발부하다

the April issue of *Stellar*
〈스텔라〉 잡지 4월호
issue a passport 여권을 발부하다

☐ **domestic** 휑 국내의, 가정적인

a domestic flight 국내선

☐ **expense** 몡 비용, 경비, 돈

travel expenses 여행 경비

☐ **limit** 몡 제한, 한도 통 제한하다, 한정하다

a word limit 글자 수 제한
be limited to ~로 한정되다

☐ **interrupt** 통 방해하다, 중단시키다
몡 interruption 방해, 중단

temporarily interrupt 일시 중단하다

□ **receipt** 몡 (가산) 영수증, (불가산) 수령, 수취

upon receipt 수령하자마자

□ **amenity** 몡 편의시설; 호텔에서 제공되는 물품

community amenities 커뮤니티 편의시설

□ **exempt** 톙 면제되는

be exempt from ~이 면제되다

□ **routinely** 튀 일상적으로, 규칙적으로

routinely check 규칙적으로 점검하다

□ **extremely** 튀 극도로, 매우

extremely worried 매우 걱정하는

□ **deal** 몡 거래, 계약, 합의
톰 거래하다, 다루다

a special deal 특가 상품
deal with ~을 다루다, 처리하다

□ **qualified** 톙 자격을 갖춘

highly qualified 매우 자격을 갖춘
qualified for ~에 자격을 갖춘

□ **demonstrate** 톰 보여주다, 설명하다, 시연하다

demonstrate skills 기술을 보여주다

□ **latest** 톙 (가장) 최근의, 최신의

the latest version 가장 최신 버전

□ **audience** 몡 관객, 청중, 시청자

address the audience 청중에게 연설하다

□ **conclude** 톰 끝내다, 결론을 내리다

conclude with ~으로 끝내다
conclude that S + V ~이라는 결론을 내리다

□ **protect** 톰 보호하다

protect nature 자연을 보호하다

□ **accountable** 톙 책임이 있는

be accountable for ~에 책임이 있다

□ **accordingly** 튀 그에 맞춰, 그런 이유로, 따라서

plan accordingly 그에 맞춰 계획을 세우다

□ **favorably** 튀 호의적으로, 유리하게

favorably respond 호의적으로 반응하다

□ **city council** 몡 시 의회

a city council election 시 의회 선거

□ **prescription** 몡 처방(전), 처방약

fill a prescription 처방약을 조제하다

☐ **informative** 형 유익한

an informative presentation
유익한 프레젠테이션

☐ **subject** 형 받기 쉬운; 조건으로 하는
　　　　　명 주제; 과목

be subject to
~ 받기 쉽다, ~의 대상이 되다, ~을 조건으로 하다

☐ **persistently** 부 끈질기게, 집요하게

persistently demand 끈질기게 요구하다

☐ **focus** 동 중점을 두다, 초점을 맞추다
　　　　명 초점, 주목

focus on ~에 중점을 두다
focus A on B A를 B에 집중시키다

☐ **outline** 명 개요, 요점
　　　　　동 ~의 요점을 말하다

an outline of a plan 계획의 요점

☐ **disclose** 동 폭로하다, 밝히다

disclose the details 세부 사항을 밝히다

☐ **strive** 동 분투하다, 노력하다

strive for ~을 위해 노력하다
strive to V ~하려고 노력하다

☐ **insight** 명 통찰력

insight into ~에 대한 통찰력

☐ **outcome** 명 결과

an anticipated outcome 예상되는 결과

☐ **likely** 형 ~할 것 같은, 그럴듯한 부 아마

be likely to V ~할 가능성이 있다
a likely candidate 유력한 후보자

☐ **inadvertently** 부 무심코, 우연히

inadvertently omit 무심코 빠트리다

☐ **efficiently** 부 효율적으로, 능률적으로

efficiently manage 효율적으로 관리하다

☐ **ultimately** 부 궁극적으로, 결국

ultimately lead to 결국 ~으로 이어지다

☐ **project** 명 프로젝트, 과제
　　　　　동 예상하다, 추정하다
　　　명 projection 예상, 추정

a rail extension project 철로 확장 공사

☐ **certified** 형 공인의, 보증된, 증명된

a certified engineer 공인 엔지니어

□ **overtime** 명 초과근무

work overtime 초과근무를 하다

□ **catering** 명 음식 공급(업)

a catering service 출장 요리 서비스

□ **nominate** 동 (후보자로) 지명하다,
임명하다

nominate a candidate 후보자를 지명하다

□ **device** 명 장치, 기구

an electronic device 전자 기기[제품]

□ **familiar** 형 익숙한, 친숙한, 잘 아는

be familiar with ~을 잘 알고 있다

□ **passenger** 명 승객

Passengers are boarding a bus.
승객들이 버스에 탑승하고 있다.

□ **possess** 동 소유하다, 소지하다

possess skills 기술을 보유하다

□ **critical** 형 대단히 중요한; 비판적인;
위태로운

a critical comment 비판적인 의견

□ **alternate** 형 대신의, 대안의
동 교대로 하다, 번갈아 하다

an alternate route 대체 도로, 우회로

□ **ambitious** 형 야심 찬, 야망에 찬

an ambitious plan 야심 찬 계획

□ **feasible** 형 실행 가능한

a feasible strategy 실행 가능한 전략

□ **bulk order** 대량 주문

bulk order price 대량 주문 가격

□ **reasonably** 부 합리적으로

reasonably priced 합리적인 가격의

□ **feature** 동 ~을 특징으로 삼다;
~을 특집 기사로 다루다
명 특징, 특성; 특집 기사

feature various plants
다양한 화초가 특징이다
the most impressive feature
가장 인상적인 특징

□ **report** 동 보고하다, 알리다, 보도하다
명 보도, 보고서

report an accident 사고를 보고[보도]하다
report to ~에게 보고하다, ~의 지시를 받다

□ **experiment** 명 실험, 시험 동 실험하다

throughout the experiment 실험 내내

□ **introductory** 형 소개용의, 서문의,
입문자의

an introductory course 입문 강좌

품사 Check! 다음 각 단어의 품사에 모두 표시하세요.

	명사	형용사	부사	동사
01 likely				
02 expense				
03 lend				
04 catering				
05 limit				
06 outline				
07 accountable				

어휘 Check! 다음 빈칸에 들어갈 단어를 박스 안에서 골라 넣어보세요.

08 be _____ from   ~이 면제되다

09 a(n) _____ engineer   공인 엔지니어

10 plan _____   그에 맞춰 계획을 세우다

11 _____ priced   합리적인 가격의

12 _____ skills   기술을 보유하다

13 a(n) _____ route   대체 도로, 우회로

14 a(n) _____ flight   국내선

ⓐ accordingly
ⓑ alternate
ⓒ domestic
ⓓ exempt
ⓔ certified
ⓕ possess
ⓖ reasonably

토익 실전 Check! 빈칸에 들어갈 가장 알맞은 어휘를 고르세요.

15 Incomplete applications may be ------- to cancellation.

(A) informative   (B) familiar   (C) subject   (D) reluctant

정답 01 ⑱, ㉕ 02 ⑲ 03 ⑧ 04 ⑲ 05 ⑲, ⑧ 06 ⑲, ⑧ 07 ⑱ 08 ⓓ 09 ⓔ 10 ⓐ 11 ⓖ 12 ⓕ 13 ⓑ 14 ⓒ 15 (C), 해석 p.52

☐ **expressly** 閉 분명히, 특별히

expressly state that S + V
분명히 ~라고 명시하다
used expressly for
특별히 ~ 용도로 사용되는

☐ **necessarily** 閉 반드시, 불가피하게,
필연적으로

not ~ necessarily reflect
반드시 ~을 반영하는 것은 아니다

☐ **suggest** 동 제안하다; 암시하다, 시사하다

suggest -ing ~할 것을 제안하다
be suggested about ~에 대해 암시되다

☐ **directory** 명 명단, 목록, 안내도

an employee directory 직원 명부
a building directory 건물 (층별) 안내도

☐ **suspend** 동 매달다, 걸다; 중단하다,
유보하다

suspend production 생산을 중단하다

☐ **react** 동 반응하다

react to ~에 반응하다

☐ **achieve** 동 성취하다, 이루다, 달성하다

achieve a goal 목표를 이루다

☐ **withdraw** 동 철수하다, 철회하다,
탈퇴하다, 출금하다

withdraw from the organization
조직에서 탈퇴하다

☐ **strategy** 명 전략

a strategy meeting 전략 회의

☐ **term** 명 기간, 임기, 계약조건, 용어

during his term 그의 임기 동안
terms and conditions
(계약 등의) 조건, 약관

☐ **measure** 명 조치, 양(정도)
동 측정하다, 판단하다

safety measures 안전 조치

☐ **widespread** 형 널리 퍼진, 광범위한

widespread use 광범위한 사용

☐ **ample** 형 충분한, 많은

an ample space 충분한 공간

☐ **moderately** 閉 적당히, 알맞게

moderately priced 적당한 가격의

☐ **partially** 图 부분적으로

partially block 부분적으로 막다

☐ **mistakenly** 图 실수로

mistakenly erase 실수로 지우다

☐ **ask for** ~을 요청하다

ask for help 도움을 요청하다

☐ **cover** 图 다루다, 취재하다, 대신하다
图 덮개, (보험의) 보장, 표지, 보도

cover various topics 다양한 주제를 다루다
media coverage 언론 보도

☐ **misplace** 图 제자리에 두지 않다
(그래서 찾지 못하다)

misplace a key 열쇠를 제자리에 두지 않다

☐ **refundable** 图 환불 가능한

fully refundable 전액 환불 가능한

☐ **anniversary** 图 기념일

mark an anniversary 기념일을 축하하다

☐ **attention** 图 주의, 주목, 관심

attention to detail 세부적인 것에 대한 주의
pay attention to ~에 주의하다

☐ **market** 图 시장, 수요지
图 거래하다, 팔다, 내놓다

on the market 시장[시중]에 나와 있는

☐ **confident** 图 자신감 있는, 확신하는

a confident attitude 자신감 있는 태도

☐ **belongings** 图 소지품, 소유물

personal belongings 개인 소지품

☐ **paperwork** 图 서류 작업, 문서 업무,
서류

fill out paperwork 서류를 작성하다

☐ **input** 图 의견, 조언, 입력, 투입

input from the public 대중들의 의견

☐ **simplify** 图 간소화하다

simplify a process 과정을 간소화하다

☐ **telecommute** 图 재택 근무하다
= work from home

a telecommute schedule 재택 근무 일정

☐ **well received** 호평을 받은

well received by many critics
많은 비평가들의 호평을 받은

☐ **component** 图 부품, (구성) 요소

a central component 핵심 구성 요소

☐ **reflect** 图 반영하다, 반사하다;
심사숙고하다

reflect a new discount
새로운 할인율을 반영하다

☐ **analyze** 통 분석하다
명 analysis 분석

analyze results 결과를 분석하다

☐ **fluctuate** 통 변동하다, 수시로 변하다

fluctuate rapidly 빠르게 변동하다

☐ **discard** 통 버리다, 폐기하다

discard some papers 종이를 버리다

☐ **knowledgeable** 형 박식한,
아는 것이 많은

be knowledgeable about
~에 대해 아는 것이 많다

☐ **confidential** 형 기밀의, 비밀의

a confidential document 기밀 문서

☐ **hospitality** 명 환대, 접대, 대접

hospitality industry
(호텔, 식당 등의) 서비스업

☐ **multiple** 형 많은, 다수의

multiple locations 여러 장소

☐ **randomly** 부 무작위로

randomly choose 무작위로 고르다

☐ **landscaping** 명 조경

a landscaping company 조경 회사

☐ **public** 형 대중의, 일반인의, 공공의
명 대중, 일반인들

open to the public 일반에 공개되는

☐ **acknowledge** 통 인정하다; 감사를 표하
다; 받았음을 알리다

acknowledge receipt of
~을 수령했음을 알리다
acknowledge everyone
모두에게 감사를 표하다

☐ **proceeds** 명 수익금

The proceeds will go toward ~.
그 수익금은 ~에 쓰일 것이다.

☐ **demand** 명 요구, 수요 통 요구하다

high demand 많은 수요

☐ **overview** 명 개관, 개요, 요약

a basic overview 대략적인 개요

☐ **motivated** 형 의욕적인, 열의가 있는,
동기 부여된

a motivated individual 의욕적인 사람

☐ **densely** 🔢 빽빽하게, 밀집하여

  densely populated 인구가 밀집한

☐ **officially** 🔢 공식적으로

  officially open 공식적으로 문을 열다

☐ **order** 🔢 주문, 순서 🔢 주문하다, 명령하다

  place an order 주문하다
  in alphabetical order 알파벳 순으로

☐ **account** 🔢 계좌, 계정; 단골, 거래처;
             이야기 🔢 설명하다

  account for ~을 설명하다, (비율을) 차지하다

☐ **underway** 🔢 진행 중인

  work is underway 작업이 진행 중이다

☐ **attach** 🔢 첨부하다, 붙이다

  attach A to B A를 B에 붙이다

☐ **determine** 🔢 알아내다, 결정하다

  determine the cause 원인을 알아내다
  determine whether ~할지 말지 결정하다

☐ **invest** 🔢 투자하다

  invest in ~에 투자하다

☐ **conflict** 🔢 갈등, 충돌 🔢 상충하다

  a scheduling conflict 일정 충돌[겹침]
  conflicting opinions 상충된 견해

☐ **proximity** 🔢 가까움, 근접

  proximity to ~에 근접함

☐ **promising** 🔢 유망한, 장래성 있는,
             가능성이 높은, 기대되는

  a promising player 유망한 선수
  a promising field 유망한 분야

☐ **complicated** 🔢 복잡한

  a complicated process 복잡한 절차

☐ **anonymously** 🔢 익명으로

  anonymously fill out a survey
  익명으로 설문조사를 작성하다

☐ **actively** 🔢 적극적으로, 활발히

  actively seek 적극적으로 찾다

☐ **own** 🔢 ~ 자신의 🔢 소유하다

  my own idea 나 자신의 생각
  own a company 회사를 소유하다

☐ **expose** 🔢 노출시키다, 드러내다, 폭로하다

  expose A to B A를 B에 노출시키다

☐ **resistant** 🔢 잘 견디는, 저항력 있는

  resistant to ~에 강한, ~에 내성이 있는

품사 Check! 다음 각 단어의 품사에 모두 표시하세요.

	명사	형용사	부사	동사
01 invest				
02 underway				
03 directory				
04 ample				
05 order				
06 confident				
07 public				

어휘 Check! 다음 빈칸에 들어갈 단어를 박스 안에서 골라 넣어보세요.

08 _____ state	분명히 명시하다	ⓐ term
09 _____ receipt of	~을 수령했음을 알리다	ⓑ suspend
10 _____ industry	서비스업	ⓒ refundable
11 during his _____ in office	그의 임기 동안	ⓓ promising
12 _____ production	생산을 중단하다	ⓔ hospitality
13 a(n) _____ field	유망한 분야	ⓕ acknowledge
14 fully _____	전액 환불 가능한	ⓖ expressly

토익 실전 Check! 빈칸에 들어갈 가장 알맞은 어휘를 고르세요.

15 The guide ------- wearing comfortable shoes.

    (A) exposed   (B) misplaced   (C) suggested   (D) discarded

☐ **existing** 형 기존의, 이미 있는

existing customers 기존 고객들

☐ **preliminary** 형 예비의, 사전의

a preliminary plan 사전 계획

☐ **tightly** 부 꽉, 단단히

tightly closed 꽉 닫힌, 단단히 닫힌

☐ **identification** 명 신분증, 신원 확인

present one's identification
신분증을 제시하다

☐ **loan** 명 대출, 대여 동 빌려주다, 대여하다

on loan 대여 중인, 빌린

☐ **implement** 동 시행하다, 실행하다

implement a program
프로그램을 시행하다

☐ **boost** 동 북돋우다, 증진시키다, 높이다
명 상승, 증가, 격려, 부양책

boost tourism 관광업을 증진시키다

☐ **excessive** 형 과도한

excessive waste 과도한 폐기물

☐ **optimistic** 형 낙관적인, 긍정적인

optimistic about ~에 대해 낙관하는

☐ **independently** 부 독립하여, 자립하여

work independently
독립적으로[독자적으로] 일하다

☐ **repair** 동 수리하다 명 수리

beyond repair 수리가 불가능한

☐ **attendance** 명 참석, 참석자 수
명 attendee 참석자

in attendance 참석한

☐ **direct** 형 직접적인, 직통의 동 지시하다,
안내하다, 명령하다, 보내다

a direct flight 직항
direct A to B A를 B로 안내하다[보내다]

☐ **host** 동 주최하다, 진행하다
명 주최자, 진행자, 주인

host a party 파티를 주최하다

☐ **appreciate** 동 감사하다, 감상하다,
인정하다

I really appreciate it. 정말 감사해요

☐ **merchandise** 명(불가산) 상품, 물품

　damaged merchandise 손상된 제품

☐ **instruct** 통 지시하다, 가르치다
　명 instructor 강사, 지도자

　be instructed to V ~하라는 지시를 받다

☐ **seek** 통 찾다, 구하다, 모색하다

　seek an employee 직원을 구하다

☐ **handle** 통 다루다, 처리하다, (손으로) 만지다

　handle reservations 예약을 처리하다

☐ **emerge** 통 (자동사) 떠오르다, 부상하다,
　나타나다

　emerge as ~으로 부상하다

☐ **resign** 통 사퇴하다, 사임하다, 물러나다
　명 resignation 사퇴, 사임

　resign as a vice president
　부회장직을 사임하다

☐ **fine** 형 좋은 명 벌금

　impose a fine 벌금을 부과하다

☐ **inclement** 형 혹독한

　inclement weather 혹독한 날씨

☐ **artificial** 형 인공의, 인위적인

　artificial grass 인공 잔디

☐ **skillfully** 부 능숙하게, 솜씨 있게

　skillfully operate 능숙하게 작동하다

☐ **property** 명 재산, 소유물, 부동산, 건물

　a property manager 부동산 관리자

☐ **straightforward** 형 간단한, 복잡하지
　않은, 솔직한

　Setup is straightforward.
　설치는 간단해요.

☐ **continually** 부 끊임없이, 계속

　continually research 끊임없이 연구하다

☐ **recipe** 명 조리법, 요리법

　a traditional recipe 전통 조리법

☐ **share** 통 공유하다 명 몫, 지분

　share an office with
　사무실을 ~와 공유하다
　a market share 시장 점유율

☐ **reminder** 명 상기시켜 주는 것, 독촉장

　This is a reminder that S + V
　~을 다시 한번 알려 드립니다.

☐ **private** 형 개인 소유의, 비공개의, 사적인

　in private 비공개로, 비공식적으로

48

☐ **presence** 몡 참석, 출석; 존재감, 영향력

online presence
온라인상에서의 존재감[영향력]

☐ **rare** 톙 드문, 희귀한, 보기 힘든
틧 rarely 거의 ~ 않는

a rare book 희귀 서적

☐ **attraction** 몡 명소, 명물, 매력

a tourist attraction 관광 명소

☐ **encounter** 톰 맞닥뜨리다, 마주치다

encounter a problem 문제를 맞닥뜨리다

☐ **facilitate** 톰 용이하게 하다, 쉽게 하다

facilitate installation 설치를 쉽게 하다

☐ **entrance** 몡 입구, 문

a rear entrance 뒷문, 후문

☐ **considerate** 톙 사려 깊은, 배려하는

be considerate of ~을 배려하다

☐ **customarily** 틧 습관적으로, 관례상,
통상

customarily receive 10% discount
통상 10퍼센트 할인을 받는다

☐ **draft** 몡 초고, 초안, 밑그림, 도면, 도안
톰 초안을 작성하다

a first draft of the speech 연설문 초고

☐ **manage** 톰 관리하다, 운영하다; (어떻게든)
~해내다, 간신히 해내다

manage resources 자원을 관리하다

☐ **commend** 톰 칭찬하다, 추천하다
몡 commendation 칭찬

commend for an effort
노력에 대해 칭찬하다

☐ **broadly** 틧 대체로, 대략적으로; 광범위하게,
활짝

broadly similar 대체로 비슷한

☐ **stroll** 몡 산책, 거닐기 톰 산책하다, 거닐다

a leisurely stroll 여유로운 산책

☐ **spokesperson** 몡 대변인

a government spokesperson
정부 대변인

☐ **incur** 톰 (비용 등을) 발생시키다, 초래하다

expenses incurred 발생된 비용들
* occur는 자동사로, '일어나다, 발생하다'의 의미이다.

☐ **verify** 图 확인하다, 입증하다

verify one's employment
~의 고용을 확인하다

☐ **participation** 图 참석
图 participant 참석자

Thank you for your participation.
참석해 주셔서 감사합니다.

☐ **diagnosis** 图 진단
图 diagnose (질병 · 문제의 원인을) 진단하다

an accurate diagnosis 정확한 진단

☐ **effort** 图 노력; (집단의 조직적인) 활동

in an effort to V
~하기 위해서, ~하기 위한 일환으로

☐ **superb** 图 최고의, 최상의

superb food 최고의 음식

☐ **similar** 图 유사한, 비슷한

similar to ~와 유사한

☐ **established** 图 인정받는, 존경받는

an established company
인정받는 회사(중견 기업)

☐ **momentarily** 图 곧, 금방, 잠깐

be halted momentarily 잠깐 중단되다

☐ **session** 图 회의, 회의 시간; 기간, 시간

a training session 훈련 기간

☐ **flyer** 图 전단지; 비행기 승객

a frequent flyer 항공사 단골 고객

☐ **lower** 图 (비교급) 더 낮은 图 낮추다

lower prices 가격을 낮추다

☐ **reject** 图 거절하다

reject a proposal 제안을 거절하다

☐ **lease** 图 임대차 계약 图 임대하다

a lease agreement 임대 계약

☐ **overseas** 图 해외의 图 해외로

an overseas market 해외 시장

☐ **hazardous** 图 위험한

a hazardous road 위험한 도로

☐ **abundant** 图 풍부한, 많은

abundant food 풍부한 음식

☐ **accustomed** 图 익숙한

be accustomed to ~에 익숙하다

품사 Check! 다음 각 단어의 품사에 모두 표시하세요.

	명사	형용사	부사	동사
01 direct				
02 repair				
03 lease				
04 draft				
05 existing				
06 incur				
07 resign				

어휘 Check! 다음 빈칸에 들어갈 단어를 박스 안에서 골라 넣어보세요.

08 a(n) _____ company   인정받는 회사

09 _____ assistance   도움을 구하다

10 _____ a problem   문제를 맞닥뜨리다

11 a leisurely _____   여유로운 산책

12 _____ weather   혹독한 날씨

13 _____ tourism   관광업을 증진시키다

14 a tourist _____   관광 명소

ⓐ inclement
ⓑ boost
ⓒ established
ⓓ encounter
ⓔ stroll
ⓕ attraction
ⓖ seek

토익 실전 Check! 빈칸에 들어갈 가장 알맞은 어휘를 고르세요.

15 ------- at the Seoul Music Festival was 20 percent higher than last year's.

    (A) Diagnosis   (B) Attendance   (C) Fine   (D) Entrance

정답 01 형, 동 02 명, 동 03 명, 동 04 명, 동 05 형 06 동 07 동 08 ⓒ 09 ⓖ 10 ⓓ 11 ⓔ 12 ⓐ 13 ⓑ 14 ⓕ 15 (B), 해석 p.52

DAY 01-02	Teecee Media의 대변인은 지난주에 Seoul TV와의 합병을 발표했다.
	(A) 발표했다 (B) 공지했다 (C) 알렸다 (D) 상기시켰다

DAY 03-04	하계 인턴 세 명이 마케팅 매니저의 감독 하에 일했다.
	(A) ~와 함께 (B) ~을 위해서 **(C) ~하에** (D) ~로부터

DAY 05-06	새 소프트웨어는 직원들이 그들의 생산성을 증가시키도록 할 것이다.
	(A) 포함하다 **(B) 허락하다** (C) 전달하다 (D) 일정을 잡다

DAY 07-08	세일 품목들은 무료 배송 대상이 아니라는 점을 유의해 주세요.
	(A) 잠재적인 (B) 관련 있는 **(C) 대상이 되는** (D) 할 수 있는

DAY 09-10	저희는 모든 고객 문의에 대해 24시간 이내 답변을 보장합니다.
	(A) 요청하다 (B) 승인하다 (C) 강화하다 **(D) 보장하다**

DAY 11-12	새 조리대를 설치하는 데 3~5시간이 소요될 것이다.
	(A) 연회 **(B) 설치** (C) 걱정 (D) 참고

DAY 13-14	온라인 등록 절차는 대부분의 직원에게 매우 혼란스러웠다.
	(A) 혼란스러운 (B) 대표하는 (C) 지역의 (D) 계절적인

DAY 15-16	불완전한 신청서는 취소될 수 있다.
	(A) 유익한 (B) 익숙한 **(C) 받기 쉬운** (D) 꺼리는

DAY 17-18	가이드는 편한 신발을 신으라고 제안했다.
	(A) 노출했다 (B) 제자리에 두지 않았다 **(C) 제안했다** (D) 버렸다

DAY 19-20	서울 음악제의 참석자 수는 작년보다 20퍼센트 증가했다.
	(A) 진단 **(B) 참석자 수** (C) 벌금 (D) 입구

(A) 가방이 의자 위에 놓여 있다.

(B) 가방이 카운터에 놓여 있다.

▶ 가방이 '의자 위에' 놓여 있다고 했으므로 on a chair가 사용된 (A)가 맞는 설명이다.

10 차들이 보도를 따라 주차되어 있다.

(A) Some cars are parked in a garage. (   )

(B) Some cars are parked along a walkway.
(O)

(A) 차들이 주차장에 주차되어 있다.

(B) 차들이 보도를 따라 주차되어 있다.

▶ 차들이 '보도를 따라' 주차되어 있다고 했으므로 along a walkway가 사용된 (B)가 맞는 설명이다. in a garage는 '주차장 안에, 차고 안에'라는 의미이다.

B

1 M-Cn

(A) He's watering a plant. (X)
남자가 식물에 물을 주고 있다.

(B) He's typing on a keyboard. (X)
남자가 키보드를 두드리고 있다.

(C) He's talking on the phone. (O)
남자가 통화를 하고 있다.

(D) He's putting on his glasses. (X)
남자가 안경을 착용하고 있다.

▶ put on은 완벽하게 착용한 상태가 아닌 동작이므로 오답이다.

▶ water ⑧ 물을 주다 | talk on the phone 통화하다

2 W-Am

(A) A woman is wearing a long-sleeved shirt.
(X)
여자가 긴 소매 셔츠를 입고 있다.

(B) A man is parking a vehicle. (X)
남자가 차를 주차하고 있다.

(C) They're handling a box. (O)
사람들이 상자를 옮기고 있다.

(D) Some boxes are open. (X)
상자들이 열려 있다.

▶ handle은 주로 '다루다, 처리하다'라는 뜻으로 사용되지만 Part 1에서는 '옮기다, 만지다, 들다'라는 의미로 사용된다.

▶ long-sleeved 긴 소매의 | park ⑧ 주차하다

3 W-Br

(A) She is removing her safety gloves. (X)
여자가 안전 장갑을 벗고 있다.

(B) She is turning on a light. (X)
여자가 불을 켜고 있다.

(C) She is moving a microscope. (X)
여자가 현미경을 옮기고 있다.

(D) She is using some equipment. (O)
여자가 장비를 사용하고 있다.

▶ 여자가 현미경을 사용하고 있는 사진으로, 현미경 등의 장비를 통틀어 equipment라고 할 수 있다.

▶ remove 없애다, 벗다 | turn on 켜다 | move 옮기다, 움직이다 | microscope 현미경 | equipment 장비, 용품

4 M-Au

(A) One of the men is serving food. (X)
남자들 중 한 명이 음식을 제공하고 있다.

(B) One of the men is studying the menu. (O)
남자들 중 한 명이 메뉴판을 보고 있다.

(C) One of the men is talking to the woman.
(X)
남자들 중 한 명이 여자에게 말하고 있다.

(D) One of the men is pouring some water into
a cup. (X)
남자들 중 한 명이 컵에 물을 따르고 있다.

▶ study는 기본적으로 '공부하다'라는 뜻으로 사용되지만, Part 1에서는 '살펴보다'의 의미로 사용된다는 것을 알아두자.

▶ serve food 음식을 제공하다, 음식을 내놓다 | study the menu 메뉴판을 보다 | pour 붓다, 따르다

5 M-Cn

(A) The man is wearing a safety helmet. (O)
남자가 안전모를 착용하고 있다.

(B) The man is taking measurements. (X)
남자가 치수를 재고 있다.

(C) The man is climbing a ladder. (X)
남자가 사다리를 오르고 있다.

(D) The man is looking out a window. (X)
남자가 창문 밖을 보고 있다.

▶ wear는 이미 착용한 상태를 가리킨다.

▶ take measurements 치수를 재다 | climb 오르다 |
ladder 사다리 | look out 밖을 보다

토익 실전 체험하기

1 (B)   **2** (A)   **3** (B)   **4** (B)   **5** (D)   **6** (C)

1   M-Au

(A) They're going down some stairs.
(B) One of the women is holding a bag.
(C) A plant is placed on the floor.
(D) They're holding onto a railing.

(A) 사람들이 계단을 내려오고 있다.
(B) 여자들 중 한 명이 가방을 들고 있다.
(C) 식물이 바닥에 놓여 있다.
(D) 사람들이 난간을 붙잡고 있다.

해설   (A) 계단을 내려오고 있는 것이 아니라 올라가고 있으므로
오답이다. '계단을 올라가고 있다'는 'going up the stairs'
라고 해야 한다.
(B) 사람이 2명 이상 등장할 때는 그들의 공통된 동작인지,
그 중 일부만의 동작인지를 구별하는 것이 중요하다. 여자들
중 한 명만 어깨에 가방을 매고 있으므로 정답이다.
(C) 여자들 뒤로 보이는 식물은 바닥에 놓여 있는 것이 아니
라 무언가의 위에 놓여 있으므로 오답이다.
(D) 여자들 중 아무도 계단 난간을 잡고 있지 않으므로 오답
이다.

어휘   go down 내려오다 | stairs 계단 | hold onto ~을 붙잡다
| railing 난간

2   M-Cn

(A) She is reading a book.
(B) She is drinking water from a cup.
(C) She is watering a plant.
(D) She is taking off her jacket.

(A) 여자가 책을 읽고 있다.
(B) 여자가 컵으로 물을 마시고 있다.
(C) 여자가 식물에 물을 주고 있다.
(D) 여자가 재킷을 벗고 있다. (동작)

해설   (A) 여자가 책을 읽고 있으므로 정답이다.
(B) 유리컵은 테이블에 놓여 있을 뿐 여자의 행동과는 상관
없으므로 오답이다.
(C) 식물들이 보일 뿐 여자가 물을 주고 있는 것은 아니므로
오답이다.
(D) 여자는 재킷을 몸에 걸치고 있을 뿐 현재 벗고 있는 중이
아니므로 오답이다.

어휘   water 물을 주다 | take off 벗다 (동작)

3   W-Am

(A) The man is seated at a desk.
(B) Some clothing items are hanging on a
rack.
(C) The man is putting on his glasses.
(D) Some hats are on display.

(A) 남자가 책상에 앉아 있다.
(B) 옷들이 (옷)걸이에 걸려 있다.
(C) 남자가 안경을 쓰고 있다. (동작)
(D) 모자들이 진열되어 있다.

해설   (A) 남자는 책상에 앉아 있는 것이 아니라 책상 앞에 서 있으
므로 오답이다.
(B) 옷들이 걸이(rack)에 걸려 있으므로 정답이다.
(C) 옷이나 장갑, 안경 등이 등장할 때는 완벽히 착용한 상태
인지, 아니면 착용하는 동작인지를 구별하는 것이 매우 중요
하다. 남자는 안경을 완벽히 착용한 상태이므로 putting on
이 아니라 wearing으로 묘사해야 했으므로 오답이다. put
on은 이미 착용한 상태가 아닌 착용하는 동작을 묘사할 때
사용한다.
(D) 사진에 모자가 보이지 않으므로 오답이다.

어휘   be seated 앉아 있다 | rack 걸이 | put on 입다, 착용하다
(동작) | on display 진열 중인, 전시 중인

4   W-Br

(A) He is climbing a ladder.
(B) He is adjusting a light.
(C) He is wearing a safety vest.
(D) He is opening a window.

(A) 남자가 사다리를 오르고 있다.
(B) 남자가 조명을 조정하고 있다.
(C) 남자가 안전 조끼를 입고 있다. (상태)
(D) 남자가 창문을 열고 있다.

해설 (A) 사다리가 남자 옆에 놓여 있는 것인지, 남자가 사다리에 올라가 있는지 구별할 수는 없지만, 사다리를 오르고 있는 모습은 아니므로 오답이다.

(B) 남자가 천장에 설치된 조명을 만지면서 무언가를 조정하고 있는 사진으로 정답이다. 의자를 만지면서 높낮이를 조정하거나 기계를 만지고 있거나 이 사진처럼 조명을 만지고 있는 사진일 때, 동사 adjust를 사용한다.

(C) 남자가 안전 조끼를 입은 상태가 아니므로 오답이다.

(D) 남자 뒤쪽에 창문이 있지만 남자가 열고 있는 모습은 아니므로 오답이다.

어휘 adjust 조정하다 | safety vest 안전 조끼

5 W-Am

(A) They are waiting in line.
(B) One of the women is moving some boxes.
(C) One of the women is handing some documents to another.
(D) Some vegetables are displayed on a stand.

(A) 사람들이 줄을 서서 기다리고 있다.
(B) 여자들 중 한 명이 상자를 옮기고 있다.
(C) 여자들 중 한 명이 서류를 다른 사람에게 건네주고 있다.
(D) 채소들이 가판대에 진열되어 있다.

해설 (A) 남자와 여자가 상인을 마주보고 옆으로 서 있을 뿐 줄을 서 있는 모습은 아니므로 오답이다.

(B) 여자들 중 아무도 상자를 옮기지 않으므로 오답이다.

(C) 여자들 중 상인으로 보이는 사람이 손님에게 서류가 아닌 채소가 들어 있는 종이 봉투를 건네고 있으므로 오답이다.

(D) 여러 가지 채소들이 가판대 위 상자 안에 진열되어 있으므로 정답이다.

어휘 wait in line 줄을 서서 기다리다 | hand 건네주다 | stand 가판대

6 M-Cn

(A) All of the seats are unoccupied.
(B) A store is closed for remodeling.
(C) Some people are eating on a patio.
(D) Some people are leaving a restaurant.

(A) 모든 자리가 비어 있다.
(B) 가게가 리모델링 때문에 문을 닫았다.
(C) 사람들이 테라스에서 식사하고 있다.
(D) 사람들이 식당을 나서고 있다.

해설 (A) 많은 사람들이 자리에 앉아 있으므로 오답이다.

(B) 가게는 닫혀 있는 것이 아니라 영업을 하고 있으므로 오답이다.

(C) 식당 등의 야외로 나 있는 뜰을 patio라고 하는데 사진 속 사람들이 patio에서 식사하고 있으므로 정답이다.

(D) 사람들이 식당을 나서고 있는 사진은 아니므로 오답이다.

어휘 unoccupied 비어 있는 | patio 테라스

UNIT
02 좀 더 난이도 올라가는 문제들

토익 감성 갖추기					본책 pp.17-18
A 1 (B)	2 (A)	3 (B)	4 (A)	5 (A)	6 (A)
7 (B)	8 (B)	9 (A)	10 (B)		
B 1 (A)	2 (D)	3 (A)	4 (C)	5 (D)	

빈칸 정답은 아래 해설 참조

A

1 화분이 테이블 중앙에 놓여 있다.
(A) A flowerpot is being placed on a table.
( )
(B) A flowerpot has been placed on a table.
(O)
(A) 화분이 테이블 위에 놓이고 있다.
(B) 화분이 테이블 위에 놓여 있다.

▶ '중앙에 놓여 있다'는 '이미 놓인 상태'이지 사람이 놓고 있는 '동작'이 아니다. is being placed(놓이고 있다)는 사람이 직접 장식을 올려놓고 있는 상황에 어울리는 설명이다. 따라서 상태를 나타내는 has been placed(놓여 있다)를 사용한 (B)가 맞는 설명이다.

2 남자와 여자가 벽에 그림을 걸고 있다.
(A) A framed picture is being hung on a wall.
(O)
(B) A framed picture is hanging on a wall.
( )
(A) 액자가 벽에 걸리고 있다.
(B) 액자가 벽에 걸려 있다.

▶ 동사 hang은 그림이 '이미 걸려 있는 상태'를 묘사할 때 진행형 be hanging을 사용한다. 누군가가 그림을 걸고 있다는 것은 '그림이 걸리고 있다'와 같은 의미이므로 수동태 진행형 'is being hung'을 사용해야 한다. 따라서 (A)가 맞는 설명이다.

3 여자가 정원에서 풀을 다듬고 있다.
(A) Some bushes have been trimmed. ( )
(B) Some bushes are being trimmed. (O)
(A) 관목이 다듬어져 있다.
(B) 관목이 다듬어지고 있다.

5

▶ 사람이 풀을 다듬고 있다는 것은 '관목이 다듬어지고 있다'는 것이므로 be being p.p.를 사용해서 are being trimmed(다듬어지고 있다)라고 표현한 (B)가 맞는 설명이다. have been trimmed는 이미 다듬어진 상태로, 사람이 다듬고 있는 상황에서는 정답이 될 수 없다.

4 의자들이 일렬로 놓여 있다.
(A) Chairs are lined up in a row. (O)
(B) Chairs are stacked in the corner. (   )
(A) 의자들이 일렬로 늘어서 있다.
(B) 의자들이 구석에 쌓여 있다.

▶ 의자들이 일렬로 놓여 있다고 했으므로 be lined up(줄지어 있다)과 in a row(일렬로)가 사용된 (A)가 맞는 설명이다. be stacked는 '(위아래로 겹쳐져) 쌓여 있는'이라는 의미이다.

5 그림이 벽에 걸려 있다.
(A) An artwork has been mounted on a wall. (O)
(B) An artwork has been propped against a wall. (   )
(A) 미술품이 벽에 걸려 있다.
(B) 미술품이 벽에 기대어져 있다.

▶ mount는 '설치하다, 끼워서 고정하다'라는 의미로 벽걸이 TV가 벽에 설치되어 있거나 그림이 벽에 고정되어 걸려 있는 경우 be mounted라고 표현한다. be propped against는 '~에 기대어져 있다'라는 의미이다.

6 서류들이 테이블 위에 쌓여 있다.
(A) Some papers have been piled on a table. (O)
(B) Some papers have been piled beside a table. (   )
(A) 서류들이 테이블 위에 쌓여 있다.
(B) 서류들이 테이블 옆에 쌓여 있다.

▶ 오답의 함정에 빠지지 않기 위해서는 사물의 '위치'도 정확히 파악해야 한다. beside는 '~ 옆에'라는 의미로 테이블 '위'를 on a table로 표현한 (A)가 맞는 설명이다.

7 옷들이 진열되어 있다.
(A) Some clothing is being folded. (   )
(B) Some clothing is being displayed. (O)
(A) 옷들이 접히고 있다.
(B) 옷들이 진열되어 있다.

▶ display(진열하다)의 경우, 사진에 사람이 전혀 보이지 않더라도 be being displayed가 정답이 될 수 있다.

8 한 의자에만 사람이 앉지 않았다.
(A) All of the chairs are occupied. (   )
(B) One of the chairs is empty. (O)

(A) 모든 의자들이 사용되고 있다.
(B) 의자 중 한 개가 비어 있다.

▶ 한 의자에만 사람이 앉지 않았다는 것은 의자들 중 한 개가 비어 있다는 뜻이므로 (B)가 맞는 설명이다.

9 빈 기차선로들이 건물 옆으로 나 있다.
(A) Some train rails run alongside a building. (O)
(B) A train is stopped at a platform. (   )
(A) 기차선로들이 건물 옆으로 나 있다.
(B) 기차가 플랫폼에 정차해 있다.

▶ 풍경 사진을 묘사할 때, run(길이 나 있다)은 주로 단순 현재형으로 나온다.

10 보트가 아무도 없는 다리 아래를 지나고 있다.
(A) There are some people on the bridge. (   )
(B) A boat is passing under the bridge. (O)
(A) 다리 위에 사람들이 있다.
(B) 보트가 다리 아래로 지나가고 있다.

▶ 보트가 다리 '아래'를 지나고 있다고 했으므로 under the bridge라고 표현한 (B)가 맞는 설명이다.

B

1 W-Am

(A) The cupboard doors are closed. (O)
찬장 문이 닫혀 있다.

(B) A cloth is spread across the table. (X)
천이 테이블 위에 펼쳐져 있다.

(C) Some blinds are being opened. (X)
블라인드가 열리고 있다.

(D) Some potted plants are positioned on the floor. (X)
화분에 심은 식물들이 바닥에 놓여 있다.

▶ cupboard 찬장, 벽장 | potted 화분에 심은

2 M-Cn

(A) Some leaves are stacked in a pile. (X)
나뭇잎들이 한 무더기 쌓여 있다.

(B) Some fences are being replaced. (X)
울타리들이 교체되고 있다.

(C) Some buildings are overlooking a train station. (X)
건물들이 기차역을 내려다보고 있다.

(D) Some benches line a walkway by a river. (O)
벤치들이 강 옆의 인도를 따라 늘어서 있다.

▶ stack ⑧ 쌓다 | in a pile 한 무더기로, 더미로 | overlook 내려다보다 | line ⑧ ~을 따라 늘어서다

3   W-Br

(A) Some tables and chairs are under a covered area. (O)
테이블과 의자들이 지붕이 덮인 곳 아래에 있다.

(B) Some tables are being cleared off. (X)
테이블(테이블 자체가 아닌 테이블 위에 있는 물건들)이 치워지고 있다.

(C) Some tables have been set for a meal. (X)
테이블이 식사를 위해 세팅되어 있다.

(D) Trees surround a picnic area. (X)
나무들이 피크닉장을 둘러싸고 있다.

▶ covered 지붕이 덮인 | clear off 치우다 | surround 둘러싸다

4   M-Cn

(A) Some chairs have been arranged side by side. (X)
의자들이 나란히 배열되어 있다.

(B) A light fixture is being replaced. (X)
조명 기구가 교체되고 있다.

(C) Some artwork is hanging on a wall. (O)
미술품이 벽에 걸려 있다.

(D) There is a sofa by a door. (X)
문 옆에 소파가 있다.

▶ side by side 나란히 | light fixture 조명 기구

5   W-Am

(A) Some umbrellas have been closed on a patio. (X)
테라스에 파라솔들이 접혀 있다.

(B) All the tables are occupied by customers. (X)
모든 테이블이 고객들로 차 있다.

(C) A worker is mopping a dining area. (X)
직원이 식사 공간을 걸레질하고 있다.

(D) An outdoor dining area is shaded by umbrellas. (O)
야외 식사 공간이 파라솔들로 그늘져 있다.

▶ patio 테라스, 파티오 | occupy 차지하다, 점유하다 | mop 대걸레로 닦다 | shade ⑧ 그늘지게 하다

토익 실전 체험하기   본책 p.19

1 (D) **2** (B) **3** (D) **4** (A) **5** (C) **6** (A)

1   W-Am

(A) There's a wooden fence behind a water fountain.
(B) Fallen leaves are covering the ground.
(C) A flower garden is crowded with visitors.
(D) A road leads to a water fountain.

(A) 분수대 뒤에 나무 울타리가 있다.
(B) 떨어진 나뭇잎들이 바닥을 덮고 있다.
(C) 화원이 방문객들로 붐비고 있다.
(D) 길이 분수대로 이어져 있다.

해설 (A) 분수대 뒤에 울타리가 보이지 않으므로 오답이다.
(B) 나뭇잎이 바닥을 덮고 있는 모습은 아니므로 오답이다
(C) 사진에 사람이 보이지 않기 때문에 오답이다.
(D) 길이 문을 통과하여 분수대로 이어지고 있으므로 정답이다. '~로 이어지다, ~로 통하다'라는 뜻의 「lead to + 명사」 표현을 알아두자.

어휘 be crowded with ~로 붐비다

2   M-Cn

(A) Food is being served on a patio.
(B) A floral centerpiece is placed in the middle of a table.
(C) Some artwork is displayed on a wall.
(D) Some eating utensils are organized on a countertop.

(A) 테라스에서 음식이 제공되고 있다.

(B) 꽃 장식이 테이블 중앙에 놓여 있다

(C) 미술품들이 벽에 전시되어 있다.

(D) 식기들이 조리대에 정리되어 있다.

해설 (A) 음식이나 음식을 서빙하는 직원이 보이지 않으므로 오답이다.

(B) 꽃 장식(floral centerpiece)이 테이블 중앙에 있으므로 정답이다.

(C) 사진에서 미술품은 전혀 보이지 않으므로 오답이다.

(D) 접시, 칼과 같은 식기들(eating utensil)은 조리대(countertop)가 아닌 테이블에 놓여 있으므로 오답이다.

어휘 centerpiece 중앙 장식품 | utensil 기구, 도구 | countertop 조리대

3 W-Br

(A) One of the pillows has a striped pattern.

(B) Some paintings have been arranged on the floor.

(C) Lamps have been placed on either side of the bed.

(D) There's a bedside table with a round top.

(A) 베개들 중 하나에 줄무늬가 있다.

(B) 그림들이 바닥에 정리되어 있다.

(C) 램프들이 침대 양쪽에 놓여 있다.

(D) 둥근 상판의 침대 협탁이 있다.

해설 (A) 줄무늬 베개는 보이지 않으므로 오답이다.

(B) 그림은 모두 벽에 있으므로 오답이다.

(C) 램프가 침대의 한 쪽에만 놓여 있으므로 오답이다. on either side of는 사물의 한 쪽만이 아닌 '양쪽'을 모두 의미한다는 것에 주의하자.

(D) 둥근 상판의 침대 협탁이 있으므로 정답이다.

어휘 on either side of ~의 양쪽에 | bedside table 침대 협탁

4 M-Au

(A) A tent has been put up near a car.

(B) Some buildings are visible in the distance.

(C) A car is parked in a covered parking lot.

(D) A tire has been left on the grass.

(A) 자동차 옆에 텐트가 쳐져 있다.

(B) 멀리 건물들이 보인다.

(C) 차가 지붕이 덮인 주차장에 주차되어 있다.

(D) 타이어가 잔디 위에 놓여 있다.

해설 (A) 자동차 옆에 텐트가 설치되어 있으므로 정답이다. '텐트를 치다'라고 할 때는 put up a tent 또는 set up a tent라고 한다는 것을 알아두자.

(B) 사진에 건물이 보이지 않으므로 오답이다.

(C) 자동차 한 대가 잔디 위에 있을 뿐 지붕이 덮인 (covered) 주차장은 보이지 않으므로 오답이다.

(D) 타이어는 자동차에 장착되어 있지 잔디 위에 놓여 있는 것은 아니므로 오답이다.

어휘 put up a tent 텐트를 치다 | in the distance 멀리서 | covered 지붕이 덮인

5 W-Br

(A) Cars are stopped at a traffic signal.

(B) Bicycles are parked in a row.

(C) A seating area has been set up on a sidewalk.

(D) A crosswalk is being painted.

(A) 자동차들이 교통 신호에 멈춰져 있다.

(B) 자전거들이 일렬로 주차되어 있다.

(C) 인도 위에 좌석 공간이 마련되어 있다.

(D) 횡단보도가 도색되고 있다.

해설 (A) 자동차는 사진에 전혀 보이지 않으므로 오답이다.

(B) 자전거는 한 대만 보일 뿐 여러 대가 아니므로 오답이다.

(C) 의자와 테이블이 카페 앞 인도 위에 마련되어 있으므로 정답이다.

(D) 횡단보도 줄은 이미 그려져 있는 상태이고, 칠하고 있는 모습이 아니므로 오답이다.

어휘 traffic signal 교통 신호 | in a row 일렬로 | sidewalk 인도, 보도 | crosswalk 횡단보도

6 M-Cn

(A) Some office supplies are next to a printer.

(B) Some pencils are being placed in a container.

(C) A box of copy paper has been stored in a drawer.

(D) Some office equipment is being fixed.

(A) 사무용품이 프린터 옆에 있다.

(B) 연필들이 용기에 놓이고 있다.

(C) 복사용지 한 상자가 서랍에 채워져 있다.

(D) 사무 기기가 수리되고 있다.

해설 (A) 종이, 연필, 펜, 클립 등의 사무용품이 프린터 옆에 있으므로 정답이다.

(B) 연필들은 용기 안에 이미 놓여 있는 상태이므로 오답이다.

(C) 복사용지 상자와 서랍이 보이지 않으므로 오답이다.

(D) 사무 기기인 프린터는 책상에 놓여 있을 뿐 수리되고 있는 것은 아니므로 오답이다.

어휘 **office supply** 사무용품 | **container** 용기, 그릇 | **store** ⑧ 저장하다, 보관하다 | **drawer** 서랍 | **office equipment** 사무 기기

Listening
Comprehension

UNIT 03 이건 틀리면 안 된다,
기본적인 6하원칙 문제 1

토익 감성 갖추기
본책 pp.28-29

A **1** When **2** When **3** Who 또는 How many
4 How much **5** How long **6** Why
7 Where **8** Which **9** Who **10** Whose
11 Who **12** When **13** Where **14** What
15 없음(의문사 불가능)

B 빈칸 정답은 아래 해설 참조

A

1 This morning. → When
오늘 오전에요. → 언제

2 As soon as I finish this report. → When
이 보고서를 끝내자마자요. → 언제, 언제까지

3 Everyone should come. → Who 또는 How many
모든 사람이 올 거예요. → 누가, 몇 명이나

▶ everyone은 사람이므로 '누가' 올 것이냐고 물어봐도 되고, 난이도가 높아지면 '몇 명이나' 오냐고 물어봤을 때 '전원 다' 온다고 할 수도 있다.

4 50 dollars each. → How much
각각 50달러씩이요. → 얼마

5 For about two years. → How long
대략 2년 동안이요. → 얼마나 오래

▶ [주의] When은 단순히 '언제'라는 의미이고 How long은 '~ 동안'이라는 의미로, 「for/over + 기간」에 어울리는 의문사는 How long이 더 적절하다.

6 Because I had another appointment. → Why
제가 다른 일정이 있었기 때문에요. → 왜

7 Follow me. → Where
따라오세요. → 어디로, 어디에

8 This one is better. → Which
이게 더 좋아요. → 어떤 것

9 Mr. Kim in Human Resources. → Who
인사부서의 김 씨요. → 누가

10 Isn't it yours? → Whose
이거 당신 거 아니에요? → 누구의 것

11 The accountant did. → Who
회계사가 그랬어요. → 누가

12 Not until this Friday. → When
이번 주 금요일은 돼야 해요. → 언제

▶ 「Not until + 시점」 구문은 부정문으로 해석할 필요 없다. 이때는 '~은 되어야 한다'는 의미이다.

13 Put it over there. → Where
저쪽에 두세요. → 어디에

14 Customer satisfaction. → What
고객 만족이요. → 무엇

▶ 의문사 중 가장 여러 답변이 가능한 것은 바로 What이다. 문장이 아닌 단어나 구로 된 단답형 답변에서 장소/사람/시점/이유 등으로 명확하게 잡히지 않는 경우는 사물화된 답변으로 What이 질문에 어울릴 때가 많다.

15 No, at five o'clock. → 없음(의문사 불가능)
아니요, 5시에요. → X

▶ [낚시 문제] at five o'clock만 보고 When으로 가면 안 된다! 의문사 의문문은 Yes/No 답변이 불가능하다.

▶ 예외 구문: Do you know ~? / Can you tell me ~? Do you know when our workshop is?(워크숍이 언제인지 아세요?)처럼 간접 의문문 Do you know ~? / Can you tell me ~?에 한해서는 '알고 있다/말해 줄 수 있다'는 긍정의 의미로 Yes를 넣고 그 뒤에 붙는 의문사의 답을 부연 설명하는 것이 가능하지만, 그 외 모든 의문사 의문문은 Yes/No 응답이 불가하다.

B

[미국&캐나다 발음]

1 When will you be able to submit the expense report?
경비 보고서는 언제 제출할 수 있나요?

▶ **expense report** 경비 보고서, 지출 결의서

2 What is the topic of today's seminar?
오늘 세미나의 주제가 무엇인가요?

3 How can I get to the subway station?
지하철역까지 어떻게 가나요?

4 Why didn't you bring your mobile phone today?
오늘 왜 휴대폰을 가져오지 않았나요?

▶ Why don't you ~? 구문은 보통 '~하는 게 어때요?'라는 제안의 의미를 나타내지만, 간혹 '왜 ~하지 않나요?'를 의미할 때도 있다.

▶ 특히 Why didn't you ~? 구문은 '왜 ~하지 않았어요?'로 해석한다.

5 How long have you studied Japanese?
얼마나 오래 일본어를 공부해 오셨나요?

6 Whose file is this?
이것은 누구의 파일인가요?

7 Who's picking up Mr. Jones at the airport?
누가 공항에서 Jones 씨를 픽업해 오나요?

▶ 순간적으로 Who speaking으로 들을 수 있지만, Who는 뒤에 -ing를 바로 붙일 수 없다. 'Who's(= Who is) + picking up'이 문법적으로 맞는 구문인 것은 리스닝이 아닌 문법 이해에서 나오는 원리이다.

8 How many desks should I order for the new employees?
신입 사원들을 위한 책상을 몇 개 주문해야 하나요?

9 Which products are you interested in buying?
어떤 제품들을 구매하는 것에 관심이 있으신가요?

▶ be interested in ~에 흥미[관심]이 있다

10 How do you like your steak?
스테이크를 어떻게 조리해 드릴까요?

▶ How do you like ~? 구문은 '마음에 드세요?'라는 의미도 될 수 있지만, 음식명 앞에서는 조리법을 묻는 의미로도 쓰인다.

[영국&호주 발음]

11 When would you like to send me this package?
이 소포를 언제 저에게 보내고 싶으신가요?

12 Who is conducting market research?
누가 시장 조사를 수행하나요?

13 When can we expect to receive the shipment?
배송은 언제쯤 받을 수 있나요?

14 Where should I put those boxes?
저 박스들을 어디에 둘까요?

15 What did you do last weekend?
지난 주말에 무엇을 하셨나요?

16 Who will be the guest speaker this year?
올해 초청 연사는 누가 될 건가요?

17 When did Kane send this message?
Kane이 이 메시지를 언제 보냈나요?

▶ 주어 자리에 He/She/You만 나오는 게 아니다. 직업명이나 사람 이름이 나올 수 있다.

▶ 사람 이름에 Mr.나 Ms.가 붙지 않으면 당황스러울 수 있지만 주어 자리에 생뚱 맞은 발음이 들릴 때는 순간적으로 고유명사를 사람 이름으로 캐치할 수 있어야 한다.

18 Why don't you try the new Italian restaurant on the corner?
모퉁이에 있는 새 이탈리안 레스토랑을 시도해 보는 게 어때요?

▶ try는 '노력하다' 뿐 아니라 '새로운 것을 시도해 보다'의 의미로도 사용한다.

19 Why were you late for the meeting?
회의에 왜 늦으셨나요?

20 Who watered those plants while I was away on vacation?
제가 휴가를 떠난 동안 누가 저 식물들에 물을 줬나요?

▶ 영국/호주는 r 발음을 약하게, t 발음을 강하게 낸다.
미국/캐나다 발음: water [워럴]
영국 발음: water [워:터] 또는 [우어:터]
호주 발음: water [워터] 또는 [워러]

▶ water 물을 주다; 물 | plant 식물; 공장 | on vacation 휴가 중인

토익 실전 체험하기　　　　　　　　　　본책 p.30

1 (A)　**2** (B)　**3** (B)　**4** (A)　**5** (C)　**6** (A)
7 (B)　**8** (B)　**9** (C)　**10** (B)　**11** (A)　**12** (C)
13 (B)　**14** (C)　**15** (C)

1　**M-Cn / W-Am**
How many folders should we order for our new employees?
(A) At least 20.
(B) Next to the elevator.
(C) I will be there by noon.
신입 사원들을 위해 얼마나 많은 폴더를 주문해야 하나요?
(A) 최소 20개요.
(B) 엘리베이터 옆이요.
(C) 그곳에 정오까지 가겠습니다.

해설 (A) At least(적어도, 최소)＋twenty(20개)라는 수량으로 의문사 How many에 적절하므로 정답이다.

(B) next to(~ 옆에)는 장소나 위치를 나타내는 전치사로 의문사 Where에 어울리는 형태이므로 오답이다.

(C) by noon은 '정오'라는 시점의 의미로 의문사 When이나 What time에 어울리므로 오답이다.

2   W-Br / M-Au

Which catering company will you hire this year?
(A) Yes, it was delicious.
(B) The same one as last year.
(C) At the Dumont Convention Hall.

올해는 어떤 출장 음식 업체를 고용하실 건가요?
(A) 네, 그것은 맛있었어요.
(B) 작년과 같은 곳이요.
(C) 뒤몽 컨벤션 홀에서요.

해설 (A) Yes가 들린 순간에 오답으로 소거해야 한다. 의문사 의문문은 Yes/No 답변이 불가능하다.

(B) '어떠한 ~'이라는 의미의 「Which ＋ 명사」 구문에서 명사 catering company를 중복으로 언급하지 않고 동일한 의미로 받는 것이 대명사 one이다. The same ~ as 구문은 '~와 동일한'이라는 의미로, last year이 나왔다고 해서 시제 오류가 아니라 작년과 같은 곳으로 하겠다는 의미이므로 정답이다.

(C) 장소와 관련된 답변이므로 의문사 Where로 시작하는 질문에 맞는 오답이다.

3   W-Br / W-Am

When are you going on a business trip to Manhattan?
(A) No, the meeting was postponed until July.
(B) The schedule hasn't been finalized yet.
(C) I met him last week.

언제 맨해튼으로 출장을 갈 건가요?
(A) 아니요, 그 회의는 7월까지 미뤄졌어요.
(B) 아직 스케줄이 확정되지 않았어요.
(C) 저는 그를 지난주에 만났어요.

★ 의문사 When 질문은 의문사 바로 뒤 동사의 시제도 중요하다.

★ 「am/are/is ＋ ~ing」 구문은 현재 진행형(~하는 중) 뿐만 아니라 가까운 미래 계획도 의미할 수 있다.

해설 (A) No가 들어간 순간부터 이후의 말은 중요하지 않다. 의문사 질문은 Yes/No 답변이 불가능하므로 오답이다.

(B) 애매한 느낌을 주지만 나머지 보기들보다 훨씬 적절하다. 정확히 언제 갈지는 아직 확정이 되지 않았다는 의미이므로 정답이다.

(C) 보기에 들리는 목적격 him부터 오답의 요인으로 잡는다. 질문 어디에도 him(그를)을 시사하는 단어가 없으며, 동사 meet의 과거 met과 last week(지난주) 모두 질문의 시제와 맞지 않으므로 오답이다.

어휘 postpone 미루다, 연기하다 | finalize 확정하다, 마무리짓다

4   M-Cn / W-Br

How can I get to the pharmacy?
(A) Go straight and turn right at the corner.
(B) It was very exciting.
(C) Here is a prescription.

약국까지 어떻게 가나요?
(A) 직진 후에 모퉁이에서 우회전하세요.
(B) 정말 재미있었어요.
(C) 여기 처방전이 있습니다.

★ How에는 두 가지의 의미가 있다: 어떻게(방법 문의)/어땠는가(의견, 평가 유발)
How can[should] I ~? 등은 '어떻게 하는지' 방법을 묻고, How is[was] ~? 등 be동사가 바로 뒤에 나오면 '어떤지' 의견을 묻는 게 된다.

★ 질문의 pharmacy(약국)와 보기 (C)의 prescription(처방전)처럼 연상되는 분위기와 의미가 있으나, 막상 대화는 생뚱맞아서 오류가 생긴 경우를 '연상 오류'라고 정리할 수 있다.

해설 (A) 질문의 get to는 '~에 도착하다, 가다'의 의미이고, 가는 경로를 물었기 때문에 길을 알려 주는 (A)가 적절한 답이 된다.

(B) was라는 과거시제로도 오류 포인트가 있지만, exciting(흥미로운, 재미있는)이라는 것은 평가이기 때문에 '어떻게'의 how가 아닌 be동사와 결합되어 '어땠는지'의 How was 형태의 질문이어야 한다는 점에서 오답이다.

(C) pharmacy(약국)와 연상성이 짙은 prescription(처방전)을 이용한 오답이다.

5   M-Au / W-Am

Where is the document that I printed this morning?
(A) The printer is not working properly.
(B) As soon as I finished the report.
(C) Ahmed took it to review.

제가 오늘 아침에 출력한 문서는 어디에 있나요?
(A) 인쇄기가 제대로 작동을 안 해요.
(B) 제가 보고서를 끝내자마자요.
(C) Ahmed가 검토한다고 가져갔어요.

해설 (A) 질문의 printed와 printer의 발음이 일부 중복되었고, 질문의 내용에 전혀 맞지 않으므로 오답이다.

(B) As soon as(~하자마자)가 들리자마자 오답이다. 시점을 나타내는 표현으로 의문사 When에 어울린다.

(C) ★ 사람 이름(고유명사)은 순간적으로 듣기 어렵다. 나머지 오답을 잘 소거해야 한다. 특정 사람이 가지고 갔다는 의미는 그 사람에게 현재 그 문서가 있다는 것으로 소재지를 알려 주고 있으므로 충분히 정답이 된다.

어휘 properly 제대로, 적절히

6 **W-Am / M-Cn**

Who is the keynote speaker at today's seminar?
(A) Check the information in the program schedule.
(B) Sure, I'd love to.
(C) About employee benefits.

오늘 세미나의 기조 연설자는 누구인가요?
(A) 그 정보는 프로그램 스케줄표에서 확인하세요.
(B) 물론이죠, 기꺼이요.
(C) 직원 복지에 관해서요.

해설 (A) ★ 기조 연설자(keynote speaker)가 누구인지 묻는 질문에 사람 이름이 들리지 않아 오답으로 생각할 수 있지만, 나머지 보기보다 오답 포인트가 명확하지 않으므로 '우회성 정답'이라고 볼 수 있다.

누가 연설자인지는 프로그램 스케줄표를 보면 나온다고 우회적으로 표현하였으므로 정답이다.

(B) Would you ~ / Could you ~ (~하시겠어요?) 등의 요청 의문문에 어울리는 'Sure, I'd love to(I would love to)'라는 답변은 의문사 Who에 전혀 어울리지 않으므로 오답이다.

(C) about은 '~에 관해서'라는 의미로 뒤에 직원 복지라는 단어를 주제처럼 끌었기 때문에 이는 세미나의 주제가 무엇인지 묻는 What 형태의 의문문에 적절하므로 오답이다.

7 **M-Cn / W-Am**

Which curtains would look good in this living room?
(A) No, I don't live here.
(B) I'll ask Haruka.
(C) I'm certain about it.

이 거실에 어떤 커튼이 잘 어울릴까요?
(A) 아니요, 저는 여기 살지 않아요.
(B) Haruka에게 물어볼게요.
(C) 저는 그것에 대해 확신해요.

해설 (A) 의문사 의문문에는 Yes/No로 대답할 수 없고, living과 live의 일부 발음 중복 현상도 있으므로 오답이다.

(B) Which curtains에 대한 확실한 정답으로 느껴지지 않을 수 있지만, 본인이 판단하기에는 부정확하다고 여기고 제3자 이름을 언급하여 물어보겠다고 하였으므로 적절한 답변이다. 무엇보다, 나머지 보기인 (C)가 확실한 오답이라면 정답이 되어야만 한다.

(C) curtains와 certain의 발음이 일부 유사한 오답 패턴으로, 맥락상으로도 적절하지 않다.

8 **M-Au / W-Br**

Why was the store closed so early yesterday?
(A) Is it close to the convention hall?
(B) To take inventory.
(C) Early registration is required.

어제 가게가 왜 일찍 문을 닫았나요?
(A) 컨벤션 홀에서 가깝나요?

(B) 재고 조사를 하기 위해서요.
(C) 조기 등록은 필수입니다.

해설 (A) 질문의 be closed는 '닫다'이지만, 답변의 close는 형용사로 '가까운'이라는 뜻이 된다. 전형적인 중복 발음 오답 패턴이다.

(B) 「to + 동사원형」 형태의 답변은 '~하기 위해서'라는 목적의 의미를 갖기 때문에 의문사 Why 질문에 매우 적합하므로 정답이다.

(C) early를 중복한 오답으로, 질문과 상관없는 문맥이며 발음만 겹친 패턴이다.

9 **M-Au / M-Cn**

Why don't we change the layout of this room?
(A) All rooms are fully booked.
(B) Keep the change.
(C) That is a good idea.

이 방의 배치를 바꾸는 게 어때요?
(A) 모든 객실의 예약이 다 찼습니다.
(B) 잔돈은 가지세요.
(C) 좋은 생각이에요.

★ '~하는 게 어때요?'라는 제안으로도 잘 쓰는 Why don't we ~? 구문은 '왜 ~하지 않나요?'라는 의미로도 간혹 쓸 수 있지만, 대부분 제안의 의미로 더 많이 출제된다.

해설 (A) 질문의 끝 단어 room을 중복 발음한 오류 형태이다. 객실들이 예약이 다 찼다는 의미로 맥락에 맞지 않으므로 오답이다.

(B) change는 변화/잔돈/거스름돈의 의미가 모두 있는데, keep과 결합되면 '잔돈'이라는 의미로 쓰인다. 질문의 change(변경)와 발음 중복 오류 현상을 유발했으므로 오답이다.

(C) 제안 구문에 적절한 답변 형태이다.

10 **W-Br / W-Am**

Who ordered these paper clips?
(A) Did you finish the report?
(B) Kenneth in the Purchasing Department.
(C) Can I order this?

누가 이 종이 클립들을 주문했나요?
(A) 보고서 작성했나요?
(B) 구매 담당 부서 Kenneth가요.
(C) 이거 주문할 수 있나요?

해설 (A) Who ordered ~?(누가 ~을 주문했나요?) 이하의 질문에 전혀 상관없는 report 작성 여부를 묻는 질문으로 답변한 오답이다. report도 문서, paper도 종이로 문서의 일종처럼 순간 혼동을 유발하게 한 연상 오류이다.

(B) 사람 이름은 순간적으로 듣기 어려울 수 있는데, 다른 보기들이 완전히 오답이면 정답일 수도 있을 것이라는 판단을 순간적으로 해 줘야 한다. 구매 담당 부서라는 Purchasing Department의 특정 사람을 언급했으므로 정답이다.

(C) order 발음을 단순히 중복한 패턴으로, 질문과 전혀 상관없는 맥락의 답변이므로 오답이다.

11 W-Am / M-Cn

How can I get additional information about the community festival?
(A) Here is a brochure about it.
(B) Yes, I will go there soon.
(C) About two times a week.

커뮤니티 축제에 관한 정보를 어떻게 얻을 수 있나요?
(A) 여기 그것에 대한 안내 책자에요.
(B) 네, 저는 그곳에 곧 갈 거에요.
(C) 대략 일주일에 두 번이요.

해설 (A) 처음에 듣고 바로 정답의 느낌이 안 올 수도 있지만, 반드시 오답을 소거해야 하는 파트 2의 특성상 나머지 보기들이 오답이고, 정보를 얻고 싶어 하는 사람에게 바로 안내 책자를 주고 있으므로 정답이다.

(B) Yes가 들리는 순간에 오답으로 지워야만 한다. 의문사 의문문에는 Yes/No 답변 형태가 불가능하므로 오답이다.

(C) two times는 '두 배'라는 배수의 의미도 있지만 '두 번'이라는 횟수로도 많이 쓰고, 뒤에 기간 표현이 붙으면 빈도/횟수가 된다. 일주일에 두 번 정도라는 빈도를 물으려면 How often(얼마나 자주) 의문문이 나와야 하므로 오답이다.

12 M-Au / W-Br

How long have you studied Chinese?
(A) Last month, I think.
(B) She just came back.
(C) For about four years.

중국어를 공부한 지 얼마나 되셨나요?
(A) 제가 생각하기엔 지난달이에요.
(B) 그녀는 방금 돌아왔어요.
(C) 한 4년 정도요.

해설 (A) How long은 길이를 묻는 질문도 되지만, 보통 기간을 묻는 질문으로도 많이 나오는데, Last month는 '지난달에'라는 의미로 단순한 시기이지 기간이 아니므로 오답이다. When으로 시작하는 질문에 적절한 답변이다.

(B) She가 들리는 순간에 오답으로 지워야 한다. 질문에 She(그녀)로 받을 어휘가 없기 때문에 오답이며, just가 과거 의미를 강조하면 '방금 막'이라는 의미로 역시 시기를 논하기 때문에 질문이 When으로 시작해야 한다.

(C) 「for + 숫자 기간」은 그 기간 동안 해 왔다는 지속의 세월을 강조할 수 있으므로 정답이다.

13 W-Br / M-Cn

When did Nathan win the employee of the year award?
(A) Congratulations! You deserve it.
(B) In May.
(C) No, I don't think so.

Nathan은 언제 올해의 직원상을 받았나요?
(A) 축하해요! 당신은 자격이 있어요.
(B) 5월에요.
(C) 아뇨, 저는 그렇게 생각하지 않아요.

해설 (A) 질문의 끝 어휘 award만 가지고 단순히 축하의 의미를 연상시킨 오답이다.

(B) 시기를 묻는 When 의문문에 적절한 정답이다.

(C) No가 들린 순간에 오답으로 소거해야 한다.

어휘 deserve ~할 자격이 있다, ~을 받을 만하다

14 M-Cn / W-Am

What's the fee for upgrading the software program?
(A) About customer satisfaction.
(B) Mr. Beck updated it.
(C) Let me check.

소프트웨어 프로그램 업그레이드하는 비용이 얼마인가요?
(A) 고객 만족에 관해서요.
(B) Beck 씨가 업데이트했어요.
(C) 확인해 볼게요.

★ What은 단순히 '무엇'이라고만 판단하기에는 뒤에 나오는 단어가 매우 중요한데, cost/price/fee가 들리면 주의하자. How much와 똑같이 금액을 묻는 질문으로 바뀐다.

해설 (A) 'about + 내용'은 대화 등의 주제를 말하는 것이 되므로, What 자체의 의문문에는 잘 어울리지만, What ~ fee 결합 질문에는 어울리지 않으므로 오답이다.

(B) 'Beck 씨가 했다'라고 대상을 정해서 말하려면 질문은 Who로 물어보는 것이 좋으며, update는 '갱신[변경]하다'의 의미로 upgrade와 비슷한 결로 느껴지면서 혼동을 유발한 연상 오류이다.

(C) 대표적인 우회성 정답 패턴으로, 지금 당장은 모르지만 확인해 보겠다는 뉘앙스의 정답이다. '잘 모르겠다, 확인해 보겠다'라는 표현들은 특정 정보를 묻는 질문에 나머지 보기가 어색하면 정답이 되는 경우가 다수 존재한다.

어휘 update 갱신[변경]하다

15 M-Au / W-Am

Where do you want to put these tiles?
(A) It comes in black, white, and purple.
(B) Sure, that would be great.
(C) In the storage room downstairs.

이 타일들을 어디에 놓고 싶으세요?
(A) 검은색, 흰색, 그리고 보라색으로 나와요.
(B) 물론이죠, 그럼 좋을 것 같아요.
(C) 아래층 창고에요.

해설 (A) 색상들을 나열했기 때문에 의문사 Where과 상관없는 오답이다. What color 등으로 물어봤을 때 적절한 답변이다.

(B) Sure부터 오답으로 소거해야 한다. '물론이죠'라는 표현은 Would you/Could you/Can you ~? 등의 요청이나 가능성을 묻는 질문들에 어울리므로 오답이다. 참고로 평서문에 나오는 would는 '~할 것 같다'라는 가정의 뉘앙스를 담기도 한다.

(C) 장소를 나타내는 '전치사 in + 저장 공간'과 downstairs (아래층) 등의 표현이 모두 의문사 Where에 잘 어울리므로 정답이다.

어휘 come in ~로 입고되다, ~로 출시되다 | storage 저장 공간, 창고

UNIT 04 이건 틀리면 안 된다, 기본적인 6하원칙 문제 2

토익 감성 갖추기
본책 pp.33-34

B 빈칸 정답은 아래 해설 참조

[미국&캐나다 발음]

1 Where is the best place in New York?
뉴욕에서 최고의 장소는 어디인가요?

2 Who will lead the orientation session for new employees?
신입 사원을 위한 오리엔테이션 세션을 누가 이끌 것인가요?

3 How were your language classes?
언어 수업들은 어떠셨나요?

▶ are와 were은 구별하기 어렵지만 were이 좀 더 무거운 발음이 난다.

4 When are you going to send me the revised contract?
수정된 계약서를 언제 보내 주실 건가요?

▶ 「be going to + 동사원형」은 가까운 미래를 표현한다.

▶ revise 수정하다 | contract 계약(서)

5 When did the designer change the floor plan?
그 디자이너가 언제 평면도를 변경했나요?

▶ floor plan 평면도

6 Who will be supplying photographs for our Web site?
누가 웹사이트용 사진을 제공할 건가요?

7 Who volunteered to lead a seminar?
누가 세미나 진행을 자원했나요?

8 Which company manufactures automobile parts?
어떤 회사가 자동차 부품들을 제조하나요?

9 Where do they usually keep confidential documents?
그들은 기밀문서들을 주로 어디에 보관하나요?

▶ confidential 기밀의

10 Which department does Debbie work in?
Debbie는 어느 부서에서 일하나요?

▶ Debbie가 사람 이름이라는 것을 캐치하는 것이 중요하다.

[영국&호주 발음]

11 Do you know when the report is due?
보고서 제출 기한이 언제인지 아세요?

12 Can you tell me when the next train leaves?
다음 기차가 언제 떠나는지 말씀해 주시겠어요?

13 Do you know what time it is?
몇 시인지 아세요?

14 Do you know where the signed document is?
서명된 문서가 어디에 있는지 아세요?

▶ where와 the가 붙으면 순간 whether(~인지 아닌지)와 비슷하게 들릴 수 있다.

15 Can you tell me where the restroom is?
화장실이 어디인지 말씀해 주시겠어요?

▶ where와 when은 영국식/호주식 발음일 때 구별이 어렵지만, when의 경우 n 발음이 더 명확히 들리고 where의 경우 r 발음이 누락되어 '웨(어)'로 짧게 들림을 인지해야 한다.

16 Do you know if Mr. Beck is available on Friday?
금요일에 Beck 씨가 시간이 되는지 아시나요?

▶ know if / ask if 등 동사 바로 뒤에 붙는 if는 '만약'이라는 의미보다는 '~인지'라는 의미이다. 이때, if는 의문사의 일종처럼 생각해도 무방하다.

17 Do you know if this machine was repaired?
이 기계가 수리되었는지 아시나요?

▶ 영국/호주식 발음에서는 repair의 마지막 자음인 r 사운드가 거의 들리지 않는다.

18 Do you know when the next meeting is scheduled for?
다음 회의가 언제 예정되어 있는지 아시나요?

▶ 영국/호주식 발음의 schedule[쉐:쥴]은 반드시 알아둬야 한다.

19 Can you tell me what topic was covered during the conference?
회의에서 어떤 주제가 다루어졌는지 알려 주실 수 있나요?

20 Do you know which bus goes to City Hall?
어떤 버스가 시청으로 가는지 아세요?

1 (A)	**2** (A)	**3** (B)	**4** (B)	**5** (C)	**6** (A)
7 (B)	**8** (C)	**9** (A)	**10** (C)	**11** (A)	**12** (B)
13 (C)	**14** (A)	**15** (C)			

1　M-Au / W-Br

How often does the express train run?
(A) Every 40 minutes.
(B) Express shipping, please.
(C) Oh, I didn't know that.

급행열차는 얼마나 자주 운행하나요?
(A) 40분마다요.
(B) 특급 배송으로요.
(C) 오, 저는 그건 몰랐어요.

해설　(A) 빈도를 묻는 How often 질문에 '매 ~마다'라는 의미의 「every + 숫자 표현」으로 답변했으므로 정답이다.
(B) express 발음을 중복시킨 오답으로, 질문과 상관없는 배송 방식에 관련된 답변이다.
(C) '그건 몰랐네요' 등의 답변은 무언가 소식을 전달하거나 사실을 알려주면 나오는 답변으로, 의문문이 아닌 평서문의 답이 되어야 하므로 오답이다.

2　M-Au / W-Am

What is the best way to reach the international airport?
(A) I'd take Highway 17.
(B) Can you pick up the client at the station?
(C) Yes, all the flights were booked.

국제공항까지 가는 가장 좋은 방법은 무엇인가요?
(A) 저라면 17번 고속도로를 타겠어요.
(B) 역에서 고객을 태워오실 수 있나요?
(C) 네, 모든 항공편이 예약되어 있어요.

해설　(A) I'd[I would]로 의사 표현을 하며 고속도로 명을 언급했으므로 적절한 답변이다.
(B) 공항에서 누군가를 차에 태워온다는 의미적인 연상 오류를 유발한 보기로, station 역시 기차 등의 역에 주로 쓰는 표현이므로 오답이다.
(C) What 질문에 Yes가 나온 것부터 이미 오답이며, flights(항공편, 비행기)와 airport(공항) 역시 대표적인 연상 오류라고 볼 수 있다.

3　W-Am / M-Cn

Do you know when the warranty period ends?
(A) No, it is not that long.
(B) It is valid for two years from the date of purchase.
(C) Since last month.

보증 기간이 언제 끝나는지 아시나요?
(A) 아니요, 그것은 그렇게 길지 않아요.
(B) 구매일로부터 2년간 유효합니다.
(C) 지난달 이래로요.

★ 「Since + 과거 시점」은 그 시점부터 계속 해온 일이기 때문에 질문에 과거부터 현재까지의 지속을 묻는 have + p.p (현재완료 시제)가 나올 확률이 높다.

해설　(A) No가 들어간 순간부터 이후의 말은 중요하지 않다! 의문사 질문은 Yes/No 답변이 불가능하므로 오답이다. 참고로 that은 문장을 이끈 것이 아니라 '그렇게'라는 의미의 부사로 쓰였다.
(B) 간접 의문문 Do you know를 빼고 보면 when이 중요한 의문사인데, 끝나는 시기가 구매일로부터 2년간 유효하다는 의미는 2년 후에 보증 기간이 종료된다는 의미와 같다. 따라서 정답이 된다.
(C) 「Since + 과거 시점」은 How long이나 When으로 시작하는 의문문에 대한 답변이 될 수 있는데, 질문의 시제가 현재완료 시제나 과거 시제인 경우에 정답이 될 수 있다. 현재 시제로 질문했으므로 오답이다.

어휘　warranty 보증(서) | valid 유효한

4　W-Am / M-Au

What do you think about Ms. Liu's presentation?
(A) Thanks for the present.
(B) It was very informative.
(C) It was held in conference room B.

Liu 씨의 발표에 대해 어떻게 생각하세요?
(A) 선물 감사합니다.
(B) 정말 유익했어요.
(C) B회의실에서 열렸어요.

해설　(A) 질문과 상관없는 내용으로, presentation(발표)과 present(선물)의 일부 중복 발음을 이용한 오답이다.
(B) 발표에 대한 평가로 유익했다(informative)고 답변했으므로 정답이다.
(C) B회의실이라는 공간을 안내하려면 질문이 Where로 시작해야 하므로 오답이다.

5　M-Au / W-Br

Who has the key to the warehouse?
(A) That door is locked.
(B) Yes, I will double-check.
(C) I can open it for you.

창고 여는 열쇠 누가 가지고 있어요?
(A) 그 문은 잠겨 있어요.
(B) 네, 제가 두 번 확인할게요.
(C) 제가 열어드릴 수 있어요.

해설　(A) 질문과 관련 없이 열쇠(key)를 듣고 문이 잠겼다는 상황을 연상하도록 유발한 오답이다.
(B) Who로 시작하는 의문사 의문문이므로 Yes가 들어갔을 때부터 이미 오답이다. 이러한 답변 패턴은 의문문보다는 평서문이나 명령문으로 문을 잘 잠가달라는 등의 당부를 해야 나올 듯한 형태의 답안이므로 오답이다.
(C) Mr. Kim, Ms. Park 등의 사람 이름만이 Who의 답이 아니다. 인칭대명사 I 역시 사람 주어로 충분히 Who에 적절한 대상이 될 수 있으므로 정답이다.

6 **W-Am / M-Cn**

When will we tour the new manufacturing plant in Taiwan?

(A) We haven't set a date yet.

(B) Water those plants twice a week.

(C) Mostly home appliances.

대만의 새 제조 공장은 언제 둘러볼 수 있나요?

(A) 아직 날짜를 정하지 않았어요.

(B) 저 식물들은 일주일에 두 번 물을 주세요.

(C) 주로 가전제품들이요.

★ 우회성 답변, 혹은 약간의 애매함이 느껴지는 보기가 등장할 때는 나머지 두 개의 확실한 오답을 찾아내야만 한다.

해설 (A) 곧 배울 '우회성 답변'으로, 질문자가 원하는 답에 명확한 단서를 주지 못한 느낌이지만, 아직 날짜를 정하지(set a date) 못했다는 말은 공장을 언제 둘러볼 수 있는지 묻는 질문과 잘 어울리는 답변 형태이다.

(B) 뜻이 많은 대표적인 어휘 plant는 '식물'과 '공장'의 의미를 모두 가지고 있고, 이를 이용하여 중복 발음 오류를 만들어 낸 형태이다. 또한 twice a week는 '일주일에 두 번'이라는 빈도를 나타내는 표현으로, 질문이 How often 형태로 만들어졌어야 하므로 오답이다.

(C) 가전제품들(home appliances)의 경우, 사물이기 때문에 질문 자체가 '언제'보다는 '무엇'을 제작하는 공장인지를 묻는 것이 훨씬 적절하다.

7 **M-Cn / W-Am**

Where should I put these boxes?

(A) From a department store in London.

(B) Next to the shelf in the breakroom.

(C) No, these are too heavy.

이 박스들을 어디에 두어야 하나요?

(A) 런던의 한 백화점에서요.

(B) 휴게실 안에 선반 옆이요.

(C) 아뇨, 이것들은 너무 무거워요.

해설 (A) ★ [고난도 함정] 백화점(department store) 또는 London이라는 지역명을 듣고 순간적으로 Where에 잘 어울린다고 생각하기 쉽다. 하지만 이러한 답변은 Where did you buy[get] ~?(어디에서 사셨어요?) 등의 질문에 적절하다. 「Where + should + 주어 ~?」 구문은 「from + 장소」 형태의 답변이 나오지 않는다는 것을 주의하자.

(B) 휴게실 안에 있는 선반(shelf) 옆에 두라고 정확한 공간을 제시했기 때문에 정답이다.

(C) No가 들렸을 때부터 이미 오답이며, heavy(무거운) 역시 boxes에서 연상될 수 있는 오류 어휘이다.

8 **M-Au / W-Am**

Which hotel would you recommend for our overseas clients?

(A) A room with an ocean view.

(B) He is our chief operating officer.

(C) The one on Tenth Street has great amenities.

우리 해외 고객들에게 어떤 호텔을 추천하시나요?

(A) 오션뷰 객실이요.

(B) 그는 우리의 최고 운영 책임자예요.

(C) 10번가에 있는 곳이 편의 시설들이 좋아요.

해설 (A) ★ [고난도 함정] 질문의 앞부분 Which hotel에서 연상할 수 있는 room과 ocean view로 혼선을 유발한 고난도 오답이다. 질문이 '어떤 객실'이 아니라 '어떤 호텔'을 물어봤기 때문에 하나의 객실로 답변한 보기는 어울리지 않는다.

(B) 주어 He를 받을 대상 자체가 없는 주어 오류 오답이다.

(C) 「Which + 명사」에 매우 잘 어울리는 대명사 one을 이용한 답변으로, Which hotel에 대한 답으로 The hotel on Tenth Street ~ 이하를 The one on Tenth Street으로 받아서 말할 수 있다.

9 **M-Au / W-Br**

How can I register for the lecture series?

(A) Just download a form on our Web site.

(B) It was better than expected.

(C) Sorry, I have other plans.

강연 시리즈에 어떻게 등록할 수 있나요?

(A) 웹사이트에서 양식을 다운로드하세요.

(B) 예상한 것보다 더 좋았어요.

(C) 죄송해요, 저는 다른 계획이 있어요.

해설 (A) 웹사이트에서 양식을 다운로드하면 된다는 경로를 알려주었으므로 정답이다.

(B) was라는 과거시제도 잘 어울리지 않지만, better than expected(예상한 것보다 좋은)는 하나의 평가이므로 어떻게 하는지 방법을 묻는 구문이 아니라 어땠는지 의견을 묻는 'How was ~?' 형태의 질문이 나왔어야 한다.

(C) Sorry가 나온 순간 이미 오답이다. 질문자가 무언가 요청이나 권유를 한 적이 없기 때문에 거절해서 미안하다는 Sorry라는 답변이 나올 이유가 없으며, 이러한 패턴은 질문이 주로 Would you / Could you / Can you ~? 등으로 물어볼 때 적절한 답변이므로 오답이다.

어휘 register 등록하다

10 **M-Cn / M-Au**

How do you commute to work every day?

(A) Good communication skills.

(B) Due to a traffic delay.

(C) I usually take the subway.

매일 어떻게 출근하세요?

(A) 훌륭한 의사소통 기술이요.

(B) 교통 지연 때문에요.

(C) 보통 지하철을 타요.

해설 (A) commute(출근하다)와 communication(소통, 대화)의 비슷한 발음을 이용한 유사 발음 오답이다. 어울리는 질문을 유추해 본다면 skills는 사람도 장소도 시점도 아닌 단순한 행위형 답변이라는 점에서 What 형태의 질문이 적절하다.

(B) Due to(~ 때문에)를 들은 순간 질문의 시작이 Why 형태였어야 한다는 점을 바로 캐치해야 한다. 따라서 오답이다.

(C) 어느 장소에 가는 방법, 출근 방법을 묻는 것에 교통수단으로 답변한 정답이다.

11 W-Am / W-Br

Why did Selena leave work so early?
(A) To attend a seminar.
(B) She lives in Greenville.
(C) She was hired last June.

Selena는 왜 일찍 퇴근했나요?
(A) 세미나에 참석하기 위해서요.
(B) 그녀는 그린빌에 살아요.
(C) 그녀는 작년 6월에 고용되었어요.

해설 (A) Why 형태 질문에 최적으로 잘 어울리는 「To + 동사원형」 패턴의 답변이다. PART 2에서 「To + 동사원형」은 '~하기 위해서'라는 의미로 목적/이유에 잘 어울리므로 정답이다.

(B) leave(떠나다, 출발하다)와 live(살다, 거주하다)를 이용한 유사 발음 오답으로, 질문 역시 Where 형태로 물어봤어야 한다.

(C) 지난 6월(last June)로 시점을 언급하려면 질문 자체가 When으로 물어봤어야 한다는 점에서 오답이다.

12 M-Cn / W-Am

What is the name of the manager who joined our firm last month?
(A) Would you like to join?
(B) Here is his business card.
(C) The entire management team.

지난달에 우리 회사에 입사한 매니저 이름이 뭐죠?
(A) 함께 하실래요?
(B) 여기 그의 명함이 있어요.
(C) 경영 팀 전체요.

해설 (A) 질문에 등장한 동사 join을 중복시킨 오답이다. 「Would you like to join?」 구문은 식사나 일정, 어떤 행위 등에 동참하겠냐는 제안/권유 의문문으로 질문과 전혀 상관없는 말을 한 오답이다.

(B) 정확히 이름을 알려준 건 아니지만, 매니저의 명함을 직접적으로 제공한 행위로, 명함을 보면 이름/연락처 등이 모두 나온다는 점에서 정답으로 적절하다.

★ manager는 직업으로 남자, 여자가 모두 가능하기 때문에 his business card나 her business card 어느 경우에도 정답으로 무리가 없다.

(C) 질문에 등장한 단어 manager와 발음이 유사한 management를 이용한 오답이다. 질문 역시 누가(Who) 또는 몇 명(How many) 등으로 대상이나 인원수를 묻는 질문이었어야 적절하다.

13 W-Br / M-Cn

Who should I talk to about reserving a table for a large group?
(A) Yes, it is within our budget.

(B) Not until this Friday.
(C) I can help you with that.

단체 그룹을 위한 테이블 예약은 누구에게 말해야 하나요?
(A) 네, 우리 예산으로 가능해요.
(B) 이번 주 금요일은 돼야 해요.
(C) 제가 도와드릴 수 있어요.

해설 (A) Yes가 나왔을 때부터 이미 오답이다. 6하원칙 의문사 질문은 Yes/No 답변이 불가능하다.

(B) 「Not until + 시점」은 시기를 안내해 주는 것이므로 When으로 물어봤어야 한다는 점에서 오답이다.

(C) 문의/응대를 받아줄 사람을 묻는 질문에 본인이 직접 도와주겠다고 했으므로 적절한 답변이다.

어휘 within one's budget ~의 예산 내에 있는 | not until + 시점 ~은 되어야 한다

14 M-Au / M-Cn

When are you supposed to submit the travel reimbursement form?
(A) By this Thursday at the latest.
(B) Through a reliable travel agency.
(C) It is supposed to rain.

출장 경비 환급 양식은 언제 제출해야 하나요?
(A) 늦어도 이번 주 목요일까지요.
(B) 믿을만한 여행 대행사를 통해서요.
(C) 비가 올 예정이에요.

해설 (A) When으로 시작하는 질문에 적절한 시점 형태의 답변이다.

(B) travel 발음이 중복되었고, '믿을만한 여행 대행사를 통하여'라고 수단을 강조한 답변에는 How 의문문이 적절하다. 여행 대행사도 사람들이 모여 일하는 곳이므로 대상을 강조한다면 질문은 최소 Who 의문문이었어야 한다는 점에서 오답이다.

(C) 「be supposed to + 동사원형」 구문을 그대로 중복시킨 오답이다.

어휘 be supposed to + 동사원형 ~해야 한다, ~할 예정이다 | travel reimbursement form 출장 경비 환급 양식 | at the latest 늦어도

15 W-Br / M-Au

Who's the man by the checkout counter?
(A) A new savings account.
(B) To get a refund.
(C) He is the new intern.

계산대 옆에 있는 남자는 누구인가요?
(A) 새 저축 계좌요.
(B) 환불받으려고요.
(C) 새 수습사원이에요.

해설 (A) 질문과 전혀 상관없는 내용을 언급하고 있으며, 무엇보다 counter의 count 발음이 account와 매우 흡사하므로 유사 발음 오답이다.

(B) 「To + 동사원형」은 PART 2에서는 주로 '~하기 위해서'라는 목적의 의미를 갖기 때문에 Why 형태의 질문에 적절하다는 점에서 오답이다.

(C) Who로 물어본 질문에 수습사원이라는 사람 명사로 적절하게 답변했으므로 정답이다.

어휘 checkout counter 계산대

UNIT 05 물어보는 게 아니다, 요청/제안 · 권유 의문문

토익 감성 갖추기 본책 pp.38-39

B 빈칸 정답은 아래 해설 참조

[미국&캐나다 발음]

1 Can we make labels with this printer?
이 프린터로 라벨을 만들 수 있을까요?

2 Would you measure the room before we order the furniture?
우리가 가구를 주문하기 전에 이 방 치수를 재 주시겠어요?

▶ measure는 명사일 때는 '조치', 동사일 때는 '측정하다, 치수를 재다'의 의미가 있다.

3 Would you demonstrate how to set up the equipment?
이 장비를 어떻게 설치하는지 시연해 주시겠어요?

▶ demonstrate 시연하다, 보여주다

4 Let's move all these old reports to the storage area.
이 오래된 문서들 모두 창고로 옮기죠.

5 Could you pick up some copy paper for me from the stationery store?
문구점에서 복사 용지 좀 사다 주시겠어요?

▶ pick up은 '(사람 등을) 차로 데려오다, (물건 등 맡긴 것을) 찾아오거나 사 오다'라는 의미이다.

▶ stationery store 문구점

6 Why don't we order additional chairs and tables?
의자와 테이블을 추가로 주문하는 게 어때요?

7 Would you like me to send a sample for this product?
이 제품에 대한 샘플을 보내드릴까요?

▶ Would you ~? 자체는 '~하시겠어요?', '~해 주시겠어요?'라는 요청이나 권유가 되지만, 「Would you like me to + 동사원형 ~?」 구문은 질문자가 도움을 주기 위해서 '~해드릴까요?'라고 해석이 되기 때문에 반드시 구별해야 한다.

8 Shouldn't we make a shopping list for the stationery store?
문구점 쇼핑 리스트를 만들어야 하지 않을까요?

9 Can you change the letterhead on this stationery?
이 편지지의 상단 인쇄 문구를 바꿔줄 수 있나요?

▶ letterhead 편지 상단에 인쇄된 개인이나 회사의 이름 및 주소 | stationery 편지지

10 Would you like to carpool to the employee party?
직원 파티까지 카풀하시겠어요?

▶ carpool 카풀하다(여러 명이 차 한 대를 함께 타고 가다)

[영국&호주 발음]

11 Could you unlock the storage closet?
이 수납장 좀 열어 주시겠어요?

▶ unlock 열다 | storage closet 수납장

12 Wouldn't it be great if we had another part-time worker?
다른 파트타임 직원이 있다면 좋지 않을까요?

▶ if가 들어간 가정법 구문은 과거시제 had가 나오더라도 굳이 과거시제로 해석하지 않아도 된다.

13 Could I post this flyer on your store's wall?
당신의 상점 벽에 이 전단지를 붙여도 될까요?

▶ Can I와 Could I는 큰 차이가 없다. 단순한 격식의 차이일 뿐, 둘 다 요청이나 권유의 의미를 가진다.

▶ flyer 전단지

14 Would you mind checking my presentation slides for errors?
제 프레젠테이션 슬라이드에 오류가 있는지 체크해 주실 수 있을까요?

▶ Would you mind ~? 구문은 직역하면 '~을 꺼리시나요?'라는 의미이지만, 결과적으로 '~해도 괜찮을까요?'라고 허가를 구하는 표현이다.

15 Can I have that chair after your new one is delivered?
새 의자가 배송되면 저 의자를 제가 써도 될까요?

16 Would you like me to lead the city tour today?
오늘 제가 시티 투어를 이끌까요?

▶ 명심하자! 그냥 Would you ~?가 아닌 「Would you like me to + 동사원형 ~?」 구문은 '제가 ~할까요?'라는 의미이다.

17 Can we change suppliers?
공급업체를 바꿀 수 있을까요?

▶ supplier 공급업체

18 Why don't we continue this discussion tomorrow?

이 논의를 내일 계속하는 건 어떨까요?

19 Could you teach my dance class on Saturday?

토요일에 제 댄스 수업을 가르쳐 주시겠어요?

20 Would it be possible to schedule the interview this week?

이번 주에 인터뷰 일정 잡는 것이 가능할까요?

▶ 영국/호주식 발음의 [쉐:쥴]과 미국/캐나다식 발음의 [스케쥴]은 잘 구별해야 한다.

토익 실전 체험하기　　　본책 p.40

1 (B)	**2** (A)	**3** (C)	**4** (B)	**5** (A)	**6** (C)
7 (B)	**8** (C)	**9** (A)	**10** (C)	**11** (B)	**12** (C)
13 (B)	**14** (A)	**15** (C)			

1　M-Au / W-Am

Can I order this item?
(A) It's included in this itemized invoice.
(B) It's out of stock now.
(C) She is not available until tomorrow.

이 상품을 주문할 수 있을까요?
(A) 그것은 항목화된 송장에 포함되어 있어요.
(B) 현재 재고가 없습니다.
(C) 그녀는 내일까지는 시간이 되질 않아요.

해설　(A) '~ 내용은 어디에 있나요?'라는 의미의 Where 의문문에 적절한 답변이며, item과 itemized의 일부 발음 중복 역시 오답의 근거이다.
(B) 현재는 구매가 불가능한 품절(out of stock) 상태라고 답변하여 자연스러운 대화가 완성되었으므로 정답이다.
(C) She라는 주어를 듣자마자 오답으로 소거할 수 있어야 한다. 사람의 직업, 직급, 사람 이름 중 어떠한 것도 질문에 언급된 적이 없으므로 She라는 주어는 오류 형태로 오답이다.

어휘　itemize 항목별로 나누다

2　W-Br / M-Au

Should we head over to the post office now?
(A) I think it's not open for business now.
(B) Hiring the head of Marketing.
(C) Yes, we already notified them.

지금 우체국으로 갈까요?
(A) 지금은 문을 열지 않은 것 같아요.
(B) 마케팅부 책임자를 고용하는 것이요.
(C) 네, 우리는 이미 그들에게 통보했어요.

해설　(A) 우체국을 가자는 질문에 운영시간이 아니라고 알려준 답변으로 정답이다.
(B) head라는 단어를 이용한 중복 발음 오답이며, Hiring the head of Marketing이라는 답변은 주어와 동사가 갖춰지지 않은 형태로, 이러한 경우 '이번 회의 주제가 무엇인가요?' 등의 What 의문문에 적절한 답변이라는 점에서 오답이다.
(C) Should 이하의 질문에 대한 답변으로 Yes는 문제 될 것이 없으나 질문의 post를 '공지하다, 개재하다'라는 동사의 의미로 착각하여 notify(통보하다, 알려주다)로 혼동을 유발한 오답이다. 그리고 them은 복수를 받는 인칭대명사인데 질문에 복수명사를 시사하는 단서가 없으므로 오답이다.

어휘　head over to + 장소 ~로 향하다, ~로 가다

3　W-Am / W-Br

How about reporting this situation to the director?
(A) No, it's located next to the building.
(B) By following these procedures.
(C) He already knows.

이 상황을 부장님에게 보고하는 건 어떨까요?
(A) 아니요, 그것은 그 건물 옆에 위치해 있어요.
(B) 이 절차들을 따름으로써요.
(C) 이미 알고 계세요.

★　How로 시작하는 질문은 How many/How often/How much/How can I 등은 물론이고, How about ~?(~하는 건 어때요?) 형태 역시 가능하기에 How 바로 뒤에 함께 쓰인 어휘를 통해 정답을 캐치해야 한다.

해설　(A) How about 구문에 No로 대답할 수 없기 때문에 이 부분부터 1차적인 오답이며, situation의 동사 형태 situate가 '위치하다'라는 의미이므로 located(위치한)와 혼동을 유발한 오답이다.
(B) By -ing 구문은 '~함으로써'라는 의미로 방식이나 방법을 설명하는 답변이다. 따라서 How about이 아닌 How 만으로 질문이 시작해야 된다는 점에서 오답이다.
(C) 질문의 director는 직급 이름으로, He/She 모두 가능하며 주어의 오류가 없는 상태에서 자연스러운 대화가 형성되므로 정답이다.

4　M-Au / W-Br

Can you help me move these boxes to the second floor?
(A) It's on the fifth floor.
(B) Sure, I will bring a cart in a moment.
(C) Yes, I am.

이 박스들을 2층으로 옮기는 것을 도와줄 수 있나요?
(A) 그것은 5층에 있어요.
(B) 물론이죠. 제가 금방 카트를 가져올게요.
(C) 네, 저는 그래요.

해설　(A) 질문의 second floor에서 연상할 수 있는 fifth floor로 혼선을 준 오답이다. floor 발음 중복으로도 오답을 소거할 수 있고, 이 보기에 어울리는 질문은 Where 의문문이 되어야 한다.

(B) Can you ~?라는 요청 의문에 적절한 답변이다.

(C) Yes, I can이 되어야만 정답이 가능해지는 오답 보기로, I am으로 끝나려면 질문 역시 Are you ~? 형태의 be동사 의문문이 나와야 한다.

어휘 in a moment 곧, 금방, 잠시 후

---

5 **M-Au / M-Cn**

Would you be willing to lead a group tour this weekend?

(A) I'd love to.

(B) It's quite expensive.

(C) The guests will arrive in thirty minutes.

이번 주말에 단체 투어를 인솔해 주시겠어요?

(A) 기꺼이요.

(B) 그것은 꽤 비싸요.

(C) 손님들은 30분 후에 도착하실 거예요.

해설 (A) I'd love to는 「I would love to + 동사원형」 구조에서 동사원형 이하의 내용은 질문자가 언급한 내용(lead a group tour this weekend)을 그대로 받아서 생략하고 누군가의 제안에 대해 기꺼이 하겠다는 수락의 의미로 정답이다.

(B) 가격이 꽤 비싸다고 답변하는 것은 '왜 이 투어를 선택하지 않았는지(Why)' 또는 '이 투어 가격대가 어떤지(How much)' 등으로 투어를 가는 고객에게 물어봐야 나올 수 있는 답변이므로 오답이다.

(C) in thirty minutes(30분 내에/30분 후에)라는 표현은 Would you ~? 이하의 구문보다는 When 의문문에 적절한 답변이므로 오답이다.

어휘 be willing to + 동사원형 기꺼이 ~하다

---

6 **M-Cn / W-Am**

Why don't you compare prices on several Web sites before buying a laptop?

(A) Where did you get this case?

(B) An extended warranty on electronics.

(C) I just decided to buy one from a friend.

노트북을 구매하기 전에 여러 사이트에서 가격 비교를 해 보는 거 어때요?

(A) 이 케이스 어디서 사셨어요?

(B) 전자제품들에 대한 연장된 보증이요.

(C) 방금 친구한테 구입하기로 결정했어요.

해설 (A) laptop에서 연상할 수 있는 case를 이용한 혼동 오답이다.

(B) 주어와 동사가 갖춰지지 않은 문장 형태로 What 의문문에 적절한 답변이며, laptop과 electronics(전자제품)의 연상 오류도 소거의 포인트이다.

(C) 약간 우회적으로 느껴질 수 있지만 one이 laptop을 그대로 받았고, 친구한테 구매하기로 했기 때문에 가격을 비교할 필요가 없다는 의미의 자연스러운 정답이다.

어휘 extend 연장하다

---

7 **M-Cn / W-Br**

Let's try that Japanese restaurant for lunch.

(A) The was fantastic.

(B) Great. I will make a reservation now.

(C) Sure. I'll try to submit it on time.

점심 먹으러 저 일식당에 한 번 가봅시다.

(A) 환상적이었어요.

(B) 좋아요. 제가 지금 예약할게요.

(C) 물론이죠. 제시간에 제출하도록 노력할게요.

해설 (A) Let's로 시작하는 제안에 이미 지나간 과거의 평가로 과거시제 was가 쓰인 것만으로도 명확한 오답이며, fantastic했다는 건 일종의 평가이기 때문에 질문이 How로 시작되어야 한다.

(B) 식당에 가 보자는 제안에 동의하며 예약을 해 놓겠다는 자연스러운 답변으로 정답이다.

(C) Sure만 들으면 괜찮을 것 같지만 문제에 쓰인 try(시도해 보다)를 중복하여 오류를 유발하였으며, 제출한다는 의미의 submit 역시 개연성이 없으므로 오답이다. 참고로 「try to + 동사원형」은 '~하기 위해 노력하다'라는 의미이다.

---

8 **W-Br / M-Au**

Would you like me to make you some coffee?

(A) I already made enough copies for everyone.

(B) Sorry, I have other appointments this week.

(C) I have some tea here, thanks.

커피 만들어드릴까요?

(A) 이미 모두를 위한 충분한 사본들을 만들었어요.

(B) 죄송해요, 제가 이번 주에는 다른 약속들이 있어요.

(C) 저는 여기 마실 차가 있어요, 고마워요.

해설 (A) ★ [고난도 함정] 대표적인 유사 발음인 coffee와 copies 만큼은 주의해야 한다. 설령 특정 성우 발음으로 인해 잘 못 들었더라도 보통 coffee는 복수 형태로 말하지 않는다는 것을 기억해야 한다. 따라서 끝에 -es나 -s 발음이 들리면 '커피 - 복사본'이라는 중복 발음임을 바로 캐치하자.

(B) Would you만 듣고 「Would you like me to + 동사원형 ~?」 구문임을 인지하지 못한다면 크게 혼동할 수 있는 문제이다. Would you는 '~하시겠어요?'나 '~해 주시겠어요?'의 요청이나 권유의 의미이고, 「Would you like me to + 동사원형 ~?」 구문인 경우 질문자가 부탁을 한 게 아니라 호의를 베푸는 구문이 되기 때문에 '미안하지만 일정이 있어요'라고 누군가의 부탁을 거절하는 듯하게 말하는 것은 맞지 않는 답변이다.

(C) 이미 마실 차가 있기 때문에 커피를 만들어주지 않아도 된다는 의사 표현과 함께 호의에 대해 thanks라고 화답했으므로 정답이다.

---

9 **W-Br / M-Cn**

Would you mind if I bring food to the meeting?

(A) I'll order pizza and pasta for everyone.

(B) I brought some visual aids.

(C) Here's the meeting agenda.

회의에 음식을 좀 가져와도 될까요?

(A) 제가 모두를 위해 피자와 파스타를 주문할 거예요.

(B) 제가 시각 자료를 가져왔어요.

(C) 여기 회의 안건이에요.

해설 (A) 음식을 가져와도 되는지 허락을 구하는 질문에 자신이 모두를 위해 주문할 것이라고 답변하여 가져올 필요가 없다는 의미를 나타냈으므로 정답이다. 이 보기가 정답으로 한 번에 와닿지 않았더라도 나머지 두 개의 보기에 오류 요소가 없는지 반드시 파악해야 한다.

(B) 앞으로 열릴 회의에 가져와도 되냐는 질문이었는데 bring의 과거시제 brought를 이용하여 시제 오류를 만든 형태의 오답이며, visual aids(시각 자료) 역시 전혀 관련이 없는 요소이다.

(C) 질문의 meeting을 중복시켜 meeting agenda(회의 안건)를 언급한 오답이다. 회의 안건을 통해 회의에서 다룰 주제와 내용들을 확인하는 것과 음식을 가져오는 것은 전혀 어울리지 않는 답변이다.

10   M-Au / W-Br

Wouldn't it be cheaper to go there by train?

(A) The annual employee training.

(B) Yes, I believe it is.

(C) That would be more economical.

기차로 가는 것이 더 싸지 않을까요?

(A) 연례 직원 교육이요.

(B) 네, 제가 믿기로는 그래요.

(C) 그게 더 저렴하겠네요.

해설 (A) ★ [고난도 함정] train과 training은 대표적인 유사 발음으로 오답이다. 또한 The annual employee training은 문장 형태가 아닌 단답형으로 행동과 관련된 What 의문문에 어울린다.

(B) 질문에 맞장구쳐주는 듯한 느낌이어서 혼동이 올 수 있으나, Yes, I believe it would가 아닌 Yes, I believe it is가 되려면 질문에 be동사가 존재했어야 한다. 동사의 형태가 매우 중요하므로 주의하자.

(C) economic은 '경제의'라는 의미이지만 economical은 '저렴한, 경제적인'이라는 의미로, cheaper와 발음은 중복하지 않으면서도 질문자의 제안에 수긍해 주는 의미이므로 정답이다.

11   M-Cn / M-Au

Can we hang this picture a little higher?

(A) We need to hire temporary workers for the event.

(B) Sure. I'll bring a ladder.

(C) Yes, it is in my car.

이 그림을 좀 더 높게 걸 수 있을까요?

(A) 행사를 위해 임시 직원들을 고용해야 합니다.

(B) 물론이죠. 제가 사다리를 가져올게요.

(C) 네, 제 차 안에 있어요.

해설 (A) 비교급 어휘 higher(더 높은/더 높게)와 hire(고용하다)는 발음이 아예 똑같이 들리기 때문에 대표적인 중복 발음 오류이다.

(B) Sure는 요청의 의문문에 잘 어울리는 답변이고, ladder(사다리)를 가져오면 더 높은 곳에 걸 수 있으므로 정답이다.

(C) in my car라고 하기에는 어떤 물건의 소재지를 묻는 질문이 아니기 때문에 오답이다.

12   M-Au / W-Am

Could you make a draft for the design before I go on my business trip?

(A) Because it has some errors.

(B) Thank you for doing business with us.

(C) Of course. I can handle that.

제가 출장 가기 전에 이 디자인에 대한 초안을 만들어 주시겠어요?

(A) 오류들이 좀 있어서요.

(B) 저희와 거래해 주셔서 감사합니다.

(C) 물론이죠. 제가 처리할 수 있어요.

해설 (A) Why 의문문에 어울리는 Because 답변으로 오답이다.

(B) business라는 발음이 중복되었고 질문과 전혀 상관없는 내용이므로 오답이다.

(C) Could you ~? 구문의 요청 의문문에 잘 어울리는 답변이다.

어휘 draft 초안 | go on a business trip 출장 가다 | do business with ~와 거래하다

13   W-Am / M-Au

Would you show me how to set up this machine?

(A) It's our brand-new device.

(B) Certainly. I've got time now.

(C) I set it on Emily's desk.

이 기계를 어떻게 설치하는지 보여 주시겠어요?

(A) 저희 최신 장비예요.

(B) 물론이죠. 지금 시간 있어요.

(C) Emily 책상 위에 놓아뒀어요.

해설 (A) 질문과 전혀 상관없이 machine(기계)과 device(장비)의 의미 혼동을 이용한 오답이다.

(B) I've got time now는 시제를 고민할 필요 없는 문장으로, 지금 시간이 된다는 의미이며 도움 요청에 대해 적절한 답변이므로 정답이다.

(C) set up과 set으로 발음을 일부 중복시켰고, on ~ desk는 Where 의문문에 적절한 답변이므로 오답이다.

어휘 brand-new 최신식의

14   W-Br / M-Cn

Let's get together this Thursday to discuss our sales figures.

(A) I'll tell Sandra to come as well.
(B) The items will be on sale this weekend.
(C) I met him last Friday.

매출 수치를 논의하기 위해 이번 주 목요일에 만나죠.

(A) 제가 Sandra도 오라고 할게요.
(B) 그 상품들은 이번 주말에 할인될 거예요.
(C) 저는 그를 지난주 금요일에 만났어요.

해설　(A) 순간적으로 정답이라고 인식하지 못했을 수 있으나 나머지 오답 보기 두 개의 소거가 무엇보다 중요하며, 모임의 대상에 다른 사람도 있을 수 있으므로 정답이다.
(B) sales figures(매출 수치, 판매 수치)와 on sale(할인되는, 판매되는, 할인 중인)에서 sale의 발음을 중복시킨 오답이다.
(C) 과거시제로 시제 오류의 포인트도 있고, him을 지칭하는 명사가 질문에 등장한 적이 없기에 확실한 오답이다.

어휘　get together 모이다, 모임을 가지다 | as well 역시 | on sale 할인 중인, 판매되는

15 **W-Am / M-Au**
How about painting the cafeteria walls in brighter colors?
(A) Sorry, I already ate.
(B) A wide selection of pasta dishes.
(C) What do you have in mind?

구내식당 벽을 더 밝은색으로 칠하는 거 어때요?
(A) 미안해요, 이미 먹었어요.
(B) 다양한 파스타 요리들이요.
(C) 염두에 두고 있는 게 있으세요?

해설　(A) cafeteria가 식당의 의미가 있어서 eat의 과거 동사 ate를 이용하여 답변한 연상 오류이다.
(B) 문장 형태가 아니어서 질문도 What 의문이 적절하며 pasta dishes는 질문 내용과는 상관없고 cafeteria를 이용한 연상 오류이다.
(C) in mind는 '마음에 두고 있는, 염두에 둔, 생각해 둔'이라는 의미이므로 밝은 색상들 중 염두에 둔 것이 있는지 묻는 형태로 정답이다.

어휘　cafeteria 구내식당 | a wide selection of 다양한 | have in mind 염두에 두다

UNIT 까다롭고 난해한,
06 **부정/부가 의문문 & 우회성 답변**

토익 감성 갖추기　　　　　　　본책 pp.44-45
B 빈칸 정답은 아래 해설 참조

[미국&캐나다 발음]

1 Don't you want to go to the concert this weekend?
이번 주말에 콘서트 가고 싶지 않아요?

2 We should order tables and chairs for the company event, shouldn't we?
회사 행사를 위한 테이블과 의자들을 주문해야 하죠, 그렇지 않나요?

3 I think Debon will get a promotion this month, don't you?
Debon이 이번 달에 승진할 것 같아요, 그렇지 않나요?

▶ Don't I?라고 하기엔 자신이 자신에게 질문한 것이 되기 때문에 어색하다. 자신의 생각을 전달하고 나서 '당신도 이렇게 생각하지 않나요?'라고 할 때는 don't you? 형태로 부가 의문문을 만들 수 있다.

4 Aren't you going to work overtime this week?
이번 주에 야근하지 않으시나요?

5 Shouldn't we inspect the assembly line this Friday?
이번 주 금요일에 조립 라인을 점검해야 하지 않을까요?

▶ inspect 점검하다 | assembly line 조립[생산] 라인

6 Aren't you going back to the office after this meeting?
이 회의 끝나고 사무실로 돌아가지 않으세요?

7 The new supplies we ordered need to be here by 3 o'clock, don't they?
우리가 주문한 새로운 비품들이 3시까지 이곳에 와야 해요, 그렇지 않나요?

▶ supply 비품

8 Didn't our proposal get accepted by the director?
우리 제안서는 이사님이 승인하지 않았나요?

9 The food at the Cresson Café is very delicious, isn't it?
Cresson 카페의 음식은 정말 맛있어요, 그렇지 않나요?

10 Haven't our company regulations changed already?
우리 회사 규정들은 이미 변경되지 않았나요?

[영국&호주 발음]

11 The accounting team's computers are being replaced today, aren't they?
회계팀 컴퓨터들이 오늘 교체될 예정이죠, 그렇지 않나요?

▶ 현재진행형 + 수동태 be being p.p 시제는 가까운 미래 일정을 표현하기도 한다.

12 Isn't Mr. Beck's desk on this floor?
Beck 씨 자리가 이 층 아닌가요?

13 Isn't this blender on sale?

이 믹서기 할인 중이지 않나요?

14 This package is for registered members, isn't it?

이 패키지는 등록된 회원들을 위한 거죠, 그렇지 않나요?

15 All of the employees have received ID badges, haven't they?

전 직원이 사원증을 받았죠, 그렇지 않나요?

16 Don't we still need to change the magazine layout?

잡지 레이아웃을 바꿔야 하지 않나요?

17 Isn't the newly updated system more efficient?

새롭게 업데이트된 시스템이 더 효율적이지 않나요?

18 Gwen trained the interns to take inventory, didn't she?

Gwen이 인턴들에게 재고 조사하는 것을 교육시켰죠, 그렇지 않나요?

19 Weren't the buyers from China at our factory yesterday?

어제 중국 바이어들이 우리 공장에 있지 않았나요?

20 Didn't John send the expense report?

John이 지출 보고서를 보내지 않았나요?

토익 실전 체험하기   본책 p.46

1 (C) **2** (A) **3** (A) **4** (B) **5** (B) **6** (B)
7 (A) **8** (B) **9** (B) **10** (C) **11** (B) **12** (C)
13 (A) **14** (B) **15** (C)

---

1 **M-Cn / W-Am**

The packages shouldn't weigh more than five kilograms each, should they?

(A) I'm looking for a faster way.

(B) Yes, that's the right address.

(C) Yes, they should be pretty light.

소포들은 각각 무게가 5킬로그램 이상이면 안 돼요, 그렇죠?

(A) 제가 더 빠른 방법을 찾고 있어요.

(B) 네, 맞는 주소에요.

(C) 네, 꽤 가벼워야 해요.

해설 (A) 5킬로그램은 무게일 뿐 속도나 시속을 의미하지 않으므로 faster는 적절하지 않다.

(B) packages(소포)에서 우편으로 부친다는 맥락으로 확장이 될 수 있기에 right address(맞는 주소)라는 말로 혼선을 준 오답이다.

(C) 부가 의문문은 Yes/No 답변이 충분히 가능하고, 꽤 (pretty) 가벼워야 한다며 동의하고 있으므로 정답이다.

---

2 **W-Br / M-Au**

Don't you think these sales projections are too high?

(A) Well, business has been quite good lately.

(B) No, that projector screen is fully automatic.

(C) I'll ask maintenance team to bring up a ladder.

이 매출 예상치가 너무 높다고 생각하지 않나요?

(A) 음, 사업이 최근에 상당히 좋았어요.

(B) 아니요, 그 프로젝터 스크린은 완전히 자동이에요.

(C) 제가 관리팀에 사다리를 가져다 달라고 할게요.

해설 (A) business가 good하다면 요즘 장사가 잘된다는 얘기이고, 반대로 business가 slow하다면 사업이나 매출이 부진함을 의미한다. 매출 예상치가 너무 높지 않냐는 말에 요즘 사업이 잘 되어 왔기 때문에 예상치를 높게 잡은 것이 아니라는 의미로 적절한 답변이다.

(B) projection과 projector는 대표적인 중복 발음 오류이다.

(C) 문제의 high는 매출 예상치가 높다는 의미로, 물건의 높낮이를 의미하는 것이 아니므로 high만 듣고 ladder(사다리)를 가져온다는 말로 혼동을 유발한 오류이다.

어휘 sales projections 매출 예상치 | automatic 자동의

---

3 **M-Au / W-Br**

Haven't we gotten an estimate for the remodeling of the lobby?

(A) The contractors are coming to discuss it today.

(B) He usually waits in the lobby.

(C) These computer models are the most popular with customers.

로비 리모델링에 대한 견적서를 받지 않았나요?

(A) 도급업체가 오늘 그것에 대해 논의하러 올 거예요.

(B) 그는 보통 로비에서 기다려요.

(C) 이 컴퓨터 모델들이 고객들에게 가장 인기 있어요.

해설 (A) 견적서를 받지 않았냐는 질문에 오늘 견적을 논의하기 위해서 도급업체가 온다고 했으므로 적절한 답변이다.

(B) He라는 주어로 받을 대상이 질문에 존재하지 않으므로 오답이다.

(C) remodeling과 model의 일부 발음 중복을 이용한 오답이다.

어휘 estimate 견적(서) | contractor 도급업체

---

4 **M-Au / W-Am**

We can order toner online, can't we?

(A) I can't install it either.

(B) Sure, John handles that.

(C) No, he printed those already.

23

토너를 온라인으로 주문할 수 있죠, 그렇지 않나요?

(A) 저도 설치할 수 없어요.

(B) 물론이죠, John이 그 일을 처리해요.

(C) 아니요, 그는 그것들을 이미 출력했어요.

해설 (A) 설치(install)한다는 말이 문제에 존재하지 않으므로 관련 없는 내용의 오답이다.

(B) 주문이 가능하다면 긍정으로 Yes나 Sure 답변이 가능하며, 추가적으로 주문 일 처리를 하는 담당자를 알려준 내용이므로 정답이다.

(C) toner와 print는 연상 오류가 있는 답변이며, he로 받을 대상이 질문에 존재하지 않으므로 오답이다.

5 M-Cn / W-Am

We still subscribe to the newsletter for small-business owners, don't we?

(A) They've never owned any real estate.

(B) We only get the online version.

(C) No, he's only a reporter, not an editor.

우리는 여전히 소상공인을 위한 소식지를 구독하고 있죠, 그렇지 않나요?

(A) 그들은 부동산을 소유한 적이 없어요.

(B) 우리는 온라인 버전만 받아 보고 있어요.

(C) 아니요, 그는 편집자가 아니라 기자일 뿐이에요.

해설 (A) owner와 owned 발음 중복의 오답이다. real estate(부동산) 역시 전혀 관련이 없다.

(B) 정답이라고 생각하기 어려웠을 수 있으나, 구독을 지속적으로 하고 있으나 온라인으로만 받아 보는 상태라는 부연 설명으로 볼 수 있으므로 정답이다.

(C) 질문의 owners는 복수이므로 he라는 주어로 받을 수 없고, newsletter로 인해 reporter와 editor 등의 단어가 잘못 연상된 오류이다.

어휘 subscribe 구독하다 | newsletter 소식지

6 W-Am / M-Au

Isn't it strange that our packages haven't arrived yet?

(A) Sure, I can drive you to the airport if you want.

(B) Deliveries are delayed because of the holiday.

(C) We'll mail our invoices later today.

소포가 아직 도착하지 않았다는 게 이상하지 않나요?

(A) 물론이죠, 원하시면 공항으로 운전해 드릴 수 있어요.

(B) 휴일이라서 배송들이 지연되고 있어요.

(C) 오늘 오후에 송장들을 우편으로 발송할 거예요.

해설 (A) 공항으로 운전해 준다는 말은 맥락에 맞지 않으므로 오답이다.

(B) 소포가 아직 도착하지 않았다는 것에 의아함을 전달한 질문자에게 휴일이라 배송이 늦어진다는 이유를 설명해 주었으므로 정답이다.

(C) packages(소포)의 의미에 집중해서 mail(우편을 보내다)로 혼돈을 유발한 연상 오류이다.

어휘 invoice 송장

7 M-Cn / W-Br

Stephanie was promoted, right?

(A) Actually, I'm not sure.

(B) You did a great job!

(C) I liked that advertisement.

Stephanie는 승진 되었죠, 그렇죠?

(A) 사실, 저는 잘 모르겠어요.

(B) 정말 잘했어요!

(C) 저는 그 광고가 좋았어요.

해설 (A) 대표적인 우회적 답변으로, 물어본 질문에 대해 잘 모르겠다는 의미의 정답이다.

(B) 승진되었다는 소식에 축하의 의미를 나타내는 답변이라고 착각할 수 있는 오답이다. 승진 대상이 Stephanie이기 때문에 답변에 You라고 지칭한 것은 오류이다.

(C) promote가 '승진하다' 뿐 아니라 '홍보하다'의 의미도 있기 때문에 광고(advertisement)를 등장시킨 연상 오류이다.

8 W-Br / M-Cn

Don't we have any envelopes showing our new logo?

(A) Yes, I like their logo a lot.

(B) No, but we'll have some made soon.

(C) They prefer photos to videos.

새 로고가 표시된 봉투가 없나요?

(A) 네, 저는 그들의 로고를 정말 좋아해요.

(B) 없어요, 그렇지만 곧 만들 거예요.

(C) 그들은 동영상보다 사진들을 선호해요.

해설 (A) logo 발음의 중복 오류 및 마음에 든다는 like가 등장할 이유가 없으므로 오답이다.

(B) 지금은 없지만 봉투를 곧 제작할 것이라는 계획을 언급한 정답이다.

(C) 동영상, 사진 등의 관련 없는 내용을 언급한 오답이다.

어휘 envelope 봉투 | have 목적어 p.p 목적어가 ~되도록 하다 | prefer A to B B보다 A를 선호하다

9 M-Au / W-Am

The service technician is coming this afternoon, isn't he?

(A) I agree that the service was excellent.

(B) Right. He'll be here between three and five.

(C) Just thank him for the invitation.

오늘 오후에 서비스 기술자가 오죠, 그렇지 않나요?

(A) 저도 서비스는 훌륭했다는 것에 동의해요.

(B) 맞아요. 그는 이곳에 3시에서 5시 사이에 올 거예요.

(C) 그에게 초대해 주셔서 감사하다고 전해주세요.

해설 (A) 과거시제 was부터 시제 오류를 발생시켰으며, service 발음이 중복된 오답이다.

(B) service technician은 직업명으로 He와 She 모두 가능하기 때문에 주어의 오류가 없고, 3시에서 5시 사이에 온다고 부연 설명했으므로 정답이다.

(C) invitation이 나올 이유가 없는 맥락이므로 오답이다.

10 W-Br / M-Au

We won't be able to meet the deadline, will we?
(A) I think the red line is an express train.
(B) I met him during the conference.
(C) No, we're going to need more time.

우리는 마감기한을 맞출 수 없을 거예요, 그렇죠?
(A) 빨간색 라인이 급행 열차인 것 같아요.
(B) 저는 그를 회의 중에 만났어요.
(C) 안 될 거예요, 우리는 시간이 더 필요해요.

해설 (A) deadline과 red line에서 line 발음을 중복시킨 오류이며, 맥락 역시 전혀 관련성이 없기에 오답이다.

(B) him이라는 대상 자체가 특정될 수 없기에 오답이며, during the conference라는 답이 나오려면 질문이 When으로 나와야 하므로 오답이다.

(C) 마감기한을 맞출 수 있으면 Yes, 못 맞추면 No이기에 마감기한을 맞출 수 없어서 시간이 더 필요할 것이라는 의미로 정답이다.

11 M-Cn / W-Am

The assembly instructions were straightforward, weren't they?
(A) No, you need to turn right.
(B) That's what I thought.
(C) Did it arrive late?

조립 설명서가 간결했어요, 그렇지 않나요?
(A) 아니요, 우회전하셔야 돼요.
(B) 그게 제가 생각한 바에요.
(C) 그게 늦게 도착했나요?

해설 (A) straightforward(간결한)를 straight(일직선으로)으로 착각하여 우회전(turn right)하라는 답변을 생성한 혼동 오류이다.

(B) 질문자의 부가 의문문 패턴에 본인도 그렇게 생각했다고 적극 동의한다는 의미가 되므로 정답이다.

(C) 전혀 관련 없는 내용으로 맥락이 잡히지 않기에 오답이다.

어휘 instructions 설명서

12 W-Br / W-Am

Wouldn't it be great if we had another part-time worker?
(A) I've worked here for three years.
(B) They shared a few great ideas.
(C) There's some room in the budget.

다른 파트타임 직원이 있다면 좋지 않을까요?
(A) 저는 이곳에서 3년간 일해왔어요.
(B) 그들은 몇몇 좋은 아이디어들을 공유했어요.
(C) 예산 여유가 좀 있어요.

해설 (A) 대답한 사람이 면접에 임하는 중이 아니기 때문에 내용이 전혀 맥락에 맞지 않으므로 오답이다.

(B) 질문에 복수 명사가 없기 때문에 They라고 말할 대상이 없으며, ideas 역시 맥락에 어울리지 않는 단어이므로 오답이다.

(C) room은 '객실'이나 '방'의 의미만 있는 것이 아니라 '여유, 공간, 여지'의 의미를 같이 가지고 있기 때문에 직원을 채용하면 급여가 나가야 한다는 점에서 예산 여유가 있다. 즉 직원을 추가로 채용해도 될 것 같다는 의미를 나타내는 우회성 정답이다.

13 M-Cn / M-Au

Didn't Tom get transferred to another branch?
(A) He just came here to pack his belongings.
(B) You can transfer money from any branch.
(C) The trip to Tokyo.

Tom이 다른 지사로 전근 가게 된 것 아니었나요?
(A) 개인 소지품을 싸러 잠시 온 거예요.
(B) 당신은 어느 지점에서든 자금을 이체할 수 있습니다.
(C) 도쿄 출장이요.

해설 (A) Tom이라는 제3자를 He로 충분히 받을 수 있으며, 다른 지사로 전근 간 것은 맞으나, 다시 돌아온 것이 아니라 단순히 개인 짐을 챙기러 왔다는 의미의 우회성 정답이다.

(B) transfer과 branch 모두 발음이 중복되었고, 의미는 다른 답변이므로 오답이다.

(C) 문장 형태가 아닌 짧은 단답형으로 trip이라는 행동에 초점을 맞추면 What으로 물어보는 질문이 적절하므로 오답이다.

14 M-Cn / W-Am

Don't you usually wear glasses?
(A) Yes, I prefer coffee.
(B) Only when I read.
(C) We're using paper cups now.

보통 안경 쓰지 않으세요?
(A) 네, 저는 커피를 선호해요.
(B) 뭔가를 읽을 때만요.
(C) 저희는 지금은 종이컵을 사용 중이에요.

해설 (A) glasses가 wear(착용하다, 입다)와 결합되면 안경이 된다. 따라서 유리잔을 언급한 것이 아니므로 coffee는 전혀 관련 없는 오답 단어이다.

(B) 동사 read 뒤에 목적어가 없더라도 무언가를 읽거나 독서를 한다는 의미로 단독으로 쓸 수 있으며, Yes 같은 표현을 굳이 넣지 않아도 무언가를 읽을 때만 안경을 착용한다는 부연 설명이므로 정답이다.

(C) glasses가 질문에서는 안경이었기 때문에 유리잔의 의미로 착각하게 만들어서 paper cups(종이컵)을 언급한 혼동 오류이다.

15 **W-Br / M-Cn**

Kate made the reservation for the dinner with the client, didn't she?

(A) It's a lovely table.

(B) For two days.

(C) We'd better check.

Kate가 고객과의 저녁 식사 예약을 했죠, 그렇지 않나요?

(A) 너무 예쁜 테이블이에요.

(B) 이틀 동안요.

(C) 확인해 보는 편이 좋겠어요.

해설 (A) reservation과 관련 없는 table이라는 단어를 이용한 연상 오류이다.

(B) 기간에 관련된 답변 형태이므로 질문은 How long으로 시작해야 한다는 점에서 오답이다.

(C) 「had better + 동사원형」은 '~하는 편이 좋겠다'라는 의미로, 예약을 했는지 확인해 보겠다는 우회성 정답이다. had better 구문은 줄여서 표현하면 주어'd better 형태가 된다

UNIT 이건 질문이 아니네?

07 평서문에 대비하기

토익 감성 갖추기   본책 pp.49-50

A **1** 평서문 **2** 의문문 **3** 의문문 **4** 평서문, 의문문

5 의문문 **6** 평서문, 의문문 **7** 평서문, 의문문

8 평서문, 의문문 **9** 의문문 **10** 의문문

11 의문문 **12** 평서문, 의문문 **13** 의문문

14 평서문, 의문문 **15** 의문문 **16** 평서문

17 의문문 **18** 평서문 **19** 의문문 **20** 의문문

B 빈칸 정답은 아래 해설 참조

---

1   You can say that again. [**평서문** / 의문문]

정말 그래요(동의해요).

▶ You can say that again은 동의하는 표현 중 하나이다. Don't you think ~?(~라고 생각하지 않아요?) 형태의 의문문에도 가능하지만, 평서문으로 의견이나 자신의 주장을 말할 때 가장 잘 나올 수 있는 답변이다.

2   Because it has been delayed. [평서문 / **의문문**]

지연되었기 때문이에요.

▶ Why 의문문에 가능한 답변이다.

3   Mr. Kim in Human Resources. [평서문 / **의문문**]

인사부의 김 씨요.

▶ 문장이 갖춰지지 않은 단어형 답변으로, Who 의문문에 가능한 답변이다.

4   Didn't you get the memo? [평서문 / **의문문**]

메모 받지 않으셨나요?

★ 의문문에 대한 답변일 확률이 훨씬 높다.

▶ 대표적인 우회적 답변 중 하나로, 보통은 문의하는 내용의 의문사 의문문에 대해 메모를 확인하지 않았는지 반문하는 유형의 답변이다. 그러나 I don't know ~(~인지 모르겠어요) 등의 평서문에도 나올 수는 있는 답변이다.

5   Of course, I will. [**평서문** / 의문문]

물론이죠, 그렇게 할게요.

▶ 문장의 형태는 갖춰져 있지만 평서문에 Of Course 답변은 적절하지 않다. Would you/Could you ~? 형태의 요청 의문문에 적절하다.

6   When will you move? [**평서문** / 의문문]

언제 이사 가시나요?

▶ 평서문에 충분히 나올 수 있는 추가 질문 형태이다. 예를 들어 '이사 가기로 했어요'라는 평서문에 '언제 가시나요?'라고 물어볼 수 있다. 문제가 의문문이라고 한다면 '이삿짐센터에 연락 좀 해 주시겠어요?'라는 요청 의문문에 '언제 가시는데요?'라고 물어보는 것도 가능하다.

7   Please follow me. [**평서문** / 의문문]

따라오세요.

★ 의문문에 대한 답변일 확률이 훨씬 높다.

▶ 의문문에 대한 답변으로 더 잘 어울리지만, 평서문에도 불가능하진 않다. 의문문이라면 Where 또는 How can I get to ~? 등의 형태로 '어디에 ~이 있나요?', '~에 어떻게 가나요?' 등의 질문에 '따라오세요'라고 답변할 수 있으며, 간접 의문문 Can you tell me where[how to] ~? 등의 형태로도 물어볼 수 있다. 평서문이라면 I would like to go ~/I don't know where ~ 등의 문장에 대한 답변으로 적절하다.

8   Okay. I'll do it immediately. [**평서문** / 의문문]

알겠어요. 지금 바로 할게요.

▶ 요청/당부의 의미를 나타내는 평서문에 대한 대표적인 답변이다. 평서문에 더 적절한 답변이지만, 문제가 의문문이라면 요청 의문문 Can[Could] you ~?에 대한 적절한 답변으로도 가능하다.

9   Yes, I can. [평서문 / **의문문**]

네, 저는 가능합니다

▶ 문장의 틀은 갖추었더라도 「주어 + 동사」로만 끝나고 Yes/No가 앞에 있을 때는 보통은 의문문으로 물어봐야 한다. Can you ~? 형태에 직접적으로 답변하는 형태이다.

10   Later today. [평서문 / **의문문**]

오늘 오후에요.

▶ 문장의 틀이 갖춰지지 않았으므로 의문문에 대한 답변 형태이며, When 의문문에 적절한 답변이다.

11   An extended warranty. [평서문 / **의문문**]

연장된 보증이요.

▶ 문장의 틀이 갖춰지지 않았으므로 의문문에 대한 답변 형태
이며, What 의문문에 적절한 답변이다.

12 I didn't know that. [평서문 / 의문문]
그건 몰랐어요.

★ 평서문에 대한 답변일 확률이 훨씬 높다.

▶ 평서문으로 누군가가 소식을 전달하는 경우, '그건 몰랐
다'라는 의미로 충분히 어울리는 답변이다. Did[Do] you
know ~? 등으로 물어보는 의문문에 어울리기도 한다.

13 Yes, it arrived this morning. [평서문 / 의문문]
네, 오늘 아침에 도착했어요.

★ 의문문에 대한 답변일 확률이 훨씬 높다.

▶ 평서문에 대한 답변으로 Yes 빈도가 높지는 않다. 그리고
Yes가 나온다면 그 뒤로는 의견 동의나 맞장구 형태가 나오
는 것이 좋다. 어떤 제품의 배송 등이 이루어졌는지를 물어보
는 의문문에 적절한 답변이다.

14 Put it over there. [평서문 / 의문문]
저쪽에 두세요.

★ 의문문에 대한 답변일 확률이 훨씬 높다.

▶ 평서문에도 가능한 답변이지만, here나 there로 말이 끝나
면 보통 의문사 Where로 물어보는 질문에 적절한 경우가
대부분이다. 단, '제품 도착했습니다'라는 전달의 의미의 평
서문에 대해 저쪽에 두라는 적절한 답변이 될 수도 있다.

15 From Seoul. [평서문 / 의문문]
서울에서요.

▶ 문장의 틀이 갖춰지지 않았으므로 의문문에 대한 답변 형태
이며, Where 의문문에 적절한 답변이다.

16 I didn't know that either. [평서문 / 의문문]
저도 그건 몰랐어요.

▶ 문장의 끝에 존재하는 either(부정문 문장 + either)는 둘
중의 하나를 고른다는 뜻이 아니라 긍정문일 때의 답변 Me,
too에서 too와 같은 개념으로, 맞장구의 표현이다. 따라서
무언가를 묻는 의문문보다는 평서문에 대해 맞장구치는 답변
형태이며, 문제의 평서문도 부정문으로 나온다.

17 Either way is okay. [평서문 / 의문문]
어느 쪽이든 괜찮아요.

▶ 정확히 말하면 선택 의문문(A or B)에 대한 답변이다. 둘 다
선택하면 both, 둘 중 어떤 것이라도 좋다고 하면 either를
쓸 수 있다.

18 Congratulations! You deserve it. [평서문 / 의문문]
축하해요! 당신은 그럴 자격이 있어요.

▶ 평서문으로 누군가가 소식을 전달했을 때, 축하할 만한 일이
라면 나오는 패턴이다.

19 I believe so. [평서문 / 의문문]
그런 것 같아요.

▶ 평서문보다는 의문문(Wh- 형태보다는 be동사/조동사 의
문문)에 적절한 답변이다. 예를 들어 Would our sales
increase this year?(올해 우리 매출이 늘까요?) 등의 예
상/예측/판단 등의 질문이거나 Is our new manager
coming this week?(우리 새 매니저가 이번 주에 오나
요?) 등의 일정/계획 등에 대해 '그런 것 같다'고 수긍하듯 나
오는 답변이다.

20 Twenty dollars each. [평서문 / 의문문]
각각 20달러요.

▶ 문장의 틀이 갖춰지지 않았으므로 의문문에 대한 답변 형태
이며, How much 의문문에 적절한 답변이다.

B

[미국&캐나다 발음]

1 Kim forgot to bring her employee badge.
김 씨가 사원증 가져오는 것을 깜빡했어요.

▶ 주어 자리에 낯선 단어가 등장하면 사람 이름, 지역명, 회사
이름 등의 고유명사일 수 있다는 것을 캐치해야 한다.

2 The seminar will be postponed until further
notice.
세미나는 추후 공지가 있을 때까지 미뤄질 거예요.

3 We have changed the layout of our store.
저희 매장 배치를 바꾸었어요.

4 This is my first time visiting here.
이곳에 방문하는 것은 처음이에요.

5 I forgot to bring my umbrella.
우산을 가져오는 것을 깜빡했어요.

6 I made a few changes to the design.
디자인을 몇 가지 변경했어요.

7 I usually order products online.
저는 보통 온라인으로 제품들을 주문해요.

[영국&호주 발음]

8 I think this sweater is too tight for me.
이 스웨터는 저한테 너무 타이트한 것 같아요.

9 Please let Sofia know that customers are
coming from Australia tomorrow.
내일 호주에서 고객들이 온다고 Sofia에게 알려 주세요.

▶ 사람 이름을 잘못 듣는 것은 문제가 되지 않는다. 이름이 등
장했다는 것을 인지하는 게 중요하다.

10 The product **response** is not **as good as** we **expected**.
제품 반응이 우리가 예상했던 것만큼 좋지가 않아요.

11 You're going to take the express train to the convention hall.
컨벤션 홀까지 급행 열차를 타시게 될 거예요.

12 I heard the new interns will be working at headquarters.
이번 새 인턴들은 본사에서 근무하게 될 거라고 들었어요.

13 I think this phone has some battery issues.
이 전화기는 배터리 문제가 있는 것 같아요.

14 I left the revised document on your desk.
당신 책상 위에 수정된 문서 올려놓았어요.

토익 실전 체험하기
본책 p.51

1 (B) **2** (A) **3** (A) **4** (B) **5** (A) **6** (C)
7 (A) **8** (B) **9** (C) **10** (C) **11** (B) **12** (C)
13 (A) **14** (A) **15** (C)

1 **M-Cn / M-Au**
I heard you're transferring to the marketing team.
(A) Congratulations! When do you make your presentation?
(B) Yes, I am looking forward to the move.
(C) There's a strong market for steel.
마케팅 팀으로 옮기신다고 들었어요.
(A) 축하해요! 언제 발표하나요?
(B) 네, 이동하게 돼서 기대하고 있어요.
(C) 철강 쪽에 높은 수요가 있어요.

해설 (A) 문제에 나온 마케팅 팀으로 이동하는 사람은 답변할 사람이지 질문자가 아니므로 Congratulations!라는 표현은 부적절하다.
(B) 마케팅 팀으로 이동하는 것이 맞는 사실이라고 Yes를 넣어 말하고, 그 팀으로의 이동(move)을 기대한다는 내용의 정답이다.
(C) market과 marketing은 대표적인 유사 발음이며, 맥락 역시 부자연스럽기 때문에 오답이다.

어휘 look forward to + 명사 ~을 기대하다 | strong market 높은 수요

2 **W-Am / M-Au**
Our new branch office is too far away.
(A) Aren't you working from home?
(B) No, it is far more difficult.
(C) It is located on fifth Avenue.
새 지사가 너무 멀어요.
(A) 재택근무하게 되는 것 아닌가요?
(B) 아니요, 훨씬 더 어려워요.
(C) 그곳은 5번가에 위치해 있어요.

해설 (A) 새로운 지사가 너무 멀다는 말에 재택근무할 거 아니냐는 반문 형태의 정답이다.
(B) 평서문에 대한 답변으로 적절하지 않은 No가 등장했고, 문제의 far away에서 far은 '거리가 먼'이라는 의미이지만, 보기의 far more에서 far은 비교급을 꾸미는 부사(훨씬)이므로 중복 발음 오답이다.
(C) 거리가 멀다는 말에 적절한 대답이 아니며, 5번가에 위치해 있다는 답변은 Where 의문문으로 물어봐야 나올 수 있는 답변이므로 오답이다.

3 **W-Am / M-Cn**
That was quite a long seminar.
(A) But we learned a lot of information.
(B) She is waiting for you in the lobby.
(C) Can you rearrange those tables?
꽤 긴 세미나였어요.
(A) 그렇지만 우리는 많은 정보를 얻었어요.
(B) 그녀는 로비에서 기다리고 있습니다.
(C) 저 테이블들을 다시 배치해 주시겠어요?

해설 (A) 평서문에 But 이하의 답변은 반박 의견을 제시하는 형태이며, 다소 긴 세미나였어도 얻은 것들이 많다는 의미로 적절한 답변이다.
(B) She라는 주어부터 반드시 오류로 캐치해야 한다. She로 받을 만한 단서가 문제에 존재하지 않았으므로 오답이다.
(C) 문제의 seminar에서 연상할 수 있는 rearrange와 tables를 이용한 오답이다.

4 **M-Au / W-Am**
This memo says last quarter's sales were higher than expected.
(A) Alfred is in charge of hiring.
(B) We should be proud of these results.
(C) These items are twenty percent off the regular price.
이 회람은 지난 분기 매출이 예상보다 높았다는 것을 말해주네요.
(A) Alfred가 채용 담당이에요.
(B) 이 결과들에 자부심을 가져야 해요.
(C) 이 품목들은 정가에서 20퍼센트 할인됩니다.

해설 (A) 특정인을 언급하며 그 사람이 담당자라고 답변하는 패턴은 여러 우회적 답변 상황에 자주 출제되지만, 매출 이야기를 하는데 채용(hiring)을 언급하는 것은 아무 관련이 없으므로 오답이다.
(B) 매출이 높다는 좋은 소식에 대해 자부심을 가지고 자랑스럽게 여겨야 한다는 맥락으로 답변한 정답이다.
(C) 문제 문장의 sales는 '매출'이었지만, 답변의 twenty percent off는 '할인', 즉 sale의 다른 의미를 이용한 혼동 오류이므로 오답이다.

5 **W-Am / M-Cn**

I'll call you when I arrive at the airport.
(A) I'll make sure to have my phone with me.
(B) A round-trip ticket, please.
(C) At around five P.M.

제가 공항에 도착하면 전화할게요.
(A) 휴대폰을 꼭 챙길게요.
(B) 왕복 티켓이요.
(C) 오후 5시쯤이요.

해설 (A) 순간적으로 이상한 대화처럼 여겨질 수 있지만 우회적인 답변으로, 공항에 도착하면 전화하겠다는 말에 휴대폰을 꼭 챙기겠다며 전화를 받겠다는 의미를 나타내고 있고, 나머지 보기들이 확실한 오답이므로 정답이다.

(B) 문장의 구조가 갖춰지지 않은 사물형 답변으로 질문이 What 의문문이어야 적절하며, ticket과 airport의 연상 오류 역시 오답의 이유이다.

(C) 문장의 구조가 갖춰지지 않아서 평서문의 답이 되기 어려우며, 5시쯤이라고 답변하려면 질문이 When이나 What time으로 시작했어야 하므로 오답이다.

6 **W-Br / W-Am**

The welcome package will arrive this afternoon.
(A) Our new product samples.
(B) He's packing his luggage.
(C) I'll let the receptionist know.

웰컴 패키지가 오늘 오후에 도착할 거예요.
(A) 저희 신제품 샘플이요.
(B) 그는 짐을 싸고 있어요.
(C) 제가 데스크 직원에게 알려 줄게요.

해설 (A) 문장의 구조가 갖춰지지 않은 사물형 답변으로 What 의문문에 어울리므로 오답이다.

(B) 주어 He부터 확실한 오답의 단서(주어 오류)이며 packing과 package 역시 유사 발음으로 오답의 단서이다.

(C) 평서문에 적절한 답변 형태로, 소식을 전달해 준 것에 대해 상황에 맞게 대처한 정답이다.

7 **M-Cn / W-Am**

The maintenance team fixed the cracked window this morning.
(A) Oh, I didn't know that.
(B) Could you please close the door?
(C) Everyone on the sales team.

오늘 아침에 보수팀이 금이 간 창문을 수리했어요.
(A) 오, 저는 몰랐어요.
(B) 문 좀 닫아 주시겠어요?
(C) 영업팀 전원이요.

해설 (A) 소식을 전달해 주었기 때문에 수리가 되었는지 몰랐다는 의미로 정답이 되는데, 애매하다고 느껴질수록 나머지 보기를 잘 소거해야 한다.

(B) 질문과 전혀 상관없는 말이며, window(창문)만 듣고 close(닫다)라고 잘못 연상한 것이므로 오답이다.

(C) 문장 형태가 아니기 때문에 평서문의 답이 되기 어려우며, Everyone on the sales team의 경우에는 Who 의문문에 어울리기 때문에 오답이다.

8 **W-Br / M-Cn**

I wonder if Mr. Thompson liked the product samples we provided.
(A) When do you need them?
(B) He placed an order this morning.
(C) In the employee lounge.

Thompson 씨가 우리가 제공한 제품 샘플들을 좋아하셨는지 궁금해요.
(A) 언제 필요하세요?
(B) 오늘 아침에 주문하셨어요.
(C) 직원 휴게실에서요.

해설 (A) 문제와 전혀 상관없는 답변으로, sample을 좀 달라고 요청을 한 사람이 없기에 언제 필요한지 물어보는 것은 오답이다.

(B) Mr. Thompson을 He로 받았고, 샘플을 보고 마음에 들어서 주문(place an order)을 했다는 의미가 되기에 정답이다.

(C) 문장의 형태가 갖춰지지 않아서 평서문의 답이 되기 어려우며, Where 의문문에 적절한 답변이므로 오답이다.

어휘 wonder if ~인지 궁금하다

9 **W-Am / W-Br**

Ms. Lu will be unable to attend the awards ceremony.
(A) The best employee of the year.
(B) There will be a question-and-answer session.
(C) Another executive will have to take her place.

Lu 씨는 시상식에 참석할 수 없을 거예요.
(A) 올해의 최우수 직원이요.
(B) 질의응답 시간이 있을 겁니다.
(C) 다른 임원이 그녀의 자리를 대신해야 할 거예요.

해설 (A) 문장의 형태도 아니고, of the year이나 of the month로 나오는 구성이 상 이름 자체를 언급한 느낌이 들기 때문에 연상 오류의 형태이다. 질문도 What 또는 What award로 물어봐야 한다는 점에서 오답이다.

(B) 문제 문장과 전혀 상관없는 단어들을 사용했으므로 오답이다.

(C) Lu 씨가 참석하지 못할 것이기 때문에 다른 사람이 자리를 대신해야 한다는 자연스러운 응답으로 정답이다.

어휘 take one's place ~의 자리를 대신하다

10 W-Br / M-Cn

The lobby renovation process will be noisy.
(A) The newly remodeled building is nice.
(B) It was built ten years ago.
(C) We should have the staff work from home.

로비 보수공사 과정에서 소음이 있을 거예요.
(A) 새로 개조된 건물이 멋져요.
(B) 이곳은 10년 전에 세워졌어요.
(C) 직원들을 재택근무하게 해야 합니다.

해설 (A) renovation과 remodeled의 유사한 의미를 이용한 혼동 보기이며, nice하다는 평가가 나오려면 How로 물어 봐야 했으므로 오답이다.

(B) 문제 문장과 전혀 상관없는 정보이며, 10년 전이라는 시점을 유발하려면 질문 자체가 When was ~? 형태가 되어야 하므로 오답이다.

(C) 공사기간 동안 시끄러울 수 있다는 것에 대한 일종의 해결책 제시이므로 정답이다.

어휘 have 사람 목적어 + 동사원형 ~에게 ~하게끔 하다

11 M-Au / W-Am

I just looked over next year's budget plan.
(A) I can help you look for it.
(B) We need to spend more on employee training.
(C) Yes, it's within our budget.

방금 막 내년도 예산 계획을 검토했어요.
(A) 찾는 것을 도와드릴게요.
(B) 직원 교육에 더 소비를 해야 해요.
(C) 네, 그것은 저희 예산 범위 내에 있어요.

해설 (A) look over(검토하다)와 look for(찾다)는 look 발음을 중복시킨 오답이다.

(B) 예산안을 봤다는 말에 그 예산상의 문제점, 혹은 개선해야 할 부분에 대한 의견을 언급한 답변으로 세 개의 보기 중 가장 자연스러우므로 정답이다.

(C) budget을 중복 발음한 오답 형태로, 예산 계획안과 예산 범위 내에 있다는 말은 전혀 어울리지 않는다.

12 M-Au / M-Cn

These instructions from Alfonso are rather confusing.
(A) In his latest mail.
(B) A new instructor.
(C) I'm having trouble with them, too.

Alfonso로부터 온 이 지침은 다소 혼란스러워요.
(A) 그의 최근 우편물에요.
(B) 새로운 강사요.
(C) 저도 어려움을 겪고 있어요.

해설 (A) 문장 답변 형태가 아니므로 평서문의 답으로 적절하지 않으며, Where 의문에 어울리는 답변이므로 오답이다.

(B) instructions와 instructor의 일부 발음을 중복시킨 오답 패턴이며, Who 의문에 어울리는 답변이므로 오답이다.

(C) 평서문으로 의견을 제시한 사람에게 의견상 동의한다는 의미의 문장형 답변으로 정답이다.

어휘 rather 다소, 꽤 | confusing 혼란스러운 | have trouble with ~에 어려움을 겪다

13 W-Br / M-Cn

This room is very cold.
(A) Should I turn on the heater?
(B) I caught a mild cold.
(C) Usually in the evening.

이 방은 너무 추워요.
(A) 난방기를 켤까요?
(B) 가벼운 감기에 걸렸어요.
(C) 주로 저녁에요.

해설 (A) 이 방이 너무 춥다고 문제를 제시한 평서문에 대한 해결책으로 난방기 전원을 켠다는 답변을 했으므로 정답이다.

(B) cold의 발음을 중복시킨 오답이며, 문제의 cold는 '추운'이라는 의미이고, 보기의 cold는 '감기'라는 의미이다.

(C) 문장 형태가 아닌 짧은 단답형으로 in the evening이라고 답변하려면 질문이 When으로 시작되어야 한다는 점에서 오답이다.

어휘 turn on (기계의 전원을) 켜다, 작동시키다 | catch a cold 감기에 걸리다

14 W-Am / M-Au

This year's convention was a huge success.
(A) It really went well.
(B) By the end of the month.
(C) It will be held next year.

올해 컨벤션은 큰 성공을 거두었습니다.
(A) 정말 잘 진행되었어요.
(B) 이번 달 말까지요.
(C) 내년에 열릴 거예요.

해설 (A) 문제 문장의 의견에 동의하는 뉘앙스로, go well은 어떤 행사나 일 등이 잘 진행된다는 뜻이므로 정답이다.

(B) 평서문의 답변 형태가 아니고, 의문사 When으로 시작하는 질문에 적절하므로 오답이다.

(C) convention은 이미 지난 과거이기 때문에 시제도 적절하지 않으며, next year로 답변하려면 의문사 When으로 시작하는 질문이 나왔어야 하므로 오답이다.

15 M-Cn / W-Br

Please watch your step when you board the ship.
(A) It was discussed at the board meeting.
(B) Near the loading dock.
(C) Don't worry. I'll be careful.

배에 탑승할 때 발밑을 조심하세요.
(A) 이사회 회의 때 논의되었어요.
(B) 하역장 근처에요.
(C) 걱정 마세요. 주의할게요.

(A) board(탑승하다)와 board(이사진, 이사회)를 이용한 중복 발음 오답이다.

(B) Near 자체가 답변으로 나오려면 질문이 Where 의문문이 되어야 하므로 오답이다.

(C) 주의하라고 당부하는 문장에 적절한 답변 형태이므로 정답이다.

어휘 loading dock 하역장

PART 3

Listening Comprehension

UNIT 08 긴 대화의 시작, 일반 문제

토익 감성 갖추기

본책 pp.55-57

A 빈칸 정답은 아래 해설 참조

B 1 (C) 2 (B) 3 (A) 4 (A) 5 (C)

C 1 event 2 supervisor, head
3 issue, trouble 4 sports competition
5 accommodation
6 public transportation
7 image 8 relocate 9 pass/hand out
10 opinion, suggestion 11 renovation
12 hand in 13 stop/drop by
14 tour 15 different 16 book 17 buy
18 install 19 malfunction 20 send

A

1 What department does the woman work in?
여자는 어느 부서에서 일하는가?

▶ 성별 구별이 필요한 문제라면 눈에 보이는 성별을 먼저 체크한 후, 질문의 앞/뒤 위주로 의미를 파악한다.

2 Who most likely is Hiroshi Akida?
Hiroshi Akida는 누구인 것 같은가?

▶ 사람, 회사, 장소 이름 등이 등장하는 '고유명사' 문제는 무조건 그 주변에서 순간적으로 답의 단서가 나오기 때문에 의문사와 고유명사에 초점을 맞춘다.

3 According to the man, what will be held on Friday?
남자에 따르면, 금요일에 무엇이 열리는가?

▶ 대화 내용을 제대로 못 들었더라도 Friday(금요일)가 들리면 다른 문제는 건너뛰고 이 문제로 직행해야 할 정도로 질문에 등장하는 시점(요일, 날짜, 시각 등)은 매우 중요한 단서이다. 따라서 성별과 의문사를 간단히 훑어본 뒤 Friday에 가장 초점을 맞춰야 하는 문제이다.

4 What problem does the woman mention?
여자는 어떤 문제점을 언급하는가?

▶ 문장을 파악하기 위해서는 앞, 뒤 확인이 중요한데, 여기에서는 그냥 what이 아니라 what problem이다. 따라서 문제점, 여자, 언급 정도로 잘라서 파악하자.

> **TIP** problem이 등장하는 문제는 보통 대화에서 But(그러나), Unfortunately(불행히도) 등 반전이나 유감을 나타내는 표현, 또는 problem과 동의어인 issue, trouble 등이 등장한다. 해당 문장에서 단서가 나올 때가 많다.
>
> ★ The thing is ~(문제는 ~이다) 표현 뒤에 문제점을 언급하는 경우가 많으므로 알아두면 바로 답을 찾을 수 있다.

5 What does the man ask the woman to do?
남자는 여자에게 무엇을 하라고 요청하는가?

▶ 남녀 성별이 한 질문에 같이 나오면 앞에 등장한 사람이 문제의 답을 말하므로 man ask에 초점을 맞춘다.

> **TIP** 동사 ask는 질문의 끝 어휘가 전치사 for나 「to + 동사원형」이면 '요청하다', 질문의 끝 어휘가 전치사 about이면 '물어보다'라고 해석한다.

6 What will the man do next?
남자는 다음으로 무엇을 할 것인가?

▶ 의문사 + 성별과 함께 질문에 'will(미래시제 조동사) + 끝 어휘 next'가 등장하는 경우, 대화가 끝난 후의 미래 계획을 묻는 문제라서 대화 후반부에 답이 나오는 경우가 많다. 미래 계획을 묻는 문제는 보통 세 문제 중 마지막 문제로 출제된다.

7 What will take place in the evening?
(A) An official tour (B) A safety inspection
(C) A training session (D) A weekly meeting
저녁에 무엇이 진행되는가?
(A) 공식 투어 (B) 안전 점검
(C) 교육 시간 (D) 주간 회의

▶ 질문에 성별이 언급되지 않는 경우, 어느 성우가 말을 해도 답이 될 수 있는 문제이다. 단, 질문의 핵심 단어는 시점인 in the evening(저녁에)이라고 볼 수 있고, in the evening 주변에서 답의 단서를 찾아야 한다.

> **TIP** 보기가 짧은 '명사 + 명사' 혹은 '형용사 + 명사'로 나오는 경우, 보통 끝 명사가 더 중요하지만, 요즘 토익 난이도에 대비하기 위해서 짧은 보기는 한 번에 봐 두고, 한 단어도 들리지 않는 경우에는 오답을 소거하거나 순간적으로 들리는 단어를 캐치해서 답을 고른다.

8 Why does the woman want to postpone the meeting?
(A) She has a scheduling conflict.
(B) She is busy writing an expense report.

(C) She must conduct a tour <u>for some clients</u>.
(D) <u>Her car</u> is in a <u>repair shop</u>.

여자는 왜 회의를 미루고 싶어하는가?
(A) 일정상의 충돌이 있다.
(B) 지출 내역 보고서를 작성하느라 바쁘다.
(C) 몇몇 고객들을 위한 견학을 실시해야만 한다.
(D) 그녀의 자동차가 수리점에 있다.

▶ 질문의 의문사, 성별, 의미가 담긴 postpone에 밑줄을 긋고, 왜, 여자, 회의를 미룬다 위주로 끊어서 파악한다. 보기의 주어들이 똑같은 경우에는 주어보다는 문장의 끝부분 핵심어에 주력한다. 보기 (D)의 경우는 새로운 주어인 Her car가 있으므로 앞/뒤를 본다. 누구나 완벽히 읽고 싶겠지만, 일단 보기 문장들의 앞/뒤가 충족되면 정답율은 올라간다. 결국 패러프레이징을 캐치하는 것이 중요하다.

▶ scheduling conflict 일정 충돌, 일정 겹침 | be busy + -ing ~하느라 바쁘다

9 Why is the <u>man</u> calling?
(A) To <u>reserve</u> a <u>room</u> at a <u>hotel</u>
(B) To <u>ask about</u> a <u>refund policy</u>
(C) To <u>check</u> the status of his recent <u>order</u>
(D) To <u>request</u> a <u>schedule change</u>

남자는 왜 전화하는가?
(A) 호텔 객실을 예약하려고
(B) 환불 방침에 대해 물어보려고
(C) 자신의 최근 주문 상태를 확인하려고
(D) 일정 변경을 요청하려고

▶ Part 3, 4에서 「To + 동사원형」으로 시작하는 보기는 '~하려고, ~하기 위해서'라고 해석한다.

> **TIP** 「To + 동사원형」 보기는 보통 뒤에 있는 명사 목적어가 중요하다고 보는 시각도 많으나, 요즘 시험 난이도에 대비하기 위해서는 to 뒤에 동사와 명사 목적어가 모두 충족되는 것이 좋다. 둘 중 하나만 충족되어도 나머지 보기들이 앞/뒤 어디에도 충족되는 부분이 없다면, 답으로는 당연히 하나라도 충족된 보기가 우세하다.
>
> **[참고]** 복합명사(명사 + 명사)는 일반적으로 뒤에 오는 어휘가 더 중요하지만, refund policy(환불 방침) 같이 눈에 한 번에 들어오는 것은 한 단어처럼 생각하고 읽어 두는 것이 좋다.

10 Why does the <u>man</u> apologize to the woman?
(A) There are <u>no seats</u> available now.
(B) A <u>coupon</u> is <u>no longer</u> valid.
(C) The <u>man's firm</u> is currently <u>understaffed</u>.
(D) There is a <u>long waiting line</u>.

남자는 왜 여자에게 사과하는가?
(A) 현재 가능한 좌석들이 없다.
(B) 쿠폰이 더 이상 유효하지 않다.
(C) 남자의 회사는 현재 직원 수가 부족하다.
(D) 긴 대기 줄이 있다.

▶ 질문의 성별 중 남성이 먼저 나오기 때문에 말하는 화자를 man으로 잡고 의미 생성이 가장 강한 어휘 apologize(사과하다)에 집중한다. 보기의 경우 문장 보기라서 완벽히 천천히 읽는 것보다는 앞/뒤 위주로 빠르게 캐치해야 한다. 다만, 주어가 뜻이 있는 경우면 주어 + 끝 어휘 위주로, 주어가 뜻이 없는 경우는 끝 어휘 위주로 힘을 실어야 한다. There is/are 구문은 바로 뒤에 오는 명사가 진짜 주어이므로 그 부분에 힘을 싣는다. 예를 들어 There is a book에서는 a book이 가장 중요한 키워드이다.

> **TIP** 문장 보기는 긍정문인지 부정문인지가 중요하다. 긍정문을 부정문으로 읽거나 부정문을 긍정문으로 읽는 순간 아예 의미가 반대로 변질되어 버리기 때문에 문장을 빠르게 훑어보면서 no, not 등이 캐치되면 함께 줄을 그어야 한다.

B

1
W Hi, Tim. You live in Lisbon, right? Well, I'm going there to **visit the Bellview Gallery** this Saturday, and I can't decide whether I should go there by train or bus.

여 안녕하세요, Tim. 리스본에 사시죠? 음, 제가 이번 주 토요일에 Bellview 미술관을 방문하러 그곳에 가는데, 기차로 가야 할지 버스로 가야 할지 결정을 못 하겠어요.

여자는 리스본의 어디에 방문하는가?
(A) 놀이공원   (B) 백화점
(C) 미술관   (D) 컨벤션 센터

2
M Thank you for calling the Milton **Community Center**. How may I help you?

남 Milton 커뮤니티 센터에 전화 주셔서 감사합니다. 어떻게 도와드릴까요?

남자는 어디에서 일하는 것 같은가?
(A) 치과   (B) 커뮤니티 센터
(C) 사진관   (D) 철물점

3
W Hello. I purchased tickets for the **Heaven Rock band concert** this Sunday at seven P.M., and I wonder if it's possible to buy three more tickets.

여 안녕하세요. 제가 이번 주 일요일 오후 7시에 열리는 Heaven 락 밴드 콘서트 티켓을 구매했는데요, 티켓 세 장을 추가로 구매할 수 있는지 궁금합니다.

여자는 어떤 행사를 언급하는가?
(A) 음악 공연　　　　　(B) 마라톤
(C) 회사 연회　　　　　(D) 모금 행사

▶ 대화 초반에 나오는 concert와 가장 비슷한 의미를 가진 보기를 찾는다면 (A) A music performance(음악 공연)이다. 나머지 보기들은 뜻만 봐도 전혀 공통점이 없다.

4

W	What do you think about this new policy?
M	Well, **my team members in Research and Development** strongly believe it will improve our quarterly sales.

여	새 정책에 대해 어떻게 생각하세요?
남	음, 제 연구개발 부서의 팀원들은 새 정책이 우리 팀의 분기별 매출을 향상시켜줄 것이라고 강하게 믿고 있어요.

남자는 누구인 것 같은가?　　　　　`고난도`
(A) 부서장　　　　　(B) 부사장
(C) 시 공무원　　　　　(D) 기술자

▶ 토익은 소유격 + 명사가 나오면, 정답 감성이 짙어진다! 남자의 답변 my team members(내 팀원들)에서 팀을 통솔하는 직급의 사람임이 드러나고 Research and Development는 department(부서)라는 말을 붙이지 않아도 그 자체로 회사의 '연구개발부'를 의미한다. 따라서 남자는 부서의 manager(관리자, 상급자) 직급임을 알 수 있으므로 정답은 (A)이다.

> ★ 회사의 대표적인 부서
> Research and Development (R&D) 연구개발부
> Accounting 회계부
> Public Relations (PR) 홍보부
> Human Resources (HR) / Personnel 인사부
> Information Technology (IT) 정보기술부
> Customer Service 고객서비스부
> Payroll 급여 정산[담당]부
> Sales 영업부

5

M	Brenda, I just heard that some of our research managers from the Miami branch will visit our head office on June 7. **They will demonstrate the newly installed software** to employees.

남	Brenda, 제가 방금 들었는데 마이애미 지사의 몇몇 연구 관리자들이 6월 7일에 우리 본사를 방문한대요. 그들이 새 설치된 소프트웨어를 직원들에게 시연할 거예요.

남자에 따르면, 6월 7일에 무슨 일이 일어날 것인가?
(A) CEO에 의한 강연이 제공될 것이다.

(B) 취업 박람회가 열릴 것이다.
(C) **직원들이 컴퓨터 프로그램 사용 방법을 배울 것이다.**
(D) 새 매니저들이 근무를 시작할 것이다.

▶ 질문에 있는 단서 6월 7일이 대화에 등장한 직후, 마이애미 지사에서 온 관리자들이 새로 설치된 소프트웨어를 시연할 것이라는 말이 이어서 나온다. 대화의 software를 정답 보기에서는 computer program으로 패러프레이징했는데, computer program은 software의 일종이므로 정답은 (C)이다.

▶ 보기가 문장으로 나오는 경우, 보기의 앞/중간/끝을 단어처럼 잘라 파악하면서 정답과 먼 선지를 빠르게 소거한다. 아래 예시처럼 연습하는 습관을 기르자.
(A) A **lecture** by the **CEO** will be given. ─ 강연이나 CEO가 들린 적 없다.
(B) A **job fair** will be held. ─ fair 속성의 단어가 들린 적 없다.
(C) Employees will learn how to use a computer program. (O)
(D) **New** managers will be ~~starting their jobs~~. ─ 관리자들이 New(새로 뽑힌) 직원들인지 단서가 전혀 없고, 근무 첫 날이라는 단서도 없다.

C _____

1 company outing 회사 야유회 → 회사 행사 company event
▶ '축하연, 파티' 등의 단어들도 넓게 보면 event로 표현 할 수 있다.

2 manager 매니저, 상급자 → 상사 supervisor, head

3 problem 문제점 → 이슈, 트러블 issue, trouble

4 marathon 마라톤 → 스포츠 대회 sports competition
▶ '시합, 경기, 대회' 등을 의미하는 다른 단어로는 contest, tournament 등이 있다.

5 hotel 호텔 → 숙박 시설 accommodation
▶ Paradise Inn(고유명사 예시) 등과 같이 inn 또는 lodging 등도 숙박의 의미를 표현한다. resort 역시 숙박업소의 개념이다.

6 bus, subway 버스, 지하철 → 대중교통 public transportation

7 photo, photograph, picture 사진, 그림 → 이미지 image
▶ graphic(그래픽), chart(차트) 등도 일종의 image이다.
▶ 우리 회사에 대해 고객들이 생각하는 '이미지'와 같은 의미에도 image를 사용할 수 있다.

8 move 옮기다, 이사가다 → 이전하다 relocate

9 distribute 배부하다 → 나눠주다, 배부하다 pass/hand out

10 ideas 생각, 의견 → 제안, 의견 opinion, suggestion
- ▶ '의견, 생각'이라는 의미의 다른 단어로는 input이 있다.
- ▶ 딱 하나의 단어가 아니더라도 What do you think about ~?(~에 대해 어떻게 생각하나요?)이라는 문장이 들리면 opinion, idea 등의 단어로 교체할 수 있다.

11 remodeling 보수공사 → 보수공사, 수리공사 renovation

12 submit 제출하다 → 제출하다 hand in

13 visit 방문하다 → 들르다, 방문하다 stop/drop by

14 show around 주변을 보여주다 → 투어(하다) tour
- ▶ I'll show you around our factory(우리 공장 주변을 보여 드릴게요)라는 문장이 들리면 give a tour(견학을 시켜주다)로 교체가 가능하다.

15 various 다양한 → 각기 다른, 다양한 different
- ▶ different는 '다른'이라는 의미뿐 아니라 '다양한'이라는 의미도 가진다.
- ▶ '다양한'이라는 의미로 「a variety of + 복수명사」, diverse도 사용 가능하다.

16 reserve 예약하다 → 예약하다 book
- ▶ '예약하다'를 연어(collocation)로 표현하면 make a reservation도 가능하다.

17 purchase 구매하다 → 사다, 구매하다 buy
- ▶ '매입하다, 획득하다, 인수하다' 등의 비슷한 의미로 acquire도 있다.

18 set up 설치하다 → 설치하다 install

19 be not working properly 제대로 작동하지 않다 → 오작동하다 malfunction
- ▶ be not working (properly)는 오작동의 대표적인 다른 표현이다.
- ▶ My car won't start(내 차가 시동이 안 걸려요)처럼 기기, 장비가 start를 하지 않는다는 뉘앙스 역시 오작동의 범주에 들어간다.
- ▶ 컴퓨터 화면, 툴 등에 crash(충돌)가 있거나, freeze(렉 걸리듯이 멈춰지는 현상)가 있을 때도 오작동으로 표현할 수 있다.

20 email 이메일; 이메일을 보내다 → (정보 등) 보내다 send
- ▶ I will email you the report(제가 그 보고서를 보내 드릴게요)를 send some information으로 과감하게 바꾸어 말할 수도 있다.

토익 실전 체험하기

1 (A) **2** (D) **3** (C) **4** (D) **5** (C) **6** (D)
7 (C) **8** (B) **9** (C) **10** (D) **11** (D) **12** (C)
13 (B) **14** (D) **15** (C) **16** (A) **17** (B) **18** (C)
19 (D) **20** (C) **21** (A)

[1-3] W-Am / M-Cn

W Jae-Yoon, our business has been rather slow **¹since we remodeled our sports equipment shop last month**. We need to come up with some effective advertising strategies. Do you have any ideas?

M Well, customers may think we do not have a wide selection of items in stock since we changed the layout of our display area. **²Why don't we hang a large banner at the main entrance** so that people can easily find where our popular products are located?

W That's a good idea. We should make it brightly colored with big letters. Then customers will know when they come in.

M That's right. How about giving the design job to ³Akira? **She's a professional designer and especially good at graphic designs.** She created a nice logo for our shop last year.

여 재윤 씨, **¹지난달에 스포츠용품점을 리모델링한 후로** 사업이 좀 부진해요. 효과적인 광고 전략들을 구상해 봐야겠어요. 아이디어가 있나요?

남 음, 우리가 진열 공간의 배치를 바꿨기 때문에 고객들이 재고가 있는 상품들의 종류가 다양하지 않다고 생각할 수도 있어요. 고객들이 인기 상품이 어디에 있는지 쉽게 찾을 수 있도록 **²정문에 대형 배너를 걸어두는 거 어때요?**

여 좋은 생각이에요. 배너를 밝은색에 큰 글씨로 제작해야겠어요. 그러면 고객들이 들어올 때 알 수 있을 거예요.

남 맞아요. ³Akira에게 디자인 작업을 의뢰하는 게 어때요? **³그녀는 전문 디자이너이고 특히 그래픽 디자인을 잘하거든요.** 작년에 우리 가게의 멋진 로고도 만들어 줬어요.

어휘 slow (매출, 장사 등이) 부진한 | come up with ~을 구상하다, 떠올리다 | strategy 전략 | a wide selection of 다양한 | in stock 재고가 있는 | layout 배치, 설계 | be good at ~을 잘하다

1 지난달에 무슨 일이 있었는가?
(A) 상점이 보수 공사를 했다.

(B) 새 지점을 개업했다.
(C) 새 마케팅 이사가 고용되었다.
(D) 업체가 더 큰 공간으로 이사했다.

해설 대화 초반부에 등장하는 last month가 질문의 끝 어휘이다. 키워드로 잡고 중점적으로 들어보면 remodeled를 했다고 하기 때문에 이 단어를 바꾸어 말한 renovation이 들어간 (A)가 정답이다.

어휘 undergo a renovation 보수 공사하다

Paraphrasing remodeled → renovation

2 남자는 무엇을 제안하는가?
(A) 메뉴 항목 확장 (B) 직원 추가 채용
(C) 고장난 문 수리 (D) 배너 게시

해설 대화에 남자의 말 중, Why don't we ~? 구문은 '~하는 게 어때요?'라는 제안의 의미를 담고 있기 때문에 질문의 끝 어휘 suggest와 비슷해지므로 이 부분에서 답을 캐치하면 (D)가 정답이다.

어휘 expand 확장하다 | broken 고장 난 | put up 게시하다, 걸다

Paraphrasing hang → Putting up

3 Akira는 누구인가?
(A) 주요 고객 (B) 엔지니어
(C) 그래픽 디자이너 (D) 건축가

해설 대화 후반부에 사람 이름 Akira가 언급되는 순간의 내용에 집중해야 하고, 그 뒤로 professional designer와 graphic designs가 들리므로 정답은 (C)이다.

[4-6] W-Br / M-Cn

W ⁴Thank you for calling Smiley Dental Clinic. How can I help you?

M Hi, my name is John Macguire. I made a dental appointment for a cavity treatment for Thursday at two P.M., but something has come up. ⁵Would it be possible to reschedule it for next Tuesday instead?

W Let me check our schedule. Hmm… ⁶Dr. Larry will be out of the office on that day because of a conference. How about next Wednesday at two P.M. or three P.M.?

M ⁶Please schedule my appointment for next Wednesday at three P.M.

W Understood. I have one thing to inform you. Our clinic's front parking lot is currently under repair, so it is not available to use. If you are coming by car, please use the public parking garage across the street.

여 ⁴Smiley 치과에 전화해 주셔서 감사합니다. 어떻게 도와 드릴까요?

남 안녕하세요. 제 이름은 John Macguire입니다. 충치 치료를 위해 목요일 오후 2시에 치과 예약을 했는데요. 사정이 생겨서요. ⁵대신에 다음 주 화요일로 일정을 다시 잡을 수 있을까요?

여 저희 일정을 좀 확인해 볼게요. 흠… ⁶Larry 선생님은 그 날 콘퍼런스 때문에 사무실을 비우실 것 같아요. 다음 주 수요일 오후 2시나 3시는 어떠세요?

남 ⁶다음 주 수요일 오후 3시로 일정 잡아주세요.

여 알겠습니다. 한 가지 알려 드릴 사항이 있어요. 저희 치과 앞 주차장이 현재 수리 중이므로 이용이 불가합니다. 차로 오신다면 길 건너편 공용 주차장을 이용해 주세요.

어휘 make an appointment 예약을 하다 | cavity treatment 충치 치료 | reschedule (뒤로 미뤄) 일정을 다시 잡다 | out of the office 외부에 나가다 | inform ~에게 알리다, 공지하다 | under repair 수리 중인 | parking garage 주차장

4 여자는 누구인 것 같은가?
(A) 의사 (B) 선생님
(C) 부동산 중개인 (D) 접수 담당자

해설 약간의 추론이 들어가야 하는 문제로, 사람의 직업을 유추하는 경우는 토익에서 빈번하다. 확실한 오답 단서가 있는 선지를 소거하는 것도 하나의 방법이다. 업체에서 전화를 받아 고객을 응대하면서 '일정을 짜거나 예약을 잡는' 행위를 하는 대표적인 직업이 접수 담당자(receptionist)임을 외워두자.

어휘 real estate 부동산 | receptionist 접수 담당자, 안내 직원

5 남자는 무엇을 하기를 원하는가?
(A) 다른 치과 방문하기 (B) 지불 방식 바꾸기
(C) 일정 다시 잡기 (D) 의견 남기기

해설 초반부에 남자가 목요일로 일정을 잡아 놨지만 다음 주 화요일로 바꾸기를 우선적으로 희망했으므로, 일정을 다시 잡을 때 주로 사용하는 어휘 reschedule이 들어간 (C)가 정답이다.

어휘 form of payment 지불 방식

6 남자는 언제 병원을 방문할 것인가?
(A) 오늘 (B) 내일
(C) 화요일 (D) 수요일

해설 남자는 예약을 다음 주 화요일로 바꾸기를 희망했지만, 담당 의사가 자리를 비운다는 말에 최종적으로는 수요일 3시가 되었으므로 정답은 (D)이다. 간단한 시점 보기들은 생각보다 낚시가 많으니 주의하자.

[7-9] M-Au / W-Br

M ⁷I hope you enjoyed your meal today. Would you like to order dessert?

W Yes, please. I would like cheesecake with coffee. It's a shame that your restaurant will relocate to a new town. It is too far away from my office. ⁸Do you have plans to open a second location in the future?

M We currently do not have any specific plans to expand or open another branch. However, our head chef has recently published **⁹a cookbook**. It's full of delicious recipes, including our signature dish.

W Oh, that's good to know. Can I buy one?

M **⁹They are located behind the checkout counter. I'll bring one for you.**

남 ⁷오늘 식사 즐거우셨기를 바랍니다. 디저트를 주문하시겠어요?

여 네, 그렇게 할게요. 저는 치즈 케이크와 커피로 할게요. 이 레스토랑이 신도시로 이전한다는 것이 너무 유감이에요. 제 사무실에서 너무 멀거든요. ⁸추후에 두 번째 지점을 여실 계획이 있으신가요?

남 현재는 확장을 하거나 다른 지점을 오픈할 구체적인 계획은 없습니다. 그런데 최근에 저희 주방장이 요리책을 출간했어요. 저희의 시그니처 요리를 포함한 맛있는 레시피들로 가득 차 있습니다.

여 오, 기쁜 소식이네요. 하나 살 수 있나요?

남 ⁹책들은 계산대 뒤에 있습니다. 제가 하나 가져다 드릴게요.

어휘 It's a shame that ~해서 유감이다 | relocate 이전하다, 옮기다 | specific 특정한, 구체적인 | head chef 주방장 | be full of ~로 가득차다 | including ~을 포함하여 | checkout counter 계산대

---

7 남자는 누구인 것 같은가?
(A) 조경사 　　　　　(B) 보안 직원
(C) 웨이터 　　　　　(D) 여행 가이드

해설 식사(meal)가 즐거웠기를 바란다는 말과 함께 디저트 주문을 언급하고 있으므로 레스토랑에서 서빙하는 직원으로 유추된다. server와 비슷한 의미로 waiter도 알아두자.

8 여자는 무엇에 대해 문의하는가?
(A) 운영 시간 　　　　(B) 확장 계획
(C) 조리법들 　　　　(D) 결제 오류

해설 두 번째 지점을 또 열 계획이 있냐(Do you have plans to open a second location in the future?)는 여자의 말에서 plan이라는 단어는 우선 확실히 들린다. 체인점을 열거나 새 지점을 여는 것은 사업 확장의 대표적인 패러프레이징 개념이므로 반드시 알아두자.

Paraphrasing open a second location → Expansion

9 남자는 무엇을 할 것이라고 말하는가?
(A) 물 가져다주기
(B) 새 요리책 구매하기
(C) 여자에게 상품 보여주기
(D) 할인 쿠폰 적용하기

해설 후반부에서 여자가 남자의 cookbook에 대한 말을 듣고 하나 사겠다고 하지만, 이는 여자가 할 일이므로 질문의 'man say' 부분을 주의하자. 남자가 계산대 뒤에 있던 요

리책 중 하나를 가져다 준다고 했으므로 바꿔 말하면 요리책(cookbook)을 여자에게 보여준다가 답이 된다. 참고로 item, product 등은 패러프레이징 문제로 자주 등장하는 어휘이니 알아두자.

Paraphrasing bring one → Show an item

[10-12] W-Am / M-Au

W **¹⁰Excuse me. I'm on my way to the Langley Convention Hall right now.** Could you please tell me where the nearest subway station is?

M The nearest subway station is about a 10-minute walk from here. **¹¹I recommend taking the bus. You need to transfer twice if you take the subway.**

W Ah, I see. There is a bus stop across the street. Can I take the bus from there?

M Yes, that's correct. Take bus number 37 and get off at the Millview stop. It's about a 5-minute walk from there to the Langley Convention Hall. **¹²The bus runs every 15 minutes.**

W Thank you so much for your help. Have a great day.

여 ¹⁰실례합니다. 제가 지금 Langely 컨벤션 홀로 가는 길인데요. 제일 가까운 지하철 역이 어디인지 알려주실 수 있나요?

남 가장 가까운 지하철역은 여기서 걸어서 10분 정도 거리에 있어요. ¹¹저는 버스를 타는 것을 추천해요. 지하철을 타시면 두 번 갈아타야 해요.

여 아, 그렇군요. 버스 정거장이 길 건너편에 있던데, 그곳에서 버스를 타면 되나요?

남 네, 맞아요. 37번 버스를 타고 Millview 정거장에서 내리세요. 내린 곳에서 5분정도 걸어서 가면 Langely 컨벤션 홀이 있어요. ¹²버스는 15분마다 운행해요.

여 도움 주셔서 정말 감사합니다. 좋은 하루 되세요.

어휘 on one's way to + 명사 ~로 가는 길에 | recommend 추천하다 | transfer 환승하다, 갈아타다 | get off 내리다 | run (교통 수단 등을) 운행하다

---

10 화자들은 어디에 있는가?
(A) 컨벤션 홀 　　　　(B) 지하철역
(C) 사무실 　　　　　(D) 도로

해설 빈출 표현 'on one's way to + 장소'를 반드시 알아 두어야 한다! '어디로 가는 중이다'라는 의미이기 때문에, 이 표현이 들리면 한 장소에 머물기 보다는 이동 중이라는 의미를 담는다. 또한 Langely 컨벤션 홀은 목적지일 뿐이고, 가까운 지하철 역이 어디인지 묻는 상황 역시 실제 지하철 역에서 물어보지 않으므로 정답은 (D)이다.

11 남자는 왜 버스를 타라고 권하는가?
(A) 지하철역이 너무 멀다.
(B) 지하철을 타는 것보다 버스 요금이 저렴하다.
(C) 가장 가까운 지하철 역이 공사 중이다.
(D) 버스가 목적지까지 바로 간다.

해설 다소 까다로운 보기이지만 질문의 man recommend를 단서로 잡고 남자의 말에 집중한다. 남자가 recommend라는 동사를 그대로 언급한 후 버스 타는 것을 추천하고, 지하철을 타면 두 번이나 갈아타야(transfer twice) 한다고 했다. 따라서 버스를 타기를 권하는 이유는 갈아타지 않고 바로 가기 때문이고, 보기의 directly가 이에 부합한다. 반대 의미의 패러프레이징을 정리하고 싶은 경우, 단어 앞에 not을 붙이면 된다.

어휘 fare (교통) 운임, 요금 | under construction 공사 중인 | directly 곧바로, 직접적으로

12 버스는 얼마나 자주 운행하는가?
(A) 5분마다 (B) 10분마다
(C) 15분마다 (D) 20분마다

해설 숫자 보기가 등장하는 문제는 낚시 문제일 수도 있으므로 질문의 의미를 올바로 이해하고 들어야 하는데, 걸어서 5분, 10분 등은 운행의 빈도를 의미하지 않는다. 대화 후반부에 남자가 버스가 15분마다(every 15 minutes) 운행된다고 정확히 언급을 해주기 때문에 이 문제의 답은 (C)이다.

[13-15] M-Cn / W-Br

M Welcome to Louise Plaza. How can I help you?

W Hi, my name is Linda Choi. **¹³I lost my wallet, and I think I dropped it at your store this morning.**

M Let me check. Can you describe your wallet in detail?

W It is made of brown leather with a yellow floral pattern in the center.

M Oh, here it is. **¹⁴Could you please fill in your name and phone number on this form** for verification purposes?

W Here you go.

M Okay. You're all set. Here is your wallet. **¹⁵Would you like a copy of our new home appliance catalog** that just came out? There are discount coupons included in it.

W Yes, please. Thank you.

남 Louise Plaza에 오신 것을 환영합니다. 어떻게 도와드릴까요?

여 안녕하세요. 제 이름은 Linda Choi입니다. **¹³제가 지갑을 잃어버렸는데 오늘 아침에 이 매장에 떨어뜨린 것 같아요.**

남 확인해 보겠습니다. 지갑에 대해 상세히 말씀해 주시겠어요?

여 중앙에 노란색 꽃무늬가 있는 갈색 가죽으로 된 지갑입니다.

남 오, 여기 있네요. 신원 확인 목적으로 **¹⁴이 양식에 이름과 전화번호를 적어 주시겠어요?**

여 여기 있습니다.

남 네, 다 되었습니다. 여기 지갑 드릴게요. 얼마 전에 나온 **¹⁵저희 신상 가전제품 카탈로그 한 부 드릴까요?** 그 안에 할인 쿠폰들도 들어 있습니다.

여 네, 주세요. 감사합니다.

어휘 drop 떨어뜨리다 | in detail 상세하게 | be made of ~으로 만들어지다 | floral pattern 꽃무늬 | fill in 기입하다, 작성하다 | verification 증빙, 확인 | all set 준비가 다 된 | a copy of ~한 부 | home appliance 가전제품 | come out 출시되다

13 여자는 어떤 문제가 있는가?
(A) 상품 하나가 과다 청구되었다.
(B) 소지품을 분실했다.
(C) 파손된 상품을 수령했다.
(D) 제품을 늦게 반납했다.

해설 대화 초반부에 지갑을 분실했다(I lost my wallet)고 언급하고 있으므로 보기에서 이 내용을 찾아내야 한다. 따라서 분실했다는 의미의 동의어 misplaced가 들어간 (B)가 정답이다.

어휘 overcharged (금액이) 과다 청구된 | misplace 분실하다

Paraphrasing lost → misplaced

14 여자는 무엇을 작성하라고 요청받는가?
(A) 집 주소 (B) 쿠폰 코드
(C) 인사말 메시지 (D) 연락처

해설 질문을 잘 보면 is ~ asked 수동태(be p.p)가 쓰였는데, Part 3에서 수동태 문장 안에 있는 성별은 직접 말을 하는 사람이 아닌 요청받은 사람의 입장이 되므로 이 문제의 답은 남자 성우가 말한다는 것을 유념하자. 질문의 끝 어휘 fill in을 단서로 잡고 대화를 듣다 보면 이름과 전화번호를 적어달라고 했고, 전화번호, 이메일 주소 등은 대표적으로 연락처로 통칭할 수 있으므로 정답은 (D)이다.

Paraphrasing phone number → contact information

15 남자는 여자에게 무엇을 주겠다고 제안하는가?
(A) 상품권 (B) 주문서 양식
(C) 카탈로그 (D) 지도

해설 남자의 말 후반부에 Would you like ~?(~을 원하시나요?)의 표현을 통해 가전제품 카탈로그를 준다는 것을 알 수 있다. 그 뒤에 나오는 할인 쿠폰들은 카탈로그 책자 안에 있다는 것일 뿐, 하나의 상품권(voucher)을 준다고 한 것이 아니며, 이름/연락처를 적는 중반부 대화의 form을 주문서 order form으로 볼 수 없기 때문에 (A), (B)는 오답이다.

W　Ian, have you heard any news about ¹⁶**our paper supplier**?

M　No, what's going on?

W　¹⁶**It has increased the cost of paper by 5 percent. It seems the decision has been made this morning.** We might need to look for another supplier.

M　Well, is there no other way? We've built a good relationship with our supplier due to its prompt delivery and excellent customer service.

W　¹⁷**We cannot afford the cost increase because of our limited budget.** We also need to hire new employees by the end of the year.

M　Got it. ¹⁸**I'll call a staff meeting at three P.M. today.** After that, I'll e-mail you the results.

여　Ian. ¹⁶**용지 공급업체**에 대한 소식 들었나요?

남　아니요. 무슨 일이예요?

여　¹⁶**업체가 종잇값을 5퍼센트 정도 인상했어요. 오늘 아침에 결정이 된 것 같아요.** 아무래도 다른 공급업체를 찾아봐야 할 것 같아요.

남　음. 다른 방법은 없나요? 우리는 공급업체의 신속한 배송과 훌륭한 고객서비스 때문에 그들과 좋은 관계를 쌓아 왔어요.

여　¹⁷**제한된 예산 때문에 비용 인상을 감당할 수가 없어요.** 올해 안에 새 직원들도 고용해야 해요.

남　알겠어요. ¹⁸**제가 오늘 오후 3시에 직원 회의를 소집할게요.** 그 이후에 결과를 이메일로 보내 드릴게요.

어휘　supplier 공급업체 | look for ~을 찾다 | build a relationship 관계를 맺다 | prompt 신속한 | afford ~할 여유가 되다, 형편이 되다 | call a meeting 회의를 소집하다

16　여자에 따르면, 오늘 오전에 무슨 일이 발생했는가?
(A) 공급업체가 종잇값을 인상했다.
(B) 그녀가 계약을 따냈다.
(C) 그녀가 종이 한 박스를 주문했다.
(D) 새로운 프린터가 설치되었다.

해설　질문 자체가 패러프레이징 된 경우는 까다로운 축에 속하는 문제가 된다. 질문의 끝에 시점 어휘 earlier today가 등장하는데, earlier 뒤에 시점이 나오면 시점의 초반부, 하루로 보면 오전의 의미이다. 따라서 여자의 초반부 말 중에 오늘 아침(this morning)이라는 시점이 earlier today와 호환되고, 그 주변에 supplier이 paper(용지, 종이) 비용을 increase했다는 말이 나오기 때문에 가장 흡사한 문맥의 (A)가 답이 된다.

어휘　secure a contract 계약을 따내다

Paraphrasing　this morning → earlier today
　　　　　　　increased → raised

17　다른 공급업체로 바꾸는 이유는 무엇인가?
(A) 지연 배송　　　　　(B) 제한된 예산
(C) 형편없는 고객 서비스　(D) 고객 불만사항

해설　대화의 중반부에 남자는 신속한 배송 및 훌륭한 고객 서비스를 이유로 다른 업체를 찾는 것을 아쉬워하지만, 여자가 제한된 예산(limited budget)을 확실하게 말하고 있기 때문에 다른 공급업체로 바꾸는 이유는 (B)가 된다.

18　남자는 다음에 무엇을 할 것인가?
(A) 구내식당 가기　　　(B) 메시지 남기기
(C) 회의 주재하기　　　(D) 인쇄소에 연락하기

해설　will ~ next 구문은 후반부를 최대한 집중해서 들어야 하는 미래 계획 문제이다. meeting이라는 단어는 정확하게 들리고, 회의를 소집한다(call a ~ meeting)는 것은 대표 격으로 회의를 이끄는 입장이 된다고 봐도 무방하므로 정답은 (C)이다. 보기 (B)의 leave a message는 마지막에 이메일을 보낸다고 하여 혼동될 수 있지만, 상대방이 전화를 받지 않을 때 메시지나 의견을 남기는 맥락에서 사용되므로 오답이다. 또한, 먼저 회의를 하고 그 다음에 이메일을 보낼 것이므로 이 대화를 종료한 직후 할 미래 일정은 회의를 주재하는 것이 가장 적합하다.

Paraphrasing　call a staff meeting → Lead a meeting

W　¹⁹**Hello, this is Melissa Kimura, a reporter from *Business Today*.** I'm scheduled to interview at your café on Tuesday, so I'm calling to confirm the appointment.

M　Oh, I was actually about to call you. ²⁰**Two of our staff members are on sick leave**, and we are currently **short-staffed at our café.** Could we reschedule the interview for the end of this week? ²⁰**I need to assist with the staff duties.**

W　Of course, that's possible. How about Friday at three P.M.?

M　That works. Thank you for understanding.

W　You're welcome. ²¹**Oh, please remember that the interview room should be as quiet as possible.** We need to record the interview using a microphone.

M　Understood. I'll see you on Friday at three P.M.

여　¹⁹**안녕하세요. 저는 <Business Today>의 기자 Melissa Kimura입니다.** 귀하의 카페에서 화요일에 인터뷰를 하기로 해서 일정 확인차 전화드립니다.

남　오. 안 그래도 전화 드리려던 참이었어요. ²⁰**저희 직원들 중 두 명이 병가를 내서 현재 저희 카페에 일손이 모자란 상태입니다.** 이번 주말로 인터뷰 일정을 다시 잡을 수 있을까요? ²⁰**제가 직원 업무를 도와줘야 해서요.**

여 물론 가능합니다. 금요일 오후 3시는 어떠세요?

남 좋습니다. 이해해 주셔서 감사합니다.

여 천만에요. ²¹아, 인터뷰실은 최대한 조용해야 한다는 점을 기억해 주세요. 저희가 마이크를 사용해서 인터뷰를 녹음해야 하거든요.

남 알겠습니다. 금요일 오후 3시에 뵙겠습니다.

어휘 be scheduled to + 동사원형 ~할 예정이다 | be about to + 동사원형 막 ~하려던 참이다 | sick leave 병가 | short-staffed 일손이 모자란 | staff duty 직원 업무 | microphone 마이크

---

19 여자는 누구인 것 같은가?
(A) 예술가　　　　　(B) 카페 사장
(C) 음악가　　　　　(D) 기자

해설 대화 초반부의 your café만 듣고 여자의 직업을 카페 사장이라고 단정 지으면 틀리는 문제이다. 여자가 your라고 칭하는 대상은 남자인데, 질문은 여자가 누구인지 물어보았기 때문에 주의하자. 여자는 인터뷰를 진행하고 있는 reporter(기자)이므로 이와 동의어인 (D)가 정답이다.

Paraphrasing a reporter → a journalist

20 남자는 왜 일정 변경을 원하는가?
(A) 선약이 있다.
(B) 콘퍼런스에 참석해야 한다.
(C) 결근한 직원들의 업무를 대신해야 한다.
(D) 회의에 늦었다.

해설 여자가 일정을 확인하는데 남자의 답변에 일정을 다시 잡기(reschedule)를 원한다고 말한다. 이어서 직원 두 명이 아파서 병가(sick leave)를 냈고, 일손이 모자란 상황(short-staffed)이라서 직원들의 업무(staff duty)를 도와줘야 한다고 했으므로 정답은 (C)이다.

어휘 prior engagement 선약

Paraphrasing sick leave → absent
　　　　　　　staff duties → employees' tasks

21 여자는 남자에게 무엇을 상기시키는가?
(A) 조용한 방 예약하기
(B) 옷을 전문적으로 갖춰 입기
(C) 인터뷰 질문 보내기
(D) 방 배치 바꾸기

해설 대화의 후반부에 여자가 remember라는 동사를 언급하는 부분이 나오는데, Remember/Don't forget 등이 나오면 항상 질문에 동사 remind가 등장함을 알아둔다. 여자가 인터뷰실은 조용해야 한다고 했으므로 정답은 (A)이다.

Paraphrasing remember → remind

---

09 3인 대화 & 시각정보 연계 문제

토익 감성 갖추기　　　　　　　　　　　본책 pp.62-64

A **1** (A)　**2** (B)　**3** (D)　**4** (C)　**5** (C)

B **1** (B)　**2** (A)　**3** (D)
　　빈칸 정답은 아래 해설 참조

C **1** equipment　**2** gather, assemble
　　3 difficult　**4** plant, factory　**5** affordable
　　6 pricey　**7** regulation　**8** postpone
　　9 reschedule　**10** notice　**11** sold out
　　12 unavailable　**13** inform, notify
　　14 recently　**15** write, complete
　　16 space　**17** inaccurate　**18** incomplete
　　19 find　**20** misplace

A

1

W I think we need to take measures to reduce costs. What do you think, **Ahmed**?

M Well, I think we should start by **reducing printer usage**. We're currently printing over 500 pages a day.

여 비용 절감을 위한 조치를 해야 할 것 같아요. 어떻게 생각하나요, Ahmed?

남 음. 일단은 프린터 사용량을 먼저 줄여야 할 것 같아요. 현재 하루에 500장 이상을 인쇄하고 있어요.

Ahmed는 여자에게 무엇을 하자고 제안하는가?
(A) 프린터 사용량 줄이기
(B) 새 프린터 구매하기
(C) 더 많은 고객 끌어 모으기
(D) 다른 공급업체 찾기

Paraphrasing reducing → decrease

2

M **Brenda**, this customer has been here for fifteen minutes. What's going on?

W **I'm sorry about that. It's taking quite a while** to locate his medication.

남 Brenda, 이 고객님이 15분간 이곳에서 기다리셨다고 해요. 무슨 일이죠?

여 죄송합니다. 고객님의 약을 찾는 데 시간이 꽤 걸리고 있어요.

어휘 locate 찾다 | quite a while 꽤 오래

Brenda는 왜 사과하는가?
(A) 중요한 정보가 누락되었다.
(B) 서비스 시간이 오래 걸리고 있다.

(C) 컴퓨터가 제대로 작동하지 않고 있다.

(D) 직원이 외근 나가 있다.

▶ missing 누락된, 분실된 | out of the office 외근 나간, 외부에 있는

Paraphrasing　sorry → apologize

　　　　　　quite a while → a long time

3

W	Most of our hotel guests choose one of two options. There's a restaurant next door that serves Italian food. Or if you're looking for a more exciting evening out, **you can take a five-minute taxi ride to the outdoor market.**
M1	**Oh, that sounds fun, Larry.**
M2	**Yes**, let's do that. Could you call a taxi for us?
여	대부분의 저희 투숙객들은 두 가지 옵션 중 하나를 선택합니다. 호텔 옆에 이탈리아 식당이 있습니다. 좀 더 신나는 외출을 원하신다면 택시로 5분 거리에 있는 야외 시장에 가실 수 있습니다.
남1	오, 그게 재밌을 것 같네요, Larry.
남2	네, 그렇게 해요. 저희를 위해 택시를 좀 불러 주시겠어요?

남자들은 무엇을 하기로 결정하는가?　　　　`고난도`

(A) 레스토랑에서 식사하기　　(B) 식료품 사기

(C) 전화로 음식 주문하기　　(D) 택시 타기

▶ 여자가 A or B(선택의문문)로 두 가지 옵션을 나열하기 때문에 순간 restaurant라는 단어가 잘 들리면 그것을 답으로 착각할 수 있다. 하지만 A or B에서 B에 해당하는 taxi가 들리고 5분거리에 있는 야외 시장에 간다는 내용이 나오는데, 그 바로 뒤에 남자가 that sounds fun이라고 받아친다. A or B의 선택 옵션 뒤에 정확히 언급을 하지 않고 그게 좋겠다는 식으로 말하면 보통 B(후자)를 고른다는 의미이다. 따라서 남자들은 택시를 타고 야외 시장에 가서 저녁을 먹겠다는 내용이므로 정답은 (D)이다.

▶ over[on] the phone 전화상으로, 전화로

4

W	Hi, this is Rina from Muller Dental Clinic. You'd tried to schedule an appointment with us for this Thursday and we were fully booked then, but now **one patient just canceled her visit. Would you like to come in at four thirty P.M.?**
M	Sure, that would be great.
여	안녕하세요, 저는 Muller 치과의 Rina입니다. 이번 주 목요일에 예약하려고 하셨고 그때는 저희가 예약

이 다 찬 상태였는데, 한 환자분이 방금 방문 일정을 취소하셨어요. 4시 30분에 오시겠어요?

남	물론이죠, 그럼 좋을 것 같아요.

Muller 치과

예약 일정: 목요일

오후 2시 30분	Tom Collins
오후 3시 30분	Tiffany Lee
오후 4시	
오후 4시 30분	Amanda Nwogu
오후 5시 30분	Dale Harris

시각정보에 따르면, 누가 예약을 취소했을 것 같은가?

(A) Collins 씨　　　　　　(B) Lee 씨

(C) Nwogu 씨　　　　　　(D) Harris 씨

▶ 시각정보 연계(Look at the graphic) 문제는 보통 보기에 써진 정보의 옆 정보(반대편 정보)가 대화에 나오기를 기다려야 한다. 단, 질문 자체는 제대로 읽고 파악해 두어야 한다. 예약(appointment)을 취소했을 것 같은 사람을 물어보는 것이므로 오후 4시 30분 고객이 취소했다는 것을 빠르게 캐치해서 정답을 (C)로 골라야 한다.

5

W	Hmm, I'm not sure what height I need.
M	Well, **tall boots** are usually the **best** for gardening in wet conditions. **Otherwise, I highly recommend mid-height ones.**
W	Oh, I don't expect to be out in the rain. **I'll take your recommendation.**
여	흠... 제가 어떤 높이를 원하는지를 잘 모르겠어요.
남	음, 일반적으로 습한 환경에서 정원을 가꾸는 데는 목이 긴 부츠가 가장 좋아요. 그렇지 않다면, 저는 중간 높이의 부츠를 강력 추천해요.
여	아, 저는 비오는 날 밖에 나갈 것 같진 않아요. 당신의 추천을 따를게요.

Silvia 부츠 높이 표	
유형	높이
앵클	5인치
숏	9인치
미드	**12인치**
톨	15인치

`고난도`

시각정보에 따르면, 여자는 어떤 부츠 높이를 선택할 것인가?

(A) 5인치　　　　　　　　(B) 9인치

(C) 12인치　　　　　　　(D) 15인치

▶ [낚시 문제] 처음에 남자가 tall boots가 best라고 하는데, 이 부분만 보고 정답을 바로 고르면 안된다. Part 3는

기본적으로 남녀 간의 대화이기 때문에 질문의 woman과 select를 주목해야 한다. 남자가 이후에 그렇지 않다면 중간 높이의 부츠를 강력 추천한다고 했고, 그 후 여자가 남자의 추천을 따르겠다고 했기 때문에 여자의 최종 선택은 mid-height가 되므로 정답은 (C)가 된다.

B

W-Br / M-Au

W Teddy, have you heard the news? ¹The company will be decreasing our annual advertising budget. I just read about it in this meeting note.

M Really? I haven't read it yet.

W This page here includes a pie chart which represents industry market share. As you can see, ²we're currently surpassing other companies like Orillion Enterprises. According to this note, a small budget cut won't affect our lead.

M How do you feel about it?

W Well, we won't be able to put out as many ads, and usually our sales increase whenever we release new ads. So ³I'm a little worried there might be a drop in our sales.

여 Teddy, 소식 들었어요? ¹회사에서 연간 광고 예산을 줄일 계획이에요. 방금 이 회의록에서 읽었어요.

남 정말요? 전 아직 읽지 못했어요.

여 여기 이 페이지에 업계 시장 점유율을 나타내는 원 그래프가 포함되어 있어요. 보시다시피, ²우리는 현재 Orillion 엔터프라이즈 같은 다른 회사들을 능가하고 있어요. 회의록에 의하면, 예산을 조금 삭감해도 우리가 업계를 선도하는 데 영향을 끼치지 않을 거예요.

남 당신은 어떻게 생각해요?

여 글쎄요, 우리가 광고를 많이 제작할 수 없을 것이고, 새 광고를 내보낼 때마다 대체로 매출이 증가해요. 그래서 ³매출이 떨어질까 봐 좀 걱정이에요.

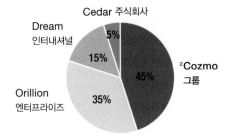

1 대화는 주로 무엇에 관한 것인가?
   (A) 회사 이전   (B) 예산 삭감
   (C) 기업 합병   (D) 회사 연회

▶ woman/man을 따로 구별할 필요가 없는 문제로, What ~ about?은 대화의 주제를 묻는 질문이므로 보통 초반부에 답이 나온다. 초반부에서 여자가 예산을 줄인다(The company will be decreasing our annual advertising budget)는 소식에 대해 이야기하고 있으므로 정답은 (B)가 된다.

Paraphrasing decreasing → cut

2 시각정보에 따르면, 화자들은 어느 회사에서 일하는가?
   (A) Cozmo 그룹   (B) Orillion 엔터프라이즈
   (C) Dream 인터내셔널   (C) Cedar 주식회사

▶ 대화에서 들은 유일한 회사이름은 Orillion 엔터프라이즈인데, 이를 답으로 파악하는 것이 아니라 이 회사와 화자들의 회사가 비교되었다는 것을 인지해야 한다. 화자들의 회사가 Orillion 엔터프라이즈와 같은 다른 회사들을 모두 능가하는 상황이라고 했으므로 가장 점유율이 높고 큰 회사인 (A) Cozmo 그룹이 된다.

3 여자는 무엇을 걱정하는가?
   (A) 보고서 오류   (B) 생산 지연
   (C) 근로자 부족   (D) 수익 감소

▶ 질문에 woman이라는 성별과 행위/감정 표현인 be concerned about이 나와 있다. 단골로 출제되는 concerned의 동의어는 worried가 대표적이다. 따라서 대화를 듣다가 여자가 worried를 말하는 순간, 이 문제의 정답을 캐치해야 한다. 여기에서 여자가 매출의 감소를 걱정한다(So, I'm a little worried there might be a drop in our sales)는 것을 알 수 있으므로 정답은 (D)가 된다.

Paraphrasing worried → concerned
               drop → decrease

C

1 machine 기기 → 장비 equipment
▶ 장치, 장비 계열로 machinery(기기류), device(장치) 등도 추가로 암기하자.

2 get together 모이게 하다 → 모이게 하다 gather, assemble
▶ '모이게 하다'라는 의미로 assemble도 가능하다.

3 complicated 복잡한 → 어려운 difficult

4 manufacturing facility 제조 시설 → 공장 plant, factory
▶ 공장에서 쓰이는 대표적인 어휘로 assembly line(조립[생산] 라인)이 있다.

5 cheap 값이 싼, 저렴한 → 가격이 적당한 affordable
▶ 가격대가 합리적이라는 의미로 reasonable price도 자주 출제된다.

6 expensive 비싼 → 비싼 pricey

▶ cost나 price가 high하다는 표현도 비싸다는 것을 뜻한다.

7 policy 방침 → 규정 regulation

8 tomorrow instead of today 오늘이 아니라 내일로
→ 미루다 postpone

▶ postpone은 의지를 가지고 미루는 느낌이고, delay는 상황에 의해 지연이 발생되는 느낌이다.

▶ push back이라는 고급 표현도 '미루다'는 의미를 가진다.

9 tomorrow instead of today 오늘이 아니라 내일로
→ 일정을 다시 잡다 reschedule

▶ reschedule의 경우 미국/캐나다식 발음은 '리스케줄', 영국/호주식 발음은 '리쉐줄'이라고 발음된다는 점을 주의하자.

10 sign 표지, 안내판 → 공지 notice

▶ sign은 명사로 간판이나 조짐 등의 의미도 있다.

▶ hang a sign / put (up) a sign / post a sign 등이 notice 내용을 담은 안내판을 건다는 의미로 많이 출제된다.

11 be out of stock 재고가 없다 → 매진되다 be sold out

12 be out of stock 재고가 없다 → 구입이 불가능하다 be unavailable

▶ unavailable의 경우 사람이 시간 여유가 없다고 말할 때도 사용 가능하다.

13 let ~ know ~에게 알게 하다 → 통보하다, 알리다 inform, notify

14 just 방금, 막 → 최근에 recently

15 draw up 작성하다 → 작성하다 write, complete

16 room 방, 공간 → 공간 space

17 wrong 잘못된 → 부정확한 inaccurate

▶ wrong이라는 표현은 error(오류) 등의 단어로 연상될 때도 많다.

18 The order is missing. 주문품이 빠져 있다. → 주문이 불완전하다. The order is incomplete.

▶ 주문 내역이 잘못 되었다기보다는 수량이 부족하게 왔거나 와야 할 것이 빠진 상황 등에 missing을 주로 쓴다.

19 locate 찾다 → 찾다 find

20 be lost 분실되다 → 분실하다 misplace

토익 실전 체험하기

1 (D) **2** (C) **3** (C) **4** (B) **5** (D) **6** (A)
7 (B) **8** (C) **9** (B) **10** (D) **11** (C) **12** (B)
13 (C) **14** (C) **15** (A) **16** (D) **17** (A) **18** (D)
19 (C) **20** (C) **21** (B)

[1-3] W-Am / M-Cn / M-Au

W Hi, **¹I'm looking for Tamia brand coffee.** I usually buy it from your Greenville location. Uh, but I'm in this area for an industry conference. **¹Do you carry it here?**

M1 Sure, every **²grocery store** in our chain carries that product. **²I'll get our floor manager, Sam Rogers, to help you. Sam?**

M2 Hello. Yes, follow me. That brand is down here in aisle 8.

W I see it. But, uh… it looks different from what I usually buy.

M2 **³Oh, the packaging?** It's a limited-edition series. **³Everything is the same, but there is now a new logo design on it each week.**

여 안녕하세요. ¹Tamia 브랜드 커피를 찾고 있는데요. 보통 Greenville 지점에서 구매하는데, 제가 이 지역에 업계 회의 때문에 와 있어서요. **여기에서도 취급하나요?**

남1 네, 저희 모든 ²식료품점 체인점에서 그 제품을 취급합니다. ²제가 당신을 도와드리기 위해서 매장 매니저 Sam Rogers 씨를 데려 올게요, Sam?

남2 안녕하세요. 네, 이리로 따라오세요. 그 브랜드는 여기 8번 통로에 있습니다.

여 보여요. 근데, 음… 제가 평소에 사는 것과는 달라보여요.

남2 ³아, 포장재요? 이것은 한정판 시리즈예요. ³모든 것이 동일하지만 로고 디자인이 매주 새롭게 들어가요.

어휘 look for ~을 찾다 | industry conference 업계 회의 | carry 취급하다 | floor manager 매장 매니저 | aisle 통로, 구역 | packaging 포장(재)

---

1 여자는 무엇에 도움을 요청하는가?
(A) 상품 재배열하기　　(B) 상품 교환하기
(C) 할인 적용하기　　(D) 물건 찾기

해설 대화 초반부에 등장하는 여자의 말 Do you carry it here?이 핵심 포인트이다. 특정 커피 브랜드를 언급하면서 지금은 콘퍼런스 때문에 새로운 지역에 와 있음을 시사하고, 그 후 그 브랜드 제품을 여기서도 취급하는지 묻는 말을 통해 특정 브랜드 상품을 찾는(Locating) 행위로 볼 수 있으므로 정답은 (D)이다.

2 Rogers 씨는 누구인 것 같은가?
(A) 객원 교수　　(B) 식품 서비스업체 주인
(C) 슈퍼마켓 매니저　　(D) 건물 관리인

해설 3인의 대화에서 특정 사람 이름이 들어간 문제는 그 사람의 이름이 노출되는 순간 빠르게 답을 캐치하면 된다. 한 명의 남자가 Sam Rogers, Sam? 이라고 부르는 부분을 통해 그 뒤에 대답할 사람이 Mr. Rogers임을 알 수 있다. 고유명사 Sam Rogers 바로 앞에 floor manager(매장 매니저)라고 했고, 대화 초반부에도 이 곳이 grocery store(식료품점)라고 했으므로 식료품점과 슈퍼마켓을 접목하면 정답은 (C)이다.

Paraphrasing grocery store → supermarket

3 제품 포장에 관해서 무엇이 바뀌었는가?
(A) 무게 　　　　　　　(B) 재료
(C) 로고 　　　　　　　(D) 질감

해설 질문의 키워드를 package로 잡고 대화를 듣는다. 대화 후반부에 packaging이 언급되는데, package와 packaging은 어느 정도 혼용해서 같은 의미로 사용할 수 있다. 후반부 남자의 말(everything is the same but there is now a new logo design on it each week)을 통해 로고가 새로 바뀌면서 포장재가 달라 보인다는 것을 알 수 있으므로 정답은 (C)가 된다. 질문에서 changed(바뀐)것을 물어볼 때 주로 대화에서 new (새로운)/updated (갱신된, 변경된)과 같은 맥락의 어휘가 들릴 때가 많다.

Paraphrasing new → change

[4-6] M-Au / M-Cn / W-Br

> M1 ⁴**Great job on getting promoted to sales director, Sally.**
>
> M2 ⁴**Yeah, congratulations! You really deserve it.**
>
> W Thanks! It's a real honor to have been selected.
>
> M1 How do you like your ⁵**new office** on the seventh floor?
>
> W It couldn't be better. ⁵**I even had to get more furniture in there just so it didn't feel so empty.**
>
> M2 That's fantastic! Do you need anything else for your office?
>
> W I still need another file cabinet.
>
> M1 You know… I think I saw an unused one in the ⁶**storage closet.** ⁶**I'd be happy to look for** it if you'd like.
>
> W ⁶**Thanks, Rick.** That's very kind of you.

남1 ⁴**Sally, 영업부 부장으로 승진한 거 잘됐어요.**
남2 ⁴**그래요, 축하해요! 당신은 정말 자격이 충분해요.**
여 고마워요! 뽑히게 되어 무척 영광이에요.
남1 7층에 있는 ⁵**새 사무실**은 어때요?

여 최고예요. ⁵**사무실이 텅 비게 느껴지지 않도록 가구를 더 들여야 할 정도였어요.**
남2 멋지네요! 사무실에 더 필요한 건 없어요?
여 아직 문서 보관함이 하나 더 있어야 해요.
남1 있잖아요… ⁶**창고**에서 사용하지 않은 보관함을 본 것 같아요. ⁶**원하시면 찾아드릴게요.**
여 ⁶**고마워요, Rick.** 정말 친절하시네요.

어휘 get promoted 승진되다 | deserve 자격이 충분하다, (~을 누릴) 자격이 있다 | be happy to + 동사원형 기꺼이 ~하다

4 남자들은 왜 여자를 축하하는가?
(A) 상을 받았다.
(B) 승진했다.
(C) 자신의 매출 목표를 초과 달성했다.
(D) 계약을 따냈다.

해설 질문에 man이 아닌 men인 것으로 보아 남자들이 함께 언급한 초반부에서 답이 나오는 문제이다. 첫번째 남자의 말에서 getting promoted to an assistant sales director로 그대로 언급되기 때문에 정답은 (B)이다.

어휘 exceed a goal 목표를 초과 달성하다 | win a contract 계약을 맺다, 계약을 따내다

5 여자는 자신의 사무실에 대해 무엇이라고 말하는가?
(A) 리모델링 되었다. 　　(B) 전망이 좋다.
(C) 지하철역에 가깝다. 　(D) 넓다.

해설 질문의 키워드는 여자가 말한다(woman say)와 끝 어휘인 office가 된다. Part 3은 대화이기 때문에 답에 대한 내용은 여자가 말을 하더라도, 질문의 키워드가 먼저 언급되는 순간을 포착하는 것이 중요하다. 대화 중반부에서 남자가 7층에 있는 new office에 대해 물었고, 바로 다음에 여자가 공간이 비어(empty) 보이지 않도록 가구를 더 들여놨다는 것으로 봐서는 매우 넓은 공간이라는 것을 알 수 있다. 따라서 정답은 (D)이다.

Paraphrasing get more furniture ~ didn't feel so empty → spacious

6 Rick이 무엇을 해준다고 하는가?
(A) 창고 확인하기 　　　(B) 데이터 취합하기
(C) 비품 주문하기 　　　(D) 다른 층으로 가구 옮기기

해설 대화 후반부에 남자가 storage closet을 언급하고, I'd be happy to look for it이라고 말하는데, 「be happy to + 동사원형」은 '기꺼이 ~하다'라는 의미로, 질문의 「offer to + 동사원형」과 결이 비슷하다. 그 다음에 여자가 대답으로 앞의 말을 한 대상이 Rick임을 시사했으므로 정답은 (A)가 된다.

어휘 compile data 데이터를 취합하다 | place an order 주문하다

Paraphrasing look for → Check

M Hi, **⁷I'm trying to find a good laptop computer with a large display screen.**

W1 Sorry, my expertise is in televisions. Let me find a colleague to help you. Arin? Could you help this customer find a laptop?

W2 Sure. What are you looking for, sir?

M Well, **⁸I do digital photography work for magazine publishers**, and I edit all my photos on my old K-10 laptop. I'm looking for an upgrade.

W2 I see. Then I'd recommend the K-20 which has a fifteen-inch screen. The images on the display are sharp, and it comes with the latest version of Pro Photo Editor.

M That sounds pretty good. **⁹Could I try using it?**

W2 Absolutely. There's a K-20 right here.

남 안녕하세요. ⁷저는 큰 디스플레이 스크린이 갖춰진 좋은 노트북을 찾고 있어요.

여 죄송해요. 제 전문 분야는 텔레비전이에요. 도와드릴 동료를 찾아볼게요. Arin? 이 고객님이 노트북 찾는 것을 도와주시겠어요?

여 물론이죠. 무엇을 찾으시나요, 손님?

남 음, ⁸저는 잡지사들을 위해 디지털 사진 촬영 일을 하고 있고, 제 모든 사진들을 구형 K-10 노트북으로 편집하고 있습니다. 업그레이드 버전을 찾고 있어요.

여 알겠습니다. 그럼 15인치 K-20을 추천 드립니다. 디스플레이의 이미지들이 선명하고, Pro Photo Editor 최신 버전이 함께 제공됩니다.

남 꽤 괜찮은 것 같네요. ⁹한번 사용해 봐도 될까요?

여 물론이죠. 바로 여기 K-20이 있습니다.

어휘 expertise 전문 지식, 전문 분야 | photography 사진, 촬영 | sharp 선명한; 급격한 | come with ~이 함께 제공되다 | latest 최신의 | pretty 꽤

7 남자는 무엇을 찾고 있는가?
(A) 텔레비전 (B) 노트북
(C) 주방 용품 (D) 휴대폰

해설 초반부에서 남자가 큰 디스플레이 화면이 갖춰진 laptop computer를 찾는다고 했으므로 정답은 (B)이다. 여자 중 한 명이 자신은 television이 전문 분야라서 응대해줄 다른 동료를 찾아준다고 한 말에 혼동되지 않도록 주의해야 한다.

Paraphrasing find → looking for

8 남자의 직업은 무엇인 것 같은가?
(A) 웹 디자이너 (B) 작가
(C) 사진가 (D) 엔지니어

해설 질문에서 man's job을 키워드로 잡고 중반부를 들어보면 I do digital photography work for magazine publishers라는 문장을 통해 남자가 잡지사들을 위한 디지털 사진 촬영 일을 한다는 것을 알 수 있으므로 정답은 (C)가 된다. magazine publishers를 듣고 정답을 writer로 혼동하지 않도록 주의해야 한다. 참고로 질문에 most likely가 들어간 추론 문제들은 보통 오답에 관련된 단어를 귀에 잘 들리게 혼선을 주거나, 패러프레이징 기술을 요하는 등 난이도가 다소 까다로울 때가 종종 있다.

9 남자는 다음에 무엇을 할 것 같은가?
(A) 새 컴퓨터 구매 (B) 장치 테스트
(C) 교체용 부품 구매 (D) 설문지 작성

해설 질문에 will ~ next가 포함된 미래의 계획을 묻는 문제는 보통 후반부에 정답 포인트가 출제된다. 대화의 후반부에서 남자가 Could I try using it?이라는 말을 하는데, try는 노력하다 뿐 아니라, 시험 삼아 테스트해 보듯이 사용해 본다는 의미로 매우 자주 출제된다. 따라서 정답은 (B)가 되어야 하며, 아예 구매를 확정한 것이 아니기에 (A)에 낚이지 않도록 주의해야 한다.

어휘 get 사다, 얻다 | replacement part 교체용 부품 | fill out 작성하다 | questionnaire 설문지

Paraphrasing try → Test
                a laptop computer → a device

W Hi, Rodrigo. How's the **¹⁰renovation work** to the staff kitchen going?

M Going well. **¹⁰I just sent my maintenance crew out to the building supply store** to get more materials, and we'll be back to work soon.

W Great. When will the project be done?

M Let's see… We've just finished installing the new floor tiles, **¹¹so this afternoon we'll start the replacement work for the shelves.** I think everything will be done by next Friday.

W Terrific. I'll tell my colleagues.

M Sure, and… **¹²you might want to put up a warning poster near the entrance—to advise about noise and dust.**

여 안녕하세요. Rodrigo 씨. 직원용 주방 ¹⁰개조 작업은 어떻게 되어가고 있나요?

남 잘 진행되고 있습니다. 자재를 더 사오도록 ¹⁰방금 보수 작업 직원들을 건축 자재점에 보냈으니 곧 다시 작업을 시작할 거예요.

여 좋아요. 공사가 언제 끝날까요?

남 어디 보자 … 새로운 바닥 타일 설치를 방금 마쳤으니까 **¹¹오늘 오후에 선반 교체 작업을 시작할 겁니다.** 다음 주 금요일이면 전부 다 끝낼 수 있을 것 같습니다.

여 좋아요. 동료들에게 알릴게요.

남 네, 그리고 … **¹²출입구 근처에 경고문을 붙여서 소음과 먼지가 있을 것을 공지해 주시면 좋을 겁니다.**

어휘 go well 잘 진행되다 | send ~ out ~을 보내다 | terrific 훌륭한, 대단한 | put up (간판, 표지 등을) 걸다 | entrance 입구 | dust 흙, 먼지, 분진

```
– 작업 일정 –
1부 – 조명 업그레이드
2부 – 새 바닥재 설치
¹¹3부 – 선반 교체
4부 – 벽 페인트칠
```

10 남자는 누구인 것 같은가?
(A) 조경사 (B) 가구 디자이너
(C) 건축 자재점 주인 (D) 보수 작업 관리자

해설 ★ 소유격 + 명사 중요 패턴 캐치하기 소유격 + 명사는 LC 와 Part 7에서 정답의 단서가 되는 중요한 역할을 한다. 초반부에 여자가 보수 작업(renovation work)은 어떻게 되어 가는지 물었고, 남자가 보수 작업 직원들을 보냈다(just sent my maintenance crew)고 했다. 남자는 직원들을 소유한 사람이므로, 직급 이름을 직접적으로 들려주지 않아도 남자가 supervisor 또는 manager 직급임을 알 수 있어야만 한다.

Paraphrasing renovation → maintenance

11 시각정보에 따르면, 오늘 오후에 개조 작업의 어느 단계가 시작되는가?
(A) 1부 (B) 2부
(C) 3부 (D) 4부

해설 시각정보 연계 문제로, 애초에 Part 1,2,3,4의 옆 정보를 들어야 한다는 것을 캐치해야 한다. 그러나 대화에서 먼저 들리는 floor tiles를 installing한다는 내용에서 Part 2를 답이라고 착각할 수 있는 함정 문제이다. 질문의 핵심 키워드는 will begin과 this afternoon인데, 남자가 I've just finished installing the new floor tiles라고 했으므로 타일 설치 작업을 방금 막 완료한 것을 의미한다. 따라서 (B)는 오답이다. 바로 뒤에 나오는 문장에서 this afternoon이라는 키워드를 그대로 들려주고, we'll start the replacement work for the shelves라고 하기 때문에 정답이 (C)가 된다.

Paraphrasing start → begin

12 남자는 무엇을 하라고 제안하는가?
(A) 출입 카드 활성화 (B) 공지문 부착
(C) 가격표 검토 (D) 작업 시한 연장

해설 세 문제 중 마지막 질문이니 후반부를 집중해서 들어야 하며, 질문의 키워드는 man suggest (남자가 제안하다)가 된다. 따라서 후반부 남자의 말을 집중해서 들어보면 put up a warning poster라는 말이 들리는데, 이 부분에서 put up(걸다, 부착하다)의 의미가 동사 post(게재하다, 붙이다)와 비슷함을 인지해야 한다. 그리고 여기서 poster는 소음이나 먼지가 있을 것임을 알려주는 포스터이므로 일종의 공지문(notice)이 된다. 패러프레이징 능력을 묻는 문제로 정답은 (B)이다. 참고로 동사 put up은 hang(걸다)의 동의어로도 자주 출제된다.

Paraphrasing put up → Posting
a poster to advise ~ → a notice

[13-15] M-Cn / W-Br

M **¹³Excuse me, I'm looking for a white dress shirt with long sleeves. I work as a server, and I need it as part of my uniform.**

W There are many styles to choose from, but this one here is our best-selling one, and it's very comfortable. It also has a stain-resistant coating.

M That would be perfect for working with food. **¹⁴But… hmm…. according to this label, I have to dry clean it. That won't work for me.** But something in this size would be good.

W All right. **¹⁵How about I show you our main display and you can check out the shirts there?**

남 **¹³실례합니다. 긴 소매의 흰색 와이셔츠를 찾고 있는데요. 제가 음식점 종업원으로 일하고 있어서 일종의 유니폼으로 필요해요.**

여 선택하실 수 있는 스타일이 많이 있긴 하지만, 이 셔츠가 저희 베스트셀러로 굉장히 편안해요. 얼룩 방지 코팅도 되어 있습니다.

남 음식을 다루는 일에 딱 좋겠네요. **¹⁴하지만 … 음 … 이 라벨을 보면 드라이클리닝을 해야 하는군요. 저한테는 맞지 않겠어요.** 하지만 이 사이즈로 다른 것이 있으면 좋겠네요.

여 알겠습니다. **¹⁵제가 중앙 진열대를 보여드릴 테니 거기 있는 다른 셔츠들을 확인해 보시면 어떨까요?**

어휘 dress shirt 와이셔츠 | sleeve 소매 | work as ~로 일한다 | server 식당 종업원, 웨이터 | as part of ~의 일종[일환]으로 | best-selling 가장 잘 팔리는, 가장 인기있는 | stain-resistant 얼룩 방지용의, 얼룩에 강한

```
원단: 100퍼센트 면
사이즈: 라지
¹⁴관리 방법: 드라이클리닝
제조국: 인도
```

13 남자는 왜 새 셔츠가 필요한가?

(A) 면접을 위해　　　(B) 결혼식을 위해

(C) 정규 근무를 위해　(D) 국제 회의를 위해

해설　초반부 남자의 말에서 흰색 와이셔츠(a white dress shirt)를 찾는다는 말과 함께, 식당 종업원(server)으로 일하고 있고, 유니폼으로 입어야 한다는 말이 나온다. 완벽하게 직독직해하지 못해도 server와 uniform을 듣고 일반적인 업무용으로 셔츠를 구매해야 함을 알 수 있으므로 정답은 (C)가 된다. shift의 경우 교대 근무라고 해석되지만, 그 자체로 근무라고 해석해도 무방하다

14 시각정보에 따르면, 남자는 셔츠의 어떤 부분에 문제가 있는가?

(A) 옷감　　　　　(B) 사이즈

(C) 관리 방법　　　(D) 원산지

해설　대화의 중반부에 남자가 접속사 But을 언급하는 부분이 나오는데, 접속사 But은 보통 반전으로, 앞에 좋은 얘기를 하다가 등장하여 질문의 problem이라는 단어가 포함된 내용을 유발할 때가 많다. 따라서 순간적으로 이 부분을 정답이 나오는 타이밍으로 잡고 들어가보면, dry clean을 해야 한다는 점을 문제로 언급한다는 것을 알 수 있으므로 정답은 (C)가 된다.

15 여자는 무엇을 하라고 권하는가?

(A) 다른 제품 살펴보기

(B) 온라인으로 주문하기

(C) 다른 지점 방문하기

(D) 계산대 통로에서 기다리기

해설　★ [고난도 문제] 후반부에 여자의 말 How about 이하에서 질문의 동사 recommend의 감성을 잡아야만 한다! How about ~?(~하는 것이 어때요?) 구문은 보통 제안의 의미이기 때문에 질문에서 recommend나 suggest로 표현될 때가 많다. main display를 보여주고 그 곳에서 shirts를 보라는 것은 매장 내의 진열대(display)를 보라는 것이지 다른 지점(another location)을 방문하라는 의미는 아니므로 (B)는 오답이다. 또한 check out the shirts의 check out은 '확인하다'라는 의미의 동사구이므로 명사 checkout(계산대)으로 혼동해선 안된다. 또 무엇보다 보기의 앞/뒤 구성이 중요한데, 앞쪽에 Waiting (대기하는)의 의미가 성립되지 않으므로 (D)는 오답이다. 따라서 다른 셔츠 상품들을 구경하고 살펴본다는 의미의 (A)가 정답이 되는 어려운 문제이다.

Paraphrasing　How about ~ → recommend

　　　　　　　check out → Browsing

[16-18] **M-Au / W-Br**

M　Brenda, did you read the company announcement this morning? **¹⁶It said that our company is considering a shift to an open office space.** It seems that we will be working at shared desks instead of having our own individual workspaces.

W　Really? Hmm… I need some time to think about that. **¹⁷I'm worried about whether I can adapt to the new work environment. I tend to get easily distracted when sharing a space with several people.**

M　So the company has created an online survey. It seems that management wants to gather feedback from employees before making a final decision.

W　Oh, let's look at it together. Hmm, that's nice. **¹⁸This survey has a space where I can write the reasons why I don't think this idea is good.**

남　Brenda, 오늘 아침에 회사 공문 읽었어요? ¹⁶우리 회사가 오픈형 사무실 공간으로 변화하는 것을 고려중에 있다고 해요. 이제 각자의 업무 공간이 아닌 공유형 책상들에서 근무하려고 하는 것 같아요.

여　진짜요? 음… 생각해 볼 시간이 좀 필요한데요. ¹⁷제가 새로운 근무 환경에 적응할 수 있을지가 걱정되네요. 저는 여러 명과 같이 공간을 쓰면 쉽게 산만해지는 편이거든요.

남　그래서 회사 측에서 온라인 설문을 만들었어요. 최종 결정을 내리기 전에 직원들의 의견을 모으려고 하는 것 같아요.

여　오, 같이 살펴봐요. 음, 좋네요. ¹⁸이 설문에는 이 아이디어를 좋지 않다고 생각하는 이유를 적을 수 있는 공간이 있네요.

어휘　shift 변화; 근무 | shared desks 공유형 데스크 | individual 개별적인, 개개인 | workspace 업무 공간 | adapt 적응하다 | tend to ~하는 경향이 있다 | distracted 방해받는, 산만함을 느끼는 | gather feedback 의견을 모으다

직원 설문 조사

1. 근무 형태:

　풀타임 (　)　　파트 타임(　)

2. 부서 / 직위: _____

3. 상사 이름: _____

4. 제안된 변경 사항에 동의하십니까?

　네. (　) 아니오. (　) 잘 모르겠습니다. (　)

5. ¹⁸기타 의견: _____

---

16 회사는 어떤 변경을 고려하고 있는가?

(A) 다른 회사 인수하기

(B) 더 큰 빌딩으로 이전하기

(C) 임시 직원 고용하기

(D) 사무실 공간 재설계하기

해설　초반부에 남자가 our company is considering 이하를 말하는 부분에서 질문의 considering이 그대로 등장한다. 바로 뒤에 shift to an open office space가 나오는데, shift는 '(교대) 근무' 뿐 아니라 '변화/변경'이라는 의미도 있으므로 질문의 change와 정확한 동의어가 된다. 결과적으로 개별적 근무환경이 아닌 공유형 데스크 공간으로 설계/디자인을 바꾸려고 한다는 의미로 패러프레이징이 가능하다. 따라서 정답은 (D)이다.

Paraphrasing   a shift → change
                shared desks instead of having individual
                workspaces → Redesigning

17 여자는 무엇을 걱정하는가?
(A) 산만한 근무 환경   (B) 부족한 자금
(C) 빠듯한 마감기한   (D) 팀 프로젝트

해설 ★ [함정문제] 질문의 woman concerned를 키워드
로 잡고 대화를 들어보면 concerned의 대표적인 동
의어 worried가 들리고, 그 뒤에 자신이 new work
environment에 잘 적응할 수 있을지를 걱정하면서 쉽게
산만해진다(get easily distracted)고 했으므로 (A)가 답
이 되는 문제이다.

18 시각 정보에 따르면, 여자가 어떤 설문 항목을 언급하는가?
(A) 항목 2   (B) 항목 3
(C) 항목 4   (D) 항목 5

해설 후반부에 여자가 이 아이디어가 좋지 않다고 생각하는 이유
를 적을 공간이 있다(a space where I can write the
reasons why ~)고 말한 부분에 주목해야 한다. 설문지에
서 객관식으로 체크되는 항목이 아니라 본인의 의견, 이유,
설명 등을 적을 수 있는 항목은 대표적으로 Comments 부
분임을 인지해야만 답이 (D)로 나올 수 있다.

[19-21] W-Am / M-Au

> W Hassan, you haven't left work yet. I'm glad
> because I wanted to discuss something
> with you. The ¹⁹**shipment of mugs and
> postcards** has just arrived. ¹⁹**I'm sure
> travelers will love these souvenirs.** Where
> should we put these items?
>
> M Well, there are quite a few items. ²⁰**Let's
> place them in the empty space between
> the storage room and the checkout
> counter.**
>
> W Good choice. Let's arrange them first thing
> tomorrow morning.
>
> M Got it. Oh, don't forget about the ²¹**staff
> meeting tomorrow. We need to discuss
> the adjustments we're making to our
> operating hours.**
>
> ──────────────────────────
>
> 여 Hassan, 아직 퇴근 안하셨네요. 상의할 일이 있었는데 다
> 행이에요. ¹⁹**머그컵이랑 엽서 배송품**이 방금 막 도착했어요.
> ¹⁹**여행객들이 이 기념품들을 보면 분명 마음에 들어 할 거예
> 요.** 이 물품들을 어디에 둘까요?
>
> 남 음, 수량이 꽤 많네요. ²⁰**창고와 계산대 사이에 비어 있는 공
> 간에다가 물품들을 두죠.**
>
> 여 좋은 선택이에요. 내일 아침에 1순위 업무로 이 물품들을 정리
> 하죠.
>
> 남 알겠어요. 아, ²¹**내일 직원 회의 잊지 말아요. ²¹운영 시간 조
> 정에 대해 논의해야 해요.**

어휘 shipment 배송(품) | souvenir 기념품 | quite a few 꽤
많은 | place 놓다, 두다; 장소 | arrange 정돈하다, 준비하다, 배
열하다 | make adjustments 조정하다, 변경하다 | operating
hours 운영시간

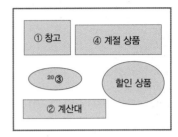

19 화자들은 어디에서 일하는가?
(A) 옷가게   (B) 가구점
(C) 기념품점   (D) 미술용품점

해설 초반부에 머그컵과 우표가 도착했다고 했고, 여행객들이 이
기념품들을 좋아할 것이라고 직접적으로 언급했다는 점에서
정답은 (C)이다.

20 시각 정보에 따르면, 물품들은 어디에 놓여질 것인가?
(A) 디스플레이 1   (B) 디스플레이 2
(C) 디스플레이 3   (D) 디스플레이 4

해설 약도, 지도, 레이아웃 등의 그림에서는 전치사와 구도를 잘
활용해야 하는데, 중반부에 남자가 창고와 계산대 사이에 비
어 있는 공간에다가 물품들을 두자(Let's place them in
the empty space between the storage room and
the checkout counter)고 했으므로 창고와 계산대 사이
의 빈 공간인 (C)가 정답이다.

21 남자에 따르면, 직원 회의는 왜 열리게 되는가?
(A) 고객 불만 사항을 다루기 위해서
(B) 운영 시간을 논의하기 위해서
(C) 정책을 수정하기 위해서
(D) 로고 디자인을 확정하기 위해서

해설 질문의 키워드가 According to the man과 staff
meeting이고, 후반부 남자의 말을 들어보면 staff
meeting에 이어 운영 시간(our operating hours)을 언
급했다. 따라서 정답은 (B)가 된다.

UNIT 10 따옴표가 있는 의도파악 문제

토익 감성 갖추기
본책 pp.71-73

A 1 (C)　2 (A)　3 (D)　4 (C)　5 (C)

B 1 (D)　2 (D)　3 (A)

빈칸 정답은 아래 해설 참조

C 1 dealership　2 bulk
3 expand employment　4 dinner
5 understaffed　6 equipment　7 discount
8 outing　9 legal service　10 overseas
11 check　12 paperwork　13 injured
14 aim, objective　15 access
16 drop off　17 conduct　18 arrange
19 example　20 advertise

A

1

> W　I think we are all set to hold our annual Employee Appreciation Day event now. Is there any problem with the event taking place next Wednesday?
>
> M　I just checked the weather forecast, and it looks like there will be heavy rain next week.
>
> W　Hmm… since the venue is outdoors, that could be an issue.
>
> ---
>
> 여　이제 우리 연례 직원 감사의 날 행사를 열 모든 준비가 다 된 것 같아요. 다음 주 수요일에 행사가 진행되는 것에 문제 없죠?
>
> 남　제가 방금 막 일기예보를 확인했는데요. 다음 주에 폭우가 내릴 거라고 하네요.
>
> 남　흠… 행사장이 야외라서 문제가 되겠군요.
>
> ---
>
> 어휘　take place (행사, 일정 등이) 진행되다 | weather forecast 일기예보 | heavy rain 폭우

남자가 "다음 주에 폭우가 내릴 거라고 하네요"라고 말할 때의 의도는?
(A) 행사가 더 큰 장소에서 열려야 한다.
(B) 더 많은 직원들이 행사를 위해 고용되어야 한다.
(C) 행사 일정이 다른 날짜로 옮겨져야 한다.
(D) 더 많은 테이블과 의자들이 참가자들을 위해 주문될 것이다.

▶ 의도를 파악해야 하는 문장이 나오기 전에 대화를 잘 들었다면 남자가 일기예보(weather forecast)를 확인했다고 말한 후 폭우(heavy rain — 명제문장 키워드)가 내릴 것이라고 했다는 것을 알 수 있다. 그리고 그 뒤에 여자가 행사장이 야외라서 문제가 될 것이라고 판단하는 부분이 나온다. 이를 조합해보면, 행사 날짜를 다른 날로 옮겨야 된다는 의미가 가장 적절하므로 정답은 (C)가 된다.

2

> M　Eun-Hee, I was thinking about holding this seminar at the Holland Convention Center. What do you think?
>
> W　That place has gotten a lot of good reviews.
>
> M　Okay. Oh, we also need to select a catering service. I think about 30 people will be participating this time.
>
> ---
>
> 남　은희 씨, 저는 이번 세미나를 Holland 컨벤션 센터에서 여는 것이 어떨까 생각 중이었는데요. 어떻게 생각하세요?
>
> 여　그곳은 좋은 후기가 많더라고요.
>
> 남　좋아요. 아, 그리고 출장음식 업체도 선정해야 해요. 이번에 30명 정도 참가할 것 같아요.

고난도

여자는 왜 "그곳은 좋은 후기가 많더라고요"라고 말하는가?
(A) 제안에 동의하기 위해서
(B) 결정을 정당화하기 위해서
(C) 초대를 거절하기 위해서
(D) 오해를 바로잡기 위해서

▶ 앞에서 남자가 Holland 컨벤션 센터를 언급하면서 그곳에서 세미나를 여는 것이 어떨지 생각 중이었다고 자신의 생각을 얘기한 후, 여자에게 어떻게 생각하는지(What do you think?) 묻는다. 이에 여자가 좋은 후기가 많다고 말하고 그 다음 남자의 대답이 Okay로 나온 것을 보면 그 장소에서 열게 될 것이라는 것을 알 수 있다. 이 부분에서 (D)의 misunderstanding(오해), (C)의 invitation(초청, 초대) 등은 전혀 맥락이 잡히지 않으며, 당사자 본인이 내린 결정에 대해 왜 이런 결정을 내렸는지에 대한 정당성, 명분을 부여할 때 쓰는 표현이 justify a decision이기 때문에 (B)도 오답 처리 된다.

▶ [예시] 이번에 직원 휴가 기간을 단축시키기로 했어요. 우리 회사가 큰 프로젝트를 맡아야 하거든요. — 예를 들어 이런 느낌으로 자신이 휴가 기간을 짧게 하기로 결정한 이유에 대해 설명해야 할 때, '우리 회사가 큰 프로젝트를 맡아야 하거든요'라는 문장을 뒤에 제시할 수 있게 된다. 이러한 흐름에서 답이 되는 어휘가 To justify a decision이다.

3

> W　Sam, when should we train the employees on how to use the newly updated software? All employees will need to use it to record their working hours starting next month.
>
> M　Actually, Karen from the Sales Department said she tested the software last week. She mentioned that the program is very user-friendly.
>
> W　Oh, that's good to know.

여	Sam, 새로 업데이트된 소프트웨어를 사용하는 방법에 대해 직원들에게 언제 교육을 해야 할까요? 다음 달부터 전 직원이 새 소프트웨어를 이용해서 근무 시간을 기록해야 해요.
남	사실 영업부 Karen이 그 소프트웨어를 지난주에 테스트 사용해봤다고 해요. 그녀가 말하기를 그 프로그램은 매우 사용자 친화적이라고 하네요.
여	오, 좋은 소식이네요.

남자가 "그 프로그램은 매우 사용자 친화적이라고 하네요"이라고 말할 때의 의도는? **고난도**

(A) 액세서리가 함께 제공된다.
(B) 빈번한 업데이트가 필요하다.
(C) 완전히 조립된 채로 배송된다.
(D) 교육을 필요로 하지 않는다.

▶ 의도파악 문장이 들리기 전에 먼저 내용의 흐름을 잡아야 한다. 여자의 첫 대사에서 언제 직원들을 교육시켜야 하는지 (When should we train) 듣지 못했다면 정답을 (D)로 고르기 매우 어려워진다. 직원들 교육을 시키는 시기를 묻고 나서 영업부 직원 Karen을 언급하면서, 테스트로 써 본 직원이 user-friendly라고 한다고 했는데, user-friendly는 easy to use(사용하기 쉬운)의 의미이다. 따라서 딱히 교육이 필요 없을 정도로 쉽다는 맥락이 도출되므로 정답은 (D)가 된다.

▶ accessory 액세서리, 부대용품 | fully assembled 완전히 조립된

4

W	From what I've heard, it seems that customers are complaining a lot about slow product delivery. The thing is that they keep asking us questions about the delivery area, the schedule, and delays, but we're just cashiers.
여	제가 듣기로는 고객들이 제품 배송이 느리다고 컴플레인을 많이 하는 것 같아요. 문제는 고객들이 배송 지역, 일정, 지연 관련 문제들을 저희에게 계속 질문하시는데, 저희는 계산대 직원일 뿐이에요.

여자는 왜 "저희는 계산대 직원일 뿐이에요"라고 말하는가?

(A) 운영 시간을 바꾸려고
(B) 일정을 취소하려고
(C) 도움을 요청하려고
(D) 실수에 대해 사과하려고

▶ delivery에 관련된 말을 계속 하면서 배송 관련해서 고객들이 컴플레인을 많이 하고 우리에게 계속 질문을 하는데, 우리는 계산대 직원일 뿐이라고 말하는 의미는 cashier의 뜻과 순간적인 맥락을 함께 파악해야 캐치할 수 있다. 계산대 직원은 현장에서 계산을 담당하지 타지역이나 외부로 배송을 보내는 직군이 아니기 때문에 우리가 대답해 줄 수 있는 분야의 질문이 아니라서 곤란하다는 맥락이 형성된다. 따라서 정답이 (C)로 재해석되는 어려운 문제이다.

5

M	Yuri, can I take another look at the grant application for the bridge construction project? I would like to add something.
W	Oh, I submitted it to the department head this morning.
M	I understand. Anyway, I hope it gets approved.
남	유리 씨, 다리 건설 프로젝트를 위한 보조금 신청서 좀 다시 볼 수 있을까요? 한 가지 추가하고 싶은 내용이 있어서요.
여	아, 오늘 아침에 부서장님께 제출했는데요.
남	알겠어요. 어쨌든, 승인되었으면 좋겠네요.

여자가 "오늘 아침에 부서장님께 제출했는데요"라고 말할 때의 의도는?

(A) 과정이 간소화되어야 한다.
(B) 마감기한이 연장되어야한다.
(C) 수정이 이루어질 수 없다.
(D) 추가 수수료가 청구될 것이다.

▶ 남자가 무언가를 추가하고 싶다고 했기 때문에 신청서 내용의 변경을 원한다는 의미를 먼저 캐치해야 하고, 오늘 아침에 이미 제출해버렸다는 맥락을 통해 수정이 이루어질 수 없다는 것 역시 빠르게 캐치해야 한다. 결국 이 문제는 순간적인 패러프레이징 능력을 요구한 문제로, add되는 것은 change나 adjustment를 해야하는 상황으로 인지해야 한다.

B

M-Cn / W-Br

M	Twins Flooring. How can I help you?
W	Hi, [1]I got your phone number from one of my coworkers. He mentioned that your company installed tiles in his living room, and my office floor also needs tile work.
M	I see. Do you have anything [2]specific in mind?
W	Actually, I hired a company for tile work two years ago, but since it was [2]a new company just starting out, the quality of the work wasn't good. I need someone who can install durable and visually appealing tiles.
M	I've been specializing in tile work for a decade.
W	Perfect!
M	[3]If you'd like to see what I've done, I can send you some photos.
W	Thank you. That would be great!
남	Twins Flooring입니다. 어떻게 도와드릴까요?

여	안녕하세요, 제 동료 중 한 명으로부터 당신의 전화번호를 받았습니다. 그가 말하길 귀사에서 그의 거실 타일을 설치해주셨다고 하던데, 제 사무실 바닥 역시 타일 작업이 필요합니다.
남	그렇군요. 특별히 염두에 두시는 것이 있으실까요?
여	사실, 2년 전에 타일 작업을 맡긴 업체가 있었는데, 일을 이제 막 시작한 신규 회사였어서 작업 퀄리티가 좋지 않았어요. 내구성 있고 보기에도 멋진 타일을 설치해 줄 사람이 필요합니다.
남	제가 타일 작업을 10년간 전문으로 해 왔어요.
여	완벽하네요!
남	제가 한 작업에 대해 보시고 싶으시다면, 사진들을 보내드릴 수 있습니다.
여	감사합니다. 그럼 좋을 것 같아요!

1 여자는 업체에 대해 어떻게 알았는가?
(A) 기사에서 　　　　(B) TV 광고에서
(C) 웹사이트에서 　　(D) 동료에게서

▶ 대화 초반부에 one of my coworkers에게서 전화번호를 받았다고 했기 때문에 정답은 (D)이다.

Paraphrasing　coworker → colleague

2 남자가 "제가 타일 작업을 10년간 전문으로 해 왔어요"라고 말할 때의 의도는?
(A) 그의 디자인은 독특하다.
(B) 그는 그 작업을 맡을 시간이 없다.
(C) 그는 작업을 일정보다 빨리 마무리 할 것이다.
(D) 그는 경험이 많다.

▶ 의도파악 문제는 앞 문제를 최대한 빠르게 해결하고 대화를 집중해서 들으며 키워드를 잡아내야 한다. 남자가 여자에게 특별히 염두에 두는 것(specific in mind)이 무엇인지 물었고, 여자가 2년 전에 한 업체에 작업을 맡겼으나, 이제 막 시작하는 업체(a new company just starting out)였어서 작업 퀄리티가 좋지 않았다고 언급한다. 그 이후에 남자가 자신이 10년간 전문으로 일을 했다는 것을 강조했으므로 맥락상 정답은 (D)가 되며, 수년간 해왔다는 의미는 주로 경험이나 전문성을 강조하는 말로 이어짐을 알아두자.

3 남자는 무엇을 보내주겠다고 제안하는가?
(A) 작업 샘플 　　　(B) 신청서 양식
(C) 비용 견적서 　　(D) 추천서

▶ 중간 문제였던 의도파악 문제를 빠르게 마무리해야만 후반부 대화에 집중할 수 있다. 후반부 남자의 말 If you'd like to see what I've done, I can send you some photos가 정답의 단서이며, 해 온 작업(what I've done)에 대해 보고 싶다면, photos를 보내주겠다고 했는데, photos는 작업물에 대한 예시가 될 만한 사진들이므로, 결국 작업 샘플을 보여주겠다는 의미로 재표현이 되었음을 이해해야 한다. sample은 판매 전에 맛보기로 보여주는 것뿐 아니라, 작업의 성과를 일부 보여주는 의미로도 사용 가능하며, 이 때의 sample은 일종의 work examples(작업물 예시)와도 비슷한 의미가 된다.

Paraphrasing　what I've done, photos → Work samples

C _____

1 buy a car here 여기에서 차를 사다 → 자동차 대리점 car **dealership**

2 order more than 100 cups 컵 100개 이상을 주문하다 → 대량 주문 **bulk** order

▶ bulk purchases(대량 구매)로도 표현이 가능하다.

3 hire more employees 직원을 더 채용하다 → 고용을 확대하다 **expand employment**

▶ employment는 고용, 일자리라는 의미로 혼용되며 주로 불가산명사이다.

4 company banquet 회사 연회 → 회사 저녁 (행사) company **dinner**

▶ dinner 자체로도 저녁 행사라는 표현이 가능하다.

▶ corporate event(기업 행사)로도 통칭이 가능하다.

5 have not enough workers 직원 수가 충분하지 않다 → 직원 수가 모자라다 be **understaffed**

6 projector, scanner 프로젝터, 스캐너 → 장비 **equipment**

7 promotional code 판촉 코드 → 할인 코드 discount code

8 company retreat 회사 수련회[야유회] → 회사 야유회 company **outing**

▶ company event(회사 행사)로도 통칭이 가능하다.

9 lawyer 변호사 → 법률 서비스를 제공하다 provide a **legal service**

▶ law office, lawyer 등이 들리면 legal service로 통칭할 수 있다.

▶ lawyer(변호사)의 동의어로는 attorney가 있다.

10 go abroad to work 일하러 해외에 가다 → 해외에서 일하다 work **overseas**

▶ 해외 관련된 표현으로는 overseas, internationally, other countries, abroad 등이 있다.

11 look at 보다, 살펴보다 → 살펴보다, 확인하다 check

▶ look at은 '(눈으로) 보다'뿐 아니라 '확인하다, 살펴보다'의 의미가 가능하며, take a look at 등의 표현으로 늘려서 말하기도 한다.

12 fill out the forms 양식들을 작성하다 → 서류 작업을 완성하다 complete **paperwork**

▶ paperwork는 서류 작업뿐 아니라 문서, 서류 그 자체를 표현할 수 있다.

13 hurt[sprain] one's ankle 발목을 다치다[삐다] → 부상을 당하다 get injured

14 goal 목적, 목표 → 목적, 목표 aim, objective

15 log in 로그인하다 → 접속하다 access

16 deliver 배송하다 → (장소에) 가져다 주다 drop off
  ▶ drop off는 '원하는 사람이 있는 장소에 물건을 가져다 주다', 또는 '작업을 맡긴 물건이 작업 완료되면 찾으러 가다'라는 의미도 가능하다.

17 lead a training session 교육을 이끌다 → 교육을 실시하다 conduct a training session

18 make an appointment 약속을 잡다 → 약속을 잡다 arrange an appointment

19 work sample 작업 샘플 → 작업 예시 work example

20 promote 홍보하다 → 광고하다 advertise

토익 실전 체험하기
본책 pp.74-75

1 (C) **2** (D) **3** (C) **4** (C) **5** (A) **6** (B)
7 (B) **8** (D) **9** (B) **10** (D) **11** (B) **12** (A)
13 (C) **14** (D) **15** (A) **16** (D) **17** (A) **18** (B)
19 (C) **20** (C) **21** (A)

[1-3] W-Am / M-Cn

W Hi, Tim. Sorry for calling at night. I just want to check on the starting time for tomorrow morning's ¹**landscaping job**. We should be at the site by nine thirty, right?

M Right. And… the client wants us to trim some tree branches, too. So I'll load the extra tools into our truck after I get to the office. I'm about to go there now.

W ²**The office?** Right now, it's about eight o'clock.

M I know. ²**I have to catch up on some paperwork.** I'll also phone that client to find out exactly ³**where we can park our truck.**

W Great. See you and the rest of the crew tomorrow.

여 안녕하세요, Tim 씨. 밤에 전화해서 죄송합니다. 내일 아침 ¹**조경작업** 시작 시간을 확인하려고요. 현장에 9시 30분까지 가야 하죠, 그렇죠?

남 맞아요. 그리고 … 고객은 우리가 나뭇가지도 다듬어주길 원하더라고요. 그래서 제가 사무실에 가서 여분의 연장을 트럭에 실을 겁니다. 지금 가려는 참이에요.

여 ²**사무실이요? 지금 거의 8시인데요.**

남 알아요. ³**밀린 문서 작업을 해야 하거든요.** 그리고 고객에게 전화해서 우리 트럭을 정확히 ³**어디에 주차하면 되는지**도 알아보려고요.

여 좋아요. 내일 다른 팀원들과 함께 봐요.

> 어휘 landscaping 조경 | trim 다듬다 | tree branch 나무 잔가지 | catch up 따라잡다, 보조를 맞추다 | phone 전화를 걸다 | rest 나머지 | crew 직원, 근무자

1 화자들은 어디에서 일하는 것 같은가?
(A) 인테리어 디자인 회사   (B) 부티크
(C) 조경 회사   (D) 가구점

해설 대화 초반부에 여자가 landscaping job을 언급함으로써 조경 작업을 한다는 것을 쉽게 들을 수 있으므로 정답은 (C)가 된다. landscaping을 직접적으로 언급하지 않더라도 나무를 심거나 정원을 가꾸는 등의 행동이 언급되면 조경 작업으로 표현이 가능함을 알아두자.

어휘 boutique 부티크(값비싼 옷이나 선물류를 파는 작은 가게)

2 여자가 "지금 거의 8시인데요"라고 말할 때의 의도는?
(A) 정확한 시작 시간을 알고 싶다.
(B) 실수에 대해 사과하고 싶다.
(C) 기차를 타기 위해 일찍 떠나야 한다.
(D) 남자가 아직 일하고 있다는 사실에 놀랐다.

해설 의도파악 문장이 나오기 전 남자가 지금 그 곳에 가려고 한다(I'm about to go there now)고 했고, 여자가 놀라면서 The office? 라고 반문한 것에 주목해야 한다. 반문하는 것은 감정상의 놀라움을 표현할 수 있고, 지금 거의 8시라는 의도 파악 문장을 들려준 후, 남자가 밀린 문서 작업을 해야 함을 시사한다. 결국 업무가 남아있어서 늦은 시간에 사무실에 간다는 것에 대한 놀라움으로 연결하는 것이 좋다. 무엇보다, 나머지 보기들을 오답 소거하는 것이 더 좋다. 뒤에 풀 문제가 남아있다는 것을 명심하고, 실제 시험에서 해결이 되지 않는 경우에는 잠시 킵해두고 다음 문제를 먼저 해결하는 연습도 병행하자.

어휘 exact 정확한

3 남자는 고객에게 무엇을 요청할 것이라고 말하는가?
(A) 수정된 계약서   (B) 업데이트된 청구서
(C) 주차 정보   (D) 지도

해설 이 문제 자체는 그리 어렵지 않지만, 2번 문제를 풀다가 놓칠 수 있기 때문에 적절한 타이밍을 스스로 판단해야 한다. 후반부에서 남자가 어디에 트럭을 주차해야 하는지(I'll also phone that client to find out exactly where we can park our truck)에 대해서 알아보겠다고 했으므로 정답은 (C)가 된다.

Paraphrasing where to park → Parking information

51

[4-6] M-Cn / W-Br

M Hi, Ms. Lewis. This is Harold from Meadow Construction. I have some boxes of tiles for your bathroom renovation project, and **⁴I was wondering if you were home so that I could drop them off.**

W I'll be at work all day, but you can just leave them on the back porch. **⁵I'll move them inside when I get home. They're only about twenty-five pounds each, right?**

M Nearly three times that.

W Oh, in that case, they might be difficult to manage.

M Right. We've got space for them in the office here, **⁶so why don't I just store them until the project starts?**

W That would probably be best. Thanks.

남 안녕하세요, Lewis 씨. 저는 Meadow 건설의 Harold입니다. 귀하의 욕실 보수공사에 쓸 타일 몇 상자를 가지고 있는데요. **⁴댁에 계시면 제가 갖다 드려도 될지 궁금해서요.**

여 하루 종일 직장에 있을 거지만 뒤 베란다에 놓고 가시면 돼요. **⁵제가 집에 도착하면 안으로 들여놓을게요. 한 상자 무게가 25파운드밖에 안 되죠, 그렇죠?**

남 거의 그것의 세 배입니다.

여 오, 그렇다면 제가 처리하기 어려울 것 같아요.

남 맞습니다. 여기 사무실에 둘 공간이 있으니, **⁶공사 시작 때까지 제가 보관하고 있으면 어떨까요?**

여 그게 가장 좋겠어요. 감사합니다.

어휘 porch 베란다 | in that case 그 경우라면 | store 보관하다; 가게

---

4 전화의 목적은 무엇인가?
(A) 서비스 홍보에 대해 논의하기 위해서
(B) 선호도에 대해 문의하기 위해서
(C) 배송 일정을 논의하기 위해서
(D) 주소를 확인하기 위해서

해설 초반부에서 남자가 집에 있으면 가져다 주겠다(I was wondering if you were home so I could drop them off)고 했으므로 지금 집에 있는지 일정을 확인하여 물건을 배송해주려는 것으로 유추되므로 정답은 (C)이다. 개인적 선호도(preferences)를 물어보았다는 의미는 성립되지 않으므로 (B)는 오답이다.

Paraphrasing drop ~ off → a delivery

5 남자가 "거의 그것의 세 배입니다"라고 말할 때의 의도는?
(A) 물건들이 너무 무거워서 옮길 수가 없다.
(B) 가격이 예상보다 훨씬 더 비싸다.
(C) 일부 방 치수가 잘못되어 있다.
(D) 프로젝트가 완성되려면 오랜 시간이 걸릴 것이다.

해설 중반부에서 여자의 말(I'll move them inside when I get home. They're only about twenty-five pounds each, right?)을 통해 집에 도착하면 자신이 직접 박스들을 안으로 옮기겠다는 내용과 twenty five pounds라는 무게 단위가 나왔다는 것을 알 수 있다. 따라서 그 뒤에 남자가 말한 three times는 세 배의 무게를 언급한 것이 된다. 또한 그 뒤로 여자가 그렇다면 자신이 직접 manage하기 어려울 것이라고 수긍하는 부분을 통해, 무거워서 직접 옮길 수 없을 것이라는 맥락이 필요하다는 것을 알 수 있다. 따라서 정답은 (A)가 된다.

6 남자가 무엇을 하겠다고 제안하는가?
(A) 나중에 여자에게 전화하기
(B) 자재들 보관하기
(C) 서비스 센터 방문하기
(D) 특급 배송 제공하기

해설 후반부에서 남자가 why don't I just store them until the project starts?라고 말하는데, Why don't I ~? 구문은 '제가 ~할까요?'라는 의미로 도움이나 제안의 의미이므로, 질문의 offer to do와 잘 어울린다. 그 뒤에 store이라는 동사가 바로 들리기 때문에 이를 캐치하여 답을 빠르게 골라야 하며, materials라는 단어는 앞의 대화에서 오고 간 타일들이 들어간 boxes임을 캐치하면 된다. 왠만한 물건들은 materials 또는 products, items 등으로 표현이 가능하다.

Paraphrasing Why don't I ~? → offer to do
boxes of tiles → materials

[7-9] W-Br / M-Au

W Hello, this is Louiza Jeong from Elite Office Solutions. I saw that your business recently opened, **⁷so I want to recommend our high-quality electronics to you.**

M Oh, hello. Yes, I may be interested. Go ahead and tell me what your company offers.

W Well, our Rozeff E-60 **⁸copy machine can print hundreds of pages in no time.**

M I'm sure it's great, but most of our work is done electronically.

W I see. Well, then you may be interested in the Romos 4 projector. It's portable and produces incredibly sharp images.

M You know what—we are looking for some portable projectors. **⁹Could you send me a catalog?**

W **⁹I'd be happy to. I'll drop it in the mail today.**

여 안녕하세요. 저는 Ellite Office Solutions의 Louiza Jeong입니다. 최근에 개업하신 것을 봤는데, **⁷저희의 고급 전자제품을 추천하고 싶습니다.**

남 아, 안녕하세요. 제가 관심을 가질 수도 있겠군요. 그럼 당신 회사에서 판매하는 제품을 말씀해주세요.

여 저희 Rozeff E-60 ⁸복사기는 순식간에 수백 장을 인쇄합니다.

남 그 제품이 정말 좋을 거라고 확신하지만, <mark>저희 일의 대부분은 컴퓨터로 처리됩니다.</mark>

여 그렇군요. 그렇다면, Romos 4 프로젝터에 관심이 가실 수 있겠네요. 이 제품은 휴대용으로 놀라울 정도로 선명한 이미지를 보여줍니다.

남 그게 말이죠, 저희가 마침 휴대용 프로젝터를 찾고 있어요. ⁹카탈로그를 좀 보내주시겠어요?

여 ⁹기꺼이 보내드릴게요. 오늘 우편으로 부칠게요.

어휘 go ahead 진행하다 | in no time 순식간에, 지체 없이 | electronically 온라인으로, 디지털 방식으로 | portable 휴대용의, 휴대가 용이한 | incredibly 놀라울 정도로 | drop ~ in the mail 우편으로 부치다

---

7 여자가 전화한 목적은 무엇인가?
(A) 구직 기회를 물어보기 위해
(B) 제품들을 홍보하기 위해
(C) 수리 작업을 준비하기 위해
(D) 배송 정보를 업데이트하기 위해

해설 초반부에 여자가 남자의 회사가 최근에 개업한 것을 보고, 여자 회사의 전자제품을 recommend하고 싶다고 했기 때문에 정답은 (B)가 된다.

Paraphrasing recommend our electronics →
promote some products

8 남자가 "저희 일의 대부분은 컴퓨터로 처리됩니다"라고 말할 때의 의도는?
(A) 남자는 임무를 끝낼 수 없다.
(B) 사무 공간이 현재 비어 있다.
(C) 회사는 상근 기술자가 필요하다.
(D) 회사는 종이를 많이 사용하지 않는다.

해설 중반부에 의도파악 문장이 들리기 직전, 여자가 자사의 복사기가 수백 장을 인쇄할 수 있다고 한 것이 먼저 힌트가 되어야 한다. 바로 직후에 의도파악 문장에서 대부분의 작업이 컴퓨터로 이루어지기 때문에 종이 사용이 별로 없는 근무 환경임을 강조했다고 이해해야 하는 문제이다.

9 여자는 무엇을 하는 데 동의하는가?
(A) 가격 낮추기   (B) 카탈로그 발송하기
(C) 프로젝트 연기하기   (D) 직접 방문하기

해설 대화의 후반부에서 남자의 요청을 담은 문장(Could you send me a catalog?)이 들린 후에 여자가 I'd be happy to. I'll drop it in the mail today라고 답변한 것을 확인할 수 있다. 카탈로그를 우편으로 발송하는 것이 여자가 해주기로 합의(agree to do)한 행동이 되므로 정답은 (B)가 된다.

[10-12] M-Au / W-Am

M Hi, Ella. I heard you once tried to get into our company's store management training program. Could you tell me how that went for you?

W Ah... well, ¹⁰**the recruiting procedure changes constantly**, and I applied two years ago. ¹⁰**So I'm not quite sure. And I myself couldn't complete the training because it required relocation.**

M Oh, interesting. Actually, ¹¹**I'd like to relocate to a different part of the country**, so the program could work for me.

W It's worth checking out. ¹²**I do remember being especially happy with our company's Web site for the program**—its instructions are very clear and precise.

남 안녕하세요, Ella. 당신이 우리 회사의 매장 관리 교육 프로그램에 한번 참가하려고 했다고 들었어요. 어떻게 됐는지 말씀해 주실 수 있나요?

여 아… 글쎄요. ¹⁰모집 절차가 계속 바뀌는데, <mark>저는 2년 전에 신청했어요.</mark> ¹⁰그래서 확실히 알지는 못해요. 그리고 그 프로그램이 전근을 요구했기 때문에 저는 때문에 교육을 이수하지 못했어요.

남 오, 흥미롭네요. 사실, ¹¹저는 국내의 다른 지역으로 옮기고 싶은데, 프로그램이 저에게 적합할 수도 있겠네요.

여 확인해 볼 만하네요. ¹²프로그램과 관련해 회사 웹사이트가 특히 만족스러웠던 것으로 기억해요. 설명이 아주 분명하고 명확하거든요.

어휘 once 한 때 | get into 합류하다, 들어오다 | go 진행되다; 가다 | constantly 끊임없이, 계속 | relocate 전근[이전]하다 | work for 적합하다, 맞다

---

10 여자가 "저는 2년 전에 신청했어요"라고 말할 때의 의도는?
(A) 그녀는 남자에게 신청할 것을 권하고 있다.
(B) 그녀는 다른 도시로 이사 가야 한다.
(C) 그녀의 자료는 컴퓨터 시스템에 있다.
(D) 그녀가 알고 있는 지식은 오래된 것일 수 있다.

해설 남자가 질문을 한 후에 여자의 말(the recruiting procedure changes constantly and I applied two years ago. So I'm not quite sure. And I myself couldn't complete the training because it required relocation)을 보면, I'm not quite sure를 통해 잘 모른다, 확실하지 않다는 문맥이 나온다. 또한 자신은 training 자체도 마무리하지 못했다고 했기 때문에 여자가 알고있는 내용이 최신 정보는 아닐 것이라는 판단이 되므로, 정답은 (D)가 된다.

11 남자는 무엇을 하고 싶다고 말하는가?
(A) 재택근무   (B) 다른 지역에 거주
(C) 다른 상점으로 전근   (D) 장기 휴가 가기

53

해설 중반부 남자의 말(I'd like to relocate to a different part of the country)을 통해 국내의 다른 지역으로 이사, 이전, 전근(relocate)을 원한다고 했기 때문에 단어를 재표현한 가장 적절한 정답은 (B)가 된다. 보기 (C) Transfer는 잘 어울리는 듯해도 끝 어휘 store가 충족되지 않기 때문에 오답으로 소거해야 한다.

Paraphrasing relocate to a different part →
            Live in another region

12 여자는 무엇이 좋았다고 말하는가?
(A) 웹사이트의 설명   (B) 사무실의 배치
(C) 공고된 직무의 급여   (D) 협상 결과

해설 질문의 키워드 woman say와 pleased with(만족하다)를 집중해서 후반부를 들어보면, 여자의 말(I do remember being especially happy with our company's Web site for the program—its instructions are very clear and precise)을 통해 웹사이트의 instructions가 매우 명료하고 정확했어서 흡족(happy)했다는 내용을 캐치할 수 있으므로 정답은 (A)가 된다. 참고로 instructions는 guidelines 또는 directions와 같은 단어로도 바꾸어 설명할 수 있음을 반드시 알아 두어야 한다.

Paraphrasing happy → pleased

[13-15] W-Br / M-Cn

> W Ron, is that the memo with details about ¹³**next year's budget**? I heard it came out today. What does it say?
>
> M Well… the company is keeping our departmental budget at two hundred and eighty thousand dollars. That's the same as last year.
>
> W Hmm… that's not quite what we had in mind. ¹⁴**I mean, our staff size and our expenses have grown a lot.**
>
> M ¹⁴**I know.** We'll just have to watch our spending carefully. ¹⁵**I'm going to go on the Internet right now and research some of our competitors' practices.** That may help us develop some new strategies.
>
> ----
>
> 여 Ron, 그게 ¹³내년도 예산에 관한 세부 사항이 있는 회람인가요? 오늘 발표됐다고 들었어요. 뭐라고 쓰여 있나요?
>
> 남 음… 회사에서는 우리 부서의 예산을 28만 달러로 유지하려고 해요. 작년과 동일하게요.
>
> 여 음… 우리가 생각했던 것과는 꽤 다르네요. ¹⁴제 말은, 직원 규모와 지출이 많이 늘었잖아요.
>
> 남 ¹⁴알아요. 우리는 지출 비용 부분을 신중히 봐야 할 거예요. ¹⁵저는 지금 바로 인터넷에 접속해서 경쟁사의 사례를 조사해 볼게요. 새로운 전략을 짜는 데 도움이 될 수 있을 거예요.

어휘 details 세부 사항, 세부 정보 | come out 발표되다, 나오다 | have in mind 염두에 두다, 생각하다 | expense 지출 | watch ~ carefully 신중하게 살펴보다 | practice 관행, 풍토 | strategy 전략

13 회람의 주제는 무엇인가?
(A) 고객 리뷰   (B) 구직 기회
(C) 재무 계획   (D) 회의 장소

해설 첫 대사부터 memo라는 질문의 키워드를 언급한 후, 내년도 예산(next year's budget)이 나왔기 때문에 (C)가 정답이 되며, 예산은 이미 쓴 돈이 아니라 쓰기로 계획을 짜 놓은 돈이라는 점에서 의미 역시 매우 적합하다.

Paraphrasing budget → A financial plan

14 여자는 왜 "우리가 생각했던 것과는 꽤 다르네요"라고 말하는가?
(A) 안심을 시켜주기 위해
(B) 만족감을 표현하기 위해
(C) 오해를 바로잡기 위해
(D) 실망감을 표현하기 위해

해설 남자가 예산이 얼마로 정해졌는지 언급한 후, 여자가 that's not quite what we had in mind. I mean, our staff size and our expenses have grown a lot이라고 말하는 부분이 나온다. Hmm이나 Well 등의 망설이는 듯한 어조가 들리면 좋은 의미의 내용이 답으로 정해지진 않는다. 예산 금액을 듣고나서 생각했던 것과는 꽤 다르다고 했고, 직원 규모와 지출이 늘었다는 말이 나온다. 그 뒤 남자가 I know라고 하는데, 이 역시 보통 약간의 불만 사항, 좋지 않다 생각하는 부분에 대한 공감을 해줄 때 많이 쓰는 표현이다. 따라서 정답은 (D)가 된다. 보기 (A)의 provide reassurance 형태는 토익에서 많이 출제되는데, worried/concerned 걱정한다는 말이 나오면 안심시켜주거나 걱정을 덜어주는 때에 많이 나오는 표현이다.

15 남자는 다음에 무엇을 할 것 같은가?
(A) 인터넷으로 조사하기
(B) 회의 잡기
(C) 교육용 영상 보기
(D) 상기시키는 내용 보내기

해설 후반부 남자의 말(I'm going to go on the Internet right now and research some of our competitors' practices)에서 Internet과 research를 캐치할 수 있다. 인터넷은 온라인이나 웹사이트로 바로 연상 가능하기 때문에 정답은 (A)가 된다. 참고로 research는 동사, 명사가 모두 되는데, 대화의 문장에서는 research가 동사로 쓰였고, 이를 명사 research로 바꾸어서 연어(Collocation) 형태로 사용하면 do[conduct] research 등으로 표현 가능하다.

[16-18] W-Br / M-Au

W Thanks for agreeing to this appointment, Mr. Hoffman. My company has just developed some new machinery that will be [16]**the future of agriculture.**

M This is [16]**the machine that spreads fertilizer on crops**, right?

W Yes. With our Rori-Tech machine, you get the most even application of fertilizer available. [17]**It will save your money** in the long run by maximizing your crop yields.

M [17]**Well,** we have a lot of equipment.

W [17]**Oh, this machine will be totally different.** [18]**Just let me show you how it works.** Once you see it in action, you're going to be deeply impressed.

여 이번 약속에 응해주셔서 감사합니다. Hoffman 씨. 이번에 저희 회사에서 [16]**농업의 미래**가 될 새로운 기계를 개발했어요.

남 [16]**농작물에 비료를 살포하는 기계** 맞죠?

여 네. 당사의 Rori-Tech 기계를 사용하면 비료를 아주 고르게 살포할 수 있어요. 작물 수확량을 최대로 끌어올려 장기적으로 [17]**비용을 절약할 수 있지요.**

남 [17]**글쎄요. 우린 많은 기계를 가지고 있어요.**

여 [17]**오, 이 기계는 확실히 다를 거예요.** [18]**어떻게 작동하는지 보여 드릴게요.** 일단 작동하는 것을 보면, 깊이 감명 받을 거예요.

어휘 machinery 기계 | agriculture 농업 | spread 퍼뜨리다 | fertilizer 비료 | crop 작물 | maximize 극대화하다 | yield 수확량 | equipment 장비 | in action 작동을 하는 | deeply 깊이 | impressed 감명을 받은

16 남자는 어디에서 일하는 것 같은가?
(A) 미술용품점　　　　(B) 제조 시설
(C) 창고　　　　　　　(D) 농장

해설 문장을 완벽하게 이해하지 못했더라도, 특정 단어들로도 키워드를 잡아낼 수 있어야 점수가 높게 나온다. 초반부에 여자가 기계가 개발되었음을 알려주면서 agriculture(농업)라고 했고, 남자도 fertilizer(비료), crops(농작물) 등을 언급한다는 점에서 정답은 (D)가 되어야 한다. 농업 계열 문제에서는 패러프레이징이 나올 때가 많으므로 반드시 정리해두자.

Paraphrasing agriculture, fertilizer, crops → a farm

17 남자가 "우린 많은 기계를 가지고 있어요"라고 말할 때의 의도는?
(A) 그는 제품을 구입할 것 같지 않다.
(B) 그는 작업을 완료하는 데 시간이 더 필요하다.
(C) 그의 업체는 다양한 제품을 만든다.
(D) 그의 직원들은 재능이 탁월하다.

해설 대화 초중반부에 여자의 말(It will save you money in the long run by maximizing your crop yields)을 통해 자신의 회사에서 나온 기기의 기술력을 이용하여 장기적으로 작물 생산량을 극대화하고 비용을 절약할 수 있다고 장점을 홍보하는데, 남자가 Well이라고 답변하는 부분부터 느낌을 받아야 한다. Well, Umm 등의 망설임 형태나 머뭇거림은 긍정적 답변이 아닐 때가 많기 때문이다. 의도파악 문장이 들리자마자 여자가 이번 기계는 완전히 다를 것(totally different)이라고 다시 한 번 설득을 한다. 따라서 이 문제의 정답은 남자의 말을 이미 장비가 많기 때문에 살 필요가 없다는 의미로 재해석하면 (A)가 된다.

어휘 a wide range of 다양한

18 여자는 무엇을 하고 싶어하는가?
(A) 안내 책자 두고 가기　　(B) 시연하기
(C) 동영상 재생하기　　　　(D) 나중에 다시 오기

해설 토익에 정말 많이 나오는 어휘 재표현으로 show ~ how가 나오면 어떻게 하는지 직접 보여준다는 의미의 demonstrate로 변환되는 것을 지체없이 골라줘야 한다. 정말 많이 나오는 출제 패턴이므로 반드시 암기해주고 빠르게 반응하자.

Paraphrasing show ~ how → Give a demonstration

[19-21] W-Am / M-Au

W Aaron, how many people have signed up for the focus group for the new washing machine we'll be launching [19]**here at the department store?**

M There will be thirty participants in total, and we're meeting them on June 7.

W Wow! You found a full group quickly.

M Yes. People were really interested because [20]**they'll get a code for forty percent off on one of our products.**

W That's great. [21]**Do you want to meet now** to talk about what else we need to prepare?

M [21]**I wish I could, but** my lunch meeting starts in fifteen minutes.

W All right. We'll find another time.

여 Aaron, [19]**여기 백화점에서** 출시할 세탁기 신제품에 대한 포커스 그룹에 몇 명이 신청했나요?

남 총 30명의 참가자가 모였고, 6월 7일에 만날 거예요.

여 와! 필요한 인원 모두를 빠르게 찾았네요.

남 네. [20]**우리 제품 중 하나를 40퍼센트 할인 받을 수 있는 코드를 받을 수 있기** 때문에 사람들이 많은 관심을 보였어요.

여 아주 좋아요. 추가로 준비해야 할 사항에 대한 논의를 위해 [21]**지금 만날까요?**

남 [21]**그럴 수 있으면 좋겠지만, 15분 후에 점심 회의가 시작돼요.**

여 좋아요. 다른 시간으로 맞춰봐요.

어휘 focus group 포커스 그룹(실험 그룹) | washing machine 세탁기 | in total 총, 다 합해서

19 화자들은 어떤 업체에 종사하는가?

(A) 텔레비전 스튜디오　　(B) 여행사

(C) 백화점　　(D) 가전제품 제조사

해설 여자의 첫 대사(how many people have signed up for the focus group for the new washing machine we'll be launching here at the department store?)에서 백화점(department store)이 정확히 들리기 때문에 정답은 (C)가 된다. 또한, 대화 중에 here가 들리면 이 장소 자체가 동일한 근무지 및 현장 장소가 되므로 더 확신을 가지고 department store을 답으로 해야 한다.

20 남자는 참가자들에게 무엇이 주어질 것이라고 말하는가?

(A) 토트백　　(B) 상금

(C) 할인 코드　　(D) 제품 카탈로그

해설 질문의 키워드가 man say이고, be given으로 끝나기 때문에 '받다'라고 해석해야 한다. 중반부에 나온 they'll get a code for forty percent off one of our products의 get (얻다, 받다)에서 질문의 끝어휘 be given과 맥락이 일치한다고 파악해야 한다. forty percent off만 듣고 discount로 바로 답을 고르기 보다는 항상 질문에서 요구하는 바를 제대로 파악하여 정답을 고르는 연습을 해야만 낚시 문제가 나와도 맞출 수 있다.

Paraphrasing ~ percent off → discount

get → be given

21 남자는 왜 "15분 후에 점심 회의가 시작돼요"라고 말하는가?

(A) 프로젝트 논의를 나중에 할 것을 제안하기 위해

(B) 여자를 식사에 초대하기 위해

(C) 마감일을 놓친 것에 대해 사과하기 위해

(D) 방을 이용할 수 없는 이유를 설명하기 위해

해설 I wish I could는 Part 2에도 충분히 나올 수 있는 아주 유명한 표현이다. 반드시 알아둬야 하는데, '저도 그러고 싶네요'라는 뜻으로 실제는 거절이나 불가능을 의미한다. 긍정적인 결과를 유발하지 않음을 반드시 알아둬야 하며, 여자가 지금 만나기를 원하는지(Do you want to meet now) 물은 후에 I wish I could라고 했으므로 정답은 (A)가 된다.

어휘 apologize for ~에 대해 사과하다 | unavailable (공간이) 이용 불가한, (물건이) 구입 불가한, (사람이) 시간이 안 되는

UNIT 11 혼자 말하는 담화, 일반 문제 1

토익 감성 갖추기　　본책 pp.79-81

A 빈칸 정답은 아래 해설 참조

B **1** (A) **2** (A) **3** (B) **4** (C) **5** (C)

C **1** complimentary **2** document **3** rest
4 gear **5** gift **6** beverage **7** complete
8 repair **9** comments **10** film **11** field
12 delay **13** feedback **14** executive
15 distribute **16** budget **17** discount
18 business **19** meal **20** refreshments

A

1 What is the purpose of the advertisement?

광고의 목적은 무엇인가?

▶ purpose, topic 등의 키워드가 등장하여 주제를 묻는 문제는 주로 담화 초반부에 정답의 단서가 등장한다.

2 Who most likely is the speaker?

화자는 누구인 것 같은가?

▶ Part 4에서는 화자에 대해 묻는 문제인지 청자에 대해 묻는 문제인지 구별하는 것이 필수이다. 화자나 청자의 직업을 암시하는 키워드를 캐치해야 한다.

3 What event is taking place?

어떤 행사가 열리고 있는가?

▶ What event, What kind[type] of event ~? 문제에 대한 담화 내용은 매장에서 진행되는 할인 행사, 워크숍, 은퇴 기념 파티 등 일상생활에서 흔히 접할 수 있는 내용이나 회사와 관련된 내용이 출제된다.

4 What is the topic of the workshop?

워크숍의 주제는 무엇인가?

▶ 주제에 대한 힌트가 담화의 초반부에 등장하지 않는다면 담화 전체 내용을 파악하고 정답을 선택해야 한다.

5 What is the speaker mainly discussing?

화자는 주로 무엇을 논의하고 있는가?

▶ 질문에 나오는 mainly(주로), most likely(~인 것 같은)는 생략한 후 해석해도 질문의 요지를 파악할 수 있다.

6 Where do the listeners most likely work?

청자들은 어디에서 일하는 것 같은가?

▶ Where ~ work?는 화자나 청자들의 근무지 또는 직업을 묻는 문제로, 주로 첫 번째나 두 번째 문제로 출제된다.

7 What is the topic of the course?
(A) Business strategy (B) Graphic design
(C) Film production   (D) Web development
강좌의 주제는 무엇인가?
(A) 비즈니스 전략 (B) 그래픽 디자인
(C) 영화 제작   (D) 웹 개발

▶ 주제를 묻는 문제는 I just wanted to do, I'd like to let you know, I'd like to talk about, Thank you for 등의 표현 뒤에 나올 가능성이 높다. 표현 뒤에 등장하는 보기와 관련된 어휘를 파악하여 정답을 고르자.

8 Who are the listeners?
(A) Hotel receptionists
(B) Small business owners
(C) Marketing professionals
(D) Fitness trainers
청자들은 누구인가?
(A) 호텔 접수 담당자
(B) 소상공인
(C) 마케팅 전문가
(D) 피트니스 트레이너

▶ 화자나 청자의 직업과 관련된 어휘나 상황을 종합하여 정답을 유추해야 한다. 예를 들어, (A) Hotel receptionists(호텔 접수 담당자)가 정답인 경우 check-in/check-out, reservation, front desk, guest services 등의 단어가 담화에 등장할 수 있다.

9 What is the main purpose of the talk?
(A) To make a request
(B) To address staff complaints
(C) To present a new schedule
(D) To explain a technical process
담화의 주된 목적은 무엇인가?
(A) 요청을 하기 위해
(B) 직원 불만 사항을 해결하기 위해
(C) 새 일정을 제시하기 위해
(D) 기술 프로세스를 설명하기 위해

▶ Part 3, 4에 등장하는 보기들 중 「To + 동사원형」으로 시작하는 보기는 '~하려고, ~하기 위해서'라고 해석한다. 「To + 동사원형」 보기는 보통 뒤에 있는 명사 목적어가 중요하지만, 요즘 시험 난이도에 대비하기 위해서는 to 뒤에 동사와 명사 목적어가 모두 충족되는 것이 좋다.

10 What is the message mainly about?
(A) Expanding a product line
(B) Organizing a corporate event
(C) Developing a mobile application
(D) Training new employees
메시지는 주로 무엇에 관한 것인가?
(A) 제품 라인 확장
(B) 기업 행사 준비
(C) 모바일 애플리케이션 개발

(D) 신입 직원 교육

▶ 주제/직업/장소를 묻는 문제가 담화의 1,2번 문제로 나란히 출제되는 경우, 담화의 초반부에 단서가 겹쳐서 제시될 수도 있으므로 두 문제의 키워드를 모두 염두에 두고 담화를 들어야 한다.

B

1

M	Thank you for visiting the Lisbon National Museum of Arts. I'm Conan Sanjay, your guide today. I'll give you a tour of several exhibits taking place in the museum.
남	리스본 국립 예술 박물관을 방문해 주셔서 감사합니다. 저는 오늘 여러분의 안내를 맡게 된 Conan Sanjay입니다. 박물관에서 진행되고 있는 여러 전시회 투어를 시켜드릴 것입니다.

어휘 exhibit 전시회

청자들은 누구인 것 같은가?
(A) 박물관 방문객   (B) 제품 디자이너
(C) 영업사원   (D) 안내원

▶ [주의] 화자(speaker), 청자(listener) 중 누구에 대해 물어보는 것인지 구별해야 한다. 이 문제에서는 청자가 누구인지 물어보고 있는데, 화자가 박물관에 온 것을 환영하며, 오늘 내가 안내를 맡게 되었다고 하는 것으로 보아 화자가 안내원(guide), 청자들은 박물관 방문객들(museum visitors)인 것을 알 수 있다. 따라서 정답은 (A)이다.

2

W	Good afternoon, tenants! I'm Audrey Park at the Palm Tree Apartments management office. Starting this Friday, there will be extensive renovations to the driveway.
여	안녕하세요, 입주민 여러분! Palm Tree 아파트 관리 사무소의 Audrey Park입니다. 이번 주 금요일부터 아파트 진입로에 대대적인 보수 공사가 있을 것입니다.

어휘 starting ~부터, ~을 시작으로 | extensive 광범위한 | driveway 진입로

화자는 누구인 것 같은가?
(A) 건물 관리자   (B) 부동산 중개업자
(C) 신문 기자   (D) 배달원

▶ 세입자(tenants)들에게 아파트 관리 사무소(Apartments management office)에서 통보하는 내용으로 화자는 아파트 관리자, 즉 건물 관리자임을 알 수 있다. 따라서 정답은 (A)이다.

3

M	Good morning, everyone! Before we start working today, I have an announcement to make. **You can see the new energy bars placed near all the cash registers.** They will be given for free to customers who make purchases of 50 dollars or more today!
남	안녕하세요, 여러분! 오늘 일을 시작하기 전에 공지할 내용이 있습니다. 모든 계산대 근처에 놓인 신제품 에너지 바가 보일 텐데요. 그것들은 오늘 50달러 이상을 구매하는 고객들에게 무료로 제공될 것입니다!

어휘   cash register 계산대

화자는 어떤 제품에 대해 논의하고 있는가?
(A) 스포츠 음료   (B) 에너지 바
(C) 커피 머그잔   (D) 여행 가방

▶ 화자가 계산대 근처에 놓인 신제품 에너지 바(new energy bars placed near all the cash registers)라고 말하고 있으므로 정답은 (B)이다.

4

W	Let's begin our staff meeting. **The focus of today's meeting is an update on some company policies you need to know.** From now on, personal packages are not allowed inside the company.
여	직원 회의를 시작합시다. 오늘 회의 주제는 회사 정책에 관해 여러분이 알아야 할 새로운 소식입니다. 지금부터 개인 택배는 회사 안으로 반입할 수 없습니다.

어휘   policy 정책, 방침

화자는 주로 무엇에 관해 이야기하고 있는가?
(A) 신입 직원   (B) 공석
(C) 회사 정책   (D) 광고 계약

▶ 화자가 회사 정책에 관한 새로운 소식(update on some company policies)이 회의 주제라고 하고 있으므로 정답은 (C)이다.

5

M	Attention, passengers. **This is the last announcement before landing.** We will be arriving at our destination, the **Helsinki airport**, shortly.
남	승객 여러분, 주목해 주십시오. 착륙하기 전 마지막 안내 방송입니다. 저희는 곧 목적지인 헬싱키 공항에 도착할 것입니다.

안내 방송은 어디에서 이루어지고 있는 것 같은가?
(A) 버스   (B) 기차
(C) 비행기   (D) 배

▶ 착륙 전 마지막 안내 방송으로 헬싱키 공항에 곧 도착한다는 내용으로 보아 비행기 안에서 이루어지고 있는 방송임을 알 수 있다. 따라서 정답은 (C)이다.

C _____

1   free 무료의 → 무료의 complimentary
▶ 다른 표현으로는 free of charge, at no cost가 있다.

2   sheet, contract, report 시트, 계약서, 보고서 → 문서 document

3   relax 휴식을 취하다 → 휴식을 취하다, 쉬다 rest

4   safety glasses 보안경 → 안전 장비 safety gear

5   present 선물 → 선물 gift
▶ present는 동사로도 쓰일 수 있는데, present the result to the board of directors(이사진에게 결과를 발표하다)의 present는 give a presentation(발표하다)의 의미가 된다.
▶ present가 형용사로는 '출석한, 현장에 있는'이라는 의미도 있다. (예시: You should be present at meeting. 당신은 회의에 참석하셔야 합니다.)

6   water, juice 물, 주스 → 음료 beverage

7   fill out 작성하다, 기입하다 → 작성하다, 기입하다 complete

8   fix 수리하다, 고치다 → 수리하다 repair
▶ fix, repair를 하는 대표적인 사람이 등장할 때는 주로 technician 또는 자동차 종류를 정비, 수리할 때는 mechanic 등이 들릴 때가 많다.

9   thoughts 생각, 판단, 견해 → 의견, 논평 comments

10   movie 영화 → 영화 film

11   area 분야, 영역 → 분야 field
▶ my area of interest라는 예시를 들어보면, 나의 관심 '지역'보다는 나의 관심 '분야'로 해석하는 것이 적절하다.

12   not start as planned 계획대로 시작하지 않는다 → 지연 delay

13   opinions, comments, input 의견 → 피드백, 의견 feedback

14   president, vice-president 사장, 부사장 → 임원, 이사진 executive

15 pass out 나눠주다 → 나눠주다, 배분하다 distribute

▶ pass out, distribute의 동의어로는 hand out이 있다.

16 finances 재정, 자금, 돈 → 예산 budget

17 price cut, price reduction 가격 인하 → 할인 discount

18 store, shop 가게 → 사업체, 영업장 business

19 breakfast, lunch, dinner 아침, 점심, 저녁 식사 → 식사 meal

20 drinks, doughnuts, snacks 음료, 도넛, 스낵 → 간식, 다과 refreshments

---

토익 실전 체험하기　　　　　본책 pp.82-83

1 (B)　**2** (A)　**3** (D)　**4** (A)　**5** (A)　**6** (C)
7 (D)　**8** (B)　**9** (A)　**10** (B)　**11** (C)　**12** (B)
13 (A)　**14** (A)　**15** (D)　**16** (B)　**17** (D)　**18** (A)
19 (B)　**20** (A)　**21** (D)

[1-3] 전화 메시지

M-Cn **¹Hi, this is Brandon Yoo from All about Catering.** I'm returning your call after listening to your voice message. Thanks for considering us to cater your company's special day. We have three catering packages to fit events of different sizes. **²Considering your budget,** the crew event package would be the best choice. It includes food, servers, and sometimes decorations. For you to make the best selection, **³I will e-mail you our brochure detailing each of our packages now.** Please take your time reviewing it and feel free to contact us anytime. Thank you.

¹안녕하세요, 저는 All about 케이터링의 Brandon Yoo입니다. 귀하의 음성 메시지를 듣고 회신 전화드립니다. 귀사의 특별한 날에 음식을 제공하는 곳으로 저희를 고려해 주셔서 감사합니다. 다양한 규모의 행사에 적합한 세 가지 케이터링 패키지가 있습니다. ²귀하의 예산을 고려해 볼 때, 크루 이벤트 패키지가 가장 좋은 선택일 것 같습니다. 여기에는 음식, 서버, 그리고 때때로 장식도 포함되어 있습니다. 최고의 선택을 하실 수 있도록 ³각각의 패키지가 상세히 설명되어 있는 브로슈어를 지금 이메일로 보내 드릴게요. 시간을 내어 검토해 보시고 언제든지 편하게 연락 주시기 바랍니다. 감사합니다.

어휘　return a call 전화를 회신하다 | cater (행사에) 음식을 공급하다 | considering ~을 고려해 볼 때 | detail 상세히 설명하다 | feel free to + 동사원형 편하게(마음껏) ~하다

---

1 화자는 어디에서 일하는 것 같은가?
(A) 컨설팅 회사　　　　　**(B) 케이터링 회사**
(C) 미술관　　　　　　　(D) 우체국

해설　화자가 처음에 자신이 All about 케이터링의 Brandon Yoo(this is Brandon Yoo from All about Catering)라고 말하고 있으므로 정답은 (B)이다.

2 화자는 서비스를 추천하기 위해 무엇을 고려하는가?
(A) 예산　　　　　　　(B) 단체 규모
(C) 행사 날짜　　　　　 (D) 행사 장소

해설　화자가 중반부에서 예산을 고려해 볼 때(Considering your budget) 특정 상품이 가장 좋은 선택일 것 같다고 말하고 있으므로 정답은 (A)이다.

3 화자는 이메일에 무엇을 보낼 것인가?
(A) 사업 계획안　　　　 (B) 설문 조사 양식
(C) 사진　　　　　　　　**(D) 소책자**

해설　화자가 후반부에서 각 패키지가 상세히 설명되어 있는 브로슈어를 이메일로 보내겠다(I will e-mail you our brochure detailing each of our packages now)고 말하고 있으므로 정답은 (D)이다.

Paraphrasing　brochure → booklet

[4-6] 광고

W-Am **⁴Is a slow Internet connection at work or home giving you a hard time? Cato Internet can help.** Wherever you live or work, you can experience our incredible Internet speed. **⁵What our customers like the most is that we offer quick installation service by our certified technicians.** Enjoy our uninterrupted and high-speed Internet connection! Call us today to schedule an appointment. **⁶If you subscribe to our service by the end of August, you will be given a free tablet.**

⁴직장이나 가정에서 느린 인터넷 연결 상태로 힘든 시간을 보내고 계시나요? Cato 인터넷이 도와드릴 수 있습니다. 여러분이 사는 곳이나 일하는 곳이 어디든지 놀라운 인터넷 속도를 경험하실 수 있습니다. ⁵저희 고객들이 가장 마음에 들어 하는 것은 공인된 기술자가 빠른 설치 서비스를 제공해 드린다는 점입니다. 끊기지 않는 빠른 속도의 인터넷 연결을 즐겨보세요! 오늘 전화하셔서 예약을 잡으세요. ⁶8월 말까지 서비스에 가입하시면 무료 태블릿을 받게 되실 것입니다.

어휘　give someone a hard time ~을 힘들게 하다 | incredible 놀라운 | installation 설치 | certified 공인된 | uninterrupted 중단되지 않는 | subscribe to N ~을 가입[구독]하다

---

4 어떤 종류의 서비스가 광고되고 있는가?
(A) 인터넷 서비스　　　(B) 가구 수리
(C) 회계 소프트웨어　　　(D) 자금 관리 강좌

해설 화자가 도입부에서 느린 인터넷으로 힘들어하는지 물으면서 (Is a slow Internet connection at work or home giving you a hard time?) Cato 인터넷이 도와줄 수 있다(Cato Internet can help)고 말하고 있으므로 정답은 (A)이다.

5 화자에 따르면, 고객들은 이 회사에 대해 어떤 점을 마음에 들어 하는가?
(A) 빠른 설치 서비스를 제공한다.
(B) 가격이 합리적이다.
(C) 다양한 지불 방식을 허용한다.
(D) 무료 상담을 제공한다.

해설 화자가 중반부에서 고객들이 빠른 설치 서비스를 제공하는 것을 가장 마음에 들어 한다(What our customers like the most is that we offer quick installation service by our certified technicians)고 말하고 있으므로 정답은 (A)이다.

Paraphrasing quick → fast

6 청자들은 한시적으로 무엇을 받을 수 있는가?
(A) 상품권 (B) 잡지 구독
(C) 무료 기기 (D) 무료 체험판

해설 화자가 마지막에 8월 말까지 가입하면 무료 태블릿을 받을 수 있다(If you subscribe to our service by the end of August, you will be given a free tablet)고 말하고 있으므로 정답은 (C)이다.

Paraphrasing free → complimentary
        tablet → device

[7-9] 연설

M-Au Thanks for coming to the Dasko Smart Home Appliance booth. Please take a look around. You can see a lot of outstanding products on display at every booth **7here at the technology conference.** But I'm confident to say that this will be your favorite. The Dasko Smart Water Heater is not an ordinary heater. **8You can control it with your smartphone via our mobile application even when you are outside your home.** The Dasko Smart Water Heater will be available on the market on May 1. **9But preorder it now and get a 20 percent discount.**

Dasko Smart 가전제품 부스에 와 주셔서 감사합니다. 주위를 둘러보십시오. 7이곳 기술 콘퍼런스 모든 부스에 많은 뛰어난 제품들이 진열된 것이 보이실 것입니다. 하지만 저는 여러분이 이 제품을 가장 마음에 들어 할 거라고 자신 있게 말할 수 있습니다. Dasko Smart 온수기는 평범한 온수기가 아닙니다. 8집 밖에 있을 때에도 모바일 애플리케이션을 통해 스마트폰으로 제어할 수 있습니다. Dasko Smart 온수기는 5월 1일에 출시될 예정입니다. 9하지만 지금 선주문하면 20퍼센트 할인을 받을 수 있습니다.

어휘 home appliance 가전제품 | take a look around 주위를 둘러보다 | outstanding 뛰어난 | on display 진열 중인, 전시 중인 | ordinary 평범한, 보통의 | via ~을 통해 | on the market 판매되는, 시장에 나와 있는

7 화자는 어디에 있는가?
(A) 전자제품 매장 (B) 라디오 방송국
(C) 슈퍼마켓 (D) 기술 컨벤션

해설 화자가 초반부에 이곳 기술 콘퍼런스(here at the technology conference)라고 말하고 있으므로 정답은 (D)이다.

8 화자가 말하는 제품의 특별한 점은 무엇인가?
(A) 가지고 다니기 쉽다. (B) 원격으로 작동될 수 있다.
(C) 물을 절약해 준다. (D) 안전하다.

해설 화자가 중반부에 집 밖에 있을 때에도 스마트폰으로 작동이 가능하다(You can control it with your smartphone via our mobile application even when you are outside your home)고 말하고 있으므로 정답은 (B)이다.

Paraphrasing control → be operated
        via our mobile application ~ outside your home → remotely

9 청자들은 무엇을 하도록 장려되는가?
(A) 일찍 제품 구매하기 (B) 시연회 참석하기
(C) 웹사이트 접속하기 (D) 다음 달까지 기다리기

해설 화자가 마지막에 지금 선주문해서 할인을 받으라(But preorder it now and get a 20 percent discount)고 말하고 있으므로 정답은 (A)이다.

Paraphrasing preorder → Buy ~ early

[10-12] 전화 메시지

W-Br Hi, Mr. Medina. **10This is Anna Young from Fleming Instrument Repair.** I'm calling about the classic guitar that you left with us. It looks like three strings are about to break, so they need to be replaced. **11I contacted the manufacturer to check if it has the strings in stock, but the person there said the company no longer produces them.** Fortunately, we have other strings that are almost identical to the original in our warehouse, but I'd like you to see them before you let us proceed with the repair work. **12Could you visit the shop sometime this week?**

안녕하세요, Medina 씨. 10Fleming 악기 수리점의 안나 영입니다. 맡겨놓고 가신 클래식 기타와 관련하여 전화드렸습니다. 기타 줄 세 개가 끊어지려는 것 같아 교체가 필요합니다. 11제조사에 연락해서 해당 기타 줄 재고가 있는지 확인해 보았는데, 담당자가 더 이상 그 줄을 생산하지 않는다고 합니다. 다행히도 저희 창고에

원래 기타 줄과 거의 동일한 다른 줄이 있는데, 수리 작업을 진행하기 전에 보셨으면 합니다. ¹²**이번 주 중으로 매장에 방문해 주시겠어요?**

어휘 instrument 악기, 기구 | string 줄 | be about to + 동사원형 막 ~하려하다 | replace 교체하다 | manufacturer 제조사 | in stock 재고가 있는 | no longer 더 이상 ~않는 | identical to N ~와 동일한 | proceed with ~을 진행하다, 계속하다 | sometime 언젠가

10 화자는 무엇에 관해 전화하고 있는가?
(A) 커뮤니티 행사　　　(B) 악기 수리
(C) 음악 수업　　　　　(D) 연락처

해설 화자가 초반부에 자신이 Fleming 악기 수리점에서 전화한다(This is Anna Young from Fleming Instrument Repair)고 말하고 있으므로 정답은 (B)이다.

11 화자는 어떤 문제를 언급하는가?
(A) 회사가 이전했다.
(B) 직원이 휴가 중이다.
(C) 일부 부품을 구할 수 없다.
(D) 가격이 변경되었다.

해설 화자가 중반부에 제조사에 연락해서 해당 기타 줄 재고가 있는지 알아봤지만 더 이상 생산하지 않는다(I contacted the manufacturer to check if it has the strings in stock, but the person there said the company no longer produces them)고 말하고 있으므로 정답은 (C)이다.

Paraphrasing　strings → parts
　　　　　　　no longer produces → not available

12 청자는 무엇을 하라고 요청받는가?
(A) 양식 작성하기
(B) 매장 방문하기
(C) 다른 공급업체에 연락하기
(D) 영수증 보여주기

해설 화자가 마지막에 이번 주 중으로 매장에 올 수 있는지(Could you visit the shop sometime this week?) 묻고 있으므로 정답은 (B)이다.

Paraphrasing　visit → Drop by

[13-15] 회의 발췌

> **M-Cn** Since a giant market opened not far from our restaurant, ¹³**parking really has been an issue.** And as you know, most of the complaints we have received from our customers are about ¹³**the shortage of parking spaces.** We have to resolve this issue before the summer peak season. ¹⁴**A franchise restaurant, Diamond Grill, recently signed a contract with a neighboring company to share its parking lot.**

I think this is the best way to address this problem. I'd like to hear what you think about this. ¹⁵**Please take a moment to leave your comments on the bulletin board in the break room.**

대형 마트가 우리 레스토랑에서 멀지 않은 곳에 문을 연 이후로, ¹³**주차 문제가 심각해졌습니다.** 여러분도 아시다시피, 우리가 고객으로부터 받은 불만 사항의 대부분은 ¹³**주차 공간 부족**에 관한 거예요. 여름 성수기 전에 이 문제를 해결해야 합니다. ¹⁴**프랜차이즈 레스토랑인 Diamond Grill이 최근에 근처 회사와 주차장을 공유하는 계약을 맺었습니다.** 이것이 이 문제를 해결하는 최선의 방법인 것 같아요. 이 부분에 대해 여러분의 생각을 듣고 싶습니다. ¹⁵**잠시 시간을 내서 휴게실 게시판에 의견을 남겨주세요.**

어휘 complaint 불만 | shortage 부족 | resolve 해결하다 | peak season 성수기 | sign a contract 계약을 맺다 | address 해결하다, 처리하다 | break room 휴게실

13 어떤 문제가 논의되고 있는가?
(A) 주차 부족　　　　(B) 감소된 매출
(C) 증가한 경쟁　　　(D) 안 좋은 날씨 상태

해설 화자가 초반부에 주차 문제가 심각해지고 있으며(parking really has been an issue), 고객들의 불만 사항 대부분이 주차 공간 부족(the shortage of parking spaces)이라고 말하고 있으므로 정답은 (A)이다.

Paraphrasing　shortage → lack

14 Diamond Grill은 최근에 무엇을 했는가?
(A) 계약을 체결했다.
(B) 다른 공급업체로 바꿨다.
(C) 새 매니저를 고용했다.
(D) 영업시간을 연장했다.

해설 화자가 중반부에 Diamond Grill이 최근에 근처 회사와 계약을 맺었다(A franchise restaurant, Diamond Grill, recently signed a contract)고 말하고 있으므로 정답은 (A)이다.

15 화자는 청자들에게 무엇을 하라고 요청하는가?
(A) 매니저에게 전화하기
(B) 양식 작성하기
(C) 워크숍 참석하기
(D) 의견 남기기

해설 화자가 마지막에 휴게실 게시판에 의견을 남겨달라(Please take a moment to leave your comments on the bulletin board in the break room)고 말하고 있으므로 정답은 (D)이다.

Paraphrasing　comments → opinions

> **W-Br** Now for the three P.M. business update. I'm Chris Wan. **¹⁶After three months of negotiations, the president of TLC TV, Dan Schneider, has finally decided to merge with Stella Communications.** Following the merger, the two companies will operate under the name of TLC Media, and Mr. Schneider will be the sole leader. **¹⁷Over the past 20 years, Mr. Schneider has been a leading figure in the entertainment industry,** and he has convinced everyone that he will use his expertise to explore new trends in the media and entertainment industries. Mr. Schneider is very interested in hearing what our listeners think about the merger. **¹⁸Please go to our online forum and leave your opinions.**

자 이제 오후 3시 비즈니스 소식입니다. 저는 Chris Wan입니다. **¹⁶**3개월간의 협상 끝에 TLC TV의 회장 Dan Schneider가 마침내 Stella 커뮤니케이션즈와 합병하기로 결정했습니다. 합병 이후, 두 회사는 TLC 미디어라는 이름으로 운영될 것이며 Schneider 씨가 단독 리더가 될 것입니다. **¹⁷**지난 20년 동안 Schneider 씨는 엔터테인먼트 업계에서 선두적인 인물이었으며 자신의 전문지식을 활용해서 미디어와 엔터테인먼트 업계의 새로운 트렌드를 찾아 나서겠다고 모두를 확신시켰습니다. Schneider 씨는 이번 합병에 관해 청취자분들의 생각을 듣고 싶어 합니다. **¹⁸**온라인 포럼으로 가서 의견을 남겨주세요.

어휘 negotiation 협상 | merge 합병하다 | following ~ 후에 | under the name of ~의 이름으로 | sole 유일한, 단독의 | leading 선두적인 | figure 인물 | expertise 전문지식 | explore 탐험하다

16 방송은 주로 무엇에 관한 것인가?
(A) 신입 시 공무원 　　(B) 회사 합병
(C) 설문 조사 결과 　　(D) 시내 퍼레이드

해설 화자가 초반부에 TLC TV의 회장이 Stella 커뮤니케이션즈와의 합병을 결정했다(After three months of negotiations, the president of TLC TV, Dan Schneider, has finally decided to merge with Stella Communications)고 했으므로 정답은 (B)이다.

17 화자에 따르면, Dan Schneider는 어떤 업계에 경험을 갖고 있는가?
(A) 비즈니스 　　(B) 회계
(C) 여행 　　(D) 엔터테인먼트

해설 화자가 중반부에 Schneider 씨가 지난 20년 동안 엔터테인먼트 업계에서 선두적인 인물이었다(Over the past 20 years, Mr. Schneider has been a leading figure in the entertainment industry)고 말하고 있으므로 정답은 (D)이다.

18 화자는 청자들에게 무엇을 할 것을 요청하는가?
(A) 의견 공유하기
(B) 질문이 있는 경우 전화하기
(C) 쇼 참석하기
(D) 회원 신청하기

해설 화자가 마지막에 온라인 포럼으로 가서 의견을 남겨달라 (Please go to our online forum and leave your opinions)고 말하고 있으므로 정답은 (A)이다.

> **M-Au** **¹⁹Thanks for attending this year's Korea Furniture Association's awards ceremony.** Now for the last award: this year's Most Innovative Design Award goes to Sonoma Furniture, a furniture manufacturer that has redefined so-called innovative furniture design. **²⁰Sonoma Furniture's products such as tables, chairs, and beds are very famous for using very distinctive materials.** One of the materials is woven leather, which is gaining in popularity with consumers. **²¹And now, let's welcome the president of Sonoma Furniture, Dong-Hyun Kim, to accept the award.** He's going to share a lot about his company's products and future plans.

¹⁹올해 한국 가구 협회 시상식에 참석해 주셔서 감사합니다. 이제 마지막 시상입니다. 올해의 가장 혁신적인 디자인 상은 소위 '혁신적인 가구 디자인'을 재정의한 가구 제조업체 Sonoma 가구에게 돌아갑니다. **²⁰**탁자, 의자, 침대와 같은 Sonoma 가구의 제품들은 매우 특색 있는 소재를 사용하는 것으로 유명합니다. 소재들 중 하나는 엮은 가죽이며, 이는 소비자들 사이에서 인기를 얻고 있습니다. **²¹**자 이제, Sonoma 가구의 김동현 대표님께서 수상하도록 환영해 주시기 바랍니다. 그가 회사 제품과 향후 계획에 대해 많은 이야기를 해 주실 겁니다.

어휘 awards ceremony 시상식 | innovative 혁신적인 | redefine 재정의하다 | so-called 소위, 이른바 | distinctive 특색 있는 | woven 엮은, 짠 | gain in popularity 인기를 얻다

19 어떤 종류의 행사가 열리고 있는가?
(A) 전문 콘퍼런스 　　**(B) 시상식**
(C) 스포츠 경주 　　(D) 은퇴 파티

해설 화자가 도입부에 한국 가구 협회 시상식에 참석해 줘서 감사하다(Thanks for attending this year's Korea Furniture Association's awards ceremony)고 말하고 있으므로 정답은 (B)이다.

20 화자는 제품의 어떤 특징을 강조하는가?
(A) 독특한 소재 　　(B) 내구성
(C) 휴대성 　　(D) 합리적인 가격

해설 화자가 중반부에 Sonoma 가구가 특색 있는 소재를 사용하는 것으로 유명하다(Sonoma Furniture's products such as tables, chairs, and beds are very famous for using very distinctive materials)고 말하고 있으므로 정답은 (A)이다.

Paraphrasing distinctive → Unique

21 김동현은 누구인가?
(A) 기자   (B) 행사 주최자
(C) 그래픽 디자이너   **(D) 회사 임원**

해설 화자가 후반부에 김동현 씨가 Sonoma 가구의 대표(the president of Sonoma Furniture, Dong-Hyun Kim)라고 말하고 있으므로 정답은 (D)이다.

Paraphrasing president → A company executive

UNIT
12 혼자 말하는 담화, 일반 문제 2

토익 감성 갖추기   본책 pp.85-87

A 빈칸 정답은 아래 해설 참조

B **1** (C)   **2** (D)   **3** (A)   **4** (C)   **5** (A)

C **1** identification   **2** official
3 contact information   **4** business trip
5 productivity   **6** travel plan
7 demonstration   **8** professional
9 speak quietly   **10** quickly
11 negative feedback   **12** demand
13 process   **14** overtime   **15** review
16 remove   **17** environmentally friendly
18 office supplies   **19** vehicle
20 payment

A _____

1 According to the speaker, what will begin today?
화자에 따르면, 오늘 무엇이 시작될 것인가?

▶ 질문에 등장하는 시점(요일, 날짜, 시각 등)은 정답이 나오는 중요한 힌트이다. today(오늘)에 가장 초점을 맞춰야 하는 문제이다.

2 Why did the speaker take a train?
화자는 왜 기차를 탔는가?

▶ 기본적으로 문장 앞, 뒤를 키워드로 추린다고 봤을 때, 의문사 Why(왜)를 제외하고 이 질문의 키워드는 명사 train(기차)이다. '왜/기차 탔어?'로 파악해야 한다.

3 What has the company bought recently?
회사는 최근에 무엇을 샀는가?

▶ 시점인 recently(최근에)가 중요한 키워드로, '무엇을/샀는가/최근에'로 파악해야 한다. recently의 경우, 담화에 그대로

recently가 등장하기도 하지만 last week(지난주), last month(지난달)와 같이 등장할 수도 있음을 알아두자.

4 What does the speaker say listeners can do on a Web site?
화자는 청자들이 웹사이트에서 무엇을 할 수 있다고 말하는 가?

▶ '무엇/웹사이트'로 파악하는 문제이다. Part 3, 4에서 빠짐 없이 등장하는 질문 중에 하나가 웹사이트에서 혹은 온라인 에서 무엇을 할 수 있는가 또는 무엇을 찾을 수 있는가를 물 어보는 문제이다. 질문의 Web site는 담화에서는 online 혹은 구체적인 웹사이트 주소를 언급할 수도 있다.

5 What policy change does the speaker mention?
화자는 어떤 정책 변화를 언급하는가?

▶ 그냥 What이 아니라 바로 뒤에 있는 명사 policy change 까지도 키워드로 잡아야 한다. '어떤 정책 변화/언급'으로 파 악해야 한다.

6 What are the listeners asked to provide?
청자들은 무엇을 제공할 것을 요청받는가?

▶ '무엇을/제공하다'로 파악한다. be asked to do(~하도록 요청받다) 문제의 경우 스크립트에서는 단서가 주로 Please ~ (~해 주세요) 혹은 Can[Could] you ~? (~해 주시겠 어요?)라고 시작하며, 이런 유형의 문제는 마지막 문제로 등 장하는 경우가 대부분이다.

7 What does the speaker suggest the listeners do?
(A) Arrange a business trip
(B) Visit a factory
(C) Interview candidates
(D) Subscribe to a magazine
화자는 청자들에게 무엇을 하라고 제안하는가?
(A) 출장 준비
(B) 공장 방문
(C) 지원자 인터뷰
(D) 잡지 구독

▶ 문제는 '무엇을/제안하다'로 파악한다. 보기 4개 모두 「동사 원형 + 목적어」의 형태인데, 이럴 때 예전에는 보통 목적어인 명사가 중요하다고 보는 경우가 우세했으나, 요즘 시험 난이 도를 생각해 볼 때 동사의 의미도 간과해서는 안 된다. 「동사 원형 + 목적어」 양쪽 모두 충족되는 보기라면 정답인 게 당연 하지만 그렇지 않을 경우 둘 중 하나라도 충족된 보기가 당 연히 정답의 가능성이 높다.

8 According to the speaker, what factor is the most important in making a decision?
(A) Monthly rent
(B) High foot traffic
(C) Competing stores
(D) Part-time staff

화자에 따르면, 어떤 요인이 결정하는 데 가장 중요한가?
(A) 월 임대료
(B) 많은 유동인구
(C) 경쟁 상점들
(D) 파트타임 직원들

▶ '어떤 요인/결정'으로 문제를 파악한다. 이 정도로 짧은 보기는 한 번에 간단하게 봐두고, 한 단어도 들리지 않는 경우는 오답을 우선적으로 소거하거나 순간적으로 들리는 단어를 캐치해서 답을 골라야 한다.

9 According to the speaker, <u>what opportunity</u> will the listeners have at the <u>trade fair</u>?
(A) They can meet <u>industry specialists</u>.
(B) They can sample <u>some foods</u>.
(C) They can enjoy light <u>refreshments</u>.
(D) They can sell <u>products</u>.

화자에 따르면, 청자들은 무역 박람회에서 어떤 기회를 갖게 될 것인가?
(A) 업계 전문가들을 만날 수 있다.
(B) 음식을 시식할 수 있다.
(C) 가벼운 다과를 즐길 수 있다.
(D) 제품을 판매할 수 있다.

▶ 문제는 '어떤 기회/무역 박람회'로 키워드를 잡는다. 보기의 경우 주어가 모두 동일하므로 끝 단어를 키워드로 잡는다. 물론 동사도 모두 다르기 때문에 동사까지 키워드로 잡으면 좋지만, 동사는 그냥 눈으로만 봐도 무방하다.

10 What does the speaker say will happen <u>next week</u>?
(A) A <u>road</u> will be <u>closed</u>.
(B) A <u>retirement party</u> will be <u>held</u>.
(C) A <u>new CEO</u> will be <u>elected</u>.
(D) <u>Prices</u> will be <u>reduced</u>.

화자는 다음 주에 어떤 일이 있을 것이라고 말하는가?
(A) 도로가 폐쇄될 것이다.
(B) 은퇴 파티가 열릴 것이다.
(C) 새 CEO가 선출될 것이다.
(D) 가격이 인하될 것이다.

▶ next week(다음 주)를 키워드로 잡고 이 부분을 놓치지 않고 들어야 하는 문제로, 보기는 주어인 명사와 동사가 모두 다르므로 빠르게 눈으로 훑으면서 밑줄을 쳐야 한다.

B

1

W	Now, before we move on to the next item on the agenda, **let's take some time to enjoy some snacks and drinks in the back of the room**.
여	자, 다음 안건으로 넘어가기 전에, 방 뒤 편에 있는 스낵과 음료 먹을 시간을 갖겠습니다.

청자들은 다음에 무엇을 할 것인가?
(A) 동영상 시청하기　　(B) 설문지 작성하기
(C) 간식 먹기　　(D) 계약서 검토하기

▶ 보통 3문제 중 마지막 문제로 출제되는 다음에 할 일을 묻는 문제로, 다음 안건으로 넘어가기 전에(before we move ~ agenda)라고 했으므로 그 뒤에 나오는 내용이 다음에 할 일임을 알 수 있다. 스낵과 음료 먹는 시간을 갖는다고 했으므로 snacks and drinks(스낵과 음료)를 refreshments(간식, 다과)로 바꾸어 말한 (C)가 정답이다.

2

M	Attention, passengers. TSM Airlines is now boarding. **Please have your boarding pass ready at the gate.**
남	승객 여러분, 주목해 주세요. TSM 항공사가 탑승을 실시하고 있습니다. 게이트에서 탑승권을 준비해 주세요.
어휘	have ~ ready ~을 준비하다

화자는 청자들이 무엇을 보여주어야 한다고 말하는가?
(A) 신분증　　　　　(B) 납부 증명서
(C) 계약서　　　　　**(D) 탑승권**

▶ 게이트에서 탑승권을 준비하라고 했으므로 그대로 보기에 언급한 (D)가 정답이다. 준비하라(have ~ ready)고 한 것이 보여주라(must show)고 한 의미가 되므로 패러프레이징으로 정리해둔다.

3

W	Well... It looks like we're running out of copy paper. **Can you call the supplier and place an order for 10 boxes of copy paper?**
여	음... 복사용지가 다 떨어져 가고 있는 것 같아요. 공급업체에 전화해서 복사용지 열 박스 주문해 줄 수 있나요?
어휘	run out of ~을 다 써버리다, ~이 바닥나다 | place an order 주문하다

화자는 청자에게 무엇을 해 달라고 요청하는가?
(A) 공급업체에 연락하기
(B) 매니저에게 말하기
(C) 복사하기
(D) 기계 수리하기

▶ Can[Could] you ~?라고 시작하는 문장은 요청하는 내용이다. 공급업체에 연락하라(call the supplier)고 했으므로 call을 contact로 바꾸어 말한 (A)가 정답이다.

4

M Oh, I almost forgot. My house is scheduled to undergo some renovations this Friday, so could you install the fence next week instead? **I have some friends coming to visit this Saturday.**
남 아, 잊을 뻔했네요. 이번 주 금요일에 저희 집을 보수할 예정이라서 대신 다음 주에 울타리를 설치해 주실 수 있을까요? 이번 주 토요일에는 친구들이 방문할 거예요.
어휘 undergo renovations 보수[수리]하다

화자는 이번 주 토요일에 무엇을 할 것이라고 말하는가?
(A) 집 수리하기　　　　(B) 울타리 페인트칠하기
(C) 친구들 초대하기　　(D) 주문하기

▶ 문제에서 이번 주 토요일(this Saturday)을 키워드로 잘 잡아야 한다. 이번 주 토요일에 친구들이 자신의 집을 방문한다고 했으므로 친구들을 초대한다는 것을 알 수 있다. 따라서 (C)가 정답이다.

5

W Our company picnic is just a month away, **so we need to meet as soon as possible and make a final decision on where to host it.**
여 우리 회사 야유회가 불과 한 달 밖에 남지 않아서 가능한 한 빨리 만나서 어디서 열지 최종 결정을 해야 해요.
어휘 final decision 최종 결정

화자는 왜 청자를 만나고 싶어 하는가?
(A) 장소를 고르기 위해서
(B) 거래를 마무리 짓기 위해서
(C) 요리 공급업체를 선정하기 위해서
(D) 연설자를 검토하기 위해서

▶ 만나서 회사 야유회를 어디서 열지(where to host it) 최종 결정을 내려야 한다고 했으므로 make ~ decision(결정하다)을 choose(고르다)로, where to host it(그것을 어디서 열지)을 venue(장소)로 바꾸어 말한 (A)가 정답이며, 의문사 where을 단어로 바꾼다면 location, site, place, venue 등으로 재표현이 가능하다.

C

1 passport, driver's license 여권, 운전 면허증 → 신분증 identification

2 mayor 시장 → 시 공무원, 시 관계자 city official

3 phone number, e-mail address 전화번호, 이메일 주소 → 연락처 contact information

4 leave to visit a client 고객을 방문하러 가다 → 출장 business trip

5 efficiency at work 직장에서의 능률 → 직장에서의 생산성 productivity at work

6 itinerary 여행 일정 → 여행 계획 travel plan
▶ 비행기 티켓 예약, 숙박업소 예약 등의 출장이나 여행 준비를 하는 경우에는 travel arrangements(여행 준비)로 표현하기도 한다.

7 show you how to V ~하는 방법을 보여주다 → 시연하다 give a demonstration

8 특정 분야 + conference ~ 분야의 콘퍼런스 → 전문 콘퍼런스 professional conference

9 keep one's voice down 목소리를 낮추다 → 조용히 말하다 speak quietly

10 as soon as possible(ASAP) 가능한 한 빨리 → 빠르게 quickly

11 unfavorable reviews 좋지 않은 후기 → 부정적인 피드백 negative feedback

12 interest in products 제품에 대한 관심 → (제품의) 수요 demand

13 procedure 절차 → 과정 process

14 work extra hours 시간 외 근무하다 → 초과 근무하다 work overtime

15 testimonial (제품에 대한) 추천의 글 → 후기 review
▶ testimonial은 보통 좋은 후기를 담은 글을 의미한다.

16 detach 떼어내다, 분리하다 → 제거하다 remove
▶ remove의 동의어로는 get rid of도 외워두면 좋다.

17 safe for the environment 환경에 안전한 → 환경 친화적인 environmentally friendly
▶ 고난도 유사 의미로는 sustainability가 있는데, 이는 환경이 파괴되지 않는 '지속 가능성'의 의미가 있다.

18 pen, eraser, stapler 펜, 지우개, 스테이플러 → 사무 용품 office supplies

19 car, truck 차, 트럭 → 차량 vehicle

20 credit card or account number 신용카드 또는 계좌 번호 → 납입 정보 payment details

1 (B)	**2** (B)	**3** (D)	**4** (C)	**5** (B)	**6** (A)
7 (A)	**8** (A)	**9** (D)	**10** (B)	**11** (A)	**12** (D)
13 (A)	**14** (B)	**15** (B)	**16** (B)	**17** (D)	**18** (A)
19 (C)	**20** (B)	**21** (A)			

[1-3] 광고

W-Am Are you looking for a job as a fashion designer or stylist? **¹If so, you should come to the tenth annual Viva Fashion Career Fair sponsored by *Viva Magazine*.** More than 100 companies in the fashion industry will get together at the Param College auditorium for this event. The Viva Career Fair brings together the nation's leading companies and job seekers. **²Don't miss this chance to meet with recruiters and participate in in-person interviews. ³Visit the fair's Web site now to complete your registration and ensure your spot.** We look forward to seeing you at the auditorium.

패션 디자이너나 스타일리스트로서의 직업을 찾고 있으신가요? **¹그렇다면, 〈Viva 잡지〉가 후원하는 제10회 연례 Viva 패션 취업 박람회에 오셔야 합니다.** 100개가 넘는 패션 업계 기업들이 이 행사를 위해 Param 대학 강당에 모일 것입니다. Viva 취업 박람회는 국내 선도 기업들과 구직자들을 한 데 모을 것입니다. **²기업의 채용 담당자들을 만나고 대면 면접에 참가할 수 있는 이 기회를 놓치지 마세요. ³지금 박람회 웹사이트를 방문해서 등록을 완료하시고 자리를 확보하세요.** 강당에서 만나기를 바라겠습니다.

어휘 career fair 취업[직업] 박람회 | sponsor 후원하다; 후원자 | get together 모이다 | auditorium 강당 | bring together 합치다, 어울리게 하다 | leading 선도하는 | job seeker 구직자 | miss a chance 기회를 놓치다 | participate in ~에 참석하다 | registration 등록 | spot 자리, 장소 | look forward to -ing ~하기를 고대하다, 바라다

1 취업 박람회는 어떤 업계에 중점을 두고 있는가?
(A) 출판　　　　　　(B) 패션
(C) 교육　　　　　　(D) 방송

해설 취업 박람회가 중점을 두고 있는(focused on) 것, 즉 취업 박람회의 주제를 물어보고 있는 문제로, 화자가 초반부에 언급할 취업 박람회 이름을 놓치지 않고 캐치해야 한다. Fashion Career Fair라고 직접적으로 언급하고 있으므로 (B)가 정답이다.

어휘 be focused on ~에 중점을 두다 | publishing 출판

2 청자들은 취업 박람회에서 어떤 활동에 참가할 수 있는가?
(A) 질의응답 시간
(B) 대면 면접
(C) 이력서 검토 시간
(D) 채용 담당자들과의 점심 식사

해설 문제의 초반 What activity(어떤 활동)가 키워드이다. 기업의 채용 담당자들을 만나고 대면 면접에 참가할 수 있는 이 기회를 놓치지 말라(Don't miss this chance to meet with recruiters and participate in in-person interviews)고 한 부분에서 in-person interviews를 취업 박람회에서 할 수 있는 activity로 볼 수 있는데, 이를 그대로 표현하지 않고 in-person을 face-to-face로 바꾸어 말한 (B)가 정답이며, 질문에 등장한 take part in 역시 담화 내용 중 participate in과 동일한 의미임을 정리한다.

어휘 take part in ~에 참가하다

Paraphrasing participate in → take part in
　　　　　　　　in-person → face-to-face

3 청자들은 온라인에서 무엇을 할 수 있는가?
(A) 수수료 지불　　　　(B) 강좌 이수
(C) 책 예약　　　　　　(D) 자리 확보

해설 온라인에서 할 수 있는 것, 즉, 웹사이트에서 할 수 있는 것을 묻는 문제는 자주 등장하는 유형이다. 지금 박람회 웹사이트를 방문해서 등록을 완료하고 자리를 확보하라(Visit the fair's Web site now to complete your registration and ensure your spot)고 했으므로 ensure ~ spot을 Secure a spot으로 바꾸어 말한 (D)가 정답이다.

어휘 complete 완료하다; 작성하다 | secure 확보하다

Paraphrasing Web site → online
　　　　　　　　ensure → Secure

[4-6] 회의 발췌

M-Au Before I close this meeting, **⁴I would like to thank you for providing your feedback on the survey the Maintenance Department distributed last week. ⁵Based on your responses, management has decided to expand the meeting rooms on the second and seventh floors.** I understand that all of us are eager to have much larger spaces for our meetings. However, because this remodeling project is expected to be extensive, **⁶all staff members on both floors will need to work from home during the month of June.** To be well prepared for this, please notify your supervisor if you need anything.

이 회의를 끝내기 전에, **⁴지난주 관리부에서 배포한 설문 조사에 피드백을 제공해 주신 것에 감사드리고 싶습니다. ⁵여러분의 응답을 바탕으로, 경영진은 2층과 7층의 회의실을 확장하기로 결정했습니다.** 우리 모두 회의를 위해 훨씬 더 큰 공간을 갖고 싶어 한다는 걸 알고 있습니다. 하지만 이 리모델링 프로젝트가 대규모일 것으로 예상되기 때문에 **⁶이 두 층에 있는 전 직원은 6월 한 달 동안 재택근무를 해야 합니다.** 이 부분을 잘 준비하기 위해 필요한 것이 있다면 상사에게 알려 주세요.

어휘 maintenance department 관리부 | based on ~을 바탕으로 | expand 확장하다 | be eager to + 동사원형 ~하기를 간절히 바라다 | extensive 대규모의, 광범위한 | work from home 재택근무를 하다 | supervisor 상사, 관리자

4 화자는 청자들에게 무엇에 대해 감사하는가?
(A) 회의에 일찍 도착한 것
(B) 설문 조사 질문을 만든 것
(C) 피드백을 공유한 것
(D) 마감일을 지킨 것

해설 화자가 도입부에 피드백을 제공해 주신 것에 감사하다 (I would like to thank you for providing your feedback ~)고 하는데, 여기서 providing을 Sharing으로 바꾸어 말한 (C)가 정답이다.

어휘 meet a deadline 마감일을 맞추다

Paraphrasing providing ~ feedback →
Sharing ~ feedback

5 화자에 따르면, 경영진은 무엇을 하기로 결정했는가?
(A) 직원을 더 많이 채용하기
(B) 공간 확장하기
(C) 낡은 기기 교체하기
(D) 다른 건물로 이사하기

해설 초반부에 경영진은 회의실을 확장하기로 결정했다 (management has decided to expand the meeting rooms)고 했고, 질문의 키워드 management가 그대로 들리기 때문에 이 부분을 놓치지 않고 캐치하는 것이 중요하다. expand는 그대로 쓰고 meeting rooms만 spaces로 바꾸어 말한 (B)가 정답이다.

어휘 replace 교체하다

Paraphrasing meeting rooms → spaces

6 청자들은 6월에 무엇을 해야 할 것인가?
(A) 원격 근무   (B) 강좌 이수
(C) 조사   (D) 시상식 준비

해설 문제의 가장 중요한 키워드는 시점인 June(6월)이다. 이를 키워드로 잡고 들어가면 후반부에 6월에 work from home 해야 한다고 하고 있다. 재택근무를 한다는 것은 원격으로 일하는 것이므로 work from home을 Work remotely로 바꾸어 말한 (A)가 정답이다.

어휘 remotely 원격으로

Paraphrasing work from home → Work remotely

[7-9] 녹음 메시지

W-Br Hello. **⁷You've reached Stepping Stone Restaurant,** the ultimate dining spot. We're sorry we cannot take your call. We're currently closed for renovations, and August 20 will be our reopening day. **⁸Please visit us at www.**

steppingstone.com to check our special promotional event schedule. Stepping Stone Restaurant has also just been voted the best eatery for the first time by *Cravings Magazine*. **⁹So to celebrate, we will be offering 20 percent off all our desserts until September.** Come and enjoy our delicious desserts.

안녕하세요, 여러분의 최고의 식당, **⁷Stepping Stone 레스토랑입니다.** 전화를 받을 수 없어 죄송합니다. 저희는 현재 보수공사로 인해 문을 닫은 상태이며 8월 20일이 재개장 일이 될 것입니다. **⁸www.steppingstone.com에 오셔서 특별 프로모션 행사 일정을 확인하세요.** 그리고 Stepping Stone 레스토랑은 〈Cravings 잡지〉에서 처음으로 최고의 식당으로 선정되기도 했습니다. **⁹그래서 이를 축하하기 위해, 9월까지 모든 디저트를 20 퍼센트 할인해 드릴 것입니다.** 오셔서 맛있는 디저트를 즐겨보세요.

어휘 ultimate 최고의, 궁극적인 | renovation 보수공사 | vote 선정하다, 선출하다 | eatery 식당 | celebrate 축하하다

7 어떤 종류의 업체에서 메시지를 녹음했는가?
(A) 음식점   (B) 전자 제품 회사
(C) 잡지사   (D) 의류 회사

해설 음성 메시지를 녹음하는 업체는 도입부부터 업체명을 언급하게 된다. Restaurant이라고 정확하게 말하고 있는데 restaurant을 dining establishment로 바꾸어 표현할 수 있으므로 (A)가 정답이다. 참고로 식당을 표현하는 다른 단어로는 bistro(식당), cafeteria(구내식당)도 있음을 알아두자.

Paraphrasing restaurant → A dining establishment

8 화자에 따르면, 청자들은 온라인에서 무엇을 할 수 있는가?
(A) 행사 일정 보기   (B) 주문하기
(C) 바우처 다운로드하기   (D) 영업시간 확인하기

해설 화자가 중반부에 웹사이트 주소를 말하는데 그 문장을 집중해서 들어보면 check ~ promotional event schedule 이라고 했다. check(확인하다)를 View(보다)로 바꾸어 말한 (A)가 정답이다.

어휘 place an order 주문하다

Paraphrasing check → View

9 업체는 9월까지 무엇을 제공할 것인가?
(A) 무료 배송   (B) 라이브 공연
(C) 더블 포인트   (D) 할인 음식

해설 September라는 확실한 '시점' 키워드를 잡고 들어보면 화자가 마지막에 9월까지 모든 디저트를 20퍼센트 할인해 줄 것(we will be offering 20 percent off all our desserts until September)이라고 했다. 20 percent off를 Discounted로, desserts를 foods로 바꾸어 말한 (D)가 정답이다.

Paraphrasing 20 percent off → Discounted
desserts → foods

[10-12] 방송

M-Cn Good evening, listeners. I'm glad to have you back. I'm Gary Travis, the host of your favorite radio show, *What You Eat Really Matters*. When you're committed to eating healthy, ¹⁰it can sometimes be challenging to stay on budget. ¹¹Well, let me offer you a solution. Why don't you make your meals at home from now on? ¹⁰This will help you save your money a lot. You can use a diverse range of healthy recipes listed on our show's social media page. ¹²In addition, please leave feedback on the page after trying any of them. Your thoughts are of great importance to us.

안녕하세요, 청취자 여러분. 다시 함께 하게 되어 기쁩니다. 저는 여러분이 가장 좋아하는 라디오 프로그램, 〈먹는 것이 정말 중요합니다〉의 진행자인 Gary Travis입니다. 건강하게 먹는 것에 몰두할 때, ¹⁰때때로 예산 안에서 돈을 쓰는 것은 어려울 수 있습니다. ¹¹자, 제가 해결책을 드리겠습니다. 이제부터 집에서 식사를 만들어보는 건 어떨까요? 이렇게 하면 많은 돈을 절약하는 데 도움이 될 것입니다. 저희 프로그램 소셜 미디어 페이지에 있는 다양한 건강 조리법을 사용해 보세요. ¹²또한, 그중 하나를 시도해 보시고 페이지에 피드백을 남겨주세요. 여러분의 의견은 저희에게 매우 중요합니다.

> **어휘** matter 중요하다 | be committed to -ing ~에 몰두하다, 전념하다 | challenging 어려운, 도전적인 | stay on budget 예산을 초과하지 않고 쓰다 | solution 해결책 | a diverse range of 매우 다양한 | recipe 조리법, 요리법 | of importance 중요한

10 라디오 프로그램의 주제는 무엇인가?
(A) 정원 가꾸기　　　　(B) 돈 절약하기
(C) 좋은 레스토랑 찾기　(D) 규칙적으로 운동하기

해설 라디오 프로그램 이름이나 초반부에 eating healthy만 들었을 때는 먹는 이야기가 주제인가 생각할 수 있는데, 때때로 예산 안에서 돈을 쓰는 것은 어려울 수 있다(it can sometimes be challenging to stay on budget)고 했고, 이렇게 하면 많은 돈을 절약하는 데 도움이 될 것(This will help you save your money a lot)이라고 한 것으로 보아 돈을 절약하는 방법에 대해 알려주는 것이 주제라는 것을 알 수 있다. 따라서 (B)가 정답이다.

11 화자는 해결책으로 무엇을 추천하는가?
(A) 집에서 음식 준비하기
(B) 요리 수업 듣기
(C) 잡지 읽기
(D) 지역 시장 이용하기

해설 중반부에 화자가 Well, let me offer you a solution이라고 하면서 문제의 키워드 solution을 그대로 언급했고, 바로 뒤에서 그 해결책으로 집에서 식사를 만들어 볼 것을 추천하고 있다. make your meals를 Preparing foods로 바꾸어 말한 (A)가 정답이다.

Paraphrasing make → Preparing
　　　　　　 meals → foods

12 청자들은 무엇을 하라고 권고받는가?
(A) 시연회 보기　　　　　(B) 예약하기
(C) 공급업체에 연락하기　(D) 의견 공유하기

해설 화자가 후반부에 다양한 건강 조리법 중 하나를 시도해 보고 페이지에 피드백을 남겨달라(please leave feedback on the page after trying any of them)고 한 부분에서 화자의 권고 내용(encourage)이 드러나고 있다. leave feedback을 Share some comments로 바꾸어 말한 (D)가 정답이다.

Paraphrasing leave feedback → Share some comments

[13-15] 회의 발췌

M-Au Good morning, everyone. ¹³I'd like to thank you for coming in much earlier than usual for work today. While ¹⁴the warehouse team participated in the industry event in Chicago over the weekend, the company replaced all the old machines with new ones. Among them, the new conveyor belts manufactured by M&G Automation automatically stop working if they detect any kind of danger. However, they are a bit complicated to operate. ¹⁵Let me show you how they work now.

안녕하세요, 여러분. ¹³오늘 평소보다 훨씬 일찍 출근하신 것에 대해 감사드립니다. ¹⁴창고 팀이 주말 동안 시카고에서 열린 업계 행사에 참석하는 동안, 회사는 모든 낡은 기계들을 새것으로 교체했습니다. 새 기계들 중에 M&G 오토메이션이 제조한 새 컨베이어 벨트는 위험을 감지하면 자동으로 작동을 멈춥니다. 그러나, 작동이 다소 복잡합니다. ¹⁵어떻게 작동되는지 지금 보여 드릴게요.

> **어휘** warehouse 창고 | participate in ~에 참석하다 | replace A with B A를 B로 교체하다 | manufacture 제조하다 | automatically 자동으로 | detect 감지하다 | complicated 복잡한

13 화자는 청자들에게 무엇에 대해 감사하는가?
(A) 일찍 출근한 것
(B) 신입 직원들을 교육한 것
(C) 매뉴얼을 만든 것
(D) 초과 근무한 것

해설 화자가 초반부에 오늘 평소보다 훨씬 일찍 출근하신 것에 대해 감사하다(I'd like to thank you for coming in much earlier than usual for work today)고 하고 있다. coming in을 Arriving으로, much earlier than usual을 early로 바꾸어 말한 (A)가 정답이다.

Paraphrasing coming in → Arriving
　　　　　　 much earlier than usual → early

14 청자들은 어디에서 일하는 것 같은가?
(A) 병원　　　　　　　　(B) 공장
(C) 호텔　　　　　　　　(D) 쇼핑몰

해설　화자가 초반부에 창고 팀(warehouse team)을 언급한 다음, 낡은 기계들을 교체했다(replaced ~ old machines). 컨베이어 벨트(conveyor belts) 등을 말하는 것으로 보아 이곳은 공장이라는 것을 알 수 있으므로 (B)가 정답이다. 참고로 공장이 정답일 때 힌트로 제공하는 다른 단어로는 production floor(생산 작업층), assembly line (조립 라인) 등이 있다.

15 화자는 다음에 무엇을 할 것인가?
(A) 동료에게 연락하기　　(B) 시연하기
(C) 간식 제공하기　　　　(D) 휴식 취하기

해설　will ~ next 구문은 담화의 후반부까지 들어야 답이 나오는 경우가 많다. 담화 마지막에 컨베이어 작동이 복잡하다(they are a bit complicated to operate)고 하면서 작동 방법을 보여주겠다(Let me show you how they work now)고 하고 있다. 무언가를 보여준다는 것은 시연(demonstration)하는 것으로 (B)가 정답이며, show ~ how 구문은 demonstration 개념임을 반드시 외워두자.

Paraphrasing　show you ~ → Give a demonstration

[16-18] 담화

W-Br　First, **16as marketing manager, I would like to express my thanks to the team.** The posters, social media advertisements and other marketing materials you've produced while working from home have really impressed me. With the completion of our office space renovations, **17many of you have inquired about our updated work policy.** After having a discussion with Cal Lightman from Human Resources, we decided that starting November 20, the entire marketing staff can choose either to come to the office or to continue to work from home. **18And don't forget that you must submit your hours by this Thursday to receive your paycheck on time.**

우선 16마케팅 매니저로서 팀에 감사를 표하고 싶습니다. 재택근무를 하는 동안 여러분이 만든 포스터, 소셜 미디어 광고와 다른 마케팅 자료들은 정말 인상적이었습니다. 사무실 보수공사가 완료되고, 17많은 분들이 변경된 업무 정책에 대해 문의했는데요. 인사부의 Cal Lightman과 논의 후에, 11월 20일부터 마케팅 전 직원이 사무실에 출근하는 것과 계속 재택근무를 하는 것 중 선택할 수 있도록 결정했습니다. 18그리고 제때 급여를 받을 수 있도록 이번 주 목요일까지 업무 시간을 제출해야 하는 점을 잊지 마세요.

어휘　marketing material 마케팅 자료 | impress 깊은 인상을 주다, 감동을 주다 | completion 완료 | inquire about ~에 대해 문의하다 | work policy 업무 정책 | submit 제출하다 | paycheck 급여 | on time 제때, 제시간에

16 화자는 어떤 부서에서 일하는가?
(A) 인사부　　　　　　　(B) 마케팅부
(C) 영업부　　　　　　　(D) 경리부

해설　화자가 도입부에 마케팅 매니저로서 팀에 감사를 표하고 싶다(as marketing manager, I would like to express ~)고 하고 있다. 전치사 as는 뒤 문장 주어와 동격 신분, 동일인임을 언급하기 때문에 화자가 마케팅 부서에서 일하고 있다는 것을 알 수 있다. 따라서 (B)가 정답이다.

17 담화의 목적은 무엇인가?
(A) 신입 직원을 채용하기 위해
(B) 분실물을 신고하기 위해
(C) 일정을 논의하기 위해
(D) 새 업무 정책을 알려 주기 위해

해설　화자가 중반부에 updated work policy에 대해 많은 사람들이 문의했다고 하면서 뒤에 구체적으로 변경된 work policy에 대해 알려주고 있으므로 (D)가 정답이다.

어휘　recruit 채용하다 | lost item 분실물

18 청자들은 목요일까지 무엇을 해야 하는가?
(A) 업무 시간 입력하기
(B) 매니저와 만나기
(C) 설문 조사 작성하기
(D) 연락처 업데이트하기

해설　Thursday를 확실한 '시점' 키워드로 잡고 집중해서 들으면, 화자가 마지막에 제때 급여를 받을 수 있도록 이번 주 목요일까지 업무 시간을 제출해야 하는 점을 잊지 말라(And don't forget that you must submit your hours by this Thursday to receive your paycheck on time)고 했으므로 submit your hours를 Enter their work hours를 바꾸어 말한 (A)가 정답이다.

Paraphrasing　submit → Enter

[19-21] 전화 메시지

W-Am　Hello. This is Megan Coppola from office 300, Kim's Dental Clinic. **19I'm calling to file a complaint about the tenants in the building next to my clinic.** My clinic opens at ten A.M. every day, and I usually arrive in the parking lot at around nine thirty, **19but they have been continuously parking in my space. 20Last week, I visited them and tried to resolve this problem by talking to them,** but they were not cooperative. **21So I would like to discuss this in person with you. I'm planning to visit your office after I finish work later today.** Thank you for your attention to this matter.

안녕하세요, 저는 300호 Kim's 치과의 Megan Coppola입니다. 19제 치과 옆 세입자들에 대해 불만사항을 접수하고 싶어 전화했는데요. 제 병원은 매일 오전 10시에 문을 열고 저는 보통 9시 30

분경에 주차장에 도착하는데, ¹⁹그 세입자들이 계속 제 자리에 주차를 하고 있습니다. ²⁰지난주에 그들을 방문해서 대화로 문제를 해결하려고 노력했는데, 비협조적이더라고요. ²¹그래서 이 부분을 당신과 직접 논의하고 싶습니다. 오늘 늦게 퇴근 후 당신의 사무실에 방문할 계획입니다. 이 문제에 대해 관심을 가져 주셔서 감사합니다.

어휘 file a complaint 불만을 접수하다 | tenant 세입자 | continuously 계속적으로 | resolve 해결하다 | cooperative 협조적인 | in person 직접 | attention to ~에 대한 관심 | matter 문제, 사안

---

19 메시지의 주요 목적은 무엇인가?
(A) 회의 시간을 잡기 위해
(B) 기기 오작동을 보고하기 위해
(C) 주차에 대한 불만을 제기하기 위해
(D) 임대료에 관해 문의하기 위해

해설 화자가 초반부에 I'm calling to ~(~하고 싶어 전화드립니다)라고 하는 부분에서 목적이 드러나 있다. 여기서 file a complaint(불만사항을 접수하다)라고 하면서 뒤에 그 불만이 parking이라고 언급하고 있으므로 (C)가 정답이다.

어휘 malfunction 오작동

Paraphrasing file a complaint → complain

20 화자는 지난주에 무엇을 했다고 말하는가?
(A) 회사에 입사했다.   (B) 이웃을 방문했다.
(C) 계약을 갱신했다.   (D) 해외에 갔다.

해설 문제 내의 시점 last week를 키워드로 잡고 집중해서 들어야 한다. 화자가 중반부에 Last week, I visited them and tried to resolve this problem by talking to them이라고 하는 부분에서 them은 앞에 언급한 tenants로 이를 neighbors로 바꾸어 말한 (B)가 정답이다.

어휘 renew 갱신하다 | go overseas 해외에 가다

21 화자는 오늘 무엇을 할 계획인가?
(A) 사무실 방문   (B) 친구 초대
(C) 비행기 예약   (D) 회의 참석

해설 화자가 후반부에 I'm planning to visit your office after I finish work later today라고 하는데 여기서 visit을 Come by로 바꾸어 말한 (A)가 정답이다.

어휘 come by ~에 들르다, 방문하다

Paraphrasing visit → Come by

---

13 의도파악 & 시각정보 연계 문제

토익 감성 갖추기   본책 pp.92-94

A **1** (C)   **2** (C)   **3** (B)   **4** (C)   **5** (D)

B **1** (C)   **2** (B)   **3** (A)
빈칸 정답은 아래 해설 참조

C **1** register   **2** broken   **3** verify
4 permitted   **5** experienced
6 presentation   **7** switch off   **8** went out
9 sample work   **10** lack   **11** keep private
12 artwork   **13** carpool
14 musical performance   **15** emphasize
16 vendor   **17** attract   **18** bilingual
19 purchase products   **20** doctor's office

A

1

> **M** The final event planned over the holiday is the fourth annual Jeju Half Marathon, which is scheduled for Sunday. Please check the updated details on the event on our app because it's very likely going to rain this weekend.
>
> ---
>
> **남** 연휴 기간에 예정된 마지막 행사는 제4회 연례 제주 하프 마라톤이며, 일요일에 예정되어 있습니다. 이번 주말에 비가 올 가능성이 높아 보이기 때문에 저희 앱에서 행사에 대한 업데이트된 세부 사항을 확인해 주세요.
>
> ---
>
> 어휘 be likely to + 동사원형 ~할 가능성이 있다

화자가 "이번 주말에 비가 올 가능성이 높아 보입니다"라고 말하는 의도는 무엇인가?
(A) 청자들은 집을 일찍 나서야 한다.
(B) 청자들은 우산을 가져와야 한다.
(C) 날씨로 인해 계획에 변경이 있을 수 있다.
(D) 이전 일기 예보는 정확하지 않았다.

▶ 화자가 해당 문장을 말하기 전의 내용을 보면 마라톤이 일요일로 예정되어 있으며, 이 마라톤에 대한 업데이트된 세부 사항을 앱에서 확인하라고 하면서 그 이유로 이번 주말에 비가 올 가능성이 높기 때문이라고 하고 있다. 이 내용들로 볼 때 비가 올 가능성이 높아서, 즉, 날씨 상태로 인해(weather) 일요일이 아닌 다른 날로 계획 변경(a change in plans)이 있을 수 있음을 의도하고 있다는 것을 유추할 수 있으므로 정답은 (C)가 된다.

2

> **W** You need to plan in advance as morning is the busiest time of the day at our clinic, and Square Dental Center does not take reservations.

여 오전은 저희 병원에서 가장 바쁜 시간이고 Square 치과는 예약을 받지 않으니 미리 계획을 세우셔야 합니다.

어휘 in advance 미리

화자는 왜 "Square 치과는 예약을 받지 않습니다"라고 말하는가?

(A) 다른 날짜를 제안하기 위해
(B) 운영시간에 대해 불만을 말하기 위해
(C) 일찍 올 것을 권하기 위해
(D) 변경된 정책을 알리기 위해

▶ 화자가 해당 문장을 말하기 전 내용을 보면, 오전은 병원에서 가장 바쁜 시간대이고 예약을 받지 않으니 계획을 미리 세우는 것이 필요하다고 하고 있다. 여기서 말하는 계획(plan)은 병원에 일찍 와서 진료를 받는(coming in early) 것으로 유추하는 것이 가장 자연스럽다고 할 수 있으므로 정답은 (C)가 된다.

3

M Seoul Post has created a mobile application you can use to track all your packages and shipments. With the app, you can track the location and approximate delivery time of your package. I'm going to download it right now.

남 서울 우체국은 여러분이 소포와 화물을 추적하는 데 사용할 수 있는 모바일 애플리케이션을 만들었습니다. 이 앱으로 소포의 위치와 대략적인 배송 시간을 추적할 수 있습니다. 저는 지금 바로 그것을 다운로드할 것입니다.

화자는 왜 "저는 지금 바로 그것을 다운로드할 것입니다"라고 말하는가?

(A) 절차를 설명하기 위해
(B) 서비스를 제안하기 위해
(C) 사안의 시급함을 강조하기 위해
(D) 업무의 책임을 맡기 위해

▶ 화자가 해당 문장을 말하기 전 내용을 보면, 서울 우체국이 모바일 앱을 만들었는데 이 앱으로 소포와 화물의 위치와 배송 시간을 추적할 수 있다고 하면서 앱의 장점을 설명하고 있다. 이 내용들로 보아, 화자 본인이 지금 바로 이 앱을 다운로드할 것이라고 말하는 이유는 모바일 앱, 즉, 서비스(service)를 제안하고 있음을 유추할 수 있다. 따라서 정답은 (B)이다.

4

W Now, if you refer to your manuals, **we'll cover the next section in the afternoon after lunch, beginning on page 29.**

여 자, 매뉴얼을 확인해 보시면, 우리는 점심 식사 후 오후에 29페이지부터 시작하는 다음 섹션을 다루도록 하겠습니다.

정수기 설치 교육 메뉴얼
– 목록 –

준비 ····································	5
장소 선정 ······························	13
설치 과정 ······························	29
문제 해결 ······························	58

시각정보에 따르면, 화자는 오후에 어떤 섹션에 대해 논의할 것인가?

(A) 준비   (B) 장소 선정
(C) 설치 과정   (D) 문제 해결

▶ 시각정보 연계 문제는 보기에 써진 정보를 그대로 얘기하는 경우가 극히 드물기 때문에 그 반대편 정보를 확인해야 한다. 단, 질문을 정확히 확인하는 것은 필수이다. 오후에 어떤 섹션에 대해 논의할 것인지 묻는 질문인데, 시각정보에서 왼쪽에 있는 정보를 그대로 얘기해 주지 않는다는 것이다. 반대편 오른쪽 정보인 페이지 번호로 단서를 말해줄 가능성이 매우 높기 때문에 이 부분을 정확히 확인하고 있어야 한다. 오후에는 29페이지부터 시작하는 부분을 다룰 것이라고 했으므로 29페이지를 찾아보면 설치 과정(Installation process)이므로 정답을 (C)로 골라야 한다.

5

M Here at this store only, **our customers will get 30 percent off all dairy products, including milk and cheese.**

남 이 매장에서만 우리 고객들은 우유와 치즈를 포함한 모든 유제품을 30 퍼센트 할인받을 것입니다.

조의 마켓
12월 20일까지 30퍼센트 할인

할인 품목	지점
과일과 채소	빅토리아
음료	키 스트리트
냉동 식품	웨이크필드 스트리트
유제품	조지 로드

시각정보에 따르면, 안내 방송은 어떤 지점에서 이루어지고 있는가?

(A) 빅토리아   (B) 키 스트리트
(C) 웨이크필드 스트리트   **(D) 조지 로드**

▶ 안내 방송이 어떤 지점(location)에서 이루어지고 있는지 묻는 질문으로, 보기에 시각정보 오른쪽에 있는 정보인 지점이 주어졌다. 그렇다면, 지점명을 그대로 언급하면서 정답을 알려주지 않고, 그 반대편 정보인 할인 품목(Sale items)으로 단서를 줄 거라는 것을 미리 대비하고 들어야 한다. 화

자가 모든 유제품(Dairy Products)이 30퍼센트 할인된다고 했으므로 유제품을 할인해 주는 (D) 조지 로드(George Road) 지점이 정답이 된다.

B

전화 메시지

W-Br Hi, Mitchell. This is Langdon, the general manager. ¹I'm calling to ask if you could come to the store this Saturday. I understand the day is your day off, but I'm sorry; this is really important. ²I just placed an order for a variety of fruits and vegetables for next month, and ³we need an experienced person to ensure that everything arrives and show a store employee how to display them. ³Casey will be there, but she just started here two days ago. Can you please get back to me as soon as possible?

안녕하세요, Mitchell. 저는 총괄 매니저인 Langdon입니다. ¹이번 주 토요일에 매장에 나올 수 있는지 물어보기 위해 전화했습니다. 그날이 당신의 휴일이라는 걸 알고 있지만 죄송합니다. 이건 정말 중요한 일이라서요. ²제가 방금 다음 달에 쓸 다양한 과일과 야채를 주문했는데. ³모두 제대로 도착하는지 확인하고 매장 직원에게 그것들을 진열하는 방법을 알려줄 경험 많은 사람이 필요해요. ³Casey가 있겠지만. 그녀는 불과 이틀 전에 이곳에서 일을 시작해서요. 가능한 한 빨리 저에게 연락 주시겠어요?

어휘 general manager 총괄 매니저 | ask if ～인지 아닌지 물어보다 | day off 휴일 | place an order 주문하다 | a variety of 다양한 | experienced 경험 많은, 숙련된 | get back to + 명사 ～에게 다시 연락하다

1 전화의 목적은 무엇인가?
(A) 연락처를 업데이트하기 위해
(B) 휴가 연장을 요청하기 위해
(C) 직원에게 출근할 것을 요청하기 위해
(D) 파티를 준비하기 위해

해설 초반부 I'm calling to ～(～하기 위해 전화했습니다)에서 전화의 목적이 드러나 있다. 이번 주 토요일에 매장에 나올 수 있는지 물어보기 위해 전화했다고 했으므로 (C)가 정답이다.

2 토요일에 무엇이 배달될 것인가?
(A) 기계들   (B) 음식
(C) 식물들   (D) 가구

해설 중반부에 과일과 야채를 주문했다(I just placed an order for a variety of fruits and vegetables)고 하면서 모두 제대로 도착하는지 확인해 달라고 하고 있으므로 fruits and vegetables를 food로 바꿔 표현한 (B)가 정답이다.

3 화자가 "그녀는 불과 이틀 전에 이곳에서 일을 시작해서요"라고 말하는 의도는 무엇인가?

(A) 직원이 혼자서 업무를 끝낼 수 없다.
(B) 직원이 일자리에 적합하다.
(C) 업무 일정에 변경이 필요하다.
(D) 업체는 추가 직원이 필요하다.

해설 앞에서 과일과 야채를 주문했는데 도착 여부를 확인하고 진열하는 방법을 직원에게 알려줄 경험 많은 사람이 필요하다고 말한 이후, 바로 뒤에 Casey를 언급한 것으로 보아, 입사한 지 얼마 안 된 Casey가 혼자서는 할 수 없음을 의도하는 것으로 볼 수 있으므로 정답은 (A)이다.

C

1 sign up early 일찍 등록하다 → 미리 등록하다 register in advance

2 not working properly 제대로 작동하지 않는 → 고장 난 broken

3 check one's identity 신원을 확인하다 → 신원을 입증하다 verify one's identity

4 not allowed 허락되지 않는 → 허락되지 않는 not permitted

5 licensed 자격증을 소지한 → 경력이 있는, 숙련된 experienced
▶ '숙련된'이라는 의미로 seasoned 역시 알아두자.
▶ '공인 인증된'이라는 의미로 「authorized + 사람 명사」도 종종 쓴다.

6 speak at a seminar 세미나에서 연설하다 → 발표하다 give a presentation
▶ give a talk(강연하다)도 일종의 presentation 개념으로 넣을 수 있다.

7 turn off (불, 기기 등을) 끄다 → 끄다 switch off
▶ 전원이나 전력을 자단하고 끈다는 의미로 shut off도 사용한다.

8 power failure 정전 → 전기가 나갔다. The electricity went out.

9 examples of previous work 이전 작업 견본들 → 샘플 작업물 sample work

10 need additional funds 추가 자금이 필요하다 → 자금의 부족 lack of funds

11 anonymous 익명의 → 비공개로 하다 keep private
▶ 비공개로 한다는 의미를 동사 자체로 표현하면 do not disclose[reveal]로도 쓸 수 있다.

12 painting, sculpture 그림, 조각(품) → 예술 작품 artwork

13 drive to work together 함께 차를 타고 출근하다 → 카풀하다 carpool

14 live band 라이브 밴드 → 음악 공연 musical performance

15 stress 강조하다 → 강조하다 emphasize

16 seller 판매자 → 상인, 판매 업체 vendor

17 expand customer base 고객층을 늘리다 → 고객을 끌다 attract customers

   ▶ attract customers의 동의어로 draw customers도 사용한다.

18 speak two languages 두 개의 언어를 말하다 → 이중 언어를 사용하는 bilingual

19 buy items 제품을 사다 → 제품을 구입하다 purchase products

   ▶ 동사 pick up과 get 역시 '사다'라는 의미가 있다.

20 medical appointment 병원 예약 → 의원, 병원 doctor's office

토익 실전 체험하기
본책 pp.95-97

1 (A) **2** (B) **3** (B) **4** (D) **5** (C) **6** (B)
7 (B) **8** (A) **9** (A) **10** (C) **11** (C) **12** (A)
13 (D) **14** (A) **15** (B) **16** (B) **17** (C) **18** (B)
19 (B) **20** (D) **21** (D)

[1-3] 회의 발췌

W-Am Before we start our meeting today, I have some good news to share with you all. One of the largest shopping malls in the city, **¹the Magna Plaza, has just signed a contract with us. ²We will place four snack and cold drink vending machines on each floor of the building.** This is all thanks to your hard work and dedication. By the way, many of you **³have complained** that several of our trucks are pretty old and need to be replaced. I want to let you know that I've already called Navasa Motors. And now, let's move on to the first item on the agenda.

오늘 회의를 시작하기 전에, 여러분에게 알려줄 좋은 소식이 있습니다. 시에서 가장 큰 쇼핑몰 중 하나인 **¹Magna 플라자가 방금 우리와 계약을 체결했습니다. ²우리는 그 건물 각 층에 스낵과**

청량음료 자판기 네 대를 비치할 거예요. 이는 모두 여러분의 헌신과 노고 덕분입니다. 그런데 여러분 중 많은 분들이 우리 트럭 여러 대가 매우 낡아서 교체할 필요가 있다는 **³불만을 제기해 주셨더라고요.** 제가 이미 Navasa 모터스에 연락을 했다는 점을 알려 드리고 싶습니다. 자 이제, 첫 번째 안건으로 넘어가 보겠습니다.

> **어휘** sign a contract 계약을 체결하다 | vending machine 자판기 | thanks to + 명사 ~ 덕분에 | hard work 노고 | dedication 헌신 | by the way 그런데, 그나저나 | complain 불평하다 | pretty 꽤, 매우 | replace 교체하다 | move on to ~로 넘어가다 | agenda 안건

1 화자는 어떤 좋은 소식을 공유하는가?
   (A) 계약이 체결되었다.
   (B) 쇼핑몰이 지어졌다.
   (C) 직원이 승진했다.
   (D) 마감일이 지켜졌다.

해설 질문의 What good news(어떤 좋은 소식)가 키워드이다. 화자가 초반부에 알려줄 좋은 소식이 있다고 하면서 그 뒤에 Magna 플라자가 방금 우리와 계약을 체결했다(the Magna Plaza, has just signed a contract with us)고 하고 있으므로 (A)가 정답이다. 참고로, sign a contract의 다른 말로 secure a contract, win a contract 등의 고급 표현이 있고, 비즈니스 상황에서는 sign a deal, secure a deal로도 쓸 수 있는데, deal 역시 거래, 계약의 의미를 가질 수 있다.

2 화자는 어떤 업체에서 일하는가?
   (A) 식품 가공 회사   (B) 자판기 회사
   (C) 자동차 수리점   (D) 의류 회사

해설 화자가 중반부에 계약이 체결되어 자판기(vending machines)를 비치할 것이라고 하고 있으므로 화자는 자판기 회사에서 일하고 있음을 알 수 있다. 따라서 (B)가 정답이다.

3 화자가 "제가 이미 Navasa 모터스에 연락을 했어요"라고 말하는 의도는 무엇인가?
   (A) 피드백이 필요하다.
   (B) 불만사항을 처리하고 있다.
   (C) 회의 일정을 잡았다.
   (D) 전화를 기다리고 있다.

해설 화자의 의도를 물어보는 문제는 해당 문장을 언급한 이후보다 그전의 내용들의 흐름을 잘 파악하면서 유추해야 하는 경우가 더 많다. 따라서 전체적인 내용을 계속 파악하고 있어야 한다는 점에서 고득점자들에게도 어려운 문제라는 것은 이미 언급했다. 해당 문장을 언급하기 전에 By the way (그런데)라고 화제를 전환하는 부분이 포인트로, 많은 사람들이 트럭을 교체해야 한다고 불만을 제기했는데 화자가 이미 Navasa 모터스에 연락을 했다는 것은 불만을 듣고 자동차 회사에 연락해서 트럭을 주문했다는, 즉, 불만사항을 처리하고 있다고 이해할 수 있기 때문에 (B)가 정답이다. 결국, 바로 앞 문장 complaint를 듣는 것이 매우 중요했던 문제이다.

M-Au All of you are playing a crucial role in producing items here at Fritz Furnishings, so I'm sure you are well aware of how important it is to meet deadlines at all times. **⁴At today's workshop, you are going to learn how best to manage time even when you are very busy.** We have a lot of orders to fill by the end of the year, so this will help a lot. To start off, let me divide you into five groups. **⁵Each group will write a summary on today's workshop and turn it in by tomorrow. ⁶I assumed this meeting room was large enough for all of us. But it looks like we need extra space.** Let's see, uh… Conference room C is right across from here.

여러분 모두 이곳 Fritz 퍼니싱즈에서 제품 생산을 하는데 중요한 역할을 하고 있으니, 항상 마감일을 맞추는 것이 얼마나 중요한지 아주 잘 알고 있다고 생각합니다. ⁴오늘 워크숍에서는 여러분이 아주 바쁜 와중에도 시간을 관리하는 최선의 방법에 대해 배우게 될 거예요. 올해 말까지 처리해야 할 주문이 많으니 큰 도움이 될 것입니다. 우선, 여러분을 다섯 그룹으로 나눌 거예요. ⁵각 그룹은 오늘 워크숍에 관해 요약본을 작성해서 내일까지 제출하게 됩니다. ⁶저는 이 회의실이 우리 모두가 들어가기에 충분히 크다고 예상했었는데요. 그런데 추가 공간이 필요할 것 같네요. 어디 한번 볼까요, 어… C 회의실이 여기 바로 맞은편에 있네요.

어휘 play a crucial role in ~에 중요한 역할을 하다 | be aware of ~을 알다, 이해하다 | meet a deadline 마감일을 맞추다 | fill an order 주문을 처리하다 | to start off 우선 | divide A into B A를 B로 나누다 | summary 요약(본) | turn in 제출하다 | assume 추측하다, 가정하다 | across from ~의 맞은편에

4 워크숍의 주제는 무엇인가?
(A) 전문성 개발 　　　　(B) 효과적인 글쓰기
(C) 고객 관리 　　　　　(D) 시간 관리

해설 화자가 초반부에 마감일을 맞추는 것이 중요하다고 하면서, 바로 시간을 관리하는 최선의 방법을 배우게 된다(learn how best to manage time)고 했다. 따라서 정답은 (D)이다. 바꾸어 말한 패러프레이징 부분은 전혀 없으므로 난이도가 높지 않지만 놓쳐서는 안 되는 문제이다.

5 청자들은 무엇을 하라고 지시받는가?
(A) 추가 근무 　　　　　(B) 업계 행사 참석
(C) 요약 보고서 작성 　(D) 설문 조사 작성

해설 질문의 키워드는 instructed to do로 화자가 청자들에게 지시하는 것에 집중해야 한다. 원래 지시하는 내용은 명령문, please, 혹은 should(~해야 한다) 등으로 언급하는 것이 대부분인데, 여기서는 화자가 중반부에 각 그룹이 요약본을 작성해서 내일 제출할 것(Each group will write a summary ~ turn it in by tomorrow)이라고 언급하고 있다. 단순히 summary를 summary report로 늘렸을 뿐 정답은 (C)이다.

6 화자는 왜 "C 회의실이 여기 바로 맞은편에 있네요"라고 말하는가?
(A) 초대장을 주려고 　　(B) 제안하려고
(C) 도움을 요청하려고 　(D) 이의를 제기하려고

해설 해당 문장 앞 내용을 보면 회의실 공간이 충분할 줄 알았지만 추가 공간이 필요한 것 같다(I assumed this meeting room ~ it looks like we need extra space)고 하는 것으로 보아 C 회의실을 언급하는 해당 문장의 의도는 C 회의실을 사용하자고 제안하는 것으로 유추할 수 있다. 따라서 정답은 (B)이다.

어휘 extend 주다; 연장하다

W-Br ⁷Thank you for coming to this training session for all company managers. Today's focus will be on the topic of assigning tasks. Like many of you, most managers tend to do every task alone, but it's essential to recognize when to assign work to someone else. Now, ⁸I know some of you may feel hesitant about assigning tasks. However, you should keep in mind that your coworkers are very experienced. ⁹Just remember to provide them with clear instructions so that they know exactly what to do.

⁷회사 매니저들을 위한 교육에 와 주셔서 감사합니다. 오늘 주제는 업무 배정에 관한 내용이 될 것입니다. 여러분들 중 많은 분들이 그렇듯이, 대부분의 매니저들은 혼자서 모든 업무를 하는 경향이 있지만, 언제 다른 이에게 업무를 배정해야 하는지를 아는 것은 중요합니다. 자, ⁸여러분 중 일부는 업무를 배정하는 것에 대해 주저할 수도 있습니다. 그러나, 여러분의 동료가 매우 노련하다는 것을 명심해야 합니다. ⁹정확히 무엇을 해야 하는지 그들이 알 수 있도록 명확한 지침을 제공하는 것만 잊지 않으시면 됩니다.

어휘 training session 교육, 연수 | assign 배정하다 | tend to + 동사원형 ~하는 경향이 있다 | essential 중요한, 필수적인 | recognize 알다, 인정하다 | hesitant 주저하는 | keep in mind 명심하다 | experienced 노련한, 경험 많은 | provide A with B A에게 B를 제공하다 | instructions 지침, 설명

7 청자들은 누구인가?
(A) 피트니스 트레이너 　(B) 회사 매니저
(C) 버스 운전사 　　　　(D) 시 공무원

해설 도입부에서 Thank you for coming to this training session for all company managers를 통해 모든 매니저들을 대상으로 하는 교육임을 알 수 있으므로 정답은 (B)이다.

8 화자는 왜 "여러분의 동료는 매우 노련합니다"라고 말하는가?
(A) 안심시키려고 　　　　(B) 도움을 요청하려고
(C) 변명하려고 　　　　　(D) 팀을 칭찬하려고

해설 해당 문장 전 내용을 보면 매니저들이 혼자 일을 다 하는 경향이 있고, 다른 사람에게 업무를 배정하는 것을 주저한다고 하면서 매니저들이 직원들의 능력을 다소 못 미더워하고 있다는 뉘앙스를 풍기고 있다. 그 뒤에 However(그러나)로 전환하면서 여러분의 동료는 매우 노련하다는 해당 문장을 말하는 것은 직원들의 능력을 믿어도 좋다. 즉, 청자인 매니저들을 안심(reassurance)시키려는 의도라고 볼 수 있다. 따라서 정답은 (A)이다. 의도파악 문장 앞부분에 worried, concerned(근심스러운), nervous(긴장하는), hesitant(망설이는, 주저하는) 등의 감정 표현이 나온 후에 이런 감정을 덜어주고 해결해 주고자 provide [give] reassurance가 의도파악 결과로 나올 때가 많음을 알아두자.

9 화자는 청자들에게 무엇을 하라고 상기시키는가?
(A) 명확한 지침 주기　　(B) 대중교통 이용하기
(C) 일찍 출근하기　　(D) 마감일 맞추기

해설 상기시키는(remind) 질문에서는 대부분 그 앞에 Do not forget(잊지 마세요) 혹은 Remember(기억하세요)라고 시작하는 경우가 많다. 마지막에 명확한 지침을 제공하는 것만 잊지 말라(Just remember to provide them with clear instructions)고 하고 있으므로 (A)가 정답이다. provide를 Give로 바꾸어 말했을 뿐이다.

Paraphrasing provide → Give

[10-12] 안내 방송 + 탑승권

M-Cn Attention, passengers on flight WG309 to San Francisco. I'm sorry, but this flight is overbooked, so we are looking for volunteers. **¹⁰Those who are willing to take a later flight** will get a fifty-dollar meal voucher as well as a voucher for a complimentary round-trip flight. **¹⁰If there are any volunteers, please come to the airline's service desk immediately. ¹¹In addition, the gate has changed, and we are now boarding at gate 11K.** We apologize for this unexpected change, **¹²but due to the delay of an outgoing flight, we need to use a different gate.** Thank you for your cooperation. Boarding will begin shortly.

샌프란시스코행 WG309편 승객분들은 주목해 주십시오. 최송하지만, 이 비행기가 초과 예약이 되어 지원자를 찾고 있습니다. **¹⁰다음 비행기로 탑승해 주시는 분들은 무료 왕복 항공편 바우처뿐만 아니라 50달러 식사 쿠폰을 받게 되실 것입니다. ¹⁰지원자가 있으시다면, 지금 즉시 항공사 서비스 데스크로 와주십시오. ¹¹또한, 게이트가 변경되어 이제 11K 게이트에서 탑승할 것입니다.** 예상치 못한 변경에 죄송합니다만, **¹²출국 항공편이 지연되는 관계로 다른 게이트를 사용해야 합니다.** 협조 감사드립니다. 탑승이 곧 시작되겠습니다.

어휘 passenger 승객 | overbook 정원 이상으로 예약을 받다 | volunteer 지원자; 자원하다 | be willing to + 동사원형

기꺼이 ~하다 | meal voucher 식사 쿠폰 | complimentary 무료의 | round-trip 왕복의 | immediately 즉시 | board 탑승하다 | outgoing 나가는, 떠나가는 | shortly 곧

로얄 부탄 항공
도착지: 샌프란시스코
항공편: WG309　　　　　　　좌석: 16B
¹¹게이트: 30K
출발 시간: 12시 30분
---

10 화자에 따르면, 청자들은 왜 서비스 데스크로 가야 하는가?
(A) 교통편을 준비하기 위해
(B) 항공편을 예약하기 위해
(C) 다음 비행기를 선택하기 위해
(D) 수하물을 맡기기 위해

해설 service desk를 키워드로 잡고 이 부분을 잘 들어야 한다. 다음 비행기를 탈 지원자들(volunteers)의 경우 서비스 데스크로 오라고 하고 있으므로 정답은 (C)가 되며, volunteers는 여기서 '자원봉사자'가 아니라 누가 시키지 않아도 자발적으로 선택하여 행동하는 사람이라는 의미로, 보기 앞쪽 To choose의 맥락도 충족했음을 이해해야 한다.

11 시각정보에 따르면, 어떤 정보가 변경되었는가?
(A) 샌프란시스코　　(B) WG309
(C) 30K　　(D) 16B

해설 시각정보인 boarding pass(탑승권)에 적힌 정보 중 변경된 정보를 물어보는 문제이다. 화자가 후반부에 게이트가 변경되었다(the gate has changed, and we are now boarding at gate 11K)고 하는 것으로 탑승권에서 GATE를 찾으면 30K가 변경되었음을 알 수 있다. 따라서 정답은 (C)이다.

12 화자에 따르면, 변경 이유는 무엇인가?
(A) 비행기가 늦었다.　　(B) 보안 문제가 발생했다.
(C) 날씨가 좋지 않다.　　(D) 보수 작업을 하고 있다.

해설 변경된 것을 물어본 후 바로 다음 그 이유를 물어보는 문제로, 그 사이에 다른 내용 없이 바로 언급하기 때문에 쉬운 문제이므로 놓쳐서 틀리는 일이 없어야 하는 문제이다. 바로 뒤에 출국 항공편의 지연 때문(due to the delay of an outgoing flight)이라고 하고 있으므로 delay를 late로 바꿔 말한 (A)가 정답이다.

Paraphrasing delay → late

[13-15] 광고 + 가격표

M-Au Montreal Lighting is having its winter sale. From now through February 20, **¹³you can purchase our bestselling driveway light at a discount of 30 percent off the regular price.** You don't have to worry about installation. Our customer service agent will call you to arrange an appointment for our technicians to visit your home. **¹⁴Our customers love this outdoor light because it is automatically turned on and off.** Do not miss this opportunity to get a great deal. **¹⁵You can also download a coupon for one free item on our Web site.** Stop by Montreal Lighting today!

Montreal 조명이 겨울 세일을 진행합니다. 지금부터 2월 20일까지 ¹³여러분은 정가에서 30퍼센트 할인된 가격으로 가장 많이 팔리는 진입로 조명을 구매하실 수 있습니다. 설치에 관해서는 걱정하실 필요 없습니다. 저희 고객 서비스 직원이 여러분에게 전화해서 우리 기술자가 댁에 방문할 수 있도록 예약을 잡아드릴 것입니다. ¹⁴자동으로 전원이 켜졌다 꺼졌다 하기 때문에 고객들이 이 야외 조명을 매우 좋아합니다. 저렴하게 구매할 수 있는 이 기회를 놓치지 마세요. ¹⁵웹사이트에서 무료 제품 한 개를 받아볼 수 있는 쿠폰도 다운로드할 수 있습니다. 오늘 Montreal 조명에 들러주세요!

어휘 from A through B A부터 B까지 | driveway 진입로, 차도 | regular price 정가 | installation 설치 | arrange an appointment 예약을 잡다 | automatically 자동으로 | miss an opportunity 기회를 놓치다

제품명	할인가
욕실 조명	80달러
주방 조명	100달러
거실 조명	130달러
¹³진입로 조명	**200달러**

13 시각정보에 따르면, 설명되고 있는 조명 가격은 얼마인가?
(A) 80달러　　　　(B) 100달러
(C) 130달러　　　**(D) 200달러**

해설 보기에 가격이 적혀 있으므로 바로 옆 정보 Item Name(제품명)을 보고 있어야 한다. 초반부에 진입로 조명(driveway light)이라고 그대로 언급하고 있고, 중반부에서도 야외 조명 (outdoor light)이라고 하고 있으므로 Driveway Light을 찾아 그 옆 정보를 보면 (D) 200달러가 정답이다.

14 화자에 따르면, 고객들은 왜 이 조명을 좋아하는가?
(A) 자동으로 작동된다.　(B) 내구성이 좋다.
(C) 가격이 적당하다.　(D) 크기가 다양하다.

해설 질문의 키워드는 why ~ like the light로, 고객들이 이 조명을 좋아하는 이유를 묻고 있다. 후반부에 고객들이 이 조명을 좋아하는 이유가 자동으로 전원이 켜졌다 꺼졌다 하는 것 (Our customers love ~ it is automatically turned on and off)이라고 했으므로 정답은 (A)이다.

Paraphrasing　love → like
　　　　　　　　turned on and off → operates

---

15 화자는 웹사이트에서 무엇을 이용할 수 있다고 말하는가?
(A) 매뉴얼　　　　**(B) 쿠폰**
(C) 업무 일정　　　(D) 매장 위치

해설 온라인, 웹사이트에서 이용할 수 있는 것이나 할 수 있는 것을 묻는 문제는 거의 매달 출제되는 단골 문제이다. 후반부에 웹사이트에서 쿠폰(coupon)을 다운로드할 수 있다고 하고 있으므로 정답은 (B)이다.

[16-18] 회의 발췌 + 지도

W-Am **¹⁶Today, we're talking about potential location for our second dental clinic.** We need a space large enough for six separate rooms and a reception desk. We also need a large storage room for all our equipment. Please take a look at this map. There's a building close to the city public library that's available. **¹⁷But I think the place across from the subway station is better because it has easy access to public transportation. ¹⁸Now, I'll pass out some photos of the inside of the building.** Let me know what you think after you see them.

---

¹⁶오늘 우리는 두 번째 치과를 세울만한 장소에 대해 이야기를 나눠보겠습니다. 여섯 개의 개별 진료실과 접수처를 놓을 만큼 넓은 공간이 필요합니다. 모든 장비를 넣을 수 있는 넓은 창고도 필요해요. 이 지도를 봐주세요. 현재 입지 가능한 건물이 시 공립 도서관 가까이에 있습니다. ¹⁷하지만 대중교통 접근이 용이하기 때문에 지하철역 맞은편 장소가 더 좋을 것 같아요. ¹⁸자, 건물 내부 사진 몇 장을 나눠 드릴게요. 사진을 본 후 여러분의 생각을 알려주세요.

어휘 potential 잠재적인 | separate 분리된, 별개의 | reception desk 접수처 | storage room 창고 | equipment 장비, 기기 | public transportation 대중교통 | pass out 나눠주다, 배포하다

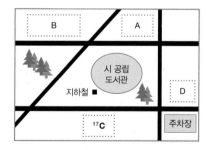

16 화자는 어떤 종류의 업체에 대해 말하고 있는가?
(A) 피트니스 센터　　**(B) 병원**
(C) 부동산 중개 업체　(D) 자동차 수리점

해설 초반부에 우리의 두 번째 치과(our second dental clinic)를 세울 곳에 대해 이야기를 나눠보겠다고 하고 있다. 치과라고 그대로 나오지 않고 병원(medical clinic)이라고 바꿔 말한 (B)가 정답이다.

Paraphrasing　dental clinic → A medical clinic

17 시각정보에 따르면, 화자는 어떤 장소를 추천하는가?
(A) 장소 A   (B) 장소 B
(C) 장소 C   (D) 장소 D

해설 보기에 Location A~D가 나와 있다면 이것을 대놓고 언급하기 보다 지도에서 Location A~D를 제외한 나머지 부분의 정보를 활용해서 단서가 등장한다는 것을 대비해야 한다. 즉, City Public Library, Subway, Parking을 활용해서 '어디 옆으로 하자, 어디 맞은편으로 하자'와 같이 추천한다는 것이다. 시 공립 도서관을 먼저 언급해서 오답을 유도하고 있는데, 성급하게 고르지 않도록 조심해야 한다. 바로 뒤에 지하철역 맞은편이 더 좋다(But I think the place across from the subway station is better)고 하고 있으므로 지도에서 Subway를 찾아 그 맞은편 장소 (C)를 정답으로 골라야 한다.

18 화자는 무엇을 나눠주겠다고 말하는가?
(A) 시간표   (B) 사진들
(C) 설문지   (D) 가격 견적

해설 질문의 hand out이 키워드로, 후반부에 hand out과 동일한 의미의 pass out을 쓰면서 사진들을 나눠준다(Now, I'll pass out some photos)고 하고 있다. photo, photograph는 image로 바꾸어 말할 수 있다. 따라서 정답은 (B)이다.

Paraphrasing photos → images

[19-21] 회의 발췌 + 그래프

> **M-Cn** Good morning, everyone. Let's have a brief meeting before we start today's business. First, please have a look at this graph on the screen. You can see this month's bestselling soda flavor. **¹⁹As discussed at the last meeting, the flavor that has been voted the most popular by our customers will be discounted by 30 percent for a month. ²⁰I'd like to thank Ms. Holmes for her excellent idea of holding this promotional event.** Our customers really loved this promotion, and it has truly helped increase our sales. I'm sure many of you have great new ideas, too. **²¹Just a reminder: you can contact me at any time to share them.**

안녕하세요, 여러분. 오늘 영업을 시작하기 전에 간단히 회의를 갖겠습니다. 우선, 화면에 이 그래프를 봐주세요. 이번 달 가장 잘 팔린 소다 맛을 확인할 수 있는데요. ¹⁹지난 회의에서 논의했듯이, 고객들이 뽑은 가장 인기 있는 맛은 한 달 동안 30퍼센트 할인을 할 것입니다. ²⁰이 홍보 이벤트를 열자는 훌륭한 아이디어를 내준 것에 대해 Holmes 씨에게 감사를 표하고 싶습니다. 고객들이 이 홍보 행사를 매우 맘에 들어 했고, 매출을 올리는 데 이 행사가 정말 도움이 됐어요. 여러분 중 많은 분들 또한 엄청난 새로운 아이디어를 갖고 있다고 확신합니다. ²¹다시 한번 알려드립니다. 언제든 저에게 연락하셔서 그것들을 공유해 주세요.

어휘 have a look at ~을 보다 | flavor 맛, 풍미 | vote 투표하다, 선출하다 | hold an event 행사를 열다 | truly 정말로, 진심으로 | just a reminder 다시 한번 알려 드립니다, 잊지 마세요

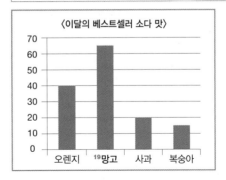

〈이달의 베스트셀러 소다 맛〉

19 시각정보에 따르면, 이번 달에 어떤 소다 맛을 할인할 것인가?
(A) 오렌지   (B) 망고
(C) 사과   (D) 복숭아

해설 질문의 on sale this month가 키워드이다. 시각정보로 막대 그래프가 주어졌는데, 막대 그래프는 가로, 세로 항목 중 가로에 있는 항목이 보기로 등장하는 경우가 대부분이다. 이 문제에서는 그래프의 가로에 제시된 맛(flavor)이 보기에 제시되었는데, 대놓고 '이번 달에 이 맛을 할인할 거야'라고 하기보다 다른 정보를 단서로 준다는 것에 대비해야 한다. 다른 정보는 그래프의 세로에 있는 숫자인데 오렌지나 사과의 경우 각각 정확히 40, 20에 있지만, 나머지 망고와 복숭아는 그 수치를 정확히 숫자로 말하기 어렵다. 그래서 그래프의 경우 정확히 수치로 단서를 주기보다, '가장 높은 것, 가장 낮은 것, 두 번째로 높은 것'이라고 하는 식으로 단서를 언급한다. 화자가 중반부에 가장 인기 있는 맛을 이번 달에 30퍼센트 할인한다(the flavor that has been voted the most popular ~ discounted by 30% for a month)는 것으로 보아 가장 높은 막대를 찾아야 한다. 가장 높은 막대는 망고로 정답은 (B)이다.

20 화자는 왜 Holmes 씨에게 감사하는가?
(A) 새 소다 맛을 개발했다. (B) 초과근무를 했다.
(C) 주문을 관리했다.   (D) 홍보 행사를 제안했다.

해설 이 문제의 키워드는 Why ~ thank Ms. Holmes로, Holmes 씨에게 고마워하는 이유를 묻는 문제이다. 중반부에 홍보 이벤트를 열자는 아이디어를 내준 Holmes 씨에게 감사를 전하고 싶다(I'd like to thank Ms. Holmes ~ holding this promotional event)고 하고 있으므로 정답은 (D)이다.

21 화자는 청자들에게 무엇을 하라고 상기시키는가?
(A) 교육 참석하기   (B) 매장 청소하기
(C) 고객들에게 정보 주기 (D) 제안하기

해설 앞에서도 풀어봤지만 상기시키는 것을 묻는 문제의 단서는 Do not forget, Remember 등으로 말을 시작하는 경우가 많다. 단, 이 문제에서는 좀 더 어려운 표현 Just a reminder(다시 한번 알려 드립니다)라고 시작하고 있을 뿐이다. 바로 앞 문장에서 많은 사람들이 좋은 새로운 아이디어(great new ideas)를 갖고 있다고 생각한다면서 그것을 공유해달라(share them)고 있으므로 share them을 submit suggestions를 바꿔 말한 (D)가 정답이다. feedback, input, suggestion, idea는 서로 패러프레이징 된다는 것을 알아두자.

Paraphrasing　share → Submit
　　　　　　 ideas → suggestions

PART 5

Reading
Comprehension

UNIT **01** 이론은 간단하게 암기는 제대로,
품사 1_명사/대명사

토익 감성 갖추기

본책 p.106

A 정답 아래 해설 참조

B　1 X　　2 X　　3 X　　4 O　　5 X　　6 O
　　 7 O　　8 X　　9 O　　10 X　 11 O　 12 X
　　 13 O　 14 O　 15 O

A

dedication	teacher	resources
clearly	manage	manager
only	effective	significant
room	furniture	favorably
distributor	delay	application
applicant	consultation	employee
closure	advice	advise
ability	computer	broaden

★ **암기포인트 1** delay는 '지연; 지연시키다'라는 의미의 명사와 동사로 모두 쓰인다.

★ **암기포인트 2** applicant(지원자)는 사람명사이지만, -ant나 -ent로 끝나는 단어 중 형용사도 많다. 예를 들어, 표에 있는 significant는 '상당한, 중요한'이라는 의미의 형용사다.

★ **암기포인트 3** advice는 명사, advise는 동사다.

★ **암기포인트 4** broaden(확장하다)은 동사다. -en 형태의 대표 동사로는 widen(확장하다), lengthen(연장하다), heighten(높이다) 등이 있다.

B

1　　It is my. (O / X)
▶ 소유격은 혼자 못 쓴다. 뒤에 명사가 없어서 틀린 문장이다.

2　　Mr. Kim became doctors. (O / X)
▶ 동사 become은 뒤에 명사가 오면 '주어는 ~이 되다'라는 의미로 동격이 된다. Mr. Kim은 한 명인데 doctors는 복수여서 틀린 문장이다.

3　　This is your. (O / X)
▶ 소유격은 혼자 못 쓴다. 뒤에 명사가 없어서 틀린 문장이다.

4　　This is your book. (O / X)
▶ 이것(지시대명사) = 너의 책(소유격 + 명사)으로 맞는 문장이다.

5　　It is her a car. (O / X)
▶ [완전 주의] 「소유격 + 명사」 사이에는 a/the가 절대 들어갈 수 없다! her car로 써야 하므로 틀린 문장이다.

6　　I will buy it. (O / X)
▶ 주격 I, 동사 will buy 뒤로 목적격 it이 있으므로 맞는 문장이다.

7　　I will buy computers. (O / X)
▶ 주격 I, 동사 will buy 뒤로 명사 computers가 목적어로 쓰였으므로 맞는 문장이다.

8　　She is a new employment. (O / X)
▶ be동사 앞/뒤로 명사나 격을 넣을 때는 '동격'이 되어야 한다. She(그녀)는 사람이고, employment(고용, 일자리)는 사람이 아니므로 동격이 안 되어서 틀린 문장이다.

9　　She is a new employee. (O / X)
▶ 그녀(She)와 직원(employee)은 둘 다 사람으로 서로 동격이 되므로 맞는 문장이다.

10　He is a handsome. (O / X)
▶ a/the 뒤에 '명사'가 와야 하는데, handsome(잘생긴)은 형용사이므로 틀린 문장이다.

11　Catherine is your friend. (O / X)
▶ 사람 이름(고유명사) Catherine은 「소유격 + 명사」 your friend와 동격이 되므로 맞는 문장이다.

12　Thank you for your advise. (O / X)
▶ your 소유격 뒤에는 명사가 와야 하는데 advise는 동사이므로 틀린 문장이다.

13　Thank you for your advice. (O / X)
▶ your 소유격 뒤에 명사 advice가 왔으므로 맞는 문장이다.

14 The book on the table is mine. (O / X)

▶ on 같은 전치사는 명사를 이어주므로 The book on the table은 맞는 표현이고, mine은 '내 것'이라는 의미로 The book과 동격이므로 맞는 문장이다.

15 Mr. Kim has a good ability. (O / X)

▶ Mr. Kim이 주어, has(가지다)가 동사이다. '무엇을 가지고 있다'에서 '무엇을'에 해당하는 목적어로 「a + 형용사 + 명사 ability」가 쓰였으므로 맞는 문장이다.

토익 실전 체험하기

본책 pp.107~108

1 (A)　**2** (A)　**3** (C)　**4** (D)　**5** (A)　**6** (A)
7 (A)　**8** (D)　**9** (D)　**10** (B)　**11** (C)　**12** (D)
13 (D)　**14** (C)　**15** (A)　**16** (C)　**17** (B)　**18** (B)
19 (A)　**20** (B)

---

1 (A)

해석 어떤 문제라도 있으면 저희 고객 서비스 부서로 연락 주세요.

해설 if는 새로운 문장을 연결하는 '접속사'로, 동사 have 앞에 주어 자리가 비어 있다. 보기 중 주어 역할이 가능한 것은 (A) you와 소유대명사 (B) yours이다. 소유대명사는 주어 역할을 할 때 '단수' 취급을 할 때가 많고, 무엇보다 문제를 가지고 그 점에 관해 연락(contact)을 할 수 있는 것은 사람이므로 사람을 나타내는 주격 (A) you가 정답이다.

어휘 contact 연락하다; 연락처

2 (A)　　　　　　　　　　　　　[고난도]

해석 연구는 소비자들이 식료품을 점점 더 온라인으로 주문하고 있음을 보여준다.

해설 단순 해석으로 생각되는 문제지만 절대 그렇지 않다! 보통 토익에서 명사는 '셀 수 있는 어휘(= 가산명사)'가 자주 출제되는데, 이 문제는 명사가 들어갈 빈칸 앞에 a/an이 없는 상태이고, 보기 중 어느 명사도 끝에 -s가 붙어 복수 처리되지 않았다. 따라서 앞에 a나 뒤에 -s를 붙이지 않아도 되는 불가산명사 (A) Research가 정답이다.

[주의] (B) Study도 '연구'라는 의미로 쓰이지만 가산명사로 a study나 studies가 되어야 한다.

어휘 show that ~임을 보여주다 | consumer 소비자 | increasingly 점점 더 | grocery 식료품 | manual ⑲ 설명서; ⑲ 수동의

3 (C)

해석 5번가에 새로 문을 연 그 상점은 다양한 상품을 구매하기에 매우 편리하다.

해설 빈칸 앞 very는 '매우, 아주'라는 의미의 부사다. 그리고 be동사 뒤에 a/an을 붙인 명사를 동격으로 넣는 자리가 아니라면, He is very handsome.처럼 형용사가 부사의 수식을 받으며 보충 언어로 be동사 뒤에 위치할 수 있다. 따라서 정답은 형용사인 (C) convenient다. (A)와 (B)는 명사, (D)는 부사이다.

어휘 avenue (도로) 시가 | convenient 편리한 | purchase 구매; 구매하다 | various 다양한

4 (D)

해석 Patrick Kwon은 산업 예술 분야의 일류 분석가 중 한 명이 되었다.

해설 leading이 '형용사'임을 알아야 1초 문제가 된다. leading은 '일류의, 선도하는'이라는 뜻의 형용사이고, 형용사의 수식을 받는 것은 명사이다. 단, 동사 become(~이 되다)은 주어와 명사 보어를 서로 '동일한 신분(= 동격)'으로 만들기 때문에, Patrick Kwon이라는 사람과 동격이 되는 명사, 즉 사람명사가 들어가야 한다. 또한, one of라는 구문은 여러 개 중 하나라는 의미로 반드시 뒤에 '복수명사'가 와야 하므로, '사람 + 복수명사'가 필요하다. 따라서 정답은 (D) analysts이다.

어휘 leading 일류의, 선도하는 | in the field of ~의 분야에서 | industrial arts 산업 예술 | analyze ⑧ 분석하다 | analysis ⑲ 분석 | analyst ⑲ 분석가

5 (A)

해석 Johnson 씨가 출장을 가 있는 동안 그의 조수가 문의에 답할 수 있을 것이다.

해설 -'s(소유격) 뒤 빈칸은 명사 자리이다. 또한, 새로운 절을 이어주는 접속사 while 뒤의 주어 he는 앞 절의 주어 Mr. Johnson을 받는 대명사이다. 따라서 그가 출장으로 외부에 있는 동안 문의에 답변해 줄 수 있는 대안 역시 '사람명사'가 되어야 하므로 정답은 (A) assistant이다. 보기 (B) assist와 (C) assists는 동사이고, (D) assistance는 일반 명사로 의미가 맞지 않으므로 오답 처리한다.

★ 소유격과 명사 사이에는 a도 the도 들어가지 않는다. 단수 명사로 쓰더라도 앞에 a를 붙이지 않기 때문에, 단수/복수 개념까지 따질 필요가 없다.

어휘 available (사람이) 시간이 있는, (물건이) 이용 가능한 | while ~ 동안에; ~ 반면에 | away on business 출장 가 있는 | assistant ⑲ 보조, 조수 | assist ⑧ 돕다 | assistance ⑲ 도움

6 (A)　　　　　　　　　　　[혼동주의 + 1초 문제]

해석 고객 만족은 우리가 이 회사를 설립한 이래로 우리의 최우선 순위였다.

해설 사람명사는 셀 수 있는 가산명사가 대부분이다. 그런데 사람명사 customer 앞에 a도 없고 customers도 아니다. 이때 바로 뒤에 빈칸이 하나 더 있으면 그 빈칸에도 명사가 들어갈 수 있는데, 이러한 「명사 + 명사」 구조를 '복합명사'라고 한다. 보통 빈칸 앞 명사의 수가 제대로 표시되어 있지 않을 때 복합명사를 의심해 봐야 한다.

복합명사는 보통 뒤에 오는 명사가 단/복수를 결정하는데, (A) satisfaction은 '불가산명사'이므로 앞에 a를 붙일 필요가 없다. 또한, customer satisfaction(고객 만족)은 1초 패턴으로 암기해야 하는 복합명사이다. 따라서 (A) satisfaction이 정답이다. (B)는 형용사, (C)는 과거분사, (D)는 to부정사로 명사가 아니므로 답이 될 수 없다.

어휘 **top priority** 최우선 순위 | **since** ~ 이래로; ~ 때문에 |
found 설립하다 | **satisfactory** ⓐ 만족스러운

7 (A)

해석 베스트셀러 소설 〈나우 앤 덴〉의 저자인 Joho Duke는 6월
주요 도시에 모습을 드러낼 것이다. (= 행사를 가질 것이다)

해설 명사 사이에 콤마가 있는 경우 앞/뒤 명사가 동격일 가능성
이 높다. 특히 사람 이름과 직업이나 직함을 나타내는 사람
명사가 콤마를 사이에 두고 나열될 때, 동격을 이룬다. 이름
은 고유명사로 수를 나타내는 a와 쓰이지 않는데, 단수일 경
우 a를 동반해야 하는 사람명사 또한 이 영향으로 a를 꼭 필
요로 하지 않는다. 따라서 사람 이름 Joho Duke와 동격
을 이루는 빈칸에도 a 없이 사람명사가 들어갈 수 있다. '저
자, 작가'라는 의미의 사람명사 (A) author가 정답이다. (C)
partner 또한 사람명사지만, 서로 협력하는 사이를 표현하
는 어휘로 문맥과 어울리지 않으므로 오답이다.

어휘 **make an appearance** 모습을 나타내다, 참석하다 |
major city 주요 도시, 대도시 | **production** 제작, 생산 |
distribution 유통, 배포

8 (D)

해석 참석자들은 지구 온난화에 관한 워크숍이 최고였다고 말했다.

해설 빈칸은 동사 said의 주어 자리이므로 말을 할 수 있는 '사람
명사'가 필요하다. (A)는 동사이고, (B)는 명사이지만 사람이
아니므로 오답 처리한다. 빈칸 앞에 a나 the가 없으므로 가
산 단수명사인 (C) Participant 역시 답이 될 수 없고, 복수
명사인 (D) Participants가 정답이다.

어휘 **say that** ~라고 말하다 | **workshop on** ~에 대한 워크숍 |
global warming 지구 온난화 | **participate** ⓥ 참석하다 |
participation ⓝ 참석 | **participant** ⓝ 참석자

9 (D)   혼동주의 함정 문제

해석 우리의 프로젝트 제안은 승인되었지만, 그들의 것은 몇몇 해
결되지 않은 문제로 승인되지 않았다.

해설 등위접속사인 but(그러나)은 앞에 절이 있으면 뒤에도 절
이 와야 하는데, but 뒤에 주어가 없다. 주어 자리에는 주
격인 (A) they를 선택하기 쉽지만, they는 '복수'이므로
단수동사 was와 수가 일치하지 않는다. 재귀대명사 (C)
themselves는 절대 주어 역할을 할 수 없고, (B) their는
소유격으로 뒤에 명사가 뒤따라야 하므로 빈칸에 들어갈 수
없다.
또한 문맥상 '우리의 프로젝트 제안'과 대조되는 것은 사람
명사 '그들'이 아닌 '그들의 프로젝트 제안'이 되어야 하므로
'그들의 것'이라는 소유대명사 (D) theirs가 정답이다. 여기
서 theirs는 their project proposal을 가리키므로 동사
was와 수 일치한다.

어휘 **proposal** 제안 | **be accepted** 승인되다 | **due to**
~ 때문에 | **unresolved** 해결되지 않은

10 (B)

해석 Koshu Electronics는 내년에 공장 두 곳을 더 개설할 계
획이다.

해설 빈칸 앞 two more(두 개 더)를 통해 복수명사가 들어가야
함을 캐치해야 한다. 따라서 -s가 붙지 않은 단수명사인 (A)
facility와 (D) case는 오답으로 소거하고, (B) factories
와 (C) deals 중에서 골라야 한다. 동사 open(열다, 개설
하다)의 목적어 자리이므로 '공장'을 뜻하는 (B) factories가
정답이다.

어휘 **in the coming year** 다가오는 해에, 내년에 | **facility** 시설 |
deal ⓝ 거래 ⓥ 처리하다, 다루다 | **case** 경우, 사례

11 (C)   단/복수를 구별해야 하는 문제

해석 JNP Financial과 우리의 지속적인 관계는 업체의 신속한
배송과 훌륭한 고객 서비스 덕분이다.

해설 ongoing(지속적인)이 형용사임을 알아야 문제를 풀 수
있다. 소유격 our 뒤에는 반드시 명사가 있어야 하는
데, ongoing은 형용사이므로 빈칸은 명사 자리이다. (A)
related처럼 -ed로 끝나는 명사는 없고, (B) relating 역
시 shopping 같은 찐 명사가 아닌 동사가 변형된 것이므
로 오답 처리한다. (C) relationship과 (D) relationships
중 정답을 골라야 하는데, 뒤에 나오는 be동사가 is라는 것
을 통해 주어가 '단수명사'임을 캐치해야 한다. 따라서 정답
은 (C) relationship이다.

12 (D)

해석 고객들과의 잦은 소통이 고객의 요구 사항을 이해하는 데 훌
륭한 방법이 될 것이다.

해설 frequent는 '형용사'로 문장의 주어가 없으므로, 빈칸은
frequent의 수식을 받아 동사 will be의 주어 역할을 하
는 명사 자리이다. 따라서 찐 명사인 (D) interactions
가 정답이다. (A) interact는 동사, (B) to interact와 (C)
interacting은 동사에서 변형된 문법이므로 형용사의 수식
을 받지 못한다. 참고로, frequent는 동사로도 쓰이는데, 문
장에 동사 will be가 이미 있으므로 여기서는 동사의 역할을
하지 않는다.

어휘 **frequent** ⓐ 잦은, 빈번한 ⓥ 자주 찾다 | **interaction**
with ~와의 소통 | **way to + 동사원형** ~하는 방법 |
need ⓝ 요구 사항 ⓥ 필요로 하다

13 (D)

해석 최근의 비판에도 불구하고, 그 회사의 수익은 지난 분기에 상
당히 증가했다.

해설 빈칸은 형용사 recent(최근의)의 수식을 받는 명사 자리이
므로, 동사 (A) criticize와 형용사 (C) critical은 오답으로
바로 소거한다. (B) critic은 형용사처럼 생겼지만 '비평가'
를 뜻하는 사람명사이고, -sm이라는 명사 어형을 지닌 (D)
criticism은 '비평, 비난'이라는 의미의 일반 추상명사이다.
문맥상 '최근의 비평가'는 말이 되지 않고, '최근의 비판'이라
고 해야 자연스러우므로 (D) criticism이 정답이다.

어휘 in spite of ～에도 불구하고 | significantly 상당히 |
quarter 분기 | criticize ⑧ 비난하다, 비평하다 | critical
⑧ 비평적인; 중대한

14 (C)   　1초 문제

해석 어시스턴트 디렉터(차장)는 혼자서 모든 서류 작업을 완료했다.

해설 빈칸 앞 전치사 on만 보고 무조건 목적격을 생각할 수 있는
데, 「on + 소유격 + own」의 1초 구조이다. 뒤에 명사 없이
'스스로의 힘으로'라는 의미를 나타내는 구문으로 정답은 (C)
his own이다. (D) himself의 경우 '혼자서, 스스로'라는 의
미를 나타내려면 단독으로 쓰이거나 앞에 전치사 by가 붙어
야 한다.

어휘 manage to + 동사원형 ～해내다 | paperwork 서류 (작업)

15 (A)   　단/복수를 구별해야 하는 문제

해석 시장 조사를 담당하는 사람은 할 일이 너무 많았기 때문에
마감기한 연장을 요청해야 했다.

해설 문장 앞 The/A/An 뒤에는 당연히 주어 역할을 하는 명사
가 들어가야 하므로, 동사 (C) personalize는 바로 오답 소
거한다. (A), (B), (D)는 모두 명사인데, 이 문제의 핵심 단서
는 2개이다.
1) in charge of(～을 책임지는, 담당하는)라는 표현은 거
의 '사람'이 주체가 되고, 2) 접속사 because가 이끄는 절
의 주어가 대명사 he라는 점을 주목해야 한다. 빈칸에 들어
갈 주어를 뒤에서 he로 받았을 것임을 유추해 보면 정답은
사람명사 (A) person이다. (B) people은 they로 받아야
하므로 오답이다.

어휘 market research 시장 조사 | deadline extension
마감기한 연장 | a lot of work to do 해야 할 많은 일

16 (C)   　외워 두면 1초 문제 + 고난도

해석 단골 고객에게 감사 편지를 보내는 것은 매우 권장할 만한
관행이다.

해설 「a + 부사 + 형용사 역할 -ed + -----」 구조로, 앞에 a
가 있으므로 빈칸에는 단수명사가 들어가야 한다. (A)
information(정보), (B) access(접근, 이용), (D)
feedback(의견, 반응)은 모두 대표적인 '불가산명사'로 a와
쓰이지 않으므로, 정답은 셀 수 있는 명사인 (C) practice
이다.

> **TIP** 다만, 이를 몰랐어도 highly recommended
> practice는 '매우 권장할 만한 관행'이라는 의미로 함
> 께 잘 쓰이는 표현임을 알았다면 쉽게 풀 수 있었을 것
> 이다. 이러한 어휘 연상 개념을 연어(collocation)라고
> 하는데, 잘 외워 두면 1초만에 답을 고를 수 있다.

어휘 regular customer 단골 고객 | highly 매우 |
practice ⑱ 관행; 연습 ⑧ 연습하다

17 (B)

해석 오늘 아침에 구직자 중 한 명인 Green 씨가 자신의 포트폴
리오를 보냈다.

해설 '명사, 명사'의 동격으로 표현된 주어와 동사 sent 다음에,
빈칸과 명사 portfolio가 뒤따르고 있다. portfolio는 동
사 sent의 목적어 역할을 하는 명사로, 명사 앞에 들어갈 수
있는 인칭대명사의 격은 '소유격'이 유일하므로 정답은 (B)
her이다. 주격 (A) she, 소유대명사 (C) hers, 재귀대명사
(D) herself는 명사 앞에 쓰일 수 없다.

어휘 job applicant 구직자

18 (B)

해석 우리 도시는 많은 관광 명소들로 인해 점점 더 인기를 얻고
있다.

해설 many 뒤에 오는 명사는 무조건 복수명사! 그리하여 many
가 tourist를 수식했다면 tourists로 끝에 반드시 -s가 붙
어야 하는데 그냥 단수명사가 쓰였다. 따라 앞 명사는 수에
관여하지 않고 뒤에 오는 명사가 수를 결정하는 「명사 + 명
사」의 복합명사 개념으로, 정답은 복수명사 (B) attractions
가 된다.

어휘 increasingly popular 점점 더 인기 있는 | tourist
attraction 관광 명소

19 (A)   　수 일치 + 고난도

해석 주차장을 무료로 이용하려면, 유효한 주차증을 제시해야 합
니다.

해설 매우 까다로운 문제이지만 외워 두면 편하다. 빈칸 앞
parking은 '주차'라는 의미의 찐 명사로 불가산명사이다. 셀
수 없는 단어 앞에 a가 붙을 리가 없으므로 앞 명사가 아닌
뒤 명사와 수 일치되는 복합명사 문제로 봐야 한다. 따라서
빈칸은 가산 단수명사 자리이다.
명사 자리이므로 (D) permitted부터 오답으로 소거한다.
(A) permit와 (B) permits를 동사로만 생각하는 경우가
많은데, 명사/동사 모두 되는 대표적인 어휘이다. 또 다른 명
사 (C) permission과의 차이점을 보면, permit는 명사
일 때 '허가증'이라는 의미의 가산명사이고, permission
은 '허가'의 행위를 나타내는 불가산명사라는 점이다. 따라서
셀 수 있는 명사로 a가 붙는 단수명사는 permit이므로 (A)
가 정답이다. 참고로, parking permit(주차증)과 building
permit(건축 허가증)은 토익 빈출 표현이므로 외워 두면
'1초 문제'가 된다.

어휘 for free 무료로 | need to + 동사원형 ～해야 한다 |
present 제시하다 | valid 유효한

20 (B)

해석 새로 임명된 CEO는 연회에 참석한 모든 바이어들을 맞이
했다.

해설 이 문제의 단서는 세 가지만 알면 된다. 1) all 뒤에 빈칸이
나오면 all은 주로 형용사로 명사가 들어간다는 점, 2) all에
변수가 있다 하더라도 동사 greet(맞이하다, 환영하다)는 뒤
에 '무엇을' 맞이하는지 목적어, 즉 명사가 들어간다는 점, 3)
동사 greet가 '사람'을 맞이할 때 쓴다는 점으로, 이 세 가지
를 고려하면 사람명사가 들어가야 하고, all은 셀 수 있는 복
수명사를 수식하므로 (B) buyers가 정답이다.

81

어휘 banquet 연회 | investment 투자 | suggestion 제안 | distribution 유통; 분배

이론은 간단하게 암기는 제대로,
품사 2_형용사/부사

토익 감성 갖추기　　　　　　　　　본책 p.116

A 정답 아래 해설 참조

B 1 ○　2 X　3 X　4 X　5 ○　6 X
　　7 X　8 X　9 ○　10 X　11 ○　12 X
　　13 ○　14 ○　15 ○

A

tremendous 휑 대단한, 엄청난	illegal 휑 불법의	fondly 휇 우호적으로
distinguished 휑 저명한, 현란한	rather 휇 다소, 꽤, 오히려	quite 휇 꽤
complicated 휑 복잡한	confusing 휑 혼란스럽게 하는	ornamental 휑 장식(용)의
decorative 휑 장식된, 장식용의	highly 휇 매우	random 휑 무작위의
selective 휑 선택적인, 까다로운	so 휇 매우	increasing 휑 증가하는, 늘어나는
only 휑, 휇 유일한; 오로지	solely 휇 단독으로, 오로지	solitary 휑 홀로의, 혼자의
friendly 휑 친근한	weekly 휑 매주의, 주 1회의	quarterly 휑 분기별의
orderly 휑 정돈된, 정연한	heavily 휇 심하게, 엄청	somewhat 휇 다소, 꽤

★ **암기포인트 1** random 같은 어휘는 스펠링이 형용사 느낌이 안 들기 때문에 암기가 필요하다. 품사는 그때그때 암기 필수!

★ **암기포인트 2** rather는 형용사 앞에 오면 '다소, 꽤', 문장 앞에 콤마를 붙이고 나오면 '차라리, 오히려'라는 뜻이 된다.

★ **암기포인트 3** only는 형용사/부사임을 반드시 암기한다.

★ **암기포인트 4** weekly, quarterly는 형용사로 외운다. 각각 '주간지', '계간지'라는 의미의 명사로도 쓰이지만 주로 형용사다.

★ **암기포인트 5** -ed, -ing 형태는 주로 '형용사' 역할을 하지만, -ing로 끝나는데 '명사'인 것들이 있다.

★ **암기포인트 6** somewhat, anywhere, nowhere 등 wh- 의문사 앞에 some, any, no 등이 결합되면 '부사'로 쓸 수 있다.

★ -ing 형태의 찐 명사 중 대표적인 다음 어휘들은 외우자.

planning 기획, 계획	accounting 회계	advertising 광고
restructuring 구조 조정	founding 창립, 창업	processing 가공, 처리
seating 착석, 좌석 배치	opening 개업; (일자리) 공석	shipping 발송, 배송
purchasing (기업) 구매	spending 지출	manufacturing 제조
gathering 모임	measuring 측정	catering 음식 공급[조달]

B

1 They finally opened the store. (○/X)
그들은 마침내 매장을 열었다.

▶ 주어 They와 동사 opened 사이에 부사 finally가 들어간 맞는 문장이다.

2 The company once ~~sells~~ sold electronics. (○/X)
그 회사는 한때 전자제품을 판매했다.

▶ 주어 The company, 동사 sells 사이에 부사 once가 들어간 문장이다. once는 '한때'라는 뜻으로 과거시제와 쓴다. 따라서 '한때 판매했다'는 현재형 sells가 아닌 과거형 sold가 되어야 하므로 틀린 문장이다.

▶ electronics 전자 제품, 전자기기

3 Our products are very ~~reliant~~ reliable. (○/X)
우리 제품은 매우 믿을 만하다.

▶ [암기 필수] reliant는 형용사이지만, 명사를 꾸미기보다는 reliant on/upon 형태로 나온다. -able 형태의 reliable (믿을 만한)로 써야 한다.

▶ reliant 의존하는 | reliable 믿을 만한

4 Sam is responsible ~~to~~ for the project. (○/X)
Sam은 그 프로젝트를 담당한다.

▶ [암기 필수] 「be동사 + 형용사 + 전치사」가 마치 숙어처럼 하나의 덩어리로 쓰이는 것들은, 특정 전치사를 반드시 같이 암기해야 한다. be responsible은 'for'와 쓰인다.

▶ be responsible for ~에 책임이 있다, ~을 담당하다

5 It became complicated. (○/X)
그것은 복잡한 상태가 되었다.

▶ 동사 become은 '어떤 상태가 되다'라고 할 때 뒤에 보어로 '형용사'를 끌기 때문에 형용사 complicated가 쓰인 맞는 문장이다.

6 You look ~~beauty~~ beautiful. (○/X)

▶ 동사 look은 주로 '형용사'를 보충 어휘로 이끄는 2형식 동사다. 따라서 명사 beauty가 아니라 형용사 beautiful로

써야 한다. look이 명사를 끌기 위해서는 depend on처럼 전치사가 붙어야만 한다. (look at ~을 보다 / look for ~을 찾다 / look over ~을 검토하다 등)

7 I am ~~enough full~~ full enough. (○ / X)
저는 충분히 배불러요.

▶ **[혼동 주의: 특수한 부사 enough]** 명사를 꾸미는 형용사 enough가 아니라, 형용사를 꾸미는 부사 enough의 경우 형용사를 '뒤에서 앞으로' 꾸민다. 따라서 enough full이 아니라 full enough가 되어야 한다.

8 There are many ~~benefit~~ benefits. (○ / X)
많은 혜택들이 있다.

▶ **[단/복수 주의]** many는 뒤에 복수명사를 끌기 때문에 benefit이 아닌 benefits가 되어야 한다.

▶ **benefit** 혜택, 이득

9 Each of our staff members will get a bonus. (○ / X)
각각의 스태프 멤버는 보너스를 받을 것이다.

▶ each는 바로 뒤에 명사를 쓸 수도 있지만, of와 결합하여 each of 구문으로 쓸 수도 있다. 이때 each 바로 뒤에는 단수명사를 쓰고, each of 뒤에는 복수명사를 쓰기 때문에 맞는 문장이다.

10 He did extensive ~~his study~~ study. (○ / X)
그는 광범위한 연구를 했다.

▶ my handsome boyfriend는 있어도 handsome my boyfriend는 없다! 소유격 his 앞에 형용사 extensive가 나올 수 없다.

▶ **extensive** 광범위한

11 It appears to be true. (○ / X)
그것은 사실인 듯하다.

▶ 동사 appear는 혼자서 문장을 끝내는 자동사로도 쓰이지만, appear to(~인 듯하다) 구조로 'to + 동사원형'을 뒤에 보충 언어로 끌 수 있다. 보통은 'to + 동사원형'에서 동사원형이 be로 나올 때가 많으므로 appear to be로 외워 두자.

12 It is subject to ~~cancel~~ cancellation. (○ / X)
그것은 취소될 수 있다.

▶ **[혼동 주의]** 유명한 숙어 같은 표현으로 be subject to(~의 대상이 되다, ~할 확률이 있다)는 to가 전치사이므로 뒤에 명사가 나와야 한다. 따라서 동사원형 cancel이 아닌 명사 cancellation이 되어야 한다. to까지만 외우는 것이 아니라 「be subject to + 명사」로 암기해야 한다.

▶ **cancel** 취소하다 | **cancellation** 취소

13 I didn't check my e-mail yet. (○ / X)
나는 아직 이메일을 확인하지 못했다.

▶ I didn't check my e-mail까지 이미 완벽한 「주어 + 동사

+ 목적어」 문장이다. yet은 부사로 '아직 ~하지 못하다'라는 의미로 부정문과 어울려 문장 끝에 올 수 있으므로 맞는 문장이다.

14 Ms. Lee considered the proposal useless. (○ / X)
이 씨는 그 제안서가 쓸모없다고 여겼다.

▶ **[고난도]** 5형식 구조로 「동사 consider + 목적어 the proposal + 목적어에 대한 보충 언어로 형용사 useless」가 쓰인 맞는 문장이다.

▶ **consider** 여기다, 간주하다 | **proposal** 제안(서) | **useless** 쓸모없는

15 We will begin the meeting shortly. (○ / X)
우리는 곧 회의를 시작할 것이다.

▶ 「주어 We + 동사 will begin + 목적어 the meeting」의 완벽한 문장에 부사 shortly(곧)가 시점을 강조하며 들어간 맞는 문장이다.

토익 실전 체험하기
본책 pp.117-118

1 (A)	**2** (B)	**3** (D)	**4** (C)	**5** (A)	**6** (A)
7 (C)	**8** (C)	**9** (A)	**10** (A)	**11** (B)	**12** (D)
13 (A)	**14** (D)	**15** (B)	**16** (C)	**17** (A)	**18** (B)
19 (C)	**20** (B)				

1 **(A)**

해석 우리는 현재 Nelson 지사에서 일할 수 있는 파트타임 근로자들을 찾고 있습니다.

해설 be -ing 사이에 들어갈 수 있는 부사를 고르는 문제이다. 보기가 모두 부사지만, (B) lately(최근에)와 (C) previously (이전에)는 과거의 느낌이 강하기 때문에 be동사로 are가 아닌 were가 와야 한다. (D) therefore는 -ly 형태가 아니어도 부사지만 '그러므로'라는 뜻으로 지금 진행 중임을 강조하는 현재진행 시제와 관련이 없다. 따라서 정답은 (A) currently이다.

> **TIP** 현재진행 am/are/is -ing 사이에는 currently, now, presently 등 '지금, 현재'라는 뜻의 어휘가 가장 특화되어 있음을 알아 두자.

어휘 seek 찾다, 구하다

2 **(B)**

해석 박물관 보안요원은 방문객들에게 목소리를 낮춰 다른 사람들을 배려하라고 경고했다.

해설 be동사와 전치사 of 사이에 보충 언어로 형용사가 들어갈 자리인데, 아무 형용사나 뒤에 전치사를 붙이는 것은 아니다. 반드시 「be동사 + 형용사 + 전치사」 구조를 덩어리로 암기해야만 해석의 정확도는 물론 속도가 빨라진다. 남을 배려하거나 무언가를 염두에 둘 때 쓰는 표현 be mindful of를 알았다면 쉽게 풀리는 문제다. 따라서 정답은 (B)이다.

어휘 warn 경고하다 | by -ing ∼함으로써 | secure ⑱ 안전한 ⑧ 확보하다; 고정하다 | sensible 현명한 | confidential 기밀의

3 (D)

해석 헤드폰 시제품을 만드는 비용은 우리가 예상했던 것보다 상당히 적게 들었다.

해설 생각보다 쉽다. more, less 등의 어휘는 여러 품사로 쓰일 수 있어도 확실한 것은 명사는 아니라는 것이다. 또한 비교급을 표현하는 more, less 같은 어휘를 앞에서 꾸미는 품사는 '부사'밖에 없으므로 정답은 (D) considerably이다. (A) consideration은 명사, (B) considerable은 형용사, (C) consider는 동사이다.

> **TIP** more와 less는 주로 형용사 또는 부사로 쓰이는데, 형용사를 꾸미는 것도 부사, 부사를 꾸미는 것도 부사, 비교급을 앞에서 꾸미는 것도 부사이다. than 뒤에 「주어 + 동사」의 문장 구조가 나오는 것까지 신경 쓸 필요 없다. 빠르게 정답이 나올 부분을 캐치해서 해결해야지 문장 구조를 전부 완벽하게 분석하려고 하지 말자!

어휘 prototype 시제품, 견본품 | anticipate 예상하다 | considerably 상당히

4 (C)

해석 부서장들은 안건을 관리 가능한 길이로 제한함으로써 회의를 보다 효율적으로 만들 수 있다.

해설 -th로 끝나는 어휘는 주로 명사이므로, length를 꾸미는 형용사를 넣는 품사 문제이다. (A)는 부사, (B)와 (D)는 동사이므로, 정답은 (C) manageable이다.

어휘 department head 부서장 | efficient 효율적인 | agenda (회의) 의제, 안건 | length 길이; 기간 | manageable 관리할 수 있는, 처리할 수 있는

5 (A) `고난도 문제`

해석 Hailey Books는 새로운 사전을 올해쯤 출판할 계획이다.

해설 앞으로 계속 학습하겠지만, 모든 문법을 완벽한 용어와 의미로 100% 이해하려고 하면 토익이 정말 어려워진다. 확실한 것은 -ever로 끝나는 어휘들 whichever, however 등은 주로 뒤에 '문장'을 이끈다는 것만 알아도, 보기 (C)와 (D)를 빠르게 오답 소거할 수 있다.

그리고 someone, somebody, something 등 -one, -thing, -body로 끝나면 단순 명사지만, sometime은 '부사'라는 것을 따로 외워야만 한다. -s가 붙은 sometimes는 '가끔, 때때로'라는 뜻의 부사지만, sometime은 뒤에 '시점'을 수식하듯 그 시점 '즈음에'라는 뜻이 된다. this year, next year, last year 등은 명사처럼 보여도 부사이다. 부사를 수식하는 품사는 또 다른 부사라는 점에서 정답은 (A) sometime이 된다.

어휘 plan to + 동사원형 ∼할 계획이다 | dictionary 사전

6 (A)

해석 Robson 씨의 책은 도시 주거 지역을 활성화시키는 방안을 모색할 것이다.

해설 명사 neighborhoods를 수식하는 것은 형용사이기 때문에 부사 (B), 동사 (D)는 바로 오답 소거되고 (A) residential과 (C) resided가 남는다. -ed 형태도 명사를 꾸밀 수 있지만 '거주되어진' 동네라고 하기에는 어색하며, reside는 수동태를 거부하는 속성이 있는 자동사이다. 따라서 정답은 (A) residential이다.

> **TIP** 이런 문법 사항을 모두 알면 좋겠지만, 초급자에게는 힘든 일이기 때문에 '토익 문제를 풀 때 -ed/-ing 형태와 정확한 형용사가 보기에 함께 있으면 확률적으로는 정확한 형용사가 우세할 때가 많다'는 점을 염두에 두자.

어휘 explore 모색하다, 탐색하다 | revitalize 재활성화시키다, 새로운 활력을 불어넣다

7 (C)

해석 이번 주 〈뉴욕 위클리〉에 실린 편지에서 Jackson 씨는 자신의 주장을 매우 설득력 있게 펼쳤다.

해설 In a letter printed에서 printed는 동사가 아닌데 왜 p.p.가 여기 들어가나요? 등의 궁금증을 일일이 확인하며 문제를 풀려면 문법이 더 많이 학습된 상태여야 한다. 빈칸이 요구하는 것에 맞춰 빠르게 문제를 푸는 연습을 하자.

전치사 in은 문장을 끌 수가 없기 때문에 In부터 콤마 앞까지는 문장 구성 성분인 동사가 있을 수 없다. (p.p.는 뒤에서 앞으로 명사를 수식하기도 한다.) 중요한 것은 본 문장이 콤마 뒤부터 시작하고 Mr. Jackson이 주어, argues가 동사, his point가 목적어임을 인지하는 것이다. 「주어 + 동사 + 목적어」 뒤에는 5형식 문장 등 예외적인 경우를 제외하고는 필요 없는 성분만 남게 된다. very(매우)가 부사로서 또 다른 부사를 수식할 수 있기 때문에 이 문제의 정답은 부사 (C) persuasively이다. (A)는 동사, (B)는 명사, (D)는 형용사이다.

어휘 argue 주장하다 | persuasively 설득력 있게

8 (C) `외워 두면 좋은 패턴`

해석 악천후로 인해 도시의 5번째 연례 야외 행사는 취소되었다.

해설 outdoor는 형용사, outdoors는 부사라는 것을 암기해 두자. '연례 행사'를 뜻하는 annual event에 event를 수식하는 형용사 하나가 더 붙은 형태이므로, 정답은 (C)이다.

어휘 due to ∼때문에 | inclement weather 악천후, 좋지 않은 날씨 | outdoor 야외(의) | satisfied (사람이) 만족한 | temporary 일시적인 | rising 증가하는

9 (A)

해석 Dream Phones는 신뢰할 수 있는 휴대전화 서비스를 낮은 월 이용료로 제공한다.

해설 reliable/dependable(믿을 만한, 신뢰할 수 있는)은 명사를 바로 수식할 수 있지만, reliant/dependent(의존하는)

는 같은 형용사여도 제약을 받아 명사 앞에 on, upon 등의 전치사가 붙어야 한다! 따라서 mobile phone service라는 명사 덩어리를 바로 수식하는 형용사 자리로 정답은 (A) reliable이다. (D)의 relying 역시 -ing가 붙기 전 동사의 습성이 그대로 남아 on이나 upon이 붙어야 함을 함께 알아두자.

참고로, 주어 Dream Phones처럼 앞 철자가 모두 대문자인 어휘는 고유명사인데, 고유명사는 이름에 아무리 -s가 붙어 있어도 단수 취급하여 단수동사(offers)를 쓴다.

어휘 **at a ~ rate** ~한 비용[요금]으로

10 (A)

해석 새로운 소프트웨어 버전이 아직 테스트되지 않았기 때문에, 출시가 지연될 것이다.

해설 have p.p.는 현재완료라는 하나의 동사 세트 구조이다. 따라서 have p.p. 사이에 빈칸이 있다면 없어도 되는 '부사' 자리이다. (B) such는 형용사, 부사, 대명사 등 여러 품사로 알려져 있으나, such a nice person처럼 「such + a + 형용사 + 명사」 구조로 많이 쓰임을 알아두면 좋다. well(잘), very(매우) 등의 강조 표현 부사는 동사 세트 구조 사이에 위치할 수 없다. (예를 들어, I can very study.는 틀린 문장) 따라서 정답은 부사일 때 '아직'이라는 뜻으로 부정문(not)과 잘 어울려 쓰는 (A) yet이다.

어휘 **launch** 출시, 개시 | **be delayed** 지연되다

11 (B)

해석 우리의 여름 인턴들은 최소한의 지도만 받았음에도 불구하고 업무를 유능하게 수행했다.

해설 해설지에 쓰인 순서대로 해석하지 않았다고 스트레스 받을 일 없다. 문법 문제는 유창한 해석 능력을 보는 게 아니다. even though는 접속사로 앞에서 한 문장이 끝나고 뒤에 새로운 문장이 시작된다. 앞 문장의 Our summer interns가 주어, performed가 동사, their tasks가 목적어로 이미 완벽한 문장이므로 빈칸에는 부사가 와야 한다. 따라서 정답은 (B)이며, (A)는 형용사, (C)는 명사, (D)는 more가 붙어 비교급 표현을 만들었을 뿐 부사가 아닌 형용사이기 때문에 오답이다.

어휘 **minimal** 최소한의 | **guidance** 지침, 지도

12 (D)　　　부사 enough 특징

해석 그 차의 트렁크는 승객 4명의 짐을 보관하기에 충분히 넓다.

해설 enough가 형용사를 꾸미는 부사일 때는 「부사 + 형용사」가 아니라 「형용사 + 부사」 구조로 쓰인다는 것을 강조했다. 따라서 정답은 형용사 (D) spacious이다.

그런데 enough를 형용사로 보고 그 앞에 부사가 와도 되는 것 아닌지 생각할 수도 있다. 그러나 해석상으로도 '넓게 충분한'이 아닌 '충분히 넓은'이 훨씬 자연스럽고, enough 뒤에 'to + 동사원형'이 나오면 주로 부사라는 점을 알아두면 훨씬 수월하다. 「형용사 + 부사 enough + to + 동사원형」(~하기에 충분히 …한)을 외워 두자.

어휘 **hold** 보관하다; 지탱하다 | **spacious** 넓은

13 (A)　　　5형식 동사 혼동 주의

해석 새로 고용된 강사는 자신의 커리큘럼을 성공적인 것으로 여겼다.

해설 완벽한 문장이라고 생각해서 바로 부사를 고르기 쉬운데, 동사 deem(간주하다, 여기다)은 5형식 동사라는 특수함을 가지고 있다. 즉, 목적어 뒤에 목적어에 대한 보충 언어(형용사)를 이끌기 때문에, 정답은 형용사 (A) successful이다. (B)와 (D)는 동사, (C)는 부사이다.

어휘 **curriculum** 교과과정, 커리큘럼

14 (D)　　　혼동 형용사

해석 예상치 못한 상황으로 인해 교수는 과제 제출 마감일을 연장해 주었다.

해설 a/an과 복합명사 due date 사이에 빈칸이 있으므로, 명사 덩어리 due date(마감일)를 꾸밀 형용사가 필요하다. (A)는 명사, (B)는 동사이므로 바로 오답 소거하면, (C)와 (D)가 남는다. 형용사와 p.p.가 남는 경우 보통은 찐 형용사가 우세할 때가 많지만 extensive와 extended는 의미에 따라 반드시 구별이 필요하다. extensive는 '광범위한', extended는 '(기한 등이) 연장된'이라는 의미이므로 deadline, due date 등 어휘 앞에는 extended가 어울린다. 따라서 정답은 (D)이다.

어휘 **unforeseen circumstances** 예기치 못한 상황 | **grant** ⑧ 주다, 수여하다 ⑨ 수여금 | **assignment** 과제

15 (B)

해석 기업가들은 그 수업이 지역 비즈니스 규정들을 이해하는 데 매우 유익하다고 생각했다.

해설 found가 '설립하다'라는 의미의 동사가 아닌 '생각하다, 알아내다'라는 동사 find의 과거시제 found로 나온 문제이다. find는 5형식 동사로 목적어의 보충 언어로 형용사를 이끌어 '목적어가 형용사 상태임을 알아내다'라는 의미를 나타내는 것을 좋아하므로, 형용사 (B) beneficial이 정답이다. (A)와 (D)는 명사 또는 동사, (C)는 부사이다.

어휘 **entrepreneur** 기업가 | **regulation** 규정

16 (C)　　　1초 문제

해석 일반적으로, 회계사들은 회계연도 말에 업무량이 많다.

해설 연어(collocation)는 문법을 뛰어넘어 매우 잘 어울리는 어휘의 조합으로 영어 실력에 있어 필수이다. workload는 '업무량'을 의미하는 단어로, 업무량이 많거나 심할 때 보통 heavy의 수식을 받는다. 따라서 정답은 1초 문제로 (C) heavy이다. (A)의 willing(자발적인)은 주로 「be willing to + 동사원형」 구조로 쓰이고, (D) quite는 부사여서 명사 workloads를 꾸밀 수조차 없다.

어휘 **typically** 일반적으로, 전형적으로 | **accountant** 회계사 | **at the end of** ~ 말에, 끝에 | **fiscal year** 회계연도 | **sharp** 급격한 | **quite** 꽤

17 (A)

해석 만약 광고된 세일 상품이 구매 불가능해지면, 귀하는 여전히 대체 상품에 대한 부분 할인을 받으실 수 있습니다.

해설 접속사 if가 두 절(문장)을 이어준 상태에서, 한 절의 끝에 unavailable이라는 부정적인 의미의 어휘가 나왔다. 광고에 등장한 상품이지만 품절 등의 이유로 구매 불가능하게 되면, 그런 상황에도 불구하고 '여전히' 그 상품이 아닌 대체 상품(substitute)에도 일부 할인이 가능하다는 의미로 정답은 (A) still이다. 부사 still을 '그럼에도 불구하고 여전히'라는 맥락으로도 읽을 줄 알아야 한다.

(B) ever의 경우 부사는 맞지만, 주로 If you ever get a chance(만약 기회를 얻는다면)의 구조처럼 '가정'의 의미를 강조하거나, If you have ever seen it(만약 그것을 본 적이 있다면)의 구조처럼 have p.p. 사이에서 '경험'을 강조하는 부사로 쓰이거나, not ~ ever 구문으로 쓰인다. (C) nearly의 경우 '거의'라는 의미로 nearly impossible (거의 불가능한), nearly 20%(거의 20%), nearly all(거의 모든) 등의 어휘들을 곧잘 꾸미지만, 동사를 수식하는 부사가 아니다. (D) anyway(어쨌든) 또한 완벽한 문장 앞 또는 끝에 붙는 부사로, 동사를 수식하지 않는다.

18 (B)

해석 Simon 박사의 연구는 기후 변화 관련 정책 형성에 영향을 미쳤다.

해설 「be + 형용사 + 전치사」를 외우지 않으면, 빈칸 뒤 in이 아무 것도 아닌 게 되어버린다! 토익 고득점에 있어서 전치사는 매우 중요하고, 외워야만 보인다. be influential in은 '~에 영향을 미치다, 도움이 되다'라는 의미로 반드시 암기해야 하는 표현이다. 따라서 정답은 (B) influential이다.

(A) confidential(기밀의)은 주로 confidential document (기밀 문서)처럼 단순히 명사를 꾸미고, (C) dedicated (헌신적인)는 전치사를 붙이려면 be dedicated to 형태가 되어야 하고, (D) contingent(~을 조건부로 하는, ~에 달린)는 전치사를 붙일 때 be contingent on/upon 구조를 취하는 것을 알아두자.

어휘 shape ⑧ 형상화하다, 만들다 ⑲ 모양, 형태 | climate change 기후 변화

19 (C)

해석 버스가 다음 정류장에서 약 30초 거리에 있을 때 정류장 안내 방송이 이루어진다.

해설 30 seconds처럼 「숫자 + 명사」 구조에서 명사 앞 숫자는 '수량 형용사'와 마찬가지다. 결국 형용사 30을 꾸미는 것은 부사인데, 숫자를 수식하는 부사는 매우 한정적이다. 네 개의 보기 중 숫자를 바로 앞에서 꾸밀 수 있는 어휘는 (C) approximately뿐이다.

(A) far는 '멀리'라는 의미로 far away를 붙여 쓸 수는 있어도, 숫자를 꾸미는 것과는 상관없다. (B) near는 '근처에'라는 뜻일 뿐, 숫자 앞에서 부사로 '거의'라고 하려면 nearly로 써야 한다. (D) totally는 '전적으로, 완전히'라는 뜻으로 totally different(완전히 다른), totally agree(전적으로

동의하다) 등의 구조로 쓰이고, 숫자와는 생각보다 관련이 없다. 숫자의 총합을 얘기하려면 「a total of + 수치」 또는 「수치 + in total」 구조로 쓰임을 알아 두자.

어휘 announcement 안내 방송 | stop (버스 등) 정류장

20 (B)

해석 CEO의 은퇴 발표는 Hilltop 사의 주가에 갑작스럽고 급격한 상승을 일으켰다.

해설 upsurge는 '급증'이라는 의미의 명사다. 앞에서 명사를 수식하는 것은 주로 형용사인데, 빈칸 앞에 sudden(갑작스러운)도 형용사다. 이에 「명사 + 명사」의 복합명사를 생각해 볼 수도 있지만, 형용사 2개가 나란히 쓰여 명사 하나를 수식하는 구조도 가능하다. 갑작스러운 '급격함 + 급증'보다는, '갑작스러운 + 급격한' 급증이 나열된 구조로, 정답은 형용사 (B) sharp이다.

★ sharp는 또한 증가/감소를 나타낼 때 수식어로 많이 쓰이는 어휘다. 참고로, (A) sharpen처럼 -en 형태는 동사인 경우가 많다. (heighten 높이다 / strengthen 강화하다 / broaden 확장하다 등)

어휘 retirement 은퇴 | sudden 갑작스러운 | upsurge 급증 | stock price 주가, 주식 가격 | sharpen 날카롭게 하다

[추가 암기] 명사 + 명사 복합명사

customer satisfaction 고객 만족	customer loyalty 고객 충성도
sales representative 영업 사원	employee productivity 직원 생산성
seating arrangement 좌석 배열[준비]	travel arrangement 출장 준비
housing development 주거 개발	patient reliance 환자 의존도
job description 직무 상세설명	employment opportunity 고용 기회
quality control 품질 관리[통제]	quality assurance 품질 보증
safety standard 안전 기준	safety regulation/rule 안전 규정/규칙
construction material 건설 자재	office supplies 사무 용품

★ 복합명사는 빈도가 높지 않아 명사 앞/뒤에 빈칸이 있을 때 무조건 고려할 것이 아니라, 한 단어로는 해석이 부족하거나 앞 명사에 수가 나타나 있지 않을 때 붙는 경우가 많다.

We should improve customer --------.

이 문장에서 customer은 사람명사고, 사람명사는 한 명 두 명 세야 하는 가산명사이다. 그런데 customer 앞에 a도 없고, customers도 아니면 문법적 오류가 생긴다. 이럴 때 satisfaction처럼 셀 수 없는 불가산명사가 합쳐져 단수를 표현해야 customer 앞에 a가 없는 이유를 설명할 수 있게 된다.

토익 감성 갖추기

본책 p.125

A 정답 아래 해설 참조

B 1 attend 2 were 3 takes
4 has expressed 5 helps 6 were
7 manage 8 Artists 9 is seeking
10 be sent 11 offers 12 secure
13 competitive

A

	진짜 동사	가짜 동사
ⓐ will dominated		✓
ⓑ being attended		✓
ⓒ are following	✓	
ⓓ to be hosted		✓
ⓔ should ask	✓	
ⓕ are managed	✓	
ⓖ should not attend	✓	
ⓗ having selected		✓

ⓐ 조동사 will 뒤에는 동사원형이 와야 하기 때문에 dominated 가 아니라 dominate가 되어야 한다.

ⓑ 동사는 -ing나 to로 시작할 수 없다.

ⓒ be동사 are 뒤에 follow의 -ing가 와 현재진행형이 된 진짜 동사

ⓓ 동사는 -ing나 to로 시작할 수 없다.

ⓔ 조동사 should 뒤에 동사원형 ask가 온 진짜 동사

ⓕ be동사 are 뒤에 manage의 p.p.가 와 수동태가 된 진짜 동사

ⓖ 조동사 should 뒤에 동사원형 attend가 온 진짜 동사이다. not은 부정을 나타낼 뿐 구조에는 영향을 미치지 않는다.

ⓗ 동사는 -ing나 to로 시작할 수 없다.

B

1 They always (attends / **attend**) the morning yoga class on weekends.
그들은 항상 주말마다 오전 요가 수업에 참석한다.

▶ 주어 They가 복수이므로 복수동사 attend가 알맞다.

2 The interns (was / **were**) able to submit the report on time.
그 인턴들은 제시간에 보고서를 제출할 수 있었다.

▶ 주어 The interns가 복수이므로 복수 be동사 were가 알 맞다. was는 단수 주어와 쓴다.

3 African Airways (**takes** / take) you to more than 20 destinations in Africa. 아프리카 항공은 아프리카 의 20개 이상의 목적지로 여러분을 안내합니다.

▶ 회사, 단체, 사람 이름 등의 고유명사는 뒤에 -s가 붙었다고 해서 복수 취급해서는 안 된다. African Airways는 항공사 이름의 고유명사로 단수 취급해야 하므로 takes가 알맞다.

▶ destination 목적지

4 Everyone (**has expressed** / have expressed) interest in the seminar.
모두가 세미나에 관심을 표했다.

▶ everyone은 '모든 사람'을 의미하지만, 단수 취급하므로 has expressed가 알맞다.

5 Following safety procedures (**helps** / help) prevent accidents.
안전 절차를 준수하는 것은 사고를 예방하는 데 도움이 된다.

▶ [고난도] 바로 앞에 복수명사 procedures가 있다고 해서 복수동사 help를 고르면 안 된다. '안전 절차를 준수하는 것' 이라는 동명사구 Following safety procedures가 문장 의 주어로, 동명사 주어는 단수 취급한다! 따라서 단수동사 helps가 알맞다.

▶ safety procedure 안전 절차 | prevent 예방하다

6 Our profits in the second quarter (was / **were**) higher than the first quarter.
우리의 2분기 수익은 1분기보다 높았다.

▶ [고난도] 역시 조심해야 하는 문제로, 바로 앞에 있는 단수명 사 quarter은 전치사 in에 걸리는 명사일 뿐 문장의 주어가 아니다. 복수명사 profits가 주어이므로 복수 be동사 were 가 알맞다.

▶ profit 수익, 이익 | quarter 분기

7 Make sure you (manages / **manage**) the project within budget.
프로젝트를 예산 내에서 관리하도록 하세요.

▶ 2인칭 주어 you는 단수여도 뒤에 일반동사 현재형이 올 때 동사원형을 쓰므로 manage가 알맞다.

▶ budget 예산

8 (An artist / **Artists**) in Pasadena are sponsored by the city council.
패서디나 예술가들은 시의회에서 후원을 받는다.

▶ 뒤에 동사가 are sponsored로 복수이므로, 주어도 복수여 야 한다. 복수명사 Artists가 알맞다.

▶ sponsor 후원하다 | city council 시의회

9 Dela Industries (seek / **is seeking**) an experienced accountant.
Dela Industries는 경력 있는 회계사를 구하고 있다.

- ▶ 고유명사 Dela Industries는 단수 취급해야 하므로 복수동사 seek이 올 수 없다. is seeking이 알맞다.
- ▶ **experienced** 경력[경험] 있는 | **accountant** 회계사

10 The information should (be sent / have sent) to clients. 그 정보는 고객들에게 보내져야 한다.
- ▶ 조동사 should 뒤에는 동사원형이 와야 하므로 be sent가 알맞다. should have p.p.(~했어야 했다)라는 후회를 나타내는 표현도 가능하지만, 이때는 주어가 사람이 된다.

11 VK Superstore (offers / provides) customers a variety of services.
VK 슈퍼스토어는 고객에게 다양한 서비스를 제공한다.
- ▶ [3형식 vs. 4형식 동사] offer, provide 모두 '제공하다'라는 뜻이므로 주의를 요하는 문제이다. 뒤에 customers와 a variety of services로 목적어가 2개 나왔으므로 4형식임을 인지해야 한다. offer와 provide 중 4형식이 가능한 동사는 offer이므로 offers가 알맞다. provide는 「provide + 사람 + with 사물」 또는 「provide + 사물 + to 사람」 구조로 쓰이는 것도 알아두자.

12 We always keep the files (secure / securely).
우리는 항상 파일들을 안전하게 보관합니다.
- ▶ 주어(We), 동사(keep), 목적어(the files)로 구성된 완벽한 문장이라고 생각해서 부사 securely를 고르지 않도록 주의한다. 여기서 keep은 5형식 동사로 「keep + 목적어 + 목적격 보어(형용사)」의 구조를 이끌기 때문에 형용사 secure가 알맞다.
- ▶ **secure** 안전한

13 The company still remains (competitive / competitively).
그 회사는 여전히 경쟁력을 유지하고 있다.
- ▶ remain은 2형식 동사로 뒤에 기본적으로 형용사가 와야 한다. 따라서 형용사 competitive가 알맞다.
- ▶ **competitive** 경쟁력 있는

토익 실전 체험하기
본책 pp.126-127

1 (C)	2 (C)	3 (A)	4 (A)	5 (C)	6 (A)
7 (D)	8 (C)	9 (D)	10 (B)	11 (B)	12 (B)
13 (B)	14 (A)	15 (D)	16 (B)	17 (C)	18 (A)
19 (C)	20 (B)				

1 (C)
- 해석 Sowa 대학은 학생과 교직원 모두를 위한 월간 뉴스레터를 발행한다.
- 해설 주어 Sowa College 뒤에 동사는 없고 명사 a monthly newsletter만 나와 있으므로, 빈칸은 동사 자리이다. 보기 중 동사가 될 수 있는 것은 동사원형 publish에 -es를 붙여

서 단수동사를 만든 (C)가 유일하다. (A)는 동사에 -er를 붙인 사람명사, (B)는 동사에 -ing를 붙인 동명사 또는 현재분사, (D)는 형용사로 오답이다.
- 어휘 **faculty** 교직원

2 (C)
- 해석 Pardi K1 안마의자의 초기 구매자들 후기는 그들이 그것이 사용하기 쉽다고 느꼈음을 보여준다.
- 해설 that 이하 문장이 주어 they, 동사 found, 목적어 it으로 완벽하다고 생각해 부사인 (B) easily를 고르지 않도록 조심한다. found는 동사 find의 과거시제로, 여기서 find는 '발견하다, 찾다'라는 의미가 아닌 '생각하다, 여기다'라는 의미의 5형식 동사이다. 따라서 「find + 목적어 + 목적격 보어」의 구조로 빈칸에는 형용사가 와야 하므로 정답은 (C) easy이다. (A)는 동사 또는 명사, (D)는 명사이다.
- 어휘 **review** 후기, 평가; 검토하다 | **indicate** 나타내다, 보여주다

3 (A)
- 해석 그 가게는 온라인으로 제품을 구매하는 누구에게나 특별 할인을 제공할 것이다.
- 해설 who 뒤 동사 자리로 (B)는 형용사, (C)는 동사가 될 수 없는 형태이므로 바로 오답 소거한다. (A)와 (D)는 중에서 단수, 복수를 구별해야 하는 문제이다. 관계대명사절이 수식하는 명사가 anyone으로 단수이기 때문에 관계대명사절의 동사도 단수동사여야 하므로 (A) purchases가 정답이다.
- 어휘 **product** 제품

4 (A)
- 해석 광고에 대한 반응은 회사의 예상을 넘어섰다.
- 해설 보기만 보면 뒤에서 배울 to부정사, 동명사, 분사 관련 문제로 생각할 수 있지만, 문장에 동사가 없는 동사 자리 문제이다. 주어 Reponses에 이어 빈칸 뒤에도 명사 the company's expectations 뿐이다. 보기 중 (B), (C), (D)는 모두 -ing나 to로 시작하는 동사가 될 수 없는 형태로 바로 오답 처리한다. 동사가 될 수 있는 것은 과거시제 -ed를 붙인 (A)가 유일하다.
- 어휘 **response to** ~에 대한 반응 | **commercial** 광고 | **exceed one's expectations** ~의 예상을 넘다

5 (C)
- 해석 Guilford 씨는 직원 회의에서 곧 있을 회사 야유회 관련 질문에 모두 답할 것이다.
- 해설 빈칸은 주어 Ms. Guilford 뒤 동사 자리이다. -ing나 to로 시작하면 동사가 될 수 없기 때문에 (A)와 (D)는 바로 오답 처리한다. 주어가 Ms. Guilford로 단수이기 때문에 동사도 단수가 되어야 하므로 (B) answer은 답이 될 수 없고, 주어의 단/복수에 상관없는 미래 조동사 will이 쓰인 (C) will answer가 정답이다.
- 어휘 **regarding** ~에 관한 | **upcoming** 다가오는, 곧 있을 | **company outing** 회사 야유회

6 (A)

해석 Han 씨는 자신의 자녀에게 집중할 수 있도록 Galaxy Tech의 일자리 제안을 거절할 것이다.

해설 조동사 can 뒤에는 동사원형이 와야 하므로 정답은 (A) focus이다.

어휘 decline 거절하다 | focus on ~에 집중하다, 중점을 두다

7 (D)

해석 Perkins Designs는 자연 경관을 보호하기 위해 시립 도서관이 2층을 유지해야 한다고 언급했다.

해설 note that은 'that 이하를 언급하다; 유념하다'라는 의미의 구문으로 that 이후에도 주어와 동사가 나와야 한다. 따라서 빈칸은 that절의 동사 자리이다. (A), (B), (C)는 동사가 될 수 없는 형태이므로 유일하게 동사 형태인 (D) should keep이 정답이다.

어휘 story (건물의) 층 | preserve 보호하다 | natural view 자연 경관

8 (C) 2형식 동사

해석 Prace 가죽 제품은 생산 단계에서 변형되지 않습니다.

해설 단순 해석 문제처럼 보이지만, 문장 형식과 관련된 문제로 바로 뒤 형용사 unchanged가 결정적인 단서이다. 형용사를 바로 취하는 2형식 동사는 보기 중 remain이 유일하므로 정답은 (C)이다. 나머지 동사 retain(유지하다), persist(지속되다), sustain(지속시키다)은 바로 뒤에 형용사만 취할 수 없다.

어휘 leather goods 가죽 제품 | throughout ~ 동안 내내 | production 생산

9 (D)

해석 Miami Legal 직원은 근무 시 신분증을 착용해야 한다.

해설 문장에 동사가 없으므로 빈칸은 동사 자리이다. (A)와 (C)는 동사가 될 수 없는 형태이므로 오답 처리한다. 또한 주어는 Miami Legal이 아닌 복수명사 Employees이므로 단수동사 (B)도 오답이고, 정답은 (D) are expected가 된다. 참고로 '~해야 한다, ~할 것으로 예상되다'라는 의미의 「be expected to + 동사원형」 구조도 함께 알아두자.

어휘 ID badge 신분증, 사원증 | on duty 근무 중인

10 (B)

해석 Welsh 씨는 향후 5년 안에 회사가 직면할 수 있는 몇몇 잠재적인 문제점을 확인했다.

해설 빈칸은 주어 Ms. Welsh 뒤 동사 자리이다. (C)는 명사, (D)는 동사가 될 수 없는 형태로 오답 소거한다. 주어가 3인칭 단수로 동사 identify에 -s를 붙여 identifies가 되어야 하기 때문에 (A)도 오답이다. -ed를 붙여 과거시제를 나타낸 동사 (B)가 정답이다.

어휘 potential 잠재적인 | likely 아마 | encounter 맞닥뜨리다, 마주치다 | identify 확인하다 | identity 신원, 정체

11 (B)

해석 스포츠웨어 매장 YouFit은 여러분만의 맞춤형 신발 제작 서비스를 제공할 것입니다.

해설 고유명사 YouFit과 명사 a sportwear store가 동격으로 주어이고, 빈칸은 동사 자리이다. 동사가 될 수 없는 형태인 -ing 또는 to로 시작하는 (A), (C), (D) 모두 오답 처리한다. 동사가 될 수 있는 것은 (B) will provide가 유일하다.

어휘 custom 주문 제작한, 맞춤의

12 (B) 태까지 봐야 하는 문제

해석 Vide Soda의 경영진은 젊은층을 겨냥한 패키지 디자인 변경을 고려하고 있다.

해설 is 뒤에 일반동사 consider의 구조를 묻는 문제이다. be동사 뒤에 일반동사는 기본적으로 진행형(be -ing)이나 수동태(be p.p.)가 가능하기 때문에 (C)와 (D)는 오답 처리한다. (A) 수동태와 (B) 진행형을 구분할 때는 뒤에 목적어가 있는지 없는지 확인해야 하는데, 빈칸 뒤에 목적어 a package redesign이 있으므로 능동 진행형을 만드는 (B) considering이 정답이다. (능동태/수동태는 UNIT 4에서 더 자세하게 배우므로 걱정하지 말자.)

어휘 management 경영(진) | appeal to ~의 관심을 끌다, ~에게 인기를 끌다

13 (B) 4형식 동사 + 고난도

해석 컨퍼런스 주최측은 참석자들에게 최대 두 개의 워크숍에 대한 무료 입장을 제공한다.

해설 단순 해석 문제처럼 보이지만, 문장 형식과 관련된 문제이다. 빈칸 뒤에 사람 목적어 participants(참석자)와 사물 목적어(free admission)이 바로 이어지고 있으므로 4형식 동사가 필요하다. 보기 중 사람 목적어와 사물 목적어, 목적어 2개를 취할 수 있는 동사는 offer가 유일하므로 정답은 (B)이다. 나머지 동사 permit(허가하다), invite(초청하다), admit(입장을 허락하다)는 목적어 2개를 취할 수 없다.

어휘 participant 참석자 | admission to ~에 대한 입장(료) | up to 최대 ~까지

14 (A) 수 일치 주의

해석 그 실험실 장비를 조작하는 모든 기술자들은 보안경을 착용해야 한다.

해설 who 관계대명사절의 수식을 받는 주어 All technicians의 동사 자리이다. 동사 형태가 될 수 없는 (C)를 오답 소거한 뒤, 수를 따져봐야 한다. 주어가 the lab device가 아닌 All technicians로 복수이므로 (A) need가 정답이다. 이처럼 주어가 수식을 받아 주어와 동사의 사이가 멀 때 수 일치에 주의한다.

어휘 technician 기술자 | device 장비 | safety glasses 보호안경, 보안경

15 (D)

해석 계산원들은 휴일 동안 높은 수요를 충족시키기 위해 주말에 근무하기로 동의했다.

해설 빈칸은 문장의 동사 자리로 (A)와 (B)는 동사가 될 수 없는 형태이므로 오답 처리한다. (C)「관계대명사 who + 동사」 구조가 들어가면 문장의 동사가 없게 되므로 역시 오답 소거 한다. 유일한 동사 형태인 (D) have agreed가 정답이다.

어휘 meet the demand 수요를 충족시키다

16 (B)

해석 최근 일정 변경으로 직원들의 근무 환경이 더 유연해졌다.

해설 빈칸은 문장의 동사 자리로, 주어는 빈칸 바로 앞의 schedule이 아니라 전치사구 in the schedule의 수식을 받는 복수명사 changes이다. 따라서 동사가 될 수 없는 형태인 (C)와 (D), 단수동사인 (A)는 오답 소거하고, (B) resulted가 정답이 된다.

어휘 recent 최근의 | flexible 유연한 | work environment 근무 환경 | result in ~한 결과를 낳다

17 (C)

해석 자신의 주간 팟캐스트 〈인사이드 리포터〉에서 Ashley Park 은 연예 뉴스를 분석한다.

해설 빈칸은 주어 Ashley Park 뒤 동사 자리이다. 동사가 될 수 없는 (D)는 오답 처리하고, 명사인 (A)와 (B) 역시 오답 소거 한다. 유일한 동사인 (C) analyzes가 정답이다.

어휘 entertainment 연예, 오락 | analysis 분석 | analyst 분석가

18 (A)

해석 일본의 글로벌 물류 회사 Sakura Express는 더 이상 인도로 화물을 운송하지 않을 것이다.

해설 조동사 will 뒤에는 동사원형이 와야 한다. no longer(더 이상 ~하지 않는)는 부사로 「will + 동사원형」 사이에 위치했을 뿐 구조에 영향을 미치지는 않는다. 따라서 정답은 동사원형 (A) transport이다.

어휘 logistics 물류 관리 | freight 화물 (운송)

19 (C) 5형식 동사 + 고난도

해석 위원회는 예산 문제로 인해 그 제안을 수용할 수 없다고 간주할 것이다.

해설 단순 해석 문제처럼 보이지만, 문장 형식과 관련된 문제이다. 빈칸 뒤에 목적어 the proposal과 형용사 unacceptable 로 미루어 보아 「동사 + 목적어 + 목적격 보어(형용사)」의 5 형식 구조임을 인지해야 한다. 보기 중 목적어와 목적격 보어를 이끌 수 있는 5형식 동사는 (C) consider이다. (A) regard도 '간주하다, 여기다'라는 의미이지만 regard the proposal as unacceptable로 형용사 앞에 as를 반드시 써야 한다. (B) evaluate(평가하다)와 (D) judge(판단하다)는 구조상으로도 문맥상으로도 어울리지 않는다.

어휘 committee 위원회 | unacceptable 받아들일 수 없는 | budget 예산

20 (B) 시제까지 봐야 하는 문제

해석 Sue's 레스토랑은 정통 한국 요리를 제공하기 때문에 많은 관광객을 끌어모으고 있다.

해설 빈칸은 접속사 because가 이끄는 문장의 동사 자리이다. 동사가 될 수 없는 (D)를 우선 소거한다. 주어 it이 3인칭 단수로 동사에 -s가 붙어야 하므로 동사원형 (A)도 오답이다. 문법적으로 보면 단수동사 (B)와 과거시제 동사 (C)는 모두 문제 없다. 단, 앞 동사 is attracting으로 보아 현재 관광객들을 끌어모으고 있다는 의미이므로 과거시제는 어울리지 않는다. 따라서 현재시제 (B) features가 정답이다.

어휘 attract 끌어들이다 | authentic 진짜의, 진품의 | feature 특징으로 하다

UNIT **04** 토익에서 감점의 끝판왕,
동사 2_능동태와 수동태 / 시제

토익 감성 갖추기   본책 p.134

A   **1** 능동태   **2** 수동태   **3** 능동태   **4** 수동태
      5 능동태   **6** 수동태   **7** 수동태   **8** 수동태

B   **1** X   **2** O   **3** X   **4** O   **5** O   **6** X   **7** O   **8** X

C   **1** O   **2** X   **3** X   **4** X   **5** X

A

1 All managers ------- the conference. 능동태

▶ 뒤에 'the + 명사(conference)'의 목적어가 있기 때문에 능동태가 정답이다.

2 Travel expense reports ------- by the end of the week. 수동태

▶ 명사 the end는 전치사 by에 걸리는 명사일 뿐 목적어가 아니다. 즉, 목적어가 없으므로 수동태가 정답이다.

3 Kim's Market ------- its store hours until 10:00 P.M. 능동태

▶ 뒤에 '소유격(its) + 명사(store hours)'의 목적어가 있기 때문에 능동태가 정답이다.

4 The staff meeting ------- until next month. 수동태

▶ 뒤에 목적어 없이 전치사 until이 이어지고 있으므로 수동태가 정답이다.

5 Representatives from SA Tech ------- a party. 능동태

▶ 뒤에 'a + 명사(party)'의 목적어가 있기 때문에 능동태가 정답이다.

6 The products ------- frequently by customers. 수동태

▶ 뒤에 목적어 없이 부사(frequently)와 전치사 by가 이어지고 있으므로 수동태가 정답이다.

7 The shipment ------- due to bad weather conditions. 수동태

▶ 뒤에 목적어 없이 전치사구(due to ~ conditions)가 이어지고 있으므로 수동태가 정답이다.

8 Several tasks ------- later this month. 수동태

▶ this month(이번 달에)는 시간을 나타내는 부사일 뿐 목적어가 아니다. later(나중에, 후에)도 부사로 목적어가 없으므로 수동태가 정답이다.

B

1 The electric cars will be producing in limited numbers. (O/X)
그 전기차들은 한정된 수량으로 생산될 예정이다.

▶ 뒤에 목적어 없이 전치사 in이 이어지고 있으므로 수동태가 되어야 한다. will be producing은 능동태이므로 틀린 문장이다.

2 He was not given the report on time. (O/X)
그는 제시간에 보고서를 받지 못했다.

▶ [4형식 수동태] 뒤에 'the + 명사(report)'의 목적어가 있어서 능동태가 되어야 하는 틀린 문장이라고 생각하기 쉽다. 그러나 give는 4형식 동사로, 주어가 사람일 때 목적어가 있어도 수동태로 쓰일 수 있으므로 맞는 문장이다.

3 Mr. Brooks was hosted the panel discussion. (O/X)
Brooks 씨는 패널 토론을 진행했다.

▶ 뒤에 'the + 명사(panel discussion)'의 목적어가 있기 때문에 동사는 능동태가 되어야 한다. was hosted는 수동태이므로 틀린 문장이다.

4 Those books are being published in Taiwan as part of a series. (O/X)
그 책들은 시리즈의 일환으로 대만에서 출판되고 있다.

▶ 뒤에 전치사 in이 이어지고 목적어가 없으므로 수동태가 되어야 한다. are being published는 진행형 수동태로 맞는 문장이다.

5 Ms. Reeves' reservation was not made for the date. (O/X)
Reeves 씨의 예약은 그 날짜에 되지 않았다.

▶ 뒤에 목적어 없이 전치사 for가 이어지고 있으므로 수동태가 되어야 한다. not은 부정을 나타낼 뿐 구조에 영향을 미치지 않는다. was not made는 수동태이므로 맞는 문장이다.

6 She has been enclosed a revised copy. (O/X)
그녀는 수정된 사본을 동봉했다.

▶ 빈칸 뒤에 'a + 명사(copy)'의 목적어가 있으므로 동사는 능동태가 되어야 한다. has been enclosed는 완료형 수동태이므로 틀린 문장이다.

7 The luxury hotel is located in the center of the city. (O/X)
그 고급 호텔은 도심에 위치해 있다.

▶ 뒤에 목적어 없이 전치사 in이 이어지고 있으므로 수동태가 쓰여야 한다. 수동태 is located가 쓰인 맞는 문장이다.

8 They will be closed the lane for repairs. (O/X)
그들은 보수를 위해 차선을 차단할 예정이다.

▶ 뒤에 'the + 명사(lane)'의 목적어가 있으므로 능동태가 되어야 한다. will be closed는 수동태이므로 틀린 문장이다.

C

1 Mr. Anderson joined the company last month. (O/X)
Anderson 씨는 지난달 회사에 입사했다.

▶ last month(지난달)라는 과거 시간 표현이 있으므로 과거시제 joined가 쓰인 맞는 문장이다.

2 He made will make a speech tomorrow afternoon. (O/X)
그는 내일 오후에 연설할 것이다.

▶ tomorrow afternoon(내일 오후)라는 미래 시간 표현이 있다. made는 make의 과거시제로 틀린 문장이다. 맞는 문장이 되려면 will make가 되어야 한다.

3 I will work have worked here since last March. (O/X)
나는 지난 3월부터 여기서 일해 왔다.

▶ since last March(지난 3월 이후로)라는 과거부터 현재까지 나타내는 시간 표현이 있다. will work는 미래시제로 틀린 문장이다. 맞는 문장이 되려면 현재완료 have worked가 되어야 한다.

4 By the time he graduates from college, he had already secured will already have secured a job. (O/X)
대학을 졸업할 때쯤, 그는 이미 직장을 구했을 것이다.

▶ 접속사 By the time(~ 때쯤)이 이끄는 절의 동사가 현재시제 graduates이므로, 나머지 한 동사는 미래완료 will have p.p.가 되어야 한다. 과거완료 had p.p.가 쓰여 틀린 문장이다.

5 The package will arrive when weather conditions will improve improve. (O/X)
그 소포는 기상 조건이 개선되면 도착할 것이다.

▶ 시간을 나타내는 부사절에서는 예외적으로 현재시제가 미래를 나타낸다. 접속사 when 뒤에 쓰인 will improve는 improve가 되어야 한다.

1 (B)	**2** (D)	**3** (B)	**4** (D)	**5** (A)	**6** (C)
7 (C)	**8** (A)	**9** (B)	**10** (A)	**11** (C)	**12** (D)
13 (B)	**14** (B)	**15** (C)	**16** (C)	**17** (B)	**18** (A)
19 (C)	**20** (B)				

1 **(B)**

해석 다음 달부터 Keikyu 호텔은 손님들에게 1회용 슬리퍼를 제공할 것이다.

해설 빈칸은 문장의 동사 자리로, 동사의 형태가 될 수 없는 (A)와 (C)는 바로 오답 처리한다. 미래 시간 표현인 next month가 있기 때문에 동사는 미래시제가 되어야 하는데, (D) 미래완료(will have p.p.)는 By 또는 By the time이 보이거나 특정 미래 시점과 기간이 동시에 나오는 경우 가능하므로 오답이다. 따라서 정답은 (B) will provide이다.

어휘 starting ~부터, ~부로 | disposable 1회용의

2 **(D)**

해석 아일랜드 생물학자 Matt Tyler는 〈프론티어스〉 지난 호에서 자신의 새 논문을 발표했다.

해설 빈칸은 문장의 동사 자리로, 뒤에 '소유격(his) + 명사(thesis)'의 목적어가 있으므로 능동태 동사가 되어야 한다. 수동태인 (C)를 우선 오답 처리한다. 주어가 사람 이름인 3인칭 단수로, 동사도 -s를 붙인 단수가 되어야 하므로 (A) 역시 오답이다. (B)와 (D) 중에서 last issue(지난 호)로 보아 과거의 일이므로 과거시제 동사 (D)가 정답이다.

어휘 biologist 생물학자 | thesis 논문 | issue (정기 간행물의) 호 | frontiers 한계, 경계

3 **(B)**

해석 산타모니카 시의회는 이번 달 말까지 새로운 생태 공원에 대한 제안서를 받을 것이다.

해설 빈칸은 문장의 동사 자리로, 뒤에 목적어 suggestions가 있으므로 능동태 동사여야 한다. (D)는 수동태이므로 우선 오답 소거한다. 문장에 until the end of this month(이번 달 말까지)라는 미래 시간 표현이 있는 것으로 보아 과거나 현재완료가 아닌 미래를 나타내야 하므로, 미래진행 시제 (B)가 정답이다.

어휘 city council 시의회 | ecological park 생태 공원

4 **(D)**

해석 Mira Raminez의 공원 조경 전문성은 다른 어떤 지역의 조경 전문가보다 뛰어나다.

해설 빈칸은 문장의 동사 자리로, 동사의 형태가 될 수 없는 (B)와 (C)는 우선 오답 소거한다. 빈칸 뒤에 전치사 by가 쓰인 것으로 보아 목적어가 없으므로 수동태 동사가 되어야 한다. 따라서 정답은 수동태 (D) is surpassed이다.

어휘 expertise 전문성, 전문지식 | landscaping 조경 | expert 전문가; 전문가의 | surpass 능가하다

5 **(A)**

해석 안경테 특별 할인이 어제 Zebra Optical 웹사이트에 공지되었다.

해설 빈칸은 문장의 동사 자리로, 뒤에 명사가 바로 오지 않고 전치사 on이 나온 것으로 보아 목적어가 없는 수동태 동사가 되어야 한다. 수동태 동사 (A)와 (D) 중, 문장에 과거를 나타내는 시간 표현 yesterday가 쓰였으므로 과거시제 (A) was announced가 정답이다.

어휘 glasses frame 안경테

6 **(C)**

해석 지난 7년 동안, MK 의료센터는 숙련된 의료진을 고용해왔다.

해설 experienced를 과거시제 동사로 보지 않도록 주의해야 한다. experienced가 동사라면 뒤에 medical staff가 목적어가 되는데 '의료진을 경험했다'라는 어색한 구문이 된다. experienced는 명사 medical staff를 수식하는 '숙련된, 경험 많은'이라는 의미의 형용사로, 빈칸이 동사 자리이다. 또한 뒤에 목적어가 있으므로 수동태 (D)도 오답 소거한다. 'over/for the past + 기간(지난 ~ 동안)'이라는 시간 표현은 현재완료와 잘 쓰이므로 정답은 (C) has hired이다.

어휘 experienced 숙련된, 경험 많은 | medical staff 의료진

7 **(C)**

해석 Burrell 씨는 수정이 필요한지 확인하기 위해 Winter 씨의 판매 보고서를 검토하고 있다.

해설 if(~인지)는 접속사로 뒤에 「주어 + 동사」가 필요하므로 빈칸은 동사 자리이다. 동사의 형태가 될 수 없는 (A)와 (D)는 일단 오답 처리한다. 빈칸 뒤에 아무것도 없는 상태로 완전한 문장이 되어야 하므로 수동태 (C)가 정답이다.

어휘 sales report 판매 보고서

8 **(A)**

해석 Northern 산업 은행은 대기 시간을 줄이기 위해 혁신적인 온라인 뱅킹 시스템을 시행했다.

해설 빈칸은 문장의 동사 자리로, 동사의 형태가 될 수 없는 (C)는 바로 오답 소거한다. 뒤에 'an + 명사(system)'의 목적어가 있으므로 능동태 동사가 와야 하는데, (B)와 (D)는 수동태 동사이므로 정답은 (A)이다.

어휘 innovative 혁신적인 | in order to + 동사원형 ~하기 위해 | reduce 줄이다 | wait times 대기 시간 | implement 시행하다

9 **(B)**

해석 엄격한 금연 규칙이 도시 전역의 버스 정류장 안팎에서 시행된다.

해설 빈칸은 문장의 동사 자리로, 동사의 형태가 될 수 없는 (C)는 바로 오답 소거한다. 빈칸 뒤에 전치사 표현 in or near가 있는 것으로 보아 목적어가 없는 수동태 동사가 들어가야 한다. 보기 중 수동태는 (B)가 유일하다.

어휘 strict 엄격한 | throughout ~ 곳곳에, ~ 도처에

10 (A)

해석 Nolan의 승진 파티는 그가 월요일에 사무실로 돌아오면 Zenith 바에서 열릴 것입니다.

해설 빈칸은 접속사 when이 이끄는 부사절의 동사 자리로, 동사의 형태가 될 수 없는 (B)와 (C)는 바로 오답 소거한다. 시간/조건의 부사절에서는 현재시제가 미래시제를 대신하므로 (A) returns가 정답이다.

어휘 promotion 승진

11 (C)

해석 다른 팀들을 위해, 회의 후에는 모든 개인 물품이 치워져야 한다.

해설 빈칸은 문장의 동사 자리인데, 뒤에 목적어 없이 after라는 전치사가 있으므로 수동태 동사가 되어야 한다. 보기 중 수동태는 조동사 must와 결합된 (C) must be removed가 유일하다.

12 (D)

해석 올해 초에 대략 30만 달러가 하와이 암 센터에 익명으로 기부되었다.

해설 빈칸은 문장의 동사 자리로, 명사 (C)와 동사의 형태가 될 수 없는 (B)는 바로 오답 소거한다. 빈칸 뒤에 목적어인 명사가 없고 돈은 기부되는 것이므로 수동태 동사가 와야 한다. 따라서 정답은 (D) was donated이다.

어휘 approximately 대략 | anonymously 익명으로

13 (B)

해석 내년 3월 초까지 Truman Industries는 유럽 남부에 새로운 공장 3곳을 개설할 것이다.

해설 문장 제일 앞에 「By + 미래 시점(early March next year)」라는 시간 표현이 확인된다. By 또는 By the time은 미래완료(will have p.p.)의 강력한 단서가 된다. 따라서 정답은 (B)이다.

14 (B)

해석 중국 전역에 걸쳐 다양한 고객들과 협력함으로써, Speedy Footwear는 아시아에서의 영향력을 확장할 것이다.

해설 빈칸은 문장의 동사 자리로, 동사의 형태가 될 수 없는 (C)는 바로 오답 처리한다. 빈칸 뒤에 '소유격(its) + 명사(influence)'의 목적어가 있으므로 능동태 동사가 되어야 하는데, (A)와 (D)는 수동태 동사이다. 따라서 정답은 (B)이다.

어휘 collaborate with ~와 협력하다 | influence 영향(력) | expand 확장하다

15 (C)

해석 매니저들을 위한 새로운 교육 프로그램들이 그들의 문제 해결력을 향상시킬 수 있도록 조직되었다.

해설 structure는 명사뿐 아니라 '조직하다, 구조화하다'라는 의미의 동사도 가능하다. 자동사로 특화된 동사 이외에는 대부

분 타동사로 보아야 하는데, 빈칸 뒤에 목적어 없이 'to + 동사원형' 구조가 바로 나왔기 때문에 수동태 동사가 되어야 한다. 보기 중 수동태 동사는 (C)가 유일하다.

어휘 enhance 강화하다, 향상시키다 | problem-solving 문제 해결

16 (C)

해석 Global Logistics의 전 부사장으로서, 남 씨는 최근에 Ocean Express의 CEO로 임명되었다.

해설 name은 동사로 '임명하다, 지명하다'의 뜻을 갖고 있다. 빈칸 뒤에 CEO라는 명사 목적어가 있기 때문에 능동태 동사가 당연히 정답이라고 생각해서 수동태인 (B), (C)를 바로 오답 처리하지 않도록 주의한다.

name은 '(목적어)를 ~로 임명[지명]하다'라는 뜻으로 「name + 목적어 + 목적격 보어(명사)」의 5형식 구조가 가능한 동사이다. 목적어가 주어 자리로 나와 동사가 수동태가 될 경우, 그 뒤에 있던 목적격 보어인 명사가 그대로 수동태 동사 뒤에 남게 된다. 문맥상으로도 남 씨가 임명되었다는 뜻으로 수동태가 알맞다. 보기 중 수동태는 (B)와 (C)인데, (B) 단순 현재시제는 '일반적 사실, 습관' 등을 나타낼 때 쓰이는 시제로 문맥상 어색하다. 또한 recently(최근에는)는 과거시제와 잘 쓰이는 대표적인 부사이다. 따라서 과거시제 수동태 (C)가 정답이다.

어휘 former 이전의

17 (B)

해석 Pitt 씨는 세계적인 유명 가수 Pamela Jo와의 최근 작업으로 올해의 안무가 상을 수상했다.

해설 보기가 모두 다른 단어이기 때문에 전적으로 해석해서 풀어야 하는 문제 같지만, 아니다! 빈칸 앞에 be동사(was)가 있고 보기가 모두 p.p.의 형태이기 때문에 동사는 수동태(be p.p.) 형태임을 캐치해야 한다. 그런 다음 뒤에 목적어가 있음을 확인한다. 수동태는 원칙적으로 뒤에 목적어를 취하지 못하지만, 가능한 동사가 있다. 바로 4형식 동사로, 보기 중 4형식 동사는 (B) awarded가 유일하다.

「award + 사람 목적어 + 사물 목적어」의 4형식 구조에서 사람 목적어가 주어 자리로 나와 동사가 수동태가 되어도 사물 목적어(명사)가 그대로 동사 뒤에 남는 구조이다.

어휘 choreographer 안무가 | award 수여하다, 주다 | acquire 획득하다, 인수하다

18 (A)

해석 Cosmo 정수기의 정수 필터는 적어도 1년에 2회 세척되어야 한다.

해설 조동사 must 뒤 동사원형 자리이므로 (B)는 바로 오답 소거한다. 빈칸 뒤에 at least twice a year(적어도 1년에 2회)를 목적어로 보지 않도록 주의한다. '적어도 1년에 2회'는 빈도 표현으로 목적어가 아니라 부사 같은 덩어리 표현임을 인지해야 한다. 따라서 목적어가 없는 구조로 수동태 동사가 들어가야 한다. 보기 중 수동태는 (A) be cleaned가 유일하다.

19 (C)

해석 Car Masters는 매달 단골 고객들에게 무료 세차를 제공한다.

해설 빈칸은 동사 자리로, 뒤에 '소유격(its) + 명사(customers)'의 목적어가 있으므로 능동태 동사가 와야 한다. 보기 중 수동태인 (A)와 (D)는 오답 처리한다. 또한 주어 Car Masters는 고유명사인 업체명으로 끝에 -s가 붙어 있다고 해서 복수로 생각해서는 안 된다. 주어가 단수로 동사도 단수가 되어야 하므로 (C) offers가 정답이다.

[주의] offer는 4형식 동사로 뒤에 명사가 남아도 수동태가 될 수 있는데, 이때는 주어가 사람이어야 하고 수동태 뒤에는 사물이 남아야 한다. 즉, 이 문장을 수동태 Car Masters' regular customers are offered a free car wash every month.로 표현할 수 있다.

어휘 regular customer 단골 고객 | car wash 세차

20 (B)

해석 회사 뉴스레터에 곧 입사할 직원들 목록을 포함시켜 주세요.

해설 보기가 모두 다른 해석 문제 같지만 시제가 단서가 되는 문제이다. 빈칸 앞 동사가 will be joining으로 미래시제이므로 미래시제에 특화된 부사 (B) soon이 정답이다. 참고로, (A) yet은 역할이 다양한데 기본적으로 'not ~ yet(아직 ~ 하지 않은)' 형태로 부정문에 많이 쓰이고, (C) lately(최근에)와 (D) previously(이전에)는 과거시제에 특화된 부사이다.

어휘 include 포함시키다

UNIT 05 이걸 구분 못하면 문법 오류가 생긴다,
동사 3_자동사/타동사

토익 감성 갖추기
본책 p.142

A **1** in **2** over **3** with **4** of **5** across
6 of **7** with **8** with **9** to **10** to
11 down **12** for **13** with **14** about
15 with

B **1** X **2** O **3** X **4** X **5** X **6** O **7** X **8** O
9 X **10** X

A

1	~라는 결과를 낳다	result in
2	~을 검토하다	go over
3	~을 진행하다	proceed with
4	~로 구성되다	consist of
5	~을 우연히 마주치다	come across
6	~을 처리하다	dispose of
7	~을 선택하다	go with
8	~이 딸려오다	come with
9	~에 가입하다	subscribe to
10	~을 참고하다	refer to
11	~을 거절하다	turn down
12	~을 기다리다	wait for
13	~을 따르다	comply with
14	~에 대해 문의하다	inquire about
15	~을 다루다	deal with

B

1 Please ~~wait me~~ wait for me in front of the hotel. (O/**X**)
그 호텔 앞에서 저를 기다려 주세요.

▶ wait 뒤에 목적어가 오려면 전치사 for를 써야 한다. 따라서 wait me가 아니라 wait for me가 되어야 한다.

2 This bag belongs to Mr. Gideon. (**O**/X)
그 가방은 Gideon 씨의 것이다.

▶ '~의 것이다, ~에게 속해 있다'라는 표현의 belong to가 쓰인 맞는 문장이다.

3 Stock prices ~~were risen~~ rose again. (O/**X**)
주가가 다시 상승했다.

▶ rise(상승하다)는 자동사로 수동태를 만들지 않는다. 수동태 were risen이 아니라 rise의 과거형 rose가 되어야 한다.

4 Ms. Long registered ~~in~~ for the programming class. (O/**X**)
Long 씨는 프로그래밍 수업에 등록했다.

▶ '수업, 프로그램, 과정 등에 등록하다'라는 표현은 register for로 전치사 in이 아니라 for를 써야 한다. 뒤에 등록하는 수업이 아니라 등록하는 장소가 올 때는 register at the reception desk(접수 데스크에서 등록하다)와 같이 장소 전치사 at이 올 수도 있다.

[주의] register가 '출생, 혼인 등을 신고하다'라는 의미로 쓰일 때는 자동사가 아닌 타동사로, register 뒤에 전치사 for가 무조건 와야 하는 것은 아니라는 데 주의한다.

5 Peter will ~~be returned~~ return to the office next week. (O/**X**)
Peter는 다음 주에 사무실로 돌아올 예정이다.

▶ return은 자동사와 타동사로 모두 쓰이는 동사 중 하나이다. 타동사일 때는 '~을 돌려주다, 반납하다'의 의미이고, 자동사일 때는 '돌아오다'의 의미로 「return to + 장소」(~로 돌아오다) 또는 「return from + 장소」(~에서 돌아오다)로 쓰인다. 여기서는 동사가 수동태 be returned로 쓰였는데, 수동태는 목적어가 있는 타동사일 때 가능하다! 그렇게 되면 문장의 의미가 'Peter가 사무실로 반납될 것이다'라는 어색한 문장이 된다. 따라서 Peter가 '사무실로 돌아올 것이다'라는 의미의 자동사 return이 되어야 한다.

6 My membership expired last month. (O/X)
내 회원 자격이 지난달에 만료되었다.

▶ expire은 대표적인 자동사로 수동태를 만들지 않는다. last month(지난달)이라는 과거 시간 표현도 있으므로 과거시제 동사가 쓰인 맞는 문장이다.

7 Employees must comply ~~to~~ with the new dress code. (O/X)
직원들은 새로운 복장 규정을 준수해야 한다.

▶ comply는 '(법, 명령, 규정 등을) 따르다, 준수하다'라는 의미로 반드시 comply with의 형태가 되어야 한다.

8 Mr. Stevens will report a missing item. (O/X)
Stevens 씨는 분실물을 보고할 것이다.

▶ report도 return처럼 자동사/타동사 둘 다 토익에 자주 등장하는 동사이다. 타동사일 때는 '~을 보고하다, 신고하다'의 의미이고, 자동사일 때는 report to 형태로 '~에게 보고하다'라는 의미를 나타낸다. 여기서는 타동사로 목적어 a missing item을 취한 맞는 문장이다.

9 The event ~~was taken place~~ took place at AK Hall. (O/X)
행사는 AK 홀에서 열렸다.

▶ take place(일어나다)는 대표적인 자동사로 수동태를 만들지 않는다. 동사가 수동태로 쓰인 틀린 문장으로 was taken place는 took place가 되어야 한다.

10 We respond ~~quick~~ quickly to customers' inquiries. (O/X)
우리는 고객 문의에 빠르게 응답합니다.

▶ respond는 '~에 응답하다, 반응하다'라고 할 때 뒤에 전치사 to와 함께 온다. 짝꿍으로 다니는 respond to 사이에 빈칸이 있다면 부사 자리이다. 따라서 형용사 quick이 아니라 부사 quickly가 와야 맞는 문장이 된다.

토익 실전 체험하기
본책 pp.143-144

1 (D) **2** (D) **3** (B) **4** (C) **5** (A) **6** (C)
7 (D) **8** (A) **9** (C) **10** (C) **11** (C) **12** (A)
13 (A) **14** (A) **15** (D) **16** (A) **17** (D) **18** (B)
19 (A) **20** (B)

1 (D) 　　　　　　　　　　　　　　1초 문제

해석 Podium Office의 채팅 시스템을 통해 동료들과 문제없이 소통할 수 있다.

해설 보기가 모두 다른 단어이기 때문에 해석으로 풀어야 할 문제 같지만 전적으로 문법 문제이다. 빈칸 뒤에 전치사 with가 있는데 with 바로 앞에 올 수 있는 동사는 (D) communicate가 유일하다. communicate with: ~와 소통하다

(A) attend(참석하다)는 전치사 없이 뒤에 참석하는 '회의, 미팅, 모임' 등이 오고, (B) state(언급하다, 명시하다)는 「state that 주어 + 동사」의 구조로 많이 쓰이며, (C) notify는 '~에게 통보하다'라는 의미로 뒤에 사람 목적어가 온다.

어휘 coworker 동료 | issue 문제

2 (D)

해석 모든 신제품은 출시 전에 요구되는 안전 기준을 준수하는지 반드시 확인해 주세요.

해설 빈칸 뒤에 to가 있을 때는 뒤에 명사가 오는 전치사 to인지 동사원형이 오는 to부정사의 to인지 확실히 구분해야 한다. 여기서는 to 뒤에 the가 있는 것으로 보아 전치사 to이다. 전치사 to와 어울려 '(규정 등을) 따르다, 준수하다'라는 의미를 나타내는 (D) conform이 정답이다.
(A) deal은 deal with(~을 처리하다, 다루다), (B) qualify는 qualify for(~의 자격을 얻다) 등으로 쓰이지 전치사 to와 쓰이지 않는다. (C) appeal은 appeal to(~에 매력 있다; 호소하다)로 전치사 to와 쓰이기는 하지만 여기서는 어색한 의미가 된다.

어휘 make sure 확실히 하다, 확인하다 | required 필수의 | safety standards 안전 기준 | release 출시

3 (B) 　　　　　　　　　　　　　　1초 문제

해석 Glittering Jewels는 희귀석으로 다양한 반지 제작을 전문으로 한다.

해설 빈칸 뒤 전치사 in이 보인다. specialize in(~을 전문으로 하다)을 암기했다면 1초 만에 풀 수 있는 문제로, 정답은 (B) specializes이다.
(A)의 function은 동사로 쓰일 때 자동사이지만 function properly(제대로 작동하다)처럼 부사나 function as(~로서 기능하다)로 쓰이는 경우가 많다. (C)의 achieve(~을 성취하다)와 (D)의 categorize(~을 분류하다)는 대부분 전치사 없이 타동사로 쓰이는 것이 일반적이다.

어휘 a variety of 다양한 | rare 희귀한, 드문

4 (C)

해석 Vtek X5 휴대폰의 내장 카메라는 선명한 이미지를 만들어 낸다.

해설 빈칸은 문장의 동사 자리로 어휘 문제이다. (A)의 result는 동사일 때 result in(~라는 결과를 낳다) 또는 result from(~이 원인이다) 등으로 쓰이고, (B)의 depend는 depend on/upon(~에 의존하다)으로 전치사와 함께 쓰인다. (D)의 appear(~인 것 같다)는 뒤에 형용사를 보어로 취하는 대표적인 2형식 동사이며, 뒤에 명사가 오더라도 appear to be a leader(리더인 것 같다)처럼 to be가 함께 오는 것이 일반적이다. 따라서 정답은 타동사로 목적어와 함께 쓰이는 (C) creates(~을 만들어내다)이다.

어휘 built-in 붙박이의, 내장형의 | sharp 선명한

5 **(A)** 1초 문제

해석 Castle Flower의 업데이트된 배송 시스템은 고객 불만을 줄일 것이다.

해설 동사 어휘 문제로, 빈칸 뒤 전치사 in을 확인한다. 보기 중 전치사 in과 다니는 동사는 result in(~라는 결과를 낳다)의 (A) result이다. (B) finish(끝내다), (C) cease(중단시키다), (D) complete(끝마치다) 모두 자/타동사를 떠나 전치사 in과 함께 다니지 않는다.

어휘 shipping 배송 | complaint 불만 (사항)

6 **(C)**

해석 워크숍 주제를 결정하기 위해 Ansara 씨의 보고서를 참고해 주세요.

해설 빈칸 뒤에 전치사 없이 Ms. Ansara's report라는 목적어가 바로 나왔으므로 타동사가 필요하다. (A) inquire는 inquire about(~에 대해 문의하다), inquire into(~을 조사하다) 등으로 쓰이고, (B) look은 뒤에 명사가 오려면 look at(~을 보다), look for(~을 찾다)처럼 반드시 전치사가 나와야 하며, (D) subscribe는 subscribe to(~을 구독하다, ~에 가입하다) 구조로 쓰인다.

consult는 '상담하다'라는 뜻 외에 '~을 참고하다, 찾아보다'라는 의미도 가지고 있어 문맥상 '보고서를 참고하라'는 의미로 (C) consult가 정답이다.

어휘 determine 결정하다

7 **(D)**

해석 시 공무원 Ryan Atkins는 하이드 공원이 조경 프로젝트를 조심스럽게 진행해야 한다고 권장했다.

해설 보기가 서로 스펠링 끝만 다른 품사 문제이다. 빈칸 앞 동사 proceed는 대표적인 자동사로 proceed with(~을 진행하다, 계속하다), proceed to + 명사(~로 가다)와 같이 쓰인다. 짝꿍으로 다니는 proceed with 사이에 빈칸이 있는 것으로 보아 굳이 없어도 되는 부사 자리로 (D) cautiously 가 정답이다.

[하나 짚고 넘어가자] proceed의 주어가 Hyde Park로 단수 고유명사인데 proceeds가 아닌 동사원형 proceed 가 쓰였다. 그 이유는 recommend를 비롯해 '제안, 요구, 주장'을 나타내는 동사 뒤에 that절이 쓰일 때 that절의 동사 「should + 동사원형」에서 should를 생략할 수 있기 때문이다.

어휘 city official 시 공무원 | landscaping 조경 (작업)

8 **(A)**

해석 모든 인턴은 매일 아침 업무를 시작하기 전에 멘토에게 보고해야 한다.

해설 조동사 should 뒤 동사 어휘 문제로, 빈칸 뒤에 목적어 없이 전치사 to가 바로 나왔다. 보기 중 전치사 to를 바로 가질 수 있는 유일한 동사로 정답은 (A) report이다.

(B) inform(~에게 통보하다)은 뒤에 전치사 없이 사람 목적어를 바로 취하고, (C) follow는 '따르다'라는 의미일 때 타

동사이며, (D) state(언급하다, 명시하다) 역시 타동사로 주로 「state that 주어 + 동사」 구조로 쓰인다.

9 **(C)**

해석 〈빅 머니〉의 칼럼니스트 Eric Fisler는 다음 달 유로 금융 컨퍼런스에서 강의를 진행할 것이다.

해설 빈칸 뒤에 목적어 a lecture가 보인다. '연설, 강의' 등의 명사를 목적어로 취하는 대표적인 타동사로는 give, deliver, present가 있다. 따라서 정답은 (C) present이다.

(A) succeed는 '~의 뒤를 잇다'라는 의미의 타동사가 아니라면 succeed in(~에서 성공하다), succeed to(~을 물려받다) 등으로 쓰인다. (B) participate는 participate in(~에 참석하다)으로, (D) speak는 speak to(~에게 말하다), speak about(~에 대해 말하다) 등으로 전치사와 함께 쓰인다.

10 **(C)**

해석 Jaden Lee와 Vega Media는 Lee의 다음 영화 촬영에 대해 협력할 것이다.

해설 빈칸 앞 동사 collaborate는 collaborate with(~와 협력하다) 또는 collaborate on(~에 대해 협력하다)과 같이 쓰인다. (A)와 (C) 중, 빈칸 뒤에 협력하는 대상이 아니라 filming(촬영)이 왔으므로 '촬영에 대해 협력하다'라는 의미가 자연스럽다. 따라서 (C) on이 정답이다.

11 **(C)**

해석 Melvin 과학센터는 모든 연령대의 방문객들을 위한 다양한 과학 활동을 제공하는 데 집중할 것이다.

해설 빈칸 뒤에 전치사 on이 단서이다! 보기 중 전치사 on과 어울려 쓰는 동사는 concentrate on(~에 집중하다)의 (C) concentrate이다.

(A) proceed는 proceed with(~을 계속하다, 진행하다), proceed to(~로 나아가다)로 쓰이고, (B) impose(부과하다)는 전치사 on을 바로 붙여 쓰는 것이 아니라 impose A on B(B에 대해 A를 부과하다)의 구조로 쓰이며, (D) interpret(통역하다, 해석하다)는 전치사 없이 목적어가 바로 오는 타동사이다.

어휘 of all ages 모든 연령대의

12 **(A)** 1초 문제

해석 Fresh 푸드코트의 모든 업체들은 국가 위생 기준을 준수해야 한다.

해설 빈칸 뒤에 전치사 with가 있다. 보기 중 전치사 with와 쓰이는 유일한 동사는 comply with(~을 준수하다, 따르다)이다. 뒤에 쓰인 standards(기준, 표준)와 구조적으로나 의미적으로 모두 어울리므로 (A) comply가 정답이다.

(B) achieve(성취하다)는 achieve a goal(목표를 성취하다) 같이 주로 타동사로 쓰이고, (C) regulate(규제하다, 통제하다)와 (D) delegate(위임하다) 역시 타동사이다.

어휘 vendor 상인, 판매업체 | sanitation 위생

13 (A)

해석 Hines 씨는 고객과의 회의에서 각각의 디자인 계획을 자세히 설명하기 위해 모든 것을 준비했다.

해설 목적을 나타내는 'to + 동사원형'에서 동사원형 어휘를 묻는 문제이다. 빈칸 뒤에 목적어 each of her design plans가 있으므로 타동사가 필요하다. 보기 중 타동사는 (A)와 (B)인데, design plans는 참석할 수 있는 것이 아니므로 (B) attend는 답이 되지 않는다. detail이 '상세히 알리다'라는 의미의 타동사로 쓰일 수 있으므로 정답은 (A)이다. (C) respond는 respond to(~에 대답하다, 반응하다), (D) conform은 conform to(~을 따르다, 준수하다)로 전치사 to와 같이 쓴다.

14 (A) `고난도 문제`

해석 기계적인 문제가 발생하면 반드시 상사에게 알려 주세요.

해설 접속사 if가 이끄는 절의 주어(problems) 뒤 동사 자리이다. 동사가 될 수 없는 (D)는 바로 오답 처리한다. occur는 대표적인 자동사로 수동태가 되지 않기 때문에 수동태 (C)도 오답 소거한다. (A)와 (B) 중 주어(problems)가 복수이므로 복수동사 (A) occur이 정답이다. 동사 자리 확인과 자동사/타동사 구별은 물론 수 일치까지 복합적으로 확인해야 하는 고난도 문제이다.

어휘 be sure to + 동사원형 반드시 ~하다 | supervisor 상사, 관리자 | mechanical 기계적인 | occur 발생하다, 일어나다

15 (D) `1초 문제`

해석 행사 참석을 확인하기 위해 Whitaker 씨의 이메일에 답해 주세요.

해설 빈칸 뒤 to가 단서이다! 보기 중 전치사 to를 바로 쓸 수 있는 것은 reply to(~에게 답하다)의 (D) reply가 유일하다. (A) check는 '이메일을 확인하다'라고 할 때 전치사 to가 필요 없고, (C) include(포함하다) 역시 타동사이며, (B) wait는 전치사 for와 어울려 '~을 기다리다'라는 의미로 쓰인다.

어휘 attendance 참석, 출석

16 (A)

해석 환불 자격을 얻으려면 구매 후 30일 이내에 영수증을 제출해야 합니다.

해설 목적을 나타내는 'to + 동사원형'의 구조로 빈칸에 알맞은 동사 어휘를 고르는 문제. 빈칸 뒤 전치사 for와 함께 '~의 자격을 얻다'를 의미해 구조적으로나 의미적으로 모두 알맞은 (A) qualify가 정답이다. (B) express(표현하다), (C) approve(승인하다), (D) record(기록하다; 녹음하다) 모두 타동사로 목적어가 필요하다.

어휘 refund 환불 | submit 제출하다 | receipt 영수증

17 (D)

해석 SI 전자회사는 새 진공청소기의 TV 광고를 만들기 위해 영화감독 Emy Raid와 협력했다.

해설 빈칸 뒤에 전치사 with가 단서이다. 보기 중 with와 짝꿍이 될 수 있는 유일한 동사로 정답은 (D) collaborated이다. (A)의 support(지원하다), (B)의 provide(제공하다), (C)의 conduct(실시하다) 모두 타동사로 바로 뒤에 목적어가 필요하다.

어휘 commercial 광고; 상업의 | vacuum cleaner 진공청소기

18 (B)

해석 Kim's 식료품점의 모든 매장 매니저들은 월 판매 보고서를 제출해야 한다.

해설 turn은 뒤에 오는 전치사에 따라 매우 다양한 의미를 가질 수 있는 동사이다. 보기에 있는 전치사 모두 turn과 짝이 될 수 있는데, 차례대로 turn off는 '(전기 등)을 끄다', turn in은 '~을 제출하다', turn out은 '~인 것으로 드러나다', turn to는 '~로 바뀌다; ~에 의지하다'라는 의미를 나타낸다. 빈칸 뒤 목적어가 reports(보고서)인 것으로 보아 '보고서를 제출하다'가 가장 자연스러우므로 (B) in이 정답이다.

어휘 sales report 판매 보고서

19 (A)

해석 요가 수업에 참석하는 사람들은 체육관 회원을 위한 활동에 전적으로 참여할 수 있다.

해설 빈칸 뒤 전치사 in이 단서! 보기 중 전치사 in과 짝을 지어 다니는 동사는 participate in(~에 참여[참석]하다)의 (A) participate가 유일하다.
(B) attend는 '참석하다'의 의미일 때 타동사로 전치사를 동반하지 않고, 자동사로 쓰인다 해도 attend to(~을 처리하다; 보살피다) 등 주로 전치사 to와 쓰인다. (C) concentrate는 기본적으로 concentrate on(~에 집중하다, 전념하다)으로 쓰이지만 '(인구 등이) ~에 집중되다, 모이다'라는 의미를 나타낼 때는 전치사 in도 가능하다. (D) belong 역시 belong to(~에 속하다)로 전치사 to와 쓰이므로 오답이다.

어휘 fully 완전히, 전적으로 | gym 체육관

20 (B) `고난도 문제`

해석 올해 할당된 광고 비용은 예년에 비해 안정적으로 유지되고 있다.

해설 remain은 토익에 자주 출제되는 대표적인 자동사이다! 주의할 점은 allocated가 동사인지 아닌지를 구별해야 하는데, allocate(할당하다)는 타동사로 뒤에 목적어가 필요한데 여기서 this year는 명사가 아닌 시간을 나타내는 부사이다. 즉, allocated는 과거시제 동사가 아니라 '할당된'이라는 의미의 과거분사 p.p.로 뒤에서 앞에 있는 명사 advertising costs를 수식하고 있는 구조로, 빈칸은 문장의 동사 자리가 된다. 동사의 형태가 될 수 없는 (C)는 일단 오답 처리한다. 또한 주어 costs가 복수이므로 단수동사 형태인 (A)도 오답 소거한다. remain은 자동사로 수동태를 만들 수 없기 때문에 (D) 역시 정답이 될 수 없다. 따라서 정답은 (B) have remained이다.

[참고] 이 문장에서 compare to 뒤 those는 앞에 나온 비교 대상을 받는 대명사이다. 비교 문장에서 뒤에 나오는 동일한 비교 대상은 단수이면 that, 복수이면 those로 받는다. 즉, 여기서는 올해 할당된 광고비(advertising costs)와 예년 광고비를 비교하는 것으로 those는 advertising costs를 가리킨다.

어휘   **advertising cost** 광고비 | **allocate** 할당하다 | **steady** 꾸준한, 일정한 | **compared to** ~와 비교하여

UNIT 06 동사에서 출발해서 변형되는 문법, to부정사/동명사

토익 감성 갖추기   본책 p.152

A   정답 아래 해설 참조

B   1 X   2 O   3 O   4 X   5 X   6 X
     7 O   8 X   9 O   10 O   11 X   12 O
     13 O   14 O   15 X

A

quit	recommend	attempt
promise	finish	expect
come	feel	depend
manage	deny	neglect
search	comply	intend
encourage	require	afford
risk	include	prefer

★ 암기포인트 **1**   quit, recommend, finish, deny, risk, include 등은 동명사(-ing)를 좋아한다.

★ 암기포인트 **2**   encourage, require 등은 바로 뒤에 'to + 동사원형'이 아니라, 사람이나 대상 목적어를 넣은 다음에 'to + 동사원형'이 온다는 데 주의한다.

★ 암기포인트 **3**   나머지 동사들은 'to + 동사원형' 구조를 바로 이끄는 동사가 아니다. comply(준수하다)는 자동사로 주로 with와 함께 쓰고, search(탐색하다, 찾다)는 자/타동사 모두 되지만 주로 search for 형태로 쓰인다.

B

1   I enjoy ~~to read~~ reading books. (O/X)
나는 책 읽는 것을 좋아한다.

2   They avoid eating junk food. (O/X)
그들은 정크푸드 먹는 것을 피한다.

▶ avoid는 동명사(-ing)를 잘 이끌기 때문에 맞는 문장이다.

3   He is considering moving to another city. (O/X)
그는 다른 도시로 이사가는 것을 고려 중이다.

▶ consider는 동명사(-ing)를 잘 끈다. be considering은 문법적으로 동사 진행형 구조이고, 거기서 considering이 동명사 moving을 이끈 것이다. move는 'move to + 장소'로 쓰이므로 맞는 문장이다.

4   I dislike ~~to do~~ doing housework. (O/X)
나는 집안일 하는 것을 싫어한다.

▶ dislike(싫어하다)는 동명사(-ing)를 좋아하므로 to do는 doing이 되어야 한다.

5   We look forward to ~~meet~~ meeting you. (O/X)
우리는 당신을 만나는 것을 고대합니다.

▶ look forward to에서 to는 동사원형을 이끄는 문법의 to가 아닌 전치사 to이다! 전치사 다음에는 동명사를 써야 하므로 meet는 meeting이 되어야 한다.

6   I have experience ~~to hold~~ holding many events. (O/X)
나는 많은 행사들을 열어 본 경험이 있다.

▶ [고난도] have experience -ing 구문은 하나의 관용 패턴으로 반드시 외운다! 완벽한 문장 뒤 to부정사가 '~하기 위해'라는 의미의 부사 역할을 하면 안 되는지를 고민하기보다는, '~하는 것에 경험이 있다'가 우선함을 알아 두자. to hold는 holding이 되어야 한다.

7   Do you mind helping me with this? (O/X)
이것 좀 도와주시는 것을 꺼리시나요? = 이것 좀 도와주시겠어요?

▶ mind(꺼려하다)는 동명사 -ing를 잘 끌기 때문에 맞는 문장이다.

8   We must not delay ~~to submit~~ submitting the application. (O/X)
우리는 지원서 제출하는 것을 미뤄서는 안 된다.

▶ delay는 동명사(-ing)를 좋아하는 동사이므로 to submit는 submitting이 되어야 한다.

9   He practices speaking English every day. (O/X)
그는 매일 영어 말하기를 연습한다.

▶ practice(연습하다)는 동명사(-ing)를 좋아하는 동사이므로 맞는 문장이다.

10   All employees are invited to attend the workshop. (O/X)
모든 직원들은 워크숍에 참석하는 것이 권장된다.

▶ invite가 '초대하다'보다 '권유하다'의 의미일 때 「invite + 사람 목적어 + to 동사원형」에 특화되어 있다. 여기서 사람 목적어(all employees)가 주어로 이동해 '수동태'가 되면 「사람 주어 + be invited to + 동사원형」 구조가 되므로 맞는 문장이다.

11 It enables the machine to move faster. (O / X)

그것은 기계가 더 빠르게 움직이게 해준다.

▶ [고난도] 동사 enable이 to부정사와 함께하려면, 목적어를 넣은 다음 'to + 동사원형'이 되어야 하므로 틀린 문장이다. the machine 등의 명사 목적어가 필요하다.

12 She spent hours studying for her exams. (O / X)

그녀는 시험 공부를 하는 데 몇 시간을 보냈다.

▶ 동사 spend(과거시제 spent)는 '~을 …하는 데 쓰다, 할애하다'라는 의미의 「spend + 목적어 + -ing」 형태를 잘 쓰기 때문에 맞는 문장이다. '~을 위해 공부하다'라고 할 때 study for로 쓸 수 있다.

13 They risk losing their investment. (O / X)

그들은 투자금을 잃을 수 있는 위험을 감수한다.

▶ 동사 risk는 동명사(-ing)를 좋아하기 때문에 맞는 문장이다.

14 Finding the right size for me is difficult. (O / X)

나에게 맞는 사이즈를 찾는 것은 어렵다.

▶ 「동명사 + 목적어(명사)」가 주어 자리에 위치할 수 있고, 동명사 주어는 '단수 동사'와 함께하기 때문에 is가 쓰인 맞는 문장이다.

15 Instead of attending the meeting, I decided to work from home. (O / X)

회의에 참석하는 대신, 나는 집에서 일하기로 결정했다.

▶ [고난도] 전치사 instead of(~대신에)는 동명사(-ing)와 결합할 때가 많다. 동사일 때 애초부터 목적어를 거부하는 자동사가 아니고서 웬만한 동명사들은 무엇을 -ing하는지 목적어가 필요하다. attending the meeting처럼 목적어가 있어야 하므로 틀린 문장이다.

토익 실전 체험하기
본책 pp.153-154

1 (D) **2** (B) **3** (D) **4** (C) **5** (A) **6** (D)
7 (C) **8** (A) **9** (B) **10** (B) **11** (C) **12** (A)
13 (D) **14** (C) **15** (B) **16** (A) **17** (D) **18** (B)
19 (A) **20** (D)

1 (D)

해석 Wilson 씨는 시설들이 점검할 준비가 되는대로 통보받기를 요청했다.

해설 동사 ask는 뒤에 정확한 명사를 이끌 것이 아니면 성향상 to부정사를 좋아한다. 또한 'ask to + 동사원형'에서, 동사원형 뒤에 무엇을 'to + 동사원형'하는지 목적어가 없으면 주로 to be p.p. 형태의 수동태로 쓰인다. 따라서 (D) to be notified가 정답이다.

(B)는 단순 형용사, (C)는 동사로 넣을 게 아니라면 p.p.가 되는데 p.p.는 일종의 형용사 같은 성분으로 ask는 동사로서 형용사를 필요로 하지 않는다.

어휘 as soon as ~하자마자 | be ready for ~할 준비가 되다 | inspection 점검

2 (B) 혼동 주의

해석 Sharon Shipping 측에 기업 계정을 만들자마자 고객 ID 번호가 배정될 것이다.

해설 upon은 전치사다. 전치사는 기본적으로 뒤에 오는 '명사'를 이어주는 데 특화되어 있다. upon은 전치사 중에서도 동명사(-ing)를 좋아하는 전치사로 유명한데, 웬만한 동명사는 뒤에 무엇을 -ing하는지 목적어를 동반한다는 점을 반드시 명심해야 한다.

upon creating이 되려면 creating 뒤에 명사 목적어가 있어야 하는데, 여기서는 of가 바로 이어져 있는 상태이다. 따라서 정답은 정확한 명사 (B) creation이 된다.

어휘 assign 배정하다, 할당하다 | business account 기업 계좌, 기업 계정

3 (D)

해석 노래대회 결선진출자 Liam Torres는 각 노래의 아름다움을 찾는 데 능숙하다.

해설 at은 전치사다. 전치사는 접속사와 다르게 뒤에 동사나 문장을 끌지 못하므로, 동사 (B)를 빠르게 소거한다. (A) found는 '설립하다'라는 뜻일 때는 동사원형으로 볼 수 있고, '발견하다, 알아내다'라는 뜻일 때는 동사 find의 과거시제 혹은 p.p.로도 볼 수 있다. 그러나 동사 found라면 빈칸 앞 is와 동사가 중복되고, 형용사처럼 쓴 p.p.의 found라면 'the + 명사' 앞에는 형용사 형태를 쓸 수 없으므로 오답이다. (C) founded 역시 동사 found의 과거시제나 p.p.로 볼 수 있으며 같은 이유로 오답 처리된다. 따라서 정답은 전치사 뒤에 동명사가 the beauty를 목적어로 취한 구조로 (D) finding이 된다.

4 (C) 1초 문제: 가주어 + for 의미상 주어 + to부정사

해석 성공하기 위해서는 팀이 협력하는 것이 필수적이다.

해설 가짜 주어(무엇을 받는 것인지 알 수 없는 첫 주어 it)는 뒤에 진짜 주어 'to + 동사원형' 구조를 좋아하고, 그 사이에 'to + 동사원형' 행위를 하는 대상을 표현하는 문법이 'for + 목적어'이다. for가 들어가는 것은 1초 문제로, 나머지 전치사들은 이런 구조로 쓰일 수 없다.

어휘 among ~ 사이에 (주로 뒤에 복수명사와 쓰임)

5 (A) 1초 문제: be committed to -ing

해석 그 기관은 아프리카에 있는 혜택을 받지 못하는 아이들을 위해 지원하는 데에 전념한다.

해설 be committed to -ing 구문은 고민할 것이 아니라 암기해 두어야 하는 1초 구문이다. 동사 commit에는 '좋지 않은 행위를 저지르다'라는 뜻도 있지만, be committed to 형태가 되면 주로 뒤에 명사가 바로 나오거나 '-ing + 명사 (목적어)' 구조가 나와 '~하는 데 전념하다, 헌신하다'라는 뜻을 나타낸다. 반드시 외워 두자.

어휘 underprivileged (사회·경제적으로) 혜택을 받지 못하는

6 (D) `고난도 1초 문제: be + 형용사 + to 동사원형`

해석 설문 결과는 다음 주 월요일에 발표될 예정이다.

해설 be limited to(~로 제한되다), be vulnerable to(~에 취약하다)의 to는 모두 전치사여서 뒤에 동사원형을 끌지 않고 명사가 나와야 한다. 암기할 때 처음부터 'to + 명사'로 외워야 하는 표현이다.

「be ----- to + 동사원형」의 to부정사가 쓰이는 구조는 (B)와 (D)가 가능하다. (B)의 entitle은 「entitle + 사람 목적어 + to부정사」(~에게 …할 권리를 주다)에서 수동태가 되면 「사람 주어 + be entitled to + 동사원형」이 되어야 하는데, 주어가 사람이 아닌 result이므로 오답 처리된다. 「be due to + 동사원형」은 우리가 흔히 알고 있는 due to(~ 때문에)와 다르다. '~할 예정이다'라는 의미의 관용 패턴으로 암기해 둬야 하며, 고득점 목표자들도 틀릴 수 있는 고난도 문제이다.

어휘 be limited to + 명사(주로 숫자) ~로 제한되다 | be entitled to + 동사원형 (사람이) ~할 권리[자격]이 있다 | be vulnerable to + 명사 ~에 취약하다

7 (C) `1초 문제`

해석 수리 작업을 시도하기 전에 제품 설명서에 있는 도안들을 확인하십시오.

해설 before의 품사는 전치사 겸 접속사이다. 접속사 before라면 주어 없이 동사만 쓰는 경우가 없고, 전치사 before라면 before noon처럼 명사만 바로 끌 수도 있지만 동명사(-ing)로 행위를 표현할 때도 많다. attempt는 동사와 명사로 모두 쓰이는 어휘인데, (B) attempt와 (D) attempts를 동사로 보면 before 뒤에 주어가 보이지 않으므로 오답이고, 명사로 봐도 뒤에 repair work라는 명사가 있으므로 오답이 된다. 전치사는 to부정사와 결합하지 않으므로 (A) 역시 오답이다. 따라서 정답은 동명사 (C) attempting이다.

어휘 drawing 그림, 도안 | manual ⑲ 설명서, 매뉴얼 ⑳ 수동의

8 (A)

해석 그 팀은 새로운 전략을 시도하기 위해서 게임에서 지는 것을 기꺼이 감수했다.

해설 빈칸은 '기꺼이 ~하다'라는 의미의 「be willing to + 동사원형」에서 동사원형이 들어갈 자리이다. 그런데 빈칸에 들어갈 동사가 목적어로 명사 the game을 바로 이끈 것이 아니라 'losing the game'으로 동명사 losing을 한 번 더 끌었다. 즉, 동명사를 목적어로 취하는 동사가 필요하므로 정답은 (A) risk이다.

어휘 strategy 전략 | risk -ing ~할 위험을 감수하다[무릅쓰다] | fall 하락하다

9 (B) `1초 문제`

해석 우리는 운영 시간을 연장함으로써 더 많은 고객을 유치할 수 있었다.

해설 기본적으로 전치사가 동명사를 잘 이끌지만, 모든 전치사가 동명사를 이끄는 것은 아니다. -ing를 유발하는 대표적인 전치사가 by이며, by -ing(~함으로써)라는 수단을 통해 어떠한 상황이 가능해진다(can). 따라서 고객을 유치할 수 있었던(could) 맥락과 가장 잘 어울리는 (B) by가 정답이다.

참고로 (A) from은 혼자서 자체적으로 -ing를 유발하기보다는 「discourage/prevent/prohibit + 목적어 + from -ing」(목적어가 ~하는 것을 막다/금지하다) 등의 구조로 더 많이 쓰인다.

어휘 attract 끌어모으다, 유치하다 | extend 연장하다 | hours of operation 운영 시간

10 (B) `고난도 문제`

해석 Future Science의 웹사이트는 귀하의 실험실을 보다 효과적으로 관리할 수 있게 하는 팁들을 특징으로 합니다.

해설 문장 구조 자체를 파악하기 어려웠을 수 있다. feature가 '특징'이라는 의미의 명사만 되는 것이 아니라, '특징으로 하다, 특별히 포함하다'라는 뜻의 동사도 된다는 것을 알아야 하고, that이 두 개의 절을 이어줄 수 있음을 알아야 한다. that이 이끄는 절에 빠져 있는 격(주격 또는 목적격)을 채우면서 문장을 이어줄 수 있기 때문에, that 바로 뒤에 동사 make가 나왔다.

이런 문장 구조 분석을 실패하여 틀렸다고 생각하기보다는, possible 뒤에 'to + 동사원형'을 보는 것이 좋다. make가 5형식 동사로 목적어와 보충 언어 형용사 possible을 이끌었지만, possible이 단독으로 to부정사를 유발하는 능력은 없다. 'to + 동사원형'을 진짜 주어나 진짜 목적어로 만들기 위해 앞에 먼저 가짜 주어 또는 가짜 목적어 it이 들어간다는 것을 알아 둬야 한다. 나머지 보기들도 동사 make 뒤에 올 수는 있지만 빈칸 뒤 to supervise의 문법 원리를 설명할 수 없다. 따라서 정답은 가짜 목적어 (B) it이다.

어휘 feature 특징; 특징으로 포함하다 | supervise 관리하다, 감독하다

11 (C)

해석 이사회는 CEO의 회사 부서를 재구성하자는 제안을 고려하고 있다.

해설 「time to + 동사원형」(~할 시간)처럼 to부정사가 특정 명사를 뒤에서 앞으로 꾸밀 때, 같이 잘 쓰이는 표현을 알고 있으면 쉽게 해결되는 문제이다. 「proposal to + 동사원형」(~하자는 제안)은 출제 빈도가 매우 높은 구조이다. 해석상으로도 부서를 재구성하는 것이 행동(behavior), 서술(description), 경향(trend)이라고 보기 어렵다. 따라서 정답은 (C) proposal이다.

어휘 the board of directors 이사회

12 (A) `1초 문제`

해석 회사 야유회를 조직하는 것은 더 복잡하고 시간이 많이 소요되게 되었다.

해설 company outings(회사 야유회)는 복합명사(명사 + 명사)인데, 복합명사는 뒤에 오는 명사가 문법적으로 중요한 역할을 하기 때문에 결국 outings가 두 단어 중에 더 중요하다. 그런데 outings가 문장의 주어가 되면, 복수 주어이므로 동사가 has가 아닌 have가 되어야 한다! 따라서 빈칸에 무엇

인가 들어가서 company outings를 주어가 아닌 목적어
로 만들어야 한다. 명사는 뒤에 목적어로 명사를 가질 수 있
고, 주어로서 단수 취급하므로 정답은 (A) Organizing이다.
빈칸에 형용사 역할이 가능한 어휘가 들어가면 주어가 결국
outings가 되면서 동사 오류가 생긴다는 것을 반드시 유념
해야 한다. (B)는 동사 과거시제 또는 p.p., (C)는 형용사,
(D)는 명사로 빈칸에 들어갈 수 없다.

어휘 outing 야유회 | complicated 복잡한 | time-consuming
시간을 소비시키는

13 (D)

해석 2주 동안, 모든 직원들은 건설 프로젝트 마감 기한을 맞추기
위해 초과 근무했다.

해설 work overtime은 같이 잘 쓰이는 연어(collocation)로
'초과 근무하다'라는 뜻이다. 빈칸 앞에 「동사 + 목적어」의 모
든 성분이 구성되어 있으므로, 완벽한 문장 뒤에 쓸데없이 붙
는 부사 역할의 to부정사(~하기 위해서)가 the deadline
을 목적어로 끌면서 붙는 것이 가장 적절하다. 따라서 (D) to
meet가 정답이다.
앞에 동사 worked가 있으므로 (C) meets를 넣으면 동사
가 중복되고, (B) met은 과거시제 또는 p.p.인데 동사로는
중복 오류가 생기고 형용사 역할의 p.p.로는 뒤에 'the + 명
사'가 나와서 문법 오류가 생긴다. (A) meeting은 동명사
또는 현재분사로 볼 수 있는데, 동명사는 to부정사처럼 완전
한 문장 뒤에 쓸 수 없고 명사를 뒤에서 수식하는 현재분
사로 보기에는 'deadline을 맞추는 overtime'이라는 어색
한 의미가 된다.

어휘 meet the deadline 마감기한을 맞추다 | construction
건설, 공사

14 (C) 고난도 어휘 문제

해석 팀 단합 워크숍은 직원들 간의 협력과 팀워크를 용이하게 하
기 위한 것이다.

해설 be beneficial to까지만 외우면 안 된다. 「be beneficial
to + 명사」로 여기서 to는 전치사이며 '~에 이롭다, 득이
되다'라는 의미임을 끝까지 외워야 고득점에 다가갈 수 있
다. 빈칸 뒤 to facilitate는 명사가 아닌 'to + 동사원형'이
므로 (A)는 오답이다. (B) reminded의 경우, 능동태일 때
「remind + 사람 목적어 + to 동사원형」으로 수동태로 전환
하면 「사람 주어 + be reminded to + 동사원형」 구조가 되
는데, 여기서 주어는 사람이 아닌 workshops이므로 역시
오답이다. remind는 '~에게 상기시키다'라는 동사로 사람
을 반드시 필요로 하는 동사임을 반드시 알아 두도록 한다.
(D) delighted 역시 pleased와 더불어 「be delighted/
pleased to + 동사원형」에 특화된 표현으로, 감정 어휘들
은 p.p. 형태가 되면 주어가 '무조건 사람'임을 외워 두자. 주어
가 맞지 않아 오답이다.
「be meant to + 동사원형」은 '~하도록 의도되다'라는 의
미의 고급 어휘로, 「be intended to + 동사원형」과 유사한
의미를 가진다. 따라서 정답은 (C) meant로. 매우 난이도
높은 문제다.

어휘 team-building 팀 단합의 | facilitate 용이하게 하다,
가능하게 하다

15 (B) 1초 문제

해석 과학 컨퍼런스 참가자들은 Delton 공원으로 오후 소풍을 갈
기회를 가지게 될 것이다.

해설 단순한 해석 문제처럼 보이지만, 빈칸이 the 뒤에 명사 자리
이고 그 뒤에 'to + 동사원형'의 수식을 받는 특정 어휘라면,
정답 찾을 확률이 훨씬 올라간다. 「chance/opportunity
+ 동사원형」은 '~할 기회'라는 의미로 너무나 유명한 구조이
니 반드시 알아 두자. 나머지 어휘들은 「potential to + 동
사원형」(~할 가능성)을 제외하고는 to부정사의 수식을 받을
확률이 높은 어휘가 아니다. (C) precaution(예방 조치)의
경우, 동사 take와 결합해 '예방조치를 취하다'라는 의미로
쓰임을 알아 두자.

어휘 excursion to + 장소 ~로의 짧은 (단체) 여행, 소풍 |
potential 가능성[잠재력]; 가능성[잠재력] 있는 | chance
기회, 가능성 | precaution 예방 조치 | discount 할인;
할인하다

16 (A) 고난도 어휘 문제

해석 너무 바빴기 때문에, Garcia 씨는 일정 변경을 팀에 알리는
것을 깜빡했다.

해설 접속사 because가 두 절(문장)을 이어준 구조. 뒤에 이어지
는 절의 주어가 Mr. Jackson이고, 그 뒤 빈칸의 동사가 to
부정사(to inform)를 목적어로 이끌고 있는 구조이므로 to
부정사를 목적어로 취하는 동사가 있는지 먼저 살펴봐야 한
다. 「neglect to + 동사원형」이 '~하는 것을 소홀히 하다,
깜빡하다'라는 의미로 잘 쓰이며 해석상으로도 어울리므로
(A)가 정답이다.
(B)의 reject는 reject the proposal(제안을 거절하다)
등과 같이 목적어로 단순 명사를 이끌 때가 더 많고, (C)의
require는 「require + 사람 목적어 + to부정사」가 되어야
해서 오답, (D)의 delay는 동명사(-ing)를 선호하는 동사이
므로 오답이다.

17 (D)

해석 그 도시는 다음 주말 꽃과 정원 박람회를 돕기 위해 자원봉
사자들을 긴급하게 필요로 한다.

해설 주어 The town, 동사 needs, 목적어 volunteers까지 완
벽한 문장이 나온 상태. 복합명사를 생각해 보기에는 '사람명
사 + 사람명사'로 구성된 복합명사는 거의 없고 sales(영업,
매출)와 같은 몇몇 어휘를 제외하고는 복합명사의 앞 명사에
-s가 붙는 경우가 많지 않으므로 volunteers의 존재만으로
도 명사 (A) helpers는 오답 처리된다. (B) helped와 (C)
helping은 각각 형용사 역할을 하여 명사를 뒤에서 수식할
수도 있어 helping이 답이 될 가능성도 생각할 수 있으나
소위 현재분사 helping은 next weekend라는 미래의 일
을 나타내기에 부족하다.
완벽한 문장 뒤에서 부사적 역할(~하기 위해서)을 하며 명분
을 드러내는 것은 to부정사이므로 정답으로는 (D)가 가장 적
절하다. help out(돕다)은 하나의 덩어리 표현으로 알아 두자.

18 (B)

해석 행사를 위한 전문 통역사를 요청하기 위해서는 이 이메일에 회신해 주세요.

해설 Please로 시작하는 명령문이다. 명령문은 주어 동사 뒤에 목적어 또는 수식어만 있어도 완벽한 문장으로 인정을 받는다. 따라서 reply to this e-mail이라는 완벽한 문장 뒤에서 '~하기 위해서'라는 의미의 부사적 역할을 하는 to부정사 (B) to request가 정답이다.

(A) request는 동사와 명사 모두 되지만 동사로는 reply와 중복, 명사로는 e-mail과 중복된다. (C) have requested 역시 온전한 동사 형태로 중복되고, (D) requested는 과거시제로 보면 동사 중복, p.p.의 형용사적 역할로 보면 a나 the가 붙은 어휘 앞에 형용사가 올 수 없으므로 오답이다.

어휘 translator 통역사, 번역가

19 (A)

해석 Bronson 호텔에 하룻밤 숙박한 후, 투숙객들은 피드백을 제공할 것을 강력히 권장받는다.

해설 부사 strongly를 제외하고 보기의 구조(-ed)와 합쳐 보면 be p.p.의 수동태 구문이다. 수동태 동사가 바로 뒤에 to부정사 to provide를 끌었다는 것은 능동태일 때 「동사+목적어+to부정사」 구조였음을 시사한다. 능동태 문장의 목적어가 수동태 문장의 주어가 되므로, 빈칸에 들어갈 동사는 능동태일 때 「사람 목적어(guests)+to부정사」를 이끄는 동사여야 한다. 따라서 이러한 구조에 최적화되어 있는 동사 (A) encouraged가 정답이다.

(C)의 hope는 to부정사를 목적어로 끌지만 수동태 「be hoped to+동사원형」 형태로 쓰지 않는 데 주의한다. 참고로, strongly encourage는 '강하게 권장[권고]하다'라는 의미의 매우 잘 어울리는 연어(collocation)로 해석 문제여도 바로 답이 될 확률이 높다.

어휘 stay overnight 숙박하다

20 (D)

해석 여러 차례 배송이 지연되었음에도 불구하고, Active Gear는 고객들로부터 온라인에서 좋은 평가를 받았다.

해설 내용상 late(늦은)와 good reviews(좋은 평가)로 문장에 반전이 있음을 알 수도 있겠으나, 우선 아무거나 -ing를 잘 이끄는 것이 아님을 반드시 인지해야 한다. 전치사 중에서도 (D) Despite(~에도 불구하고)는 「동명사+명사 목적어」를 아주 잘 유발하는 어휘로 정답이다.

(A) Inside(~ 안에)도 전치사로 쓰일 수 있지만 뒤에 주로 장소 명사가 나오고, (B) Because(~ 때문에)는 접속사로 「주어+동사」가 갖춰진 온전한 문장을 취한다. (C) Nevertheless(그럼에도 불구하고)는 접속부사(접속사처럼 쓰이고 싶어 하는 부사)로, 주로 'Nevertheless, 주어+동사' 구조로 쓰인다.

UNIT 07 동사에서 출발해서 형용사처럼 쓰는 문법,
분사(-ing/p.p.)

토익 감성 갖추기 본책 p.159

A 1 qualified 2 pleasant 3 leading
4 growing 5 updated 6 rewarding
7 missing 8 distinguished 9 seasoned
10 extended 11 emerging 12 shocking
13 preferred 14 introductory
15 remaining

B 1 O 2 X 3 O 4 X 5 O 6 X 7 X 8 X
9 X 10 O

A ─────────────

1 a very (qualifying / qualified) speaker
자질이 뛰어난 연설자
▶ a ----- 명사 사이 형용사 역할이 들어갈 자리이다. 사람의 자질, 자격이 있을 때는 qualified로 p.p. 형태를 쓴다.

2 a (pleasant / pleased) working environment
즐거운 근무 환경
▶ a ------ 명사 사이 working environment를 꾸미는 자리이다. pleased는 '기쁨을 느끼는' 입장이 되는 사람을 수식하므로 정답은 형용사 pleasant(유쾌한, 즐거운)이다.

3 a (leading / led) company 일류 회사
▶ a ------ 명사 사이 형용사 자리이다. leading은 '일류의'라는 뜻으로 형용사 자리일 때는 항상 우선된다.

4 (growing / grown) demand for our products
우리 제품의 증가하는 수요
▶ grow는 형용사 형태로 '증가하는, 늘어나는'이라는 의미의 growing을 잘 쓴다.

5 an (updating / updated) schedule
업데이트된(= 변경된) 일정표
▶ a ----- 명사 사이에는 형용사 역할을 하는 -ing/p.p. 모두 쓸 수 있지만, 함께 잘 쓰이는 표현을 덩어리로 외운 것이 아니라면 뒤에 있는 명사와의 관계를 보고 풀어야 한다. 일정표는 스스로 업데이트하는 게 아니라 '업데이트되는' 것이다.

6 a (rewarding / rewarded) experience
보람 있는 경험
▶ reward는 형용사 형태로 '보람 있는'이라는 의미의 rewarding을 주로 쓴다.

7 a (missing / missed) item 분실된 물품
▶ 일정 등을 놓치면 missed, 물건 등이 분실되면 missing인데 뒤의 명사가 item(물품)이므로 missing이 정답이다.

8 a (distinguishing / distinguished) career
화려한 경력

▶ distinguished가 되어야만 '화려한 경력'이라는 의미가 된다. 따로 외우자.

9 a (seasoning / seasoned) worker   노련한 근로자

▶ 사람을 꾸밀 때 경험이 많거나 기술이 노련할 때는 주로 p.p. 형태를 쓴다.

10 an (extending / extensive / extended) deadline
연장된 마감기한

▶ a ---- 명사 사이로, 형용사 역할이 가능한 것들 중 '광범위한' 마감기한보다는 '연장된' 마감기한이 가장 어울리므로 예외적으로 알아 두어야 한다.

11 an (emerging / emerged) trend   떠오르는 트렌드

▶ 반드시 외우자. emerge는 기본적으로 '수동 형태'를 싫어하는 어휘이다. 따라서 1초만에 emerging을 골라야 한다.

12 (shocking / shocked) news   충격적인 소식

▶ shock는 충격이라는 '감정'이다. 감정 분사는 사람을 꾸밀 때는 p.p., 사물을 꾸밀 때는 -ing이므로 shocking이다.

13 a (preferring / preferred) means   선호되는 수단

▶ 선호하는 수단 vs. 선호되는 수단. 우리말로 생각하면 둘 다 문제 없는 것처럼 생각된다. 그러나 preferring은 보통 동사나 동명사로 사용되면 형용사로 사용되지 않는다는 것을 반드시 알아 두자.

14 an (introductory / introduced) class
입문자용 수업

▶ p.p.도 명사를 잘 꾸미지만, 수업을 수식하기에는 형용사 introductory가 적절하다. introductory에는 '입문자를 위한, 서두의, 개론의, 첫선을 보이는' 등 다양한 의미가 있다.

15 (remaining / remained) parts   남아 있는 부품들

▶ 수동 형태를 싫어하는 또 다른 동사 remain! 형용사 자리에 있을 때 빠르게 능동형 -ing를 선택해야 한다.

B

1 The broken window needs to be repaired.
(O / X)
그 깨진 창문은 수리되어야 한다.

▶ 주어 the ----- window 사이에서 창문을 꾸미는 broken (깨진, 망가진), 동사 needs, 동사 need가 목적어로 잘 이끄는 to부정사에 목적어 없이 수동형 be repaired가 쓰인 맞는 문장이다.

2 She looked ~~amazing~~ amazed by the result.
(O / X) 그녀는 결과에 놀란 것처럼 보였다.

▶ look이 2형식 동사로 쓰일 때는 보충 언어로 형용사를 이끌 수 있다. 단, 주어가 사람(She)으로 사람이 느끼는 감정은 p.p.가 되어야 하므로, 동사 뒤 amazing은 amazed가 되어야 한다.

3 The exciting news made everyone happy.
(O / X) 그 신나는 소식은 모두를 행복하게 만들었다.

▶ 주어 The ----- news 사이에서 news를 수식하는 exciting(사람이 아닌 사물 news이므로 -ing), 동사 made가 5형식 구조로 (사람)목적어와 형용사 보충 언어를 이끈 맞는 문장이다.

4 ~~The wall painted~~ The painted wall made the
room brighter. (O / X)
페인트칠된 벽은 그 방을 더 밝게 만들었다.

▶ 영작 순서상 알아 두면 좋은 구조! p.p.는 원론적으로 명사를 뒤에서 수식하는 것이 가능하지만, 뒤에 딸린 어휘 없이 단독으로 쓰일 때는 명사 앞에서 수식하는 것이 문법적으로 훨씬 더 자연스럽다.

5 I felt relieved after finishing the project. (O / X)
나는 프로젝트를 마친 후 안도감을 느꼈다.

▶ 주어 I, 2형식 동사 felt, 형용사 보충 언어 relieved(안도감은 '감정'이므로 p.p.로 쓰임), 전치사 after 뒤에 「동명사 + 목적어」로 finishing the project가 쓰인 맞는 문장이다.

6 The theory ~~was~~ tested by Mr. Jeong was
correct. (O / X)
정 씨에 의해서 테스트된 이론은 정확했다.

▶ 완전한 오류가 발생한 문장! was — was 동사가 두 개이면 두 문장을 이어줄 '접속사'가 반드시 필요한데, 이 문장에서 접속사는 보이지 않고, 접속사가 없으면 동사는 하나여야 한다. 앞의 was를 지워야 한다.

[주의] p.p.가 명사를 뒤에서 앞으로 꾸밀 때는 지금처럼 전치사구를 덧붙인 'p.p. + 전치사' 형태로 많이 쓰인다.

7 The ~~moved~~ moving speech touched everyone
in the room. (O / X)
그 감동적인 연설은 방에 있던 모든 사람들의 마음을 울렸다.

▶ [혼동어휘 주의] moved는 '옮겨진'이라는 뜻이고, moving은 '감동을 주는, 감동적인'이라는 의미이다. speech(연설)를 수식하는 어휘로 moving이 어울린다.

8 The cooking class was very ~~informed~~
informative. (O / X)
요리 수업은 매우 유익했다.

▶ [혼동어휘 주의] informed는 '정보를 가진, 잘 알고 있는'이라는 뜻이고 교육, 수업 등이 '유익한'이라는 의미를 나타낼 때는 형용사 informative를 사용해야 하므로 따로 외워 두는 것이 좋다. 따라서 informed는 informative가 되어야 한다.

9 While ~~study~~ studying abroad, I learned many things. (O / X)

해외에서 공부하는 동안, 나는 많은 것들을 배웠다.

▶ 분사구문이라는 어려운 문법이지만, 기본적으로 while이 '접속사'임을 알아야 한다. 접속사는 전치사와 달리 명사만 끄는 것이 불가능하며 주어 없이 동사만 쓰는 것도 불가능하다. 따라서 While study abroad는 불완전한 구조이다. 접속사 while은 생략을 통해 while -ing 구조로 잘 쓰이기 때문에, While studying이 되어야 한다.

10 An event inviting all residents will be held next month. (O / X)

모든 주민들을 초대하는 행사가 다음 달에 열릴 것이다.

▶ 주어 An event, 그 주어를 뒤에서 앞으로 꾸미는 inviting, -ing는 뒤에는 무엇을 -ing하는지 목적어가 와야 해서 all residents까지가 주어부를 구성한다. 그 뒤로 수동태 동사 will be held, 시점을 나타내는 부사 next month가 쓰인 맞는 문장이다.

토익 실전 체험하기

1 (D) **2** (A) **3** (C) **4** (D) **5** (B) **6** (A)
7 (C) **8** (D) **9** (A) **10** (D) **11** (A) **12** (C)
13 (B) **14** (A) **15** (A) **16** (B) **17** (D) **18** (D)
19 (A) **20** (C)

1 (D)

해석 그 작성된 설명은 매우 따라하기 쉬웠다.

해설 the ----- 명사 사이에서 명사를 꾸미는 형용사 자리. (B)는 동사, (C)는 명사로 오답 처리되고, (A)와 (D)가 남는다. -ing/p.p. 둘 다 명사를 꾸밀 수 있으나 instructions(설명, 지침)는 사람에 의해 '작성된' 것이므로 p.p. 형태의 written이 정답이다. 참고로 writing은 명사일 때 '글' 자체로 사용 가능함을 알아 두자.

2 (A) [혼동 주의]

해석 작가 Claudia Lim은 과학에 관한 많은 매혹적인 이야기들을 써 왔다.

해설 단순한 해석 문제처럼 보여도 명사 stories를 꾸미는 형용사 자리 문제이다. 해석보다도 해당 명사를 잘 수식하는 것을 찾아야 한다. (C) encouraged는 매우 조심해야 하는 어휘로, encouraging은 '고무적인', encouraged는 '(사람이) 고무된, 독려받은'이라는 의미를 나타낸다. 즉, encouraged 형태로는 사람이 아닌 stories를 꾸밀 수 없다. (D) committed(전념하는) 역시 외워야 하는 어휘로, 보통 be committed to -ing 구조로 쓰인다. 따라서 (A)와 (B) 중에서 골라야 하는데, (B) additional은 '추가의'라는 의미로 앞에 수량을 나타내는 many와 함께 쓰면 '(수가) 많은 + (수를) 추가의'가 되어 어색해진다. 따라서 '마음을 사로잡는, 매혹적인'이라는 의미의 (A) captivating이 정답이다.

3 (C) [상급 문법 분사구문]

해석 콘서트 때문에 신이 나서, 우리는 좋은 자리를 확보하기 위해 일찍 도착했다.

해설 분사구문은 항상 어려운 문법이지만, 기본적으로 문제 내에 '동사'가 있는지 확인한다. 콤마 뒤에 주어 we와 동사 arrived가 확인된다. 확실한 동사가 있으면, 콤마로 끊어져 있든 말든 두 문장을 이어주는 성분인 접속사 없이 동사를 2개로 늘려서는 안 된다. 접속사가 보이지 않으므로 동사 (D)는 오답으로 소거한다. 또한 「명사, 명사」 구조는 서로 동격을 나타내는데 excitement와 we는 동격을 이루지 않으므로 명사 (A)도 오답 처리한다. 따라서 「접속사 + (겹치는) 주어 + be동사」가 앞에 생략된 '분사구문'으로 주어 we가 감정을 느끼는 것이므로 정답은 (C) Excited가 정답이다.

어휘 secure 확보하다

4 (D) [분사구문]

해석 18세기에 지어진 그 성은 매년 많은 관광객을 끌어들인다.

해설 모든 보기가 p.p. 형태로 되어 있다. 콤마 뒤 attracts를 정확한 동사로 확인했다면, 바로 앞의 3번 문제와 마찬가지로 '접속사'가 눈에 보이지 않고서는 동사가 또 들어갈 수 없다. 따라서 보기는 동사의 과거시제가 아닌 p.p., 즉 분사구문이라는 것을 인지해야 한다. p.p. 분사구문은 결과적으로 콤마 뒤 문장의 주어와 동일한 주어와 be동사가 생략된 것으로, 18세기에 ~된 주체 역시 castle(성)이라는 것을 알 수 있다. 따라서 성이 '지어진, 세워진'이라는 의미로 정답은 (D) Built이다.

어휘 attract 끌어모으다, 유치하다 | settled 정착된, 해결된 | formed (단체 등이) 형성된

5 (B) [1초 구문]

해석 IT 부서의 모든 직원들이 컴퓨터 문제를 해결하는 데 몇 시간을 보냈다.

해설 이미 주어 All employees, 동사 spent, 목적어 hours가 모두 있으므로 동사 (C)는 오답 소거한다. (A), (B)를 동사가 아닌 변형 문법으로 보는 과정에서 빈칸 앞과 뒤 양쪽에 명사가 있음을 인지하는 순간 '수동 형태'는 무조건 삭제해야 한다. (A)도 수동형 분사이고, (D) 역시 to be p.p. 구조의 수동 형태이므로 오답이다. 「spend + 목적어 + -ing」는 자주 출제되는 구문으로 정답은 (B) solving이다.

어휘 problem with ~이 가진 문제점, ~에 대한 문제점

6 (A)

해석 그 예술가는 갤러리에서 인상적인 작품으로 상을 받았다.

해설 소유격 her와 명사 work 사이에 들어갈 형용사를 고르는 문제이다. 이미 앞에 received가 동사이므로, 빈칸 뒤 work를 동사로 생각해서는 안 된다. 여기서 work는 '작품'이라는 뜻으로, 작품은 감정을 느낄 수 없기에 '감명 받은'이라는 의미의 (B) impressed는 답이 될 수 없고, (C)는 -s가 붙은 단수 동사 형태로 동사 received와 중복되므로 오답이다. (A)와 (D) 중에, '감동시키는' 작품도 말이 될 것 같지만, '인상적인, 인상 깊은'이라는 의미의 형용사

---

impressive가 훨씬 더 자연스럽다. 따라서 정답은 (A)가
된다.

7 (C) 고난도 문제

해석 조직의 재구성은 Mod International과의 합병으로 인해
발생하는 여러 변경 사항 중 하나이다.

해설 restructuring을 보면 뒤에 목적어로 쓰인 명사가 없다. 이
로써 restructuring을 변형된 문법이 아닌 shopping 같
은 '명사'로 볼 줄 알아야 하며 반드시 외워야 할 어휘이다.
명사 (A) Organizer(조직자)와 (D) Organizations(조직
들)는 restructuring과 복합명사를 만들기에 적합하지 않
으므로 오답 소거한다.

(B)와 (C)가 명사를 꾸밀 수 있는 형태인데, 형용사 자리 문
제 보기에 -ing/p.p.와 형용사가 같이 나오면 형용사가 정
답률이 더 높을 때가 많다. 여기서도 '조직된, 정리된'이라는
뜻의 p.p.는 구조 조정이 이미 다 정리된 완료의 느낌을 나
타낸다. 반면 organizational은 '조직적인, 조직상의'이라
는 의미로, '조직의 구조 조정'이라는 이 어휘 덩어리는 비즈
니스 상황에서 아주 잘 쓰이는 표현이다. 또한 that 뒤의 동
사 are occurring이 현재 진행 중인 상황을 나타내므로 이
미 구조 조정이 끝난 것이 아니라고 볼 수 있다. 따라서 이렇
게 뉘앙스의 차이 있는 경우에는, 정확한 형용사를 눈여겨
볼 줄 알아야 하며 정답은 (C) Organizational이다.

어휘 restructuring 구조 조정, 재구성 | one of + 복수명사 ~들
중 하나 | occur 발생하다 | merger with ~와의 합병

8 (D)

해석 다가오는 회의를 위해 인쇄된 브로셔에는 모든 행사 세부 사
항이 포함되어 있다.

해설 brochure가 printer(인쇄기)와 복합명사를 이루기에는 상
당히 어색하므로 (A)는 바로 오답 소거한다. 따라서 명사 중
복을 피하는 변형된 문법을 고르는데, 반드시 명심하자. 명
사를 '뒤에서 앞으로' 꾸미는 -ing나 'to + 동사원형'의 웬
만한 동사들은 뒤에 무엇을 하는지 목적어가 따른다. 그러
나 여기서는 빈칸 뒤에 전치사 for가 나왔으므로 수동형 (D)
printed가 뒤에서 앞으로 brochure를 꾸미는 것이 가장
적절하다.

어휘 contain 포함하다 | details 세부 사항

9 (A) 1초 문제

해석 운영 비용 절감은 직장 내 신기술에 투자하는 것에 대한 하
나의 명분이다.

해설 하나의 연어(collocation) 표현으로, 운영하는 데 들어
가는 비용은 operating costs라고 한다. 따라서 (A)
operating이 정답이며, 운영비는 operational costs로
쓸 수도 있다. (C) operated는 '운영된' 비용이라고 잘 쓰
지 않으므로 정답이 되지 않고, 명사 (B)와 동사 (D)는 품사
상 오답이다.

어휘 reduction in ~의 감소 | justification for ~에 대한 명분 |
invest in ~에 투자하다 | technology 기술 | workplace
직장, 일터

10 (D)

해석 우승자가 아직 선정되지 않았으므로, 심사위원들은 경쟁작들
을 좀 더 살펴봐야 할 것이다.

해설 'the ----- 명사' 사이의 빈칸으로, 명사를 꾸미는 형용사가
들어가야 한다. (A)는 명사, (B)는 동사로 바로 오답 소거한
다. (C)와 (D)가 남는데, compete(경쟁하다)는 대표적인
'자동사'로 형용사 역할로서 p.p. 형태를 좋아하지 않는다.
따라서 이 문제는 암기를 통해 빠르게 (D) competing으로
가야 한다.

어휘 judge 심사위원 | further 	④ 추가적으로 	⑧ 추가적인 |
entry 출품작, 공모작 | competitor 경쟁자

11 (A)

해석 우리 팀은 신제품을 개발하는 데 가치 있는 진전을 이루고
있다.

해설 빈칸은 동사 is making과 명사 progress 사이에 목
적어 progress를 꾸미는 형용사 자리이므로, 부사 (B)
valuably와 명사/동사 혼용 어휘 (C) value는 오답 소거한
다. (D) valued는 p.p.로 명사를 수식할 수 있지만 사람이
나 사물에 대한 감정적인 평가로서 소중하게 여겨지는 상태
를 나타내므로 progress를 수식하기에 어색하다. 따라서
'가치 있는'이라는 의미의 정확한 형용사 (A)가 정답이다.

어휘 make progress 진전을 이루다 | develop 개발하다

12 (C) 고난도 문제

해석 우리의 가장 크고 우아한 연회장인 이글 룸은 최대 200명까
지 편안하게 수용한다.

해설 분사 UNIT 문제라고 생각해 단순히 -ing/p.p.로 가서는
안 된다. 빈칸 앞에 콤마가 하나가 아닌 두 개가 있는 상황
일 때는, 콤마와 콤마 사이를 별다른 역할 없이 낀 구조로 볼
줄 알아야 한다. our largest ~ banquet facility는 앞
의 The Eagle Room에 대한 부연 설명으로 문장 구조
에 특별한 영향을 미치지 않는다. 따라서 이 부분을 걷어내
고 보면, The Eagle Room ----- up to 200 people
comfortably. 구조가 되고, 여기에 동사가 없기 때문에 문
장이 되려면 '동사' 하나는 무조건 있어야 한다.

동사의 형태가 될 수 없는 (A) seating과 (D) to seat는
오답 처리된다. (B)와 (C)가 남는데, 주어가 The Eagle
Room으로 단수이므로 단수 동사 (C) seats가 정답이다.

어휘 elegant 우아한 | banquet facility 연회장 |
comfortably 편안하게 | seat 착석시키다, 좌석이 있다

13 (B) 함정 주의

해석 시장 조사는 호텔의 청결도 수준이 투숙객 만족을 결정짓는
데에 핵심 요소임을 보여준다.

해설 빈칸 앞에 전치사 in이 있다. 전치사는 선천적으로 to부
정사를 싫어하므로 (A)를 빠르게 소거한다. (D) being
determined은 동사에서 변형된 문법이어도 결국 be
p.p.의 수동태 구조이다. 수동태는 뒤에 목적어가 없어
야 하는데 guest satisfaction이라는 목적어가 있으므

로 오답 처리된다. (B)와 (C) 중에서 골라야 하는데 (C) determined는 형용사라면 사람의 마음가짐이 '단호한, 결심한'의 의미로 쓰일 때가 많고, 빈칸에 들어가면 '결정된 고객 만족'으로 어색한 의미가 된다.

to부정사/동명사를 학습한 이전 UNIT에서 전치사 in은 장소뿐 아니라 '~한 부분에 있어서'라는 의미로 「동명사 -ing + 명사 목적어」 구조를 잘 이끈다는 것을 배웠다. 따라서 이 문제는 빈칸에 형용사 역할을 넣는 것이 아니라, '고객 만족을 결정[판단]하는 것'이라는 의미의 명사 구조로 봐야 한다. 따라서 (B) determining이 정답이다.

어휘   level of ~의 정도, ~의 수준 | factor 요인 | in -ing ~하는 데 있어

14   (A)   `분사구문`

해석   건설 프로젝트의 비용을 계산할 때, 사용할 건축 자재의 가격에 대한 정확한 견적이 필요하다.

해설   '문장 끝 materials 뒤에 you will use라는 새로운 문장이 나오면서 그 사이에 문장을 이어주는 목적격 관계대명사 that이 생략되었다' 등을 따져 문장 분석할 때가 아니다! 문제의 핵심을 빠르게 파악해야 하는데, When은 접속사여서 문장을 이끌지만 빈칸은 하나로 「주어 + 동사」를 한 번에 넣을 수 없다. 그렇다고 접속사 뒤에 단순 명사만 쓸 수 없으므로 (C) calculation(계산)을 가장 먼저 오답으로 소거한다. 「when to + 동사원형」도 형태상 가능해 to부정사를 생각할 수 있으나 (D) to be calculated는 be p.p.의 수동구조로 뒤에 'the + 명사(목적어)'가 나올 수 없으므로 오답이다. 결국 접속사 뒤에 겹치는 주어가 생략되고 동사가 변형된 분사구문 -ing/p.p.에서 골라야 하는데 뒤에 목적어 construction costs가 있으므로 정답은 (A) calculating이 된다. p.p.가 명사를 수식할 수는 있어도 절대 목적어를 끌 수 없음을 반드시 명심하자.

어휘   accurate 정확한 | estimate 견적(서) | building material 건축 자재, 건설 자재

15   (A)   `1초 문제`

해석   회사는 프로모션 기간 동안 선택된 상품에 대해 부분 할인을 제공한다.

해설   a ----- discount 사이에 형용사가 들어갈 자리이다. (C) parts(부품)은 명사이므로 가장 먼저 오답 소거한다. (A) partial은 완전한 형용사로 '부분적인'이라는 의미를 갖는 데 반해서, (B)와 (D)는 형용사 역할은 하지만 완전히 다른 뜻을 나타낸다. part가 동사일 때는 '나누다, 분리하다, 헤어지다' 등의 의미로 쓰여 (B) parted는 '분리된, 나누어진', (D) parting은 '헤어지는, 떠나보내는' 등의 의미로 discount와 전혀 어울리지 않는다. 보기에 정확한 형용사와 분사가 같이 나올 때 정확한 형용사의 정답률이 높음을 보여주는 문제이다. 정답은 (A)이다.

어휘   select 선택된, 엄선된 | promotion 홍보 (활동)

16   (B)   `빈출 어휘 문제`

해석   수년간의 혁신 끝에, Anden Computers는 태블릿 기기의 선도적인 제조업체로 자리 잡았다.

해설   생각보다 회사를 꾸밀 때 '일류 회사, 잘나가는 회사'를 의미하는 (B) leading이 정말 잘 출제된다. (A) remaining(남아 있는), (C) motivational(동기를 부여하는)은 의미상 어울리지 않는다. '헌신적인, ~ 전용의'라는 의미는 dedicated로 쓰기 때문에 (D) dedicating은 오답이다.

17   (D)   `복합명사`

해석   IT 컨퍼런스 등록 기한이 6월 11일로 옮겨졌다.

해설   deadline이 명사여서 앞에 빈칸이 있으면 형용사가 들어갈 것 같지만, '등록된 마감기한'이 아니라 '등록 마감기한'이라는 복합명사로 잘 쓰인다. 따라서 정답은 명사 (D) registration이다.

어휘   be moved to + 날짜 ~로 옮겨지다 | register ⑧ 등록하다 ⑲ 등록부

18   (D)   `분사구문 + 최고난도`

해석   기술이 발전함에 따라 더 많은 소비자들이 새로운 쇼핑 습관을 받아들이며 식료품을 온라인으로 구매하는 것을 선호하고 있다.

해설   현란한 듯한 문장 구조가 나올수록 당황하지 말고 우선 동사 개수부터 살핀다. 이 문제는 매우 어려운 문제로, 「as + 주어 + 동사」 구조를 알아야 advances를 명사가 아닌 동사로 인지할 수 있다. 또한 '기술의 진보'를 명사로 쓰려면 advances in technology 형태로 쓰지 복합명사로는 쓰지 않는다. 따라서 이 문장은 동사가 advances, are embracing으로 2개이고, 이 2개의 동사를 이어주는 '접속사'가 as이다. 따라서 빈칸에 동사를 또 쓰면 동사만 3개로 너무 많아지고 접속사도 2개여야 하므로 동사인 (A)와 (B)를 오답으로 소거한다. 그러면 결국 (C)와 (D)가 남는데, prefer는 to부정사를 목적어로 취하는 동사이다. 따라서 prefer 뒤의 'to + 동사원형'을 목적어로 봐야 하므로 능동형 분사 (D)가 정답이다.

어휘   embrace 수용하다, 받아들이다 | grocery 식료품

19   (A)

해석   일부 국가에서는 더 높은 배송비로 인해 당사 제품의 가격이 다를 수 있습니다.

해설   be동사는 뜻이 없어서 보충 언어가 필요하다는 것을 배웠다. (B) differ(다르다)는 동사로 오답 소거한다. differ는 자동사로 수동태를 거부하는 특성이 있으므로 (D) differed도 오답 소거한다. 한편, be동사의 보어로는 정확한 형용사가 우세하므로 (C) differing이 현재분사로 형용사 역할을 하는지 고민할 필요 없이 (A) different(다른)가 정답이다.

20   (C)   `복합명사`

해석   이 설문조사는 직원들의 직무 만족도를 평가하고, 근무 환경을 개선하는 것을 목표로 한다.

해설   해설지에 쓰인 해설 순서대로 문장 해석이 되지 않는다고 스트레스 받을 것 없다. 모든 문법을 하나하나 파악하는 것이 아니라, job satisfaction(직무 만족) 자체가 유명한 복합명사임을 인지하면 1초 만에 해결할 수 있는 문제이다. 따라서

정답은 (C) satisfaction이다.

(A) satisfied는 감정을 느끼게 되는 p.p.로 '사람'이 만족스러움을 느끼는 것이므로 job을 수식하지 못한다. 또한 (B)와 (D)는 각각 명사를 뒤에서 앞으로 꾸밀 때 목적어를 동반해야 하므로 오답이다.

어휘 assess 평가하다 | staff 직원(들) (단/복수 모두 가능한 어휘) | work environment 근무 환경

UNIT 08 단어나 문장을 이어주는 성분, 전치사/접속사

토익 감성 갖추기   본책 p.169

A 1 for   2 during   3 until   4 by
B 1 접속사   2 전치사   3 접속사   4 전치사
   5 전치사   6 전치사   7 접속사   8 전치사
C 1 due to   2 while   3 Despite   4 until

A

1 (for / during) 10 hours 10시간 동안

▶ for, during 둘 다 '~ 동안'이라는 동일한 의미를 가지고 있는 전치사이다. 단, during 뒤에는 during the meeting(회의 동안)처럼 특정 명사가 오지, 10 hours(10시간) 같은 숫자로 표현되는 기간이 바로 오지 않는다. 따라서 정답은 for이다.

[주의] during 뒤에 기간이 오는 경우가 있는데, during the past 10 hours(지난 10시간 동안)처럼 the past(지난), the next(다음) 등의 표현이 오면 가능하다.

2 (for / during) the sales seminar 영업 세미나 동안

▶ 전치사 뒤에 the seminar라는 특정 명사가 오기 때문에 during이 정답이다.

[주의] 물론 for the seminar 구조가 가능한 경우도 있다. 예를 들어, agenda for the seminar(세미나의 안건)에서 for는 '~ 동안'이 아니라 '~을 위한'의 의미이다.

3 The clothing store is open (by / until) 10:00 P.M.
그 옷가게는 밤 10시까지 영업한다.

▶ by, until 둘 다 '~까지'라는 동일한 의미를 가지고 있는 전치사이다. 10:00 P.M.만으로는 결정할 수 없다. 결정적 단서는 바로 앞 동사 be open(영업하다)으로, 영업을 한다는 것은 10시까지 한 번만 하는 1회성이 아니라 10시까지 계속되는 지속의 의미이므로 until이 정답이다.

4 The books should be returned to the library (by / until) this Tuesday.
그 책들은 이번 주 화요일까지 도서관에 반납되어야 한다.

▶ by, until을 구별하는 문제로, 역시 Tuesday 만으로는 결정할 수 없다. 결정적인 단서는 바로 앞 동사 should be

returned(반납되어야 한다)로, 반납한다는 것은 화요일까지 계속되는 것이 아니라 화요일까지 한 번만 하면 되는 1회성이므로 by가 정답이다.

B

1 Dinner will be served (전치사 / 접속사) Ms. Bain gives her keynote speech.

▶ 뒤에 주어(Ms. Bain), 동사(gives)가 나왔으므로 접속사

▶ keynote speech 기조 연설

2 Your applications will not be accepted (전치사 / 접속사) the deadline.

▶ 뒤에 'the + 명사(deadline)'가 나왔으므로 전치사

▶ application 지원서

3 (전치사 / 접속사) the handouts arrived late, the workshop began without delay.

▶ 뒤에 주어(the handouts), 동사(arrived)가 나왔으므로 접속사

▶ handout 인쇄물, 유인물 | without delay 지체 없이

4 (전치사 / 접속사) its popularity, the movie has not been favorably received.

▶ 뒤에 '소유격(its) + 명사(popularity)'가 나왔으므로 전치사

▶ be favorably received 호평을 받다

5 Those who return their books (전치사 / 접속사) June 8 will be charged a late fee.

▶ 괄호 뒤가 주어(June 8), 동사(will be charged)의 문장 구조일까? 아니다! June 8가 주어이면 일단 의미부터 '6월 8일이 청구될 것이다'로 이상해진다. 'who return their books ----- June 8'가 주어 Those를 수식하고, will be charged가 동사인 구조이다. 따라서 'June 8'라는 명사를 이어주는 전치사

▶ charge 청구하다 | late fee 연체료

6 (전치사 / 접속사 / 접속부사) the success of our second store, we are already considering opening a third one.

▶ 접속부사는 바로 뒤에 콤마가 오기 때문에 우선 오답 처리. 괄호 뒤 콤마까지의 구조를 보면 동사는 보이지 않는다. 뒤에 'the + 명사(success)'가 나왔으므로 전치사

7 (전치사 / 접속사 / 접속부사) you place an order by tomorrow, your order will be shipped by Saturday.

▶ 접속부사는 바로 뒤에 콤마가 오기 때문에 우선 오답 처리. 뒤에 주어(you), 동사(place)가 나왔으므로 접속사

8 (전치사 / 접속사 / 접속부사) high operating costs, the company managed to increase its profits this quarter.

▶ 접속부사는 바로 뒤에 콤마가 오기 때문에 우선 오답 처리. 괄호 뒤 콤마까지의 구조를 보면 '형용사(high) + 복합명사 (operating costs)'가 나왔으므로 전치사

▶ operating costs 운영비

C

1 The event was canceled (because / due to) low registration.
낮은 등록률로 인해 행사가 취소되었다.

▶ because, due to 모두 '~ 때문에'라는 의미를 가지고 있지만 각각 접속사, 전치사라는 차이점이 있다. 뒤에 low registration(낮은 등록률)으로 명사가 오기 때문에 전치사 due to

▶ registration 등록

2 We discussed the plan (during / while) eating dinner.
저녁을 먹는 동안 우리는 계획을 논의했다.

▶ during, while 모두 '~ 동안'이라는 의미를 가지고 있지만 각각 전치사, 접속사라는 차이점이 있다. 뒤에 동명사로 보이는 eating이 왔는데 원래는 동명사를 바로 취할 수 있는 것은 접속사가 아니라 전치사이다. 단, 주의할 점은 during은 동명사를 취하지 않는 전치사라는 점! 또한 교재에서 학습했듯이 일부 접속사의 경우 주어를 생략하고 동사를 -ing/p.p.로 만들 수 있다. while도 그 중 하나로 while -ing가 가능! 따라서 접속사 while

3 (Despite / Although) fierce competition, the company achieved record sales.
치열한 경쟁에도 불구하고, 회사는 기록적인 판매 실적을 달성했다.

▶ despite, although 모두 '~에도 불구하고'라는 의미를 가지고 있지만 각각 전치사, 접속사라는 차이점이 있다. 뒤에 콤마까지의 구조를 보면 동사는 보이지 않고 명사 fierce competition(치열한 경쟁)이 나왔으므로 전치사 Despite

▶ fierce 치열한 | achieve 달성하다, 성취하다

4 We will postpone making any decisions (until / by) we get the survey results.
설문 결과를 받을 때까지 우리는 결정을 미룰 것이다.

▶ until, by 모두 '~까지'라는 의미를 가지고 있지만 until은 전치사/접속사 역할, by는 전치사 역할만 가능하다는 차이점이 있다. 뒤에 주어(we), 동사(get)이 나왔으므로 접속사 until

▶ postpone 연기하다, 미루다

---

1 (A)   **2** (D)   **3** (B)   **4** (D)   **5** (C)   **6** (B)
7 (D)   **8** (C)   **9** (C)   **10** (B)   **11** (C)   **12** (A)
13 (D)   **14** (A)   **15** (B)   **16** (C)   **17** (A)   **18** (B)
19 (B)   **20** (C)

1 **(A)**

해석 갤러리 내 온도와 습도가 너무 높으면, 그림이 손상될 것이다.

해설 등위접속사 so(그래서), but(그러나)은 앞에 이미 있는 한 문장 뒤에 나오는 문장을 연결해 주는 역할을 한다. 따라서 (B)와 (C)는 바로 오답 소거한다. 문장 구조를 보면 「------ 주어(the temperature and humidity) + 동사(are) ~, 주어(paintings) + 동사(will be ruined)」로, 동사가 2개이므로 빈칸은 접속사 자리이다. 또한 주어, 동사가 갖춰진 완전한 문장을 이어주고 있으므로 부사절 접속사 (A) If가 정답이다. why 역시 접속사 역할을 할 수 있지만, 문장 맨 앞에 올 때는 서로 다른 「주어 + 동사」를 갖춘 문장을 이어주는 것이 아니라 자신이 이끄는 절 자체가 주어로 쓰이는 명사절을 이끌어 「Why + 주어 + 동사 + 문장의 동사」의 구조가 된다.

어휘 temperature 온도, 기온 | humidity 습도 | ruin 망치다

2 **(D)**

해석 Libbey Shop에서 구매한 어떤 유리 제품이든지 1주일 이내에 배송될 것이다.

해설 빈칸 뒤에 a week(일주일)라는 기간이 왔기 때문에 (D) within(~ 이내에)이 정답이다. 전치사 within 뒤에는 요일, 날짜 같은 시점이 아니라 반드시 '기간'이 온다는 점을 알고 있어야 한다. (A) since는 '~ 이래로'라는 의미일 때 뒤에 '과거 시점'이 오고 앞에는 have p.p.의 현재완료 동사가 온다. (C) among은 '~ 중에서'라는 의미로 뒤에 복수명사가 나와야 하므로 오답이다.

3 **(B)**

해석 Joseph Leo의 새 소설이 비평가들로부터 혹평을 받았음에도 불구하고 많은 독자들은 그 책을 읽기를 선택했다.

해설 이 문장의 구조를 보자. 「------ 주어(Joseph Leo's new novel) + 동사(has received) ~, 주어(many readers) + 동사(chose) ~」로 동사가 2개 있다. 동사가 2개라면 반드시 접속사가 필요하므로 빈칸은 접속사 자리이다. 따라서 부사인 (D) Already(이미, 벌써)는 우선 오답 소거한다. (A) Whenever(~할 때는 언제든지), (B) Although(~에도 불구하고), (C) So that(~할 수 있도록)은 모두 접속사이지만, 문맥을 보았을 때, '혹평을 받았다'와 '많은 독자들이 책을 읽기를 선택했다'는 상반되는 내용을 이어줄 접속사가 필요하다. 따라서 (B) Although가 정답이다.

어휘 novel 소설 | review 평가; 후기 | critic 비평가

4 **(D)**   고난도 문제

해석 판매자로부터 제품이 도착하자마자 제품 상태를 반드시 세심하게 확인하세요.

해설 문장 구조를 보자. 빈칸 앞은 동사원형으로 시작하는 명령문의 한 문장, 빈칸 뒤도 「주어(it) + 동사(is received) ~」로 동사가 2개이므로 빈칸은 접속사 자리이다. 따라서 부사 (B) even so(그렇기는 하지만), (C) then(그때, 그리고 나서)은 일단 오답 처리한다. (A)와 (D) 모두 온전한 문장을 잇는 접속사로 쓰일 수 있으므로, 이제 문맥을 봐야 한다. '제품이 도착하자마자 반드시 제품 상태를 확인하라'라는 의미가 자연스럽기 때문에 접속사 (D) as soon as(~하자마자)가 정답이다. while은 '~하는 동안; ~인 반면에'라는 의미로 어색한 의미를 만들게 된다.

어휘 be sure to + 동사원형 반드시 ~하다 | condition 상태

5 **(C)**

해석 막판 취소 덕분에 Caulkin 씨는 Ryu 박사의 수업에 등록할 수 있었다.

해설 빈칸 뒤에 동사는 보이지 않고 'a + 명사(cancellation)'가 나왔으므로 빈칸은 전치사 자리이다. 따라서 부사 (B) almost(거의), 접속사 (D) even though(~에도 불구하고)는 오답 처리된다. (A) as well as는 'A as well as B(B뿐만 아니라 A도)' 형태로 A와 B에 동일한 품사나 구조가 들어가야 한다. 즉, as well as가 빈칸에 들어가면 class와 cancellation이 대상으로 품사(명사) 자체는 문제가 안 되지만 '취소뿐만 아니라 수업에도 등록할 수 있었다'라는 아주 어색한 의미가 된다. 결국 as well as는 품사나 구조뿐 아니라 성격도 비슷한 어휘를 연결한다. 따라서 전치사 구조나 의미상으로도 문제없는 (C) thanks to(~ 덕분에)가 정답이다.

어휘 last-minute 막판의, 최후의 | cancellation 취소

6 **(B)** 〔1초 문제〕

해석 많은 고객이 여전히 온라인으로 쇼핑하는 대신에 매장을 직접 방문하는 것을 선호한다.

해설 전치사 뒤에는 문법적으로 동명사(-ing)가 올 수 있지만, 자연스럽게 -ing를 취하는 전치사는 따로 있다! 그 중 하나가 (B) instead of(~대신에)로 정답이 된다. (A) because of(~ 때문에)는 뒤에 -ing를 취하는 경우가 흔하지 않고 문맥상으로도 상반된 내용을 연결해야 하므로 어울리지 않는다. (C) during은 대표적으로 -ing를 취하지 않는 전치사이다. (D) which는 뒤에 동사가 있어야 하는데 보이지 않으므로 오답이다.

어휘 prefer to + 동사원형 ~하는 것을 선호하다 | in person 직접

7 **(D)**

해석 Goral Gables Express는 도시의 경치 좋은 해안을 따라 매일 페리 운항을 제공한다.

해설 보기 대부분이 전치사로 구성된 어휘 문제이다. 단서는 빈칸 뒤 명사 city가 아니라 waterfront이다. 전치사 along(~을 따라)이 물가(강가, 해안가, 운하), 도로, 국경 등의 어휘에 특화되어 있으므로 (D)가 정답이다. (A) between은 'between A and B(A와 B 사이에)'가 가장 흔한 구조이지만 'between + 복수명사'도 가능하다는 것을 알아 두자. (B) below는 '~ 아래에'라는 의미로 위치가 무엇의 아래일

때 쓰고, (C) apart 혼자서는 부사로 apart from(~ 이외에, ~을 제외하고)이 되어야 전치사 역할이 가능하다.

어휘 scenic 경치 좋은

8 **(C)**

해석 소화전 긴급 수리로 인해 앞으로 3시간 동안 Douglas 로에 주차가 금지될 것이다.

해설 빈칸 뒤에 repairs는 동사일까? 아니다! 동사 앞에 형용사(urgent)가 올 수도 없고, repair는 타동사로 뒤에 목적어(명사)가 필요하므로, 여기서 repairs는 형용사 urgent의 수식을 받는 명사이다. 따라서 빈칸은 명사를 연결하는 전치사 자리로, 보기 중 유일한 전치사 (C) due to(~ 때문에)가 정답이다. (A) as a result(결과적으로는)는 접속부사, (D) so that(~할 수 있도록)은 접속사로 오답 처리되고, (B) in order to(~하기 위하여)는 뒤에 동사원형이 온다.

어휘 ban 금지하다 | urgent 긴급한 | fire hydrant 소화전

9 **(C)** 〔1초 문제〕

해석 Castillo Art Project는 도시에서 가장 오래되었을 뿐 아니라 가장 큰 갤러리이다.

해설 앞에 not only가 있는 1초 문제! 'A뿐만 아니라 B도'라는 의미의 유명한 상관접속사 not only A but (also) 구조로 정답은 (C) but also이다. 참고로, 상황에 따라 but 뒤에 반드시 also까지 있어야 하는 것은 아니라는 데 유의하자.

10 **(B)**

해석 Spinello Motors 공장이 12월에 문을 열면, 아벤투라에 취업 기회가 증가할 것이다.

해설 이 문장의 구조를 보면 「------ 주어(the Spinello Motors plant) + 동사(opens) ~, 주어(job opportunities) + 동사(will ~ increase)」의 구조로 빈칸은 접속사 자리이다. 따라서 부사 (C) Immediately(즉시)와 (D) Afterward(그후에)는 바로 오답 소거한다. 문맥상 '공장이 문을 열면, 취업 기회가 증가할 것이다'라는 의미가 되어야 자연스러우므로 (B) When(~할 때, ~하면)이 정답이다. (A) Whether(~인지 아닌지)는 어색한 의미를 만들며, 온전한 문장을 이어주는 부사절 접속사로 쓰일 때는 주로 or not을 동반한다.

어휘 plant 공장 | job opportunity 취업 기회

11 **(C)** 〔1초 문제〕

해석 회사 뉴스레터에 언급된 대로, Doral Industries는 다음 주에 회사명을 Doral Group으로 변경할 것이다.

해설 문장이 복잡해 보이지만, 생각할 필요도 없이 바로 정답을 골라내야 하는 대표적인 1초짜리 '접속사 + p.p.' 구문이다. as indicated(명시된 대로, 언급된 대로)의 (C) indicated가 정답이다.

어휘 switch 변경하다, 바꾸다

12 **(A)**

해석 매출이 꾸준히 유지되는 한 예산의 큰 부분이 영업팀에 할당될 것이다.

해설 빈칸은 뒤에 「주어(our sales volume) + 동사(remains) ~」의 절을 이끄는 접속사 자리이다. 보기 중 접속사는 (A) as long as(~하는 한)가 유일하다. by means of(~에 의하여), in addition to(~ 이외에), regarding(~에 관해)은 모두 전치사이다.

어휘 a portion of ~의 일부 | budget 예산 | allot 할당하다 | steady 꾸준한, 안정적인

---

13 (D)

해석 지역 유기농 농장인 Sunny Farm은 살충제 사용 없이 다양한 채소를 재배하고 있다.

해설 빈칸은 뒤에 'the + 명사(use)'를 연결하는 전치사 자리이다. 따라서 부사 (A) however(그러나), 접속사 (B) unless(~하지 않으면)를 먼저 오답 소거한다. 문맥상 '살충제 사용 없이 재배한다'는 내용이 되어야 자연스럽기 때문에 (D) without(없이, ~하지 않고)이 정답이다.

참고로, (C) against(~에 반대하여; ~에 기대어)를 넣어서 '살충제 사용에 반대하여'라고 하면 해석상으로 문제없어 보이지만, against는 주로 against corruption(부패에 맞서)처럼 무언가에 이념적으로 대항하는 느낌으로 쓰인다.

어휘 organic 유기농의 | cultivate 재배하다, 경작하다 | a variety of 다양한 ~ | pesticide 살충제

---

14 (A)   1초 문제

해석 전 직원은 퇴근하기 전에 일일 업무일지를 제출해야 한다.

해설 빈칸 뒤에 동사 없이 leaving이 있는데 -ing를 자연스럽게 바로 취할 수 있는 전치사는 정해져 있다. 보기 중 (A) before가 대표적인 전치사! 문맥상으로도 '퇴근하기 전에 일지를 제출해야 한다'가 자연스럽다.

어휘 turn in ~을 제출하다 | work log 업무일지 | leave the office 퇴근하다

---

15 (B)

해석 Pinnacle Chip Tech는 국내 고품질 반도체의 선도적인 제조업체 중 하나이다.

해설 among(~ 중에서)은 뒤에 복수명사가 오며, 토익의 대표적인 구조 중 하나가 바로 「be among + 복수명사」(~ 중에 하나이다)이다. 빈칸 뒤에 manufacturers(제조업체들)라는 복수명사가 있으며 Pinnacle Chip Tech가 제조업체들 중 하나라는 의미이므로, (B) among이 정답이다. 이 구조를 외워 두면 문제를 정말 빨리 풀 수 있다! toward는 '~쪽으로, ~을 향해', around는 '~ 주위에', alongside는 '~와 함께'라는 의미이다.

어휘 leading 선도하는, 일류의 | semiconductor 반도체

---

16 (C)   고난도 문제

해석 우리 은행에서 시스템 장애가 발생할 경우, 모든 거래는 즉시 중단될 것이다.

해설 문장의 형태만 봐도 콤마를 붙여 다른 문장을 연결하는 접속부사 (B) For instance(예를 들어)와 (D) In other words(다시 말해서)는 바로 오답 소거한다. 빈칸 뒤 콤

마까지의 구조를 보면 동사 없이 'a + 명사(system breakdown)'가 나왔으므로 전치사 자리이다. (A), (C) 중에서 (A) Provided that(~라면)은 접속사이고, (C) In the event of(~의 경우에)가 전치사로 정답이다.

어휘 breakdown 고장 | transaction 거래 | suspend 중단하다 | immediately 즉시

---

17 (A)

해석 우리 매니저들이 EZ310 항공편을 탄다면, 그들은 목요일 오후에 있을 교육에 맞춰 여기 도착할 것이다.

해설 빈칸 뒤에 'the + 명사(training session)'가 있으므로 전치사가 들어가야 한다. 보기 중 전치사는 (A) for가 유일하다. there와 soon은 부사, when은 접속사이다.

어휘 in time for ~ 시간에 맞춰

---

18 (B)

해석 최근 신제품 실패에도 불구하고, 소비자 신뢰는 여전히 높다.

해설 (A) Even so(그렇다 하더라도)와 (C) Therefore(그러므로)는 접속부사이므로 우선 오답 소거한다. 빈칸 뒤 콤마까지의 구조를 보면 동사 없이 'the + 명사(failure)'가 나왔으므로 빈칸은 전치사 자리이다. (B)와 (D)는 모두 전치사인데, (D) Owing to(~ 때문에)는 상반되는 내용에 어울리지 않으므로 정답은 '~에도 불구하고'라는 의미의 (B) Despite 이다.

어휘 failure 실패 | consumer confidence 소비자 신뢰

---

19 (B)   고난도 문제

해석 도서관 규정에 따르면, 반납일 이전에 다른 이용자가 요청하지 않는 한 대여한 책은 연장할 수 있습니다.

해설 빈칸 뒤에 있는 동사 형태의 requested를 보고 곧바로 (D) which를 고르지 않도록 주의한다. 「which + 동사」는 관계대명사 구조로 앞에 선행 명사가 있어야 한다.

빈칸은 앞에 수동태로 쓰인 완전한 문장 borrowed books may be renewed에 빈칸 이하의 내용을 연결하는 자리이다. 명사를 연결하는 전치사 (A) during과 부사 (C) likewise는 구조상 들어갈 수 없으므로, 정답은 앞에 「주어 + be동사」를 생략한 분사구문의 접속사로 '~하지 않는 한'을 의미하는 (B) unless이다.

어휘 state (that) ~라고 나와 있다, 명시되어 있다 | borrowed 빌린, 대여한 | renew 갱신하다, 기한 연장하다 | patron 이용자, 손님 | due date 마감일

---

20 (C)

해석 교육 과정을 마치자마자, Liu 씨는 매니저로서의 역할을 시작할 것이다.

해설 동명사(-ing)와 잘 쓰이는 전치사 문제로 정답은 (C) Upon 이다. upon -ing는 '~하자마자, ~하는 즉시'라는 의미로 문맥상으로도 자연스럽다.

(A) In도 동명사와 잘 쓰이는 전치사이지만 '~하는 데 있어'라는 의미로 문맥상 어색하고, (D) Since도 전치사/접속사로 -ing와 결합할 수 있지만 '~한 이래로'라는 의미로 주로

현재완료와 쓰이고 미래시제에는 어울리지 않으므로 오답이다. (B) So that은 뒤에 -ing를 취하지 못한다.

어휘　complete a course 과정을 마치다 | role as ~로서의 역할

UNIT 09 이것도 접속사? 관계대명사/명사절 접속사

토익 감성 갖추기 본책 p.180

A　1 which　2 who　3 who　4 whom
　　5 which　6 which　7 whose　8 in which
　　9 whose　10 that

B　1 명사절　2 명사절　3 관대　4 명사절
　　5 명사절　6 관부　7 명사절　8 명사절
　　9 명사절　10 관대　11 관대　12 명사절
　　13 관대

A

1 a movie (who / **which**) was released in June
6월에 개봉된 영화

▶ 앞에 선행 명사가 사물인 '영화'이므로 사물 주격의 which

2 a new president (whom / **who**) visited the factory for the first time
공장을 처음 방문한 신임 사장

▶ 뒤에 visited가 the factory를 목적어로 이끈 동사로, 이미 목적어가 있으니 whom은 필요 없고, visited의 주어 격이 채워져야 하는 상황이다. 따라서 정답은 who

3 Jeremy Thomson, (that / **who**) is a renowned scientist, 유명한 과학자 Jeremy Thomson

▶ 명사를 부연 설명할 때 that은 앞에 콤마를 싫어한다! 따라서 정답은 who

4 Elly Kim for (**whom** / that) many employees have great respect
많은 직원들이 매우 존경하는 Elly Kim

▶ that은 전치사를 좋아하지 않는다. (예외: 접속사 in(~라는 점에서)) 따라서 원래는 have great respect for로 문장 끝에 있는 for를 앞으로 가져온 사람 목적격 for whom

5 the design (**which** / what) was created by Mr. Kim 김 씨가 제작한 디자인

▶ what은 선행 '명사'를 싫어한다. 따라서 사물 주격의 which

6 the location (**which** / where) is far from here
여기서 멀리 떨어진 장소

▶ [함정 주의] location만 보고 낚이면 안 된다. where는 뒤

에 문장이 나올 때 반드시 '주어'가 있다. 따라서 정답은 주격 관계대명사 which

7 an author (who / whom / **whose**) latest book became a bestseller
최신 책이 베스트셀러가 된 작가

▶ become은 2형식 동사로 보어를 끌지 목적어는 필요조차 없으므로 목적격을 채우는 whom은 오답. became 앞에 주어 book이 있어서 주어를 채울 이유가 없으므로 주격 who도 탈락. 정답은 소유격 whose

8 There will be an event (which / **in which**) all staff members can participate.
모든 직원들이 참여할 수 있는 행사가 있을 것이다.

▶ [고난도] 문장 끝에 participate가 있다. participate(참여하다)는 기본적으로 in이 붙어야 목적어를 끌 수 있다. 문장에서 겹치는 단어가 선행 명사 an event이므로, 원래 문장은 all staff members can participate in an event이다. 따라서 전치사 in을 앞으로 가져온 사물 목적격 in which

9 The employees (who / **whose**) work usually starts at night are paid well.
주로 밤에 일을 시작하는 직원들은 보수를 잘 받는다.

▶ 뒤에 동사가 starts, are paid로 2개 나와 있다. 따라서 work는 여기서 동사가 아닌 명사로 starts의 주어이고, are paid의 주어는 The employees다. 명사 앞에는 '소유격' whose

10 The center (what / **that** / whom) I visited before was newly renovated.
내가 전에 방문했던 센터는 새로 개보수되었다.

▶ what은 명사를 거부하므로 center 뒤에 올 수 없고, whom은 뒤 문장의 빠진 목적어는 채울 수 있어도 앞에 선행 명사가 사람이어야 한다. 따라서 사람/사물을 모두 받으면서 주격/목적격을 모두 채울 수 있는 that

B

1 We ensure **that** your products will arrive within three days.
저희는 귀하의 제품이 3일 이내에 도착할 것을 보장합니다.

▶ 동사 ensure 뒤에 명사 목적어가 없다. 따라서 that 이하가 전부 ensure의 목적어 역할을 한다. → 명사절 접속사

2 I don't know **which** book I should read next.
다음에 어떤 책을 읽어야 할지 모르겠다.

▶ 동사 know 뒤에 명사 목적어가 없다. 따라서 which 이하가 전부 know의 목적어 역할을 한다. → 명사절 접속사

3 This is the report **which** I revised yesterday.
이것은 내가 어제 수정한 보고서이다.

▶ 앞에 report라는 정확한 명사가 있고, 명사 뒤에 나오는 wh-는 보통 관계사다. 「report(선행 명사) + which + I revised(주어 + 동사)」 구조에서 revised의 목적어가 빠져 있는 것을 통해 which가 목적격 관계대명사임을 알 수 있다. → 관계대명사

4 They realized **that** they had lost the keys.
그들은 열쇠를 잃어버렸다는 것을 깨달았다.

▶ 동사 realized 뒤에 명사 목적어가 없다. 따라서 that 이하가 전부 realized의 목적어 역할을 한다. → 명사절 접속사

5 It's important to know **who** will be leading the team. 누가 팀을 이끌지를 아는 것은 중요하다.

▶ 동사 know 뒤에 명사 목적어가 없고, who 이하의 내용이 전부 know의 목적어 역할을 한다. → 명사절 접속사

6 This is the reason **why** I decided to change jobs.
이것이 내가 직장을 바꾸기로 결정한 이유이다.

▶ 앞의 완전한 문장이 정확한 명사 reason으로 끝난 뒤 why가 쓰이면서 reason을 부연 설명하고 있다. → 관계부사

7 Do you have an idea of **when** you'll be able to arrive?
언제 도착할 수 있을지 아세요?

▶ 전치사 of 뒤에 명사가 빠져 있다. when 이하가 전치사 of의 목적어 역할을 한다. → 명사절 접속사

8 We should determine **whether** we will hold a seminar this year.
우리는 올해 세미나를 열지를 결정해야 한다.

▶ 동사 determine 뒤에 명사 목적어가 없다. whether 이하가 전부 determine의 목적어 역할을 한다. → 명사절 접속사

★ determine whether는 토익 빈출 구문이다!

9 He has doubts as to **whether** he made the right decision.
그는 자신이 올바른 결정을 내렸는지에 대해 의문을 갖고 있다.

▶ as to는 '~에 대해서'라는 의미의 전치사이다. whether 이하가 전치사 as to의 목적어 역할을 한다.
→ 명사절 접속사

10 He is an artist **whose** paintings were displayed in the gallery.
그는 그의 그림이 갤러리에 전시된 예술가이다.

▶ 명사 artist 뒤에 관계대명사 whose가 '소유격'으로 명사 paintings를 이끌면서 문장을 이어준다. → 관계대명사

12 This is the book **that** I borrowed from the library.
이것은 내가 도서관에서 빌린 책이다.

▶ 앞에 book이라는 정확한 명사가 있고, 그 뒤로 I borrowed 다음에는 목적어가 없다. 즉, 관계대명사 that이 뒤 문장의 빠진 목적어를 채우는 구조이다. → 관계대명사

12 They prefer **that** the project be completed on schedule.
그들은 프로젝트가 예정대로 완료되었으면 한다.

▶ 동사 prefer 뒤에 명사 목적어가 없다. that 이하가 전부 prefer의 목적어 역할을 한다. → 명사절 접속사

13 The author **whom** I interviewed was very insightful.
내가 인터뷰한 저자는 매우 통찰력 있었다.

▶ 앞에 author라는 정확한 선행 명사가 있고, 뒤 문장에는 주어 I에 이어 동사 interviewed 뒤로 목적어가 빠져 있다. 따라서 뒤 문장의 빠진 목적어를 격으로 채우면서 선행 명사 author에 대해 부연 설명하는 구조이다. → 관계대명사

토익 실전 체험하기 본책 pp.181-182

1 (D) **2** (D) **3** (A) **4** (A) **5** (A) **6** (B)
7 (C) **8** (B) **9** (B) **10** (C) **11** (C) **12** (B)
13 (D) **14** (C) **15** (D) **16** (A) **17** (B) **18** (C)
19 (D) **20** (D)

1 (D)

해석 Jack Wild는 효과적인 광고에 대한 논문으로 상을 받은 전문가이다.

해설 문장에 동사가 is, received 2개이므로 접속사가 필요하다. 빈칸 앞에 명사 an expert가 있고, 빈칸 뒤에는 두 번째 동사 received의 '주어'가 없는 상태이므로 정답은 「사람 선행사 + 주격 관계대명사」 구조의 관계대명사 (D) who가 된다. (A) whose는 소유격으로 바로 뒤에 명사부터 나와야 하고, (B) whom은 목적격으로 뒤에 「주어 + 동사」가 있고 목적어는 빠진 상태여야 한다. (C) whoever의 경우 anyone who와 같은 의미로 이미 명사를 포함하고 있어서 선행 명사를 필요로 하지 않는다.

어휘 expert 전문가 | paper 논문 | advertising 광고

2 (D)

해석 워크숍 참석은 사전에 등록한 직원들로 제한되어 있다.

해설 문장에 동사가 is restricted, have registered 2개로 접속사가 필요하므로 문장을 이어줄 수 없는 조동사 (A) should와 형용사 (B) few는 오답 소거된다. (C) after는 접속사로 쓰일 때 관계대명사처럼 부족한 격을 채울 수 없기 때문에 뒤에 have registered의 주어까지 나와야 한다. 따라서 정답은 have registered의 주어 역할을 하면서 사람 선행사(employees)를 가질 수 있는 관계대명사 (D) who이다.

어휘 be restricted to ~로 제한되다 | in advance 사전에

3 **(A)**

해석 귀하의 검사 결과는 클리닉이 오전 9시에 재개장할 때 내일 아침에 발표될 것입니다.

해설 문장에 동사가 will be released, reopens 2개로 접속사가 필요하다. 따라서 형용사 또는 부사 (D) only를 가장 먼저 소거한다. 그런 다음 빈칸 앞 문장을 봐야 하는데, 「주어 + 수동태(will be released) + 시점 부사(tomorrow morning)」의 완벽한 구조이다. 명사 역할을 하면서 문장을 이어주는 '명사절 접속사'는 완벽한 문장에 필요 없다. (B) whether는 주로 명사절 접속사로 쓰이고, 완벽한 절(문장)을 이어주는 부사절 접속사일 때는 뒤에 or (not)이 보여야 하므로 오답이다. (A)와 (C) 중에서, (C) that 역시 대부분 완벽한 문장보다는 문장 앞 또는 뒤가 불완전할 때 쓰임을 알아 두자. 따라서 접속사 역할을 하면서 '~할 때'라는 의미를 나타내는 (A) when이 정답이다.

어휘 release 공개하다 | reopen 다시 열다, 재개하다

4 **(A)** 　　　　　　　　　　　　　　[고난도 문제]

해석 우리는 최종 제안을 검토하기 위해 다음 주 즈음에 회의 일정을 잡아야 한다.

해설 보기 (C) whichever, (D) however와 같은 wh- + ever 구조는 뒤에 주로 「주어 + 동사」의 '문장' 형태를 갖추므로 오답 소거한다. (A)와 (B)가 남는데, (B) anyone은 품사가 '명사'로, 앞에 meeting이라는 명사가 이미 있기 때문에 오답이 된다. (A) sometime은 명사처럼 생겼지만 '부사'이며, 끝에 -s가 붙은 부사 sometimes(가끔, 때때로)와 달리 뒤에 '시점'을 꾸미면서 그 시점 '즈음에, 언제'라는 의미를 형성한다. 따라서 빈칸 뒤 next week를 수식하는 부사 (A) sometime이 정답이다.

어휘 schedule 일정을 잡다 | proposal 제안

5 **(A)**

해석 프로젝트를 첫 번째로 마무리하는 사람은 누구든 보너스를 받게 될 것이다.

해설 문장에 동사가 finishes, will receive 2개로 접속사가 필요하므로 명사 (B)와 (C)는 오답이다. 뒤에 「관계대명사 + be동사」가 생략된 것으로 생각해도 those (who are), anyone (who is)이 성립되어야 하는데, 동사 finishes 앞에 be 동사가 생략되었을 리 없다. 따라서 (A)와 (D) 중에 골라야 하며, whoever와 who가 같이 나왔을 때는 복잡한 문법보다는, 그 앞에 '사람명사'가 있는지 없는지 확인하는 것이 좋다. 명사 없이 처음부터 빈칸이 나왔기 때문에 anyone who를 표현할 수 있는 (A) Whoever가 정답이다.

6 **(B)** 　　　　　　　　　　　　　　[1초 문제]

해석 사용자는 일단 사이트의 이용 약관에 동의하면 Betty Web의 콘텐츠에 접근할 수 있다.

해설 동사 개수를 찾자. may access, agree 총 2개이다. 따라서 접속사가 필수적인데, (D) nonetheless(그럼에도 불구하고)는 대표적인 접속부사로 두 절(문장)을 이어줄 수가 없으므로 가장 먼저 오답으로 소거한다. 빈칸 앞 content가

명사이므로 명사를 거부하는 (A) what 역시 오답이다. 빈칸 뒤를 보면 agree(동의하다)는 자동사로 목적어가 필요 없으므로 목적격을 채우는 (C) whom도 오답이다. 따라서 완전한 2개의 절(문장)을 이어주는 부사절 접속사 (B) once(일단 ~하면)가 정답이다.

어휘 terms and conditions (계약서의) 조건, 약관

7 **(C)** 　　　　　　　　　　　　　　[핵심 문법]

해석 그들이 탐험 동안 발견한 것은 다소 놀라웠다.

해설 동사를 찾으면 discovered, was로 총 2개이다. 그런데 이들 동사 모두 무언가 부족하다. 첫 번째 discovered는 무엇을 발견했는지 목적어가 없다. 따라서 첫 번째 문장 자체가 '불완전한' 문장이며, 그 다음 be동사 was 역시 '주어' 없이 바로 이어져 있다. 따라서 '불완전한' 형태가 두 문장에 모두 걸쳐 있을 때는 거의 항상 what이 답이 된다는 것을 알아 두자. 첫 번째 동사 discovered의 목적어 역할을 하면서 두 번째 동사의 주어 역할을 할 수 있는 (C) What이 정답이다. (A) That, (B) When이 오려면 최소 한 문장은 완벽해야 하는데, 특히 지금처럼 맨 앞에서 문장을 끌 때는 두 번째 동사의 주어 역할을 하는 '명사절 접속사'이므로 첫 문장이 완전해야 한다는 특징이 있다. (D) While은 부사절 접속사로 완전한 두 문장을 연결하므로 오답이다.

어휘 discover 발견하다 | expedition 탐험, 원정 | rather 다소, 꽤 | astonishing 놀라운

8 **(B)** 　　　　　　　　　　　　　　[고난도 문제]

해석 그들은 고객들이 서비스에 만족하는지 확실히 하고 싶어한다.

해설 보기를 보면 단순한 해석 문제처럼 보이지만 전혀 그렇지 않다. 빈칸 앞 want와 빈칸 뒤 are, 동사가 2개이므로 접속사 기능이 '반드시' 필요한데 난데없이 동사 보기들만 나온 상태이다. 따라서 이 경우 접속사와 문장을 이끌 수 있는 동사가 들어가야 문법이 맞는데, 접속사가 생략되었다고 봐야 하며 자주 생략되는 대표적인 접속사가 that이다. 따라서 여기서 정답이 될 동사는 'that절'을 목적어로 끌 수 있는 동사여야 하고, 가장 대표적인 동사가 (B) ensure이다. 나머지는 that절을 바로 끌 수 있는 동사들이 아니다.

어휘 be satisfied with ~에 만족하다 | ensure 보장하다 | convey 전하다, 전달하다 | excel (능력적으로) 뛰어나다

9 **(B)**

해석 이 기사에는 도시의 새로운 경기장 건설 계획을 지지하는 지역 사업체들의 목록이 포함되어 있다.

해설 문장에 동사가 includes, support 2개로 접속사가 필요하다. support는 명사와 동사로 모두 쓰이지만, 뒤에 'the + 명사(city's plan)'가 있으므로 여기서는 동사로 본다. (A) whose는 소유격으로 바로 뒤에 명사가 필수이므로 오답이며, (C) why와 (D) if의 경우 명사절인지 부사절인지를 떠나서 일단 문장을 끌 때 뒤에 '주어'가 있어야 동사도 나올 수 있다. 따라서 정답은 (B) that이며, 여기서 that은 선행 명사 businesses에 대한 부연 설명 문장에서 주어를 채운 '주격 관계대명사'로 볼 수 있다.

10 (C)

고난도 문제

해석 그 임원은 우리가 회의 중에 문의한 질문들에 대한 답을 제공했다.

해설 빈칸은 주격 we의 동사 자리로, 동사 형태가 될 수 없는 (B)부터 오답 소거한다. 나머지 보기들을 봤을 때 이 문제에서 중요한 것은 시제보다 '능동태/수동태'의 구별이다. (A) are asked와 (D) have been asked는 be p.p.로 끝나는 수동태, (C)는 능동태 동사이다. 빈칸 뒤의 during만 보고 목적어가 없는 것으로 생각해 바로 수동태 동사 중에 고르려 하면 이 문제는 틀리게 된다.

the questions we를 보자. 명사 다음에 주어로 쓰이는 대명사 we가 나왔으므로 사이에 관계대명사 that이 생략되었음을 캐치해야 한다! 또한 반드시 외우자. '명사＋that'은 동격을 제외한 대부분의 경우 '목적격 관계대명사'이다. 목적격 관계대명사 that은 뒤 문장이 원래 목적어가 있는 '능동태' 문장이었음을 시사한다. 즉, 원래 문장 we asked the questions가 관계사절이 되면서 목적격 관계대명사 that이 생략된 것이므로, 능동태 동사 (C) asked가 정답이다.

11 (C)

1초 문제

해석 PD-70 태블릿 판매는 지난달 증가했으나, 다른 기기들의 판매는 그대로 유지되었다.

해설 동사가 increased, remained 2개이므로 접속사가 필요하다. (D) apart from은 전치사로 뒤에 문장을 끌지 못하므로 바로 오답 소거된다. (A) that은 접속사로 문장을 이어줄 수는 있지만 앞에 콤마로 구분하지는 않으므로 역시 오답 소거한다. (B) not only는 기본적으로 'A뿐만 아니라 B'라는 의미의 not only A but also B로 쓰임을 알아야 한다. 따라서 부족한 것이 없는 완전한 두 절을 이어주는 부사절 접속사 (C) whereas가 정답이다.

어휘 device 기기, 장치 | flat 평평한, 변동이 없는

12 (B)

해석 오후 4시 이후에 이루어진 결제는 처리하기 데 하루가 걸린다는 점에 유의하세요.

해설 완벽한 해석, 구조 분석하기에는 아까운 문제. note는 동사일 때 '~라는 데 유념하다, 명심하다'의 의미로 가장 잘 이끄는 것이 목적어 that절이다. 따라서 정답은 (B)이다. (C) as는 접속사일 때는 '~ 때문에; ~할 때; ~와 마찬가지로' 등 여러 의미로 쓸 수 있지만 동사의 목적어 역할을 할 수는 없다. (A) where와 (D) which도 명사절을 끌 수는 있지만 note와 상관없다.

13 (D)

해석 홍보 포스터는 영화관 관객들이 나가는 출입구 근처에 걸어야 한다.

해설 동사 개수를 찾자. should be hung, exit 2개이다. exit는 명사(출구)도 되지만 그러기에는 앞의 patrons(이용 고객들)와 중복된다. 따라서 동사 2개인 것을 캐치한 상태에서 보기를 보면 명사 (A) those와 부사 (B) there는 문장을 이어줄 수 없으므로 오답 처리한다. (C)와 (D) 중에서 골라야

하는데 「명사(the doors)＋전치사(from)＋-----」 구조에서는 what보다는 문장 끝에 남은 전치사를 앞으로 가져와서 붙여 쓰는 which가 알맞다. 따라서 정답은 (D) which이다.

어휘 promotional 홍보의 | patron (이용) 고객 | exit ⑧ 나가다 ⑲ 출구

14 (C)

해석 이 소프트웨어는 사용하기 쉽고, 귀하의 컴퓨터 성능을 어떻게 개선시키는지 매우 만족하실 겁니다.

해설 동사를 찾아보면 is, will be, improves로 무려 3개이다. 동사가 3개면 접속사는 최소 2개가 필요한데, 그중 하나가 and이다. 따라서 and 혼자 동사 3개를 이을 수는 없기 때문에 새로운 접속사가 필요하다. (A)는 부사, (B)는 형용사/부사로 접속사가 아니다. (C)와 (D) 중에서 골라야 하는데 접속사 that이 in that(~라는 점에서, ~이므로)을 제외하고는 전치사와 어울려 쓰이지 않으므로 정답은 (C) how이다. 여기서 how는 전치사 with의 목적어 역할을 하는 명사절 접속사이다.

어휘 easy to use 사용하기 쉬운 | improve 개선하다 | performance (기기의) 성능; (사람의) 실적

15 (D)

혼동 주의

해석 행사 기획자들은 여러 언어가 포함된 프레젠테이션을 위해 통역사를 고용했다.

해설 동사가 hired, include 2개인 상황으로 접속사가 필요하다. 따라서 단순 주어로 쓰일 만한 (B), (C)를 오답으로 소거하면 (A)와 (D)만 남는다. 여기서 빈칸 앞 명사 presentations가 사람명사가 아닌 것만으로도 (A) who는 가볍게 소거할 수 있다. 따라서 (D) that이 정답이다.

참고로, (B)나 (C)를 주어로 넣고 그 앞에 that을 '생략'하는 것은 불가능한지 궁금해 할 수 있는데, 「명사＋that」 구조에서 that이 생략되는 경우는 빈칸 뒤로 「주어＋동사」가 보이고 목적어가 빠져야지 「동사＋목적어」가 보여서는 안 된다. 즉, 「명사＋that」에서 생략되는 that은 목적격 관계대명사 that이다.

어휘 planner 기획자 | interpreter 통역사 | multiple 다수의

16 (A)

해석 Sacar 씨는 다가오는 목요일 직원 회의에서 공기 필터를 교체하는 방법을 설명할 것이다.

해설 (B) what은 「what to ＋ 동사원형」 구조로 쓰일 때 'to ＋ 동사원형'의 목적어를 대신하므로 뒤에 목적어를 쓰지 않고, (C) whom 역시 항상 뒤에서 빠진 목적어를 채우는 것으로 뒤에 목적어를 쓰지 않는데 to replace 뒤에 목적어 the air filter가 있으므로 오답이다. (D) whose는 바로 뒤에 명사가 와야 한다. 따라서 「how to ＋ 동사원형」의 (A) how가 정답이다. describe, explain, teach, demonstrate 등 설명, 가르침, 시연 등의 어휘 뒤에 how가 매우 잘 온다는 것을 외워 두자.

어휘 describe 설명하다, 묘사하다 | upcoming 다가오는

17 (B)

1초 문제

해석 직원들은 사무실에서 일하는 동안 소셜 미디어 사용이 금지된다.

해설 빈칸 앞에 명사 social media가 있으므로 선행 명사가 필요 없는 (A) what은 오답 소거하고, 소유격은 명사와 함께 쓰므로 (C) whose도 오답 처리한다. 또한 (D) which는 -ing 구문 자체를 소화하지 못한다. 따라서 '~ 동안에'라는 의미의 접속사로 쓸 때 -ing과 자주 어울려 쓰는 (B) while이 정답이다.

어휘 be not allowed to + 동사원형 ~하는 것이 금지되다

18 (C)

해석 기상 시스템에 가입된 주민들은 심각한 폭풍이 다가올 때마다 문자메시지를 받게 된다.

해설 동사가 will be texted, is approaching 2개로 접속사가 필요하므로 부사인 (A)와 (D)는 오답으로 먼저 소거한다. what, whatever는 앞/뒤 문장이 보통 불완전한데, 빈칸 앞에 be p.p.의 수동태 구조로 목적어 없이도 완전하고 빈칸 뒤 is approaching 또한 자동사로 완전한 문장이다. 따라서 부사절 접속사 (C) whenever가 정답이다.

어휘 enroll in ~에 가입하다, 등록하다 | text ⑧ 문자를 보내다 ⑱ 문자 | severe 심한 | approach ⑧ 다가오다 ⑱ 접근법

19 (D)

혼동 주의

해석 어떤 참석자가 기록할 책임을 맡을지는 회의 전에 결정되어야 한다.

해설 항상 동사 개수부터 확인한다. will be, should be decided 2개가 있어 접속사가 필요하므로 형용사인 (A) No와 (C) Each는 빠르게 소거한다. (B), (D)가 남는데 이 문제에서 중요한 포인트는 빈칸 바로 뒤의 명사 participant이다. participant는 참석자라는 뜻의 '사람명사'다. 사람명사는 셀 수 있는 가산명사로 a participant 또는 participants가 되어야 한다. 그런데 여기서는 a가 붙지 않은 상태에서 participant만 쓰였으므로 빈칸에 들어가는 어휘가 a를 누락시킬 수 있는 어휘임을 인지해야 한다. (D) Which가 '어떤'이라는 의미로 형용사처럼 명사 주어를 수식하면서 명사절을 만들 수 있으므로 정답이다.

어휘 participant 참가자, 참석자 | be responsible for ~을 책임지다, ~을 담당하다 | take notes 메모[기록]하다

20 (D)

해석 모든 명소 중에서, Ramos Tours는 여러분의 가족을 위해 어떤 것이 가장 즐거울지 결정하는 데 도움을 줄 수 있습니다.

해설 문법은 어려워도 간단한 구조가 있다. when, whether, how는 전부 뒤에 동사를 남기면 '반드시 주어'도 있어야 함을 명심하자. 그런데 명사절 접속사, 관계대명사 모두 되는 which는 문장 내에서 '주어'를 채우면서도 두 절을 이어줄 수 있으므로, 정답은 (D) which이다.

바로 위 19번 문제처럼 명사를 꾸미면서 두 절을 이어주는 which도 있고, 주어를 채우면서 두 절을 이어주는 which도 있다. 또한 which가 '어떤 것'이라는 의미일 때, '어떤 것이 가장 ~하다'는 의미로 최상급과 잘 어울려 쓴다. 따라서, 선택을 유발하는 어휘 select, choose 또는 최상급 (the) most 등이 보이면 which를 염두에 두자.

어휘 of + 복수명사 ~ 중에서 | attraction 명소 | enjoyable 즐거운

UNIT
UNIT 10 특수한 구문, 비교/도치

토익 감성 갖추기 본책 p.187

A 1 higher 2 significantly 3 highest
4 favorably 5 most significant 6 fully
7 yet 8 most recent 9 heavy 10 largely

B 1 X 2 X 3 O 4 X 5 X 6 O 7 X 8 O
9 X 10 X 11 O 12 X

A

1 (higher / more high)
▶ 비교급을 만들 때 짧은 단어는 뒤에 -er을 붙이고, 긴 단어는 앞에 more을 붙인다. high의 비교급은 higher

2 making it (significant / significantly) more effective
▶ 비교급이든 최상급이든 품사를 따질 때는 원급을 본다. 형용사 effective를 수식하는 것은 부사 significantly

3 the (highest / highly) standards
▶ 「the + ----- + 명사(standards)」 구조로 명사를 수식하는 형용사 자리. 둘 중 형용사는 최상급 형용사 highest

4 react most (favorable / favorably) to the movie
▶ 앞에 최상급을 나타내는 most가 보이는데 급보다 자리부터 봐야 한다. 'react to + 명사(~에 반응하다)' 사이에 빈칸이 있다는 것은 쓸데없는 부사 자리로 favorably

5 the (most significant / more significantly) challenges
▶ 「the + ----- + 명사(challenges)」 구조로 명사를 수식하는 형용사 자리. 둘 중 형용사는 most significant

6 be (fullest / fuller / fully) refundable
▶ 보기를 보면 최상급과 비교급을 구분하는 문제 같지만, 항상 급은 무시하고 품사를 따질 것. be동사 뒤에 쓰인 형용사 refundable을 수식하는 부사 fully

7 be the most entertaining (very / yet)
▶ very는 문장 끝에 오지 않는다는 것만 알아도 바로 오답 처리할 수 있는 문제. 부사 yet은 최상급을 강조할 수 있다. 참고로, very가 최상급을 수식할 때는 the very latest(아주 최근의)처럼 최상급 앞에 와야 한다.

8 his (~~most recent~~ / more recently) novel

▶ 「소유격(his)＋-----＋명사(novel)」구조로 명사를 수식하는 형용사 자리. 보기 중 형용사는 most recent

9 of a (heavy / ~~heaviest~~) suitcase

▶ 「a ＋-----＋명사(suitcase)」구조로 명사를 수식하는 형용사 자리. 급만 다를 뿐 보기 둘 다 형용사다. 최상급이 반드시 the와 쓰이는 것은 아니지만, a 뒤에 올 수는 없으므로 원급 heavy

10 be (largest / larger / ~~largely~~) determined

▶ 수동태 동사 be determined 사이 부사 자리이므로 largely

B

1 Joseph's workspace was ~~large~~ larger than Rory's. (O/X)
Joseph의 작업 공간은 Rory의 것보다 넓다.

▶ than이 있기 때문에 large는 larger가 되어야 한다.

2 S Tower is the ~~higher~~ highest in the region. (O/X) S 타워는 지역에서 가장 높다.

▶ 'in ＋ 장소(the region)'가 나오면 최상급의 강력한 단서가 된다. higher는 highest가 되어야 한다.

3 Of the ten rivers in the country, the Crystal Flow is the **longest**. (O/X)
이 나라 10개의 강 중에서, Crystal Flow가 가장 길다.

▶ 여기서 Of는 '~ 중에서'라는 의미로, '10개의 강 중에서 가장 길다'라는 의미로 최상급 the longest가 맞게 쓰인 문장이다.

4 Sales increased ~~most rapid~~ most rapidly in the third quarter. (O/X)
판매는 3분기에 가장 빠르게 증가했다.

▶ Sales increased(매출이 증가했다)는 완전한 구조로 뒤에 형용사 most rapid가 아니라 부사 most rapidly가 와야 한다.

5 Taking the subway is ~~very easier~~ much easier than driving to work. (O/X)
지하철을 타는 것이 운전해서 출근하는 것보다 훨씬 쉽다.

▶ very는 원급과 최상급을 강조할 수는 있지만 비교급을 강조하지는 못한다. 비교급은 부사 much, even, still, far, a lot 등의 강조를 받는다.

6 Our revenues were **even higher** than last year's. (O/X)
우리의 수익은 작년보다 훨씬 더 높았다.

▶ be동사 뒤, than 앞에 형용사 비교급과 그 앞에 비교급을 강조하는 부사 even이 쓰인 맞는 문장이다.

7 Please make your document as **shortly** short as possible. (O/X)
문서를 최대한 짧게 작성해 주세요.

▶ 「make ＋ 목적어 ＋ 목적격 보어(형용사)」의 5형식에 원급 비교 as ~ as possible이 쓰인 구문이므로, 부사 shortly는 형용사 short가 되어야 한다. 여기서 주의! shortly는 '짧게'라는 뜻이 아니다. '짧게'라는 뜻의 부사는 형용사와 동일하게 short이며, shortly는 부사로 '곧'이라는 의미이다.

8 Buying a new copier is **still costlier** than repairing the old one. (O/X)
새 복사기를 구입하는 것은 오래된 복사기를 수리하는 것보다 훨씬 더 비싸다.

▶ be동사 뒤, than 앞에 형용사 비교급과 그 앞에 비교급을 강조하는 부사 still이 쓰인 맞는 문장이다. costlier는 '값비싼'이라는 의미의 형용사 costly의 비교급 형태라는 것을 알아 두자.

9 Please return your books no **latest** later than October 11. (O/X)
늦어도 10월 11일까지는 책을 반납해 주세요.

▶ than이 있기 때문에 최상급 latest가 아니라 비교급 later가 되어야 한다. 'no later than(늦어도 ~까지는)' 자체를 외워 두자.

10 Delays at Union Square Station are becoming ~~more frequently~~ more frequent. (O/X)
유니언 스퀘어 역에서 지연이 더 자주 발생하고 있습니다.

▶ 문장의 동사는 become으로 2형식 동사는 보충 언어로 형용사를 취한다. 따라서 부사 more frequently는 형용사 more frequent가 되어야 한다.

11 **Hardly** has the product received positive reviews. (O/X)
그 제품은 긍정적인 평가를 거의 받지 못했다.

▶ 문장에 주어가 없다? 아니다. 이 문장은 도치 구문으로, 원래 문장 The product has hardly received positive reviews.에서 부정의 부사 hardly(거의 ~않는)가 문장 앞으로 나오면서 주어와 동사의 순서가 바뀐 맞는 문장이다. 동사가 완료시제인 문장이 도치되면 「have/had ＋ 주어 ＋ p.p.」가 되는 데 유의한다.

12 ~~Enclosure~~ Enclosed is a copy of her new article with the mail she sent. (O/X)
그녀가 보낸 메일과 함께 그녀의 새 기사 사본을 동봉합니다.

▶ 동사 is 앞 Enclosure가 주어? 아니다. '(편지 등에) 동봉된 것'을 뜻하는 명사 enclosure는 셀 수 있는 명사로 an 또는 the를 동반한다. 동사 enclose(동봉하다), attach(첨부하다), include(포함하다)는 p.p.의 형태로 문장 제일 앞에 나와 도치를 만드는 대표적인 어휘임을 꼭 알아 두자! 원래 문장 A copy of her new article is enclosed ~에서 enclosed를 맨 앞으로 보내 주어와 동사가 도치된 구문으로 Enclosure는 Enclosed가 되어야 한다.

토익 실전 체험하기

본책 pp.188-189

1 (A)	**2** (D)	**3** (C)	**4** (B)	**5** (D)	**6** (D)
7 (D)	**8** (C)	**9** (D)	**10** (C)	**11** (C)	**12** (D)
13 (D)	**14** (D)	**15** (A)	**16** (B)	**17** (B)	**18** (D)
19 (C)	**20** (D)				

1 **(A)**

해석 DU Apparel의 문의에 대한 답변은 우리가 예상한 것만큼 느렸다.

해설 「as + 형용사/부사 + as」의 원급 비교 구조로 빈칸에는 형용사나 부사의 원형이 와야 한다. 따라서 각각 비교급, 최상급인 (C), (D)는 오답 처리한다. as ~ as 사이에 형용사/부사 중 어느 것이 들어갈 지는 as ~ as를 뺀 구조를 보면 되는데, 앞에 be동사 was가 있으므로 형용사 (A) slow가 정답이다.

어휘 apparel 의류 | response to ~에 대한 답변, 반응 | inquiry 문의 | anticipate 예상하다, 기대하다

2 **(D)**

해석 Ann's Market의 매니저는 매출이 지난해 가장 높은 수치로 증가했다고 발표했다.

해설 「소유격(their) + ----- + 명사(level)」 구조로 형용사 자리이므로 명사 (B)는 일단 오답 처리한다. ever가 하는 여러 가지 역할 중 비교급/최상급의 의미를 강조하는 역할이 있는데 비교급과 올 때는 대체로 than ever(그 어느 때보다)처럼 than과 같이 나온다. 따라서 최상급 형용사 (D) highest가 정답이다.

3 **(C)** 〔1초 문제〕

해석 설문조사 결과에 따르면 오전 근무자들이 저녁 근무자들보다 더 자주 체육관에 간다.

해설 빈칸 뒤에 than이 있기 때문에 비교급이 반드시 와야 한다. 보기 중 비교급은 (C) more frequently가 유일하다.

어휘 morning/evening shift 오전/저녁 근무

4 **(B)** 〔혼동 주의〕

해석 전기차로 전환하는 것은 배기 가스를 줄이기 위한 세 가지 옵션 중 가장 비용이 많이 든다.

해설 'the ----- of'의 구조만 보고 명사라고 생각해서 (A)를 고르지 않도록 주의한다. cost가 오게 되면 주어인 Switching to an electric vehicle과 be동사 뒤 the cost가 주어와 동격 보어 관계가 되어 '전기차로 전환하는 것 = 가격'이 되므로 어색해진다. 빈칸 뒤 of는 '~의'라는 의미가 아니라 최상급 표현과 잘 쓰이는 '~ 중에서'라는 의미로 정답은 (B) costliest이다.

어휘 switch 바꾸다, 전환하다 | electric vehicle 전기차 | emission 배기 가스

5 **(D)**

해석 Journey Dreamers는 한국에서 남미로 가는 가장 저렴한 휴가 패키지 상품을 제공한다.

해설 「the + ----- + 명사(vacation packages)」의 구조로 빈칸은 명사를 수식하는 형용사 자리이다. (A)는 명사, (B)는 동사, (C)는 부사이므로 (D) 최상급 형용사가 정답이다. 이처럼 단순 품사 문제에 비교급, 최상급 형태를 섞어 혼란을 주는 경우가 있는데 품사 문제는 급에 현혹되지 말고 품사 자체에 집중한다.

6 **(D)**

해석 Eye Voyage의 새로운 안경테는 이전 것보다 더 잘 휘어지지 않는다.

해설 than이 있기 때문에 비교급이 와야 하는데 보기 중 비교급은 (D) more rigid가 유일하다.

어휘 glasses frame 안경테 | rigid 단단한, 잘 휘지 않는

7 **(D)**

해석 매표소 영화 티켓 가격은 저렴하지만, 온라인에서 훨씬 더 저렴하다.

해설 빈칸 뒤 online은 명사가 아니라 '온라인(상)에서'라는 의미의 부사이므로 빈칸은 형용사 자리이다. even은 비교급 강조 부사로 보기 중 형용사 비교급 (D) lower가 정답이다. 참고로, (B) lowly는 부사가 아닌 -ly 형태의 형용사로 '낮은, 하찮은'이란 의미이다.

어휘 box office 매표소 | affordable 저렴한, 감당할 수 있는

8 **(C)**

해석 Ace Tech가 생산하는 감시 카메라는 가장 최신 동작 감지 기술을 사용한다.

해설 최상급 the latest를 강조할 수 있는 부사는 (C) very이다. 최상급을 강조할 때 very는 '매우'라는 의미가 아니라 단순히 최상급을 강조하는 역할을 한다.

어휘 surveillance camera 감시 카메라 | utilize 사용하다 | motion-detecting 동작 감지의

9 **(D)**

해석 Hawaii Drinks는 온라인 설문조사가 매장 내 설문조사보다 더 많은 피드백을 생성했다는 것을 발견했다.

해설 보기에 품사와 급이 섞여 있다. 이럴 때는 급보다는 자리를 보고 품사를 먼저 따져야 한다! 빈칸은 뒤에 있는 명사 feedback을 수식하는 형용사 자리이므로 부사 (C)는 우선 오답 소거한다. than이 있다는 것은 비교급이 와야 한다는 결정적인 단서이므로 형용사 비교급 (D) more substantial이 정답이다.

어휘 generate 창출하다, 발생시키다 | substantial 상당한

10 **(C)**

해석 Patterson 씨는 심리 상담사로 일하는 것이 기대보다 훨씬 더 가치 있었다고 강조했다.

해설	비교급 more worthwhile을 강조할 수 있는 부사를 고르는 문제로 (C) even이 정답이다. 물론 예외는 있을 수 있지만 (A) soon(곧)은 미래시제에 특화된 부사이며, (B) alone은 '혼자서'라는 뜻으로 해석상으로 어색하다. (D) about은 부사일 때 숫자 앞에서 '대략'이라는 의미를 나타낸다.

어휘	emphasize 강조하다	worthwhile 가치 있는, 보람 있는

11 (C)

해석	〈인천 인사이트〉는 경기도에서 두 번째로 널리 배포되는 신문이다.

해설	the second, the third 같은 서수가 올 때는 '최상급'이 온다는 것을 알아 두자. 또한 distributed는 과거시제 동사가 아니라 '배포되는'이라는 의미의 p.p. 형태 형용사로 명사 newspaper를 수식하고 있다. 따라서 빈칸은 형용사 distributed를 수식하는 부사 자리이며 서수 the second를 보고 최상급 (C) most widely를 골라야 한다.

어휘	distribute 배포하다, 유통하다	province 도(道)

12 (D)

해석	P-tek 전자는 지금까지 본 수익 중 가장 급격한 증가를 보고했다.

해설	rise는 이 문장에서 동사가 아니다. 이미 앞에 reported라는 동사가 있는데다 rise, increase, decrease, drop 등의 '증가/감소'를 의미하는 단어 뒤에 전치사 in이 있을 경우 그 단어는 동사가 아니라 대부분 명사이다. 따라서 「the + ----- + 명사(rise)」 구조로 빈칸은 명사를 수식하는 형용사 자리이므로 동사 (A) sharpen(날카롭게 하다)과 부사 (B) sharply(급격하게)는 오답 처리한다. 또한 have p.p. to date는 '지금까지 ~해 왔다'는 최상급의 강력한 단서로 (D) sharpest가 정답이다.

어휘	to date 지금까지, 현재까지

13 (D) 　　　　　　　　　　　　고난도 문제

해석	디저트가 고객 마음에 들지 않으면, 가능한 빨리 Rodriguez 씨에게 알려주세요.

해설	not appeal만으로 동사가 될까? 아니다. 부정의 not은 be동사와 쓰인다면 is/are not이 되어야 하고 일반동사와 쓰인다면 do/does not이 되어야지 혼자 쓰일 수 없다. 따라서 이 문장을 조동사가 문장 앞으로 나가면서 주어, 동사의 순서가 바뀐 도치 구문으로 인지할 줄 알아야 한다! 보기 중 도치를 일으킬 수 있는 조동사 (D) Should가 정답이다. 원래 문장 If the desserts should not appeal to customers에서 If가 생략되면서 조동사 should와 주어가 도치된 구문이다.

어휘	appeal to ~에 호소하다, 매력적이다	notify 알리다

14 (D) 　　　　　　　　　　　　고난도 문제

해석	첼시 도서관의 비회원은 한 번에 세 권 이상의 책을 대출할 수 있는 경우가 거의 없다.

해설	빈칸 뒤 동사 are를 보고 주어로 쓰인 명사를 찾으려 해도 보기 중에 명사는 하나도 없다. 이런 경우 도치 구문임을 캐

치해야 한다! 보기 중 도치를 이끌어 낼 수 있는 것은 부정의 의미를 가진 (D) Seldom(좀처럼 ~않는)이다. 원래 문장은 Nonmembers of the Chelsea Library are seldom allowed to borrow ~로, 수동태 be p.p. 문장이 도치되는 경우 「부정어 + be동사 + 주어 + p.p.」의 어순이 된다.

15 (A) 　　　　　　　　　　　　혼동 주의

해석	Dante Luggage는 현재 지역 시장에서보다 해외에서 훨씬 더 많은 주문을 받고 있다.

해설	빈칸 뒤에 many의 비교급 more가 보인다. 보기 중 비교급을 강조할 수 있는 부사로 정답은 (A) significantly이다. much, even, far, still, a lot 외에 significantly, considerably, substantially 등도 비교급 수식 부사로 자주 등장하므로 반드시 알아 두자.

16 (B)

해석	가능한 한 안전하게 웨이트를 드는 방법을 익히는 것이 중요하다.

해설	as ~ as 원급 비교로 비교급 (C)와 최상급 (D)는 우선 오답 소거한다. as ~ as 사이에는 기본적으로 형용사/부사의 원급이 오지만, 앞에 many 또는 much의 수식을 받는 경우 명사도 가능하다. many나 much가 없으므로 명사 (A) safety도 오답 소거된다. 따라서 정답은 부사 (B) safely이다.

어휘	crucial 중요한	familiarize oneself with ~을 익히다	lift weights 웨이트[역기]를 들다

17 (B) 　　　　　　　　　　　　1초 문제

해석	Art Canvas는 낮 동안 햇빛을 완전히 차단하기 위해 모든 커튼을 더 어두운 것으로 교체했다.

해설	빈칸은 명사 ones를 수식하는 형용사 자리로 부사 (A)와 명사 (C)는 우선 오답 소거한다. (B)와 (D) 중에 최상급인 (D)는 the가 필요하므로 비교급 (B) darker가 정답이다.

어휘	replace A with B A를 B로 교체하다	fully block 완전히 차단하다

18 (D)

해석	지난 분기에 StarCo는 사상 최대 규모의 고객 확보를 기록했다.

해설	ever는 비교급/최상급의 의미를 강조할 수 있는데 비교급과 올 때는 대체로 'than ever(그 어느 때보다)'처럼 than과 함께 쓰인다. ever가 문장 끝에 단독으로 올 때는 최상급의 단서로 (D) largest가 정답이다.

어휘	quarter 분기	record 기록하다	customer acquisition (신규) 고객 확보

19 (C) 　　　　　　　　　　　　고난도 문제

해석	저희 매장은 가능한 한 가장 저렴한 가격으로 다양한 고품질 전자제품을 제공합니다.

해설	보기가 모두 형용사이다. 그런데 굳이 형용사가 명사 prices를 뒤에서 꾸밀 필요가 없으며, prices까지가 이미 완벽한 문장을 이루고 있다. 즉, 어휘보다는 특정 구조를 물어보는

문제가 된다. 보기 중 available은 possible과 같이 최상급을 뒤에서 강조할 수 있는 형용사로, 정답은 (C)이다.

어휘 a wide selection of 매우 다양한 | at ~ prices ~한 가격에

20 (D) 고난도 문제

해석 학생들은 수업 중에 휴대폰을 사용할 수 없으며, 쉬는 시간에 학교를 떠날 수도 없다.

해설 빈칸 뒤를 보면 의문문도 아닌데 be동사(are)와 주어(they)의 어순이 바뀌어 있는 것을 확인할 수 있다. 즉, 도치 구문으로, 도치를 이끌어낼 수 있는 부정어 (D) nor가 정답이다. nor가 반드시 'neither A nor B(A도 B도 아닌)' 구조에서만 등장하는 것은 아니라는 데 주의하자.

어휘 be permitted/allowed to + 동사원형 ~하도록 허용되다

PART 5 VOCA
Reading Comprehension

UNIT 11 토익 RC 빈출 VOCA 1

토익 감성 갖추기 1 본책 p.196

A
1 seek 2 place 3 issue 4 use
5 decline 6 call 7 deliver 8 meet
9 raise 10 address

B
1 conduct 2 take 3 make 4 fill
5 meet 6 secure/sign 7 make 8 earn
9 reach 10 draw

C

정답 (B)

해석 CA 의료용품 회사는 꾸준히 기대를 넘어서는 직원에게 보너스를 지급한다.

해설 동사 어휘 문제. 빈칸 뒤 명사 expectations(기대, 기대치)와 어울리는 연어로 결합되는 것은 (B) exceed(초과하다, 넘어서다)이다. (A) reward(보상하다), (C) publicize(홍보하다), (D) submit(제출하다)는 명사 expectations와 어울리지 않는다.

토익 감성 갖추기 2 본책 p.201

A
1 partial 2 routine 3 generous
4 frequent 5 brief 6 heavy
7 designated 8 primary 9 key
10 open

B
1 advance 2 lasting 3 high
4 extensive 5 detailed 6 intended
7 top 8 dramatic 9 qualified
10 reasonable

C

정답 (C)

해석 이메일로 전송된 파일은 오직 지정된 수신자만 열 수 있다.

해설 형용사 어휘 문제. 빈칸 뒤의 명사 recipient(수신자, 수령인)와 어울리는 연어로 결합되는 것은 (C) intended(의도된, 원래의)이다. (A) promotional(홍보의)은 문맥상 어울리지 않고, (B) assorted(다양한, 갖가지의)와 (D) multiple(다수의) 뒤에는 복수명사가 와야 하고 의미상 적절하지도 않다.

UNIT 12 토익 RC 빈출 VOCA 2

토익 감성 갖추기 1 본책 p.206

A
1 punctually 2 briefly 3 fasten
4 considerably 5 select 6 highly
7 automatically 8 thoroughly
9 eagerly 10 far

B
1 accordingly 2 closely 3 completely
4 properly 5 evenly 6 heavily
7 favorably 8 remotely 9 temporarily
10 smoothly

C

정답 (D)

해석 유명 셰프 Molly Jang의 팬들은 그녀의 다음 요리책을 간절히 기다리고 있는데, 그 책은 2월에 출간될 예정이다.

해설 부사 어휘 문제. 빈칸 뒤 동사 await(기다리다)와 연어로 결합되는 것은 (D) eagerly(간절히, 열렬히)이다. (A) favorably(호의적으로), (B) considerably(많이), (C) properly(제대로)는 동사 await와 어울리지 않는다.

토익 감성 갖추기 2 본책 p.211

A
1 newly 2 acclaimed 3 affordably
4 unseasonably 5 well 6 almost
7 located 8 mutually 9 specifically
10 sound

B **1** locally **2** barely **3** exactly
4 relatively **5** highly **6** individually
7 readily **8** tentatively **9** fully
10 widely

C

정답 (A)

해석 정가로 구매한 콘서트 티켓은 전액 환불이 가능합니다.

해설 부사 어휘 문제. refundable과 함께 쓰여 '전액 환불 가능한'이라는 의미를 만드는 (A) fully가 정답이다. (B) well, (C) affordably(가격이 합리적으로), (D) financially(재정적으로)는 정가와 관련된 환불 정책 내용에 어울리지 않는다.

토익 감성 갖추기 본책 p.217

A **1** in **2** to **3** for **4** on **5** of

B **1** for **2** of **3** to **4** of **5** with **6** in
7 with **8** to **9** with **10** in

C

1 (D)

해석 지역 농장과 생산자들은 새로운 환경 기준을 준수해야 한다.

해설 해석 문제처럼 보이지만 전적으로 구조 문제다. 빈칸 뒤에 전치사 with가 있는데, 아무 동사나 전치사와 다니지 않고 with와 결합되는 동사도 한정적이다. 보기 중 전치사 with와 함께 쓰는 동사는 (D) comply가 유일하다. comply with: ~을 준수하다
(A) conform은 conform to(~을 따르다), (C) adhere는 adhere to(~을 고수하다)로 전치사 to와 쓰이고, (B) observe(준수하다; 관찰하다)는 전치사가 필요 없는 타동사이다.

2 (B)

해석 8월 말까지 행사에 등록한 사람들은 할인 요금을 받을 자격이 주어진다.

해설 해석보다는 구조로 푸는 문제이다. 「be + 형용사 + for」의 구조를 취하는 단어는 be eligible for(~에 자격이 있다)의 (B) eligible이다. (A) capable은 be capable of(~을 할 수 있다), (C) pleased는 be pleased with(~에 기뻐하다), (D) entitled는 'be entitled to + 명사(~을 받을 자격이 있다)' 또는 'be entitled to + 동사원형(~할 자격이 있다)'의 구조를 갖는다.

3 (D)

해석 Schafer 씨는 회사가 회계 소프트웨어에 문제가 발생하고 있다고 언급했다.

해설 역시 해석보다는 구조로 푸는 문제이다. 전치사 with를 바로 갖는 명사는 (D) problem이다. 나머지 명사들은 모두 전치사 for와 쓰인다.

토익 실전 체험하기 1 본책 pp.218-219

1 (B)	**2** (B)	**3** (A)	**4** (C)	**5** (A)	**6** (A)
7 (C)	**8** (A)	**9** (C)	**10** (B)	**11** (A)	**12** (D)
13 (D)	**14** (D)	**15** (C)	**16** (B)	**17** (D)	**18** (D)
19 (A)	**20** (A)				

1 (B) `1초 문제`

해석 Gubler 씨는 뉴욕 기후 컨벤션에서 기조 연설을 했다.

해설 하나하나 대입해서 해석하는 문제가 아니다. '연설하다'라는 의미의 연어 deliver a speech를 외웠다면 정답을 바로 찾을 수 있는 문제! 정답은 (B) delivered이다. (A)의 achieve는 '달성하다', (C)의 trade는 '거래하다', (D)의 imply는 '암시하다, 시사하다'라는 뜻으로 맥락상 어울리지 않는다.

★ give a speech = make a speech = deliver a speech 연설하다

어휘 keynote speech 기조 연설 | climate 기후

2 (B)

해석 Frasier Grocer는 내년에 새벽 배송 서비스를 4개의 추가 지역으로 확대할 계획이다.

해설 빈칸 뒤 목적어(명사) 뒤에 나온 전치사 into가 결정적인 단서이다. 보기 중 「동사 A into B」 구조를 취할 수 있는 것은 (B) expand이다. expand는 뒤에 목적어를 바로 갖거나, expand into(~로 확대하다), expand A to B(A를 B로 확대하다)의 구조 모두 가능하다. (A) choose(선택하다), (C) book(예약하다), (D) obtain(얻다) 모두 전치사 into와 어울리지 않는다. 빈칸 뒤 목적어뿐 아니라 구조까지 확인해야 하는 문제이다.

어휘 early morning delivery 새벽 배송

3 (A) `1초 문제`

해석 Palms 호텔은 비누, 샴푸, 일회용 칫솔 같은 다양한 편의 물품을 제공한다.

해설 보기를 하나하나 대입해서 해석하면 절대 안 되는 문제! 특히 토익에는 「a ----- of + 복수명사」 구조에 오는 특정 명사들이 있는데, 의미는 '다양한, 갖가지의'로 해석되는 경우가 많다. 대표적인 구조가 a selection of로 (A)가 정답이다. (B) preference(선호), (C) budget(예산), (D) popularity(인기)는 맥락상 어울리지 않는다.

★ a(n) variety/array/selection/collection/
assortment of + 복수명사: 다양한

어휘 disposable 일회용의 | toothbrush 칫솔

4 (C)

해석 다음 경영 회의는 Boa Technology가 개발한 비디오 회의 플랫폼을 사용하여 진행될 예정이다.

해설 be p.p. 수동태 형태의 동사 어휘 문제로, 주어 meeting과 자연스러운 의미를 생성해야 한다. '회의가 ~될 것이다'라는 문맥상 '진행되다'라는 의미를 만드는 (C) conducted가 정답이다.
(A)의 engage는 '관여하다; 종사하다', (B)의 respond는 '대답하다, 응답하다'라는 뜻으로 회의를 주어로 수동태 형태를 취할 때 어색한 의미를 만들고, (D)의 permit(허용하다)는 '회의가 허용될 것이다'로 맥락이 통할 것 같지만, 플랫폼을 사용하는 것은 회의를 하는 진행 방식으로 conduct(실시하다), hold(개최하다) 등의 동사가 오는 것이 자연스럽다.

어휘 video conference 화상 회의

5 (A)

해석 Edie's Bicycles는 기존 고객에게 정기적으로 무료 유지보수 서비스를 제공한다.

해설 동사 provides를 수식하는 부사 문제이다. (D) previously (이전에)는 과거시제와 어울리므로 우선 오답 소거한다. 동사가 현재시제로 일상적인 일을 나타내기 때문에 (A) regularly(정기적으로, 규칙적으로)가 가장 적절하다. (B) closely(면밀히)는 의미상 어색하고, (C) significantly(상당히)는 보통 증가/감소/변화 동사를 수식하므로 오답이다.

어휘 existing 기존의 | maintenance 유지보수

6 (A)

해석 Ocean Foods의 CEO는 내년에 영업직원의 급여를 상당히 인상할 계획이다.

해설 부사 어휘 문제. 동사 increase(증가시키다)를 수식하는 부사가 필요하므로 증감 동사를 수식하는 데 특화된 부사 (A) considerably(상당히)가 정답이다. (B) recently(최근에)는 주로 과거나 현재완료 시제와 사용하고, (C) skillfully(능숙하게)는 의미상 어색하므로 오답이다. (D) largely(주로, 대체로)는 largely due to(주로 ~ 때문에), consist largely of(대체로 ~로 구성되다)와 같이 사용된다.

어휘 intend to + 동사원형 ~할 작정이다 | wage 임금

7 (C)

해석 Galero Istanbul Books는 주문품을 영업일 기준 3일 이내에 배송할 것을 약속한다.

해설 동사 어휘 문제로 빈칸 뒤 to deliver가 결정적인 단서이다. 'to + 동사원형'을 목적어로 바로 취하는 동사들은 정해져 있다! 보기 중 대표적인 동사가 (C) promises로 「promise to + 동사원형」(~하기로 약속하다)으로 쓴다. (A)의 request(요청하다)와 (D)의 allow(허락하다)는 to부

정사와 쓰일 때 「request/allow + 목적어 + to 동사원형」 또는 수동태 「be requested/allowed to + 동사원형」 구조로 쓰인다. (B)의 subject는 「be subject to + 명사」(~의 대상이 되다, ~하기 쉽다) 구조로 전치사 to 뒤에 동사원형이 아닌 명사가 온다.

어휘 order 주문(품) | business day 영업일, 평일

8 (A)

해석 Odyssey TV 방송국은 아시아 문화와 요리를 탐색하는 데 주력하는 새 프로그램을 시작할 것이다.

해설 보기만 봤을 때는 '과거시제 동사를 묻는 문제인가?'라고 생각할 수 있지만 아니다. 문장 구조를 보면 주어(Odyssey TV Station), 동사(will launch), 목적어(a new show)를 갖춘 완벽한 구조로 빈칸은 명사 show를 수식하는 p.p.다! 그러면 이제 해석해서 풀어야 하는 문제일까? 아니다. 해석이 아닌 구조로 풀 수 있는 문제로, 빈칸 뒤의 to는 to exploring인 것으로 보아 전치사 to인 것을 알 수 있다. 보기 중 (A) dedicated는 '~에 헌신하는, 주력하는'이라는 의미로 「dedicated to + 명사/-ing」로 쓰이는 대표적인 어휘이다! (B)의 prepare는 「be prepared to + 동사원형」(~할 준비가 되다), (C)의 expect는 「be expected to + 동사원형」(~할 것으로 예상되다, ~해야 한다), (D)의 plan 역시 「plan to + 동사원형」(~할 계획이다)으로 'to + 동사원형'이 오지 전치사 to를 갖지 않는다. 따라서 (A) dedicated가 정답이다.

어휘 launch 시작하다, 출시하다 | explore 탐험하다, 탐색하다 | cuisine 요리, 음식

9 (C)　　　　　　　　　　　　　　　[1초 문제]

해석 Pierce Logistics의 3분기 매출은 이미 이사회의 예상을 훨씬 넘어섰다.

해설 far exceed = well exceed(훨씬 초과하다)의 연어를 외웠다면 1초짜리 문제! next, very, yet 모두 앞에서 동사를 수식하지 못한다. 연어를 외우자!

어휘 logistics 물류 회사 | exceed one's expectations ~의 예상[기대]을 넘어서다

10 (B)

해석 다가오는 회사 야유회에 관한 문의 사항은 Nara Shim에게 보내져야 한다.

해설 전치사 regarding(~에 관한)은 토익에서 특히 inquiries, questions, information, problems 등 '문의, 질문, 정보, 문제' 등과 같은 명사 뒤에 등장하는 경우가 많다. 게다가 동사가 be directed to(~로 보내지다)로 문맥상 '~에 관한 문의 사항이 Nara Shim에게 보내지다'라는 의미가 자연스럽다. (A)의 experience(경험)나 (D)의 registration(등록)은 보내질 수 없으며, (C)의 subscription(구독, 가입)은 '~에 구독/가입'한다고 할 때 「subscription to + 명사」로 뒤에 전치사 to가 온다. 따라서 정답은 (B) Inquiries이다.

어휘 upcoming 곧 있을, 다가오는 | company retreat 회사 야유회

11 (A)

해석 Culligan 직업학교 과정의 기간과 수준은 매우 다양하다.

해설 동사 vary(다양하다) 뒤에 어울리는 부사 어휘를 찾는 문제이다. vary, differ, change, alter 등 변화 동사와 잘 쓰이는 부사로 정도를 나타내는 어휘를 외워 두자: greatly, considerably, significantly, substantially. 따라서 정답은 (A) greatly이다. (B) indefinitely(무기한으로, 끝없이), (C) supposedly(추측컨대), (D) promptly(즉시, 빠르게)는 과정의 기간과 수준의 다양함을 수식하는 데 적합하지 않다.

어휘 **duration** 기간 | **vocational school** 직업학교

12 (D)　　　　　　　　　　　　　　　　　　`1초 문제`

해석 Brighton Global Foods는 고객 만족을 최우선 순위로 생각한다.

해설 top priority = highest priority = first priority(최우선 순위)의 연어를 물어보는 1초짜리 문제! 나머지 명사는 전체적인 문맥이나 형용사 top의 의미와도 어울리지 않는다.

어휘 **consider** 고려하다, 생각하다 | **customer satisfaction** 고객 만족 | **incident** 일, 사건 | **advice** 조언, 충고 | **question** 질문, 의문

13 (D)

해석 회의 동안, 박 씨는 그녀의 마케팅 아이디어를 효과적으로 전달한 것에 대해 칭찬받았다.

해설 부사 어휘 문제로, 빈칸에 오는 부사는 뒤에 나오는 communicating ~ ideas(아이디어를 전달하다)를 수식해야 한다. '효과적으로 아이디어를 전달하다'라는 의미가 자연스러우므로 (D) effectively(효과적으로)가 정답이다. 문장의 동사가 was commended라고 해서 과거시제와 어울리는 부사 (A) formerly(이전에)를 고르면 안 된다. '예전에 칭찬을 받았다'라고 하고 싶다면 was formerly commended처럼 동사 앞에 위치해야 한다. (B) commonly(흔하게)는 의미가 통하지 않고, (C) importantly는 동사나 형용사를 혼자 수식하기보다는 문장 맨 앞에서 More importantly(더 중요한 것은), Most importantly(가장 중요한 것은)의 형태로 주로 문장 전체를 수식하는 역할을 한다.

어휘 **commend** 칭찬하다 | **communicate one's ideas** 아이디어를 전달하다

14 (D)　　　　　　　　　　　　　　　　　　`1초 문제`

해석 Mayakoba 호텔은 여러 버스 정류장과 지하철역 인근 편리한 곳에 위치해 있다.

해설 부사 어휘 문제. 하나하나 대입해서 의미를 해석하는 문제가 아니다. conveniently located(편리한 곳에 위치한, 입지 조건이 좋은 곳에 있는)의 연어 표현을 암기해 두자!

어휘 **steadily** 꾸준히 | **heavily** 심하게, 몹시 | **occasionally** 가끔

15 (C)

해석 10명의 지원자 중에서 Peter Bright만이 저작권법을 완전히 이해하고 있는 것 같다.

해설 명사 understanding을 수식하는 형용사 어휘 문제. 보기 중 thorough(철저한, 완전한)가 '완전한 이해'라는 자연스러운 의미를 만들기 때문에 (C) thorough가 정답이다. thorough 이외에도 clear understanding(명확한 이해), better understanding(더 나은 이해) 연어도 함께 외워 두자! (A) prepared(준비된), (B) lasting(지속되는, 계속되는)은 understanding을 수식하기에 어색하며, (D) highest(가장 높은)는 최상급으로 앞에 the가 있어야 한다.

어휘 **applicant** 지원자, 후보자 | **appear to + 동사원형** ~한 것 같다 | **copyright** 저작권

16 (B)

해석 Montgomery's Sweets는 매우 인기가 많아서 주인은 이미 추가로 5개의 매장을 열 것을 고려하고 있다.

해설 현재 상점이 인기가 너무 많아서 '추가로' 매장을 다섯 곳 더 열 생각이라는 의미가 되어야 자연스럽다. 따라서 '추가의'라는 의미의 형용사 (B) additional이 정답이다. (A) inclusive(포함된, 폭넓은)와 (D) mandatory(의무의)는 stores를 꾸미기에 어울리지 않는다. (C) historic(역사적으로 중요한)은 건물 등을 수식하는 데에는 문제없지만 앞으로 개장할 상점을 설명하기에 적합하지 않다.

어휘 **consider -ing** ~하는 것을 고려하다

17 (D)

해석 일부 기계적 결함으로 인해 TM 버스는 빈번한 지연을 겪었다.

해설 명사 delays(지연)를 수식하는 형용사 어휘 문제. (B) much는 뒤에 셀 수 없는 불가산명사가 오기 때문에 우선 오답 소거한다. (A) any는 단/복수, 가산/불가산 모든 명사 앞에 쓰일 수 있지만, any delays라고 하면 '어떤 지연도 겪지 않았다'라는 의미처럼 앞에 부정의 not이 있는 것이 자연스럽다. (C) both(둘 다)는 뒤에 두 가지를 언급해야 하므로 역시 오답이다. '빈번한 지연'이라는 자연스러운 의미를 만드는 (D) frequent(빈번한, 잦은)가 정답이다.

어휘 **mechanical problem** 기계적 결함 | **delay** 지연

18 (D)

해석 서울 사진 콘테스트 참가 자격을 갖추려면 각 지원자는 최소한 5장의 원본 사진을 제출해야 한다.

해설 보기가 모두 형용사로 해석도 중요하지만 'be ----- for' 구조를 보고 정답이 나와야 하는 문제이다. 보기 중 (D) eligible이 be eligible for(~에 자격이 있다) 구조로 문맥상으로도 문제없이 자연스럽다. 나머지 보기 accessible(접근[열람] 가능한), commendable(칭찬받을 만한), allowable(허용되는)은 모두 구조적으로나 의미적으로 답이 될 수 없다.

어휘 **applicant** 지원자 | **at least** 적어도 | **original** 원래의; 독창적인

19   (A)

해석   Ceptic 전자는 모든 고객 불만에 신속하게 대응하는 것에 대해 자부심을 가지고 있다.

해설   부사 어휘 문제. responding to ~ complaints(불만에 대응하다)를 수식하는 부사로 '신속하게'라는 의미의 (A) swiftly가 정답이다. rapidly, quickly도 동일한 의미로 swiftly를 대체할 수 있음을 알아 두자. (B) rigidly(엄격하게), (C) occasionally(가끔), (D) purposely(일부러, 고의로)는 문맥상 어울리지 않는다.

어휘   pride oneself on ~에 대해 스스로 자랑스럽게 여기다

20   (A)

해석   Ecole 요리 아카데미는 전문 베이킹과 고급 요리를 위한 종합적인 온라인 강좌를 제공한다.

해설   동사 어휘 문제로, 아카데미가 온라인 강좌를 '제공한다'는 의미가 자연스럽기 때문에 (A) offers가 정답이다. (B)의 take는 강좌를 '이수하다'라는 의미로 take courses라는 표현이 자주 쓰이기는 하지만 강좌 이수는 수강생이 하는 것이지 아카데미 같은 기관이 하는 것이 아니므로 오답이다. (C)의 inform(알리다)은 뒤에 '사람 목적어'가 나와야 하고, (D)의 tend는 「tend to + 동사원형」(~하는 경향이 있다) 구조로 사용된다.

어휘   culinary 요리의 | comprehensive 종합적인, 폭넓은 | gourmet food 고급 음식

토익 실전 체험하기 2   본책 pp.220-221

1 (C)	**2** (B)	**3** (B)	**4** (C)	**5** (A)	**6** (A)
7 (D)	**8** (A)	**9** (D)	**10** (C)	**11** (B)	**12** (B)
13 (A)	**14** (B)	**15** (D)	**16** (A)	**17** (D)	**18** (C)
19 (C)	**20** (A)				

1   (C)

해석   안전과 위치는 종종 많은 주택 구매자들에게 주요 관심사이다.

해설   주어 Safety and location, be동사 are 뒤에 보충 언어로 '명사구'가 쓰인 구조이다. be동사 뒤에 명사 보어가 쓰이는 경우 주어와 보어는 동격 관계가 된다. 즉, '안전과 위치 = 주요 -----'라는 관계가 형성되어야 하기 때문에 (C) concerns(관심사, 중요한 것)가 정답이다. primary concern(주요 관심사)은 연어이므로 반드시 외워 두자! (A) sources의 경우 primary source(주요 원천, 주요 출처)로 잘 쓰이는 표현이기는 하지만 정보의 출처 또는 공급원에 어울리는 어휘로, 안전과 위치가 주요 원천이라고 하는 것은 어색하다.

어휘   primary 주요한 | relation 관계 | copy 사본, 복사

2   (B)   `1초 문제`

해석   FutureTech 센터는 기본 컴퓨터 작업에 익숙한 사람들에게 고급 코딩 강좌를 제공한다.

해설   빈칸 뒤 전치사 with가 결정적 단서로, familiar with(~에 익숙한, ~을 잘 알고 있는)의 (B) familiar가 정답이다. (A) qualified는 qualified for(~에 자격이 있는), (C) accessible은 accessible to(~에 접근 가능한), (D) responsible은 responsible for(~에 책임이 있는) 구조로 사용된다. 구조가 중요하며 외워 두면 1초 만에 풀 수 있는 문제이다!

어휘   advanced 고급의, 상급의 | operation 작업, 운용

3   (B)

해석   Anne Mitchell의 소설 〈웨이브스〉의 책 사인회 동안, Wand Books는 그녀의 모든 책에 할인 가격을 제공할 것이다.

해설   명사 rates(가격)를 수식하는 형용사 어휘 문제로, '할인된'이라는 의미의 (B) discounted가 정답이다. (A) expert(전문적인), (C) brief(간략한, 간단한), (D) native(토착의)는 가격을 수식하기에 어울리지 않는다.

어휘   book signing 책 사인회

4   (C)

해석   Nashid 씨의 우수한 문제 해결 능력과 대인관계 기술은 그의 부서에 귀중한 자산이 될 것이다.

해설   빈칸 뒤의 problem-solving and interpersonal skills에서 중요한 명사는 skills로, '우수한' 기술이라는 자연스러운 의미를 만드는 (C) superior가 정답이다. (A) exterior(외부의)와 (B) narrow(좁은; 가까스로 된)는 문맥상 어울리지 않는다. (D) impressed(감명받은)는 사람의 감정을 나타내는 어휘로 skills를 수식할 수 없는데, impressed가 아니라 impressive(뛰어난, 인상적인)라면 정답이 될 수 있다.

어휘   interpersonal skills 대인관계 기술 | asset to ~에 자산(이 되는 사람)

5   (A)

해석   내일 예산 회의에 참석하고자 하는 사람은 전 씨에게 승인받기 위해 연락해야 한다.

해설   문맥상 '회의에 참석하다'라는 의미가 자연스럽기 때문에 (A) attending이 정답이다. (B)의 notify는 뒤에 사람 목적어가 나와야 하고, (D)의 respond는 뒤에 목적어가 오기 위해서는 전치사 to가 반드시 같이 와야 한다. (C)의 list는 '나열하다, 열거하다'라는 의미로 문맥상 어색하므로 오답이다.

어휘   interested in ~에 관심 있는 | approval 승인

6   (A)   `1초 문제`

해석   Chino Hills의 비교적 긴 산책길 때문에, 편안한 신발과 옷이 적극 권장된다.

해설   highly recommended는 '매우 권장되는, 적극 추천되는'이라는 의미의 연어! 따라서 (A) highly가 정답이다. nearly는 '거의', tightly는 '단단히', correctly는 '정확히'라는 의미이다.

어휘 **relatively** 비교적, 상대적으로 | **trail** 오솔길, 산길 | **comfortable** 편안한

7 (D)

해석 최근 예산 삭감을 고려해서 Nelson 제약회사는 새 인턴 채용을 주저하고 있다.

해설 형용사 어휘 문제로, 해석이 아니라 철저히 구조로 푸는 문제! 빈칸 뒤 'to + 동사원형(recruit)'이 결정적 단서이다. 「be동사 + 형용사 + to 동사원형」의 구조로 자연스럽게 쓰이는 형용사들이 있다. 그중 하나가 보기 중 (D) hesitant로 「be hesitant to + 동사원형」은 '~하기를 주저하다, 망설이다'라는 의미를 나타낸다. 나머지 보기의 형용사들은 'to + 동사원형'과 쓰이지 않는다.

어휘 **given** ~을 고려해서, 감안하여 | **budget cuts** 예산 삭감 | **recruit** 채용하다; 신입사원

8 (A) 〔1초 문제〕

해석 저지시티 공공 도서관은 지역 회사로부터 후한 30대의 컴퓨터 기부를 받았다.

해설 명사 donation(기부)을 수식하는 형용사 어휘 문제. generous donation은 '후한[관대한] 기부'라는 뜻으로 토익 빈출 연어로, 정답은 (A) generous이다. (B) ready는 '준비된', (C) durable은 '내구성 좋은', (D) patient는 '참을성 있는'의 의미로 donation을 수식하기에 어색하다.

어휘 **donation** 기부

9 (D) 〔1초 문제〕

해석 매장 매니저들은 작성된 고객 설문지들을 표 씨에게 보내야 한다.

해설 빈칸은 동사 자리가 아니다. 문장의 동사는 must send로 빈칸에는 뒤에 오는 명사를 수식하는 형용사가 와야 한다. 뒤에 복합명사 customer survey forms(고객 설문지)가 있는데 중요한 것은 마지막 명사인 forms(서식, 양식)이다. '작성된' 양식이라는 의미를 만드는 (D) completed가 정답이다. (A) turned는 '거꾸로 된', (B) stable은 '안정적인', (C) delayed는 '지연된'의 의미로 문맥상 어울리지 않는다.

어휘 **customer survey** 고객 설문

10 (C)

해석 SpeedX 믹서기를 사용하기 전에 동봉된 사용 설명서를 주의 깊게 읽어 주세요.

해설 빈칸 뒤의 명사 blender만 봤을 때는 selecting이 와서 '믹서기를 선택하다', using이 와서 '믹서기를 사용하다', ordering이 와서 '믹서기를 주문하다' 모두 문제없어 보이지만, 사용 설명서를 읽는 것은 이미 주문한 상태에서 '사용하기' 전에 할 수 있는 행동이다. 따라서 (C) using이 정답이다.

어휘 **enclosed** 동봉된 | **(user) manual** 사용 설명서 | **carefully** 주의 깊게, 신중하게

11 (B)

해석 첼시 교통국은 도로 작업으로 인해 주민들에게 끼칠 불편함에 대해 사과했다.

해설 명사 어휘 문제. '~에 대해 사과했다'라는 apologized for 만으로 답을 찾을 수도 있지만, 더 자세히 살펴보면 that 이하의 동사 cause(야기시키다) 뒤에 목적어 명사가 보이지 않는다. 즉, cause의 목적어가 선행 명사로 앞에 나온 구조이다. cause inconvenience의 (B) inconvenience(불편, 불편함)가 정답이다. (A) distinction(차이; 뛰어남), (C) intention(의도), (D) clearance(정리, 정돈)는 문맥상 어울리지 않는다.

어휘 **transit authority** 교통국 | **apologize for** ~에 대해 사과하다 | **roadwork** 도로 작업 | **resident** 주민

12 (B)

해석 각 분실물에 대한 자세한 설명은 웹사이트에서 확인할 수 있습니다.

해설 명사 descriptions(설명, 묘사)를 수식하는 형용사 어휘 문제. '자세한, 상세한' 설명이라는 의미가 자연스러우므로 (B) Detailed가 정답이다. (A) Empty는 '텅 빈', (C) Responsible은 '책임감 있는, 책임지고 있는', (D) Cleared는 '허가된, 인가된'의 의미이다.

어휘 **lost item** 분실물

13 (A)

해석 두 달간의 협상 후, Taho Outfitters와 Forest Campers 간의 합병이 마침내 발표되었다.

해설 단순히 announced만 보고 푸는 문제가 아니라 구조가 중요한 문제이다. 앞에 '~ 후에'라는 의미의 전치사나 접속사로 after, following 등이 나오는 경우, 압도적인 확률로 '마침내 ~하다'라는 문맥이 토익에 출제된다. 여기서도 '마침내 발표되었다'라는 의미가 자연스러우므로 (A) finally(마침내, 드디어)가 정답이다. finally 외에 eventually(결국, 마침내)도 정답으로 자주 출제되므로 함께 알아 두자.
(B) lightly는 '가볍게', (C) steadily는 '꾸준히, 한결같이', (D) immediately는 '즉시'라는 의미이다. 참고로, immediately도 after, following과 함께 나올 수 있는데 이때는 immediately after(~한 직후)와 같이 전치사나 접속사 바로 앞에 위치한다.

어휘 **following** ~ 후에; ~에 따라 | **negotiation** 협상 | **merger** 합병

14 (B) 〔1초 문제〕

해석 Sue's Deli의 주인은 여름철에 증가한 수요를 수용하기 위해 종업원들에게 초과 근무해 줄 것을 요청했다.

해설 meet the demand = accommodate the demand '수요를 맞추다'라는 의미의 연어를 물어보는 문제! 이런 문제를 연어 암기로 1초 만에 풀어내면 시간 확보에 매우 유리해진다. 정답은 '수용하다'라는 의미의 (B) accommodate이다. (A) propose(제안하다), (C) promote(홍보하다), (D) expect(기대하다, 예상하다)는 문맥상 어울리지 않는다.

124

15 (D)

해석 접수대 직원들은 자리를 비울 때마다 적어도 한 명의 동료에게 알려야 한다.

해설 명사 어휘 문제로, 문제 출제의 포인트는 동사 notify이다. '알리다'라는 의미의 notify, inform은 반드시 뒤에 사람 목적어를 갖는 동사로 빈칸에는 사람 명사가 와야 한다. 따라서 사람이 아닌 (A) protection(보호)과 (B) emergency(비상)는 오답 소거한다. (C) personnel(직원들)과 (D) colleague(동료) 모두 사람을 나타내지만, one 뒤에 복수의 의미를 가진 personnel은 올 수 없다. 따라서 (D) colleague가 정답이다.

어휘 at least 적어도

16 (A)

해석 10년이 지난 지금도, Julie Chan이 가르치는 도예 수업은 여전히 매달 수백 명의 학생들을 끌어모으고 있다.

해설 동사 어휘 문제. 빈칸 뒤의 목적어가 hundreds of students로 수백 명의 학생들을 '끌어모으다'라는 의미를 만드는 (A) attracts가 정답이다. (C)의 complete는 '끝마치다; 작성하다', (D)의 attend는 '참석하다'의 의미이다. 참고로, (B)의 remain은 대표적인 2형식 동사로 보통 '형용사' 보어가 오지만, '명사' 보어가 오는 경우도 있다. 단, 이때는 주어와 보어가 동격이 되므로, 여기서는 '수업 = 학생'일 수 없으므로 remains는 오답이 된다.

어휘 decade 10년 | pottery 도자기, 도예

17 (D)

해석 홍보 매니저로서, Dogan 씨는 무역 박람회에서 우리 회사를 대표하는 주도적인 역할을 해야 한다.

해설 명사 어휘 문제. 하나하나 대입해서 해석하는 문제가 아니라 빈칸 앞 동사 take와의 연어를 물어보는 문제이다. (D) initiative(솔선수범, 주도)가 동사 take와 함께 '주도하다, 솔선수범하다'라는 의미의 연어 take the initiative를 생성한다. 나머지 명사가 동사 take와 쓰이지 못한다는 것이 아니라 가장 확률적으로 높은 표현을 외워 놓고, 의미까지 문제 없다면 당연히 정답이 될 수밖에 없다. in -ing가 '~하는 데 있어서'라는 의미라는 것도 알아 두자.

어휘 PR(Public Relations) 홍보 | represent 대표하다; 나타내다 | advice 조언, 충고 | period 기간 | factor 요인

18 (C) `1초 문제`

해석 우리는 3주 이내에 그 공급업체와 합의해야 한다.

해설 reach an agreement(합의에 이르다)의 연어를 물어보는 문제로 (C) reach(도달하다)가 정답이다. (A) put은 an agreement와 어울리지 않고, (B) speak는 뒤에 목적어가 오려면 speak to(~에게 말하다), speak about(~에 대해 말하다)와 같이 전치사가 필요하며, (D) happen은 완전한 자동사로 목적어를 갖지 못한다.

★ reach an agreement = come to an agreement 합의에 이르다

어휘 supplier 공급업체

19 (C)

해석 오늘 저녁 저자 행사에서 모든 질문에 답하는 데 필요한 최소 시간은 한 시간이다.

해설 명사 amount(양)를 수식하는 형용사 어휘 문제. 보기 중 '최소한의 양의 시간'이라는 의미를 만드는 (C) minimum(최소한의)이 정답이다. (A) pleasant(즐거운)와 (D) capable(유능한)은 amount를 수식하기에 어울리지 않는다. (B) bottom(맨 아래의)은 위치의 개념으로 역시 amount와 어울리지 않고 bottom line(요점, 결론), bottom shelf(맨 아래 선반)와 같이 사용된다.

어휘 author 저자, 작가

20 (A)

해석 배송물은 내용물이 깨지기 쉬운 유리 부품을 포함하고 있기 때문에 전부 조심스럽게 실어 주세요.

해설 load shipments(배송물을 싣다)를 수식하는 부사 어휘 문제로, 내용물이 깨지기 쉽다는 이유를 설명한 뒤의 부사절과 논리적으로 가장 적합한 것은 (A) carefully(조심스럽게)이다. (B) simply(단순히, 그냥), (C) actively(적극적으로, 활발하게), (D) relatively(비교적, 상대적으로)는 문맥상 어울리지 않는다.

어휘 load 싣다, 적재하다 | shipment 배송물, 적하물 | contents 내용물 | breakable 깨질 수 있는

토익 실전 체험하기 3　본책 pp.222-223

1 (D)	**2** (B)	**3** (D)	**4** (C)	**5** (C)	**6** (B)
7 (C)	**8** (D)	**9** (A)	**10** (D)	**11** (A)	**12** (B)
13 (C)	**14** (A)	**15** (B)	**16** (B)	**17** (D)	**18** (C)
19 (C)	**20** (A)				

1 (D) `1초 문제`

해석 회사 구내식당이 다음 달에 보수공사를 위해 문을 닫을 것이므로, 그에 맞게 계획하세요.

해설 부사 어휘 문제. accordingly는 plan(계획하다), adjust(조정하다), act(행동하다) 등 특정 동사와 함께 연어로 등장하는 경우가 많다. 앞에 이미 언급된 상황(= 구내식당이 공사로 문을 닫음)에 맞게 계획하라는 의미가 되어야 자연스러우므로 '그에 맞게'라는 의미의 부사 (D) accordingly가 정답이다. (A) favorably는 '호의적으로', (B) approximately는 '대략', (C) creatively는 '창의적으로'라는 의미이다.

★ plan/adjust/act accordingly 그에 맞게 계획/조정/행동하다

어휘 closed for renovations 보수공사로 문 닫은

2 **(B)**

해석 보트 투어를 신청한 관광객 모두 제시간에 도착해서 보트는 예정대로 출발했다.

해설 동사 arrive(도착하다)와 함께 쓰이는 부사 연어 문제로 arrive punctually(제시간에 도착하다)의 (B) punctually 가 정답이다. usually는 '보통', securely는 '단단하게', potentially는 '잠재적으로'라는 의미이다.

어휘 register for ~에 등록[신청]하다 | depart 출발하다 | as scheduled 예정대로

3 **(D)**

해석 Leroy 씨는 Sulan Apparel에서 제공된 기회들에 대해 Bowen 씨에게 감사의 뜻을 전했다.

해설 동사 expressed가 결정적 단서이다. 표현할 수 있는 것은 '감정 상태'로 보기 중 가능한 것은 (D) gratitude(감사)가 유일하다. (A) exposure(노출), (B) position(직위, 자리), (C) excellence(훌륭함, 우수함)는 express와 함께 쓰이기에 어색하다.

어휘 opportunity 기회

4 **(C)**

해석 창고에서 재고를 확인하는 동안, Jules 씨는 지난달 주문에 문제가 있음을 발견했다.

해설 전치사 어휘 문제. 물론 문맥을 통해서 해결되는 전치사 문제도 있지만 특정 단어와 함께 다니는 전치사를 외워 두면 문제를 1초 만에 풀 수 있다. '문제'라는 의미의 problem, issue 등의 명사는 '~의 문제, ~이 가진 문제'라고 할 때 전치사 with와 사용된다. problem with로 정답은 (C)이다.

어휘 inventory 재고 | warehouse 창고 | notice 알아채다

5 **(C)**

해석 Molly Kitchen의 밀키트 주문은 배송 전에 철저하게 검사됩니다.

해설 부사 어휘 문제. 앞 동사가 inspect(점검하다)인데 '점검/검사하다'라는 의미의 동사 check, inspect, examine 등은 thoroughly(철저하게, 꼼꼼하게)와 함께 연어로 자주 등장한다! 따라서 (C) thoroughly가 정답이다. (D) already(이미, 벌써)는 일상적인 일을 나타내는 현재시제가 아니라 '이미 점검되었다'와 같이 과거시제 또는 현재완료와 써야 한다. nearly는 '거의', eagerly는 '간절히'라는 의미이다.

어휘 meal kit 밀키트 | inspect 점검하다 | shipment 배송

6 **(B)**

해석 고객 서비스는 매일 오전 9시부터 오후 5시까지 Battel Toy 제품에 관한 문제를 해결하기 위해 제공된다.

해설 address issues(문제를 처리하다)의 연어를 물어보는 문제로 (B) address가 정답이다. (A) replace(교체하다)와 (C) demand(요구하다)는 문맥상 어울리지 않고, (D) assist(돕다, 도움이 되다)는 전치사 with와 쓰는 것이 자연스럽다.

참고로, 동사 address는 토익에서 '~ 주소로 보내다; 연설하다'라는 의미로도 자주 쓰인다는 것도 알아 두자.

7 **(C)**

해석 전에 병원이었던 그 2층짜리 건물은 현재 태국 레스토랑으로 사용되고 있다.

해설 부사 어휘 문제. 문장의 주어를 보면 앞에 a medical clinic도 명사, 그 뒤 the two-story building도 명사로, 명사 2개가 콤마를 사이에 두고 나란히 위치해 있다. 즉, 동격을 이루고 있다. 부사 now가 결정적인 단서가 되는데, 문장에 now, currently(현재) 등의 부사가 있을 때는 '이전에는 ~했는데 지금은 ~하다'라는 문맥을 형성해 앞에 '이전에'라는 부사가 자주 등장한다. 이 문장에서도 '이전에는 병원이었는데 지금은 레스토랑'이라는 문맥이므로 (C) Formerly(이전에)가 정답이다. formerly 대신 previously(이전에), once(한때) 등을 쓸 수도 있다. (A) Sometimes는 '때때로', (B) Lately는 '최근에', (D) Gradually는 '서서히, 점차'라는 의미이다.

어휘 story (건물의) 층

8 **(D)**

해석 전 세계 Keigo Ogawa의 팬들은 5월에 출간 예정인 그의 새 소설을 간절히 기다리고 있다.

해설 연어 eagerly await(간절히 기다리다)를 외웠다면 1초짜리 문제! (A) precisely는 '정확히', (B) equally는 '동등하게', (C) rapidly는 '빠르게'라는 의미이다.

어휘 around the world 전 세계의 | await 기다리다 | scheduled to + 동사원형 ~하기로 예정된 | come out 출시되다

9 **(A)**

해석 브라가 시청은 새로운 주거 개발에 대한 건축 허가를 발급할 권한이 있다.

해설 to부정사구 to issue building permits ~의 수식을 받는 명사 어휘 문제이다. 건축 허가를 발급하는 것과 관련해 가장 적절한 어휘로 정답은 (A) authority(권한)이다. (B) measures(조치)는 어떤 일을 하기 위한 행동이나 대책을 의미하고, (C) importance(중요성)와 (D) approach(접근법)는 의미상 허가증을 발급하는 것과 관계가 없다.

어휘 issue 발급하다 | building permit 건축 허가증 | residential 주거의

10 **(D)**

해석 치열한 경쟁에도 불구하고, 하와이 커피 회사의 관리자들은 다음 분기 판매가 증가할 것이라고 확신하고 있다.

해설 명사 competition(경쟁)을 수식하는 형용사 어휘 문제. 연어 strong/fierce competition(치열한 경쟁)으로 (D) strong이 정답이다. (A) negative(부정적인)와 (C) enough(충분한)는 어색한 의미를 만들고, (B) various(다양한)는 뒤에 '복수명사'가 와야 한다.

어휘   in spite of ~에도 불구하고 | competition 경쟁; 시합 | quarter 분기

11   **(A)**

해석   직원들은 근무 시간 기록표를 Sanders 씨에게 바로 제출해야 한다.

해설   부사 어휘 문제. 빈칸 뒤 to Ms. Sanders로 보아 '바로, 곧장' 제출해야 한다는 의미가 자연스러우므로 (A) directly가 정답이다. directly는 directly to/from과 같은 구조로 토익에 자주 등장하는 어휘임을 알아 두자. (C) completely(완전히)와 (D) strongly(강력히)는 어색한 의미를 만들고, (B) surely(확실히, 분명)는 우리말 의미만 보면 '확실히 제출해야 한다'로 가능할 것 같지만 문장 전체 내용에 대한 확신을 나타낼 때 쓰는 경우가 일반적으로 답이 되지 않는다.

어휘   submit 제출하다 | timesheet 근무 시간 기록표

12   **(B)**

해석   Premont 부동산은 회사에 합류할 자격을 갖춘 회계사를 찾기 위해 채용 대행사를 고용했다.

해설   동사 어휘 문제. 빈칸 뒤에 전치사 for가 있는데 register for(~에 등록하다), search for(~을 찾다), prepare for(~을 준비하다)로 (A), (B), (C) 모두 바로 뒤에 for가 올 수 있다. 단, 문맥을 보면 '회사에 합류할 회계사를 찾기 위해서 채용 업체를 고용했다'는 의미가 자연스러우므로 (B) search가 정답이다.

어휘   hire 고용하다 | recruiting agency 채용 대행사 | qualified 자격을 갖춘 | accountant 회계사 | firm 회사

13   **(C)**

해석   그 건물의 주요 판매 포인트는 공항과의 근접성이다.

해설   빈칸 뒤 명사 selling point(판매 포인트)를 수식하는 형용사 어휘 문제. '주요 포인트'라는 의미가 자연스럽기 때문에 (C) main(주요한)이 정답이다. 판매 포인트가 high(높은), short(짧은), wide(넓은)하다고 하지는 않는다.

어휘   selling point (상품이 지닌) 장점 | proximity to ~에 대한 근접성

14   **(A)**   [1초 문제]

해석   기계적인 결함으로 인해 런던행 기차 운행은 추후 통보가 있을 때까지 지연될 것이다.

해설   보기에 제시된 어휘의 다양한 품사와 의미를 문장 구조에 대입해 고민할 것이 아니라 연어 until further notice(추후 통보가 있을 때까지)로 바로 풀어내야 하는 문제이다.

어휘   mechanical problem 기계적 결함 | postpone 지연시키다, 연기하다

15   **(B)**

해석   인사부에 제출되는 자기 소개 영상은 길이가 5분을 초과해서는 안 된다.

해설   동사 어휘 문제. 빈칸 뒤 목적어 5 minutes in length(5분 길이)로 보아 '길이가 5분을 초과한다'라는 의미가 되어야 자연스럽기 때문에 (B) exceed(초과하다)가 정답이다. (A) apply(적용하다, 신청하다)와 (C) contain(포함하다)은 어색한 의미를 만들고, (D) extend(연장하다)는 5분이라는 시간 자체를 연장할 수는 없다. 예를 들어, extend the lease by three months(임대 기간을 세 달 연장하다)와 같이 '무엇을' 얼만큼 연장하는지로 쓰여야 한다.

어휘   human resources department = personnel department 인사부 | length 길이

16   **(B)**

해석   환자 의료 기록은 허가받은 직원만 열람할 수 있습니다.

해설   동사가 수동태 구조이면 '주어가 ~되다'라는 의미이기 때문에 주어와의 관계를 잘 살펴야 한다. 주어가 medical records(의료 기록)인데 기록이 '예방된다(prevented)'고 할 수 없고, '공인된다(licensed)'고 할 수도 없으므로 (C)와 (D)는 오답 소거된다. (A)의 remind(상기시키다)는 능동태일 때 뒤에 사람 목적어를 취하기 때문에 수동태가 되면 목적어였던 '사람'이 주어 자리에 와야 한다. access는 동사일 때 '접속[접근]하다, 열람하다'라는 뜻으로 '의료 기록은 허가받은 직원만 열람 가능하다'라는 자연스러운 의미를 만들기 때문에 (B) accessed가 정답이다.

어휘   medical record 의료 기록 | authorized 허가를 받은 | personnel 직원들

17   **(D)**

해석   빠른 와이파이와 첨단 장비를 갖춘 Fullspace는 비즈니스 여행자들 사이에서 인기가 많다.

해설   형용사 어휘 문제. 빠른 와이파이와 첨단 장비를 갖춘 곳이 '인기 있다'라고 해야 자연스러우므로 (D) popular(인기 있는)가 정답이다. 게다가 popular가 '~에게 인기 있다'라는 의미로 popular among, popular with의 구조를 가질 수 있다는 것을 알면 더 빨리 풀 수 있는 문제다. (A) possible(가능한), (B) occasional(가끔의), (C) alarming(놀라운)은 문맥상 어울리지 않는다.

어휘   advanced 첨단의 | equipment 장비, 기기

18   **(C)**   [1초 문제]

해석   Skyline Laws에서 불과 6개월밖에 되지 않았지만 James Agrawal은 이미 변호사로서 대단한 잠재력을 보여주고 있다.

해설   동사 사이 부사 어휘 문제. (A) ever는 의미보다는 쓰임을 기억해야 한다. ever는 주로 비교급/최상급을 강조하거나 현재완료에서 경험을 나타낼 때 쓰인다. (B) yet은 부정문과 쓰이거나 최상급을 강조하며, (D) once는 부사로 쓰일 때 '(과거) 한때'라는 의미로 과거시제와 쓰인다. 문맥을 볼 때 '회사에서 일한 지 얼마 되지 않았음에도 불구하고 벌써 잠재력을 보여주고 있다'라는 의미가 되어야 자연스럽기 때문에 (C) already(벌써, 이미)가 정답이다. despite, in spite of, although, even though 등 '~에도 불구하고'라는 의미의 전치사/접속사 구문이 오면 '~에도 불구하고 여전히/

벌써 ~하다'라는 문맥으로 부사 still(여전히)과 already(이미, 벌써)가 자주 쓰인다.

어휘 **show promise** 잠재력을 보여주다 | **attorney** 변호사

19 (C)

해석 사무 공간의 부족으로 인해, RM 소프트웨어의 영업팀은 회계팀과 사무실을 공유해야 했다.

해설 명사 어휘 문제. 사무실을 다른 팀과 공유해야 하는 원인은 사무 공간의 '부족'이므로 (C) shortage(부족)가 정답이다. (A) provision은 '공급; (법률) 조항', (B) direction은 '방향', (D) invoice는 '송장'의 의미이다.

20 (A)

해석 Kino Plastics 사는 폐기물 처리에 대한 환경 규정을 준수하기 위해 항상 노력한다.

해설 명사 어휘 문제로, 빈칸 뒤 전치사 with가 결정적 단서이다! 동사 comply는 '~을 준수하다'라는 의미일 때 전치사 with와 함께 쓰는데, 명사 compliance도 전치사 with와 함께 다닌다. 문맥상으로도 '환경 규정을 준수'한다는 의미가 되어야 자연스럽기 때문에 (A) compliance(준수)가 정답이다. (B) solution은 solution to(~의 해결책), (C) qualification은 qualification for(~에 필요한 자질[자격])로 쓰이고, (D) sponsorship(후원)은 의미상 어울리지 않는다.

어휘 **strive to + 동사원형** ~하려고 노력하다 | **regulation** 규정 | **disposal** 처리

토익 실전 체험하기 4   본책 pp.224-225

1 (C)	**2** (D)	**3** (A)	**4** (A)	**5** (B)	**6** (C)
7 (A)	**8** (B)	**9** (A)	**10** (A)	**11** (C)	**12** (A)
13 (D)	**14** (A)	**15** (D)	**16** (A)	**17** (D)	**18** (A)
19 (D)	**20** (B)				

1 (C)   `특정 시제와 어울리는 부사`

해석 일주일간 출장을 떠난 Kwak 씨는 곧 사무실에 돌아올 것이다.

해설 특정 시제와 어울리는 부사 어휘를 선택하는 문제로, 미래시제 조동사 will을 보고 바로 (C) soon(곧)을 정답으로 골라야 한다. (A) yet은 부정문이나 최상급 강조에 쓰이고, (B) recently(최근에)는 과거시제 또는 현재완료와 쓰인다. (D) still(여전히, 아직도)은 '출장 중인 사람이 여전히 사무실에 돌아올 것이다'라는 어색한 의미를 만든다.

어휘 **away on business** 출장 중인

2 (D)

해석 시중에 나와 있는 다른 복사기와 비교했을 때 Mocoh T-11의 가격은 상대적으로 저렴하다.

해설 부사 어휘 문제. 빈칸 뒤 형용사 low를 수식하는 부사로 '상대적으로, 비교적 저렴하다는 의미가 자연스러우므로 (D) relatively가 정답이다. (A) quickly는 '빨리', (B) effectively는 '효과적으로', (C) successively는 '연속적으로'라는 의미이다.

어휘 **compared to** ~와 비교해서 | **on the market** 시중에 나와 있는

3 (A)

해석 고객 설문조사의 모든 응답을 검토한 후, 매니저는 반품 정책이 수정되어야 한다고 요청했다.

해설 동사 어휘 문제로, 빈칸 뒤 that절이 결정적인 단서이다. 또한 that절에 주어 the return policy의 동사가 단수형이 아닌 동사원형 be revised가 쓰인 데 주목한다. 목적어로 that절을 취하면서 that절에 should를 생략한 동사원형을 쓸 수 있는 동사는 '요청하다'라는 의미의 (A) requested이다. 나머지 보기의 동사 extend(연장하다), satisfy(만족시키다), inform(알리다)은 뒤에 that절을 바로 취하지 못한다. 특히 inform은 that절 앞에 '~에게'라는 사람 목적어가 반드시 와야 한다.

어휘 **return policy** 반품 정책 | **revise** 수정하다

4 (A)   `1초 문제`

해석 컨퍼런스 참가자들은 5층 피트니스 센터 바로 옆에 비즈니스 라운지를 찾을 수 있습니다.

해설 relax, work, stay 모두 목적어(명사)를 바로 취할 수 없는 자동사이! relax at, work at, stay at처럼 전치사 at이 함께 오면 가능하지만 바로 목적어를 취할 수는 없다. 따라서 타동사인 (A) find가 정답이다.

어휘 **participant** 참가자 | **right next to** ~ 바로 옆에

5 (B)   `1초 문제`

해석 KENO Equipment는 중장비를 전문으로 하는 세계적으로 유명한 기업이다.

해설 해석이 아닌 전치사 in을 보고 바로 풀어야 하는 1초짜리 문제! specialize in(~을 전문으로 하다)의 (B)가 정답이다. 나머지 동사 manufacture(제조하다), establish(설립하다), represent(대표하다)는 모두 타동사로 전치사와 함께 쓰이지 않는다.

어휘 **renowned** 저명한, 유명한 | **heavy machinery** 중장비

6 (C)   `1초 문제`

해석 K-Supermarket의 단골 고객으로서, Hewitt 씨는 구매하는 모든 제품에 대해 20퍼센트 할인을 받는다.

해설 명사 customer를 수식하는 형용사 어휘 문제로 연어 표현 regular customer(단골 고객)를 묻는 문제이다. 따라서 정답은 (C)이다. (A) lively(생생한), (B) unique(유일무이한, 독특한), (D) whole(전체의)은 모두 어색한 의미를 만든다.

어휘 **discount on** ~에 대한 할인 | **purchase** 구매(한 것)

7 **(A)**

해석 Citrax OBJ-10 프린터는 기업들이 완벽한 시제품을 만들어낼 수 있도록 최첨단 3D 기술을 사용한다.

해설 명사 technology를 수식하는 형용사 어휘 문제로 '최첨단 기술'이라는 자연스러운 의미를 만드는 (A) advanced(최첨단의, 첨단의)가 정답이다. (B) financed(재정 지원을 받은), (C) processed(처리된), (D) educated(교육 받은)는 문맥상 어울리지 않는다.

어휘 prototype 시제품

8 **(B)**

해석 뮌헨 콘서트 입장료는 무료이지만 좌석은 200명으로 제한되어 있다.

해설 주어 자리에 오는 명사 어휘 문제. 빈칸 뒤에 200명으로 제한되어 있다는 내용으로 보아 '좌석'이 200명으로 제한되는 것이 자연스럽기 때문에 (B) seating(좌석, 착석)이 정답이다. (A) permission은 '허가, 허락', (C) operation은 '작동; 운영', (D) arrangement는 '배열, 배치; 준비'라는 의미이다.

어휘 be limited to ~로 제한되다

9 **(A)**

해석 비용이 많이 드는 빈번한 수리를 방지하기 위해, 차량에 정기적인 정비를 수행하는 것이 중요하다.

해설 명사 maintenance(유지관리, 정비)를 수식하는 형용사 어휘 문제로 routine maintenance(정기 보수)의 연어를 물어보는 문제이다. 따라서 정답은 '정기적인'이라는 의미의 (A) routine이다. (B) confidential은 '기밀의', (C) durable은 '내구성이 좋은', (D) incidental은 '부수적인'이라는 의미이다.

어휘 prevent 방지하다, 예방하다 | costly 비용이 많이 드는 | perform maintenance 유지보수를 수행하다

10 **(A)**

해석 Mori 디자인 회사는 직원들에게 인쇄할 때 종이 양면을 사용하도록 권고함으로써 운영비를 줄였다.

해설 목적어 operating expenses(운영비)로 보아 비용을 늘리거나 줄이는 동사 어휘가 자연스러우므로 '줄이다'라는 의미의 동사 reduce의 과거형 (A) reduced가 정답이다. (B)의 examine은 비용을 '심사하다'라는 의미로 쓰일 수 있지만 전체적인 문맥을 볼 때 '종이 양면을 사용하도록 권장함으로써 비용을 심사했다'는 어색한 의미를 만들고, (C)의 function은 자동사로 애초에 목적어를 갖지 못한다. (D)의 equip은 equip A with B(A가 B를 갖추도록 하다) 또는 be equipped with(~을 갖추고 있다)의 형태로 쓰인다.

어휘 operating expense 운영비 | urge 권고하다

11 **(C)**

해석 주문품이 배송된 지 거의 2주가 되었기 때문에, 우리는 상황을 확인하기 위해 배송 회사에 전화해야 한다.

해설 부사 어휘 문제. 빈칸 뒤에 two weeks라는 숫자를 포함한 기간이 나왔다. 숫자 앞에 특화된 부사 (C) nearly(거의)가 정답이다. 참고로, nearly가 숫자에 특화되어 있기는 하지만 nearly finish(거의 끝나다), nearly arrive(거의 도착하다)와 같은 표현도 가능하다는 것도 알아 두자. (A) primarily는 '주로', (B) shortly는 '곧', (D) thoroughly는 '꼼꼼히, 매우'의 의미이다.

어휘 ship 배송하다, 출하하다 | status 상황

12 **(A)**

해석 다음 주 공식 출시 전에 몇몇 기자들이 S-9 세단 공개 행사에 초청받았다.

해설 the와 명사 사이에서 명사 launch(출시, 시작)를 수식하는 형용사 어휘 문제. '공식적인' 출시라는 의미가 자연스럽기 때문에 (A) official이 정답이다. (B) confident는 '자신감 있는', (C) primary는 '주요한', (D) mutual은 '상호적인'의 의미이다.

어휘 reporter 기자 | showcase (신제품) 공개 행사 | launch 출시

13 **(D)**

해석 부서장인 Novak 씨는 Wells 씨의 퇴직 파티를 위한 아이디어를 제안하도록 직원들을 독려했다.

해설 해석이 아닌 구조로 푸는 동사 어휘 문제이다. 문장 구조를 보면 「동사 + 목적어 + to 동사원형」으로 이 구조가 가능한 동사는 보기 중 (D) encouraged가 유일하다. (A)의 consider는 '고려하다', (B)의 pursue는 '추구하다'의 의미이며, (C)의 devote는 「devote A to B」(A를 B에 바치다) 또는 「be devoted to + 명사/-ing」(~에 전념하다)의 구조로 쓰인다.

어휘 contribute ideas 아이디어를 내다 | retirement 은퇴, 퇴직

14 **(A)** 1초 문제

해석 〈발리 데일리〉와의 인터뷰에서, 비평가들의 호평을 받는 락 밴드 Dawn은 인도네시아에서의 투어 날짜를 발표했다.

해설 해석할 것이 아니라 연어를 외웠다면 바로 풀 수 있는 문제이다. critically acclaimed는 '비평가들의 호평을 받는'이라는 의미의 연어로 (A)가 정답이다. (B) temporarily는 '일시적으로', (C) seasonally는 '계절에 따라', (D) courteously는 '예의 바르게, 친절하게'의 의미이다.

어휘 announce 발표하다

15 **(D)**

해석 도서관 이용자는 지정된 구역에서만 노트북을 사용할 수 있다.

해설 명사 areas(지역, 구역)를 수식하는 형용사 어휘 문제로 역시 연어! designated area(지정된 구역)의 연어 표현으로 (D) designated(지정된)가 정답이다. (A) terminated는 '종료된, 끝난', (B) mandatory는 '의무적인', (C) potential은 '잠재적인'이라는 의미이다.

어휘 patron 손님, 고객 | be allowed to + 동사원형 ~하도록
허락 받다

16 (A)

해석 살포드 시의회는 Cho 씨가 식당 주변에 울타리를 설치하는
것에 대한 재정적인 책임이 있다고 주장했다.

해설 형용사 어휘 문제. 빈칸 뒤의 for가 단서가 되어 be
responsible for(~에 책임이 있다)를 유추할 수도 있지
만, (B) efficient(효율적인)도 전치사 for와 함께 잘 쓰이
므로 문맥을 파악해야 한다. 부사 financially(재정적으로)
와 어울려 '재정적인 책임이 있다'는 의미가 되어야 자연스러
우므로 (A) responsible이 정답이다. 특히 토익 시험에서
financially와 연어를 만드는 대표적인 형용사들이 있는데
'재정적으로 안정적인'이라는 의미의 financially stable/
sound/solid를 함께 알아 두자.

어휘 argue 주장하다 | install 설치하다 | fence 울타리 |
efficient 효율적인 | identical 동일한 | significant
상당한, 중요한

17 (D)   1초 문제

해석 파야오의 관광업을 증진시키기 위한 노력의 일환으로, 관광
공사는 대규모로 재편성되었다.

해설 절대 구조만 보고 풀어야 하는 1초짜리 문제이다. 「in a(n)
----- to + 동사원형」의 구조가 가능한 어휘는 보기 중 (D)
effort(노력, 수고)뿐으로, 「in an effort to + 동사원형」
은 '~하기 위한 일환으로, ~하기 위해'라는 의미이다. 참고
로, attempt도 「in an attempt to + 동사원형」(~하기
위한 시도로, ~하기 위해)으로 쓰임을 같이 외워 두자!
(A) advice는 '조언, 충고', (B) identity는 '신분', (C)
objective는 '목적, 목표'라는 의미이다.

어휘 promote 증진시키다 | tourism 관광업 | extensively
대규모로, 광범위로 | reorganize (조직을) 개편하다

18 (A)   혼동 주의

해석 대부분의 항공사는 기내 반입 수하물의 글로벌 사이즈 요건
을 준수해야 한다.

해설 동사 어휘 문제. 문맥상 글로벌 사이즈 요건을 '따라야 한다'
는 의미가 적절한데 (B) comply를 선택하지 않도록 주의!
comply는 '~을 준수하다, 따르다'라는 의미로 쓰일 때 반
드시 전치사 with와 함께 써야 한다. 따라서 타동사로 '준수
하다'를 의미하는 (A) observe가 정답이다. 항공사가 요건
을 업그레이드한다고 하거나 요건을 서비스해 줄 수는 없으
므로 (C)와 (D) 역시 오답이다.

어휘 requirement 요건, 필요조건 | carry-on (bag) 기내 수하물

19 (D)

해석 Chenslor 강당은 Kentwood 홀보다 훨씬 크기 때문에
취업 박람회에 더 적합하다.

해설 비교급 larger를 강조할 수 있는 부사는 보기 중 (D) much
가 유일하다. too는 원급, very는 원급과 최상급을 수식할
수 있다. such는 부사로 쓰일 때 급과 상관이 없으며 such
a large house와 같은 어순이 되어야 한다.

어휘 auditorium 강당 | suitable 적합한 | career fair 취업
박람회

20 (B)   1초 문제

해석 공청회에 참석한 주민들은 추가 자전거 도로 설치 제안에 대
해 만장일치로 찬성했다.

해설 연어 vote unanimously(만장일치로 투표하다)를 묻
는 문제! 따라서 정답은 '만장일치로'라는 의미의 (B)
unanimously이다. (A) separately는 '따로, 별도로', (C)
temperately는 '적당하게', (D) frequently는 '자주'의 의
미이다.

어휘 resident 주민 | public hearing 공청회 | vote for ~에
(찬성) 투표하다 | proposal to + 동사원형 ~하자는 제안 |
install 설치하다 | bike lane 자전거 도로

토익 실전 체험하기 5   본책 pp.226-227

1 (A)	2 (D)	3 (D)	4 (A)	5 (B)	6 (A)
7 (C)	8 (A)	9 (B)	10 (C)	11 (B)	12 (D)
13 (A)	14 (B)	15 (A)	16 (A)	17 (C)	18 (C)
19 (B)	20 (A)				

1 (A)

해석 Rikyo 대학은 학생들에게 구내식당에서 더 저렴한 식사를
제공하기 위해 많은 식품 회사와 협력하고 있다.

해설 명사 meals(식사, 음식)를 수식하는 형용사 어휘 문제. 보기
중 문맥상 대학이 여러 식품회사와 협력하는 이유는 '저렴한'
식사를 제공하기 위함이 자연스러우므로 (A) affordable(저
렴한, 합리적인)이 정답이다. (B) celebrated는 '유명한',
(C) dependent는 '의존적인', (D) absolute는 '절대적인'
이라는 의미이다.

어휘 partner with ~와 협력하다 | cafeteria 구내식당

2 (D)

해석 Camdon Construction은 3월 말까지 사람을 충원해야
하는 여러 공석이 있다.

해설 문장의 구조를 보면 명사 positions 뒤에 「that + 동사
(need) ~」절이 이어지고 있다. 이런 구조의 that은 관계
대명사로 that 이하가 앞의 선행 명사를 수식하는 구조이다.
즉, 선행 명사 positions를 주어로 놓고 의미 관계를 파악해
야 한다. positions(일자리)는 sold(판매된), explained(설
명된), called(불린) 할 수 없기 때문에 모두 오답 처리한다.
일자리에 사람을 '충원하다'라고 할 때는 동사 fill을 사용하므
로 (D) filled가 정답이다. fill a position(일자리를 채우다,
충원하다)을 연어로 외워 두자.

어휘 construction 건설 | open position 공석

3 (D)

해석 매일 아침 센 강을 따라 조깅하는 것은 이 씨의 건강에 상당
한 영향을 미쳤다.

해설 형용사 significant(상당한, 중요한) 뒤 명사 어휘 문제. 물론 해석해서 자연스러운 문맥을 따져보는 것도 중요하지만, 이 문제는 앞뒤 구조만으로도 풀 수 있어야 한다. '~에 영향을 미치다'라는 뜻의 have an impact on 구조로 정답은 (D) impact이다.

어휘 along ~을 따라 | cause 원인; 대의 | amount 양, 액수 | reward 보상

4 **(A)**

해석 Seasons Suite 리모델링 프로젝트의 최종 단계는 Stinger 씨에 의해 감독될 것이다.

해설 명사 어휘 문제. 리모델링 프로젝트의 최종 '단계'라는 의미가 되어야 자연스러우므로 (A) phase(단계)가 정답이다. (B) bill(청구서), (C) act(행위), (D) guide(지침, 안내서)는 문맥상 어울리지 않는다.

어휘 oversee 감독하다

5 **(B)**

해석 과일과 채소 가격은 지역마다 다를 가능성이 있다.

해설 보기만 보면 해석 문제라고 생각하기 쉽지만 전적으로 구조 문제다. 「be동사 + 형용사 + to 동사원형」의 구조로 이때 쓰이는 형용사는 정해져 있다! 정답은 (B) likely로 「be likely to + 동사원형」으로 쓰여 '~할 것 같다, ~할 가능성이 있다'라는 의미를 나타낼 수 있다. (A) probable은 뒤에 'to + 동사원형'과 쓰지 않고 (C) crucial과 (D) necessary는 「be 동사 + 형용사 + to 동사원형」의 형태를 취할 수는 있지만 이때는 가짜 주어 it을 앞에 내세워 It is crucial to ~, It is necessary to ~로 쓰인다.

어휘 differ among ~마다 다르다 | probable 가능성 있는 | crucial 중요한 | necessary 필요한

6 **(A)** [1초 문제]

해석 많은 기업인들은 숙련된 직원을 보유하는 것이 기업 성공에 주요 요인이라는 데 동의한다.

해설 연어 문제. 성공의 '주요 요인'은 key factor라고 한다. 따라서 정답은 (A) factor(요인)이다. (B) scope은 '범위', (C) access는 '접근', (D) role은 '역할'이라는 의미이다.

어휘 entrepreneur 사업가

7 **(C)** [1초 문제]

해석 Sunwoo 디자인 팀은 고객들과 긴밀히 협력하여 그들의 꿈의 정원을 만든다.

해설 연어 문제. '~와 긴밀히 협력하다'고 할 때는 work closely with라고 한다. 따라서 (C) closely(긴밀히, 면밀히)가 정답이다. (A) strictly는 '엄격히', (B) visually는 '시각적으로', (D) newly는 '새로이, 최근에'라는 의미이다. 특히 newly는 newly hired(최근에 고용된), newly renovated(최근에 보수된)와 같이 p.p. 형태를 수식하는 것이 일반적이다.

8 **(A)**

해석 그 교육의 목표는 점원들이 제품 진열에 익숙해지도록 하기 위한 것이다.

해설 주어 자리에 알맞은 명사를 찾는 문제로, 해석해서 풀어야 할 것 같지만 구조에 익숙해지면 쉽게 풀 수 있는 문제다. 주어 자리 명사를 물어보는 문제 중에서도 특히 동사가 「is to + 동사원형」이면 목적, 목표(purpose, aim, objective) 또는 책임, 의무(responsibility, mission, duty) 등의 어휘가 자주 쓰인다. 이때 「is to + 동사원형」은 '~하는 것이다'라는 의미로, 주어가 목표이면 '목표는 ~하는 것이다'라는 의미가 된다. 여기서도 '교육의 목표'라는 의미가 적절하므로 정답은 (A) aim(목적, 목표)이다. (B) decision은 '결정', (C) answer은 '대답', (D) effect는 '효과, 영향'의 의미이다.

어휘 training session 교육, 연수 과정 | familiarize A with B A가 B에 익숙하게 하다 | clerk 점원

9 **(B)**

해석 Olly Motors에서 인턴들은 정규직 고려 대상이 되기 위해 일련의 테스트를 거친다.

해설 「a ----- of + 복수명사」 구조가 출제 포인트이다. 보기 중 이 구조를 취할 수 있는 것은 series이다. 「a series of + 복수명사」는 '일련의 ~'라는 뜻으로 '일련의 테스트를 거치다'라는 자연스러운 의미도 생성한다. 따라서 정답은 (B) series이다. (A) limit(제한), (C) lack(부족), (D) height(높이)가 오면 단순히 있는 그대로 '테스트의 제한/부족/높이를 거치다'라는 어색한 의미를 만든다.

어휘 undergo 겪다, 거치다 | be considered for ~에 고려 대상이 되다 | permanent position 정규직

10 **(C)**

해석 오직 이력서만을 근거로 볼 때, Kang 씨와 Charles 씨는 관리자 직책을 위한 자격을 동등하게 갖추고 있다.

해설 부사 어휘 문제. qualified(자격을 갖춘)를 수식하는 부사 문제로 (A) actively(적극적으로), (D) privately(개인적으로)는 qualified와 의미가 어색하기 때문에 일단 오답 처리한다. (B) proudly(자랑스럽게)는 proudly show(자랑스럽게 보여주다), proudly announce(자랑스럽게 발표하다)와 같이 쓰지 자격을 갖춘 것을 자랑스럽게 갖추고 있다고는 하지 않는다. 따라서 정답은 '동등하게'를 의미하는 (C) equally이다.

어휘 based on ~을 근거로 하여 | solely 오로지, 단지 | qualified for ~에 자격을 갖춘

11 **(B)**

해석 Honolulu Broadcasting에서 인턴들의 성과는 매달 평가된다.

해설 주어인 performance(성과, 실적)와 어울리는 의미의 동사를 골라야 하는데 성과, 실적은 '평가되는' 것이 자연스럽기 때문에 (B) evaluated(평가되다)가 정답이다. (A)의 reach는 '도달하다, 이르다', (C)의 collect는 '수집하다, 모으다', (D)의 oppose는 '반대하다'의 의미이다.

12 (D)

해석　Muller 씨를 제외한 그 어느 누구도 Andersen Systems 과의 최근 계약 조건을 볼 수 없다.

해설　빈칸 뒤에 'to + 동사원형'이 있는 것으로 보아 to부정사의 수식을 받는 명사를 찾는 문제이다. to부정사의 수식을 잘 받는 명사도 정해져 있다! 보기 중 (A) consent는 '~에 동의'라는 의미로 「consent to + 명사」, (C) alternative는 '~의 대안'이라는 의미로 「alternative to + 명사」로 쓰인다. 즉, 여기서 to는 전치사 to이다. 뒤에 'to + 동사원형'을 이끄는 명사는 (B) decision과 (D) permission인데, 문맥상 '~해도 좋다, ~할 수 있다'라는 허가의 의미가 필요하므로 정답은 (D) permission이다.

어휘　except ~을 제외하고 | view 보다 | term 조항

13 (A)

해석　오랜 숙고 끝에, Torres 씨는 본사를 포틀랜드로 이전하자는 이사회의 결정을 확정했다.

해설　빈칸 뒤 목적어 decision과 어울리는 동사를 찾는 문제이다. 문맥상 '결정을 확정했다'라는 의미가 되어야 자연스러우므로 '확정하다, 완결하다'라는 의미의 (A) finalized가 정답이다. (B)의 originate는 '유래하다', (C)의 host는 '주최하다, 진행하다', (D)의 demand는 '요구하다'의 의미이다.

어휘　deliberation 숙고 | relocate 이전하다 | headquarters 본사

14 (B)　1초 문제

해석　Glow Cleaning은 신뢰할 수 있는 작업으로 지역 주민들 사이에서 빠르게 명성을 얻었다.

해설　연어 문제. '명성을 얻다'라는 의미의 earn a reputation을 알고 있으면 1초 만에 풀 수 있는 문제이다. 따라서 정답은 (B) reputation(명성, 평판)이다. (A) purpose는 '목적', (C) career는 '직업, 경력', (D) passion은 '열정'이라는 의미이다.

★ earn a reputation = gain a reputation 명성을 얻다
build a reputation = establish a reputation 명성을 쌓다

어휘　reliable 신뢰할 수 있는

15 (A)

해석　고객들은 주문 과정을 신속하게 하기 위해 계정에 신용카드 정보를 저장할 수 있다.

해설　빈칸 뒤 목적어 process(과정, 절차)로 보아 '과정을 신속하게 하다'라는 의미가 자연스럽다. expedite a process 역시 연어로 (A) expedite(신속하게 하다)가 정답이다. (B) obtain은 '얻다', (C) retrieve는 '회수하다; 검색하다', (D) provide는 '제공하다'의 의미이다.

어휘　save 저장하다 | account 계정, 계좌 | in order to ~하기 위해 | ordering process 주문 과정

16 (A)　1초 문제

해석　Seha 고등학교 교직원들은 모든 학교 시스템 운영에 대해 알고 있어야 한다.

해설　해석 문제 같지만 전적으로 「be + 형용사 + of」의 구조 문제이다. 보기 중 aware가 be aware of 구조로 쓰여 '~을 알다, ~을 이해하다'라는 의미를 나타낸다. 따라서 (A) aware가 정답이다. (B) content는 be content with(~에 만족하다) 구조로 쓰이고, (C) serious(심각한, 진지한)와 (D) expert(전문적인)는 별다른 전치사 구조를 취하지 않는다.

어휘　faculty 교직원 | operation 운영

17 (C)

해석　Cornwall Inn에서의 숙박이 얼마나 즐거웠는지에 대해 의견을 남겨 주세요.

해설　how 뒤에 형용사/부사가 오면 이때 how는 '어떻게'라는 의미가 아닌 '얼마나'라는 의미이다. be동사 was 뒤에 빠진 형용사를 채워야 하는 문제인데, your stay was enjoyable(숙박이 즐거웠다)이라는 의미가 자연스러우므로 '즐거운'이라는 의미의 (C) enjoyable이 정답이다. (A) passionate(열정적인)와 (B) considerable(상당한)은 어색한 의미를 만들고, (D) delighted(기쁜)는 의미만 보면 가능할 것 같지만 '사람'의 감정을 나타내는 형용사이므로 오답이다.

어휘　comment on ~에 대한 의견

18 (C)　1초 문제

해석　스낵과 음료 같은 가벼운 다과가 Cromwell 씨의 개회사 직후에 제공될 것이다.

해설　부사 어휘 문제. 빈칸 뒤에 before, after 등이 있을 때 앞에 '곧, 즉시'라는 부사가 와서 '~ 직후, ~ 직전'이라는 의미를 생성하는 경우가 정말 많다. 연어 표현 shortly after를 물어보는 문제로 (C) shortly(곧)가 정답이다. (A) currently는 '현재', (B) mainly는 '주로', (D) virtually는 '사실상; 가상으로'라는 의미이다.

어휘　refreshments 다과, 간식 | such as ~와 같은 | opening remark 개회사

19 (B)　1초 문제

해석　Yamamoto 씨는 재정 자문으로서 현장 경험이 거의 없지만, 금융에 대한 그의 지식은 방대하다.

해설　빈칸은 주어 knowledge(지식)를 설명하는 보어 역할의 형용사 자리이다. 지식이 '많다, 폭넓다'라고 할 때는 형용사 extensive를 짝지어 많이 사용하는데, '폭넓은 지식'은 extensive knowledge라고 한다. 따라서 정답은 (B) extensive(폭넓은)이다. (A) appealing은 '매력적인', (C) ambitious는 '야심 찬', (D) sturdy는 '튼튼한, 견고한'이라는 의미이다.

어휘　on-site 현장의 | financial advisor 재정 자문

20 (A)

해석 한 인터뷰에서 감독은 그녀의 새 영화 〈릴리〉가 주로 그녀의 페루 여행에서 영감을 받았다고 말했다.

해설 be inspired by(~에 의해 영감을 받다)에 어울리는 부사를 찾는 어휘 문제로 '주로, 크게'라는 의미의 (A) largely가 정답이다. (B) seemingly는 '겉보기에는, 외관상', (C) consistently는 '꾸준히'라는 의미이고, (D) previously(이전에는) 동사가 과거시제여서 문제없어 보이지만 '이전에' 영감을 받았다고 하기보다는 영감을 얻은 출처를 설명하는 것이 자연스럽다.

어휘 director 영화 감독 | inspire 영감을 주다

UNIT
14 PART 5와 PART 7의 합성, PART 6

토익 감성 갖추기
본책 pp.234-235

A 정답 본책 p. 234 참조

B **131** (B) **132** (A) **133** (B) **134** (A)

[131-134] 회람

> 모든 부서장들께,
>
> 지난주에 드린 설문조사를 팀원들이 작성하도록 독려하는 것을 잊지 말아 주시기를 바랍니다. 이 설문조사의 ¹³¹**목적**은 직원들의 직무 만족도를 평가하고 더 나은 근무 환경을 보장하는 것입니다.
>
> 설문조사는 5개의 질문을 포함하고 있으며, 직원들은 질문에 답하고 근무 환경 개선 방법에 대한 추가 의견을 제시하도록 ¹³²**요구됩니다**.
>
> 설문조사는 ¹³³**익명으로** 작성할 수 있으므로 신원이 알려지지 않는다고 직원들에게 말씀해 주세요. ¹³⁴**그러므로, 기밀 유지에 대해 걱정할 필요가 없습니다.** 경영진만 의견을 읽을 수 있으며, 그 내용은 제3자나 다른 기관에 공개되지 않습니다.
>
> Tanya Liu

어휘 encourage 독려하다 | fill out 작성하다 | evaluate 평가하다 | satisfaction level 만족도 | ensure 보장하다 | contain 포함하다 | additional 추가의 | improve 개선하다 | complete 작성하다 | identity 신원 | remain 남다, ~인 채로 있다 | unknown 알려지지 않은 | disclose 공개하다 | third party 제3자

131 (B)

해설 「주어 + be동사 + to 동사원형」 구조가 독해 지문에 나오면 보통 '주어는 ~하기 위한 것이다'라는 의미로 자연스럽게 '목적성'을 가지게 된다. 따라서 정답은 (B) purpose(목적, 취지)이다.

132 (A)

해설 요구/요청 계열 동사는 「request + 사람/대상 목적어 + to 동사원형」 구조로 동사 뒤에 반드시 목적어를 먼저 취한다. 그런데 사람 목적어 없이 바로 뒤에 to부터 나왔다는 것은 곧 목적어가 생략된 수동태(be p.p.) 문장이라는 것을 의미한다. 따라서 정답은 (A) are requested이다.

(B) requesting은 동사가 아니고, (C) requests는 주어 employees가 복수이므로 능/수동태를 따지기 전에 이미 오답이다. (D) have requested는 현재완료 형태일 뿐, 동사구에서 'be동사'가 없다면 절대 수동태로 볼 수 없음을 반드시 유념하자!

> **TIP Part 6 동사 문제에서 반드시 확인할 부분**
> **1** 빈칸이 동사가 들어갈 자리인지 확인
> **2** 동사의 단수/복수 개념부터 확인
> **3** 동사의 능동태/수동태 개념을 확인
> **4** 마지막으로 볼 것이 시제

133 (B)

해설 독해 지문의 어휘 문제는 항상 주변 내용의 영향을 받는다! 앞 문장의 핵심은 'complete the survey(설문을 작성한다) + 빈칸(어떻게: 부사)', 뒤 문장의 핵심은 'identities(신원) + unknown(알려지지 않은)'이다. 따라서 종합해 봤을 때 (B) anonymously(익명으로)가 정답이다.

134 (A)

해석 (A) 그러므로, 기밀 유지에 대해 걱정할 필요가 없습니다.
(B) 게다가, 모든 직원이 매우 긍정적으로 답했습니다.
(C) 물론, 이 설문조사는 파트타임 직원을 대상으로 합니다.
(D) 링크를 클릭하여 이 설문조사의 업데이트된 버전을 다운로드 하세요.

해설 빈칸 앞에서 설문조사를 익명으로 작성해 신원을 알 수 없다, 즉 기밀 유지된다고 말하고 있으므로, 정답은 (A)이다. (B)는 설문조사 작성 전 회람인데 과거시제로 '답했다(responded)'는 것은 시간상 맞지 않으므로 오답 처리한다. part-time 직원에 관한 언급은 지문 어디에도 없으므로 (C)는 오답 처리한다. 글 초반에 설문조사를 이미 지난주에 제공했다고 했고 설문조사가 업데이트되었다는 말은 없으므로 (D)도 오답 처리한다.

어휘 confidentiality 기밀성 | furthermore 게다가 | positively 긍정적으로 | be intended for ~을 위해 의도되다, ~을 대상[목적]으로 하다

토익 실전 체험하기 1
본책 pp.236-239

1 (D)	**2** (B)	**3** (C)	**4** (D)	**5** (C)	**6** (A)
7 (D)	**8** (B)	**9** (D)	**10** (A)	**11** (C)	**12** (D)
13 (C)	**14** (D)	**15** (C)	**16** (B)		

[1-4] 이메일

수신: customerservice@bestsupply.com
발신: Stephan1@onmail.co.kr
날짜: 5월 6일
제목: 대량 주문

관계자분께

저는 최근에 귀사의 온라인 쇼핑 몰에서 두 개의 Soft EZ 펜을 구입했고, 오늘 아침에 그것들을 **¹받았습니다.**

저는 귀사 제품의 높은 품질에 매우 **²감명받았습니다.** 그 펜은 가볍고 스타일리시하며, 어떤 종이에도 쓰기에 좋습니다.

저는 이 펜을 대량 주문하고 싶습니다. **³그것들은 제 고객들에게 훌륭한 선물이 될 것입니다.** 만약 제가 100개를 구입한다면 대량 주문 할인이 있을까요? 또한, 제 직장 주소로 5월 15일 **⁴까지** 배송해 주실 수 있을까요?

빠른 답변을 기대하겠습니다.

감사합니다.

Stephan Choi

어휘 bulk order 대량 주문 | To whom it may concern 관계자분께 | be impressed with ~에 감명받다 | place an order 주문하다 | look forward to ~을 고대하다 | prompt 신속한

1　(D)

해설 접속사 and 앞/뒤 문장의 주어가 같으면 두 번째 문장 주어는 생략 가능하다. 따라서 주어 없이도 동사가 들어갈 자리가 되는데, 구입을 최근(recently)에 했고, 구입품 역시 받았다고 해야만 그 다음 문단에 제품 품질이 마음에 든다는 말을 할 수 있기 때문에 과거시제 동사가 들어가야 한다. (C)와 (D) 중에서, 빈칸 뒤에 목적어 them이 있으므로 수동태(be p.p.)는 들어갈 수 없다. 따라서 정답은 (D) received이다.

2　(B)

해설 be impressed with는 사실 1초 구문이다. 만족감의 감정을 나타내는 satisfied/gratified/delighted/impressed 등은 전치사 with와 잘 쓰이며, 무엇보다 감정 계열의 형용사는 사람은 p.p., 사물은 -ing로 주로 나타낸다. 따라서 정답은 (B) impressed가 되어야 하며, 정확한 형용사 impressive가 있더라도 사람이 느끼는 감정만큼은 -ed가 정답일 확률이 압도적으로 높음을 알아 두자.

3　(C)

해석 (A) 유감스럽게도, 배송 중에 상품이 손상되었습니다.
(B) 저는 항상 펜과 노트를 가지고 다닙니다.
(C) 그것들은 제 고객들에게 훌륭한 선물이 될 것입니다.
(D) 저는 주문서 양식을 인터넷에서 찾을 수 없었습니다.

해설 빈칸 앞쪽에서 제품 품질에 크게 만족했다며 대량 주문하고 싶다는 말을 한다. 이 부분이 글의 제목 Bulk order와도 맥락을 같이 한다. 그 뒤에 최대한 어울리는 문장을 넣어야 하는데, (A)와 (D)는 둘 다 부정적인 맥락으로 전체적인 분위기가 맞지 않는다. 또한 빈칸 뒤에 100개를 주문한다는 말이 나오는데, 그렇게 많은 펜을 혼자 사용하지 않을 것이라는 맥

락을 이해해야 한다. 따라서 이 문제의 정답은 (C)가 가장 적절하다.

어휘 arrive p.p. ~한 상태로 도착하다 | in transit 배송 중에, 이동 중에

4　(D)　**혼동 전치사 문제**

해설 배송을 원하는 희망 날짜가 뒤에 나왔다. 날짜 앞에서 우리말로 '~까지'라는 뜻은 until과 by 둘 다 되지만, 뉘앙스가 다르다. until은 특정 시점까지 '계속 반복'되거나 '계속 지속'되는 '~까지'를 의미하고, by는 특정 시점까지 '일회성으로 마무리'되는 '~까지'를 의미한다. 배송을 계속 반복해서 여러 번 지속적으로 하는 것이 아니므로 until은 오답이다. (B) during의 경우 during my vacation(내 휴가 동안)처럼 기간을 나타내는 명사를 훨씬 좋아하므로 오답 소거하고, (A) then(그리고 나서; 그때)은 전치사가 아닌 부사로, 시점 명사로서 날짜를 이어줄 수 없다.

[5-8] 기사

점심 도시락 업체 Foodies는 '밸런스 세트'라는 새로운 점심 도시락 라인을 출시할 예정이라고 발표했다.

Foodies는 20년 이상 국내 일류 도시락 **⁵제조업체들** 중 하나로 자리잡아왔다.

분석가들은 이 새로운 제품 라인이 Foodies의 시장 점유율을 **⁶크게** 늘릴 것으로 예상한다. 이 점심 도시락은 두 종류의 고기 샐러드와 아시아 면 요리로 구성될 것이다. 이 제품들의 성공**⁷에 따라** 라인업은 다각화될 것이다.

⁸밸런스 세트는 6월에 주요 식료품점에서 판매 시작될 예정이다.

어휘 provider 제공자[업체] | leading 일류의, 선도하는 | packed meal 도시락, 포장 식품 | analyst 분석가 | market share 시장 점유율 | consist of ~로 구성되다 | diversify 다각화하다

5　(C)

해설 절대 틀려서는 안 된다! one of가 보이면 뒤에 '복수명사'가 필요하다. 더군다나 빈칸 앞 leading은 '일류의, 선도하는'이라는 뜻의 형용사이다. 형용사 뒤에 수식 받을 명사 자리임이 명확하므로 정답은 복수명사 (C) producers이다. producer는 -er로 끝나지만 생산업자(사람)뿐 아니라, 생산업체(회사)를 표현할 수도 있다. (D) products 역시 복수명사는 맞지만, 빈칸에 들어갈 명사는 보어로 주어와 동격이 되어야 하는데 Foodies는 회사이지 물건이 아니므로 답이 되지 않는다.

6　(A)

해설 늦게 풀면 억울한 연어(collocation) 문제이다. 빈칸 뒤 바로 뒤에 increase가 있다. 증가/감소 계열 동사를 수식하는 부사는 '폭'을 강조하거나 '추세'를 강조하는 것이 제일 좋다. 보기 중 '폭'을 강조하는 부사로 (A) significantly(상당히)가 정답이다. 참고로, (D) lastingly(지속적으로)는 효과, 영향 등을 미치는 경우에 주로 사용하며 증가, 감소에는 쓰이지 않는다.

7 **(D)**

해설　빈칸 뒤 the success of these items 어디를 봐도 「주
어＋동사」 구성이 없다. 기본적으로 뒤에 남은 것이 문장인
지 단어인지 반드시 확인하자. (B) when은 접속사로 명사
만 남기지 않을 것이므로 우선 오답 소거한다. 나머지 보기들
은 모두 전치사로, 구조적으로는 빈칸을 채울 수 있으므로 이
제 문맥을 확인한다.

빈칸 앞 be diversified에서 diversify는 '다각화하다'라
는 뜻이다. 우선은 두 종류의 고기 샐러드와 아시아 면 요리
로 구성해 놓고, 제품의 성공 여부에 따라 종류가 더 다양해
질 수 있다는 것을 이해해야 한다. 성공 '전에' 또는 '제외하
고' 다각화하는 것은 말이 되지 않으므로 (A) before와 (C)
except for는 오답이다. 따라서 정답은 (D) based on이
다. based on은 하나의 전치사 표현으로 '~의 여부에 따
라'라는 의미를 나타낸다.

8 **(B)**

해석　(A) 이 특별 혜택을 누리기 위해 오늘 전화주세요.
　　　(B) 밸런스 세트는 6월에 주요 식료품점에서 판매 시작될
　　　　　예정이다.
　　　(C) 회사는 사업 확장을 발표했다.
　　　(D) 신규 및 기존 고객 모두 참여할 수 있다.

해설　빈칸의 위치를 보자. 문장이 들어갈 자리인데, 바로 앞뒤에
연결된 문장 없이 혼자 떨어져 있다. 이처럼 지문 마지막에
혼자 떨어진 문장은 보통 인사말이나 최종 계획 등이 정리되
어 나오는 경우가 많다.

(A)의 경우, 모르는 단어가 있더라도 Call us today ~(오
늘 전화주세요)를 보면 '기사'가 아니라 '광고'에 어울리는 문
장임을 알 수 있다. 글의 속성과 어긋나는 문장은 바로 소거
할 줄 알아야 한다. (C)의 경우, 보통 사업 확장은 맥락상 지
문 내용이 지점 등의 추가 개설 등을 다룬다는 것을 알아 두
자. 지문에서 업체 확장에 관한 얘기는 없으며, 도시락 종류
를 늘리는 것이 사업체 확장을 의미하지는 않는다. (D)의 경
우, 신규 및 기존 고객은 물론이거니와 행사 등을 개최한다는
내용이 없는데 '참석(participate)'할 수 있다'는 말은 어색
하다. 따라서 새로 나오는 밸런스 세트의 출시 시기를 알리고
있는 (B)가 적절한 부연 설명이자 계획으로 정답이 된다.

어휘　take advantage of ~을 이용하다 | special deal 특별
혜택 | hit the shelves 판매를 시작하다 | existing 기존의

[9-12] 보도자료

즉시 배포용

연락담당자: Linda Smith, linda22@mgrobotics.net

뉴욕 (3월 15일) — MG Robotics와 Cesdom Tech가 합병
협약을 ⁹마무리지었다. 새롭게 합병된 회사인 CMG Robotics
는 이제 업계에서 가장 큰 시장 점유율을 보유하게 되었다. 7월에
는 50명 이상의 신입 사원이 엔지니어링 부서에 합류할 것이다.
¹⁰**회사는 또한 내년에 30명의 직원을 더 채용할 계획이다.** CMG
Robotics는 직원들에게 큰 혜택을 줄 새로운 방침을 채택할 것이
기 때문에 많은 사람들이 지원할 것으로 예상된다.

"우리는 사람들의 삶을 크게 향상시킬 수 있는 기술을 개발하
기 위해 Cesdom Tech의 최첨단 소프트웨어 기술¹¹**과** MG
Robotics의 최고의 엔지니어링 디자인 둘 다를 활용할 것입니
다."라고 MG Robotics의 대변인 Tim Morrison이 말했다. "우
리는 현재 자질이 뛰어나고 열정적인 인재들을 찾고 있습니다. 그
들의 귀중한 열정과 창의성이 우리 회사를 엔지니어링 분야의 진
정한 리더가 ¹²**되도록** 해 줄 것입니다."

어휘　for immediate release 즉시 배포[공개]용 | merger
합병 | agreement 합의, 협약 | hold 보유하다 | market share
시장 점유율 | hire 신입사원; 고용하다 | engineering 엔지니어링,
공학 | adopt 채택하다 | benefit 혜택을 주다 | greatly 크게,
대단히 | individual 사람, 개인 | anticipate 예상하다. 기대하다 |
apply 지원하다 | utilize 활용하다, 이용하다 | sophisticated
정교한, 최첨단의 | top-notch 일류의, 최고급의 | spokesperson
대변인 | seek 찾다, 구하다 | qualified 자격을 갖춘 | passionate
열정적인 | invaluable 귀중한 | enthusiasm 열정. 열의 |
creativity 창의성

9 **(D)**

해설　바로 뒤 문장에 The newly merged company(새롭게
합병된 회사)라는 표현이 나오는데, newly는 '최근에, 새롭
게'라는 의미로 보통 '최근 과거'의 일을 나타내는 데 사용
된다. 과거완료 (A) had finalized는 어떤 과거의 일보다
더 이전의 일을 나타내는데 더 과거에 대한 단서가 전혀 없
기 때문에 오답 소거한다. (B) would finalize는 '아마도
finalize할 것이다'라는 추측을 나타내지 확실한 결과에 쓰는
표현이 아니므로 부적절하고, (C) can finalize는 현재의 가
능성을 나타내므로 역시 오답이다.

따라서 정답은 (D) have finalized이다. 주어가 A and B
로 '복수'이기 때문에 has가 아닌 have로 시작하고, 현재완
료 have p.p.가 과거부터 현재까지 지속되는 일에만 쓰는
것이 아니라 '최근에 마무리된 일'을 강조할 때도 사용하는
시제임을 반드시 알아 두자.

10 **(A)**

해석　(A) 회사는 또한 내년에 30명의 직원을 더 채용할 계획이다.
　　　(B) 점점 늘어나는 경쟁 때문에, 많은 회사들이 폐업했다.
　　　(C) 새 로봇들은 여러 업무를 동시에 할 수 있다.
　　　(D) 모든 휴가 요청서는 금요일까지 제출되어야 한다.

해설　문장 넣기 문제. 빈칸 앞뒤의 맥락이 중요하다. 빈칸 앞쪽에
fifty new hires라는 표현이 나오는데, 여기서 hires는 동
사가 아니라 '신입사원'이라는 의미의 명사이다. 그 뒤로 합

병된 기업 CMG Robotics가 직원들에게 혜택을 줄 방침을 채택할 것이므로 많은 사람들이 지원할 것이라는 말이 나온다. 앞/뒤 내용이 전부 직원 채용에 관한 것이므로, 결과적으로 그 사이에 있는 빈칸에 들어갈 문장도 채용에 관한 내용이 되어야 흐름을 연결할 수 있다. 따라서 정답은 (A)이다.

어휘 intend to + 동사원형 ~할 의도이다, ~할 계획이다 | coming year 다음 해, 내년 | rising competition 늘어나는 경쟁 | go out of business 폐업하다 | multiple 많은, 다수의 | simultaneously 동시에 | vacation request 휴가 요청(서)

11 (C)

해설 빈칸 앞뒤만 간단히 보면 (D) with도 괜찮을 것 같지만, 전혀 그렇지 않다. 앞에 both가 있으므로 「both A and B」 구조가 가장 명확하다. 따라서 정답은 (C) and이다. 참고로, (B) as well(~도 역시나)은 부사로 주로 문장 끝에 위치하며, 새로운 단어를 연결하지 못한다. '~뿐만 아니라'라는 뜻의 as well as와 구별해야 한다.

12 (D)

해설 빈칸 앞 help가 make, let 등과 더불어 목적격 보어로 '동사원형'을 취하는 대표적인 동사라는 것을 반드시 알아 두어야 한다. 따라서 정답은 (D) become이다.

[13-16] 공지

> ¹³그린빌 역의 매표소는 1월 1일에 문을 닫을 예정입니다. 이는 국경일을 기념하기 위한 조치입니다. 매표소 직원들은 다음 날 업무에 복귀할 것입니다. 승객들은 여전히 키오스크에서, ¹⁴**또한** 온라인으로 티켓을 구매할 수 있습니다.
>
> 월 정기권은 공휴일에는 ¹⁵유효하지 않음을 유념해 주세요. 승객들은 반드시 별도의 승차권을 구매해야 합니다. 티켓을 승무원에게 제시하지 않으면 벌금을 물게 됩니다.
>
> 또한, 모든 열차는 공휴일 동안 변경된 일정으로 운행될 것입니다. 출발 및 도착 시간에 대한 자세한 정보를 ¹⁶원하시면, www. metrorail.com을 방문해 주십시오.
>
> ---
> 어휘 in observance of ~을 기념하여 | note 주의[주목]하다 | monthly pass 월 정기권 | separate 별도의 | pay a fine 벌금을 내다 | conductor (기차 등의) 승무원, 안내원 | departure 출발 | arrival 도착

13 (C)

해석 (A) 지금부터 즉시, 메트로 레일은 티켓 가격을 인상할 것입니다.
(B) 많은 관광객들이 이 새로운 서비스를 사용할 것으로 예상됩니다.
(C) 그린빌 역의 매표소는 1월 1일에 문을 닫을 예정입니다.
(D) 저희 건물 관리사무소에 연락 주셔서 감사합니다.

해설 처음부터 문장 넣기 문제가 나오는 경우 당황할 수 있지만, 보기를 잘 보면 글 첫 줄부터 나오기에 어색한 문장들이 있다. 보기 (B)의 경우, 문장 끝에 this new service가 있는데 this는 '앞 문장'에서 이미 언급된 것이 있어야 한다. 앞에

아무런 문장이 없으므로 가장 어색한 보기가 된다.
보기 (A)의 effective immediately는 '지금부터 즉시'라는 연어인데, 이 표현을 몰랐다고 해서 포기하기는 이르다. (A)는 티켓 가격을 올린다는 것이고, (C)는 1월 1일에 운영을 안 한다는 것이고, (D)는 관리사무소에 연락을 해서 감사하다는 맥락이다. 빈칸 뒤 문장을 보면 국경일(national holiday)이 나오고, 국경일을 기념한다(in observance of)는 것은 보통은 그날을 기념하여 운영을 쉰다는 의미로 많이 쓰인다. 따라서 정답은 (C)가 된다.

어휘 effective immediately 지금부터 즉시 | ticketing office 매표소 | property management office (아파트 등의) 건물 관리사무소, 부동산 관리사무소

14 (D) `고난도 문제`

해설 단순히 빈칸 뒤 online만 보고 온라인을 '통해서'라는 의미의 전치사 (B) through를 생각하기 쉬울 수 있다. 그러나 빈칸 앞 kiosks는 무인 판매대로 '현장'에 가야 볼 수 있는 장비이다. 따라서 through가 들어가면 '온라인을 통해서 키오스크'라는 어색한 의미가 된다. 따라서 매표소는 문을 닫지만, 티켓 구매를 위해 무인 판매대와 온라인 두 가지 경로가 있음을 알려줄 수 있도록 나열하는 것이 필요하다. (D) as well as는 양쪽의 명사와 명사를 연결시킬 수 있는 연결어이다. 반면에 (A) together(함께)와 (C) in fact(사실상)는 어휘를 서로 연결하는 개념이 없는 부사로 오답이다. in fact의 경우, 주로 「In fact, 주어 + 동사 ~」 형태로 출제됨을 알아 두자.

15 (C)

해설 빈칸 앞 부정어 not에 주의한다. monthly passes(월 정기권)가 공휴일에 '~하지 않는다'라고 한 뒤 별도의 티켓을 구매해야 한다는 말이 이어지고 있으므로, '유효하지' 않는다는 의미가 되어야 가장 적절하다. 따라서 정답은 (C) valid(유효한)이다. '할인되다'라는 의미의 (A), '교환되다'라는 의미의 (B), '쉽게 접근할 수 있다'라는 의미의 (D) 모두 답이 되지 않는다.

어휘 discounted 할인된 | exchanged 교환된 | approachable 접근이 쉬운

16 (B)

해설 연어로 외워 두자. for more information(= for more details)은 '추가 정보를 위해서/원하면'이라는 의미로 많이 쓰이는 표현으로, 외워 두면 1초 문제가 된다. (A) In order의 경우, 보통 「in order to + 동사원형」(~하기 위하여) 구조로, (C) During(~ 동안에)과 (D) As(~로서)는 전치사로 명사 앞에 올 수는 있지만 맥락상 어울리지 않는다.

토익 실전 체험하기 2

본책 pp.240-243

1 (B)	**2** (A)	**3** (D)	**4** (A)	**5** (D)	**6** (D)
7 (C)	**8** (C)	**9** (C)	**10** (A)	**11** (D)	**12** (C)
13 (A)	**14** (A)	**15** (D)	**16** (B)		

[1-4] 기사

최근 연구조사는 기업체들 사이에서 태양열 발전에 대한 늘어나는 수요를 보여주었다. **¹한 예시로**, JMK Motors가 작년에 태양 전지판들을 회사의 모든 생산 공장에 설치했다. 회사 대변인은 이 **²결정**은 오염을 줄이고 환경을 보호하기 위해 이루어졌다고 밝혔다. **³소비자들은 환경에 대한 의식이 점점 높아지고 있다.** 그러므로, 재생 가능한 에너지원들을 사용하는 기업들은 수익을 증가시킬 수 있을 것이다. 이러한 에너지원 사용을 장려하기 위하여 정부는 이번 달에 개정된 정책을 도입할 것이고, **⁴이는** 이 경향을 더욱 강화할 것이다.

어휘 increasing demand for ~에 대해 늘어나는 수요 | solar power 태양열 발전 | solar panel 태양열 전지판 | production plant 생산 공장 | spokesperson for ~의 대변인 | reduce 줄이다, 감소시키다 | pollution 오염 (물질) | renewable 재생 가능한 | energy source 에너지 공급원 | profit 수익, 이익 | encourage 장려하다, 독려하다 | introduce 소개하다, 도입하다 | revised 개정된, 수정된 | further 더욱 | bolster 강화하다

1 **(B)** `고난도 문제`

해설 문장 앞에 콤마를 붙이고 나오는 접속부사 문제는 앞/뒤 문장의 맥락 파악이 필요하고, 때로는 확실한 답이 보이지 않을 수 있다는 점에서 비교적 난이도 높은 문제 유형에 속한다. 평소 다양한 접속부사의 의미와 맥락을 알고 있는 것이 중요하고, 더 확실한 오답을 소거하는 것이 중요하다.

빈칸 앞 문장에 among businesses라는 표현이 나온다. 앞 문장에서 '기업체들'의 추세를 얘기했는데, 빈칸 뒤에는 JMK Motors라는 특정 기업명이 나왔다. 즉, 특정 '예시'를 들었음을 알 수 있다. 따라서 '예를 들어, 한 예시로'라는 의미의 (B) For instance가 정답이며, 이는 For example의 동의어이다.

(A) In addition(또한)은 추가적인 사항을 나열할 때 쓰는데, '여러 회사들 – 한 회사'가 나열이라고 보기에는 어렵다. (C) In short(요컨대)는 앞 내용을 요약할 때 쓰는 접속부사이고, (D) Even so(그럼에도 불구하고)는 반전되는 내용을 이끌기 때문에 오답이다.

2 **(A)** `고난도 문제`

해설 언뜻 우리말 의미로만 보면 (A) 결정, (B) 조치, (C) 생산, 제작, (D) 자질로 문맥에서 이상할 것이 없는 것처럼 보인다. 그리하여 연어(collocation) 표현을 암기하는 것이 매우 중요한데, 명사로서 (B) measure는 보통 '조치를 취하다'라는 의미의 take measures 구조로 쓰인다. 그렇다면 여기서는 the measure was taken 형태로 쓰여야 함을 알 수 있다. 가장 대표적인 연어로 '결정하다'라는 의미를 나타내는 make a[the] decision을 암기해 두어야 단순 해석

의 한계를 넘어설 수 있다. 따라서 정답은 (A) decision이다. production plants가 주변에 보인다고 해서 (C) production을 고르지 않도록 한다. '생산'은 만들어진다(be made)고 할 수 없고, (D) qualification 역시 사람이 갖춘 자격과 자질에 사용하는 단어로 맥락과 맞지 않다.

3 **(D)**

해석 (A) 그들의 에너지 효율이 뛰어난 차량은 소비자들 사이에서 점점 인기를 얻고 있다.
(B) 그들의 공장들 중 한 곳이 지난달에 점검되었다.
(C) 공식 출시일은 3월과 4월 사이가 될 예정이다.
(D) 소비자들은 환경에 대한 의식이 점점 높아지고 있다.

해설 문장 넣기 문제는 바로 앞/뒤 문장의 맥락 힌트가 매우 중요하며, 앞/뒤 문장 사이에 들어갔을 때 양쪽 문장과의 연결이 어색하지 않아야 한다. 빈칸 바로 뒤에 Therefore(그러므로, 따라서)라는 표현이 보인다. therefore는 앞에서 원인과 상황, 뒤에서 그에 따른 결과와 판단을 연결하는 어휘이므로, 여기서는 Therefore 뒤 문장이 정답의 가장 중요한 단서가 된다. Therefore 뒤 문장에서 재생 가능한 에너지원을 사용하는 기업들은 수익이 오를 것이라고 말하고 있기 때문에 '소비자들이 점점 더 환경을 의식한다 → 따라서 이 추세에 맞추면 더 성공할 것이다'라는 흐름이 가장 적절하다. 나머지 문장들은 맥락과 어울리지 않는다. 참고로, 지문에 pollution(오염), renewable(재생 가능한), sustainable(지속 가능한) 등의 표현이 보이면 주로 환경 이야기로 이어짐을 알아 두자.

어휘 energy efficient 에너지 효율이 뛰어난 | increasingly 점점 더 | inspect 점검하다, 검열하다 | official release 공식 출시, 공식 발매 | sometime ~ 즈음 | be[become] conscious of ~을 의식하다, 자각하다

4 **(A)**

해설 빈칸 앞뒤의 문장 구조를 보면 ~ a revised policy this month, ----- will further bolster ~로, 우선 빈칸 앞에 콤마가 있음을 알 수 있다. 관계대명사 that은 콤마를 싫어한다는 점만 알아도 (B)는 바로 오답 소거할 수 있다. (D) when은 자신이 이끄는 절에 '주어'가 반드시 필요한 접속사이므로 (D) 역시 오답이다. (A)와 (C) 중에서, what이 이끄는 절은 문장에서 주어 또는 목적어 등 부족한 성분을 채워야 하는데 앞 문장이 완전하므로 (C)는 오답이다. 따라서 콤마를 거부하지 않고, 앞 절에 대한 부연 설명을 하면서 자신이 이끄는 절의 주어 또는 목적어를 채울 수 있는 (A) which가 정답이다.

[5-8] 편지

James Hoffman 씨
클로버튼 미술관
1120 디어허스트 가
헌츠빌

Hoffman 씨께,

지난주에 뵙게 되어 매우 기뻤으며, 후속 조치로 제 작품에 대해 더 많은 **⁵세부정보들**을 드리고자 합니다.

저의 최근 작품 중 두 점이 귀하의 다가오는 전시회 '자연의 경이로움'에 특히 적합하다고 생각합니다. 이 작품들은 크지만, **⁶둘 다** 쉽게 운반할 수 있고 설치도 간편합니다. 하나는 캐나다의 나이아가라 폭포의 풍경화이고, 다른 하나는 목초지에 둥지를 튼 새들을 묘사한 점토 조각품입니다. **⁷후자는 지난달 권위 있는 잡지 〈아트 월드〉에 실렸습니다.**

제 제안을 고려해 주시기를 희망합니다. 제 작품을 지역 주민들에게 선보일 기회를 가질 수 있으면 **⁸감사하겠습니다.**

Karen Morris

> **어휘** be pleased to + 동사원형 ~해서 기쁘다 | follow-up 후속 조치 | work 작품, 작업물 | piece 작품 (또는 조각) | especially 특히 | suitable for ~에 적절한, 적합한 | upcoming 다가오는 | wonder 경이로움 | transport 수송하다, 이동시키다; 수송, 이동 | landscape painting 풍경화 | clay 점토, 찰흙 | sculpture 조각상, 조각품 | depict 묘사하다 | nest 둥지를 틀다 | meadow 초원, 목초지

5 (D)

해설 빈칸 앞 more만 보고 형용사나 부사를 찾지 않도록 주의한다. 그 앞에 동사 provide와 사람 목적어 you가 있으므로, 무엇을 you에게 제공하는지 목적어가 필요하다. 따라서 빈칸은 명사가 들어갈 자리이며, more 뒤에 셀 수 있는 명사가 오면 그 명사는 '복수' 형태여야 한다. 따라서 정답은 정확한 명사 보기 중 복수명사인 (D) details이다. 참고로, detail은 동사로도 쓰이며 동사일 때 '상세히 설명하다'라는 의미가 있음을 알아 두자.

6 (D)

해설 빈칸 뒤에 of them이 있다. 여기서 of를 봤을 때 바로 (A), (B)를 소거할 줄 알아야 한다. 문법 용어에 집착하는 것보다 토익에서는 효율적이고 빠른 스피드가 생명이다. 지시대명사 this/these는 기본적으로 전치사 of와 결합하지 않는다. 주로 형용사로 쓰는 every 역시 전치사 of 앞에 나올 수 없다. 반면, a few(몇몇)와 both는 수량의 의미를 나타내면서 명사처럼 쓰일 수 있어서 전치사 of와 결합도가 높다. 앞에서 수량 two가 명확히 언급되었으므로, 정답은 (D) both이다. both가 「both A and B」 구문만 이끄는 것이 아니라 「both (of) + 복수명사」 형태로 쓰일 수 있음을 반드시 알아두자.

7 (C)

해석 (A) 그럼에도 불구하고, 제 전문 분야는 사진입니다.
(B) 그녀의 도움은 작품을 창조하는 데 매우 귀중했습니다.
(C) 후자는 지난달 권위 있는 잡지 〈아트 월드〉에 실렸습니다.
(D) 처리하는 데 약 한 달이 소요될 것임을 알려 드리고 싶습니다.

해설 갑자기 자신의 원래 전문 분야가 사진이라고 하면 맥락이 너무 틀어지고, 뒤에 사진에 관련된 예시나 언급이 전혀 없으므로 (A)는 오답이다. 빈칸 앞쪽 어디에도 여자의 이름이나 제3자의 존재가 나오지 않은 상황에서 Her assistance(그녀의 도움)로 문장이 시작하는 것만으로도 (B) 역시 오답이다.

자신이 먼저 자신의 작품을 제안하는 글에서 '처리하는 데 한 달이 소요된다(take one month to be processed)'는 말 역시 맥락상 필요 없으므로 (D)도 오답이다.

이처럼 단서가 확실한 오답을 제거할수록 남는 것이 정답임을 인지해야 한다. 정답은 (C)가 되고, 앞에서 언급한 두 가지 중 전자(= 첫 번째 말한 것)는 the former, 후자(= 두 번째 말한 것)는 the latter라고 한다는 것을 외워 두자.

> **어휘** nonetheless 그럼에도 불구하고 | specialty 전문 (분야) | invaluable 매우 귀중한, 매우 유용한 | artwork 예술작품 | be featured in a magazine 잡지에 (기사로) 실리다

8 (C)

해설 빈칸은 바로 뒤에 명사 목적어 the opportunity가 분명하게 나와 있는 동사 자리이다. 시제 이전에 '능/수동태' 구별이 필요하다! 목적어를 이끄는 능동태 동사가 들어가야 하므로 수동태 (B)와 동사가 아닌 (D)를 먼저 오답 소거한다. (A)와 (C)가 남은 상태에서, (A)는 형용사 appreciative로 끝나는데 handsome the man이 말이 안 되듯이 '형용사 + the + 명사'라는 오류를 만들게 된다. 참고로, appreciative는 주로 be appreciative of의 형태로 출제된다. 따라서 이 문제의 정답은 (C) would appreciate이며, 이때 would를 will의 과거시제라고 생각해선 안 된다. would는 다양한 뉘앙스를 가진 조동사로 '~하면 좋겠다, ~했으면 한다, ~할 것이다' 등의 의미를 나타낸다.

[9-12] 제품 리뷰

> 저는 Fonda-20 노이즈캔슬링 이어버드가 극찬하는 리뷰를 많이 받았기 때문에 구매했습니다.
>
> 제품을 한 달간 **⁹사용해 왔고**, 정말 최고입니다. 이 이어버드는 주변 소음을 효과적으로 줄이고, 또한 매우 가볍습니다. 저는 그 기능에 매우 **¹⁰만족하고** 있습니다.
>
> **¹¹처음에는**, 연한 파란색이 너무 밝다고 생각했는데, 나중에는 이것이 시중에 판매되는 평범한 검은색 또는 하얀색 이어버드보다 더 스타일리시하고 독특해 보인다는 것을 알게 되었습니다.
>
> 아마도 이 모델이 상당히 비싸다고 생각할 수 있으나, 그 가격을 지불할 충분한 가치가 있습니다. **¹²이 회사는 8년간 유효한 연장된 품질 보증을 제공합니다.** 문제가 있을 때는 교체를 받을 수 있습니다. 저는 이 이어버드를 강력히 추천합니다.
>
> – James Owen

> **어휘** noise-canceling 소음 제거의 | earbuds 이어버드 (귀 안에 넣는 초소형 이어폰) | glowing 극찬하는 | truly 진심으로, 진정 | effectively 효과적으로 | surrounding 주변의 | lightweight 가벼운 | functionality 기능(성) | unique 독특한, 특별한 | ordinary 평범한 | on the market 시중에 나와 있는 | worth the price 값을 지불할 가치가 충분한 | replacement 교체(품) | highly recommend 강력 추천하다

9 (C)

해설 빈칸 뒤 for a month가 '한 달 동안'이라는 의미로 지속된 기간을 의미한다. 그런데 글의 속성이 '제품 리뷰'이고, 리뷰는 제품을 실제로 '사용해 본' 사람이 작성하는 글이다. 따라서 현재완료진행 시제로 지속성을 가지고 한 달간 '사용해 왔

다'라는 표현이 가장 적절하므로 정답은 (C)이다. 보기 (A)는 현재진행 시제로, 답이 되려면 I am using them now.라고 쓰는 것이 적절하고, (B)는 과거완료 시제로 현재는 사용하지 않는다는 의미가 되므로 오답이다. (D) would have used는 가정 구문에서 '~했었을 텐데'라는 의미를 나타내므로 역시 오답이다.

10 (A) 1초 문제

해설 사람이 느끼는 감정은 p.p.로 써야 하며, be pleased with는 '~에 만족해 하다'라는 의미로 암기해야 하는 연어(collocation) 구문이다. 따라서 정답은 (A) pleased 이다. (C) pleasure는 '기쁨'이라는 뜻의 명사이고, (D) pleasant는 '좋은, 즐거운'이라는 의미의 형용사이지만 사람의 감정을 표현하지 않는다.

11 (D) 고난도 문제

해설 제품에 대해 극찬을 하다가 빈칸 뒤에 이어지는 문장을 보면 연한 파란색이 too bright(너무 밝다)라는 다소 부정적인 내용이 언급된다. 그렇기 때문에 '흐름이 바뀌었구나'라고 생각해서 반전의 연결어 (B) Even so(그렇다 하더라도)를 선택할 수도 있으나, 잘 보면 그 뒤로 later(나중에)라는 표현이 있다. '나중에'라는 말이 오면서 심경 변화를 드러내면, 보통 '처음에는' 이러했는데 나중에는 이러한 것을 알게 되었다는 맥락이 된다. 따라서 정답은 (D) At first이다.

어휘 and then 그런 다음 | even so 그렇다 하더라도 | perhaps 아마도 | at first 처음에는

12 (C)

해석 (A) 이것은 특히 전문 음악가에게 적합합니다.
(B) 이 제품은 세 가지 다른 색상과 형태로 제공됩니다.
(C) 이 회사는 8년간 유효한 연장된 품질 보증을 제공합니다.
(D) 가장 가까운 지점 중 한 곳을 방문하시면 됩니다.

해설 빈칸 앞에는 제품이 비싸다고 생각할 수 있으나 worth the price(가격을 지불할 가치가 있다)라고 하고, 빈칸 뒤에서는 문제가 생기면 replacement(교체)를 받을 수 있다고 하고 있다. 교체품을 받을 수 있다는 것은 제품 보증(warranty)과 관련된 사항이므로 정답은 (C)이다.

어휘 particularly 특히 | suitable for ~에 적합한 | come in (상품 등이) ~로 제공되다 | extended 연장된 | warranty 품질 보증 | valid 유효한

[13-16] 기사

도움의 심포니

다양한 음악 ¹³**교육** 프로그램들을 지원하는 자선단체인 Music World 재단이 이번 달에 큰 기부금을 받았다. "우리는 음악가를 ¹⁴**지망하는** 사람들을 계속 지원하게 되어 매우 기쁩니다."라고 재단 이사장 Amy Cairns가 말했다.

이 자선단체는 15년 전에 유명한 음악가인 Timothy Grant에 의해 보스턴에 설립되었다. 설립 이래로, 조직의 목표는 음악을 배우고자 갈망하는 학생들을 돕는 것이었다. ¹⁵**재단은 최근에 현지 여러 학교와 협력했다.** 지역 중학교 교사인 Patricia Wang은 재단의 도움에 매우 기뻤다고 ¹⁶**말했다.**

이 자선단체는 2년 내에 자체 음악 프로그램을 시작하는 야심 찬 목표를 가지고 있다.

어휘 symphony 교향곡 | support 도움; 지원하다 | foundation 재단 | charity 자선단체 | donation 기부(금) | be delighted to + 동사원형 ~해서 기쁘다 | keep -ing 계속 ~하다 | found 설립하다 | founding 설립, 창업 | aim 목적, 목표 | be eager to + 동사원형 ~하는 것을 갈망하다 | ambitious 야심 찬

13 (A)

해설 빈칸 앞 music, 빈칸 뒤 program 모두 '명사'이다. 우선, 뒤에 동사 received가 이미 있으므로 동사 (D) educate는 중복으로 오답 소거된다. (C) educational은 '교육적인'이라는 의미의 형용사인데, 형용사는 명사와 명사 사이에 위치하지 않으므로 오답 소거된다. 이런 경우 복합명사를 생각해 볼 수 있는데, 복합명사는 명사 4개까지도 가능하다. 또한 중간에 들어갈 명사에 -s가 붙으면 어색하고 빈칸 뒤의 programs가 이미 복수 처리되어 있으므로 정답은 (A) education이다.

14 (A)

해설 외워 두면 정말 간편하게 풀 수 있는 어휘로, aspiring은 '장차 ~이 되기를 희망하는'이라는 뜻이다. 그래서 뒤에 직업명이 나오면, 그 직업을 꿈꾸고 공부하는 사람, 즉 지망생으로 생각하면 된다. 빈칸 뒤에 나온 musicians와 함께 '음악가 지망생을 지원한다'는 말이 가장 적절하며, 뒤에 이어지는 지문의 흐름과도 맥락이 맞다. 따라서 (A) aspiring이 정답이다.
(B) helpful(도움이 되는, 유용한)과 (D) retired(은퇴한) 역시 사람을 꾸밀 수 있지만 맥락에 맞지 않고, (C) practical(실용적인, 실질적인)은 사람 명사를 수식하기에 어색하므로 오답이다.

15 (D)

해석 (A) 학장은 모든 학생들에게 행사에 참석할 것을 요청했다.
(B) 아마추어와 전문 음악가 모두 이 프로그램에 참여했다.
(C) 그들은 더 많은 고객을 수용하기 위해 본부를 이전하기로 결정했다.
(D) 재단은 최근에 현지 여러 학교와 협력했다.

해설 빈칸 앞 어디에도 '행사'와 관련된 내용이 없으므로 학장(principal)이 학생들에게 행사 참여를 요청했다는 (A)는 the event라는 단어만으로도 오답 소거할 수 있다. (B)의 경우, 교육 프로그램이라는 말이 지문 초반부터 언급되어 program이라는 단어 자체는 어색하지 않다고 여길 수 있지만, '아마추어와 전문' 음악가들 모두 참여했다고 하기에는 지망생을 후원하는 프로그램 취지에 맞지 않다. (C) 역시 지문 어디에서도 찾을 수 없는 headquarters(본부)라는 단어가 나오므로 오답 소거한다. 따라서 정답은 (D)가 되는데, 앞서 보스턴에 설립된 재단이라고 장소가 나왔고, 보스턴을 the region으로 받으면서 현지 여러 학교와 협력했다는 말이 빈칸 뒤 지역(local) 중학교 교사의 인터뷰 내용으로도 자연스럽게 연결된다.

어휘 principal 학장 | present 출석한, 참석하는 | relocate 이전하다, 옮기다 | headquarters 본부 | accommodate 수용하다

16 (B) `고난도 문제`

해설 빈칸 앞에 콤마가 2개 나와 있다. a teacher at a local middle school 앞뒤로 콤마가 있는데, 확실한 것은 해당 문구가 문장이 아니라는 점이다. 이처럼 중간에 들어간 단어 덩어리는 주어인 Patricia Wang에 대한 부연 설명일 뿐이므로, 주어에 대한 '동사'가 필요하다. 빈칸 뒤 was가 동사라고 생각할 수도 있는데, was는 Patricia Wang에 대한 동사가 아닌 she에 해당하는 동사이다. 따라서 동사를 넣되 시제가 일치하는 과거시제 동사 (B) said가 정답이다. 보기 (D) say 역시 동사이지만, Patricia Wang은 사람 이름으로 단수 주어이므로 says가 되어야 한다.

참고로, 동사 say는 'that 이하를 말하다'라는 구문으로 「say that + 주어 + 동사」에 특화되어 있으며, 여기서 접속사 that은 생략이 가능함을 알아야만 이 문장 구조를 이해할 수 있다.

![PART 7 Reading Comprehension]

UNIT 15 토익 RC의 압도적인 문항수, PART 7

토익 감성 갖추기 본책 pp.272-275

A 1 (A) 2 (D) 3 (C) 4 (C) 5 (C) 6 (D)

B 1 operating 2 attract 3 presentation
4 methods 5 purchased 6 forward
7 openings 8 recommendation letter
9 period 10 resign 11 around the clock
12 images 13 Each year 14 contract
15 schedule change 16 on-site
17 amenities 18 be based in
19 appealing 20 cutting-edge

A

1 기사

¹이번 주에 에메랄드 홀에서 농업 전시회가 열립니다. 전시회는 농경지의 생산성을 높이는 효과적인 방법과 토지 황폐를 방지하는 방법들에 초점을 맞출 것입니다. 전시회 참가자 중 일부는 기업이 운영하는 큰 농장과 거래하지만, 대다수는 작은 농장을 운영하는 사람들을 위한 다양한 농업 장비도 판매합니다.

어휘 agricultural 농업의 | exhibition 전시회 | focus on ~에 초점을 맞추다 | effective 효과적인 | enhance 높이다, 향상시키다 | productivity 생산성 | farmland 농경지 |

prevent A from -ing A가 ~하는 것을 방지하다[막다] | degrade 저하하다 | do business with ~와 거래하다, ~와 사업하다 | corporation 기업 | a range of 다양한 | equipment 장비

---

1 기사글의 목적은?
(A) 전시회를 홍보하기 위해
(B) 협력을 권장하기 위해
(C) 설문 결과를 검토하기 위해
(D) 새로운 종류의 농기구를 판매하기 위해

해설 첫 문장부터 전시회가 어디에서 열린다는 말과 함께, 전시회의 주제를 동사 focus on을 이용하여 언급하고 있다. 따라서 기사의 목적은 전시회를 홍보하고 알리기 위함이다.

[주의] 글 자체의 purpose가 아닌, 지문 내용의 main purpose(주 목적) 또는 one purpose(하나의 목적)를 묻는 경우가 있다. main purpose는 지문의 전반적인 흐름을 파악해 풀어야 하고, one purpose는 목적에 포함되는지를 판단해 풀어야 하므로 주의한다.

---

2 표지판

스코틀랜드 시 유산 위원회 – 스코트랜드 시 명소 #2
Uig Mill 건물

이 건물은 100년 전에 건설된 이후 여러 용도로 사용되었습니다. 원래 제당소 이외에도 가구 창고와 수산물 시장이 있었습니다. **²현재는 요리 학원, 유화 판매상, 교과서 출판사 등 활기찬 창업 기업들이 세 층을 채우고 있습니다.** 이 건물은 가파른 지붕과 독특한 모양의 창문이 건축학적으로 특징적입니다.

어휘 heritage 유산 | landmark 명소 | sugar mill 제당소 | house 수용하다 | warehouse 창고 | lively 활기찬, 생기 있는 | entrepreneurial business 창업 기업 | culinary academy 요리 학원 | oil painting 유화 | dealer 거래상, 판매소 | publishing firm 출판사 | architecturally 건축학적으로 | be notable for ~로 주목할 만하다, 눈에 띄다 | steep 가파른 | uniquely 독특하게

---

2 어떤 유형의 기업이 현재 Uig Mill 건물을 사용하지 않는가?
(A) 미술 판매상   (B) 책 출판사
(C) 요리 학교   (D) 가구점

해설 질문에 NOT이 들어간 문제는 맞는 정보 3개, 틀린 정보 1개를 포함하고 있는데, 정답을 잘 고르기 위해서는 어휘 재표현(paraphrasing) 능력이 매우 중요하다. 지문에 제시된 어휘 그대로 나오는 보기보다는 유사한 의미지만 다른 표현을 사용하는 재표현 현상이 두드러지는 유형이다. 지문 내 an oil painting dealer가 (A) An art seller로 표현되고, schoolbook 역시 book의 일종으로 (B) A book publisher이며, culinary academy를 (C) A cooking school로 이해할 줄 알아야 한다. 따라서 (D) A furniture store가 정답이다. furniture 관련해서는 한때 Uig Mill 건물에 가구 창고가 있었다는 언급이 있지만, 현재 입점한 기업으로 가구점이 언급되지는 않는다. 이처럼 문제가 까다롭게 나오면 이전과 현재의 용도 및 상황 등을 혼합할 때가 많으므로, 질문의 currently(현재) 시점에 맞는지 잘 살펴봐야 한다.

어휘 occupy (공간을) 이용하다, 점유하다

Paraphrasing an oil painting dealer → An art seller
a schoolbook publishing firm →
A book publisher
a culinary academy → A cooking school

3 광고

> **Madison Bike** - 최고급 자전거의 선도적인 제조업체
>
> 오늘 저희 쇼룸을 방문하셔서 저희 프리미엄 자전거 N5를 시험해 보세요. 가격은 1,700달러이며, 다른 제조업체들의 비슷한 자전거보다 더 비싸게 판매됩니다. ³그러나 이 뛰어난 제품에 투자한 것을 후회한 고객은 단 한 명도 없습니다.
>
> 오셔서 그 이유를 확인해 보세요!

어휘 high-end 최고급의 | try out 시험해 보다, 테스트하다 | be priced at 가격이 ~이다 | retail for ~의 값으로 소매되다 | regret -ing ~한 것을 후회하다 | outstanding 뛰어난, 우수한

3 N5 자전거에 대해 암시된 것은?
(A) 맞춤제작이 가능하다.
(B) 가장 잘 팔리는 모델이다.
(C) 고객들은 가격만큼 가치가 있다고 생각한다.
(D) 곧 단종될 것이다.

해설 be suggested about 유형은 추론/암시/시사되는 바를 묻는 유형으로, 사실 그대로보다는 문맥과 의미를 재해석하고 의도를 파악해야 하는 문제로 난이도가 높은 편이다. 이런 문제들은 정답을 이해하는 것도 좋지만, 확실한 오답을 소거해 정답을 남기는 것이 중요하다. 맞춤제작(customized)된다는 말이라든지, 모든 제품들 중 가장 잘 팔린다는 말이라든지, 단종될 것이라는 말은 언급된 적이 없다. 단 한 명의 고객도 이 자전거에 투자한 것을 후회하지 않았다는 문장을 통해 고객들이 제품의 가치를 인정한다는 맥락을 파악해야 한다. 따라서 정답은 (C)이다.

4 설문지

> **TRIANA 항공**
>
> 스코틀랜드의 글래스고와 영국의 버밍엄 사이를 오가는 항공편만을 취급하는 고급 항공사 Triana 항공과 함께 비행해 주셔서 감사합니다. ⁴30년이 넘는 기간 동안, 저희는 승객들의 편안함과 만족을 보장하기 위해 전념해 왔습니다. 잠시 시간을 내어 간단한 설문조사를 작성하고, 저희가 승객 여러분을 만족시키기 위한 노력을 계속할 수 있도록 도와주세요.

어휘 handle 처리하다, 취급하다 | exclusively 전적으로, 전용으로 | be committed to -ing ~하는 데 전념하다 | comfort 편안함, 안락함 | take a moment to + 동사원형 ~하기 위해 잠시 시간을 내다 | fill out 작성하다 | brief 간단한, 짧은 | maintain 유지하다 | commitment to ~에 대한 전념, 헌신 | patron 고객

4 Triana 항공에 대해 명시된 것은?
(A) 글래스고에 기반하고 있다.
(B) 유럽에 여러 공항들이 있다.

(C) 항공업계에서 30년 이상 활동해 왔다.
(D) 최근에 신규 직원들을 고용했다.

해설 be indicated about 유형은 명시된 사실을 확인하는 문제로, PART 7의 기본 기술은 paraphrasing임을 이해해야 한다. over three decades가 (C)의 more than 30 years로 재표현되었다. 30년 이상 승객을 위해 전념해 왔다는 것은 즉 항공업계(aviation industry)에서 운영해 왔다는 것을 의미하므로 정답은 (C)이다. (A)의 be based in은 회사나 기관의 본부의 위치를 나타내는 것으로 해석되는데, Triana는 글래스고와 버밍엄 사이를 운행하는 항공사일 뿐 본사가 어디에 있는지는 파악할 수 없다. 보기 (B)와 (D)는 지문 자체에 언급되지 않은 내용이다.

Paraphrasing airline → aviation
over three decades → more than 30 years

5-6 회람

> 모두 안녕하세요,
>
> 다음 주 목요일 오후 8시에 Silver Cleaning Service의 기술자들이 카펫 청소를 위해 우리 사무실을 방문할 것임을 모두에게 상기시키고자 합니다. ⁵그들의 작업팀은 또한 카펫 청소 패키지에 포함된 보너스 서비스로 통풍구와 책상의 먼지를 제거해 줄 것입니다.
>
> Robinson 씨가 카펫을 건조하는 데 10시간 정도 소요될 것이라고 말했습니다. 혹시 모르니, ⁶금요일에는 평소처럼 오전 9시가 아닌 오전 11시에 출근하는 것을 요청합니다.
>
> 감사합니다.
>
> Denice Kim
> 사무실 관리자, Tezra Electronics

어휘 remind 상기시키다 | technician 기술자 | crew 작업팀 | dust 먼지를 제거하다; 먼지 | air vent 공기 통풍구 | to be safe 혹시 모르니, 안전을 위해 | report to work 출근하다 | as usual 평소처럼, 평상시대로

5 Silver Cleaning Service에 대해 명시된 것은?
(A) 정기 고객에게 할인을 제공한다.
(B) 10명으로 구성된 작업팀을 보낼 것이다.
(C) 카펫 청소 서비스에 먼지 제거가 포함되어 있다.
(D) Tezra Electronics와 같은 건물을 공유한다.

해설 지문의 Their crew will also dust our air vents and desks ~ carpet cleaning packages.에서 동사로 쓰인 dust를 그대로 확인할 수 있다. dust를 dusting으로 품사만 바꿔 말한 (C)가 정답이다. '단골 고객'에 관해 언급된 바가 없으므로 (A), 지문에 등장한 숫자 10은 카펫 건조에 소요되는 10시간이지 10명의 인원이 아니므로 (B), 발신자에 있는 Tezra Electronics는 Silver Cleaning Service가 청소를 하러 오는 업체이지 건물을 공유하는 것은 아니므로 (D)는 오답이다.

6 직원들은 금요일에 무엇을 해야 하는가?
(A) 개인 소지품 치우기
(B) 설문지 작성하기
(C) 현황 보고서 제출하기

(D) 평소보다 늦게 직장에 도착하기

해설 질문의 시점 어휘 Friday를 키워드로 단서를 확인해 보면, ~ report to work at 11:00 A.M. on Friday instead of 9:00 A.M. as usual.을 통해서 평소처럼 9시가 아닌 11시에 오라는 것을 확인할 수 있다. 따라서 (D)가 정답이다.

어휘 remove 치우다, 제거하다 | personal belongings 개인 소지품 | questionnaire 설문지 | progress report 현황 보고서 | than usual 평소보다

B

1 running → operating

2 draw → attract

3 speech → presentation

4 practices → methods

5 acquired → purchased
   ▶ 인수는 곧 매입을 의미

6 direct → forward

7 vacant positions → openings
   ▶ 줄여서 vacancies

8 reference → recommendation letter

9 tenure → period
   ▶ time으로도 표현 가능

10 step down → resign

11 24 hours a day → around the clock

12 photographs → images
    ▶ photo, picture 모두 image

13 Every year → Each year

14 agreement → contract

15 updated schedule → schedule change

16 a café on the premises → an on-site café

17 an indoor pool, a fitness center, and meeting rooms → amenities

18 be headquartered in → be based in

19 attractive look → appealing appearance

20 state-of-the-art → cutting-edge

토익 실전 체험하기
본책 pp.276-289

1 (A)	**2** (C)	**3** (C)	**4** (A)	**5** (C)	**6** (D)
7 (D)	**8** (C)	**9** (D)	**10** (D)	**11** (D)	**12** (A)
13 (B)	**14** (A)	**15** (C)	**16** (B)	**17** (D)	**18** (C)
19 (A)	**20** (D)	**21** (C)	**22** (B)	**23** (D)	**24** (B)
25 (B)	**26** (B)	**27** (C)	**28** (B)	**29** (C)	**30** (C)
31 (D)	**32** (B)				

[1-2] 공지

반려동물 출입금지!

Tomon Market은 고객 여러분이 털북숭이 친구들을 사랑한다는 것을 잘 알고 있지만, 안타깝게도 안전과 위생상의 이유로 저희 매장에 반려동물 출입을 허용할 수 없습니다. [1]반려동물은 (안전하게 환기되는) 차에 남겨 두시기 바랍니다.

하지만 장애가 있는 사람들을 돕는 훈련된 도우미견은 환영합니다. [2]이 동물들은 물론 올바르게 행동해야 하고 목줄이나 하네스를 착용하고 항상 그들의 주인과 동행해야 합니다. 도우미견은 쇼핑 카트에 탈 수 없습니다.

저희 식료품점을 쇼핑하기 좋은 장소가 될 수 있게 협조해 주셔서 감사합니다.

어휘 understand that ~임을 이해하다, ~임을 알고 있다 | furry 털이 많은 | hygiene 위생 | ventilated 환기되는 | service dog 도우미견 | with disabilities 장애를 가진 | well-behaved 올바르게 행동하는 | leash (동물) 목줄 | harness (동물) 하네스 | accompanied by ~와 동행하는 | handler (동물) 주인, 조련사 | at all times 항상 | cooperation 협조

---

1 Tomon Market 고객들에 관해 암시된 것은?
   (A) 아마도 매장에 운전해서 갈 것이다.
   (B) 대체로 노인들이 많다.
   (C) 쇼핑 카트를 사용하려면 돈을 내야 한다.
   (D) 장바구니를 가지고 와야 한다.

해설 어려운 문제이다. 답이 정확히 이해가지 않을 때도 많은 것이 PART 7이므로, 오답 소거를 잘 해야 한다. 첫 번째 문단 Please leave any pets in your (safely ventilated) vehicle.을 통해 고객들이 차를 운전해서 매장에 갈 것이라는 사실을 유추할 수 있지만, 노인이 많다거나 장바구니를 가지고 오라는 말은 어디에도 없다. shopping carts가 언급되는 부분이 있지만, 도우미견이 타면(ride in) 안 된다는 것이지 돈을 내야 한다는 말은 없다. 따라서 정답은 (A)이다.

어휘 be likely to + 동사원형 아마도 ~할 것이다 | elderly people 노인 | grocery bag 장바구니

Paraphrasing vehicle → drive

---

2 Tomon Market에서 도우미견에게 요구되는 사항으로 열거되지 않은 것은?
   (A) 주인 근처에 있기
   (B) 신체를 구속하는 장치 착용하기
   (C) 깔끔한 외모 갖추기
   (D) 예의 바르게 행동하기

해설 전반적으로 어휘 재표현 기술을 묻는 NOT이 들어간 문제이다. 지문의 These animals must of course be well-behaved(올바르게 행동해야 한다)에서 (D), (be) kept on a leash or harness(목줄 또는 하네스를 하고 있어야 한다)에서 (B), (be) accompanied by their handlers at all times(주인과 늘 동행해야 한다)에서 (A)가 재표현되었음을 알 수 있다. '깔끔한 외모'에 관해서는 전혀 언급된 바가 없으므로 (C)가 정답이다. 이러한 문제에 취약한 경우, 어휘 재표현을 따로 정리해 암기하도록 하자.

어휘 requirement 요건, 필요조건 | remain (남아) 있다 | restraint 통제, 구속 (장치) | display 보이다, 드러내다

Paraphrasing handlers → owners
a leash or harness → a physical restraint
well-behaved → good manners

[3-4] 문자메시지

Nathan Park [오후 1시 45분]
Lisa, Nathan Park이에요. 개인 전화로 연락해 미안하지만, Glenview 프로젝트 입찰 때문에 급히 물어볼 게 있어요.

Lisa Thomson [오후 1시 47분]
안녕하세요, Nathan. 회사 메시지 시스템을 통해 질문을 보내줄 수 있을까요?

Nathan Park [오후 1시 48분]
네, 하지만 시스템에 당신이 오프라인으로 나와 있어요. 그래서 이렇게 연락을 드립니다.

Lisa Thomson [오후 1시 49분]
아, ³사무실 외부에서 로그인하면 간혹 그렇더라고요. ⁴컴퓨터를 다시 켤 테니 잠시 기다려 주세요.

Lisa Thomson [오후 1시 51분]
지금은 어때요?

Nathan Park [오후 1시 52분]
여전히 오프라인이에요.

Lisa Thomson [오후 1시 54분]
좋아요, 그럼 그냥 저한테 전화하는 게 좋겠어요. 이 번호를 쓰면 돼요.

어휘 urgent question 긴급 문의 | bid 입찰 | inquiry 문의 | messaging system 메시지 시스템 | show A as B A를 B로 보여주다 | hold on 기다리다, 대기하다 | 'd better(= had better) ~하는 편이 좋겠다

3 Thomson 씨에 대해 사실일 것 같은 것은?
(A) 최근에 사직했다.
(B) 사무실로 가고 있다.
(C) 현재 원격으로 일하고 있다.
(D) 다른 지점에서 일하는 Park 씨의 동료이다.

해설 1시 49분에 Thomson씨가 that happens sometimes when I've logged in from out of the office(사무실 외부에서 로그인하면 간혹 그렇다)라고 말한 부분을 재표현하면 '원격으로 일하고 있다'임을 알아야 (C)를 정답으로 고를 수 있다. 채팅이나 문자메시지는 대화의 흐름, 질문의 주체가 중요해서 첫 문제에 해당하는 내용이 무조건 첫 줄에 나오는 것이 아니다. 나머지 보기들은 전혀 언급된 바가 없으며, (B)의 「on one's way to + 명사」는 '~로 가는 길에'라는 뜻인데, 현재 사무실로 이동하는 상황이 드러나려면 버스를 타고 있는 중이라거나 운전 중이라는 등의 표현이 단서로 나왔어야 한다. Thomson 씨와 Park 씨가 동료 사이인 것은 맞지만 다른 지점의 동료인지는 파악되지 않으므로 (D) 역시 오답이다.

어휘 resign 사직하다 | work remotely 원격 근무하다 | colleague 동료 | branch 지점

Paraphrasing from out of the office → working remotely

---

4 오후 1시 51분에 Thomson 씨가 "지금은 어때요"라고 쓴 의도는?
(A) 문제가 해결되었는지 묻고 있다.
(B) 즉시 논의가 이루어져야 한다고 생각한다.
(C) 최신 재무 문서를 원한다.
(D) 일정보다 빨리 업무를 완료했다.

해설 채팅이나 문자메시지에서 꼭 1문제는 출제되는 의도파악 문제이다. 1시 51분에 이 문장이 그대로 보이지만, 해당 문장 하나만 읽어서는 의도를 파악하기 어렵다. 앞의 말과 흐름이 매우 중요하다. 바로 앞의 말도 Thomson 씨가 했는데, 잠시 기다리라(Hold on)고 한 후 컴퓨터를 재시작(restart)한 뒤 "Does it work now?"라고 물어본 것이므로, 오프라인 문제가 해결되었는지를 묻고 있다는 것을 알 수 있다. 나머지 보기의 의미나 키워드는 맥락이 전혀 다르므로 오답이다.

어휘 inquire 문의하다 | whether ~인지 아닌지 | resolve 해결하다 | take place 진행되다 | immediately 즉시 | the latest 최신의 | assignment 업무, 과제 | ahead of schedule 일정보다 빨리

[5-6] 광고

Lizy Company — 제임스타운, 칼라 가 24
"고객의 최고 애장품을 맡아 왔습니다."

Lizy Company에서는 풍부한 지식을 갖춘 복원 전문가들과 업계의 모든 분야에서 그들이 보여주는 숙련도에 자부심을 느낍니다. 30년 이상, ⁵저희의 숙련된 장인들은 손상된 골동품 가구의 복원과 재건을 전문으로 해 왔으며, 그들에게 어려운 작업은 없습니다. 고객이 소중하게 여기는 가구라면 골동품 가구이든 아니든 감사하는 마음으로 작업하겠습니다. ⁶Heavenly 비스트로의 로비에 있는 가구의 복원 작업 영상을 보시려면 저희 웹사이트 www. lizy.com을 방문하세요. ⁶Finley 문화 센터와 Brown 카페와 같은 다른 지역 기관들도 저희에게 중요한 프로젝트를 맡겼습니다. 이에 관한 작업 영상을 저희 포트폴리오 페이지에서 확인하실 수 있습니다. 제임스타운 지역에 계신다면 Lenom 타워 맞은편에 있는 저희 작업장을 방문해 보세요. 전문가 수준의 작업을 직접 보여드리겠습니다!

- 연락처: ellaj@lizy.com
- 운영 시간: 월요일~토요일 오전 9시부터 오후 6시까지

어휘 cherished item 애장품 | take pride in ~에 자부심을 가지다 | restorer 복원 전문가 | mastery 숙달, 통달 | aspect 측면 | trade (특정) 업계 | skilled 숙련된 | craftsperson 장인, 공예가 | specialize in ~을 전문으로 하다 | restoration 복원 | reconstruction 재건 | antique 골동품인; 골동품 | challenging 어려운, 힘든 | work on ~에 대해 작업하다 | valuable 소중한 | institution 기관 | such as ~와 같은, 예를 들어 | workshop 작업장 | across from ~ 맞은편에 | professional-quality 전문가급의

---

5 무엇이 광고되고 있는가?
(A) 물품 보관 회사
(B) 고가구 판매상
(C) 가구 수리 서비스
(D) 인테리어 디자인 회사

지문 초반부 ~ specialized in the restoration and reconstruction of damaged antique furniture 부분을 통해 손상된 골동품 가구의 복구 및 재건 전문이라고 언급했으므로 (C)가 정답이다. damaged뿐 아니라 flaw(결함), defect(결함), crack(금) 등의 어휘가 나와도 수리로 이어질 때가 많으며 복구/복원 작업 역시 넓은 의미로 수리에 포함된다는 것을 이해해야 한다. 가구를 판매하는 곳이 아니므로 (B)가 오답인 데 주의한다.

Paraphrasing restoration and reconstruction of damaged → repair service

6 Lizy Company의 서비스를 이용하지 않은 곳은?

(A) Brown 카페 (B) Finley 문화 센터

(C) Heavenly 비스트로 **(D) Lenom 타워**

해설 NOT이 들어간 문제이지만 보기 자체가 고유명사로 구성되어 있어서 어휘 재표현을 고민할 필요 없는 문제이다. 지문에서 보면 To watch a video of our restoration of Heavenly Bistro's lobby furniture 부분과 such as Finley Community Center and Brown Café, have also trusted us to do important projects for them 부분을 통해 언급된 업체들은 직접 작업을 맡긴 곳들임을 알 수 있지만, 마지막 부분의 Lenom 타워는 업체 위치를 설명하기 위해 언급된 곳이므로 정답은 (D)이다.

[7-9] 기사

헬스 인사이드

(10월 1일) 현대에는 텔레비전, 컴퓨터, 스마트폰이든 디지털 화면이 절대 멀리 있지 않다. 전자 산업의 급격한 성장은 커뮤니케이션과 엔터테인먼트의 발전으로 이어졌다. 하지만 ⁷이 기기들은 우리의, 특히 어린 아이들의 자연 리듬에 부정적인 영향을 미칠 수 있다.

⁸Hoffman 대학교의 James Lucas 박사는 디지털 화면에서 나오는 빛이 사람들의 수면 패턴에 어떤 영향을 미치는지를 연구해 왔다. 그는 최근 연구를 통해 인공적인 빛이 지나치게 많은 환경이 수면과 관련된 신체 신호를 차단할 수 있다는 사실을 알게 되었다. "잠이 드는 데 시간이 오래 걸린다면 잠자리에 들기 한 시간 전에 스마트폰을 치워 보세요."라고 Lucas 박사는 말했다. ⁹실제로 그는 자연 환경에 집중하는 방법으로서 이 시간에 모든 화면을 끄는 것을 권장한다. 이것은 좋은 조언일지 몰라도 많은 사람들에게 실용적이지는 않다. 또 다른 대안으로, 빛 여과 특수 안경을 사용하는 것이 적합한 해결책이 될 수 있다.

어휘 it seems that ~인 듯하다 | rapid 빠른, 급격한 | electronics industry 전자 산업 | lead to ~로 이어지다 | advancement 발전, 진보 | communications 통신, 커뮤니케이션 | device 기기, 장치 | negative effect 부정적인 영향 | affect 영향을 미치다 | learn (that) ~임을 알게 되다 | artificial 인공의 | regarding ~에 관하여 | fall asleep 잠이 들다 | put away 멀리 두다, 치우다 | at this time 이 시간에 | tune into ~에 맞추다, 집중하다 | alternatively 대안으로, 그 대신에 | filter 여과하다 | suitable 적합한

7 기사의 목적은 무엇인가?

(A) 약물의 부작용을 논하기 위해

(B) 신기술을 소개하기 위해

(C) 교육 자료를 광고하기 위해

(D) 독자에게 건강 위험에 대해 경고하기 위해

해설 첫 번째 문단의 However, these devices can have a negative effect on our natural rhythms, especially for young children. 문장을 통해 전자기기들이 자연 리듬에 부정적인 영향을 미칠 수 있다는 말을 언급하였으므로 가장 비슷하게 재표현된 정답은 (D)이다. (B), (C)는 언급된 적조차 없고, 어떤 약물에 대한 부작용(side effects)을 언급한 적도 없으므로 (A)도 오답이다.

Paraphrasing a negative effect on our natural rhythms → a health hazard

8 Lucas 박사는 빛이 어디에 미치는 영향을 연구하는가?

(A) 식물의 성장

(B) 전자제품의 내구성

(C) 사람들의 수면 방식

(D) 어린이들의 집중력

해설 두 번째 문단부터 Lucas 박사의 연구 내용이 나오는데 sleeping patterns(수면 패턴)를 연구한다는 말이 바로 나온다. 그런 다음에도 수면과 관련된 내용이 계속 이어지고 있으므로 정답은 (C)이다.

Paraphrasing people's sleeping patterns → The way that people sleep

9 [1], [2], [3], [4]로 표시된 곳 중에서 다음 문장이 들어가기에 가장 적절한 곳은?

"이것은 좋은 조언일지 몰라도 많은 사람들에게 실용적이지는 않다."

(A) [1] (B) [2]

(C) [3] **(D) [4]**

해설 문장 위치 고르기 문제. 어려울 때는 매우 어렵고 쉬울 때는 생각보다 쉽기도 하다. 지금 이 문제는 실제 토익 시험 대비 난이도 중 또는 중을 약간 넘는 수준의 문제이다. 명제 문장인 This may be good advice, but it is not practical for many people.에서 주어 This는 특정 단어를 받을 수도 있고 '앞 문장 전체'를 받을 수도 있다. 결과적으로, This로 시작하는 문장의 위치를 고를 때는 바로 앞 문장이 뒤에 오는 문장들보다 훨씬 더 중요하다. This may be good 'advice'라는 단어를 통해, 앞 문장이 누군가의 '조언'임을 알 수 있으며, 지문에서 조언에 해당하는 문장은 [4] 앞의 In fact, he recommends turning off all screens at this time as a way of tuning into the natural environment.밖에 없음을 인지해야 한다. 따라서 정답은 (D)이다.

[10-12] 회람

회람

수신: Cellion 주식회사 직원
발신: Branda Litton, 인사부장
날짜: 2월 4일
제목: 중대 발표

전 직원 여러분께,

월요일부터 시작되는 일주일간의 연휴에 모두 기대하고 있기를 바랍니다. 휴가 이후 2주가 지나야 시행될 것이지만, **10한 달 후에 도입될 새로운 정책에 대해 몇 가지 정보를 제공하고자 합니다.**

직원 임금 인상 결정을 위한 새로운 시스템을 시행할 예정입니다. 직원의 연봉 인상액은 회사 근속 기간과 그 해 전체적인 성과에 따라 결정됩니다. **11마케팅 부서의 직원들은 이미 이 정책을 잘 알고 있습니다.** 제가 최근 인사부로 이동하기 전 해당 부서의 부장으로 재직할 당시 도입한 것입니다. 본 정책은 향후 12개월간 계속되는 시범 운영의 일환으로, 영업부를 제외한 우리 지사의 모든 부서로 확장될 것입니다. **12직원들이 자신에게 부여되는 기대와 규정을 더 잘 이해할 수 있도록 휴가 이후 화요일에 일련의 회의가 진행될 예정입니다.** 회의는 저와 다른 인사부 관리자들이 주관할 것입니다.

Branda Litton
인사부장

어휘 weeklong 일주일 간의 | take effect 시행되다, 일어나다 | implement 시행하다 | determine 결정하다, 판단하다 | employee raise 직원 임금 인상 | yearly salary 연봉 | based on ~을 바탕으로, 기반으로 | time of service (회사) 근속 기간 | overall 전반적인 | performance 성과 | be accustomed to ~에 익숙하다, ~을 잘 알다 | enact 시행하다 | serve as ~로 일하다, 재직하다 | extend 확대하다, 연장하다 | with the exception of ~을 제외하고 | as part of ~의 일환으로 | trial run 시범 시행 | a series of 일련의

---

10 회람의 주된 목적은 무엇인가?
(A) 한 직원의 성과를 보고하기 위해
(B) 다가오는 회의를 알리기 위해
(C) 수정된 채용 정책을 검토하기 위해
(D) 새로운 정책의 세부사항을 설명하기 위해

해설 글의 목적 찾기 문제가 은근히 어려울 수 있다. 한 명의 직원(an employee)의 성과에 대해서는 특정인의 이름을 언급한 부분이 전혀 없으므로 (A)는 오답이다. (B)의 경우, 지문 마지막에 화요일에 회의를 진행할 예정이라고 했지만, 회의를 알리는 것이 이 글의 주된 목적은 아니다.

질문의 핵심은 main purpose(주된 목적)를 찾는 것임을 이해해야 하는 어려운 문제이다. 주된 목적은 한 문장이 아닌 전반적인 흐름을 보면서 파악해야 한다. 따라서 이 문제의 정답은 첫 번째 문단부터 나왔던 new policy(새로운 정책)에 대해서 세세하게 알려준다는 것으로 (D)가 된다.

11 Litton 씨는 이전에 어느 부서에서 근무했는가?
(A) 인사부
(B) 연구개발부
(C) 영업부
(D) 마케팅부

해설 질문에 시점 키워드가 나오면 거기에 초점을 맞춰야 한다. 따라서 이 질문의 핵심은 previously이다. 즉, 현재 근무하는 부서가 아닌 이전 부서를 찾아야 한다. 한편 지문에 발신자/수신자가 존재하면 이들 정보를 먼저 파악해야 하는데, 특히 발신자 정보는 매우 중요하다. 회람 상단과 하단을 보면 Litton 씨가 현재 human resources department, 즉 인사부 소속임을 알 수 있으며 이를 통해 (A)를 오답으로 소거해야 한다.

지문에서 언급된 다른 부서명으로는 두 번째 문단에서 marketing과 sales가 나온다. 그중 Members of the marketing division are already accustomed to this policy, which I enacted while serving as the manager of the department before recently moving to human resources. 부분에서, '그 부서(= 마케팅 부서)'의 관리자로 근무하다가 인사부로 옮겨왔다는 것을 알 수 있으므로 정답은 (D)이다. sales 부서는 시범 운영에서 제외되는 부서로 언급되었지 이전 부서를 언급한 것이 아니다.

12 Litton 씨에 대해 암시된 것은?
(A) 몇몇 회의에서 발표할 것이다.
(B) 새 지사로 이동할 것이다.
(C) 12개월 후 회사를 떠날 것이다.
(D) 휴가를 가지 않을 것이다.

해설 new branch는 언급된 적이 없으므로 (B)는 오답, 12개월은 정책의 시범 운영 기간으로 언급된 것이므로 (C)도 오답, 전 직원에게 주어진 일주일간의 vacation을 자신은 가지지 않을 것이라는 입장을 밝힌 적이 없으므로 (D) 또한 오답이다.

따라서 정답은 (A)가 되고, 이에 대한 단서는 두 번째 문단 So that employees may better understand ~ there will be a series of meetings held on the Tuesday following the holiday, which will be led by myself and other human resources managers. 부분에서 찾을 수 있다. 직원들이 규정에 대해 이해할 수 있도록 자신과 다른 인사부 관리자들에 의해 주관되는 일련의 회의가 있을 것이라는 언급에서, Litton 씨가 회의에 단순히 참석하는 것이 아니라 발표(give a presentation)할 수 있음을 이해하고 (A)를 나머지 3개의 보기보다 합리적인 정답으로 고를 수 있어야 한다. suggested about 문제는 추론이 가미된 문제라는 것을 알아 두자!

[13-17] 공고 + 이메일

시간제 강사 구함

펜실베이니아 대학교 언어 센터에서 특별 언어 과정 강사를 모집합니다. 강사는 센터 학생들이 학과 과제와 목표 언어에 대한 일반적인 숙달을 돕게 됩니다. 지원자는 펜실베이니아 대학교의 학부 재학생이어야 하며 영어와 다음 언어 중 하나, 즉 한국어, 중국어, 일본어, 러시아어 중 하나에 능통해야 합니다. 지원자는 또한 **16학점 평균이 3.4 이상이어야 하며**, **13캠퍼스 내 또는 인근에 거주하며**, 즉시 근무를 시작할 수 있어야 합니다. 모든 지원자는 언어

수준을 ¹⁴확인하기 위해 영어와 선택 언어로 면접을 보게 될 것입니다. 이 시간제 일에 관심이 있으시면 인사 관리자 Jessica Homes에게 jessica1k@pennsylvaniauniv.edu로 이력서를 보내 주시기 바랍니다. 감사합니다.

어휘 instructor 강사 | seek 찾다, 구하다 | assist 돕다 | assignment 과제 | proficiency 숙달, 능숙 | applicant 지원자 | undergraduate (student) 대학 학부생 | be fluent in ~에 유창하다, 능통하다 | grade point average (GPA) 평균 평점 | immediately 즉시 | identify 파악하다, 확인하다 | be interested in ~에 관심이 있다 | personnel manager 인사 관리자

발신: Tanya Lim ⟨tanyalim@pennsylvaniauniv.edu⟩
수신: Jessica Homes ⟨jessica1k@pennsylvaniauniv.edu⟩
날짜: 9월 13일
제목: 시간제 일에 관해
첨부: 이력서.doc

Homes 씨에게,

제 이름은 Tanya Lim이며, 시간제 일자리에 관심이 있습니다. 저는 베이징 출신으로 경영학을 전공하고 있고 ¹⁵영어와 중국어에 능통합니다. 지난 학기에 펜실베이니아 대학교에서 공부를 시작했으며, ¹⁶현재 학점 평균은 3.2입니다. Delaware Dormitory 학생 기숙사에 거주하고 있으며, 현재 일을 하고 있지 않습니다. 저는 특별 언어 강좌의 일원이 되기를 간절히 바랍니다. 그런데 질문이 하나 있습니다. 공고에는 급여에 대한 언급이 없었습니다. ¹⁷보수에 관한 정보를 제게 보내주실 수 있을까요? 귀하로부터 답변을 기다리겠습니다. 감사합니다.

Tanya Lim

어휘 semester 학기 | current 현재의 | student housing 학생 기숙사 | dormitory 기숙사 | be employed 고용되다 | mention 언급하다 | regarding ~에 관한 | compensation 보수, 보상 | look forward to -ing ~하기를 고대하다

13 공고에 명시된 것은?
(A) 지원자는 최소한 3개의 언어를 구사할 수 있어야 한다.
(B) 지원자는 캠퍼스 인근에 거주해야 한다.
(C) 지원자는 개인 지도 경험이 있어야 한다.
(D) 지원자는 원격 근무가 가능하다.

해설 문제를 잘 읽어야 엉뚱한 곳을 찾는 수고를 덜 수 있다. 공고에 명시된 것을 묻는 문제이므로 첫 번째 지문에서 단서를 찾아야 한다. 능통해야 하는 언어는 English(영어)와 one of the following languages(다음 언어들 중 하나)라고 했기 때문에 영어 이외에 추가 1개의 언어, 총 2개의 언어를 구사할 수 있어야 하므로 (A)는 오답이다. tutoring(개인 지도) 경험이나 원격 근무(work remotely)에 관한 언급은 전혀 없으므로 (C), (D) 또한 오답이다. 모든 지원자는 캠퍼스 내 또는 인근에 거주해야 한다(live on or near campus)고 했으므로 (B)가 정답이다.

어휘 in proximity to 근처에 | tutoring 개인 지도, 학생 지도 | work remotely 원격으로 일하다, 재택근무하다

Paraphrasing live on or near campus → live in proximity to the campus

14 공고에서 첫 번째 단락 8행의 단어 identify와 의미가 가장 가까운 단어는?
(A) 알아내다   (B) 인식하다
(C) 요구하다   (D) 주장하다

해설 동의어 문제. identify는 '확인하다, 알아보다, 분간하다' 등의 의미를 가지고 있다. 공고에서 모든 지원자는 영어와 다른 선택 언어로 면접을 본다고 하면서 그 이유를 to identify their level(그들의 수준을 확인하기 위해)이라고 하고 있다. 여기서 identify는 언어 수준을 '파악하다, 확인하다'라는 의미로 보기 중 (A) determine(알아내다, 파악하다)과 동일하다. determine이 '결정하다'라는 의미 이외에 '알아내다, 파악하다'라는 의미를 갖고 있음을 기억하자.

identify의 사전적 의미 중에 recognize(알아보다, (신원 등을) 확인하다)의 의미도 있지만, 동의어 문제가 단순히 사전적 의미를 묻는 것이 아니라 해당 단어가 가지고 있는 여러 의미 중 지문에서 어떤 의미로 사용되었는지를 묻는 문제라는 것에 주의해야 한다.

15 Lim 씨는 어느 언어를 구사할 수 있는가?
(A) 한국어   (B) 일본어
(C) 중국어   (D) 러시아어

해설 Lim 씨가 발신자인 두 번째 지문 '이메일'에서 자신이 영어와 중국어에 유창하다(fluent in English and Chinese)고 하고 있으므로 (C)가 정답이다.

16 왜 Lim 씨는 고용되기 어려울 수 있는가?   [연계 문제]
(A) 전공이 맞지 않다.
(B) 요구되는 성적을 갖추지 못했다.
(C) 곧바로 일을 시작할 수 없다.
(D) 캠퍼스 안에 거주하지 않는다.

해설 질문의 의도를 잘 파악해야 한다. Lim 씨가 일자리를 얻기 어려운 이유가 아니라 '어려울 수 있는' 이유가 무엇인지 묻고 있다. 이런 문제의 경우, 지문 하나가 아닌 두 지문을 모두 보고 풀어야 하는 연계 문제일 가능성이 매우 높다. Lim 씨가 일자리를 얻기 어려운 이유를 파악하려면 첫 번째 지문인 구인 공고에 언급된 자격 요건 중 Lim 씨가 충족하고 있지 못한 것을 찾아야 한다.

구인 공고에서 자격 요건으로 학부 재학생이면 된다고 했지 특정 전공을 언급하지 않았기 때문에 (A)는 오답이다. 즉시 근무를 시작할 수 있어야 한다는 언급은 있지만, 이 부분에 대해서는 Lim 씨가 이메일에서 언급하고 있지 않으므로 (C)도 오답이다. 캠퍼스 내 또는 인근에 거주해야 한다고 했는데 이메일에서 Lim 씨는 기숙사에 거주하고 있다고 했기 때문에 (D) 역시 오답이다. 한편, 구인 공고에서는 학점 평균이 3.4 이상이어야 한다고 했는데 Lim 씨의 학점은 3.2로 요구 학점을 충족하지 못하기 때문에 이 부분이 일자리를 구하지 못하는 이유가 될 수도 있다. 따라서 (B)가 정답이다.

어휘 required 요구되는, 필수의

17 Lim 씨는 무엇에 대해 문의하는가?
(A) 학습 지도 기간   (B) 면접 시기
(C) 요구되는 언어   (D) 일자리 급여

해설   Lim 씨가 문의하는(ask about) 것에 관해 묻는 질문이다. 이메일 후반부에 질문이 있다고 하면서 구인 공고에 pay(급여)에 관한 내용이 없는데 compensation(보수)에 관한 정보를 줄 수 있는지 묻고 있으므로 (D)가 정답이다.

[18-22] 연극 평론 + 이메일

★★★★☆
〈그린 스톤〉
작가: Rosa Kyle
평론 작성자: Stevenson Flannel

역동적인 연극 〈그린 스톤〉이 현재 Canton 극장에서 공연되고 있다. **18Rosa Kyle 작가는 한 달 동안 그리스로 해외 여행을 다녀온 후 이 연극의 아이디어를 구상했다.** 이 연극은 예술에 대한 열정을 좇아 고향을 떠난 젊은 조각가 Greco의 이야기를 담고 있다. Greco는 중고 서점에서 일을 시작해 **19소소한 급여를 벌어** 조각 활동을 한다. 그러나 그는 서점 주인이 자신을 매우 부유하게 만들 수도 있고, 혹은 꿈을 완전히 파괴할 수도 있는 비밀을 가지고 있다는 사실을 곧 알게 된다. Sorbonne Mitchell 감독과 수상 경력이 있는 **20배우 Gail Sanders**를 비롯해 재능 있는 출연진이 이야기를 생생하게 전달한다.

어휘   dynamic 역동적인 | play 연극 | currently 현재 | conceive an idea 아이디어를 생각해내다 | overseas 해외에[로] | sculptor 조각가 | hometown 고향 | passion 열정 | land a job 일을 구하다 | used 중고의 | modest 소소한, 많지 않은 | discover 알게 되다, 발견하다 | wealthy 부유한 | destroy 파괴하다 | completely 완전히 | talented 재능 있는 | cast 출연진 | award-winning 수상 경력이 있는 | bring ~ to life ~에 활기[생기]를 불어넣다

수신: Rosa Kyle 〈rkyle@greamworks.com〉
발신: Selena Lander 〈selenalander@minnesotauniv.edu〉
날짜: 5월 18일
제목: 귀하의 방문

Kyle 씨께,

21, 225월 25일 미네소타 대학교에서 제 문학 103 수업의 학생들에게 강연해 주시기로 동의해 주셔서 정말 기쁩니다. 학생들은 작가님의 글쓰기 기법에 대해 배우는 것을 매우 기대하고 있습니다. **20그들은 현재 Gail Sanders가 작가님이 의도한 대로 등장인물을 표현했는지 토론하고 있습니다.** 일부는 그의 연기가 기대보다 작품과 잘 어울리지 않았다고 생각했습니다. 이에 대한 고견이 있으실 것으로 확신합니다.

수업은 오전 9시부터 11시 30분까지로 예정되어 있습니다만, **22〈데일리 트리뷴〉 기자와의 인터뷰를 위해** 작가님이 11시에는 가셔야 한다는 것을 알고 있습니다. 이는 전혀 문제되지 않으며, 시간을 내주셔서 감사할 따름입니다.

Selena Lander

어휘   agree to + 동사원형 ~하는 데 동의하다 | give a talk 강연하다 | literature 문학 | writing techniques 작문 기법 | debate 토론하다, 논쟁하다 | reflect 반영하다 | character 등장인물 | intend 의도하다 | performance 연기; 공연 | be scheduled 예정되어 있다 | reporter 기자 | issue 문제 | make time 시간을 내다

---

18   Kyle 씨의 연극에 대해 사실인 것은?
(A) 평론가들로부터 엇갈린 평가를 받았다.
(B) 연극의 감독은 권위 있는 상을 받았다.
(C) 해외 여행에서 영감을 받았다.
(D) 극장에서 장기간 상영될 것이다.

해설   Kyle 씨의 연극에 대해 사실인 것을 묻는 문제. 첫 번째 지문인 연극 평론에서 그리스로 해외 여행을 다녀온 후 연극의 아이디어를 구상했다(conceived the idea for the play after traveling overseas to Greece)고 했으므로 해외 여행에서 영감을 받았다고 한 (C)가 정답이다. 첫 번째 지문이 Stevenson Flannel이라는 평론가가 작성한 글이라는 것을 알 수 있을 뿐 평론가들의 엇갈린 평가를 받았다는 언급은 없으므로 (A), 감독이 아닌 배우 중에 수상 경력이 있는 사람이 있다고 했으므로 (B), 연극이 장기간 공연되는지에 대한 언급은 없으므로 (D)는 오답이다.

어휘   mixed reviews 엇갈린 평가 | critic 평론가 | prestigious 권위 있는, 명망 높은 | be inspired by ~에서 영감을 받다 | extended period 장기간

Paraphrasing   conceived the idea → was inspired by traveling overseas → a trip abroad

19   평론에서 첫 번째 단락 5행의 'modest'와 의미가 가장 가까운 단어는?
(A) 낮은   (B) 공정한
(C) 어려운   (D) 특별한

해설   동의어 문제. modest는 '겸손한; 소소한' 등의 사전적 의미를 가지고 있다. 첫 번째 지문인 연극 평론에서 Greco의 급여가 modest salary라고 언급하고 있는데, 여기서 modest는 '소소한, 그리 많지 않은'이라는 뜻으로 급여가 그리 많지 않다는 것은 급여가 낮다는 의미에 가깝다. 따라서 보기 중 (A) low(낮은)와 의미가 가장 가깝다고 할 수 있다. 참고로, fair는 '보통의, 적당한'이라는 뜻이 있지만 이는 양 또는 수가 적정 수준이라는 의미로 많지 않을 뿐 적다는 의미까지는 아니므로 modest의 동의어라고 할 수 없다.

20   문학 103의 학생들에 대해 암시된 것은?   연계 문제
(A) 다수가 그리스에서 이사 왔다.
(B) 몇몇은 직업 작가로 일한다.
(C) Kyle 씨에게 질문을 보냈다.
(D) 〈그린 스톤〉을 관람했다.

해설   문학 103 학생들에 대해 암시되는 것을 묻는 문제로, 두 지문에서 단서를 찾아 풀어야 하는 연계 문제이다. 우선 문학 103 수업에 대해 직접적으로 언급되어 있는 이메일의 내용을 보면, 학생들이 Gail Sanders가 작가의 의도대로 등장인물을 반영했는지 토론하고 있다(debating whether Gail Sanders reflected the character the way you intended)고 했는데, Gail Sanders가 첫 번째 지문인 연극 평론에서 해당 연극에 출연한 배우라는 것을 확인할 수 있다. 따라서 이 수업 학생들이 연극을 보고 난 후 토론을 하고 있다는 것을 알 수 있으므로, 연극 〈그린 스톤〉을 관람했다는 (D)가 정답이다.

그리스는 작가가 해외 여행을 한 나라일 뿐 수업 참석자들과 관련 없으므로 (A), 학생들은 문학 수업을 수강하고 있을 뿐 직업 작가로 일하는 것은 아니므로 (B), 작가인 Rosa Kyle이 문학 103 수업에서 강연을 한다는 것만 알 수 있을 뿐 학생들이 작가에게 질문을 보냈는지는 알 수 없으므로 (C)는 오답이다.

어휘 professional 전문적인, 직업의

21 Lander 씨의 직업은 무엇일 것 같은가?
(A) 의상 디자이너　　(B) 영화 감독
(C) 작문 강사　　(D) 신문 칼럼니스트

해설 질문에 most likely를 사용해 Lander 씨의 직업이 무엇일 것 같은지를 묻고 있기 때문에 직업이 직접적으로 언급되어 있는 것이 아니라 유추해야 하는 문제이다. 이메일에서 발신자인 Lander 씨가 문학 103 수업의 학생들에게 강연하는데 Kyle 씨가 동의해 주어서 감사하다고 하며, 학생들이 토론하고 있다는 내용까지 전달하는 것으로 보아 Lander 씨는 해당 수업의 강사라는 것을 알 수 있다. 따라서 (C)가 정답이다.

어휘 costume 의상, 복장

22 Kyle 씨에 대해 암시된 것은?
(A) Canton 극장에서 Lander 씨를 만날 예정이다.
(B) 5월 25일에 기자를 만날 것이다.
(C) 미네소타 대학교를 전에 방문한 적이 있다.
(D) 행사 일자를 변경해야 했다.

해설 be suggested about은 제안되는 것을 묻는 문제가 아니라 '암시되는' 것을 묻는 문제라는 데 주의해야 한다. Canton 극장은 연극이 상연되고 있는 장소로 언급된 것이므로 (A), Kyle 씨가 미네소타 대학교 문학 수업에서 강연하기로 했지만 이전에 방문한 적이 있는지 알 수 없으므로 (C), 일정 변경에 대한 언급은 어디에도 없으므로 (D)는 오답이다. 이메일을 보면 Kyle 씨가 5월 25일에 미네소타 대학교에서 강연하는데, 두 번째 문단에서 강의는 원래 11시 30분까지이나 신문사와의 인터뷰를 위해 Kyle 씨가 11시에 떠나는 것을 이해한다는 내용으로 보아, 대학교를 방문하는 5월 25일에 신문사와의 인터뷰 일정도 잡혀 있음을 알 수 있다. 따라서 (B)가 정답이다.

어휘 reschedule 일정을 변경하다

[23-27] 웹페이지 + 이메일 + 고객평

http://www.sparklecleaning.com/home

홈	업체 정보	사진	후기

Sparkle Cleaning
당신의 사업체를 위한 꼼꼼한 카펫 청소!
Sparkle Cleaning은 기업 고객에게 카펫 청소 서비스를 제공합니다. 정기적인 청소로 귀하의 카펫의 수명을 연장하여 장기적으로 비용을 절약할 수 있습니다.

²³이제 커튼과 가구 스팀 청소도 제공합니다. 저희가 사용하는 청소 제품은 환경 친화적이며, 건조 시간을 단축하는 특수 팬을 사용해 단시간에 공간을 사용할 수 있습니다. ²⁴**Sparkle Cleaning 을 한 번도 이용하신 적이 없다면, Tom Renfro에게** 이메일 trenfro@sparklecleaning.com 또는 전화 (843) 555-5863으로 연락하여 저희가 귀하의 업체를 최상의 상태로 만드는 데 어떻게 도움이 될 수 있는지 자세히 알아보세요.

호텔을 위한 겨울 특가 행사: ²⁶25개 이상의 매트리스 스팀 청소를 신청하시면 정상가에서 10% 할인해 드립니다.

어휘 commercial 기업의, 상업적인 | regular 정기적인 | extend 연장하다 | life 수명 | in the long run 장기적으로 | environmentally friendly 환경 친화적인 | regular price 정상가

수신: Robin Messner 〈messner.r@redmond-hotel.com〉
발신: Kevin Whittaker 〈whittakerk@redmond-hotel.com〉
날짜: 12월 8일
제목: 청소

Messner 씨에게,

²⁵지역 청소 업체들에 대해 우리가 실시한 조사 결과, Sparkle Cleaning이 우리 호텔에 최상의 선택이라고 생각합니다. 업체의 작업팀이 12월 14일에 우리 호텔을 방문하여 객실의 매트리스를 청소하도록 주선해 놓았습니다. 다행히 그들은 하루 만에 ²⁶빈 객실 50개의 매트리스를 모두 청소할 수 있고, 청소 후 건조 시간은 겨우 2-4시간에 불과합니다.

²⁷프런트데스크의 Paul Ayers와 Rosa Lopez가 청소 팀과 긴밀히 협력하여 투숙객들이 매트리스가 축축한 객실에 체크인하지 않도록 할 것입니다.

Kevin Whittaker
Redmond 호텔 현장 매니저

어휘 best option 최선의 선택 | arrange 마련하다, 주선하다 | vacant 비어 있는 | closely 긴밀하게 | ensure 보장하다 | damp 축축한

http://www.redmond-hotel.com/customer_feedback
Redmond 호텔을 적극 추천합니다! 최근 3일간의 출장 동안 그곳에 숙박했고, 그 결정을 내린 것에 매우 만족했습니다. 객실은 넓었고, 편안한 침대와 책상, 와이드스크린 TV를 갖추고 있었습니다. 직원들과의 모든 만남이 즐거웠고, ²⁷특히 Rosa Lopez가 제공한 뛰어난 고객 서비스에 놀랐습니다. 조만간 다시 Redmond 호텔에 숙박하기를 바랍니다.

– Charlotte Johnson, 12월 16일

어휘 spacious 넓은 | comfortable 편안한 | encounter 만남, 접촉 | particularly 특히 | amazed 놀란 | outstanding 뛰어난

23 웹페이지에 따르면, 최근에 Sparkle Cleaning이 한 일은?
(A) 친환경 제품으로 전환했다.
(B) 본사를 이전했다.
(C) 직원을 더 고용했다.
(D) 새로운 서비스를 추가했다.

해설 다중 지문 질문에서 According to(~에 따르면)라는 표현과 함께 특정 지문을 언급하면 해당 지문을 확인해야 답이 나오는 문제이다. 여기서는 세 지문 중 첫 번째 지문인 웹페이지를 확인해야 답이 나오는 문제! 지금 사용하고 있는 청소 제품이 친환경 제품이라고 했을 뿐 다른 제품에서 친환경 제품으로 전환했다는 언급은 없으므로 (A), 본사나 직원들에 대한 언급은 없기 때문에 (B), (C)는 오답이다. 첫 번째 문단에서 원래는 카펫 청소를 전문으로 하는 업체인데, 두 번째 문단 시작 부분에서 이제는 커튼과 가구 스팀 청소도 제공한다(We now offer steam cleaning for curtains and furniture as well)고 했으므로 커튼, 가구 청소라는 서비스가 추가되었음을 알 수 있다. 따라서 (D)가 정답이다.

어휘 eco-friendly 친환경의 | headquarters 본사

Paraphrasing now offer ~ as well → added a new service

24 Renfro 씨는 무슨 일을 담당할 것 같은가?
(A) 기업 광고 제작
(B) 신규 고객 등록
(C) 필요한 물품 주문
(D) 고객 불만 처리

해설 질문에 most likely가 포함되어 있는 것으로 보아 Renfro 씨의 담당 업무가 직접적으로 언급되지 않고 유추해야 함을 알 수 있다. 우선 Renfro를 찾아보면, 첫 번째 지문인 웹페이지 두 번째 문단 후반부에서 Sparkle Cleaning을 한 번도 이용한 적이 없다면, Tom Renfro에게 연락하라고(If you have never used Sparkle Cleaning before, please contact Tom Renfro) 하고 있다. 한 번도 이용한 적이 없다는 것은 신규 고객으로 Renfro 씨가 신규 고객 등록을 담당하고 있음을 알 수 있다. 따라서 (B)가 정답이다.

어휘 advertisement 광고 | sign up 등록하다, 등록시키다 | supplies 물품 | handle 처리하다 | complaint 불만

Paraphrasing If you have never used ~ before → new clients

25 이메일에서 Messner 씨와 Whittaker 씨에 대해 암시된 것은?
(A) 최근에 호텔 직원으로 합류했다.
(B) 지역 내 일부 기업을 조사했다.
(C) 이전에 청소 회사에서 일했다.
(D) 서비스 비용에 불만족했다.

해설 세 지문 중 두 번째 지문인 이메일에서 Messner 씨와 Whittaker 씨에 대해 암시된 것을 묻는 문제. 발신자인 Whittaker 씨와 수신자인 Messner 씨의 이메일 계정을 보면 redmond-hotel.com으로 동일한 것으로 보아 둘 다 같은 호텔에서 근무하는 동료라는 것을 유추할 수 있다. Whittaker 씨가 작성한 이메일 첫 문장에 지역 청소 업체들에 대해 우리가 실시한 조사(our research of cleaning businesses in the area)라고 한 것으로 보아 그들이 지역 내 기업 조사를 했음을 알 수 있다. 따라서 정답은 (B)이다.

둘 다 호텔 직원이라는 것만 알 수 있을 뿐 최근에 합류했는지는 알 수 없으므로 (A), 청소 업체를 조사만 했을 뿐 이전에 청소 회사에서 일했는지 알 수 없으므로 (C), 서비스 비용에 대한 언급은 없으므로 (D)는 오답이다.

Paraphrasing businesses in the area → local businesses

26 12월 14일 서비스에 대해 무엇이 사실이겠는가? 연계 문제
(A) 매달 반복될 것이다.
(B) 할인된 가격으로 제공되었다.
(C) 무료 상담을 포함한다.
(D) 오전에 완료되었다.

해설 질문의 December 14 service(12월 14일 서비스)를 키워드로 잡아야 한다. 12월 14일은 일단 두 번째 지문인 이메일에서 찾을 수 있는데, 그 내용을 보면 이 날이 청소 업체 작업팀이 호텔에 와서 객실 매트리스를 청소하는 날이라는 것을 알 수 있다. 그리고 바로 다음 문장에서 객실 50개의 매트리스를 청소한다는 것을 확인할 수 있는데, 첫 번째 지문인 웹페이지를 보면 25개 이상의 매트리스를 청소하면 10퍼센트 할인해 준다고 나와 있다. 따라서 12월 14일 서비스를 할인가로 이용 가능함을 알 수 있으므로 정답은 (B)이다. 매트리스 청소를 매달 해야 하는지, 무료 상담에 관한 언급은 전혀 없으므로 (A)와 (C)는 오답 처리한다. 청소 업체가 방문한 때가 오전인지 오후인지도 알 수 없고, 매트리스 청소가 하루 안에 끝난다고 했으므로 오전에 완료되었다는 (D)도 정답이 될 수 없다.

어휘 at a discount 할인하여 | consultation 상담

27 Johnson 씨의 Redmond 호텔에서의 경험에 대해 명시된 것은? 연계 문제
(A) 도착했을 때 객실 업그레이드를 받았다.
(B) 매트리스가 너무 축축하다고 생각했다.
(C) 한 프런트데스크 직원에게 감명받았다.
(D) 한 Sparkle Cleaning 직원을 만났다.

해설 Redmond 호텔에서의 Johnson 씨의 경험을 물어보는 문제로 마지막 지문인 고객평을 우선 확인해야 한다. 객실 업그레이드에 대한 언급은 전혀 없으므로 (A), 침대가 편안하다고 했기 때문에 매트리스가 축축하다고 생각했다는 (B), 호텔 직원들과의 만남이 즐거웠다고 했을 뿐 청소 업체 직원과 만났다고 한 적은 없으므로 (D)는 오답이다. 호텔을 강력 추천하는 이유에 대해 언급하면서 특히 Rosa Lopez에게 제공받은 서비스에 놀랐다(I was particularly amazed by the outstanding customer service provided by Rosa Lopez)고 했는데, 두 번째 지문에서 Rosa Lopez가 프런트데스크 직원임을 알 수 있다. 따라서 Johnson 씨가 한 프런트데스크 직원으로부터 감명받았다는 (C)가 정답이다.

어휘 be impressed with[by] ~에 감명받다

Paraphrasing amazed by → impressed with

발신: Henry Kamal ⟨hkamal@hmail.com⟩
수신: Simon Bonner ⟨sbonner@hmail.com⟩
날짜: 4월 22일
제목: 출장
첨부: 일정표.doc

안녕하세요, Simon!

28제가 운영 관리자 직책으로 승진한 지 한 달밖에 되지 않았는데, 벌써 큰 출장을 앞두고 있습니다. 다음 달에 다가스탄에 있는 생산 시설을 둘러볼 예정입니다. 전에 그 일을 하신 적이 있는 것으로 알고 있는데, 몇 가지 질문에 답해 주셨으면 합니다. 다가스탄의 숙박 시설은 어떻습니까? 또한 미화 달러나 유로로 물건을 살 수 있나요, 아니면 현지 화폐를 사용해야 하나요? 그리고 마지막으로 제가 받은 출장 일정표를 첨부합니다. **31출장 일정이 너무 빠듯하지는 않나요?**

이 문제들에 관해 어떤 도움이라도 주실 수 있다면 매우 감사하겠습니다!

Henry

어휘 operations manager 운영 관리자 | ahead of ~ 앞에 | production facility 생산 시설 | accommodation 숙박 시설 | currency 화폐 | attach 첨부하다 | itinerary 여행 일정표 | rushed 서두르는, 성급한

30다가스탄 현장 방문 일정표
Henry Kamal

5월 2일, 일	오후 4시 35분 다가스탄 국제 공항(카삼) 도착 가이드와 만남 (Anatoly Kopec) Kalovov 호텔 투숙
5월 3일, 월	보스톡 현장 방문 Zhongda 호텔 투숙
5월 4일, 화	안토노프 현장 방문 Regent 호텔 투숙
5월 5일, 수	**29다릭 현장 방문 Tambova 호텔 투숙**
5월 6일, 목	모크바타 현장 방문 Silver 호텔 투숙
5월 7일, 금	오전 10시 15분 다가스탄 국제 공항 출발

어휘 depart 출발하다, 떠나다

발신: Simon Bonner ⟨sbonner@hmail.com⟩
수신: Henry Kamal ⟨hkamal@hmail.com⟩
날짜: 4월 23일
제목: 회신: 출장

안녕하세요, Henry

도울 수 있어서 기쁩니다. 출장 중 모든 숙박 시설은 **29스탠다드 클래스만 있는 Tambova 호텔을 제외하고** 디럭스 클래스입니다. 모든 시설에서 서비스가 더딜 수 있지만 음식은 꽤 좋습니다. 하지만 방문객이 외화를 사용할 수 있는지는 기억나지 않습니다. **32다가스탄 관광청 웹사이트에 들어가보세요.** 거기서 사용되는 화폐 정보가 있을지도 모릅니다.

이 내용이 도움이 되기를 바랍니다. 질문이 더 있으시면 언제든 물어보세요.

Simon

어휘 except for ~을 제외하고 | foreign currency 외화 | feel free to + 동사원형 언제든 ~하다, 부담 갖지 말고 ~하다

28 Kamal 씨에 대해 암시된 것은?
(A) Bonner 씨와 함께 출장을 가곤 했다.
(B) 최근에 승진을 했다.
(C) 곧 있을 출장 계획을 세웠다.
(D) 새로운 나라로 이주했다.

해설 첫 번째 지문인 이메일에서 발신자는 Kamal 씨인데, 초반부터 자신이 운영 관리자로 승진한 지 한 달이 되었다(It's only been a month since I moved up to the operations manager position)고 하고 있다. 따라서 최근에 승진을 했다는 (B)가 정답이다.

자신이 출장 가는 곳을 이전에 Bonner 씨가 간 적이 있어서 그에게 조언을 구하고 있을 뿐 과거에 함께 출장을 갔는지는 알 수 없으므로 (A)는 오답, 첫 번째 이메일에서 출장 일정표를 받았다고 했지 자신이 출장 계획을 세운 것은 아니므로 (C)도 오답, 단순히 다른 나라로 출장을 가는 것일 뿐 해외로 이주를 하는 것은 아니므로 (D) 역시 오답이다.

어휘 used to + 동사원형 (과거에) ~하곤 했다 | promotion 승진 | upcoming 곧 있을

Paraphrasing moved up to ~ position → received a promotion

29 어떤 현장에 스탠다드 클래스의 호텔이 있는가? 연계 문제
(A) 보스톡
(B) 안토노프
(C) 다릭
(D) 모크바타

해설 문제의 키워드는 스탠다드 클래스로 우선 이것을 지문에서 찾아야 한다. 두 번째 이메일에서 다른 지역과 달리 Tambova 호텔에는 스탠다드 클래스만 있다(except for Tambova Hotel, where only standard class is available)고 했는데, Tambova 호텔을 일정표에서 찾아보면 다릭 현장에 있음을 알 수 있다. 따라서 (C)가 정답이다.

30 출장 일정표에 따르면, Kamal 씨는 몇 곳의 호텔에 머무를 예정인가?
(A) 3곳
(B) 4곳
(C) 5곳
(D) 6곳

해설 질문에서 '일정표에 따르면'이라고 했기 때문에 두 번째 지문을 제대로 확인해야 한다. 호텔을 세어 보면 총 5곳이라는 것을 확인할 수 있다. 따라서 정답은 (C)이다.

어휘 be scheduled to + 동사원형 ~할 예정이다

31 Kamal 씨의 어떤 우려사항을 Bonner 씨는 잊고 다루지 않았는가? 연계 문제 + 고난도
(A) 다가스탄에서 사용되는 화폐
(B) 출장 중의 음식
(C) 다가스탄 숙박 시설의 품질
(D) 출장 일정의 속도

해설   질문을 제대로 이해하는 것이 중요한 문제! Kamal 씨가 물어본 우려사항 중 Bonner 씨가 언급하는 것을 깜빡한 사항을 고르는 문제로, Kamal 씨의 우려사항이 언급된 첫 번째 지문과 Bonner 씨가 답장을 보낸 마지막 지문을 잘 대조해서 찾아야 한다. 여기서 Bonner 씨의 답장 이메일에서 I don't remember ~(기억나지 않는다)라고 표현한 부분을 질문의 forget to address(다루는, 즉 언급하는 것을 잊다)와 혼동하지 않도록 각별히 주의해야 한다.

현지에서 미화 달러나 유로를 사용할 수 있는지 묻는 질문에 Bonner 씨가 기억나지 않는다면서 화폐 정보는 다가스탄 관광청 웹사이트를 확인하라고 했으므로 (A)는 대답한 것이 맞다. 출장 중 음식에 대해서는 애초에 Kamal 씨가 언급한 적이 없기 때문에 답변 여부를 확인할 필요도 없으므로 (B)는 Bonner 씨가 잊은 내용이 아니다. 다가스탄의 숙박 시설에 대해 묻는 Kamal 씨의 질문에 Bonner 씨는 첫 답변으로 자세히 설명하고 있으므로 (C)도 언급한 내용이다. 하지만 출장 일정이 너무 빠듯하지 않은지 물어보는 Kamal 씨의 질문(Don't you think that it's too rushed?)에 대해서는 Bonner 씨가 답하지 않았으므로 정답은 (D)이다.

어휘   address a concern 우려를 다루다[처리하다] |
pace 속도

32   Bonner 씨는 무엇을 하는 것을 추천하는가?
(A) 특별한 음식을 먹어보는 것
(B) 온라인 자료를 이용하는 것
(C) 보상 프로그램에 가입하는 것
(D) 컨설턴트와 만나는 것

해설   Bonner 씨가 추천하는 것을 고르는 문제이지 단순히 언급된 내용을 고르는 것이 아니라는 것에 주의한다. 음식에 대해서는 꽤 좋았다고 의견을 전달했을 뿐 먹어보라고 권유하고 있지 않으므로 (A)는 오답이고, (C)와 (D)에 대해서는 전혀 언급하지 않았으므로 역시 오답이다. Bonner 씨는 이 메일 후반부에 Try라는 동사로 시작하면서 화폐 정보를 찾기 위해 다가스탄 관광청 웹사이트에 들어가보라(Try the Dagastan Tourism Office's Web site.)고 권하는데, 이를 추천하는 내용으로 볼 수 있다. 따라서 (B)가 정답이다.

어휘   rewards program 보상 프로그램

Paraphrasing   Web site → an online resource